Walter J. Jaburek / Norbert Wölfl

Cyber-Recht

Marktplatz Internet – schrankenlose Geschäfte

UEBERREUTER

Die Deutsche Bibliothek – CIP-Einheitsaufnahme

Jaburek, Walter J.:
Cyber-Recht : Marktplatz Internet – schrankenlose Geschäfte ; was Sie beim Werben, Bestellen und Verkaufen wissen sollten / Walter J. Jaburek/Norbert Wölfl.
– Wien : Ueberreuter, 1997
ISBN 3-7064-0353-6

S 0340 1 2 3 / 99 98 97

Umschlag: Kurt Rendl
unter Verwendung eines Bildes der Bildagentur Image Bank

Printed in Austria

Inhaltsverzeichnis

Vorwort

Das Internet hat sich in den Jahren ab 1994 von einem eher akademisch genutzten EDV-Netzwerk zu einem neuen Medium der Geschäftswelt gewandelt. Kaum ein größeres Unternehmen im deutschsprachigen Raum ist nicht im Netz mit zumindest einem kleinen Informationsangebot im World-Wide Web zu erreichen. Selbst die öffentlichen Stellen sind stolz darauf, über Internet-Mail erreichbar zu sein.

Für den Unternehmer stellt sich daher die Frage nach den Rahmenbedingungen für den Einsatz des Netzes als weltweitem Marktplatz.

Die ökonomischen Rahmenbedingungen scheinen klar:

- Das Netz aller Netze ist weltweit verfügbar. Ausnahmen stellen nur total autoritär regierte Länder wie der Iran oder Nordkorea dar.
- Die Übermittlung von Informationen jeder Art erfolgt in Sekunden- bzw. Minutenschnelle zu günstigen Kosten.
- Die Informationen liegen beim Empfänger in digitaler, das heißt EDV-lesbarer Form vor. Er kann sie sofort weiterverarbeiten.
- Die Verteilung besonders von Informationen und Software in elektronischer Form reduziert die Kosten in vielen Fällen auf ein Fünftel herkömmlicher Produktions- und Lieferformen. Bei einem Buch machen etwa die Autorenhonorare meist nicht einmal ein Zehntel des Nettoverkaufspreises aus.

Die rechtlichen Rahmenbedingungen sind noch nicht so klar. Es gibt Zeitungen, die darüber berichten, über das Netz könnten keine Verträge abgeschlossen werden, Verbrechen seien im Netz straffrei usw. Aufsehen hat insbesondere in Deutschland die Gerichtsaktion gegen den großen Netzdienstleister CompuServe wegen angeblicher Fahrlässigkeit bei der Verbreitung von Pornographie sowie die Stillegung eines österreichischen Internet-Providers durch die Wirtschaftspolizei im April 1997 erregt.

Neben diesen plakativen Themen stellen sich für den Geschäftsmann viel simplere, aber weitaus relevantere rechtliche Fragen:

- Welche Formvorschriften sind bei Geschäftstransaktionen im Netz zu beachten?

- Welche Regelungen des Verbraucherschutzes sind zu beachten?
- Wie sollte man die Bestellabwicklung elektronisch darstellen, so daß keine voreiligen Zusagen getroffen werden?
- Wie steht es mit Werbeverboten im Internet?
- Welche Informationen über das Verhalten der Benützer dürfen ermittelt und weitergegeben werden?
- Wie steht es mit der Verrechnung von Umsatz- und anderen Steuern bei Geschäften über das Netz?
- Sind die herkömmlichen Werbesteuern im Netz anwendbar oder nicht?
- Wie sicher ist der elektronische Geschäftsverkehr im Netz? Wer trägt das Risiko von technischen Störungen und Mißbrauch? Kann dieses Risiko vertraglich zum Beispiel durch Allgemeine Geschäftsbedingungen verschoben werden?
- Welche Punkte sollten bei Verträgen mit Seitengestaltern, Betreibern von Rechnern und Netzzugängen und Kunden beachtet werden?

Diese Liste ließe sich noch beliebig lange fortsetzen. Das vorliegende Buch gibt Auskunft über die wichtigsten der Themen. Allerdings bringt die Fülle der offenen Fragen, die Uneinheitlichkeit der Rechtsordnungen und die vor allem im Steuerrecht schnelle Entwicklung des Rechts es mit sich, daß bei manchen Details nur die Probleme, aber nicht alle Lösungen aufgezeigt werden können.

Danksagung

Unser Dank für wichtige Diskussionen sowie die Bereitstellung von Unterlagen gilt den Organisatoren des jährlichen Dreiländertreffens der EDV-Juristen im deutschen Sprachraum, der Anwaltskanzlei Bartsch und Partner in Karlsruhe, Frau Dr. G. Schmölzer von der Karl-Franzens-Universität Graz, den Mitgliedern des Arbeitskreises EDV-Leistungsverträge der Österreichischen Computergesellschaft, Frau Dr. Kotschy vom Bundeskanzleramt, Herrn Robert Macho und Frau Mag. Jutta Mayr von der Bank Austria AG, Herrn Capka und Herrn Ing. Halbwidl von der VISA Kreditkarten AG, Herrn A. Saurwein,

INCA Handl & Eckler OEG, Herrn Dr. G. Zimmel von Spardat, den Gestaltern der Internet-Seiten „The NetLaw Library“, der Bank Austria für die finanzielle Unterstützung der Recherchen für dieses Werk und den Mitarbeitern des Verlages Ueberreuter für die geduldige Mitwirkung bei der Gestaltung und Produktion dieses Buches.

Walter Jaburek, Norbert Wölfl
Wien, im Juni 1997

1 Einleitung

1.1 Zur Geschichte des Internet

Die Geschichte des Internet ist die Geschichte von vielen Netzwerken, die – trotz Beibehaltung ihrer Eigenständigkeit – zu einem weltumfassenden Netz zusammenwuchsen.

Die Wurzeln des heutigen Internet können bis in die ausgehenden sechziger Jahre zurückverfolgt werden. Damals hatten die US-Militärs das ursprünglich rein militärische Ziel, ein ausfallssicheres Kommunikationssystem einzurichten. Selbst im Falle eines erlittenen Überraschungsangriffes – bei dem vor allem mit der Ausschaltung der Mehrzahl der amerikanischen (EDV-)Kommandozentralen gerechnet werden mußte – sollten die verbleibenden Kommandozentralen jedenfalls noch Kommandodaten für Vergeltungsschläge an die Raketensilos übermitteln können.

Nach der Verwirklichung dieses Zieles durch die Schaffung eines entsprechenden „Netzwerks" unter Führung der ARPA (Advanced Research Project Agency) fanden auch andere US-amerikanische Rechenzentren Zugang zu diesem Netz, das fortan mit ARPANET bezeichnet wurde. In diesen Tagen begannen die User des ARPANET, private E-Mails über das Netz zu verschikken, womit eine noch heute für das Internet typische Kommunikationsform entstand.

Fehlende Industriestandards in der EDV und in der Kommunikationstechnik waren die Kennzeichen der damaligen Zeit. Statt Schnittstellen und Architekturen offenzulegen und aufeinander abzustimmen, verfolgten die EDV-Hersteller jeweils eigene Strategien und entwickelten proprietäre Systeme – möglichst inkompatibel zu denen der Konkurrenz. Es gab keine LANs, um lokale Netzwerke einzurichten, ja selbst die ersten Personal Computer mußten noch gut ein Jahrzehnt auf ihren Einsatz warten.

Erst die Verwendung einer gemeinsamen Netzsprache erlaubte die Kommunikation zwischen den vielen unterschiedlichen EDV-Topologien. Die Rede ist vom TCP/IP (Transmission Control Protocol/Internet Protocol), das im heutigen Internet-Betrieb nicht mehr wegzudenken ist.

Die US-Militärs und die amerikanischen Universitäten setzten es bereits ein, als 1984 die NSF (National Science Foundation) TCP/IP auserkor, um die

Verbindung zwischen den damaligen amerikanischen Supercomputern und den an unterschiedlichen Orten gespeicherten wissenschaftlichen Daten herzustellen. Diese Zugangsmöglichkeit wurde allen amerikanischen Universitäten als NSFNet angeboten; diese machten davon Gebrauch und ergänzten das NSFNet um das eigene Netz, das jede Universität selbst bereits hatte.

In der Zwischenzeit erlaubte das eigenständige, von Studenten und Unix-Anwendern 1979 gegründete Netz – das UseNet – bereits weltweite Netzdienste wie E-Mails oder Newsgroups, jedoch nicht auf der Grundlage von TCP/IP. Die europäische Seite des UseNet wurde unter dem Namen EUnet betrieben.

Die Funktionalität des UseNet wurde schlagartig erweitert, als 1988 EUnet und weite Teile des amerikanischen UseNet auf TCP/IP umgestellt wurden: Der Umfang der Netzdienste erstreckte sich unter anderem auf E-Mails, Newsgroups, Telnet und File-Transfer.

Der endgültige Durchbruch in der Bekanntheit und Akzeptanz des Internet gelang wenig später in Europa. Anfang der neunziger Jahre wurden nämlich im CERN-Institut in Genf die Grundlagen für unser heutiges World-Wide Web entwickelt. Nachdem die Technologie des Netzdienstes World-Wide Web ab 1993 allgemein allen am Internet teilnehmenden Unternehmen und Personen zur Verfügung stand, wurde zunehmend der private User umworben, am Internet teilzunehmen und Internet „surfend" zu entdecken.

1.2 Internet – statistische Größen

Derzeit (Mitte 1997) kann die Größe des Internet durch folgende Zahlen charakterisiert werden:[1]

Das Netz wird von ca. 40 Millionen Personen in irgendeiner Weise genutzt, davon leben ca. 70 % in den USA; in Deutschland sind es drei Millionen und in Österreich ca. 200.000 Menschen. In Europa dürften ca. 40 bis 50 % der Benützer Hörer oder Angestellte von Universitäten und ähnlichen Einrichtungen sein. Ende 1997 werden nach einer Studie der IDC 70 Millionen Personen im Internet „unterwegs" sein. Auf ca. 300.000 Servern werden 40 Millionen WWW-Seiten zum Abruf bereitgehalten. In ca. 40.000 Newsgroups werden weltweit über 200.000 Beiträge täglich verteilt.

Die Internet-User nutzen nach einer Studie von Price Waterhouse aus dem Juni 1997 das Netz zu 43 % der Online-Zeit zur Informationssuche, zu 34 % für Electronic Mail, zu 1 % für Einkauf und zu 1 % für Telefonie. Der Durchschnittshaushalt ist 4,2 Stunden pro Woche online.

Die Abbildung 1.1 veranschaulicht das erwartete Wachstum des Marktplatzes Internet.

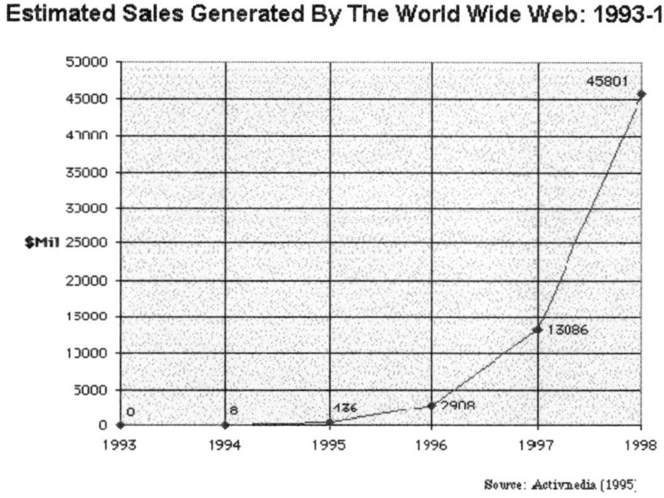

Abbildung 1.1: *Geschätzte Verkäufe über das World-Wide Web 1993–1998*
Quelle: <*www.nua.ie/surveys/1995graphs/projsales.html*>

1.3 Welche Dienste gibt es im Internet?

Wenn wir heute davon sprechen, über Internet Geschäfte zu machen oder über Internet zu kommunizieren, so meinen wir ganz bestimmte „Ausdrucksformen" oder Dienste des Internet, die wir benutzen.

Zur Nutzung der Kommunikationsmöglichkeiten des Internet muß man weder Programmierkünstler noch Netzwerkexperte sein: Die über Internet möglichen Ausdrucksformen sind weltweit standardisiert und in der Anwendung äußerst benutzerfreundlich – besondere Vorkenntnisse sind daher nicht erforderlich.

Je nach beabsichtigtem Ergebnis wählt man die eine oder die andere Kommunikationsmöglichkeit und tritt in der somit gewählten Ausdrucksform mit seinem/n gewünschten Ansprechpartner(n) in Kontakt.

Wie im wirklichen Leben haben Sie dabei die Wahl, ob Sie

- vor allem schriftliche Nachrichten – wie etwa beim Geschäftsbrief – versenden oder empfangen wollen;
- Unternehmen über deren elektronische „Eingangstür“ (Homepage im WWW) besuchen und bei der Gelegenheit
  - bloß „in die Auslage“ schauen,
  - Nachrichten oder Bestellungen deponieren
  - oder mittels File-Transfer etwa Software gleich „mitnehmen“ wollen.

Und das alles ist rund um die Uhr möglich, sieben Tage die Woche!

Folgende Kommunikationsmöglichkeiten sind zu unterscheiden:

1.3.1 Der elektronische Brief – „E-Mail“

Sie versenden E-Mails, um Texte (also Buchstaben, Ziffern oder Sonderzeichen) zu übermitteln. Das können kurze Mitteilungen jeglicher Art oder aber auch vollständige Briefe sein. Auf Schriftstile oder Formate müssen Sie dabei verzichten. Grafiken oder sonstige Dateien können Sie jedoch mit Zusatz-Software in Text umwandeln und derart im E-Mail-Dokument eingebettet verschicken.

Damit Sie Ihrem Ansprechpartner eine E-Mail zukommen lassen können, muß dieser eine E-Mail-Adresse besitzen (zum Beispiel „jaburek@jaby.co.at“), und Sie müssen diese E-Mail-Adresse kennen. Frei geführte E-Mail-Verzeichnisse etwa der Universitäten (erreichbar über das WWW) helfen Ihnen, die E-Mail-Adresse des gewünschten Empfängers ausfindig zu machen.

Um E-Mails empfangen zu können, müssen Sie nicht ständig die Internet-Verbindung zu Ihrem Access-Provider – meist eine Wählverbindung über das Telefonnetz – aufrechterhalten. Ihr Access-Provider hat für Sie ein Postfach eingerichtet, wo Ihre eingehenden E-Mails auch in Ihrer Abwesenheit empfangen werden. Bei der nächsten Internet-Sitzung werden Sie dann auf vorhandene Post aufmerksam gemacht und können diese – Internet sei Dank – an Ihrem Arbeitsplatz empfangen und lesen.

E-Mails finden im Geschäftsleben regen Einsatz. Sie eignen sich hervorragend, um die große Menge alltäglicher Informationen und nicht vertraulicher Unterlagen an Kunden, Mitarbeiter und Geschäftspartner zu schicken.

1.3.2 Die Selbstdarstellung – Besucher erwünscht im „World-Wide Web (WWW)“

Die vermutlich ansprechendste Weise, im Netz zu kommunizieren, ist die Benutzung des World-Wide Web. Unternehmen und Organisationen lassen sogenannte „Web-Pages“ bei Ihrem Access-Provider oder auf einem eigenen Rechner einrichten, damit diese von der ganzen Internet-Welt aus eingesehen und besucht werden können. Diese Web-Pages sind in der Regel attraktiv gestylte Bildschirmseiten, auf denen sich die Besucher menügeführt bewegen und dabei das zur Schau Gestellte kennenlernen können.

Die sogenannte Homepage ist dabei jene Seite, die als „Empfangshalle“ für Besucher dient. Auf der Homepage wird – so gut es eine Bildschirmseite eben zuläßt – Flagge gezeigt und versucht, die eigene Unternehmenskultur zu vermitteln.

Einmal angewählt, zeigt das unübersehbare Logo des Unternehmens (oder der Organisation), mit wem man es zu tun hat. Mit einem mehr oder weniger herzlichen Gruß wird man willkommen geheißen. Gleichzeitig werden dem Besucher – ähnlich einem Wegweiser – weitere Verzweigungsmöglichkeiten oder „Links“ vorgeschlagen.

Dieser kann sich nun in aller Ruhe das Thema seiner Wahl aussuchen und gelangt per Mausklick auf die vorbereiteten Web-Seiten. Die Abbildung 1.2 zeigt ein Beispiel aus dem Netz.

Wie findet der interessierte Besucher das von ihm gewünschte Unternehmen bzw. die gesuchte Organisation im unendlich erscheinenden Netz? – Indem er

- die URL (Uniform Resource Locator) des gesuchten Unternehmens (der Organisation) zum Beispiel vom Briefpapier oder von Anzeigen des Anbieters her kennt und eingibt (jede URL dient zur eindeutigen Identifizierung aller Anbieter von Web-Seiten weltweit; bei den meisten großen Firmen ist deren Markennamen das charakteristische Kennzeichen innerhalb der URL, womit dieses Firmen selbstredend schnell von den Interessierten weltweit gefunden werden können);
- den Hinweisen auf den Web-Seiten seines Access-Providers folgt;
- sogenannte „Suchmaschinen“ (Yahoo, AltaVista etc.) das World-Wide Web nach Produkt- bzw. Firmennamen durchsuchen läßt – die Dauer der Suche bewegt sich zumeist in einem erträglichen Rahmen;

- einen Hinweis auf das von ihm gewünschte Informationsangebot in einem der zahlreichen Werbefenster (zum Beispiel bei den Anbietern von Suchmaschinen) anklickt.

Abbildung 1.2: *Beispiel für eine Homepage im World-Wide Web*

1.3.3 Die Pinnwand – „Newsgroups“

Stellen Sie sich eine herkömmliche, für ein bestimmtes Interessensgebiet gedachte Pinnwand vor, wo jedermann nach Lust und Laune schriftliche Beiträge wie Tips, Ideen, Neuigkeiten, Anfragen oder Angebote aufhängen oder lesen kann. Nun stellen Sie sich anstatt der vielen kleinen Pinnzettel elektronische Dokumente vor, vergessen Sie die Nadeln – und die herkömmliche Pinnwand wird dank Internet zu einer weltweit zugänglichen Sammelstelle dieser elektronischen Dokumente zu dem speziellen Thema.

Sie haben soeben eine „Newsgroup“ entdeckt!

Von *den* Newsgroups spricht man, wenn man die Gesamtheit der verfügbaren Newsgroups aus aller Welt meint (wobei nicht alle weltweit eingespeisten Newsgroups weltweite Verbreitung finden). Zum Zeitpunkt der Entstehung dieses Buches gibt es über 40.000 Newsgroups, die seitens der Provider angeboten werden. Für die Verwaltung dieser Newsgroups benötigt ein großer Access-Provider Speicherplatz von rund 40 Gigabyte.

Der Löwenanteil aller Newsgroups residiert in den USA innerhalb des UseNet. Diese amerikanischen Newsgroups werden je Land von einer zentralen Stelle, in Österreich zum Beispiel von der Universität Wien, für die Access-Provider mit den Newsgroups aus Europa zusammengespielt. Sie können dann seitens der angeschlossenen Access-Provider taggleich geladen und in der Folge den Kunden der Provider zur Verfügung gestellt werden.

Newsgroups bieten eine enorme Informationsvielfalt in allen Wissens- und Interessensgebieten. Die Inhalte reichen von Spezialwissensgebieten und wissenschaftlicher Diskussion bis zur allgemein interessanten Themen wie Kochen und Urlaub.

Die Newsgroups sind hierarchisch aufgebaut. Bis zu fünf Hierarchieebenen sind keine Seltenheit – eine sprechende Namensgebung der Hierarchieebenen (meist englisch) erleichert es ein wenig, die gewünschte Newsgroup zu finden.

Bereits die Namensgebung der obersten Hierarchie läßt deren Schwerpunkte erkennen:

„de.xxx.xxx...“ befaßt sich mit Themen, die länderspezifisch in Deutschland relevant sind und diskutiert werden;

„at.xxx.xxx...“ befaßt sich mit Themen, die länderspezifisch in Österreich relevant sind und diskutiert werden;

„ch.xxx.xxx..." befaßt sich mit Themen, die länderspezifisch in der Schweiz relevant sind und diskutiert werden;

„comp.xxx.xxx..." befaßt sich mit allen erdenklichen Themen rund um Hardware und Software, wird meist zum Erfahrungsaustausch der Anwender benutzt;

„sci.xxx.xxx..." befaßt sich mit wissenschaftlich relevanten Themen usw.

Oftmals werden auch bei bestimmten Problemkreisen Antworten, Lösungen und Leistungen dargestellt oder kommerziell angeboten.

Es unterliegt der Politik des jeweiligen Providers, wie lange er die Beiträge aktuell hält. Üblicherweise kann dabei jedem Themenkreis (Newsgroups-Hierarchie) eine bestimmte Aktualität zugeordnet werden, wodurch die meisten Newsgroups-Beiträge ein Alter zwischen einem Tag und zwei Wochen erreichen.

Sollten Sie für die eine oder andere interessante Newsgroup Neuigkeiten haben oder bloß mitdiskutieren wollen, dann tun Sie's, und nehmen Sie aktiv Anteil an dieser weltweiten Diskussionsplattform!

Selbstverständlich ist es auch möglich, eigene Newsgroups bei einem Internet-Provider einrichten und betreiben zu lassen. Erreichbar sind diese Newsgroups dann jedenfalls lokal für alle Internet-Teilnehmer desselben Internet-Providers. Ein Verbreitung darüber hinaus hängt nicht zuletzt von der Besucherfrequenz der Newsgroup ab. Schließlich versuchen andere Internet-Provider ihr Dienstleistungsangebot unter anderem mit gutbesuchten Newsgroups attraktiv zu halten.

1.3.4 Der Versand von Daten – „File-Transfer"

Neben der Möglichkeit, die Internet-Technik weltweit zum Zweck der Kommunikation einzusetzen, gibt es auch die Möglichkeit, Dateien schlicht und einfach zu transportieren. Sie können ganze Dateien und Datenbestände übers Netz jemandem zugänglich machen oder selbst von weit her auf Ihren lokalen Rechner holen. Nach Abschluß der Übertragung sind die Dateien eine hundertprozentige Kopie des Ausgangsproduktes vom Sendeort.

Das Protokoll, welches diese Übertragungsmöglichkeit gestattet, heißt FTP (File Transfer Protocol). FTP wird in der Computerwelt gerne eingesetzt, um zum Beispiel diverse Treiber-Software vom Software-Hersteller abzuholen, die dieser ständig weiterentwickelt.

Einige FTP-Programme laufen als eigenes Programm im Vordergrund. Die meisten Software-Hersteller haben ihre Web-Seiten derart kundenfreundlich gestaltet, daß der Besucher der Web-Seiten auf Knopfdruck die neuesten Treiber holen kann. Wählt der Web-Besucher diese Menüoption an, so wird das entsprechende FTP-Programm angestoßen – die Daten können derart menügesteuert über Tausende von Kilometern auf dem lokalen Arbeitsplatz des Web-Besuchers abgelegt werden.

1.3.5 Gefundene Dateien durch „Archie"

Um öffentlich zugängliche Dateien im großen Internet nach dem Dateinamen aufzufinden, bedient man sich Archie. Archie verwaltet auf einem sogenannten Archie-Server die Adressen aller Dateien, die auf anderen Servern für die freie Abholung über FTP bereitstehen. Archie-Server stehen weltweit untereinander in Verbindung, wodurch die Dateiensuche im gesamten Internet stattfindet.

Nachdem der Suchbegriff – der Dateiname – über eine Maske eingegeben wird, sucht der nächstgelegene Archie-Server die nächstgelegenen FTP-Server aus und stellt das Suchresultat – die Adressen (Server-Name, Directory) – in einer Auswahlliste zur Verfügung. Oft reicht es, bloß die gewünschte Adresse zu selektieren und anzuklicken, um die Übertragung der gewünschten Datei mittels FTP anzustoßen.

Archie ist in erster Linie ein Hilfsdienst, der im Zusammenhang mit FTP verwendet werden kann.

1.3.6 Navigieren in Internet-Verzeichnissen – „Gopher"

Mit Gopher ist es möglich, durch weltweite Internet-Verzeichnisse zu stöbern, die am lokalen PC hierarchisch strukturiert dargestellt werden. Unzählige Gopher-Server sorgen dafür, daß alle meist nach Stichworten gesuchten Archive und Dateien am Bildschirm zur Auswahl angezeigt werden können. Hat man in der hierarchisch dargestellten Auswahl die gewünschte Datei gefunden, kann man sie sich zunächst am Bildschirm ansehen. Neben Textdateien ist auch die Betrachtung von Grafikdateien möglich. Die gewünschten Dateien können dann mit FTP auf die lokale Festplatte übertragen werden.

Gopher wurde in den meisten Fällen durch das bequemere WWW verdrängt und hat dadurch stark an Bedeutung verloren.

1.3.7 Die Fernbedienung im Internet – „Telnet“

Mit Telnet ist es möglich, einen entfernten Rechner eins zu eins fernzubedienen. Es wurde in einer Zeit entwickelt, als Zentralrechner mit ihren angeschlossenen Terminals maßgeblich zum Einsatz kamen und gilt als eines der ältesten Internet-Protokolle.

Bei Telnet erfüllt der lokale PC die Funktion eines schlichten Terminals: Er dient primär

- zur Dateneingabe (Text, Zahlen, Sonderzeichen),
- zur Steuerung des entfernten Rechners
- und als Empfangsstation.

Die Applikationen auf dem entfernten Rechner/Zentralrechner/Großrechner sind oft noch älterer Bauart und laufen auf den unterschiedlichsten Betriebssystemen. Sie behandeln den über Telnet eingewählten lokalen PC wie ein angeschlossenes Terminal.

Doch Terminal ist nicht gleich Terminal. Es gibt viele unterschiedliche Bauweisen an Terminals, die sich äußerlich vor allem durch die Anordnung und Anzahl ihrer Tastaturen unterscheiden. Da kommt es schon vor, daß sich der entfernte Rechner das Drücken von Tasten erwartet, die auf der Tastatur des lokalen PC nicht vorhanden sind. Für diese Situation schaffen Terminal-Emulationen Abhilfe: Am lokalen PC übersetzen sie bestimmte Zeichenfolgen in die vom entfernten Rechner geforderten Zeichen und stellen somit die Verständigung zwischen den beiden Rechnern sicher.

Auch die Zutrittsberechtigungen zum zentralen Rechner können wie bei einem Terminal gehandhabt werden. Durch die Vergabe von User-Namen und Paßwörtern kann der Umfang der Berechtigung eingegrenzt oder können nicht erwünschte Besucher ausgegrenzt werden. Die neuerliche Vergabe bereits bestehender Zutrittsberechtigungen ist aufgrund des Zuganges über Telnet nicht erforderlich.

Die Vergabe der Zutrittsberechtigung kann auf unterschiedliche Weise erfolgen. Viele Datenbank- oder Informationsdienste erfordern bloß eine simple Online-Registrierung. Dabei erhält der User beim ersten Besuch des zentralen Rechners nach der Registrierung seines Namens und seiner Adresse ein Paßwort zugewiesen, um die Dienste abrufen zu können. Auch sind generelle Zutrittsberechtigungen möglich, bei denen sich die Besucher überhaupt nicht registrieren müssen.

Mit Telnet greifen viele Mitarbeiter auf die zentralen Rechner ihrer Unternehmen zu und können auf diesem Wege aus der Ferne ihrer Arbeit nachgehen. Vor allem aber haben sich eine Reihe kommerzieller Datenbank-Dienste etabliert, deren Informationen mit Telnet abrufbar sind.

1.3.8 Auch Tratsch ist möglich – „Chats“ und Internet-Telefonie

Der bekannteste Chat-Dienst ist sicherlich IRC (Internet Relay Chat). Hier hat man die Möglichkeit – ähnlich wie bei den Newsgroups –, eines von vorgeschlagenen Themen anzuwählen, bei dem man weltweit und vor allem live seine Meinung artikulieren bzw. die Meinungen und Beiträge aller momentan angeschlossenen Teilnehmer weltweit live mitverfolgen kann.

Neben diesen eher zur Unterhaltung dienenden Chat-Formen gibt es wirtschaftlich interessantere Varianten an Chat-Software und -Diensten:

Mit WinTalk (von Elf Communications Inc.) etwa kann man unter Bestimmung der aufzubauenden Verbindung (in der gebräuchlichen Form „User@Host“) Punkt-zu-Punkt-Verbindungen aufbauen, um sich mit einem anderen Partner gezielt und live schriftlich zu unterhalten, während man zum Beispiel gleichzeitig Exkursionen im World-Wide Web unternimmt.

Weitere Varianten gestatten die Internet-Kommunikation in gesprochener Sprache in guter Qualität mittels Mikrophon und Lautsprecher.

Auf der Basis der Programmiersprache Java haben zwei Studenten der Universität Erlangen-Nürnberg die Kommunikations-Software Como entwickelt. Mit dieser Software können die Gesprächspartner in Echtzeit auf einer Zeichenfläche am Bildschirm wie auf einer Tafel gemeinsam zeichnen sowie Dateien und Tondokumente austauschen. Darüber hinaus kann man mit Como den Teilnehmern einer Gruppenkommunikation unterschiedliche Rollen und Rechte zuweisen und damit zum Beispiel Diskussionsleiter definieren.

Es gibt auch Chat-Varianten mit Bild(Video)übertragung der Gesprächspartner mittels Kamera (zum Beispiel Internet Video Phone von Intel), wobei wegen der enormen Datenmenge der Bildaufbau oftmals nur in Form von Standbildern erfolgen kann.

Aufgrund von Unterschieden in der Gebührenstruktur zwischen Internet-

Gebühren einerseits und den vergleichsweise hohen Kosten der weltweiten Sprachtelefonie andererseits bieten derartige Chat-Tools mit Sprachübertragung einen kaufmännisch interessanten Alternativansatz zu herkömmlichen Ferngesprächen per Telefon.

Zu den Entwicklungen rund um die Internet-Telefonie zählen unter anderem folgende Software-Produkte:

- Internet Phone[2] von VocalTec, mit dem Ferngespräche mit anderen Gesprächspartnern fast zum Ortstarif abgewickelt werden können und das die Einrichtung von Gesprächsforen erlaubt;
- CU-SeeMe[3] der Cornell University erlaubt die Durchführung von Audio- und Videokonferenzen mit einer erstaunlich guten Qualität;
- WebTalk[4] von Quarterdeck bietet Telefonverbindungen zwischen zwei Gesprächspartnern an, erlaubt die Einrichtung von Gesprächsforen (und wird von Quarterdeck für die Videokommunikation vorbereitet);
- WebPhone[5] von der Internet Telephone Company unterstützt GSM-Audio-Kompression (das „Global System for Mobile Telecommunications" findet vor allem in Europa in der vernetzten Kommunikation breiten Einsatz) und bietet zahlreiche Features;
- DigiPhone[6] von Third Planet Publishing erlaubt die Gesprächsverbindung zwischen zwei fixen Punkten usw.

Die diversen Entwicklungen auf dem Sektor der Internet-Telefonie werden vor allem von den privaten Internet-Teilnehmern eifrig benutzt. Die Wirtschaft macht derzeit nur zögerlichen Gebrauch von dieser Entwicklung und betrachtet die Internet-Telefonie oftmals als „Spielzeug". Den professionellen Einsatz der Internet-Telefonie versucht jedenfalls die deutsche Firma ABC Bücherdienst, die zukünftig ihre Kundentelefonate über Internet abwickeln will.[7]

1.3.9 Rundfunkähnliche Dienste im Internet

Ausgehend von den ersten, ursprünglich dem „Tratschen" dienenden Diensten gibt es die unterschiedlichsten proprietären Entwicklungen, die zunehmend rundfunkähnlichen Charakter haben:

- MSN konzentriert sich darauf, seiner zahlenden Kundschaft Online-TV über Internet anzubieten. Dabei werden den Kunden sechs Kanäle – „Shows" genannt – mit unterschiedlichen Programmschwerpunkten angeboten; so soll es zum Beispiel ein Frauenmagazin, ein Nachrichtenmagazin (in Zusammenarbeit mit dem ZDF) oder ein Jugendmagazin geben. MSN bedient sich dabei der Technik von Macromedias „Future Splash". Die geringe Leitungskapazität von 28.800 bps (Wählverbindung mit Modem) zu privaten Haushalten erzeugt zur Zeit kein überzeugendes „Fernseh-Feeling", sondern erinnert an eine Illustrierte, bei der von selbst umgeblättert wird.

- Durch eine Kooperation mit zwei Radiostationen bietet der Frankfurter Online-Dienst „germany.net" seinen Kunden ein aktuelles Radioprogramm mit vielen lokalen Beiträgen.
- Die DEBIS Systemhaus GmbH hat mit „TV-Online" eine Kombination aus Internet und herkömmlicher Fernsehausstrahlung geschaffen. Dabei werden mit Rundfunktechnik Daten ausgestrahlt und via Antennenkabel von den angeschlossenen Rechnern empfangen. Die Steuerung des jeweils zu empfangenden Programms erfolgt dabei über Internet. TV-Online ist in erster Linie nicht zur Unterhaltung gedacht, sondern soll vor allem Spezialinformationen zum Beispiel an Ärzte versenden.

Und wie steht es mit der Abhörsicherheit?

Im Unterschied zur Briefsendung kennen die genannten Kommunikationsmöglichkeiten (Punkte 1.3.1 bis 1.3.9) im Netz nicht den blickdichten Schutz eines verschlossenen Briefkuverts. Netzwerksspezialisten, die Zugang zur physischen Übertragungskette haben, könnten etwa E-Mails – genauso wie Telefaxe – leicht einsehen oder gar manipulieren, wenn sie nicht verschlüsselt übertragen werden.
Aber zur Beruhigung: Erstens sind bis zum heutigen Tag dadurch keine nennenswerten Fälle von Mißbrauch bekannt geworden, zweitens wurden mittlerweile derart sichere Verschlüsselungstechniken entwickelt, daß der Schutz vertraulicher Informationen praktisch gewährleistet ist. Mehr über Sicherheit und Kryptographie finden Sie in Kapitel 6.

1.4 Internet-Teilnehmer im Überblick

Wenn Sie im Netz der Netze Rechtshandlungen setzen oder Geschäfte abwickeln wollen, ist es wesentlich, die an diesem Geschäft Beteiligten zu kennen. Einerseits, weil Sie auf einen oder mehrere Personen/Provider angewiesen sind, damit Ihre Geschäftsidee den Interessenten in der gewünschten Form via Internet erreicht und Sie letztlich die entsprechende Rückmeldung – etwa einen Auftrag – erhalten. Andererseits, weil die Vereinbarung und Durchführung derartiger Geschäfte in unterschiedlichen Vertragsverhältnissen münden, womit unterschiedliche Haftungssituationen auftreten können. Aber auch wenn Sie als Netzsurfer selbst eine Bestellung durchführen, treten Rechtsfolgen ein.

Sehen wir uns daher diese Beteiligten an.

1.4.1 Das Fundament bilden die Rechtsordnungen der Gesetzgeber

Wir müssen uns vor Augen halten, daß die heute bestehenden Rechtsordnungen des In- und Auslandes für weltweites Wirtschaften und daher auch für Handlungen im Internet anzuwenden sind.

Da weltweit die verschiedensten lokalen, nationalen und internationalen Gesetzgebungen auf die eigentlichen Teilnehmer des Internet einwirken und deren Aktivitäten mitbestimmen, kann man sie *im weiteren Sinne* als Beteiligte des Internet ansehen.

1.4.2 Der Netzdienstleister

Der bloße Netzdienstleister ist jene Institution, die die physischen Übertragungsleitungen bereitstellt. Dazu zählen neben der Post bzw. Telekom etwa Bahngesellschaften, die meist entlang von Schienentrassen verlegte Leitungen besitzen, oder Unternehmen der Elektrizitätswirtschaft, deren Kommunikationsleitungen entlang von Hochspannungsleitungen laufen.

Ein Kennzeichen vieler Netzdienstleister ist – wie das Beispiel von Bahn und E-Wirtschaft zeigt –, daß deren Übertragungseinrichtungen ursprünglich zum Zwecke der firmeneigenen Kommunikation gedacht waren. Da für die firmeneigene Kommunikation bereits ein Bruchteil der vorhandenen Leistungsbandbreite dieser Übertragungseinrichtungen genügt, werden Überkapazitäten den großen Kommunikationsunternehmen gegen Entgelt zur Verfügung gestellt.

In der Regel haben Personen, die auf dem Marktplatz Internet ihre Geschäfte ausüben, keinen unmittelbaren Kontakt zu den diversen Netzdienstleistern (mit Ausnahme der Post mit ihrer im öffentlichen Auftrag angebotenen Telefonie). Vielmehr unterhalten Netzdienstleister langfristige Geschäftsbeziehungen mit dem logischen nächsten Partner, dem Access-Provider.

1.4.3 Der Access-Provider

Der Access-Provider besetzt im heutigen Internet-Geschäft eine wichtige Schlüsselfunktion. Er ist jene Person, mit deren Hilfe Internet-Teilnehmer in die Lage versetzt werden, überhaupt den Zugang zum weltweiten Netz zu erhalten.

Dabei sind Access-Provider keineswegs Monopolisten. Vielmehr stehen sie mit anderen Access-Providern sowohl im Wettbewerb als auch in Kooperation: Jeder Access-Provider versorgt bestimmte geographisch begrenzte Regionen flächendeckend mit dem Zugang zum Internet. Dabei kommt es bei der Zugangsversorgung in einigen Regionen zu Überlappungen, womit dem Internet-Teilnehmer zwei oder mehrere Access-Provider zur Verfügung stehen.

Unsichtbar für den „normalen" Internet-Teilnehmer stellt er selbst mit anderen Access-Providern und Netzanbietern grenzüberschreitend die vertragliche Grundlage her, damit die in seinem Einflußbereich stehende Netzwerkinfrastruktur weltweite Anbindung zu anderen bestehenden Netzen findet. Dadurch kann das Internet für den Internet-Teilnehmer von seinem Arbeitsplatz oder von zu Hause aus betrachtet wie aus einem Guß erlebt werden.

Der Access-Provider verfügt über Rechen- und Netzwerkanlagen, mit deren Hilfe er sicherstellt, daß innerhalb des in seiner Verantwortung betriebenen Netzes der eingehende und ausgehende Datenstrom an der richtigen Destination ankommt. Weiters unterhält er zum Beispiel die Mailboxen für seine Kunden, um deren aus aller Welt eingehenden E-Mails bis zur „Abholung auf Knopfdruck" zwischenzuspeichern.

Viele Access-Provider bereichern ihr Dienstleistungsangebot des reinen Internet-Zuganges um weitere Internet-Serviceleistungen. Der Access-Provider wird in diesem Fall auch der nächsten Provider-Gruppe zugerechnet: dem Service-Provider.

1.4.4 Der Service-Provider

Service-Provider sind Personen, die Internet-Dienstleistungen anbieten, ohne notwendigerweise gleichzeitig über Zugangsmöglichkeiten für ihre Kunden – meist Unternehmen – verfügen zu müssen.

Unternehmen (Organisationen), die im Internet präsent sein oder über das Medium Internet ihre Geschäfte tätigen wollen, bedienen sich dieser Internet-Dienstleistungen und machen sie meist zu einem integrativen Bestandteil ihrer eigenen Geschäftsabwicklung.

Zu den typischen Internet-Dienstleistungen gehört neben dem Betrieb von WWW-Servern etwa die optisch ansprechende Gestaltung von unternehmenseigenen Web-Seiten oder die Aktualisierung dieser Seiten mit neuen Querverweisen (Links) und neuen Inhalten. Auch die Zurverfügungstellung von EDV-Infrastruktur (rund um die Uhr, sieben Tage die Woche!) zur Ermöglichung der Datenhaltung (etwa eingehende Bestellungen) mit Verdichtung und Weiterleitung ist für den Service-Provider typisch.

1.4.5 Die Zugangsberechtigten: Die Internet-Nutzer

Die Gruppe der Internet-Nutzer stellt die weltweit größte Gruppierung der Internet-Teilnehmer dar. Sie sind letztlich – neben dem Steuerzahler – die Finanziers der oben genannten Provider. Sofern diese Internet-Nutzer nicht gleichzeitig selbst Access-Provider sind, zahlen sie über ihr Vertragsverhältnis mit dem Access-Provider laufende Zutritts- bzw. Servicegebühren und ermöglichen dadurch den Betrieb und ständigen Ausbau von dem, was wir unter Internet verstehen.

Hier sind alle nur denkbaren Personen und Organisationsformen vertreten: universitär-wissenschaftliche Einrichtungen, militärische Einrichtungen, Handel, Gewerbe und Industrie, die unterschiedlichsten Branchen, selbstverständlich die großen Konzerne der Welt, selbständig Erwerbstätige und Private – ja sogar das Weiße Haus in Washington ist im Internet vertreten.

Die Beweggründe, warum sich die genannten Nutzer auf dem Tummelplatz Internet drängen, sind unterschiedlich:

- die einen wollen sich selbst und ihre Stärken präsentieren und werben;
- sehr viele wollen Mitglieder bzw. Adressen gewinnen;
- andere wollen Waren, Informationen oder Dienstleistungen anbieten;

- wieder andere wollen die Waren, Informationen oder Dienstleistungen gleich mittels Internet verkaufen;
- die meisten Nutzer wollen aber bloß „surfen" oder über E-Mail kommunizieren.

Für die weitere Betrachtung macht es Sinn, die Gruppe der Nutzer in zumindest zwei Untergruppen zu zerlegen:

- die Gruppe der – meist gewerblichen – Anbieter (Content-Provider)
- und die Kunden.

Anbieter sind Personen und Organisationen, die über das Netz ihr Unternehmen und ihre Produkte und Dienstleistungen bewerben oder verkaufen wollen. Kunden sind im folgenden die Informationsabfrager, die vielleicht auch gleich über das Netz eine Bestellung beim Anbieter tätigen.

1.4.6 Weitere mögliche Personen bei Internet-Handlungen

Weitere mögliche Personen bei Internet-Handlungen sind

- die physische Person des Anbieters oder seine Subauftragnehmer, die in seinem Auftrag Internet-Handlungen setzen – wie zum Beispiel die Erstellung von Angeboten bzw. Beiträgen und Sachverhaltsdarstellungen;
- der urheberrechtlich Berechtigte von Werken, die durch den Anbieter oder seine Mitarbeiter benutzt, gesendet, veröffentlicht, verändert oder verwertet werden.

1.5 Achtung! Die Welt besteht aus den unterschiedlichsten Rechtssystemen

Bei der Geschäftsabwicklung im Internet sollten Anbieter berücksichtigen, daß ihre potentiellen Kunden in aller Welt sitzen können und sie daher mit Vertragsbeziehungen auf der Grundlage der unterschiedlichsten Rechtssysteme rechnen müssen. Daher sollte bereits bei der Gestaltung der Web-Seiten bzw. bei der WWW-Applikation auf internationale Kundschaft – ob gewünscht oder nicht gewünscht – Bedacht genommen werden.

So kann man eine gewisse Vorselektion treffen:

- durch die gewählte Sprache der Web-Seite (deutsch, englisch etc.);
- durch entsprechende schriftliche Hinweise, für welche Kunden bzw. für welche Länder Angebote gültig bzw. ungültig sind oder welche nationalen Rechte zur Anwendung kommen sollen;
- durch Steuerungsmechanismen in der WWW-Applikation (zum Beispiel Kunde wählt sein eigenes Land aus einer Drop-down-Liste) kann das Land des Konsumenten ausgewählt und können länderspezifische Vertragsbestimmungen zur Anwendung gebracht werden.

1.6 Wen wollen Sie erreichen? Die Ausrichtung nach Ihren Kunden

Die wichtigsten Voraussetzungen zum Absatz jeder unternehmerischen Leistung sind vorhandene Kunden und das Eingehen auf deren Gewohnheiten und Erwartungen. Dies gilt selbstverständlich auch für den weltgrößten Marktplatz, das Internet.

Eine Web-Applikation sollte im Rahmen eines erfolgreichen Konzeptes stets nach der Kundenerwartung ausgerichtet werden. Zu diesem Zweck muß man sich Klarheit über seine Zielgruppe verschaffen:

- **Wo ist meine Zielgruppe?**
  - Neben der rechtlichen Relevanz: Welche Sprachen sollen verwendet werden?
  - Welcher Hinweis, welche Maßnahme ist für die telefonische Erreichbarkeit im Falle von Rückfragen zu setzen (Zeitverschiebung)?

- **Wer gehört zur Zielgruppe?**

  Folgende Anwenderklassen sind erkennbar:
  - Surfer, die ohne konkreten Bedarf im Internet herumstöbern. Sie sind auf der Suche nach Außergewöhnlichem und nach Neuheiten.
  - User, die zielgerichtet wissen, was sie suchen und dies so schnell wie möglich finden wollen. Bunte Effekte oder langatmige Informationen lenken sie von ihrem Ziel ab und sind störend.
  - User, die entweder Experten oder Laien sind. Sie benötigen ein unterschiedliches Ausmaß an Information.

- Kunden, mit denen Sie bereits Internet-Geschäfte machen konnten. Diese haben mit ihrer Web-Applikation bereits Bekanntschaft gemacht und finden sich zurecht.
- Herkömmliche Stammkunden, die Ihnen erstmalig im Internet einen Besuch abstatten.

Nachdem Sie die Zusammensetzung Ihrer Zielgruppe kennen, können Sie beginnen, Ihre Web-Seiten auf dem Reißbrett zu konstruieren. Die Kunst dabei ist, auf die Erwartungshaltung aller zur Zielgruppe gehörenden Anwenderklassen einzugehen.

Wie ist eine gute Web-Applikation gebaut, damit sie die Interessen aller Anwender der Zielgruppe berücksichtigt? Sie ist ...

- **aktuell** – Sie muß in ihren Inhalten aktuell sein – mit unaktuellen oder ungepflegten Inhalten fängt der Kunde nichts an und ist verärgert.
- **informativ** – Sie muß sowohl beim schnellen Überblick als auch im Detail informativ sein, darf den Kunden nicht langweilen und sollte ihm außerdem einen Nutzen liefern, den er in herkömmlichen Medien bisher nicht hatte.
- **übersichtlich** – Sie muß einen klaren, logischen Aufbau besitzen – zu tiefergehenden Informationen sollte der Kunde wahlweise den Verzweigungen folgen können.
- **ansprechend** – Das optische Erscheinungsbild sollte angenehm sein – neben der richtigen Informationsdichte sollte ein ausgewogener Mix an Farben, Schriften, Symbolen bestehen.
- **aufgelockert** – Elemente mit Spaß und Spannung sollten (in kleinem Umfang!) nicht fehlen – Ihr Kunde wird es Ihnen danken!

Der Schwachpunkt bei den vielen Anbietern, die ins WWW drängen, ist das fehlende Konzept bei der Seitenerstellung: Sehr viele Web-Seiten werden wieder verlassen, wenn sie nicht attraktiv oder nicht aktuell sind! Außerdem werden uninteressante Web-Seiten kaum ein weiteres Mal aufgesucht.

1.7 Die Kostenseite – Richtgrößen für das Business über Internet

Zur möglichst umfassenden Behandlung der Geschäftsabwicklung über Internet gehört auch die Betrachtung der Kostenseite. Die Kosten, die durch die Ausweitung der Geschäftsabwicklung auf das Medium Internet entstehen, sind dabei vor allem durch die Leistungen der Service- bzw. Access-Provider verursacht. Je nach Service- bzw. Access-Provider und dem Ausmaß an benötigter Leistung kommen dabei die unterschiedlichsten Verrechnungsmodelle zum Tragen. Um lediglich auf die Größenordnung der anfallenden Kosten hinzuweisen, finden Sie nachstehend eine praxisnahe Zusammenfassung typischer Kostenbestandteile.

1.7.1 Typische Kosten des bloßen Zuganges vom Client, Wählverbindung

▪ **Modem**	– einmalig ca. DM 285,– / öS 2000,– / sFr 240,–
▪ Sitzungskosten / 28.800 bps	– Telefon-Ortsgebühr
▪ Sitzungskosten mit **ISDN** / 64.000 bps	– einmalig ca. DM 230,– / öS 1600,– / sFr 190,– – pro Monat ca. DM 57,– / öS 400,– / sFr 47,– – plus ca. DM 0,10 / öS 0,67 / sFr 0,08 pro Minute
▪ Accountkosten	– einmalig ca. DM 69,– / öS 480,– / sFr 57,– – pro Monat ca. DM 46,– / öS 324,– / sFr 39,–

1.7.2 Typische Kosten der WWW-Präsenz

▪ **Erstellung von Web-Seiten**	– ca. DM 150,– bis 300,– / öS 1000,– bis 2000,– / sFr 120,– bis 240,– je DIN-A4-Seite
▪ **Bereitstellung der Web-Seiten** auf dem EDV-Equipment im Rechenzentrum des Providers	– pro Monat ca. DM 170,– / öS 1200,– / sFr 140,– für 7 MB oder geschätzt 70 DIN-A4-Seiten
▪ **Statistiken über Web-Seiten** (Wie oft wurde eine bestimmte Web-Seite besucht?)	– einmalig ca. DM 170,– / öS 1200,– / sFr 140,– – pro Monat ca. DM 22,– / öS 150,– / sFr 18,–
▪ **Individuelle WWW-Applikation** (beratungsintensive Leistung!)	– meist > ca. DM 14.000,– / öS 100.000,– / sFr 12.000,– (sofern es sich um Datenbank-Anwendungen handelt, die mit Web-Seiten verknüpft werden sollen)

1.7.3 Sonstige typische Leistungen

▪ **Bereitstellung von E-Mail-Accounts**	– einmalig ca. DM 14,– / öS 100,– / sFr 12,– pro verwaltetem User – pro Monat ca. DM 10,– / öS 70,– / sFr 8,– pro verwaltetem User
▪ **Einrichtung und Verwaltung einer Newsgroup**	– einmalig ca. DM 300,– / öS 2000,– / sFr 240,– – pro Monat ca. DM 70,– / öS 500,– / sFr 60,–

Der größte Kostenfaktor bei der Präsenz im Internet ist meistens die laufende Pflege der Web-Seiten bzw. der WWW-Applikation, wogegen die Kosten der Telefonie sowie des Access- bzw. Service-Providers vernachlässigbar sind. Dennoch muß klar festgehalten werden, daß gerade die laufende und marktausgerichtete Pflege der Web-Seiten eine der wichtigsten Voraussetzungen für erfolgreiches Agieren im Internet ist!

1.8 Geschäfte übers Internet – heute oder erst morgen?

Sofern Sie sich dem Internet bereits genähert haben, indem Sie zum Beispiel selbst rund um die Welt „gesurft“ sind, so werden Sie früher oder später sicherlich auch mit dem Gedanken gespielt haben, nicht nur bloßer „Teilnehmer und Zuschauer“ des Internet zu sein.

Sie haben in diesem Fall sicherlich gedacht, sich selbst bzw. Ihr Unternehmen aktiv in das Netz der Netze einzubringen und dort zu verankern, um selbst über dieses Vehikel – weltweit sichtbar und präsent – Ihre Produkte oder Ihre Dienstleistungen anzubieten oder zumindest darauf hinzuweisen.

Ist jedoch schon der ideale Zeitpunkt gekommen, um diesen Schritt zu setzen? Oder soll man noch weitere Enwicklungsphasen und damit verbundene Chancen des kommerziellen Internet-Einsatzes abwarten?

Die heute über Internet abgewickelten Geschäfte sind gekennzeichnet von weltweit unterschiedlichen Rechtsordnungen, die auch durchaus additiv zur Anwendung kommen können. Dabei ist die Relevanz der einzelnen Rechtsordnungen und der Gesetze nicht immer vorhersehbar; auch ist die Rechtsprechung – bezogen auf geschäftlichen Einsatz – spärlich.

Demgegenüber steht heute die ganze Welt als ein geschlossener Markt, der zur Zeit im Begriff ist, aufgeteilt zu werden. Immer mehr Unternehmen drängen als Anbieter ins Netz und präsentieren sich und ihre Produkte/Dienstleistungen allen Internet-Teilnehmern. Naturgemäß haben es bereits etablierte Markenunternehmen mit hohem Bekanntheitsgrad wesentlich leichter, Kunden im Internet zu erreichen, denn es sind die interessierten Kunden selbst, die gezielt – meist über den Markennamen – auf den Homepages der Unternehmen landen.

Davon abgesehen bietet die Mehrzahl der Unternehmen im Internet Produkte und/oder Dienstleistungen an, die mehr oder weniger vergleichbar sind. Nachdem der Mensch grundsätzlich ein Gewohnheitstier ist, werden bei vergleichbaren Produkten/Dienstleistungen im Netz bereits jetzt Präferenzen geschaffen, Stammkunden gewonnen und die Weichen für künftige Geschäfte gestellt.

Sie überlegen also, grundsätzlich im Internet präsent zu sein? Dann haben Sie es in der Hand, die Weichen bereits heute zu Ihren Gunsten zu stellen – oder eben anderen das Feld zu überlassen!

Das Internet, das wir morgen erwarten können, wird einige der heute bestehenden Rechtsunsicherheiten und Problemstellungen zumindest lokal geregelt haben. Nationale und übernationale Initiativen haben sich das ehrgeizige Ziel gesetzt, für die brennendsten kaufmännischen und rechtlichen Problemstellungen bei der weltweiten Geschäftsabwicklung über Bits und Bytes eindeutige und sichere Regelungen zu finden. Die Normierungsansätze derartiger Initiativen sind grundsätzlich zu begrüßen. Wir müssen uns jedoch klar vor Augen halten, daß die meisten dieser Initiativen in erster Linie nur innerhalb bestimmter Rechtsordnungen Geltung finden sollen. Die darauffolgende Anwendung innerhalb desselben Sprachraumes als Handelsbrauch bietet sich an. Weiters darf nicht übersehen werden, daß es noch ein weiter Weg sein wird, die verbleibenden Probleme weltweit einheitlich zu behandeln und zu regeln.

In der Zwischenzeit macht der Markt nicht halt – im Internet „ansässige" Unternehmen aller Branchen ziehen Kundenpotentiale an sich und sind soeben dabei, auf diese Weise neue Stammkunden zu gewinnen. Sofern auch Sie Interesse haben, Ihre Kunden über Internet zu erreichen, ist es wohl klüger, schon heute im Netz Fuß zu fassen und es geschäftlich zu nutzen, als auf morgen (oder übermorgen) zu warten, bis ein Großteil der gesichteten Rechtsunsicherheiten – hoffentlich – weltweit geregelt sein wird.

Um rechtlich den einen oder anderen „Bauchfleck" zu vermeiden, finden Sie – sozusagen als „Rüstzeug" – auf den nächsten Seiten geeignete Vorsichtsmaßnahmen, um schon heute Ihre Geschäfte im Internet zu forcieren.

„Heute"	„Morgen"
☹ Rechtsproblemen kann nicht vollständig vorgebeugt werden (aber Risikominimierung möglich)	😐 (lokale) Regelung und Beseitigung nur bestimmter abgegrenzter Teilprobleme – den verbleibenden Rechtsproblemen kann nicht vollständig vorgebeugt werden (ebenfalls Risikominimierung möglich)
☺ beste Chancen, die Marktaufteilung aktiv mitzubestimmen	☹ Märkte sind weitgehend aufgeteilt und können nur schwer rückerobert werden

2 Angebote und Werbung im Internet

2.1 Wie kann ich im „Net“ werben?

Das Internet bietet vielfältige Möglichkeiten für Werbung:

- Die meisten Unternehmen stellen im WWW auf ihren eigenen Seiten sich selbst und ihre Produkte dar.
- Natürlich sind aber auch Werbeeinschaltungen im Informationsangebot anderer Anbieter möglich. Sogenannte Shopping Malls bzw. virtuelle Kaufhäuser, aber auch die Anbieter von Suchmaschinen und elektronische Ausgaben von Zeitungen bzw. Zeitschriften vermieten Werbefläche.
- Auch die Versendung von Werbenachrichten als elektronische Post und in Newsgroups ist möglich. Über sogenannte List-Server – Programme zur Verteilung von Mails an ganze Empfängergruppen – können große Personengruppen technisch problemlos erreicht werden. Manche Nachrichtendienste versenden auf diesem Weg, auch zeitungsähnliche Informationsangebote.
- Schließlich wird in der Regel jede Art von Informationsangebot im Netz ergänzt durch Hinweise in herkömmlichen Medien. Briefpapier, Produktkataloge, Visitkarten, Zeitungs- und Zeitschrifteninserate, Plakate usw. tragen heute schon zumeist Hinweise auf Internet-E-Mail-Adressen und die Adressen von WWW-Angeboten.

2.2 Das Recht der Werbung im Überblick

Grundsätzlich wird Werbung als Kommunikation gesehen und stellt daher als Teil des **Grundrechts auf Meinungsfreiheit**[8] ein verfassungsmäßiges Grundrecht dar. Zusätzlich ist die Freiheit der Werbung auch als Teil der Handels- und Dienstleistungsfreiheit gemäß Artikel 30, 59 EG-Vertrag zwischen den EU- und EWR-Staaten geschützt. Entgegenstehende nationale Gesetze sind also nur erlaubt, wenn sie eine zulässige Ausnahme zum Schutz des Lebens, der Gesundheit oder wichtiger Interessen vor allem der Konsumenten dienen.

Jede Rechtsordnung regelt Medien und Werbung mehr oder weniger intensiv. Die Regelungen können grob in folgende Gruppen eingeteilt werden:

- Für bestimmte Arten von Waren oder Dienstleistungen besteht ein teilweises oder vollständiges **thematisches Werbeverbot**. Werbung für ärztliche und medizinische Dienstleistungen und Waren unterliegt in vielen Ländern sehr einschränkenden Regelungen. Apotheken dürfen in Österreich nur in ihrem lokalen Bereich ausliefern und werben.[9] Werbung für Arzneimittel ist nur beschränkt zulässig und muß auf die Möglichkeit von Nebenwirkungen aufmerksam machen.[10] Auch Rechtsanwälte und Notare unterliegen teilweise Werbeverboten. Die Werbung für Suchtmittel und -gifte (Tabak, Alkohol, Haschisch ...) unterliegt in vielen Staaten der Welt Einschränkungen.
- Nicht jeder darf für alles werben. Es gibt also **persönliche Werbeverbote**. Denn die Durchführung von Werbemaßnahmen wird als eine Art der **Berufsausübung** gesehen. Es darf in der Regel nur derjenige werben, der auch zur Ausübung des Berufes bzw. zur Lieferung der beworbenen Waren zugelassen ist. In Österreich sind hier insbesondere die Regelungen der Gewerbeordnung zu nennen. In fast allen Ländern gibt es Regelungen über die Ausübung bestimmter Tätigkeiten wie medizinische Berufe, Banken, Versicherungen, Betrieb gefährlicher Anlagen usw.
- Eine weite Gruppe von Regelungen beschäftigt sich mit den **zulässigen oder notwendigen Inhalten** von Werbung. Hier sind einerseits die Regelungen des Presse- bzw. Medienrechts zu nennen. Andererseits enthält vor allem in Deutschland und Österreich das Gesetz gegen den Unlauteren Wettbewerb (kurz UWG) Regelungen über unzulässige Werbeaussagen, wobei das deutsche Werberecht wohl als das restriktivste der Welt anzusehen ist.[11] Insbesondere irreführende Aussagen und der direkte Vergleich mit dem Konkurrenten haben hier immer wieder zu Streitigkeiten geführt. In vielen Ländern der Welt sind Darstellungen sexuellen Inhalts, wie sie in der Werbung sehr häufig verwendet werden, ab einer gewissen Intensität anstößig und verboten.
- Auch die **technische Form der Werbung** kann als Eingriff in die Privatsphäre vor allem des Endverbrauchers gesehen werden. Insbesondere die

Werbung mittels Telefon, Telegramm, Telefax und E-Mail ist schon als unzulässig angesehen worden. Die Fernabsatzrichtlinie der EG wird hier wohl eine europäische Vereinheitlichung und in Deutschland und Österreich wahrscheinlich eine Lockerung der Verbote mit sich bringen.

- Zu achten ist bei der Nutzung von Bezeichnungen von Waren, Dienstleistungen und Unternehmen, daß keine fremden **Markenrechte oder Firmennamen** mißbraucht werden. Auch die Adressierung bzw. Benennung von Informationsseiten kann hier Probleme mit sich bringen.
- Schließlich ist auch darauf zu achten, daß Medieninhalte in der Regel **urheberrechtlich** geschützt sind. Das Kopieren von Inhalten der Mitbewerber, wie es insbesondere in elektronischen Medien sehr leicht möglich ist, kann zu Unterlassungsklagen und zu strafrechtlicher Verfolgung führen.
- Eng verknüpft mit Werbung ist oft auch das Sammeln und der Handel mit Informationen über werbliche Zielgruppen. Hier greifen die **Datenschutzgesetze** ein.

2.3 Vereinheitlichung des Werberechts durch die EU?

Unterschiedliche Regelungen in den einzelnen EU-Mitgliedstaaten behindern den grenzüberschreitenden Handel mit Waren und Dienstleistungen („Binnenmarkt"). Daher hat die EU schon recht früh begonnen, bestimmte Regeln für die Werbung europaweit zu vereinheitlichen. Dies bedeutet aber in der Praxis nur, daß die Angehörigen eines anderen EU-Mitgliedstaates ein Minimum an Werbefreiheit erhalten. Jedem Staat bleibt es auch in bezug auf das Recht der Werbung vorbehalten, die eigenen Angehörigen strengeren Regelungen zu unterwerfen. Diese sogenannte Inländerdiskriminierung findet vor allem in Deutschland und Österreich statt. Solange die Schweiz mit der EU nur assoziiert ist, ist das Recht der Werbung autonom geregelt.

Grundsätzlich geht das EU-Recht vom **Herkunftslandprinzip** aus. Artikel 30 EGV verbietet den Mitgliedstaaten mengenmäßige Einfuhrbeschränkungen sowie Maßnahmen gleicher Wirkung. Der Begriff „Maßnahmen gleicher Wirkung" wird vom EG-Gerichtshof sehr weit interpretiert. In der Leitentscheidung „Cassis de Dijon"[12] wurde etwa festgestellt, daß das deutsche Verbot des Vertriebs von Likören mit weniger als 25 % Alkohol nicht zum

Schutz irgendeines Rechtsgutes des Konsumenten oder des Staates notwendig war und daher das Verbot der Einfuhr des französischen Fruchtsaftlikörs Cassis de Dijon gegen den EG-Vertrag verstieß. Verallgemeinert bedeutet dies, daß in einem EG-Mitgliedstaat zulässige Produkte und Dienstleistungen in jedem anderen Mitgliedstaat beworben und verkauft werden dürfen. In der weiteren Rechtsprechung hat dieses Prinzip auch im Bereich der Werbung Anwendung gefunden. So wurde etwa entschieden, daß das Reinheitsgebot als Vertriebsvoraussetzung für Bier in Deutschland nur gegenüber deutschen Produzenten und Werbenden aufrechterhalten werden darf,[13] daß ausländische Produkte auch dann „Buttergebäck" heißen dürfen, wenn sie entgegen deutschen Regelungen nicht zu 100 % mit Butter hergestellt sind,[14] oder daß die österreichische Vorschrift, daß in Preislisten Preise in österreichischen Schilling anzugeben sind, nicht für Unternehmen gilt, die im Grenzgebiet zu Deutschland aus Deutschland Prospekte verteilen lassen.

Im Falle Yves-Rocher hat der EuGH das Verbot des früheren § 6e des deutschen UWG für EG-rechtswidrig beurteilt, nach dem es – auch für Werbung aus anderen Mitgliedstaaten – verboten war, den früheren Preis mit dem Angebotspreis zu vergleichen.

Neben dieser Prinzipregelung versucht die EU auch durch Vorgaben an die nationale Gesetzgebung in Form von Richtlinien das Werberecht an kritischen Punkten zu vereinheitlichen.

Die **Irreführungsrichtlinie**[15] legt fest, daß Personen oder Organisationen, die nach dem nationalen Recht ein berechtigtes Interesse an der Verhinderung irreführender Werbung haben, vor einem Gericht oder einer Verwaltungsbehörde die Möglichkeit haben müssen, die Einstellung dieser Werbung zu erzwingen. „Irreführende Werbung" ist dabei jede Werbung, die in irgendeiner Weise – einschließlich ihrer Aufmachung – die Personen, an die sie sich richtet oder die von ihr erreicht werden, täuscht oder zu täuschen geeignet ist und die infolge der ihr innewohnenden Täuschung ihr wirtschaftliches Verhalten beeinflussen kann oder aus diesen Gründen einen Mitbewerber schädigt oder zu schädigen geeignet ist. In Deutschland und Österreich wird das Gesetz gegen den Unlauteren Wettbewerb (UWG) als Umsetzung dieser Richtlinie angesehen. Problematisch bleibt in der Praxis, daß darüber hinausgehende Regelungen in der Richtlinie explizit vorgesehen sind und daß der Tatbestand der Irreführung des Konsumenten in jedem europäischen Land nach einem anderen Maßstab gemessen wird.

Vergleichende Werbung ist in manchen Ländern erlaubt, in vielen Staaten sehr kritisch, obwohl sie doch geeignet ist, Information für den Konsumenten zu bieten. Daher arbeitet die EG seit 1984 – bisher erfolglos – an einer Richtlinie zur Einführung der Zulässigkeit vergleichender Werbung. Der letzte Stand[16] möchte EU-weit die Zulässigkeit der vergleichenden Werbung klarstellen, soweit diese nicht irreführend ist. Verglichen werden sollen nur Waren oder Dienstleistungen für den gleichen Bedarf oder dieselbe Zweckbestimmung.

Die **Fernsehrichtlinie**[17] ist zwar derzeit auf Internet nur dort anwendbar, wo direkt Fernsehprogramme online gesendet werden, was technisch eher noch in den Kinderschuhen steckt. Sie zeigt aber den Umfang der zu erwartenden EU-Werberegelungen recht kompakt:

- Werbebeschränkungen existieren für Tabak und Alkohol.
- Beschränkungen hinsichtlich der Werbezeit am Gesamtangebot, hinsichtlich der Form der Werbung (keine subliminale und keine Schleichwerbung) und hinsichtlich der Werbung, die sich an Jugendliche richtet, sind vorgesehen.
- Sponsoring ist geregelt.
- Die Inhalte dürfen allgemein keine Rassen- oder Geschlechtsdiskriminierung mit sich bringen und keine Verhaltensweisen fördern, die Gesundheit, Sicherheit und Umweltschutz gefährden.

Es existieren eine ganze Reihe von Richtlinien über die Etikettierung, Aufmachung und teilweise auch Werbung für bestimmte Produkte. Hier sind weitergehende nationale Bestimmungen unzulässig.

Warnhinweise auf der Verpackung von **Tabakprodukten** sind in einer Richtlinie[18] vorgeschrieben.

Entsprechend werden in der EU durch die **Lebensmittelrichtlinie**[19] die Mindestinhalte der Aufschriften auf der Verpackung geregelt und auch irreführende Aufschrift und Werbung verboten, die geeignet ist, dem Konsumenten besondere Eigenschaften eines Lebensmittels vorzutäuschen, die aber auch alle anderen Lebensmittel derselben Gattung besitzen.

Zwei Richtlinien regeln die **Mindestangaben auf Verbraucherverpackungen**[20] betreffend Inhalt und Menge.

Ursprungsbezeichnungen können auf Antrag vornehmlich von Vereinigungen EU-weit für bestimmte Produkte, erzeugt in einem genau festgelegten Gebiet, nach einer Verordnung des Rates[21] vorbehalten werden.

Vergabe und Verwendung des EU-**Umweltzeichens** wird in einer Verordnung[22] geregelt.

Im Bankwesen ist vor allem die **Verbraucherkreditrichtlinie** und die Empfehlung der Kommission zur Transparenz der Bankkonditionen[23] zu nennen.

Allgemeine Regelungen über **Haustürgeschäfte** enthält die „Richtlinie betreffend den Verbraucherschutz im Fall von außerhalb geschlossener Geschäftsräume geschlossenen Verträgen".[24]

Die Mindestangaben über Reiseangebote und Werbung sind in der **Pauschalreiserichtlinie**[25] geregelt.

Wichtigstes EG-Dokument zum Verbraucherschutz bei Internet-Geschäften ist die **Fernabsatzrichtlinie.**[26] Diese Konsumentenschutzrichtlinie fordert die Mitgliedstaaten dazu auf, Anbietern von Waren und Dienstleistungen im Wege des Vertriebes über beliebige Fernkommunikationsmittel (Brief, Telefon, Internet) bis spätestens Juni 2000 folgende Pflichten aufzuerlegen:

- ausreichende Information des Konsumenten vor Vertragsabschluß;
- schriftliche bzw. dauerhafte Information zum Beispiel über Identität des Anbieters spätestens bei Lieferung;
- Widerrufsrecht binnen sieben Tagen (diese Frist kann von den Mitgliedstaaten verlängert werden) ohne Vertragsstrafe (drei Monate bei mangelnder Information des Verbrauchers);
- Vertragserfüllung spätestens nach 30 Tagen;
- bei Zahlung mittels Karte Stornierung im Fall betrügerischer Verwendung;
- Verbot der Zusendung unbestellter Waren an Verbraucher sowie Freistellung der Verbraucher von jedweder Pflicht zur Aufbewahrung oder ähnlichem in einem solchen Fall;
- vorherige Zustimmung für Verwendung von Kommunikation mit Automaten als Gesprächspartner (Voice-Mail-System) und Telefax notwendig;
- andere Fernkommunikationstechniken zulässig, wenn nicht offenkundig durch Verbraucher abgelehnt.

Für bestimmte Arten von Geschäften sind manche oder alle Bestimmungen der Fernabsatzrichtlinie nicht anwendbar, insbesondere für bestimmte Finanzdienstleistungen, Geschäfte mit Warenautomaten, Immobiliengeschäfte, teilweise Lieferung von Lebensmitteln und anderen verderblichen oder schwer zurücknehmbaren Waren. Der Text der Richtlinie ist im Anhang 3 (ab Seite 189) abgedruckt.

Der Handel mit Daten über bestimmte Kundengruppen spielt in der Werbung eine wichtige Rolle. Das Internet ist außerdem ein hervorragendes Mittel, um das Verhalten des Abrufers zu erkunden. Daher stellt auch die Vereinheitlichung des **Datenschutzrechts** durch die Richtlinie 95/46/EG[27] einen wichtigen Schritt in Richtung Binnenmarkt dar. Im Gegensatz etwa zum österreichischen Datenschutzgesetz schützt sie nur die Daten natürlicher Personen, nicht aber von Firmen, und kennt absolute Verarbeitungsverbote (Religion, Rasse ...). Sie vereinheitlicht die Mindestanforderungen der Benachrichtigung des Betroffenen über die Tatsache, daß über ihn Daten verarbeitet werden, und räumt ihm das Recht ein, gegen die Nutzung der ihn betreffenden Daten zu Zwecken der Direktwerbung kostenfrei Widerspruch zu erheben.

Das Problem der **Sprache** ist im EG-Recht bis dato noch nicht allgemein geregelt. In einer Mitteilung der Kommission betreffend den Sprachengebrauch für die Information der Verbraucher[28] werden vor allem die für den Verbraucher wichtigen Hinweise auf Gefahren und Montageanweisungen in bezug auf deren Sprache diskutiert. Mehr als die Hälfte der Mitgliedstaaten sind der Meinung, daß die Information der Verbraucher in ihrer eigenen Sprache erfolgen müsse.

2.4 Internationale Bestrebungen zur Vereinheitlichung des Werberechts

Nach einigen aufsehenerregenden Fällen von Beschlagnahme bei Internet-Providern in den USA, Frankreich und Deutschland hat die Internationale Handelskammer im Frühjahr 1996 „ICC Guidelines on Interactive Marketing Communications“ verabschiedet, die derzeit als Vorschlag für eine internationale Selbstregulierung der Werbewirtschaft nach üblichem US-amerikanischen Muster anzusehen ist.[29] In Europa wird dies allerdings an den nationalen Rechtsprechungen noch nichts ändern.

Diese Richtlinien sollen hier zu Referenzzwecken kurz wiedergegeben werden.

Allgemeine Regeln:

- „All commercial communications should be legal, decent, honest und truthful.“
- Anwendbar soll auf jede Kommunikation das Recht des Sendelandes sein, was der derzeitigen Gesetzeslage und Rechtsprechung direkt widerspricht.

Konkrete Regeln:

- Der Absender jeder Art von Kommunikation soll sich klar identifizieren.

- Keine Werbung über Newsgroups und Bulletin Boards, soweit dort nicht explizit erlaubt.
- Werbung über E-Mail nicht an Benutzer, die sich dagegen ausgesprochen haben.
- Klarer Hinweis auf Kosten der Nutzung von Online-Kommunikationsdiensten.
- Sorgsamer Umgang mit Kundendaten.

2.5 Werbung: Welches Recht gilt?

Die Vereinheitlichung des Werberechts ist in der EU noch nicht allzuweit fortgeschritten. Im amerikanischen Raum herrschen teilweise gänzlich andere Sitten und Regeln. Wirbt also zum Beispiel ein Unternehmen mit Sitz in Belgien mittels E-Mail an deutsche und italienische Internet-Mail-Adressen und fühlen sich ein deutsches und ein italienisches Unternehmen deshalb durch unlauteren Wettbewerb bedroht, stellen sich die folgenden Fragen:

- Das Recht welchen Staates ist auf die Werbehandlungen eines Internet-Anbieters anzuwenden (Internationales Privatrecht)?
- Vor welchem Gericht sind eventuelle Regelverstöße durchzusetzen (Internationale Zuständigkeit, Internationales Zivilprozeßrecht)?
- Nach welchen Verfahrensregeln ist der Prozeß durchzuführen?
- Wie und durch wen können Entscheidungen der Gerichte zwangsweise durchgesetzt („vollstreckt“) werden?

Diese Fragen sind nicht immer leicht zu klären und führen unter Umständen dazu, daß in zwei Staaten gleichzeitig Prozesse über dieselbe Sache stattfinden oder daß sich gar kein Gericht für zuständig erklärt. In der Praxis kann man davon ausgehen, daß die internationale Durchsetzung von Rechtsansprüchen immer schwieriger und teurer ist als die Durchsetzung im eigenen Land gegen einen Mitbewerber im selben Land.

Daher wird jeder Betroffene bzw. dessen Anwalt bei internationalen Fällen versuchen, möglichst im eigenen Land zu klagen. In obigem Fall wird der deutsche Anwalt in Deutschland Klage einbringen, der italienische in Italien – solange keine gewichtigen Gründe dagegen sprechen. Solche Gründe könnten sein:

- Das internationale Prozeßrecht weist die Zuständigkeit einem anderen Land zu. Dies ist vor allem durch das europäische Übereinkommen über die Zuständigkeit und Vollstreckung gerichtlicher Entscheidungen in Zivil- und Handelssachen vom 27. 9. 1968 (EuGVÜ) für viele Fälle passiert.
- Der Fall hat gar keinen Bezug zum eigenen Land. Bei Werbung des Belgiers in England könnte dies etwa der Fall sein.
- Das ausländische Zivilprozeß- oder Zivilrecht ist günstiger.
- Die Urteile im eigenen Land könnten nicht gegen den Beklagten vollstreckt werden. So ist es etwa sinnlos, in Österreich einen Zivilprozeß gegen ein US-amerikanisches Unternehmen zu führen, das auch kein Vermögen in Österreich besitzt: Das Urteil wird mangels Abkommen in den USA nicht vollstreckt. In Deutschland werden US-Urteile nur nach einer Vollstreckungsklage im Inland vollstreckt.

Im EU-Raum ist die internationale Zuständigkeit durch das EuGVÜ relativ klar auch für Wettbewerbssachen geregelt. Für die europäischen Nicht-EU-Staaten wie die Schweiz und derzeit auch noch für Österreich[30] gilt im Verhältnis zu anderen europäischen Staaten das weitgehend parallele Luganer Übereinkommen: Grundsätzlich ist das Gericht am Sitz bzw. Wohnsitz bzw. am Ort der für diesen Fall tätigen Niederlassung des Beklagten zuständig. Wurde – etwa bei Abschluß eines Vertrages oder bei Auftreten einer Meinungsverschiedenheit – eine Gerichtsstandvereinbarung getroffen, geht diese vor. Im Fall von Vertragsverletzungen kann zusätzlich auch vor dem für den Erfüllungsort zuständigen Gericht geklagt werden. Bei Klagen aus unerlaubten Handlungen – also insbesondere wegen unlauteren Wettbewerbs – ist eine Klage zusätzlich in dem Land möglich, in dem das schädigende Ereignis eingetreten ist.

Das Verfahren selbst wird dann nach der Zivilprozeßordnung des zuständigen Gerichtslandes durchgeführt. Die Rechtsanhängigkeit von Parallelverfahren im Ausland ist in der Regel dann beachtlich, wenn das dort ergehende Urteil voraussichtlich im Inland anerkannt wird. Nach dem EuGVÜ hat sich das später angerufene Gericht für unzuständig zu erklären. Etwa anwendbares ausländisches Recht ist von Amts wegen zu ermitteln.

Dann ist zu prüfen, welches materielle Recht anzuwenden ist. Das kann entweder supranationales Recht – etwa eine EG-Verordnung – sein, die direkt im gesamten EU-Raum gilt. Das kann aber auch das Recht des Sitzlandes des Werbenden sein oder das Recht des Landes, in dem sich die Werbung am Markt auswirkt. Die Regelungen darüber finden sich im Internationalen Privatrecht des Landes, dessen Gericht angerufen wird. In Deutschland sind diese Regeln teilweise im Einführungsgesetz zum BGB (EGBGB) zusammengefaßt. Eine Regelung für das Werberecht fehlt. Die herrschende Meinung geht von der Anwendbarkeit des Rechtes des Marktes aus, auf den sich die Werbung auswirkt.[31] In Österreich ist das IPR im Gesetz über das Internationale Privatrecht (IPRG) zusammengefaßt. Nach § 48 Absatz 2 IPRG sind durch österreichische Gerichte Schadenersatz- und andere Ansprüche aus unlauterem Wettbewerb nach dem Recht des Staates zu beurteilen, auf dessen Markt sich der Wettbewerb auswirkt.

Die Vollstreckung ausländischer Entscheidungen – etwa durch Exekution auf das Vermögen des im Zivilprozeß Unterlegenen – richtet sich in Europa wieder nach EuGVÜ bzw. Luganer Übereinkommen, sonst nach den nationalen Vorschriften. Die Vollstreckung europäischer Gerichtsentscheidungen in den USA und umgekehrt ist oft rechtlich oder zumindest praktisch undurchführbar.

2.6 Die medienrechtliche Einordnung des Internet

2.6.1 Internet: Was könnte das Medium im Sinne des Medienrechts sein?

Eine einheitliche Klassifikation des Internet im Medienrecht wird sich aufgrund der unterschiedlichen Nutzungsarten wohl in keiner Rechtsordnung sinnvoll durchführen lassen.

Electronic Mail ist wohl analog zur Briefpost dann kein medienrechtlich relevantes System, wenn hier Kommunikation eins zu eins oder in kleinen Gruppen stattfindet. Werden laufend zeitschriftenähnliche Inhalte von einem Verfasser an eine größere Gruppe von Empfängern verbreitet, liegt wohl ein Mediendienst vor, der sinnvollerweise wie eine Zeitung oder Zeitschrift behandelt werden sollte. Auch die Bereitstellung eines meinungsbildenden Informationsangebotes im WWW – zum Beispiel die elektronische Version einer Zeitung – ist wohl als Medium zu betrachten, selbst wenn die alten Gesetze vieler Länder aufgrund ihrer Einengung auf das Medium Papier WWW-

Angebote noch nicht umfassen. Auch im UseNet können medienrechtlich nicht relevante Diskussionen ohne einen Herausgeber geführt werden. Es gibt aber auch zeitschriftenähnliche Dienste. Wird schließlich ein Radio- oder Fernsehprogramm in Echtzeit über das Netz gesendet, liegt wohl Rundfunk bzw. Fernsehrundfunk vor.

2.6.2 Das Internet im deutschen Medienrecht und im Informations- und Kommunikationsdienste-Gesetz (IuKDG) sowie im Staatsvertrag über Mediendienste

In Deutschland ist das Medienrecht Landessache und daher uneinheitlich geregelt. Die Landespressegesetze beschäftigen sich nur mit „Druckwerken" und sind daher auf die elektronische Verbreitung von Nachrichten nicht anwendbar. Dies hat schon bei Einführung des Bildschirmtextsystems (Btx) der deutschen Bundespost in den achtziger Jahren dazu geführt, daß für dieses Medium seit 1983 ein eigener Staatsvertrag zwischen den deutschen Ländern und damit einheitliche Regelungen für alle (alten) Bundesländer geschaffen wurden. Da dieser Staatsvertrag aber schon in der Begriffsbestimmung von „Bildschirmtext" und „Bildschirmtextvermittlungen" spricht, ist er auf Internet allgemein nicht anwendbar. Daher soll zwischen den Bundesländern noch 1997 ein „Staatsvertrag über Mediendienste" abgeschlossen werden, der den Bildschirmtext-Staatsvertrag, nicht aber den Rundfunkstaatsvertrag ersetzt. Der Text ist im Anhang 2 (ab Seite 177) wiedergegeben.

Dieser Staatsvertrag wird in jedem Bundesland durch Landesgesetz kundgemacht[32] und regelt die grundlegenden Fragen jedes Medienrechts nicht nur für Internet, sondern auch Teleshopping über Fernsehen und ähnliches. Der Staatsvertrag führt eine Art Impressumspflicht (§ 6 „Anbieterkennzeichnung"), die Pflicht zur Kennzeichnung von Werbung (§ 9) und eine Gegendarstellungspflicht (§ 10) für Anbieter ein. Anbieter sind nicht nur die Personen, die die Inhalte bereitstellen (Content-Provider), sondern auch die Personen, die eigene oder fremde Mediendienste zur Nutzung bereithalten oder den Zugang zur Nutzung vermitteln, also insbesondere Access-Provider. Diese haben zudem die Pflicht, ihnen bekannte gesetzwidrige Inhalte soweit technisch möglich und zumutbar zu sperren (§ 5). Am ausführlichsten wird der Datenschutz geregelt.

Artikel 1 des Informations- und Kommunikationsdienstegesetzes (IuKDG), das Teledienstegesetz, beschäftigt sich mit der Haftung des Anbieters von

Telediensten für Inhalte und versucht, die Haftung in drei Schritten zu regeln: Für eigene Inhalte ist jeder Diensteanbieter (Content-Provider) nach den allgemeinen Gesetzen verantwortlich. Für fremde Inhalte ist auch der verantwortlich, der sie zur Nutzung bereithält (Service-Provider), soweit er von den Inhalten Kenntnis hat und die Verhinderung der Nutzung technisch möglich und zumutbar ist. Diensteanbieter, die lediglich den Zugang zur Nutzung fremder Inhalte anbieten (Access-Provider), sind für solche Inhalte nicht verantwortlich. (Text des IuKDG siehe Anhang 1, Seite 157 ff.)

2.6.3 Das Internet im österreichischen Mediengesetz

In Österreich ist die Rechtslage einfacher, da Medienrecht Bundessache ist. Zudem ist das Mediengesetz 1981 schon in Hinblick auf zukünftige Kommunikationsformen relativ unabhängig vom Verbreitungsmittel verfaßt worden. Informationsangebote im Internet stellen ein „Mittel zur Verbreitung von Mitteilungen oder Darbietungen mit gedanklichem Inhalt in Wort, Schrift, Ton oder Bild an einen größeren Personenkreis im Wege der Massenherstellung oder der Massenverbreitung" und damit ein Medium im Sinne des § 1 Z. 1 des österreichischen Mediengesetzes (MedG) dar. Damit gelten die Sonderbestimmungen über die Verfolgung von Medieninhaltsdelikten und über den Persönlichkeitsschutz gemäß §§ 6–8 MedG mit Sonderentschädigungen bis öS 500.000,– für üble Nachrede, Beschimpfung, Verspottung, Verleumdung, Verletzung des höchstpersönlichen Lebensbereiches und Schutz vor der Bekanntgabe der Identität in besonderen Fällen auch für inländische (§ 50 MedG) Medieninhaber im Internet.

Meinungsbildende Inhalte, die mindestens viermal im Jahr wiederkehrend verbreitet werden, stellen auch im Internet ein periodisches Medium dar.

Medienwerk ist im österreichischen Mediengesetz definiert als „ein zur Verbreitung an einen größeren Personenkreis bestimmter, in einem Massenherstellungsverfahren in Medienstücken vervielfältigter Träger von Mitteilungen oder Darbietungen mit gedanklichem Inhalt", der bei Internet gerade nicht vorliegt.

Medieninhaber (Verleger) ist, „wer ein Medienunternehmen oder einen Mediendienst betreibt oder sonst das Erscheinen von Medienwerken durch Inverkehrbringen der Medienstücke besorgt". Dieser Begriff ist beim Internet schwer zu fassen. Analog zur Diskussion um den Begriff des Medieninhabers bei Bildschirmtext muß aber wohl das WWW-Angebot in Zuständigkeitsbereiche geteilt werden. Medieninhaber ist derjenige, der ein bestimmtes WWW-Seitenangebot inhaltlich gestaltet und in das Netz einbringt.

Schwieriger ist die Feststellung eines Medieninhabers bei freien Diskussionsgruppen etwa im Usenet, wo ohne Zensur jeder seine Meinung zu beliebigen Themen äußern kann. Hier ist wohl der Betreiber des Rechners, auf dem die Meinungen in einen Diskussionsfaden zusammengefaßt werden, als Medieninhaber anzusehen.

Interessant beim österreichischen Mediengesetz ist, daß die wichtigsten Bestimmungen nur auf Medien inländischer Medienunternehmen anwendbar sind oder auf Medien, die zur Gänze oder nahezu ausschließlich im Inland verbreitet werden. Dies dürfte gerade bei Internet-Informationsangeboten aber nicht zutreffen. Der deutsche Mediendienste-Staatsvertrag gilt wiederum offenbar für alle Internet-Angebote, was aber ausländischen Anbietern mangels Sanktionsmöglichkeiten relativ egal sein dürfte.

2.6.4 Recht auf Gegendarstellung im Internet

Ein Recht des Betroffenen auf Veröffentlichung seiner Sicht der Sache existiert in Deutschland für Printmedien und Rundfunk. Der § 10 des Mediendienste-Staatsvertrages führt eine entsprechende Pflicht auch für elektronische journalistisch-redaktionell gestaltete Medienangebote ein.

In Österreich enthält § 9 MedG das Recht auf Gegendarstellung des Betroffenen bei Tatsachenmitteilungen. Dieses Recht besteht aber nicht bei Medien eines Staates, bei Medien wie Schülerzeitungen oder internen Zeitungen wirtschaftlicher Vereinigungen und bei Medien ausländischer Medienunternehmen.

2.6.5 Internet-Angebote als Rundfunk?

Österreich ist eines der letzten demokratischen Länder mit grundsätzlichen Beschränkungen der Rundfunkfreiheit, was auch vom Europäischen Gerichtshof für Menschenrechte schon gerügt wurde.[33] Das BVG vom 10. 7. 1974 über die Sicherung der Unabhängigkeit des Rundfunks definiert in Artikel I Absatz 1: „Rundfunk ist die für die Allgemeinheit bestimmte Verbreitung von Darbietungen aller Art in Wort, Ton und Bild unter Benützung elektrischer Schwingungen ohne Verbindungsleitung bzw. längs oder mittels eines Leiters ..." und setzt in Artikel I Absatz 3 fort: „Rundfunk ist eine öffentliche Aufgabe". Aufgrund aktueller Urteile des Verfassungsgerichtshofes zum Regionalradiogesetz[34] und zum Kabelrundfunk[35] zeichnet sich hier allerdings eine Aufweichung ab.

Internet könnte als Rundfunk und damit als Rechtsverletzung der Fast-Monopolrechte gedeutet werden. Allerdings ist der Rundfunkbegriff nach herrschender Meinung nur dann gegeben, wenn

- eine aktive Programmschöpfung vorliegt (also zum Beispiel nicht reine Weiterleitung von Programminhalten wie im Kabel-TV),
- kein Einfluß des Konsumenten auf Inhalte stattfindet (nicht Video-on-Demand oder Internet-WWW),
- die Sendung an die Öffentlichkeit bzw. Allgemeinheit gerichtet ist (also nicht BILLA-Radio MAX),
- die Inhalte meinungsbildungsrelevant sind.

Bei praktisch allen elektronischen Medien im Internet werden einer oder mehrere dieser Punkte nicht zutreffen. Insbesondere stellt also WWW keinen Rundfunk dar. Eine Ausnahme sind natürlich über Internet gesendete Rundfunkprogramme.

2.7 Besondere Regeln für die Werbung für bestimmte Waren und Leistungen

2.7.1 Was ist bei Werbung für Lebensmittel zu beachten?

Ursprungsbezeichnungen können auf Antrag vornehmlich von Vereinigungen EU-weit für bestimmte Produkte, erzeugt in einem genau festgelegten Gebiet, nach der Verordnung zum Schutz von geographischen Angaben und Ursprungsbezeichnungen für Agrarerzeugnisse und Lebensmittel[36] vorbehalten werden. Der unbefugte Gebrauch solcher Ursprungsbezeichnungen kann neben zivilrechtlichen auch verwaltungsstrafrechtliche bzw. strafrechtliche[37] Folgen haben.

In den USA wurde mit dem National Labeling and Education Act, Public Law 101–535 aus 1992, allgemein der Mindestinformationsgehalt von Lebensmitteletiketten geregelt. Section 3 beinhaltet Regelungen betreffend Aussagen über den medizinischen Wert der Lebensmittel. Entsprechend werden in der EU durch die **Lebensmittelrichtlinie**[38] die Mindestinhalte der Aufschriften auf der Verpackung geregelt. Gemäß Artikel 2 dieser Richtlinie haben alle EU-Mitgliedstaaten Werbung zu verbieten, die geeignet ist, den Käufer über Herkunft, Menge, Gewicht und Haltbarkeit von Lebensmitteln irrezuführen, die Bezug nimmt auf angebliche **gesundheitliche Wirkungen** von Lebensmitteln[39] oder die geeignet ist, dem Konsumenten besondere Eigenschaften eines Lebensmittels vorzutäuschen, die aber auch alle anderen Lebensmittel derselben Gattung besitzen.

2.7.2 Darf im Internet für ärztliche und medizinische Dienstleistungen geworben werden?

Werbung für ärztliche und medizinische Dienstleistungen und Waren unterliegt in vielen Ländern sehr einschränkenden Regelungen. So wurde die Werbung eines deutschen Zahnarztes im Internet schon von seiner Standesvertretung mit teilweisem Erfolg beanstandet.[40] Apotheken dürfen in Österreich nur in ihrem lokalen Bereich ausliefern und werben.[41] Daraus folgt, daß sie auch keine überregionale Werbung machen dürfen.

Werbung für Arzneimittel ist in in den meisten Staaten der Welt nur beschränkt zulässig und muß auf die Möglichkeit von Nebenwirkungen aufmerksam machen.[42] Werbung für verschreibungspflichtige Arzneimittel muß für die USA den Namen des Arzneimittels, die chemische Zusammensetzung sowie eine Zusammenfassung aller möglichen Gegenanzeigen und Nebenwirkungen enthalten.[43]

2.7.3 Werbung für Suchtmittel (Alkohol, Tabak, Rauschgifte) im Internet?

Die Werbung für Suchtmittel und -gifte (Tabak, Alkohol, Haschisch ...) unterliegt in vielen Staaten der Welt Einschränkungen.

Der Vertrieb von Rauschgiften ist in den meisten Staaten der Welt noch immer ein gerichtlich strafbares Delikt, die Werbung dafür unter Umständen Anstiftung zur Begehung einer strafbaren Handlung bzw. in Deutschland und Österreich ein Spezialdelikt des Suchtgiftrechts.[44]

Auf EU-Ebene existieren nur in der Fernsehrichtlinie Regelungen betreffend die Werbung für **Alkoholika**. Danach ist vor allem die Vorspiegelung der

Tatsache anstößig, Alkohol fördere sozialen Erfolg oder wirke stimulierend. Alkoholwerbung mit Kindern und Jugendlichen ist im Fernsehen verboten. Bestimmte Regelungen finden sich im deutschen und österreichischen Weingesetz. Vor allem die Täuschung des Konsumenten über Herkunft und Qualität soll damit unterbunden werden.

Werbung für alkoholische Getränke ist in den USA erlaubt. Der Werbende muß allerdings in der Werbung mit Namen und Ort genannt werden. Irreführende Werbung ist hier besonders verboten. Je nach Bundesstaat existieren detaillierte Regelungen.

Werbung für bestimmte oder alle Tabakwaren ist in Radio und Fernsehen in den USA[45] generell verboten. Warnhinweise auf der Verpackung von **Tabakprodukten** sind in einer EU-Richtlinie[46] vorgeschrieben. In den USA sind solche Warnhinweise bei Zigarettenwerbung allgemein vorgeschrieben.[47]

2.7.4 Werbung für Finanzdienstleistungen

Auch die Werbung für Finanzdienstleistungen unterliegt in vielen Ländern speziellen Regelungen. Besonders im Bereich Verbraucherkredite und grenzüberschreitende Überweisungen sehen einschlägige EU-Richtlinien auch in Werbeaussagen Mindestinformationen an den Verbraucher vor.

2.7.5 Werbung für die Leistungen von Freien Berufen

Lange Tradition hat bei den sogenannten „Freien“ (also nichtgewerblichen) Berufen das Werbeverbot. Dieses wurde für Rechtsanwälte in den USA 1977 aufgehoben. In Europa ist dieser Prozeß erst in Gang. Werbeverbote verstoßen wohl gegen das Grundrecht der Dienstleistungsfreiheit und gegen EG-Recht, auch wenn sie formal noch in manchen Fällen aufrecht sind. Betroffen sind dadurch unter Umständen Notare, Rechtsanwälte, Ziviltechniker, Ärzte usw.

2.7.6 Vereinfachung in der EU durch das Herkunftslandprinzip

Grundsätzlich geht das EU-Recht vom **Herkunftslandprinzip** aus. Artikel 30 EGV verbietet den Mitgliedstaaten mengenmäßige Einfuhrbeschränkungen sowie Maßnahmen gleicher Wirkung. Der Begriff „Maßnahmen gleicher Wirkung“ wird vom EuGH sehr weit interpretiert. In der Leitentscheidung „Cassis de Dijon“[48] wurde etwa festgestellt, daß das deutsche Verbot des Vertriebs von Likören mit weniger als 25 % Alkohol nicht zum Schutz irgendeines Rechtsgutes des Konsumenten oder des Staates notwendig war und daher das Verbot der Einfuhr des französischen Fruchtsaftlikörs Cassis de Dijon gegen den EG-Vertrag verstieß. Verallgemeinert bedeutet dies, daß im allgemeinen in einem EU-Mitgliedstaat zulässige Produkte und Dienstleistungen in jedem anderen Mitgliedstaat beworben und verkauft werden dürfen. In der weiteren Rechtsprechung hat dieses Prinzip auch im Bereich der Werbung Anwendung gefunden. So wurde etwa entschieden, daß das Reinheitsgebot als Vertriebsvoraussetzung für Bier in Deutschland nur gegenüber deutschen Produzenten und Werbenden aufrechterhalten werden darf,[49] daß ausländische Produkte auch dann „Buttergebäck“ heißen dürfen, wenn sie entgegen deutschen Regelungen nicht zu 100 % mit Butter hergestellt sind,[50] oder daß die österreichische Vorschrift, daß in Preislisten Preise in österreichischen Schilling anzugeben sind, nicht für Unternehmen gilt, die im Grenzgebiet zu Deutschland aus Deutschland Prospekte verteilen lassen.

Im Falle Yves-Rocher hat der EuGH das Verbot des früheren § 6e des deutschen UWG für EG-rechtswidrig beurteilt, nach dem – auch für Werbung aus anderen Mitgliedstaaten – es verboten war, den früheren Preis mit dem Angebotspreis zu vergleichen.

2.8 Notwendige und unzulässige Inhalte von Werbeinformationen

2.8.1 Unterliegen Internet-Informationsangebote der Impressumspflicht?

Für Druckmedien besteht in praktisch allen Ländern der westlichen Welt die Pflicht zur Bekanntgabe des Medieninhabers oder Herausgebers.

Informationsangebote im Internet unterlagen in Deutschland bis zum Inkrafttreten des Staatsvertrages über Mediendienste und der entsprechenden Landesgesetze keiner Impressumspflicht, da das Presserecht nur auf Druckmedien anwendbar ist und das Internet wohl auch nicht Bildschirmtext im Sinne des Bildschirmtext-Staatsvertrages ist. Gemäß Artikel 6 des Staatsvertrages haben Anbieter für ihre Angebote den eigenen Namen und die Anschrift, unter Umständen einen Vertretungsberechtigten und bei journalistisch-redaktionell gestalteten Angeboten auch den Namen des Verantwortlichen anzugeben.

In Österreich ist das Medienrecht Bundessache. Das Mediengesetz ist für jede Art von Medium anwendbar, auch auf Internet-WWW-Angebote. Ein Impressum ist aber nicht gefordert, da dies nur für Medienwerke, die in Form von Werkstücken verbreitet werden, und für Rundfunksendungen vorgesehen ist. Eine Änderung dieser Regelung ist aber zu erwarten.[51]

Allerdings sind für inländische periodische Medien gemäß § 25 MedG einmal jährlich Anschriften des Medieninhabers (Verlegers) und der Redaktion sowie Name und Anschrift des Herausgebers, Eigentumsverhältnisse, Beteiligungen und grundlegende Richtung zu veröffentlichen. Für ein Internet-Angebot kann dies offenbar nur durch Einschaltung in der Wiener Zeitung erfolgen.

In den USA verlangt die Federal Communications Commission (FCC) – ohne spezielle gesetzliche Grundlage – ein Impressum für Rundfunk- und Fernsehsendungen und wird für andere öffentliche Kommunikationsformen wohl bald auch eine Bekanntgabe des Verantwortlichen fordern.

2.8.2 Kennzeichnung von Werbung für andere in WWW-Informationsangeboten?

Fast alle Medienrechtsordnungen verlangen, daß in Informationsangeboten Werbung klar vom redaktionellen Inhalt getrennt und als solche gekennzeichnet wird. Dies sollte wohl auch für den Fall gelten, daß in einem WWW-Informationsangebot Werbung für Produkte und Dienstleistungen eines Dritten gegen Geld gemacht wird.

In Deutschland führt § 9 des Mediendienste-Staatsvertrages die Regel ein, daß Werbung als solche klar erkennbar sein muß und vom übrigen Inhalt der Angebote eindeutig zu trennen ist.

Das österreichische Mediengesetz kennt eine Kennzeichnungspflicht für entgeltliche Veröffentlichungen in periodischen Medien, also in Medien, die jährlich mindestens viermal erscheinen. Im Internet sollte also ein mehr als dreimal jährlich erneuertes Informationsangebot die Anwendung der Kennzeichnungsregelung erwägen. Die Pflicht gilt allerdings nur für inländische, also in Österreich erstellte und ins Netz eingespeiste Informationsangebote.[52]

Auch die USA kennen für die Kennzeichnung von Werbung derzeit nur Regelungen betreffend Rundfunk und Fernsehen.

2.8.3 Irreführende Werbung

Die **Irreführungsrichtlinie**[53] legt fest, daß Personen oder Organisationen, die nach dem nationalen Recht ein berechtigtes Interesse an der Verhinderung irreführender Werbung haben, vor einem Gericht oder einer Verwaltungsbehörde die Möglichkeit haben müssen, die Einstellung dieser Werbung zu erzwingen. „Irreführende Werbung“ ist dabei jede Werbung, die in irgendeiner Weise – einschließlich ihrer Aufmachung – die Personen, an die sie sich richtet oder die von ihr erreicht werden, täuscht oder zu täuschen geeignet ist und die infolge der ihr innewohnenden Täuschung ihr wirtschaftliches Verhalten beeinflussen kann oder aus diesen Gründen einen Mitbewerber schädigt oder zu schädigen geeignet ist.

In Deutschland und Österreich wird das Gesetz gegen den Unlauteren Wettbewerb (UWG) als Umsetzung dieser Richtlinie angesehen. Auch in der Schweiz gibt das UWG eine Handhabe gegen unlautere Werbemethoden. Problematisch bleibt in der Praxis, daß darüber hinausgehende Regelungen in der Richtlinie explizit vorgesehen sind und daß der Tatbestand der Irreführung des Konsumenten in jedem europäischen Land nach einem anderen Maßstab gemessen wird.

Im Detail ermöglichen alle Gesetze der drei deutschsprachigen Staaten gegen den Unlauteren Wettbewerb, durch eine Generalklausel[54] gegen Handlungen zu Zwecken des Wettbewerbs, die gegen die guten Sitten verstoßen, durch Klage auf Unterlassung und Schadenersatz vorzugehen. Zu diesen Generalklauseln existiert eine Unzahl von kasuistischer Rechtsprechung, die hier nicht erschöpfend dargestellt werden kann. Die wichtigsten Regelungen sind dann in den folgenden Paragraphen bzw. Artikeln genauer dargelegt. Klagsberechtigt sind in der Regel Mitbewerber, Interessenvertretungen, nicht aber getäuschte Konsumenten. Diese erhalten allerdings in Deutschland ein Rücktrittsrecht vom Vertrag.[55]

Inbesondere kann in Deutschland, Österreich und der Schweiz auf die Unterlassung irreführender Angaben über Beschaffenheit, Ursprung, Herstellungsart, Preisbemessung von Waren und Dienstleistungen, über Preislisten, die Art des Bezugs oder die Bezugsquelle von Waren, über den Besitz von Auszeichnungen, über den Anlaß oder Zweck des Verkaufs oder die Menge der Vorräte geklagt werden. Werden diese wissentlich gemacht, stellt dies gemäß § 3 dUWG bzw. § 4 öUWG (nur in öffentlichen Bekanntmachungen) eine gerichtlich strafbare Handlung dar. Mußte der Werbende die Eignung zur Irreführung kennen, kann er in Österreich auch auf Schadenersatz in Anspruch genommen werden. In der Schweiz kann bei Verschulden Schadenersatz gefordert werden.

Heikel und kasuistisch geregelt ist in vielen Ländern auch die Ankündigung des Verkaufes von Waren aus einer Konkursmasse, von Abverkäufen, Räumungs- oder Schlußverkäufen, die Werbung für Verkäufe direkt durch den Erzeuger oder den Großhändler an den privaten Letztverbraucher.[56]

Verfolgbar sind in allen europäischen Ländern herabsetzende Werbeaussagen über die Produkte, den Geschäftsbetrieb oder die Person des Inhabers der Konkurrenz, sofern derjenige, der sie tätigt, deren Wahrheit nicht beweisen kann.[57] Werden solche Behauptungen getätigt, obwohl ihre Unwahrheit bekannt war, ist dies als Verleumdung gerichtlich strafbar.

In den USA ist falsche irreführende Werbung durch den Federal Trade Commission Act aus 1914 verboten und aufgrund des Lanham Trade Act von 1946 auch Gegenstand von Privatanklagen.

2.8.4 Vergleichende Werbung

Vergleichende Werbung war auch in den USA bis in die siebziger Jahre eher ungewöhnlich. Die Federal Trade Commission hat aber dann zu erkennen gegeben,[58] daß sie nichttäuschende und nichtirreführende vergleichende Werbung als Informationsgewinn für den Konsumenten sieht.

Die EG arbeitet seit 1984 – bisher erfolglos – an einer Richtlinie zur Einführung der Zulässigkeit vergleichender Werbung. Der letzte Stand[59] möchte EU-weit die Zulässigkeit der vergleichenden Werbung klarstellen, soweit diese nicht irreführend ist. Verglichen werden sollen nur Waren oder Dienstleistungen für den gleichen Bedarf oder dieselbe Zweckbestimmung.

In Deutschland und Österreich wird vergleichende Werbung nach wie vor von der Rechtsprechung kritisch gesehen. Dies hat den österreichischen Gesetzgeber sogar dazu veranlaßt, in § 2 Absatz 1 letzter Satz öUWG ausdrücklich die Zulässigkeit des Preisvergleichs in der Werbung klarzustellen. In der Schweiz wird sachliche vergleichende Werbung gleicher Produkte oder Leistungen grundsätzlich für zulässig angesehen.[60]

2.8.5 Preisangaben und Werbung

Preisangaben sind gegenüber Endverbrauchern grundsätzlich inklusive aller Abgaben und Nebenzahlungen zu machen. Nach EG-Recht[61] sind zudem Preisangaben für eine Packung und nach Maßeinheiten vorgesehen. Dies ist in Deutschland in der Preisangabenverordnung, in Österreich im Preisauszeichnungsgesetz und in der Schweiz in der Preisbekanntgabeverordnung vorgesehen.

Das Ankündigen und Gewähren von Preisnachlässen gegenüber Endverbrauchern ist in Deutschland gemäß Rabattgesetz nur bis drei Prozent und auch dann nur unter bestimmten Umständen zulässig. Das österreichische Rabattgesetz wurde 1992 aufgehoben. In der Schweiz ist ein Rabattgesetz unbekannt. Die Ankündigung von Sonderangeboten darf nicht den Anschein erwecken, das gesamte Warenangebot würde zu besonders günstigen Preisen verkauft.

Schlußverkäufe jeder Art dürfen in den meisten europäischen Ländern nur zu bestimmten Zeiten oder mit behördlicher Bewilligung durchgeführt werden.[62] In der Schweiz wurde die Ausverkaufsverordnung und damit dementsprechende Beschränkungen 1995 aufgehoben.

Unlauter ist die Werbung mit Billigprodukten, die gar nicht oder nur in geringer Menge vorhanden sind (Lockvogelangebot).[63]

Bei Vergleichen mit früheren Preisen müssen in den meisten Ländern die „Statt"-Preise realistische Preise gewesen sein, wie sie auch am Markt erzielt wurden.[64] Das klare Verbot der Werbung mit Statt-Preisen im früheren § 6e dUWG wurde allerdings 1994 aufgehoben. Nur klare Fälle der Irreführung sind in Deutschland als sittenwidrig im Sinne des UWG anzusehen.

Auch Koppelungsangebote, bei denen Produkte zusammen angeboten werden, die überhaupt nichts miteinander zu tun haben, sind unter Umständen sittenwidrig. So wurde in Deutschland das Angebot einer Reise und eines Gebrauchtwagens zu einem Gesamtpreis als sittenwidrig angesehen.

2.8.6 Zugaben

Das Ankündigen und Gewähren von Zugaben ist in den meisten europäischen Ländern verboten.[65] Die wichtigsten Ausnahmen sind Reklamegegenstände geringen Wertes und handelsübliches Zubehör. In der Schweiz sind Zugaben erlaubt, so sie nicht den Konsumenten über den wahren Wert der Ware täuschen.[66]

2.8.7 Gewinnspiele

Sittenwidrig wird in vielen Ländern auch die Verknüpfung zwischen Kauf und Gewinnspielen angesehen. Verboten ist der Vertrieb von Waren in der Form, daß die Lieferung der Ware vom Ergebnis einer Verlosung abhängt.[67]

Ist der Kauf einer Ware der einzige oder einfachste Weg, um an einem Gewinnspiel über einen Geldbetrag oder ähnliches teilnehmen zu können, ist diese Teilnahmemöglichkeit als Zugabe zu werten. In Deutschland, der Schweiz und den USA ist diese Form des Gewinnspiels verboten. In Österreich ist sie zulässig, wenn der Gesamtwert der ausgespielten Preise öS 300.000,– nicht übersteigt.

Ein Gewinnspiel, das völlig unabhängig vom Erwerb einer Ware ist und über das auch kein psychologischer Kaufzwang ausgelöst wird, unterliegt nicht dieser Regelung.

Werden die Lose oder Teilnahmekarten für ein Gewinnspiel verkauft, so liegt Glücksspiel vor. Dies ist in vielen Staaten der Welt genehmigungspflichtig oder überhaupt dem Staat vorbehalten.

2.8.8 Vertrieb nach dem Schneeballsystem

In den USA wurde der Vertrieb nach dem Schneeballsystem erfunden. Hier werben Kunden eines Produkts oder einer Produktgruppe weitere Kunden und erhalten dafür Rückvergütungen oder Provisionen. In Deutschland ist Laienwerbung erlaubt. Die Initiierung von Schneeballsystemen unter Nichtkaufleuten stellt in Deutschland eine gerichtlich strafbare Handlung dar.[68] In Österreich ist dies eine Verwaltungsstraftat,[69] in der Schweiz ein Verstoß gegen das Lotteriengesetz. In den USA ist dies generell erlaubt.

2.8.9 Sexuell anstößige Inhalte

Erste Verurteilungen von Personen, die über das Internet sexuell anstößiges Material verbreiteten, sind in den USA das erste Mal 1995 erfolgt. In Frankreich, und Deutschland (CompuServe-Fall) schritten die Strafbehörden in spektakulärer Weise gegen Internet-Service-Provider ein. Zuletzt erregte eine Hausdurchsuchung bei einem österreichischen Provider im März 1997 wegen einer deutschen Anzeige aus dem März 1996 (!) weltweites Aufsehen, da der Provider ohne Rechtsgrundlage durch Beschlagnahme auch des Buchhaltungsrechners in seiner Geschäftstätigkeit grundsätzlich gestört wurde, obwohl er nicht einmal als Verdächtiger in Frage kam und zudem selbst einige Monate vorher Anzeige erstattet hatte.

Die elektronische Verbreitung von sogenannter „einfacher“ Pornographie ist in Deutschland nach § 184 Absatz 1 des deutschen Strafgesetzbuches (dStGB) dann strafbar, wenn sie an Personen unter 18 Jahren, in öffentlichen Filmvorführungen oder in einer Weise erfolgt, daß sie Personen unter 18 Jahren zugänglich werden könnte. Die öffentliche Zugänglichmachung sogenannter „harter“ Pornographie ist generell strafbar.[70] Weitere Detailregelungen enthält das Gesetz über die Verbreitung jugendgefährdender Schriften (GJS), für das durch Artikel 6 des IuKDG die Anwendbarkeit auf Teledienste klargestellt wird, und § 8 Mediendienste-Staatsvertrag.

Die Verbreitung von (harter) Pornographie ist in Österreich im Pornographiegesetz 1950 mit Strafe bedroht, wenn sie in gewinnsüchtiger Absicht oder an Personen unter 16 Jahren erfolgt. Die Formulierungen des Gesetzes passen aber eher nur auf die körperliche Verbreitung etwa in Form von Zeitschriften oder Filmkopien. Eine Anwendung auf das Internet scheint erst nach einer geplanten Novelle möglich. § 207a Strafgesetzbuch („Pornographische Darstellungen mit Unmündigen“) ist dann verwirklicht, wenn eine pornographische Darstellung mit Unmündigen anderen zugänglich gemacht wird. Dieses Delikt ist zweifellos auch über das Internet verwirklichbar und hat schon zur erwähnten Hausdurchsuchung und Beschlagnahme bei einem österreichischen Internet-Provider geführt.

In der Schweiz erlaubt Artikel 197 StGB dann „einfache“ Pornographie, wenn sie Erwachsenen nach Vorwarnung gezeigt wird.

2.8.10 Wiederbetätigung

In der Öffentlichkeit diskutiert wurde auch in letzter Zeit die Verbreitung von nationalsozialistischem Gedankengut über das Internet. Dies stellt zwar in den USA keinen verbotenen Straftatbestand dar, sehr wohl aber in Deutschland und Österreich.

§§ 86, 86a dStGB verbieten das Verbreiten von Propagandamitteln verfassungswidriger, also unter anderem nationalsozialistischer Organisationen sowie die Verwendung von Kennzeichen verfassungswidriger Organisationen.

Das österreichische Verbotsgesetz 1947 stellt nicht nur die Teilnahme an NS-Organisationen unter Strafe, sondern bedroht seit 1992 auch jede NS-Betätigung, das Bestreiten von NS-Verbrechen und auch die unterlassene Anzeigeerstattung gegen NS-„Unternehmen" (§ 3i Verbotsgesetz) mit ein bis zehn Jahren Freiheitsstrafe.

Zumindest das Bestreiten von NS-Verbrechen ist auch außerhalb der Printmedien inkriminiert. Bei anderen verbotenen Handlungen besteht Unsicherheit darüber, ob die Straftaten auch elektronisch begangen werden können. Explizit wird in § 3a Z. 4 Verbotsgesetz das Herstellen oder Bereithalten von Einrichtungen zur Nachrichtenübermittlung für NS-Organisationen unter Strafe gestellt.

Gerade unter dem Gesichtspunkt der unterlassenen Anzeigeerstattung sollte sich jeder österreichische Internet-Provider die Weiterverbreitung von nationalsozialistischen Inhalten überlegen, da die Urteile in solchen Fällen von Geschworenen, also Laien und nicht Juristen, gefällt werden und der Ausgang eines Prozesses eher unvorhersehbar ist. Das Verbotsgesetz stellt klar eine Ausnahme vom verfassungsrechtlichen Grundrecht auf Meinungsfreiheit gemäß Artikel 10 Europäische Menschenrechtskonvention dar.

2.9 Werbung über Massensendung von E-Mails?

Eine mögliche Werbestrategie wäre die Massensendung von E-Mails. Dies wurde schon bei Bildschirmtext befürchtet, hat aber auch dort nicht in wirklich großem Ausmaß stattgefunden. Im Internet hat die amerikanische Anwaltskanzlei Canter & Siegel auf diese Weise nationales Aufsehen erregt.

Für Internet-Mail existiert naturgemäß noch keine Rechtsprechung. Einige Urteile zu verwandten Gebieten lassen aber die Richtung im deutschen Sprachraum erahnen. So entschied der deutsche BGH schon 1991,[71] der österreichische OGH 1994,[72] unverlangte Telefonwerbung sei unzulässig. Hierzu ist allerdings festzustellen, daß der Europäische Gerichtshof (EuGH) offenbar nach Artikel 59 EG-Vertrag (Dienstleistungsfreiheit) von einer Zulässigkeit des sogenannten „Cold Calling" ausgeht.[73] Auch das unverlangte Zusenden von Telefaxnachrichten ist außerhalb bestehender Geschäftsbeziehungen vom BGH[74] und in Österreich von den Oberlandesgerichten Graz und Wien[75] für sittenwidrig angesehen worden. Das am direktesten vergleichbare Urteil stammt aus Deutschland, wo der dortige oberste Gerichtshof, der Bundesgerichtshof, schon 1988 entschied: Unverlangte Werbung im Btx-Mitteilungsdienst ist unzulässig.[76] Dies bedeutet wohl für Massenmailings im Internet: Außerhalb der ständigen Kundenbeziehungen sollte man diese besser unterlassen.

Beachte in Österreich auch § 262 GewO (Adressenverlage und Direktwerbemittler):

„(8) Jedermann hat das Recht, die Zustellung von Werbematerial für sich auszuschließen. Der Fachverband Werbung und Marktkommunikation in der Sektion Gewerbe und Handwerk der Bundeskammer der gewerblichen Wirtschaft hat eine Liste zu führen, in welche Personen kostenlos einzutragen sind, die die Zustellung von Werbematerial für sich ausgeschlossen haben. Diese Liste ist mindestens vierteljährlich zu aktualisieren und danach an die Gewerbetreibenden gemäß Absatz 1 auf Verlangen zu übermitteln. Gewerbetreibende gemäß Absatz 1 dürfen an die in dieser Liste eingetragenen Personen keine adressierten Werbemittel versenden oder verteilen und deren Daten auch nicht vermitteln. Die in dieser Liste enthaltenen Daten dürfen ausschließlich zum Zweck des Unterbindens der Zusendung von Werbemitteln verwendet werden."

§ 368 Z. 17 GewO droht dafür eine Geldstrafe bis öS 15.000,– an.

Allerdings ist zu beachten, daß die Fernabsatzrichtlinie einige elektronische Werbeformen – wie zum Beispiel Cold Calling am Telefon, nicht aber Telefaxwerbung – für zulässig erklärt, solange der Beworbene sich nicht ausdrücklich dagegen ausspricht.

2.10 Achtung bei der Verwendung von geschützten Bezeichnungen!

Zu achten ist bei der Nutzung von Bezeichnungen von Waren, Dienstleistungen und Unternehmen, daß keine fremden **Markenrechte oder Firmennamen** mißbraucht werden. Auch die Adressierung bzw. Benennung von Informationsseiten kann hier Probleme mit sich bringen.

So sind Bezeichnungen von Unternehmen durch das Handelsrecht geschützt. Wer fremde Firmennamen unbefugt gebraucht, kann auf Unterlassung geklagt werden.[77] Wird durch eine einer anderen Unternehmensbezeichnung nachgeahmte Bezeichnung die Gefahr der Verwechslung von Unternehmen und Produkten hervorgerufen, stellt dies einen klagbaren Tatbestand nach dem Gesetz gegen den Unlauteren Wettbewerb dar. Auch die Namen natürlicher Personen dürfen nicht ohne Zustimmung für Werbezwecke gebraucht werden.[78] Titel urheberrechtlich geschützter Werke sind als solche geschützt und dürfen nicht unbefugt zu Werbezwecken oder zur Bezeichnung eines anderen Werkes verwendet werden.

Geographische Bezeichnungen bzw. Namen von Staaten, Ländern und Gemeinden können ebenfalls Schutz vor Mißbrauch genießen. So wurde einem privaten Unternehmen 1996 auf Klage der Stadt Heidelberg untersagt, die Domain-Adresse „heidelberg.de" zu verwenden.[79]

Nicht geschützt sind allgemeine Bezeichnungen für Waren und Dienstleistungen. Deren Verwendung als Internet-Adresse verstößt damit nicht gegen das geltende Recht, auch nicht unter dem Gesichtspunkt, daß hiermit ein Unternehmen sich diese Bezeichnung monopolistisch aneignet.[80]

Schließlich existiert noch eine ganz besondere Kategorie von geschützten Bezeichnungen, die Marken, früher in Deutschland Warenzeichen genannt. Durch Eintragung in das Markenregister kann sich jedermann den exklusiven Gebrauch einer Wort- oder Bildmarke für ein bestimmtes oder mehrere Länder oder den ganzen EG-Raum als Bezeichnung für Waren oder Dienstleistungen einer bestimmten Gattung reservieren. Der unbefugte Gebrauch fremder Marken ist sogar gerichtlich strafbar.[81] Insbesondere die Nutzung von Firmennamen oder Marken als Teil einer textlichen Internet-Adresse kann auch eine Verletzung darstellen.[82]

Im Netz können natürlich unterschiedliche Unternehmen mit explizit gleichen Bezeichnungen auftreten. So existierten etwa ein großer Mischkonzern Schlumberger und ein Unternehmen Schlumberger im Bereich Sektproduktion. Wer von ihnen hat das Anrecht darauf, sich international unter der Web-Adresse „www.schlumberger.com" suchen zu lassen? Diese Frage ist noch lange nicht auf weltweitem Niveau geklärt. Es sind Fälle möglich, wo mehrere Unternehmen gleichzeitig Anrecht auf Nutzung einer Bezeichnung haben, vor allem wenn sie in verschiedenen Branchen tätig sind.

Die damalige Adreßvergabestelle InterNIC hat schon 1995 begonnen, sich vor der Vergabe von Namen die Berechtigung zur Nutzung dieses Namens durch die Bestätigung einer Markeneintragung nachweisen und sich den Ersatz jeder Haftung zusichern zu lassen. Es scheint daher ratsam, Adreßbestandteile möglichst international – also als EG-Marke oder als Marke nach dem Madrider Markenabkommen und zusätzlich in den USA – schützen zu lassen.

2.11 Internationales Markenrecht – ein spezielles Internet-Problem

Bei herkömmlichen Medien wie Zeitung, Rundfunk und Fernsehen konnte man davon ausgehen, daß die Verbreitung des Mediums geographisch beschränkt war und damit bei Werbeeinschaltungen auch die geographische Reichweite von Marken beachten. Im Internet ist dies anders: Bei jeder WWW-Seite ist damit zu rechnen, daß sie weltweit abgerufen wird.

Das Markenrecht trägt dieser Tatsache aber (noch) nicht Rechnung: Eine Marke kann grundsätzlich in einem Land für eine bestimmte Gruppe von Waren oder Dienstleistungen eingetragen werden. Die Eintragung verleiht das exklusive Recht, diese Bezeichnung oder auch Grafik im Zusammenhang mit Waren oder Dienstleistungen des Markeninhabers zu verwenden.[83] Dieses Recht gilt auch gegen Inhaber derselben Marke in einem anderen Land! Artikel 6 des darauf anwendbaren internationalen Übereinkommens, der Pariser Verbandsübereinkunft zum Schutz des gewerblichen Eigentums vom 20. März 1983, sagt dazu explizit in Absatz 3: „Eine in einem Verbandsland vorschriftsmäßig eingetragene Marke wird als unabhängig angesehen von den in anderen Verbandsländern einschließlich des Ursprungslandes eingetragenen Marken." Lediglich die Eintragung einer notorisch bekannten Marke aus einem anderen Staat für einen anderen ist zu verweigern bzw. anfechtbar.[84]

Eine Erleichterung bietet allerdings die internationale Registrierung von Marken nach dem Madrider Abkommen über die internationale Registrierung von Marken vom 14. April 1891. Hier kann unter Vermittlung des nationalen Patentamtes ein Markenschutz für alle Mitgliedstaaten dieses völkerrechtlichen Vertrages erworben werden. Allerdings zählen hierzu insbesondere nicht die USA.

Eine andere internationale Markenregistrierung ist für den Bereich der Europäischen Union nach der Verordnung über die Gemeinschaftsmarke[85] seit 1. 1. 1996 möglich. Auch diese Markenregistrierung wirkt aber insbesondere nicht in den USA, dem Heimatland des Internet.

Aus diesen Gründen ist es geboten, bei Werbung mit Markenzeichen im Internet nur solche zu verwenden, die am besten weltweit oder zumindest in der EU, in den USA und in Japan für den Benutzer registriert sind.

2.12 Vorsicht bei der Verwendung von Werbeinhalten des Mitbewerbs!

Schlußendlich ist auch darauf zu achten, daß Medieninhalte in der Regel **urheberrechtlich** geschützt sind. Das Kopieren von Inhalten der Mitbewerber, wie es insbesondere in elektronischen Medien sehr leicht möglich ist, kann zu Unterlassungsklagen und zu strafrechtlicher Verfolgung führen.

2.12.1 Rechtsverletzungen und Verfolgung

Im Zweifel ist davon auszugehen, daß die Inhalte von Internet-WWW-Seiten oder Texte, Bilder, Musik oder Software auf FTP-Servern urheberrechtlich geschützte Werke darstellen. Im Einzelfall können aber etwa mit einem Bild die Rechte vieler Beteiligter verknüpft sein. Die gesamte Komplexität des Urheberrechts – der hauptsächlichen Regelung in bezug auf Internet-Informationen – kann hier nur beispielsweise dargestellt werden. Bei der Aufnahme eines Bildes in eine WWW-Seite können etwa folgende Rechte in Betracht kommen bzw. verletzt werden:

- Die Rechte des Architekten, dessen Haus als Abbildung aufgenommen werden soll;
- die Rechte des Fotografen, der das Bild aufgenommen hat, das gerade in die WWW-Seite aufgenommen werden soll;
- die Rechte des (digitalen) Bildbearbeiters, der aus der Fotografie eine digital verwendbare Bearbeitung gemacht hat.

Bei Abbildungen von Gemälden sind noch die Rechte des Malers in Betracht zu ziehen, bei der Wiedergabe von Tönen die Rechte des Komponisten, der Aufführenden und des Tonträgerherstellers, bei der Wiedergabe von Personen unter Umständen die Rechte dieser Persönlichkeiten am eigenen Bild. Für alle diese Rechte gilt, daß sie spätestens siebzig Jahre nach dem Tod des Urhebers bzw. ersten Rechteinhabers erlöschen. Das Auffinden der Rechteinhaber ist oft schwierig bis unmöglich. In der Praxis geben in diesem Bereich Tätige oft zu, daß sie ohne (unbewußte) Rechtsverletzungen ihr Geschäft aufgeben müßten.

Bei internationalen Verbreitungsvorgängen, wie sie im Internet regelmäßig vorkommen, können zudem mehrere konkurrierende Rechtsordnungen zum Zug kommen:

- das Recht des Ortes, an dem etwa ein Kunstwerk fotografiert wurde;
- das Recht des Ortes, an dem die Fotografie gescannt und in eine Sammlung aufgenommen wurde;
- das Recht der Partner eines Verbreitungsvertrages;
- das Recht des Ortes, an dem das Bild über Internet abgerufen wird.

Der internationale Rechtsschutz ist zudem in einer Vielzahl von völkerrechtlichen Abkommen verankert, denen nicht jeder Staat beigetreten ist. Vor allem der internationale Schutz einfacher Lichtbilder ist meist nur in dem Sitzland des Photographen gegeben.

Für den reinen Rechtsverletzer gilt in der Regel das Recht seines Standortes. Für viele weitergehende Fragen sind aber alle beteiligten Rechtsordnungen zu Rate zu ziehen, was in der Regel zu Widersprüchen führt. Aus diesem Grund haben schon „gewöhnliche" internationale Urheberrechtsprozesse ein aleatorisches Element. Bei Multimediawerken wird die Sache nicht mehr nachvollziehbar. Nach diesen Überlegungen wird auch klar, daß das Internet schon ohne böse Absichten eine Pandämonium an Urheberrechtsverletzungen darstellt.

Als Faustregel kann nur festgehalten werden: Solange selbstgeschaffene sowie vom Urheber explizit freigegebene Inhalte (Public Domain) verwendet werden, kann der Internet-Kreative relativ sicher sein. Zusätzlich sind in den meisten Ländern der Welt bestimmte Inhalte frei verwertbar. Darunter fallen (bis auf England) Gesetzestexte und andere amtliche Veröffentlichungen, Ansichten von Gebäuden auf der öffentlich zugänglichen Seite und kurze Zitate aus Sprachwerken, Reden oder ähnliches. Selbst aufgenommene Photographien aus der Natur sind auch frei verwertbar. Die Nutzung von Aufnahmen von (erkennbaren) Menschen kann dort schon an die Grenze des Erlaubten stoßen, wo Interessen des Abgebildeten verletzt werden könnten. Insbesondere bei der Nutzung von Fotos von Menschen in der Werbung sollte die Erlaubnis des Abgebildeten eingeholt werden.

Das Einspielen urheberrechtlich geschützter Inhalte stellt in der Regel einen Vervielfältigungsvorgang dar, das Bereithalten von Inhalten auf einem Web-Server eine Sendung im Sinne des Urheberrechts. Beide Verwertungen dürfen nur bei entsprechender Berechtigung durchgeführt werden. Nach Umsetzung der EU-Datenbankrichtlinie[86] ab 1998 ist auch zu beachten, daß reine Sammlungen von Fakten wie auch Adreßlisten und Telefonbücher gegen Auszüge größeren Umfanges geschützt sind.

2.13 Wer haftet für Verstöße gegen Medienrecht, UWG, Markenrecht, Urheberrecht und Strafrecht?

Die Haftung für Rechtsverstöße im Werberecht kann neben dem eigentlichen Gestalter eines gesetzwidrigen Inhalts noch weitere Personen treffen. Vor allem im Bereich des Marken-, Muster-, Urheber- und Wettbewerbsrechts haftet in der Regel der Betriebsinhaber für Rechtsverstöße seiner Mitarbeiter.[87] Auch die Werbeagentur bzw. ein Internet-Seitengestalter, unter Umständen auch der Betreiber des WWW-Servers können als Beteiligte haften, wenn sie von der Rechtsverletzung wissen mußten. Der gesetzliche Vertreter eines Unternehmens haftet dann, wenn er von einer Rechtsverletzung wußte oder (in Österreich) davon wissen mußte.

2.13.1 Die Haftung des Internet-Providers für die Vermittlung strafrechtlich verbotener Inhalte

Für die Bundesrepublik bringt Artikel 1 des Gesetzes des Bundes zur Regelung der Rahmenbedingungen für Informations- und Kommunikationsdienste (IuKDG, Text siehe Anhang), das Teledienstegesetz, eine seit dem Strafverfahren gegen CompuServe dringend erwartete Klarstellung. Die Haftung des Internet-Providers wird in drei Stufen geregelt: Für eigene Inhalte ist jeder Diensteanbieter (Content-Provider) nach den allgemeinen Gesetzen verantwortlich. Für fremde Inhalte ist auch der verantwortlich, der sie zur Nutzung bereithält (Service-Provider), soweit er von den Inhalten Kenntnis hat und die Verhinderung der Nutzung technisch möglich und zumutbar ist. Diensteanbieter, die lediglich den Zugang zur Nutzung fremder Inhalte anbieten (Access-Provider), sind für solche Inhalte nicht verantwortlich.

Für Österreich ist die Diskussion erst angelaufen. Erste umfassendere Stellungnahmen liegen insbesondere in den Beiträgen von *Schmölzer*[88] vor. Aufgrund der Sonderregelung des Telekommunikationsgesetzes, die jeden Inhaber eines Endgerätes dazu verpflichtet, alle geeigneten Maßnahmen zu treffen, die eine mißbräuchliche Verwendung ausschließen, kann eine Mithaftung relativ schnell konstruiert werden.

Auch den reinen Access-Provider kann also gemäß Telekommunikationsgesetz i. V. m. §§ 2, 12 StGB im Rahmen des Zumutbaren und des gesetzlich Erlaubten die Pflicht treffen, Hinweisen auf strafbare Inhalte im Netz dann nachzugehen, wenn er einen Tatbeitrag zu deren Weiterverbreitung leistet. Falls tunlich, ist er zur Sperre verpflichtet. Falls er selbst keine zielführenden Maßnahmen setzen kann, ist wohl zumindest eine Anzeige bei der Behörde geboten.

Für die Schweiz liegt eine offizielle Erklärung zur Haftung des Internet-Providers vor. In der Veröffentlichung „Internet – Neues Medium, neue Fragen ans Recht – Bericht einer interdepartementalen Arbeitsgruppe zu strafrechtlichen, datenschutzrechtlichen und urheberrechtlichen Fragen rund um Internet" vom Mai 1996 nimmt das Bundesamt für Justiz auf Anfrage der Schweizer PTT, die durch das sogenannte Rosenberg-Urteil[89] vorsichtig geworden war, Stellung zur Frage, welche Vorsichtsmaßnahmen Internet-Provider zur Vermeidung einer strafrechtlichen Haftung treffen sollten. Folgende elf Maßnahmen werden für die Schweiz vorgeschlagen:

1.	Sperrung von rechtswidrigen Netzinhalten	Verfügt der Provider aufgrund eigener Erkenntnis oder durch Dritte über konkrete Hinweise, die den Verdacht begründen, daß bestimmte Netzinhalte rechtswidrig sein könnten, so soll er im Hinblick auf eine allenfalls notwendige Sperrung umgehend Abklärungen treffen oder treffen lassen. Hat der Provider sichere Kenntnis von rechtswidrigen, namentlich strafrechtlich relevanten Netzinhalten, so soll er unverzüglich die technisch möglichen und zumutbaren Maßnahmen ergreifen, um den Zugriff auf diese Netzinhalte zu sperren.
2.	Zentrale Stelle	Der Branche wird die Schaffung einer zentralen Stelle empfohlen, welche Hinweise von Providern, deren Kunden und Dritten über rechtswidrige Netzinhalte entgegennimmt und auswertet. Diese Stelle soll als Dienstleistungs- und Informationsdrehscheibe die angeschlos-

		senen Provider mit aktuellen Informationen über zu sperrende Netzinhalte versorgen und die Branchenangehörigen in fachlicher und technischer Hinsicht unterstützen.
3.	Netzzugang	Dem Provider wird empfohlen, Abonnementsverträge grundsätzlich nur mit solchen natürlichen Personen abzuschließen, die urteilsfähig und mündig sind. Dem Abonnenten soll zudem der Netzzugang ausschließlich mittels Benutzeridentifikation und Paßwort (PIN-Code) ermöglicht werden.
4.	Vorbehalt im Abonnementsvertrag	Der Provider soll sich im Abonnementsvertrag das Recht vorbehalten, den Anschluß bei Verdacht vorsorglich zu sperren und das Vertragsverhältnis einseitig aufzulösen, sofern der Kunde rechtswidrige Inhalte von seinem Anschluß aus verbreitet oder auf seinem Anschluß abrufbar hält.
5.	Aufforderung zur Mitteilung	Der Kunde soll im Abonnementsvertrag nachdrücklich aufgefordert werden, ihm zur Kenntnis gelangende rechtswidrige Netzinhalte und andere rechtswidrige Internet-Verwendungen unverzüglich dem Provider und/oder der zentralen Stelle (vgl. Empfehlung 2) mitzuteilen.
6.	Erscheinungsformen von Brutalos und harter Pornographie	Der Provider soll sich des Umstandes bewußt sein, daß strafbare Gewaltdarstellungen im Sinne von Artikel 135 StGB sich nicht in filmischen oder photographischen Darstellungen erschöpfen, sondern auch in anderen Gegenständen oder Vorführungen, insbesondere in Computerspielen, enthalten sein können und daß auch das Anpreisen oder Anbieten von Gewaltdarstellungen eine strafbare Handlung ist. Gleiches gilt auch für Darstellungen harter

		Pornographie im Sinne von Artikel 197 Z. 3 StGB.
7.	Information über datenschutzrechtliche Risiken	Der Provider soll seinen Kunden über die datenschutzrechtlichen Risiken, die sich aus dem Benutzen des Netzes sowie der Inanspruchnahme von Diensten ergeben können, ausreichend informieren sowie ihn auf Maßnahmen und Produkte zur Gewährleistung der Vertraulichkeit, Richtigkeit und Verfügbarkeit von Personendaten (zum Beispiel Chiffrierungs- und Verschlüsselungstechniken) hinweisen.
8.	Bearbeitung von Personendaten	Der Provider soll ausschließlich diejenigen Personendaten seiner Kunden bearbeiten, die er zur Erfüllung seiner Dienstleistung benötigt. Die bearbeiteten Daten sind durch technische und organisatorische Maßnahmen ausschließlich dem Personal zugänglich zu machen, das sie zur Aufgabenerfüllung benötigt. Die Daten sollen zu keinem anderen Zweck verwendet werden als demjenigen, der bei der Datenbeschaffung angegeben wurde, aus den Umständen ersichtlich oder gesetzlich vorgesehen ist. Dritten dürfen sie nur zugänglich gemacht werden, sofern der Kunde einverstanden ist bzw. eine qualifizierte Pflicht zur Bekanntgabe besteht.
9.	Persönlichkeitsprofile und Veröffentlichung von Personendaten	Der Provider soll keine Persönlichkeitsprofile seiner Kunden erstellen und auch deren Namen, Adressen und Telefonnummern nicht einem Netzzugriff zur Verfügung stellen, es sei denn, die betroffene Person hat eingewilligt, oder es liegt eine Rechtfertigung durch Gesetz oder ein überwiegendes öffentliches oder privates Interesse vor.

10.	Sperrung bei Urheberrechts-verletzungen	Die Empfehlung 1 ist auch dann zu beachten, wenn der Provider Kenntnis hat, daß bestimmte Netzinhalte gegen Urheberrechte oder verwandte Schutzrechte verstoßen.
11.	Urheberrechts-spezifische Klausel im Abonnementsvertrag	Der Provider soll im Abonnementsvertrag auf die Pflicht zur Beachtung der Urheberrechte und der verwandten Schutzrechte hinweisen und sich das Recht vorbehalten, bei entsprechendem Verdacht den Anschluß vorsorglich zu sperren und bei Verletzungen das Vertragsverhältnis einseitig aufzulösen.

2.13.2 Die Haftung des Internet-Service-Providers für Urheberrechtsverletzungen

Die Haftung für Urheberrechtsverletzungen trifft zivilrechtlich den Täter sowie den Inhaber des Unternehmens, dessen Bediensteter oder Beauftragter eine Urheberrechtsverletzung begangen hat. Der Internet-Service-Provider wird in der Regel nur Informationen aus anderen Quellen weiterleiten bzw. auf seinem Rechner zur Weiterleitung zwischenspeichern. In den Begriffen des österreichischen Urheberrechtsgesetzes entspricht diese Tätigkeit unter Umständen der Sendung gemäß § 17 UrhG, die dem Urheber vorbehalten ist. Hier stellt sich allerdings die Frage, ob überhaupt eine Sendung im Sinne des UrhG vorliegt.

Soweit der Internet-Provider nur ein Übertragungsweg zu einem anderen Internet-Server bereitstellt, liegt wohl keine Sendung vor. Bei der Zwischenspeicherung von WWW-Seiten arbeitet der Provider ähnlich wie Rundfunkvermittlungs- oder Gemeinschaftsantennenanlagen, die ja in § 17 Absatz 3 UrhG auch aus dem Begriff der Sender ausgenommen werden.

Werden schließlich von einem Kunden auf dem Internet-Server des Providers urheberrechtsverletzende Inhalte bereitgestellt, so nimmt wohl der Kunde als Programmgestalter die Sendung vor. Er macht durch Einspielen der Inhalte in den Rechner des Providers diese der Internet-Community „wahrnehmbar“.

2.14 Unterliegen Internet-Ankündigungen der österreichischen Anzeigen-, Ankündigungsabgabe oder Vergnügungssteuer?

Jetzt zu einem österreichischen Spezifikum, den Werbesteuern. Diese sind teilweise auf Gemeindeebene recht differenziert geregelt, weswegen hier nur an einigen Beispielen darauf eingegangen werden kann.

§ 1 des Wiener Anzeigenabgabegesetzes regelt:

„Anzeigen, die in die in Wien erscheinenden Medienwerke (§ 1 Absatz 1 Z. 3 des Mediengesetzes, BGBl. Nr. 314/1981) gegen Entgelt aufgenommen oder mit solchen ausgesendet oder verbreitet werden, unterliegen, sofern die Verbreitung nicht ausschließlich im Ausland erfolgt, einer Abgabe nach Maßgabe der Bestimmungen dieses Gesetzes."

Dies bedeutet, für Anzeigen in Wiener Zeitungen ist die Abgabe abzuführen. Da im Internet aber keine Medienwerke im Sinne des Mediengesetzes vorliegen, kommt die Abgabe hier nicht zur Anwendung. Aber unter Umständen wird dies nicht lange auf sich warten lassen.

§ 2 des Beschlusses des Wiener Gemeinderats über die Ausschreibung einer Abgabe von öffentlichen Ankündigungen im Gebiet der Stadt Wien (ABl. 1985/21, 1994/49) besagt:

„(1) Als Ankündigungen im Sinne des § 1 sind alle Ankündigungen durch Druck, Schrift, Bild oder Ton anzusehen, die an öffentlichen Verkehrsanlagen ... oder in öffentlichen Räumen angebracht, ausgestellt oder vorgenommen, insbesondere auch durch Licht- oder Schallwirkungen oder durch besondere Apparate hervorgebracht werden. ...

(2) Ankündigungen im Sinne des § 1 sind ferner alle fremden Ankündigungen durch Rundfunk (Hörfunk und Fernsehen), die von Studios im Gebiet der Stadt Wien ihren Ausgang nehmen. ..."

Auch diese Abgabe geht durch ihre enge Definition gerade noch am Internet vorbei. Denn Hörfunk und Fernsehen sind im Internet noch nicht üblich.

Auch das Wiener Vergnügungssteuergesetz 1987 umfaßt bis jetzt noch keine internet-relevanten Tatbestände. Dies bedeutet aber nicht, daß nicht irgendeine der 2000 österreichischen Gemeinden gerade jetzt eine Verordnung erläßt, nach der die Nutzung des Internet eine abgabenpflichtige Belustigung darstellt und nach der Werbeeinschaltungen im Netz eine Steuerpflicht auslösen.

2.15 Internet-Werbung und Datenschutz

Eng verknüpft mit Werbung ist oft auch das Sammeln und der Handel mit Informationen über werbliche Zielgruppen. Im Internet wird etwa damit geworben, daß bestimmte Unternehmen über das „Belauschen“ des Seitenabrufverhaltens von WWW-Nutzern ein genaues Interessensprofil dieser Nutzer gegen Geld liefern könnten. Internet-WWW-Browser können von entsprechenden Servern sogar dazu veranlaßt werden, auf der Festplatte des Benutzers mitzuschreiben, was dieser Benutzer so alles im Netz ansieht. Ruft dieser Benutzer wieder eine Seite vom Spionage-Server ab, werden die gesammelten Informationen (das „Magic Cooky“) an den Server geliefert.[90] Noch leichter kann natürlich der Internet-Access-Provider das Abrufverhalten seiner Kunden mitverfolgen. Durch seinen Rechner fließen ja alle Daten an den Benutzer-PC.

Hier greifen Datenschutzgesetze und auch die Geheimhaltungsbestimmungen des Fernmelde- bzw. Telekommunikationsrechts ein. In der BRD enthält insbesondere Artikel 2 des IuKDG, das sogenannte Teledienstedatenschutzgesetz, einschlägige Regelungen.

Internet-Service-Provider sind Telekommunikationsdienstleister und haben als solche das Fernmeldegeheimnis zu wahren. Insbesondere Auskünfte oder die Weitergabe von gesammelten Informationen über das Abrufverhalten einzelner Personen stellen in vielen Ländern der Welt eine gerichtlich strafbare Handlung dar.[91]

Aber auch andere Formen der Aufzeichnung des Nutzerverhaltens sind nicht ohne weiteres zulässig. Gemäß § 4 des deutschen Bundesdatenschutzgesetzes (BDSG) ist etwa das Sammeln von Daten nur aufgrund gesetzlicher Grundlagen oder mit Zustimmung des Betroffenen zulässig. In jedem Fall ist der Betroffene zu benachrichtigen. Ein Verstoß gegen § 4 BDSG stellt eine gerichtlich strafbare Handlung dar. Gemäß § 85 des deutschen Telekommunikationsgesetzes ist es einem Fernmeldebetreiber, also auch einem Internet-Provider, „untersagt, sich oder anderen über das für die geschäftsmäßige Erbringung der Telekommunikationsdienste erforderliche Maß hinaus Kenntnis vom Inhalt oder den näheren Umständen der Telekommunikation zu verschaffen“ – analog §§ 3 ff. Teledienstedatenschutzgesetz.

Eine gravierende Ausnahme ist in der BRD verfassungsrechtlich im sogenannten G10-Gesetz (Gesetz zur Beschränkung des Brief-, Post- und Fernmeldegeheimnisses) und in der Fernmeldeanlagen-Überwachungs-Verordnung (FÜV) 1995 vorgesehen: Danach wird von den deutschen Geheimdiensten nach

Muster der USA ohne Verdacht oder richterlichen Beschluß jeder, vor allem internationale Fernmeldeverkehr nach Stichworten durchsucht.[92]

Das österreichische Datenschutzgesetz knüpft die Zulässigkeit der Datenverarbeitung an den Zweck des Unternehmens, ist allerdings praktisch sanktionslos. Im Bereich des Internet verdrängen die Sonderregeln des Telekommunikationsgesetzes weitgehend das Datenschutzgesetz[93] und erlauben die Ermittlung, Verarbeitung und Übermittlung von Verbindungsdaten nur für die Zwecke der Besorgung des Fernmeldedienstes, unter Umständen mit Zustimmung des Betroffenen. Daten über das Verhalten eines Internet-Benutzers sind wohl als Verbindungsdaten im Sinne des Telekommunikationsgesetzes zu klassifizieren. Allerdings sind auch die Datenschutznormen des österreichischen Telekommunikationsgesetzes sanktionslos. Dies bedeutet: Einem Verstoß gegen die gesetzlichen Verbote kann nur ein Mitbewerber des Verletzers über den Umweg einer Klage nach dem Gesetz gegen den Unlauteren Wettbewerb, nicht aber der Betroffene selbst begegnen.

Die EG-Datenschutzrichtlinie 95/46/EG sieht ab 1998 EU-weit eine unbedingte Pflicht des Datenverarbeiters vor, alle Betroffenen über die Tatsache einer Datenverarbeitung zu informieren und zieht klare Grenzen der Zulässigkeit der Datenverarbeitung ohne Zustimmung des Betroffenen. Die geplante Richtlinie über die Verarbeitung personenbezogener Daten und den Schutz der Privatsphäre im Bereich der Telekommunikation[94] enthält das Verbot der Speicherung von „Verkehrsdaten, die sich auf Teilnehmer und Benutzer beziehen". Nach EU-Recht sind im Datenschutzbereich auch Rechtsbehelfe des Betroffenen, eine Haftung des Täters für Schadenersatz und Sanktionen vorzusehen. Dies bedeutet, daß nach Umsetzung der EG-Richtlinien auch in Österreich Sanktionen gegen Verletzungen der Datenschutzregelungen vorhanden sein werden.

Sowohl nach EG-Recht als auch nach deutschem Recht stellt die Verwendung von „Magic Cookies" eine strafbare Handlung dar. Die internationale Rechtsdurchsetzung stößt hier aber wohl solange an ihre Grenzen, als kein ganz großer Skandal von den Medien aufgenommen wird.

3 Welche Punkte sollte der Dienstleistungsvertrag für Erstellung und Betrieb eines Internet-Angebotes enthalten?

Der folgende Mustertext geht davon aus, daß ein Internet-Service-Provider als Generalunternehmer gegenüber dem Unternehmen auftritt, das im Internet präsent werden will, und neben Beratung auch die Seitengestaltung, den Betrieb des WWW-Servers und die Weiterleitung von elektronisch eingegangenen Bestellungen übernimmt. Der Vertragstext berücksichtigt eher die Seite des Auftraggebers.

Werkvertrag über Erstellung, Installation, Betrieb und Wartung eines Internet-WWW-Angebotes für ein Unternehmen der Branche ....

1 Präambel

1.1 Vertragsparteien

Dieser Vertrag wird abgeschlossen zwischen
.... <Firma>
.... <Adresse>
im folgenden mit „Auftraggeber" bezeichnet, vertreten durch ihren Geschäftsführer, ...,
und dem Internet-Service-Provider
.... <Firma>
.... <Adresse>
im folgenden mit „Auftragnehmer" bezeichnet, vertreten durch seinen Geschäftsführer, ...,

1.2 Vertragszweck

Der Auftraggeber beabsichtigt, seine Leistungen im Bereich der .... <Branche> auch über Internet darzustellen und anzubieten.
Der Auftragnehmer hat sich über alle für die Leistungserbringung notwendigen Umstände ausreichend informiert und diesbezüglich den Auftraggeber beraten.

1.3 Definitionen

Der Ausdruck „Vertrag" umfaßt den gesamten Inhalt dieses Vertrages zuzüglich der Beilagen und etwa vorhandener zukünftiger Ergänzungen.
„Ausarbeitung" bezeichnet selbständige konzeptive Arbeiten wie etwa Lastenheft, Pflichtenheft, Analysen, Studien oder Vertragstexte.
„Verbundene Unternehmen" liegen dann vor, wenn die Organe oder Eigentümer eines Unternehmens direkt oder indirekt auf Entscheidungen eines anderen Unternehmens (zum Beispiel durch Weisung an die Geschäftsführung oder Stimmrechtsausübung) einen wesentlichen Einfluß ausüben können. In jedem Fall ist ein Unternehmen mit einem anderen Unternehmen verbunden, wenn es direkt oder indirekt an dem anderen Unternehmen mit mehr als 50 % des stimmrechtsfähigen Grundkapitals beteiligt ist oder wenn es Personen gibt, die an beiden Unternehmen mit mehr als 50 % des stimmrechtsfähigen Grundkapitals beteiligt sind.
Als „Handlungsunfähigkeit" eines Vertragspartners gelten Liquidation, Konkurs, Abweisung eines Konkurses mangels Masse, Ausgleich und Nichtbestellung von Zeichnungsberechtigten über mehr als eine Woche.

2 Ist- und Soll-Situation

2.1 Ist-Situation

Der Auftraggeber bietet derzeit seine Leistungen im Bereich der ....<Branche> über folgende Vertriebswege an: ....

2.2 Soll-Situation

Die Werbung und die elektronische Bestellmöglichkeit über Internet soll vor allem folgende Zielgruppen erreichen: ...., ...

Dabei soll eher eine Niedrigpreis-/Qualitäts-/.........-Werbestrategie verfolgt werden.
Der Auftraggeber möchte über diesen Weg seinen Umsatz im Produktbereich .... um .... % steigern.

2.3 Inhalte

Das Internet-Angebot soll folgende Inhalte umfassen:

- Darstellung des Unternehmens,
- Produktbeschreibungen,
- Bestellmöglichkeiten,
- ....

2.4 Mengenanforderungen

Das Internet-Angebot soll ca. .... WWW-Seiten umfassen.
Der WWW-Server soll .... Seitenabrufe pro Sekunde aus dem öffentlichen Internet, ... Seitenabrufe aus dem Netz des Auftraggebers ermöglichen.
Die Lieferbereitschaftsauskunft soll .... Artikel bzw. Artikelvariationen beauskunften können.

2.5 Qualitätsanforderungen

Das WWW-Angebot soll folgenden Anforderungen genügen:

- Benutzerfreundlichkeit: leichtes Zurechtfinden des Internet-Abfragers im Angebot;
- leichte Auffindbarkeit des Angebots durch Anbindung an die üblichen Suchsysteme wie AltaVista, Yahoo, InfoSeek, ... sowie an die Homepage des Auftragnehmers und an einschlägige Shopping Malls im deutschen [und englischen] Sprachraum;
- Anpassung des Informationsangebotes an die drei gängigsten Web-Browser so, daß – soweit für eine optimale Darstellung notwendig – das Angebot in mehreren Varianten je nach Web-Browser des Internet-Abfragers abrufbar ist;
- Anpassung des Seitenangebots an die Übertragungsgeschwindigkeit des Internet-Abfragers so, daß etwa Abfrager, die aus einem Bereich

des Internet mit hoher Übertragungsrate kommen (zum Beispiel Kabel-TV-Netze), eine bessere Auflösung der Grafiken zugespielt bekommen.

2.6 Zeitanforderungen

Die über WWW/E-Mail eingelangten Bestellungen sollen [zu normalen Bürozeiten] innerhalb .... Minuten/Stunden in Form von EDI-Nachrichten/Telefax/......... beim Auftraggeber/im Auftragsabwicklungssystem des Auftraggebers eingelangt sein.

2.7 Verfügbarkeit

Der WWW-Server soll rund um die Uhr, sieben Tage in der Woche, mit einer maximalen Ausfallszeit von ....<zum Beispiel fünf> Stunden pro Monat verfügbar sein.

3 Pflichten des Auftragnehmers

3.1 Übersicht

Gegenstand dieses Vertrages ist die Konzeption, Erstellung, Inbetriebnahme, Betrieb und Wartung eines WWW-Servers.
Insbesondere gehören zu den Pflichten des Auftragnehmers

- die Anforderungsanalyse;
- die Erstellung eines Sicherheitskonzeptes;
- die Feinspezifikation bzw. Pflichtenhefterstellung;
- die Zusammenstellung einer lauffähigen Konfiguration aus Hardware und Software, die die beim Auftraggeber anfallenden Datenmengen und Anwendungen bewältigen kann;
- die Beratung des Auftraggebers bei der Einrichtung der EDV-Systeme, die er selbst betreiben will;
- die Erstellung eines WWW-Prototyp-Informationsangebots;
- die Erstellung der WWW-Informationen;
- die Installation des WWW-Informationsangebotes mit allen Zusätzen auf dem Server des Auftragnehmers;
- die Mitwirkung am Abnahmetest;
- die Lieferung der Dokumentation;

- die Schulung des Personals des Auftraggebers;
- der Betrieb des WWW-Servers inklusive Bestellsystem und Weiterleitung der Anfragen und Bestellungen an den Auftraggeber;
- die Wartung des Informationsangebots gemäß den Regelungen dieses Vertrages;
- die Bereitstellung eines Ausweichsystems;
- der Betrieb der Verbindungen zum öffentlichen Internet.

Die genannten Pflichten sind Hauptleistungspflichten und bilden eine unteilbare Leistung.
Mit dem Abschluß dieses Vertrages werden nur die Punkte .... aus den oben genannten Punkten in Auftrag gegeben. Weitere Punkte unterliegen den Regelungen dieses Vertrages, müssen aber extra beauftragt werden.

3.2 Schulung

Der Auftragnehmer wird das Personal des Auftraggebers in das System theoretisch und praktisch (am Endgerät) so einführen, daß es alle Funktionen des Systems sicher beherrscht und Kunden kompetent Auskunft über dessen Benutzung geben kann.
[Er wird das technische Personal des Auftraggebers mit den Details des Systems so vertraut machen, daß es fähig ist, selbständig Wartungsarbeiten und Weiterentwicklungen des Informationsangebots durchzuführen. Der Mindestschulungsaufwand des Auftragnehmers beträgt dabei .... Manntage.]

3.3 Wartungsbereitschaft und Reaktionszeit

Störungen und Probleme können an Arbeitstagen während folgender Zeit bei der Störungsmeldestelle des Auftragnehmers gemeldet werden:
Montag bis Freitag, 9 Uhr bis 17 Uhr.
Der Auftragnehmer garantiert, daß unmittelbar nach Störungsmeldung die Fehlerdiagnose – soweit möglich – per Fernwartung vorgenommen wird und das Wartungspersonal spätestens zwei Stunden nach der Verständigung am Aufstellungsort des WWW-Servers eintrifft, mit der Störungsbehebung beginnt und diese fortsetzt, bis sie behoben ist.

3.4 Wartung des Informationsangebots

Die Wartung des Informationsangebots umfaßt:

- die Beseitigung von [Störungen und] Mängeln und die Wiederherstellung aufgrund von Mängeln zerstörter Dateien. Als Mangel gilt unter anderem das Fehlen von Qualitätsanforderungen im Sinne des Punktes „Qualitätsanforderungen". Dazu gehört insbesondere auch die Aufklärung von Störungen, die unter Umständen von Komponenten Dritter verursacht sein könnten;
- die laufende Anpassung des Angebots an folgende Umgebungsbedingungen:
  - [geänderte Hardware,]
  - [Betriebssystemversionen,]
  - [neue Versionen der Server-Software,]
  - [neue Versionen der Browser-Software,]
  - [Neuerungen betreffend die Zugriffsgeschwindigkeit des typischen Internet-Benutzers,]
  - [geändertes Artikelangebot des Auftraggebers,]
  - [Handelsbräuche,]
  - ....;
- die Aufklärung von Bedienungsfehlern und die sonstige Beratung des Auftraggebers beim Einsatz des Systems (Hotline).

4 Rechtseinräumung

4.1 Erfüllungsort

Erfüllungsort ist der Sitz des Auftraggebers.

4.2 Immaterialgüterrechte

Die Rechte am Informationsangebot stehen dem Auftraggeber zu.

5 Pflichten des Auftraggebers

5.1 Entgelte

Das Pauschalentgelt für die erstmalige Erstellung des Informationsangebotes beträgt DM/öS/sFr ....

Das Entgelt für den laufenden Betrieb des WWW-Servers, die Aktualisierung des Informationsangebotes und die Weiterleitung der Bestellnachrichten beträgt monatlich pauschal DM/öS/sFr ....

5.2 Zusatzleistungen

Eine Stunde Systemunterstützung außerhalb der nach dem Vertrag geschuldeten Leistungen wird mit DM/öS/sFr .... ohne Umsatzsteuer in Rechnung gestellt.
Eine Stunde Datenerfassung wird mit DM/öS/sFr .... ohne Umsatzsteuer in Rechnung gestellt.

5.3 Vollständigkeit der Angaben

Damit sind alle vom Auftraggeber für den Vertragsgegenstand geschuldeten Zahlungen an den Auftragnehmer abschließend geregelt. Seine Kosten für Teilnahme am Abnahmetest, Verbesserung von Mängeln und ähnliches trägt der Auftragnehmer selbst.

5.4 Zahlungsbedingungen

Zahlungen sind binnen 30 Tagen ab Abnahme der Leistungen und ordnungsgemäßer Rechnungslegung fällig.

5.5 Änderungen der Entgelte

Einmalige Entgelte sind Festpreise. Laufende Entgelte können vom Auftragnehmer entsprechend den Änderungen des
[D:] Lebenshaltungskostenindex
[Ö:] Verbraucherpreisindex 1986
angepaßt werden.

5.6 Spesen

Spesen der Mitarbeiter des Auftragnehmers trägt der Auftragnehmer.

6 Projektmanagement

6.1 Projektorganisation und Projektmanagement

Die Projektorganisation besteht aus den folgenden Gremien:

- **Lenkungsausschuß:**
  Aufgaben: begleitende Kontrolle von Terminen, Budgets und die Entscheidung von Fragen, bei denen in den Projektteams und zwischen den Projektleitern keine Lösung erzielt werden konnte
  Sitzungen: alle zwei Monate und auf Verlangen des Projektleiters
  Einberufung der Sitzungen: Vertreter des Auftraggebers

- **Projektleiter (des Auftragnehmers):**
  Oberste Instanz im laufenden Projektgeschehen, Entscheidung von Fragen aus den Projektteams, Koordination der Projektteams, Gesamtverantwortung für das Projekt. Als Projektleiter wird Herr/Frau .... tätig sein, der/die insbesondere durch seine/ihre Erfahrungen bei ähnlichen Projekten dafür qualifiziert ist.

- **Projektteams:**
  [Folgende Projektteams sind zu bilden:
  ....
  ....
  ....]
  [Das Projektteam besteht aus ....]

- **Sonstige Zuständigkeiten:**
  Zuständiger Ansprechpartner des Auftragnehmers für Vertragsfragen:
  ....<Name, Telefonnummer>
  Zuständiger Ansprechpartner des Auftraggebers für Vertragsfragen:
  ....<Name, Telefonnummer>

6.2 Projektcontrolling

Der Projektleiter des Auftragnehmers hat gemäß den Vorgaben des Vertrages einen Projektplan in ausreichender Detaillierung zu erstellen und

in kritischen Projektphasen wöchentlich, sonst vierzehntägig, mit .... <zum Beispiel MS-Project> auf den aktuellen Stand zu bringen und dem Lenkungsausschuß zu übermitteln. Dabei ist ein Soll/Ist-Vergleich zu führen.
Der Projektleiter des Auftragnehmers hat ein Projekthandbuch zu führen, in dem die wichtigsten Projektsteuerungsmechanismen (Aufbau-, Ablauforganisation, Beteiligte, Regeln der Zusammenarbeit, Qualitätssicherung) definiert sind.
Von jeder Besprechung ist durch den Projektleiter des Auftragnehmers ein Ergebnisprotokoll in ....<zum Beispiel Winword> zu schreiben und innerhalb einer Woche ab Besprechungstermin an alle Betroffenen zu versenden.
Auftragnehmer und Auftraggeber werden elektronische Kommunikation nach den Standards SMTP und POP3 ermöglichen.

6.3 Termine

Das Projekt wird nach folgenden Eckterminen abgewickelt:
Überprüftes Anforderungsprofil liegt vor: ....
Sicherheitskonzept: ....
Detailspezifikation: ....
Informationsangebot Prototyp: ....
Informationsangebot Echtversion: ....

6.4 Änderungen der Vorgaben

Geringfügige Änderungen einer Vorgabe (Anforderungsanalyse, Lastenheft, Pflichtenheft, einzelne Funktionen) werden durch Absprache zwischen dem Projektleiter des Auftraggebers und dem Ansprechpartner des Auftragnehmers vorläufig festgelegt. Sie werden an jedem Monatsende vom Projektleiter des Auftragnehmers schriftlich festgehalten und durch kaufmännischen Briefwechsel zwischen den Parteien vereinbart.
Auftraggeber und Auftragnehmer bevollmächtigen hiermit in diesem Sinn ihren Projektleiter bzw. Ansprechpartner.
Größere Änderungen bedürfen jedenfalls der Schriftform.
Als größere Änderungen sind Änderungen zu verstehen, deren Implementation entweder den Arbeitsumfang von drei Manntagen überschreitet oder die Funktionalität des Informationsangebots einschränken.

Vom Auftraggeber verlangte größere Änderungen sind bis zu einem Umfang von .... Manntagen im Pauschalpreis inkludiert. Darüber hinausgehender Aufwand wird mangels spezieller Vereinbarung nach Aufwand verrechnet. Änderungen, die aufgrund von Mängeln des Ergebnisses einer schon fertiggestellten Phase des Projekts nötig werden, sind vom Auftragnehmer kostenlos durchzuführen, wenn er diese Phase des Projekts ebenfalls durchgeführt hat, sonst vom Auftraggeber zu bezahlen.
Vom Auftraggeber verlangte größere Änderungen bis zum Umfang von .... Manntagen verändern nicht den Terminplan. Darüber hinausgehende Wünsche verlängern die Projektlaufzeit entsprechend folgender Formel (wobei Aufwände in Manntagen anzusetzen sind):
neue Projektlaufzeit = bisher geplante Projektlaufzeit + (bisher geplanter Aufwand + Zusatzaufwand) / bisher geplanter Aufwand.
Änderungen, die aufgrund von Mängeln des Ergebnisses einer schon fertiggestellten Phase des Projekts nötig werden, sind vom Auftragnehmer durch Mehrarbeit oder ähnliche Maßnahmen so zu kompensieren, daß der Terminplan eingehalten wird, wenn der Auftragnehmer diese Phase des Projekts ebenfalls durchgeführt hat. Ansonsten verlängert sich der Projektplan entsprechend.

6.5 Abnahme

Nach erfolgter Schulung, Implementierung und bei Vorliegen der vollständigen Dokumentation wird der Auftraggeber unter Mitwirkung des Auftragnehmers einen dreistufigen Abnahmetest durchführen:

- Im Funktionstest (Dauer ca. .... Tage) wird die Funktionalität aller Teile des Informationsangebots getestet.
- Im Leistungstest (Dauer ca. .... Wochen) wird geprüft, ob Server und Informationsangebot die geforderten Leistungen in Hinblick auf Verarbeitungsgeschwindigkeit, Durchsatz und Antwortzeit erbringen.
- Im Zuverlässigkeitstest (Dauer ca. .... Wochen) wird im Echtbetrieb geprüft, ob der Server auch über längere Zeit stabil läuft und Bestellungen zeitgerecht beim Auftraggeber einlangen.

Werden bei einem Test Mängel festgestellt, werden nach deren Behebung durch den Auftragnehmer alle Tests wiederholt.
Mit erfolgreicher Absolvierung aller drei Tests und deren Bestätigung durch den Auftraggeber in Form einer schriftlichen firmenmäßig gezeichneten

Abnahmeerklärung gilt das System als abgenommen. Die Anwendung des § 377 HGB ist somit ausgeschlossen. Bei Kauf- oder Werkverträgen beginnt mit diesem Zeitpunkt die Gewährleistungsfrist.

6.6 Problemreport für Wartung

Der Auftragnehmer wird einen Wartungs- und Störungsbericht führen, der jede Wartungshandlung mit Datum, jede Änderung des Versionsstandes der Server-Software und jede Störungsbehebung mit Datum, ausgefallener bzw. gewarteter Komponente, Dauer des Ausfalls, Fehlermeldungen von Hardware oder Software, Ursache der Störung, Art der Behebung und Name des Wartungstechnikers beinhaltet. Auf dessen Basis wird der Auftragnehmer dem Management des Auftraggebers einen monatlichen Kurzbericht schriftlich übersenden.

7 Leistungsstörungen

7.1 Leistungsverzug

Verzögert sich die Meldung der Abnahmebereitschaft oder der Echteinsatz des Informationsangebots bzw. eines getrennt abzunehmenden Teiles hiervon um mehr als zehn Tage, kann der Auftraggeber unter Setzung einer Nachfrist von 20 Tagen mittels eingeschriebenen Briefes vom Vertrag zurücktreten.
Für den Fall des Lieferverzuges von mehr als zehn Tagen oder für den Fall, daß der Vertragsgegenstand nach Abnahme wegen Gewährleistungsmängeln länger als eine Woche nicht einsetzbar ist, gilt je angefangener Verzugswoche eine verschuldensunabhängige Konventionalstrafe von 5 % des Einmalentgelts als vereinbart.
Für den Fall des Rücktritts des Auftraggebers vom Vertrag wegen Verzuges oder der Wandlung wegen wesentlicher Mängel oder Aufhebung des Vertrages wegen Irrtums, ist der Auftraggeber berechtigt, eine verschuldensunabhängige Konventionalstrafe entsprechend dem vorigen Absatz zu fordern, die einem Verzug von sechs Monaten entspricht.
Die Zahlung bzw. Einbehaltung einer Konventionalstrafe hindert nicht die Geltendmachung darüber hinausgehender Schäden.
Sieht sich der Auftragnehmer außerstande, einen während des Abnahmetests oder vorher offenbar gewordenen Mangel zu beheben, oder behebt er

ihn nicht innerhalb angemessener Zeit, kann der Auftraggeber nach seiner Wahl vom Vertrag ohne Setzung einer Nachfrist zurücktreten und nach den einschlägigen Regelungen dieses Vertrages Schadenersatz begehren oder den Vertrag aufrechterhalten und Preisminderung und Schadenersatz begehren.

7.2 Gewährleistung für Betrieb des WWW-Servers und Wartung des Informationsangebots

Dauert eine Störung während der Wartungsbereitschaft länger als die definierte maximale Ausfallszeit oder wird die vereinbarte maximale Gesamtausfallszeit in einem Kalendermonat überschritten, ist der Auftraggeber berechtigt, vom Auftragnehmer je Stunde, die die maximale Ausfallszeit oder die maximale Gesamtausfallszeit überschritten wurde, 5 % von den Entgelten für den betreffenden Monat als verschuldensunabhängige Konventionalstrafe einzubehalten.
Kommt der Auftragnehmer seinen Pflichten betreffend die Bereithaltung von Spezialisten und Unterlagen nicht oder nur unvollständig nach, ist der Auftraggeber berechtigt, für die Dauer dieses Zustandes 50 % des Wartungsentgelts als verschuldensunabhängige Konventionalstrafe einzubehalten.
Treten solche Ereignisse öfter auf oder nehmen sie ein den Betrieb des Auftraggebers ernstlich störendes Ausmaß an, ist dieser berechtigt, die Wartung nach seiner Wahl durch ein anderes Unternehmen auf Kosten des Auftragnehmers durchführen zu lassen oder den Vertrag fristlos zu kündigen.
Im Fall der fristlosen Kündigung ist der Auftragnehmer verpflichtet, alle nicht an den Auftraggeber gelieferten Inhalte in maschinenlesbarer Form ohne gesondertes Entgelt herauszugeben, um die weitere Zurverfügungstellung und Wartung des Informationsangebotes sicherzustellen.

7.3 Freiheit von Rechten Dritter

Wird der Auftraggeber wegen der Verletzung von Immaterialgüterrechten Dritter oder Verstößen gegen das Werberecht aufgrund des Anbietens des Informationsangebotes in Anspruch genommen oder droht in Anspruch genommen zu werden, wird der Auftragnehmer ihm alle Kosten und Schadenersatzzahlungen ersetzen und ihm nötigenfalls als Nebenintervenient zur Seite stehen.

Darunter fallen auch vergleichsweise Zahlungen, die der Auftraggeber nach seinem Ermessen mit und ohne Hilfe des Auftragnehmers aushandeln kann, sowie die Kosten der für die Bereinigung der Lage im Hause des Auftraggebers aufgewendeten Arbeitszeit.

7.4 Haftung für Schadenersatz wegen Verzug und Gewährleistungsfehlern

Der Auftragnehmer haftet nach den Regeln des Zivil- und Handelsrechts. Die Zahlung bzw. Einbehaltung einer Konventionalstrafe hindert nicht die Geltendmachung darüber hinausgehender Schäden.

8 Vertragsdauer

Dieser Vertrag kommt mit der Unterschrift der Vertragspartner zustande. Der Vertrag wird auf unbestimmte Zeit geschlossen und kann jährlich zum Ende eines Kalenderjahres mit einer Kündigungsfrist von sechs Monaten gekündigt werden. Der Auftragnehmer verzichtet auf eine Kündigung bis zum Ende des auf den Vertragsabschluß folgenden dritten Jahres.
Dies berührt nicht das Recht auf Kündigung aus wichtigem Grund. Handlungsunfähigkeit des anderen Vertragspartners stellt einen wichtigen Grund dar und berechtigt zur fristlosen Kündigung.

9 Sonstiges

9.1 Zurückbehaltung

Im Streitfall ist der Auftragnehmer nicht berechtigt, die Leistung einzustellen.

9.2 Interessenkollisionen

Die Übernahme eines Auftrages durch den Auftragnehmer gilt als verbindliche Erklärung, daß der Auftragnehmer hinsichtlich der von ihm übernommenen Tätigkeit weder einer Verpflichtung noch Einschränkung unterliegt noch eine solche übernehmen wird, die die vereinbarte Leistung in irgendeiner Weise stören könnte oder mit ihr unvereinbar wäre.

Sollte eine solche Interessenkollision bekannt werden, ohne daß sie der Auftragnehmer gemeldet hat, ist der Auftraggeber berechtigt, den Vertrag fristlos zu kündigen und eventuell begonnene Tätigkeiten von einem Fachmann seines Vertrauens auf Kosten des Auftragnehmers zu Ende führen zu lassen. Der Auftragnehmer hat in diesem Fall Anspruch auf den Anteil des Entgeltes, der seiner schon erbrachten und weiter verwertbaren Leistung entspricht.

9.3 Zessionsverbot

Alle Geldforderungen aus diesem Vertrag unterliegen einem Zessionsverbot.

9.4 Auslegungsregeln

Dieser Vertrag ist nach Werkvertragsregeln zu beurteilen.
Sollten einzelne Bestimmungen dieses Vertrages ungültig sein oder ungültig werden, so wird hierdurch der übrige Inhalt des Vertrages nicht berührt. Die Vertragspartner werden zusammenwirken, um eine Regelung zu finden, die den ungültigen Bestimmungen möglichst nahekommt.

9.5 Schriftform

Dieser Vertrag und seine integrierenden Bestandteile enthalten die vollständigen Abmachungen der Parteien. Änderungen dieses Vertrages bedürfen der Schriftform und müssen explizit als Änderungen dieses Vertrages bezeichnet sein. Dies gilt auch für das Abgehen von der Formerfordernis der Schriftform.

9.6 Integrierende Bestandteile

Folgende Dokumente sind integrierende Bestandteile des Vertrages:

- [die Ausschreibung des Auftraggebers vom ....;]
- [das Angebot des Auftragnehmers vom ....;]
- [folgende Prospekte und Handbücher des Auftragnehmers ....;]
- [die Beilagen 1 bis n mit den Bezeichnungen:
  - ....
  - ....]

Oben nicht angeführte Allgemeine Geschäftsbedingungen, Vertragsformblätter und ähnliches werden nicht Bestandteil des Vertrages.

9.7 Gerichtsstand und anwendbares Recht

Diesem Vertrag liegt [deutsches/österreichisches/schweizerisches] Recht zugrunde. Die Anwendung des Übereinkommens der Vereinten Nationen über den internationalen Warenkauf (UNCITRAL-Kaufrechtsübereinkommen) ist ausgeschlossen. Für die Beilegung von Streitigkeiten wird das dem Streitwert nach zuständige Gericht für Handelssachen in .... <Ort> für zuständig erklärt.

Für den Auftraggeber	Für den Auftragnehmer
....	....

4 Geschäftsabwicklung im Internet

4.1 Was eignet sich zum Vertrieb übers Netz? Wie kann dieser Vertrieb aussehen?

Kommerzielle WWW-Angebote können laut einer Studie der Wirtschaftsuniversität Wien[95] in folgende Gruppen eingeteilt werden:

- Als **„Elektronische Visitenkarte"** wird eine Selbstdarstellung der Organisation ohne Interaktivität und Unterhaltungswert bezeichnet, wie sie viele Firmen als ersten Schritt im Netz tun. Die Erfahrungen aus den Bildschirmtextsystemen 1982 bis 1986 zeigen, daß diese Art von Angebot meist bald wieder aufgegeben wird, da es von einem Nutzer kaum öfter als einmal angewählt wird.
- **„Advertainment"**, eine Mischung aus Werbung und Unterhaltung mit hoher grafischer Aufbereitung, Spielen usw., kann ein guter Start zum Business im Netz sein, da es – bei entsprechender Unterstützung durch Print- oder Radio-/Fernsehwerbung – in kurzer Zeit einen hohen Bekanntheitsgrad vermitteln kann.
- Eine Präsentation der Unternehmensprodukte kann als „Elektronischer Prospekt", bei größerem Umfang als **„Elektronischer Katalog"** bezeichnet werden. Vor allem als Unterstützung der eigenen Händler und als Ersatz für teure gedruckte Kataloge sicher in Zukunft ein Standardinstrument aller Unternehmen.
- Wird der elektronische Katalog durch Bestellmöglichkeiten ergänzt, entsteht der **„Web-Shop"**. Durch Vereinigung mehrer Angebote entstehen seit ca. 1995 auch in Europa „Elektronische Einkaufszentren" bzw. „Elektronische Shopping Malls".
- Bei Geschäftszweigen, die hauptsächlich mit Informationen handeln bzw. solche bearbeiten, können auch gleich die Leistungen elektronisch zum Kunden gebracht werden. Es entsteht die **„Elektronische Bank"** bzw. die

„Elektronische Zeitung“. Genauso wie bei Bildschirmtext sind auch im Internet die Banken eine der führenden Branchen. Denn Bankdienstleistungen behandeln Informationen – auch Geld ist ja heutzutage nur mehr eine Zahl in einem Bankrechner –, und das Netz ist eine klare und billige Alternative zur Bankfiliale und zu teuren Selbstbedienungsgeräten. Große Anstrengungen unternehmen auch Medienunternehmen, um im Netz präsent zu sein. Von praktisch jeder größeren Zeitung existieren schon elektronische Versionen, die derzeit (noch?) gratis abgerufen werden können.

Wie sieht ein typischer Web-Shop aus?

Die meisten dieser Angebote beinhalten natürlich auch eine elektronische Visitenkarte sowie die Möglichkeit, eine E-Mail an die Gestalter der Seiten zu senden. Die Hauptsache bildet aber die Produktpräsentation in Wort, Bild und Ton mit einem direkten Verweis zur Bestellseite.

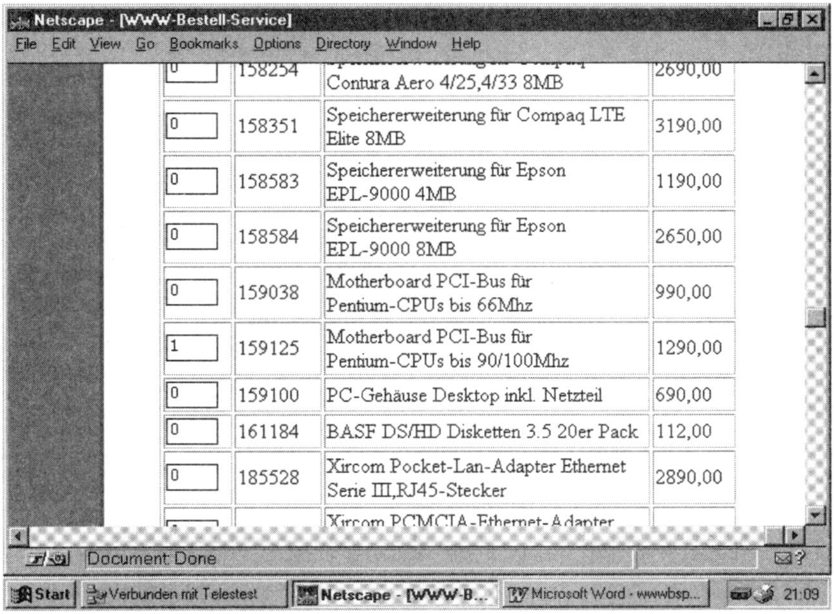

Abbildung 4.1: *Produktkatalog*

Auf der Bestellseite wird meist neben Namen und Adresse des Kunden auch nach der Kreditkartennummer gefragt.

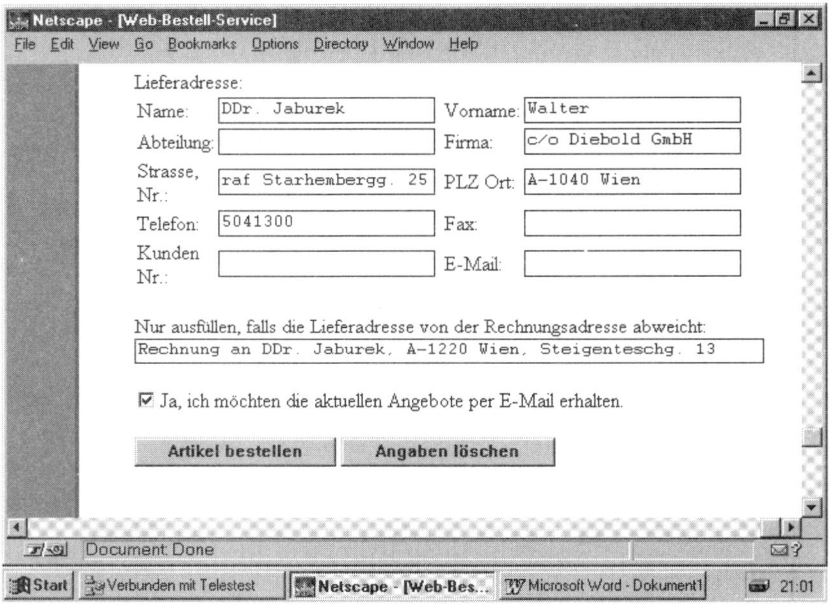

Abbildung 4.2: *Bestellseite*

Nach Eingabe der Bestellung wird die Information an den WWW-Server übertragen und dort von einem Programm weiterbearbeitet. Dies kann durch den Internet-Provider als Gehilfen des Anbieters passieren oder durch das EDV-Personal des Anbieters selbst. Die Bestellung einer Pizza übers Net in Wien wird etwa beim Internet-Dienstleister des Pizza-Flitzers an einen Fax-Server ausgegeben, der die Bestellung als gewöhnliches Telefax an die Küche weiterleitet.

Großen Erfolg hat auch die Schallplattenindustrie mit Web-Servern, die nicht nur die Suche im gesamten Schallplattenangebot der Welt, sondern auch das Anhören der ersten Sekunden jedes Titels einer CD ermöglichen.

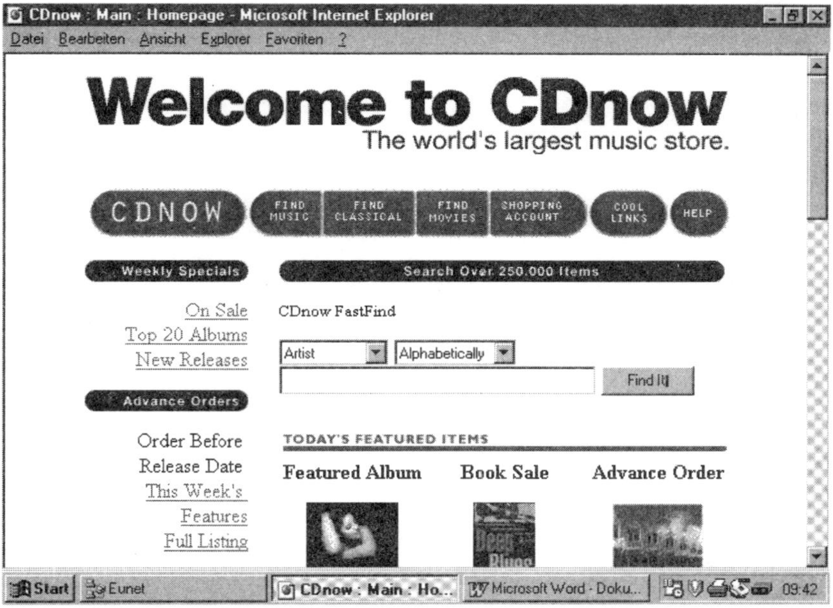

Abbildung 4.3: *www.CDnow.com*

Natürlich können im Netz auch spezielle Angebote für Stammkunden realisiert werden. Lufthansa bietet etwa die Bestellmöglichkeit von Flugtickets auf Seiten an, die nur nach Eingabe eines Kennworts erreichbar sind.

4.2 Ist ein Vertragsabschluß über Internet möglich?

In allen Rechtsordnungen kommt ein Vertrag durch zwei (oder mehr) übereinstimmende Willenserklärungen zustande. Der eine potentielle Vertragspartner macht ein Angebot (Offert), das in der Regel eine Leistung und einen Preis beinhaltet. Der zweite Partner hat jetzt eine bestimmte Zeitlang die Chance, dieses Angebot anzunehmen (Annahme) oder abzulehnen. Daraus ergibt sich die Grundfrage der elektronischen Geschäftsabwicklung: Ist es zulässig, Angebote und Annahmeerklärungen auf elektronischem Wege zu übersenden?

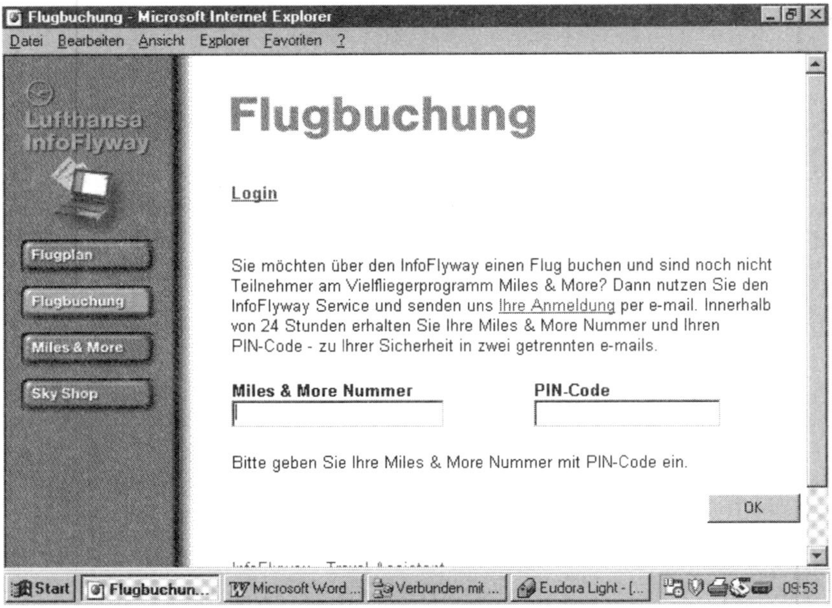

Abbildung 4.4: *Lufthansa-Ticket*

Die meisten Rechtsordnungen sind hier recht liberal. Das österreichische Allgemeine Bürgerliche Gesetzbuch (ABGB) bestimmt etwa in § 863, daß man „seinen Willen nicht nur ausdrücklich durch Worte und allgemein angenommene Zeichen, sondern auch stillschweigend durch solche Handlungen erklären [kann], welche mit Überlegung aller Umstände keinen vernünftigen Grund, daran zu zweifeln, übrig lassen". Artikel 1 des Schweizer Obligationenrechts (OR) nennt explizit ausdrückliche und stillschweigende Willenserklärungen, und Artikel 11 OR erklärt die grundsätzliche Formfreiheit von Verträgen. Das deutsche Bürgerliche Gesetzbuch (BGB) enthält keine so direkte Aussage. Aus § 126 BGB ist aber zu schließen, daß der Gesetzgeber von Formfreiheit ausgegangen ist.

Zusätzlich können aber für bestimmte Verträge noch besondere Pflichten den Abschluß über rein elektronische Mittel unmöglich machen. So ist zum Beispiel bei der Eröffnung von Konten und bei der Verfügung über höhere Geldbeträge zur Vorbeugung von Geldwäscherei die Identität des Bankkunden festzustellen.[96]

4.3 Vertragsabschluß übers Netz: Welches Recht gilt?

Eines der oft zitierten Probleme des Internet ist seine Ausdehnung über die ganze Welt und damit in praktisch alle Rechtsordnungen unseres Planeten. Für den Juristen, aber vor allem auch für den geschäftlich Tätigen stellt sich daher die Frage, welche Rechtsordnungen er bei Net Commerce beachten muß. Diese Frage ist nicht immer ganz einfach zu beantworten. Im folgenden werden die Grundzüge aufgezeigt. Zuvor soll aber auf noch eine ganz andere Frage hingewiesen werden:

4.3.1 Welches Gericht/welche Behörde ist zuständig?

Bei nationalen Geschäftsabschlüssen und Werbevorgängen ist dies für verschiedene Fragen im nationalen Recht geregelt.

So gilt im Zivilrecht im allgemeinen, daß der Beklagte bei dem für seinem Wohnsitz bzw. Sitz des Unternehmens oder der Niederlassung zuständigen Gericht geklagt werden muß. Geht es um Klagen aus unerlaubten Handlungen, ist meist das Gericht zuständig, in dessen Sprengel der Ort der Begehung liegt. Viele andere Ausnahmen existieren etwa für Familienrechtssachen oder im Verkehr mit Grundstücken, die aber meist nicht über das Internet abgewikkelt werden. Zusätzlich kann in Verträgen zumindest zwischen Kaufleuten ein Gerichtsstand vereinbart werden.

Im Strafrecht und Verwaltungsstrafverfahren ist meist das Strafgericht bzw. die Strafbehörde zuständig, in deren Bereich sich eine strafbare Handlung ereignet hat. Dieser Ort kann sich aber sowohl nach der deutschen[97] als auch nach der österreichischen Definition[98] spalten: Sowohl der Ort des Handelns oder Unterlassens als auch der Ort, an dem der Erfolg der Tat eintritt, sind Handlungsort. Gerade bei Delikten über Telekommunikationsnetze wird dies auch oft der Fall sein. Theoretisch sind damit deutsche Gerichte auch aufgerufen, Hacker in Australien zu verfolgen, die in einen deutschen Computer einzudringen versuchen.

Bei grenzüberschreitenden Vorgängen gelten an sich dieselben allgemeinen Regelungen, die auch gleichzeitig das Land bestimmen, dessen Gerichte oder Behörden für die Verfolgung einer Straftat oder eine Entscheidung zuständig sind. Im Zivilrecht existiert hier eine detaillierte europäische Regelung, die vor allem für Konsumenten Schutzbestimmungen enthält. Für Beklagte in EU-Staaten gilt in der Regel das Übereinkommen der Europäischen Gemeinschaft über die gerichtliche Zuständigkeit und die Vollstreckung gerichtlicher Entscheidungen in Zivil- und Handelssachen (EuGVÜ). Zwischen EU-Staaten und jüngeren EU-Mitgliedern, wie Österreich, und anderen europäischen Staaten, wie insbesondere die Schweiz, gilt das Übereinkommen über die gerichtliche Zuständigkeit und die Vollstreckung gerichtlicher Entscheidungen in Zivil- und Handelssachen, geschlossen in Lugano am 16. September 1988.

Nach diesen Übereinkommen ist in der Regel der Wohnsitz bzw. Sitz des Beklagten Gerichtsstand. Wahlweise kann auch am Erfüllungsort eines Vertrages oder am Ort einer unerlaubten Handlung geklagt werden. Versicherer können den Versicherten nur an dessen (Wohn-)Sitz klagen. Auch bei Bestellungen durch Verbraucher bei einem Unternehmer gelten besondere Regeln: Verbraucher können in der Regel den Lieferanten in dessen Sitzstaat oder am Wohnsitz des Verbrauchers klagen. Der Verbraucher kann nur an seinem Wohnsitz geklagt werden. Abweichende Vereinbarungen sind nur schriftlich möglich. Ob dazu die (konkludente) Akzeptanz von AGB genügt, ist strittig.

Streitigkeiten wegen unlauterer Werbung oder Verletzung eines Marken-, Patent- oder Urheberrechts sind – wie schon im Kapitel 2 ausgeführt – in der Regel vor den Gerichten des Staates auszutragen, auf dessen Markt sich die Werbemaßnahme ausgewirkt hat. Sind dies mehrere, kann sich der Kläger, unter Umständen auch der Beklagte,[99] das Gericht aussuchen, bei dem er am meisten Aussicht auf Erfolg hat (sogenanntes „Forum-Shopping").

Besonders im Verhältnis mit den USA ist zu beachten, daß hier keine klaren Regelungen oder Verträge bestehen und insbesondere europäische Gerichtsurteile in den USA nicht vollstreckt werden. Die zwangsweise Eintreibung eines von einem europäischen Gericht zugesprochenen Geldbetrags in den USA ist also nicht möglich und umgekehrt. Geschäfte zwischen Europa und den USA beruhen also meist nur auf gutem Glauben.

Schiedssprüche werden dagegen praktisch weltweit vollstreckt. Allerdings erkennen sehr viele Rechtsordnungen die Vereinbarung von Schiedsgerichten in Allgemeinen Geschäftsbedingungen und vor allem gegenüber Verbrauchern nicht an.

4.3.2 Welches Recht ist anwendbar?

Die Frage des anwendbaren Rechts ist nicht immer gleich geregelt wie die Frage nach der Zuständigkeit. So kann es bei Streitigkeiten aus Kaufverträgen durchaus vorkommen, daß das Gericht im Lande des Käufers zuständig ist, aber gemäß dem Recht des Landes des Verkäufers zu urteilen hat.

Das anwendbare Recht bestimmt sich grundsätzlich nach der dafür geltenden nationalen Regelung des Staates, dessen Behörde oder Gericht angerufen wird. In vielen Staaten, wie zum Beispiel Deutschland, Österreich und der Schweiz, ist es in einem eigenen Gesetz – dem Einführungsgesetz zum Bürgerlichen Gesetzbuch (EGBGB, Artikel 3 bis 38) bzw. dem Gesetz über das Internationale Privatrecht (öIPRG) bzw. für die Schweiz im Bundesgesetz über das Internationale Privatrecht (sIPRG) – geregelt, in anderen Staaten sind die Kollisionsregeln nur aus der Rechtsprechung ableitbar.

Für internationale Kaufgeschäfte zwischen Geschäftsleuten – diese müssen nicht Kaufleute sein – ist grundsätzlich zu prüfen, ob das Abkommen der Vereinten Nationen über den internationalen Warenkauf (UN-Kaufrecht, UNCITRAL-Übereinkommen) anwendbar ist. In diesem Fall sind die Grundzüge des Kaufrechts in vielen Staaten der Welt diesem Übereinkommen und nicht dem nationalen Zivilrecht zu entnehmen. Abgrenzungsschwierigkeiten entstehen hier insbesondere bei der Lieferung immaterieller Leistungen, da das UN-Kaufrecht nur von der Lieferung beweglicher körperlicher Gegenstände spricht.

Im übrigen können die Kollisionsregeln für den Fall von Geschäftsabschlüssen im Internet wie folgt zusammengefaßt werden:

- Wurde ein geltendes Recht gültig vereinbart, so gilt dieses Recht.[100]
- Im übrigen gilt bei Kauf- und Dienstleistungsverträgen das Recht des Staates, in dem die Vertragspartei ihren (Wohn-)Sitz hat, die nicht Geld schuldet.[101]
- Handelt es sich um ein Verbrauchergeschäft, und sieht der Sitzstaat des Konsumenten besondere zivilrechtliche Schutzregeln vor – wie dies etwa das deutsche AGB-Gesetz oder das österreichische Konsumentenschutzgesetz tun –, so gilt das zwingende Recht des Staates des Verbrauchers, wenn der Unternehmer im Staat des Verbrauchers irgendeine werbliche Tätigkeit, zum Beispiel durch Bereitstellen eines Internet-Angebots,[102] entfaltet oder den Auftrag in dem Staat des Verbrauchers entgegengenommen hat.[103] Eine

Rechtswahl ist in diesem Fall zwar möglich, kann aber die Schutzbestimmungen des Wohnsitzstaates des Konsumenten nicht einschränken. Nach Schweizer IPRG ist hier eine Rechtswahl ausgeschlossen.

Daraus sind zwei Daumenregeln ableitbar:

1. Bei Vertragabschlüssen zwischen Geschäftsleuten sollte eine Rechtswahl und eine Gerichtsstandswahl etwa durch AGB stattfinden. Oft empfiehlt sich auch im Verkehr zwischen europäischen Staaten der Ausschluß der Geltung des UNCITRAL-Kaufrechtsübereinkommens.

2. Bietet man Waren im Internet an, die für Endverbraucher gedacht sind, kann man davon ausgehen, daß für einen möglichen Rechtsstreit das Recht des Landes des Konsumenten sowie dessen Gerichtsstand maßgeblich sind.

Die Formgültigkeit von Rechtsgeschäften wird normalerweise relativ großzügig geregelt: Eine Erklärung muß entweder den Formvorschriften des materiell anwendbaren Rechts oder den Formvorschriften des Ortes der Abgabe der Erklärung entsprechen. Auch die Gültigkeit von Schiedsklauseln wird so beurteilt, wobei allerdings zwingende Vorschriften des Konsumentenschutzrechts zu beachten sind.

4.4 Kann ich die Abrufbarkeit eines Internet-Angebots begrenzen?

Jede Internet-Information, vor allem im WWW, kann weltweit abgerufen werden. Dies bringt eine Menge Probleme mit sich – unter Umständen, daß bestellende (und nicht zahlende) Verbraucher in deren Land geklagt werden müssen, so daß die Eingrenzung auf bestimmte Abrufer sinnvoll sein kann. Dazu sind zwei technische Möglichkeiten vorhanden:

Der WWW-Server kann die IP-Adresse des potentiellen Abrufers einer WWW-Information analysieren und zum Beispiel die Verbindungsaufnahme mit Nutzern aus bestimmten Ländern bzw. – technisch gesehen – bestimmten Adreßbereichen ablehnen. So könnten alle Abrufer mit einer Adresse mit Länderendung „.at" für Österreich abgewiesen werden. Dies ist allerdings keine hundertprozentige Lösung, da große Unternehmen und deren Mitarbeiter unter einer eigenen weltweiten „Flagge" segeln – zum Beispiel „ibm.com" – und keine bekannten länderspezifischen Subadressen verwenden.

Eine andere Einschränkung kann durch eine Kennwortabfrage erreicht werden: Dieses Mittel verwenden derzeit praktisch alle Informationsanbieter, die Geld für ihre Informationen verlangen: Nach Zahlung der Abonnementgebühr erhält der Teilnehmer ein Kennwort, welches er vor Abruf des Informationsangebots eingeben muß. Diese Möglichkeit kann allerdings auch genutzt werden, um zum Beispiel den Zugriff auf die Produktinformationen eines Produzenten auf dessen Händler oder den Zugriff auf die Vereinsnachrichten auf die Vereinsmitglieder zu beschränken.

Natürlich bestimmt auch die Wahl der Sprache eines Informationsangebotes seine Leser. Hat man vor, Produkte im Netz nur für Kunden in bestimmten Ländern anzubieten, wird man diese Informationen wohl nur in den jeweiligen Sprachen ins Netz stellen.

Zusätzlich kann auch ein Hinweis nicht schaden, daß man Geschäfte nur mit Kunden in bestimmten Ländern machen möchte. Ein solcher Hinweis wird aber wohl kein Schutz gegen Wettbewerbsklagen aus anderen Ländern sein, könnte aber wohl einen Schutz gegen die automatische Anwendbarkeit des Rechts des Verbraucherlandes darstellen.

4.5 Können über E-Mail bzw. durch Ausfüllen und Absenden von Bestellseiten auch Verträge abgeschlossen bzw. Willenserklärungen abgegeben werden, für die das Gesetz Schriftform vorsieht?

Wie oben gezeigt wurde, besteht kein Zweifel, daß es möglich ist, über elektronische Medien Bestellungen und Annahmeerklärungen zu übersenden. In anderen Staaten der Welt können hier aber schon generell andere Sitten herrschen: In den USA müssen die meisten Konsumentengeschäfte ab einer Wertgrenze von US-$ 500,– schriftlich getätigt werden.[104]

Für bestimmte Arten von Geschäften hat der Gesetzgeber auch in Europa meist aus Gründen der Beweissicherung eine besondere Form der Willenserklärung vorgeschrieben. Geschäfte mit Grundstücken[105] etwa erfordern nicht nur eine schriftliche Erklärung, sondern die Unterschriften müssen noch durch Notar oder Gericht beglaubigt werden. Dies wird übers Netz noch einige Zeit lang nicht möglich sein. Für einen Verbraucherkreditvertrag,[106] die Bürgschaftserklärung eines Nichtkaufmannes[107] oder für die Widerrufs- bzw. Rücktrittserklärung eines Konsumenten nach einem Abzahlungsgeschäft[108] bzw. österreichischem „Haustürgeschäft"[109] genügt allerdings die einfache Schriftform, womit sich die Frage stellt, ob auch die Schriftlichkeit einer elektronischen Nachricht (zum Beispiel mit einer kryptographischen Unterschrift) ausreicht.

Die Zivilrechtsordnungen der deutschsprachigen Länder fordern alle als Merkmal der gesetzlichen Schriftform die eigenhändige Unterschrift.[110] Das österreichische ABGB und das Schweizer OR kennen allerdings auch die Nachbildung der eigenhändigen Unterschrift dort, wo dies im Geschäftsverkehr üblich ist. Die Rechtsprechung geht allerdings in Österreich und Deutschland davon aus, daß eine schriftliche Mitteilung weder bei einem Telegramm[111] noch einem Telex[112] noch einem Telefax[113] vorliegt. Faksimileunterschriften sollen lediglich Massenerklärungen erleichtern.[114] In Deutschland stellt allerdings § 127 BGB klar, daß dort, wo nicht durch Gesetz, sondern durch Willen der Vertragspartner Schriftform vorausgesetzt wird, telegraphische Übertragung reicht. Dies ist wohl auf elektronische Übertragung von Texten zu erweitern. In der Schweiz wird das Telegramm der Schriftform durch Artikel 13 Absatz 2 OR generell gleichgesetzt. Allerdings muß die „Aufgabedepesche" die Unterschrift derjenigen tragen, die sich verpflichten, was gerade bei Internet-Mail oder WWW-Bestellungen nicht der Fall ist.

Daraus folgt, daß in Österreich und der Schweiz überhaupt keine im Rechtssinne „schriftlichen" Erklärungen über elektronische Netze gesendet werden können,[115] in Deutschland nur solche Erklärungen, für die die Parteien sich Schriftform ausbedungen haben.

Für das Geschäft im Netz am bedeutendsten wird sich hier wohl das Schriftformerfordernis bei Raten- oder Abzahlungskäufen auswirken.[116] Die Nichteinhaltung der Schriftform hat allerdings je nach Land unterschiedliche Folgen: In der BRD kommt der Vertrag nicht zustande, in Österreich steht dem Unternehmer nur eine Verwaltungsstrafe ins Haus, der Vertrag ist aber aufrecht. In der Schweiz besteht ein Rücktrittsrecht bis zur Ausfolgung der Urkunde, falls die Ware nicht vorher benutzt wird.

In vielen Staaten der Welt wird allerdings an Regeln für elektronische Unterschriften nach kryptographischen Verfahren gearbeitet. Italien hat etwa eine dementsprechende allgemeine Gesetzesbestimmung Anfang 1997 erlassen. Im Zusammenhang mit dem deutschen Informations- und Kommunikationsdienste-Gesetz – insbesondere dessen Artikel 3 – Gesetz zur digitalen Signatur (Signaturgesetz, SigG)[117] – soll auch ein funktionierendes elektronisches Signatursystem flächendeckend für Deutschland eingeführt werden. Vor allem die deutsche

Bundesnotarkammer hat sich sehr für die Schaffung eines Gesetzes zur digitalen Signatur[118] eingesetzt. Dieses Gesetz könnte ab 1997/98 die Basis für die Anerkennung elektronischer Unterschriften in Deutschland bilden. Nicht geplant ist allerdings die automatische Gleichsetzung der elektronischen Signatur mit der eigenhändigen Unterschrift. Hier existiert der Entwurf eines § 126a BGB der deutschen Bundesnotarkammer. In Österreich arbeitet ein Arbeitskreis des Bundeskanzleramtes an den Grundlagen für eine ähnliche gesetzliche Regelung.

4.6 Stellt ein Internet-Angebot ein bindendes Angebot dar?

Oft hört man bei juristischen Laien die Ansicht, daß etwa der Versender von Produktprospekten auch verpflichtet sei, die dargestellten Waren zu diesem Preis zu verkaufen. Juristisch ausgedrückt würde dies bedeuten, der Prospekt stellt ein Angebot dar. Diese Meinung ist allerdings falsch!

Nach Lehre und Rechtsprechung muß ein Angebot den Inhalt des in Aussicht genommenen Vertrages hinreichend bestimmen und den Bindungswillen des Anbieters erkennen lassen.[119] Zusätzlich fordern noch manche Autoren die Erkennbarkeit des Empfängers der Erklärung.[120]

Produktprospekte, „Angebote" in Schaufensterauslagen und auch die meisten Bildschirmtext-, T-Online-, CompuServe- oder WWW-Informationsangebote mit Bestellmöglichkeit werden daher nicht als Angebot zu werten sein (allgemeine Fallgruppe).[121]

Begründet wird dies mit dem mangelnden Bindungswillen des Informationsanbieters. Dieser muß sich wohl eine Kreditwürdigkeitsprüfung des Bestellers – etwa durch Rückfrage an die Kreditkartengesellschaft – und die Prüfung seines Lagerbestandes vorbehalten. Es könnte ja aufgrund eines unvorhersehbaren Ansteigens der Bestellungen dazu kommen, daß der Unternehmer einfach nicht lieferfähig ist.

Gerade im Internet sind aber Fallgestaltungen möglich, die diese Argumentation zu Fall bringen. Auf diese hat schon *Micklitz*[122] beim Bildschirmtext hingewiesen: Das Internet bzw. WWW bieten auf dem Server die technische Möglichkeit, durch Zugriff auf andere Rechner aktuell die Lieferfähigkeit eines bestimmten Artikels zu überprüfen. Zudem muß bei Zahlung per E-Cash die Bonität genausowenig überprüft werden, wie dies beim Kauf einer Pakkung Zigaretten beim Warenautomaten gegen Bargeld der Fall ist. Es sind also durchaus WWW-„Warenautomaten“ denkbar, die vielleicht noch nach einigen Frage-Antwort-Runden dem Kunden ein maßgeschneidertes und verbindliches Angebot machen. Vor allem dort, wo die „Ware“ aus Information besteht, wie es etwa bei Informationsdiensten der Fall ist, wird wohl das WWW-Angebot – auch wenn es an alle Internet-Benutzer gerichtet ist – als Angebot im Rechtssinn zu werten sein (Fallgruppe „Warenautomat“).[123]

Auch Angebote, die nur für bestimmte Benutzergruppen nach Prüfung eines Kennworts abrufbar sind (Fallgruppe „Geschlossene Benutzergruppe“), sowie an bestimmte Personen gerichtete Angebote per E-Mail (Fallgruppe „E-Mail Angebot“) müssen in der Regel als bindende Angebote gewertet werden.

Festzuhalten bleibt, daß viele WWW-„Angebote“ nur als Aufforderung an den Internet-Benutzer zu verstehen sind, durch Ausfüllen einer Bestellseite ein Angebot an den Unternehmer zu legen. Daneben existieren aber sehr wohl weitere Fallgruppen, wo schon die Information von seiten des Unternehmers als Angebot im Rechtssinn zu sehen sein wird. Insbesondere beim Angebot, Informationen sofort gegen sofortige elektronische Bezahlung zu liefern, handelt es sich um ein Angebot auch im Sinne des Zivilrechts.[124]

Aber auch im allgemeinen Fall empfiehlt es sich nicht, nur aus Jux und Tollerei Warenangebote im WWW darzustellen. Dies könnte von einem Konkurrenten als Lockvogelangebot[125] im Sinne der Rechtsprechung zum Gesetz gegen den Unlauteren Wettbewerb angesehen werden. Denn eine Täuschung des Kunden über die vorrätige Menge wird in § 3 des deutschen UWG, § 2 des österreichischen UWG und in Artikel 3 lit. b des Schweizer UWG als sittenwidrige Handlung genannt.

4.7 Wer haftet für Übertragungsfehler?

Informationen werden im Internet zwar gesichert übertragen. Dies bedeutet, daß der empfangende Rechner anhand einer Prüfziffer nachrechnet, ob ein übertragener Datenblock während der Übertragung verändert wurde. Allerdings ist dieses Verfahren wie alle technischen Mittel kein hundertprozentiger Schutz gegen Übertragungsfehler. Es kann damit gerechnet werden, daß unter $2 + 10^{11}$ oder 200.000.000.000 übertragenen Bit eines unerkannt verfälscht übertragen wird.[126] In diesem Fall könnte etwa aus der Bestellung von 10 Tonnen Papier eine solche von 100 Tonnen werden. Diese Frage wurde schon für Bildschirmtext-Bestellungen heftig diskutiert.

Hier gilt die allgemeine Regel, daß Erklärungen auf Risiko des Erklärenden reisen, bis sie in den Einflußbereich des Empfängers gelangen. Dies bedeutet, daß Übertragungsfehler auf dem Weg der Nachricht vom PC des Absenders bis zum Rechner des Empfängers dem Absender zuzurechnen sind. Wird die Nachricht allerdings im Rechner bzw. im lokalen Netz des Empfängers verfälscht, trägt der Empfänger dieses Risiko.[127]

4.8 Wie lange ist ein Angebot bindend?

Sendet jetzt der Kunde ein Angebot in Form einer ausgefüllten Bestellseite an den WWW-Server des Anbieters, so stellt sich als nächste die Frage, wie schnell der Anbieter auf dieses Angebot (Antrag) antworten muß bzw. wie lange der Kunde an seine Bestellung gebunden ist.

Die Zivilgesetzbücher des deutschen Sprachraums kennen zu diesem Thema drei allgemeine Antworten: Ist im Angebot selbst eine Frist bestimmt, so gilt diese. Angebote unter Anwesenden oder am Telefon müssen sofort angenommen werden, ansonsten ist der Erklärende an dieses nicht mehr gebunden. Angebote unter Abwesenden, die etwa per Post erfolgen, müssen innerhalb des zweifachen Postweges und einer angemessenen Überlegungsfrist angenommen werden.

Der Gesetzgeber denkt hier offenbar an eine explizite Annahmeerklärung in Form einer Auftragsbestätigung.[128] Denn sofort folgt in allen Zivilgesetzbüchern die Regelung für den Fall, daß eine solche Erklärung nicht zu erwarten ist. In Deutschland und Österreich ist in diesem Fall auch in der Durchführung der Leistung, zum Beispiel durch Absenden der bestellten Ware, eine Annahme zu erblicken.[129] Nach Schweizer Obligationenrecht gilt das Angebot als angenommen und der Vertrag als abgeschlossen, wenn ihm nicht sofort widersprochen wird.[130]

Der Vertrag kommt mit Zugang der Annahmeerklärung beim Besteller zustande. Im Falle der Annahme durch tatsächliche Lieferung kommt der Vertrag durch Absenden der Lieferung zustande.

In allen drei deutschsprachigen Ländern hat der Gesetzgeber außerdem für den Fall vorgesorgt, daß die Annahme entweder als explizite Erklärung oder als Lieferung der bestellten Ware zu spät eintrifft: In diesem Fall muß der Besteller unverzüglich widersprechen, so er erkennen muß, daß die Verzögerung nicht durch den Annehmenden verschuldet ist, sondern etwa durch Verzögerungen bei der Weiterleitung von Briefpost. Sonst kommt der Vertrag zu diesem Zeitpunkt zustande.[131] Eine generell zu spät abgesendete Annahmeerklärung (auch in Form der bestellten Ware) ist als neues Angebot des Unternehmers zu werten.[132] Nimmt der Besteller die Leistung widerspruchslos an, kommt der Vertrag erst dann durch konkludente Annahme durch den Besteller zustande.

Nach dem Ausfüllen einer Bestellseite im WWW bekommt der Benutzer in der Regel vom Rechner einen Text als Antwort zurück. Dieser könnte lauten: „Bestellung wird weitergeleitet". In diesem Fall wird wohl noch kein vernünftiger Kunde davon ausgehen, daß seine Bestellung zwingend akzeptiert („angenommen") wurde. Wird aber dem Benutzer zurückgespielt: „Ihre Bestellung wird bearbeitet", so wird wohl der Benutzer und wahrscheinlich auch ein Richter davon ausgehen, daß hier schon ein bindender Vertrag zustande gekommen ist. Wird nicht geliefert, so kann der Kunde unter Umständen Schadenersatz wegen Verzuges geltend machen.

Abbildung 4.5: *Antwort auf Bestelleingabe*

Wie lange kann jetzt die angemessene Überlegungsfrist des Anbieters sein? Dies wird sich wohl nach Natur und Preis der bestellten Sache richten müssen. Generell ist jedoch anzunehmen, daß sowohl Besteller als auch Anbieter das Internet auch deswegen verwenden, weil es eine schnelle Reaktion ermöglicht. In Verbindung mit dem EDV-System eines Unternehmens bietet es die Möglichkeit, eingehende Bestellungen sofort vollautomatisch zu bearbeiten. In diesem Fall ist die Überlegungsfrist wohl eher im Minutenbereich anzusiedeln. Sonst wird davon auszugehen sein, daß Bestellungen per Netz vom Unternehmer zumindest einmal pro Arbeitstag abgerufen und bearbeitet werden.

Bei Bestellungen komplexer und hochpreisiger Waren, die allerdings eher selten sein werden, ist wohl auch eine längere Überlegungsfrist angemessen. In der Regel wird hier wahrscheinlich auch die Kreditwürdigkeit des Bestellers geprüft.

Es empfiehlt sich also, dem Kunden im WWW-Seitenangebot eine ungefähre Vorstellung von der Bearbeitungsart der Bestellungen zu geben. Damit kann die Bindungsfrist des Bestellers ungefähr bestimmt werden. Oder man baut eine entsprechende Formulierung in das Bestellformular ein, die dann zu einer expliziten Erklärung des Bestellers betreffend die Bindungsdauer an sein Angebot wird.

Unternehmer könnten versuchen, sich eine unangemessen lange Überlegungsfrist für ihre Entscheidung zu sichern, indem sie in die Bestellformulare einen Satz einfügen, der sinngemäß lautet: „Ich (der Besteller) bin an meine Bestellung zehn Monate gebunden." Diesem Gestaltungsmißbrauch hat der Gesetzgeber in Österreich und Deutschland einen Riegel vorgeschoben, indem solche Klauseln zumindest gegenüber privaten Konsumenten als sittenwidrig und nichtig erklärt werden.[133]

Die EG-Richtlinie über den Fernabsatz wird die Bindungsfrist des Konsumenten bei Fernbestellungen überhaupt wegfallen lassen. So wie es die meisten Versandhäuser schon heute tun, soll dem Verbraucher gemäß Artikel 6 ein Rücktrittsrecht bis sieben Tage nach schriftlichem Erhalt aller wesentlichen Informationen über den Vertrag zustehen. Der Lieferant hat zudem nach Artikel 7 des Richtlinienentwurfs generell innerhalb von 30 Tagen zu liefern.

Zusammenfassend ist also festzustellen: Im Normalfall stellt der Besteller mit seiner Bestellung ein Angebot, an das er eine gewisse Zeit gebunden ist. Der WWW-Anbieter wird das Angebot meist durch Absenden der bestellten Ware annehmen. Selbst bei verspätetem Eintreffen der Ware kommt der Vertrag zustande, wenn der Besteller nicht widerspricht.

In den anderen Fallgruppen (Angebot per E-Mail, in einer geschlossenen

Benutzergruppe oder bei elektronischen Warenautomaten) kann durchaus auch die Information von seiten des Lieferanten ein Angebot darstellen, das durch die Bestellung angenommen wird.

4.9 Rücktrittsrecht nach Verbraucher-/ Konsumentenschutzrecht?

Auf Verkaufsausflügen und durch Besuche im eigenen Haus sind Konsumenten einem besonderen psychischen Kaufdruck ausgesetzt. Daher hat die EU mit der Richtlinie 85/577/EWG betreffend den Verbraucherschutz im Falle von außerhalb von Geschäftsräumen geschlossenen Verträgen dem nationalen Gesetzgeber die Einführung eines Widerrufsrechts für solche Geschäfte vorgeschrieben, das in Deutschland im Gesetz über den Widerruf von Haustürgeschäften oder ähnlichen Geschäften vom 16. Januar 1986 (HausTWG) und in Österreich im Konsumentenschutzgesetz verankert wurde.

Das deutsche HausTWG kennt in seinem § 5 eine Regelung, die das Widerrufsrecht auf alle Fälle ausdehnt, bei denen seine Anwendung umgangen werden soll. Daraus leiten manche Autoren[134] auch eine Anwendung auf Teleshopping und damit unter Umständen auch auf Kaufabschlüsse im Internet ab. Der BGH[135] hat allerdings die Anwendung auf telefonische Bestellungen abgelehnt, was wohl auch auf den Fall von Internet-Bestellungen anwendbar sein wird.

Während in der Schweiz ein Rücktrittsrecht nur bei Abzahlungsgeschäften besteht, hat der österreichische Gesetzgeber im Konsumentenschutzgesetz (KSchG) schon 1979 ein allgemeines Rücktrittsrecht für Verbrauchergeschäfte eingeführt, die nicht auf Initiative des Verbrauchers und nicht in den Geschäftsräumen des Unternehmers abgeschlossen wurden.

Bei der Einführung des Bildschirmtextsystems ab 1982 wurde die Frage des Rücktrittsrechts gemäß § 3 KSchG heiß diskutiert. Ohne spezielle Regelung wird aber bei Internet-Bestellungen kein Rücktrittsrecht des Konsumenten greifen, da das Geschäft durch den Kunden „angebahnt" wurde und keine Besprechung mit dem Lieferanten voranging.[136]

Derzeit besteht also in den deutschsprachigen Ländern kein allgemeines Rücktritts- bzw. Widerrufsrecht des Konsumenten bei Vertragsabschlüssen per Internet. In den romanischen Ländern wird schon jetzt in Anlehnung an die Rechtslage bei telefonischen Bestellungen durch Verbraucher angenommen, daß ein allgemeines Widerrufsrecht bis sieben Tage ab Bestellung gilt. Generell wird aber in allen EU-Ländern durch die Fernabsatzrichtlinie ein solches Rücktrittsrecht bis sieben Tage nach Erhalt einer dauerhaften schriftlichen Information über die wesentlichen Vertragspunkte in Kraft treten.

4.10 Die EU-Fernabsatzrichtlinie: Bestellungen im Internet nur mehr auf Risiko des Anbieters?

Wichtigstes EU-Dokument zum Verbraucherschutz bei Internet-Geschäften ist die Fernabsatzrichtlinie[137] (der Text ist im Anhang 3, ab Seite 186, wiedergegeben). Sie fordert die Mitgliedstaaten dazu auf, Anbietern von Waren und Dienstleistungen im Wege des Vertriebes über beliebige Fernkommunikationsmittel (Brief, Telefon, Internet) bis spätestens Juni 2000 folgende gesetzliche Pflichten aufzuerlegen:

- ausreichende Information des Konsumenten vor Vertragsabschluß;
- schriftliche bzw. dauerhafte Information zum Beispiel über Identität des Anbieters spätestens bei Lieferung;
- Widerrufsrecht binnen sieben Tagen (diese Frist kann von den Mitgliedstaaten verlängert werden) ohne Vertragsstrafe (drei Monate bei mangelnder Information des Verbrauchers);
- Vertragserfüllung spätestens nach 30 Tagen;
- bei Zahlung mittels Karte Stornierung im Fall betrügerischer Verwendung;
- Verbot der Zusendung unbestellter Waren an Verbraucher sowie Freistellung der Verbraucher von jedweder Pflicht zur Aufbewahrung oder ähnlichem in einem solchen Fall;
- vorherige Zustimmung für Verwendung von Kommunikation mit Automaten als Gesprächspartner (Voice-Mail-System) und Telefax notwendig – andere Fernkommunikationstechniken sind zulässig, wenn sie nicht offenkundig durch den Verbraucher abgelehnt werden.

Für bestimmte Arten von Geschäften sind manche oder alle Bestimmungen der Fernabsatzrichtlinie nicht anwendbar, insbesondere für bestimmte Finanzdienstleistungen, Geschäfte mit Warenautomaten, Immobiliengeschäfte, teilweise Lieferung von Lebensmitteln und anderen verderblichen oder schwer zurücknehmbaren Waren.

4.11 Willenserklärungen durch Computer?

Bei Geschäften über das Netz, besonders über WWW, tritt oftmals der Kunde mit einem Computersystem in Kontakt. Sein „Gesprächspartner" ist der WWW-Server (und eventuell dahinter tätige EDV-Systeme) des Anbieters. Aber auch in anderen Bereichen treten heute schon Menschen mit EDV-Anlagen in einen rechtlich relevanten Kontakt. Auch bei der Behebung von Geld bei einem Bankomaten oder beim Senden eines Überweisungsauftrages über das Internet ist dies der Fall.

In vielen Fällen geben die EDV-Anlagen auch programmgesteuerte Erklärungen ab: Das Bestellsystem „verspricht" zu liefern, der Bankomat verweigert die Auszahlung wegen mangelnder Deckung auf dem Konto, der Bankcomputer meldet (über das Netz): „Auftrag zur Bearbeitung übernommen", später: „ausgeführt". Ein automatisches Lagersystem bestellt selbstständig zur Neige gehende Artikel nach.

Hier erhebt sich sofort die Frage nach der Verbindlichkeit und der Rechtsnatur solcher „Erklärungen": Sind das Willenserklärungen? Wenn ja, wem sind sie zuzurechnen, vor allem wenn sie fehlerhaft sind?

In der BRD wird dieses Thema – soweit überschaubar – seit 1957 diskutiert. Bis auf wenige Autoren[138] nimmt man allgemein an, daß durch EDV-Anlagen Willenserklärungen abgegeben werden können,[139] ähnlich wie man durch Gehilfen Blanketterklärungen vervollständigen lassen kann. *Köhler* begründet dies so: „Für die rechtliche Bewertung macht es keinen Unterschied, ob der Inhalt einer Erklärung mit Hilfe von Menschen oder mit Hilfe von technischen Einrichtungen konkretisiert wird. Der Grundsatz der Privatautonomie steht der Hinzuziehung von Hilfsmitteln nicht im Wege. Entscheidend ist nur, daß die Verantwortung beim Anlagenbetreiber verbleibt und er sich die Ergebnisse der Datenverarbeitung als eigene Erklärung zurechnen lassen will."

Bedenkt man die freizügige Formulierung des Artikel 1 Absatz 2 OR oder gar des § 863 ABGB, wonach man seinen Willen „auch stillschweigend durch solche Handlungen erklären" kann, „welche mit Überlegung aller Umstände keinen vernünftigen Grund, daran zu zweifeln, übriglassen", kann diese Meinung auf das österreichische und Schweizer Recht mangels entgegenstehender Bestimmungen ohne weiteres übernommen werden. Somit bleibt festzuhalten: Automatisierte Willenserklärungen sind im deutschen Sprachraum möglich und rechtlich wirksam.

Die Erstellung von Bescheiden mittels EDV, wie sie in Verwaltungsverfahrensordnungen und Abgabenordnungen für Verwaltungs- und Finanzverwaltungsverfahren vorgesehen sind, produziert allerdings keine automatisierten Willenserklärungen, da in der Regel für jeden Einzelfall eine vom zuständigen Beamten unterzeichnete Urschrift vorhanden sein muß.

4.12 Der Erklärungswert automatisierter Willenserklärungen

Für Willenserklärungen zwischen Menschen wurde diskutiert, nach welchem Standpunkt eine Äußerung auszulegen sei: Geht man ganz nach dem Willen des Erklärenden (sogenannte Willenstheorie), trägt dies zwar dem Grundprinzip der Selbstbestimmung (Privatautonomie) voll Geltung, benachteiligt aber unter Umständen den Empfänger, der auf seine Interpretation der Äußerung vertraut, die zum Beispiel auch durch Übertragungsfehler ihm anders zugegangen ist, als sie der Absender weggeschickt hat. Geht man nur davon aus, was der Empfänger verstanden hat (Erklärungstheorie), wird der Absender benachteiligt.

Wie regeln die Zivilrechtsordnungen der deutschsprachigen Länder diese Frage für fehlerhaft übertragene Nachrichten, zum Beispiel Bestellungen? § 120 BGB und Artikel 27 OR verweisen auf die Irrtumsregelungen. Dies bedeutet: Grundsätzlich trägt der Erklärende das Risiko von Übertragungsfehlern bis zum Bereich des Erklärungsempfängers. Ist die Erklärung allerdings erheblich mangelhaft angekommen, so daß sie der Absender bei verständiger Würdigung nicht mit dem angekommenen Inhalt abgegeben hätte, so ist das Rechtsgeschäft wie bei einem Irrtum anfechtbar. In Deutschland ist eine solche Erklärung unverzüglich ab Kenntnis, spätestens aber innerhalb von 30 Jahren anzufechten.[140] Die Anfechtung kann gegenüber dem gutgläubigen Erklärungsempfänger zu Schadenersatz verpflichten.[141] In der Schweiz hat der Erklärende ein Jahr ab Entdeckung des Übermittlungsfehlers Zeit zur Anfechtung.[142] In Österreich hat sich mangels gesetzlicher Regelung die Vertrauenstheorie[143] durchgesetzt, nach der eine Erklärung zum Beispiel vom Richter so zu beurteilen ist, wie sie ein objektiver Dritter am Ort des Erklärungsempfängers verstehen mußte. Übertragungsfehler gehen zu Lasten des Absenders, außer der Empfänger hätte den Übertragungsfehler erkennen müssen.

Bei zweiseitig verbindlichen Rechtsgeschäften wird eine undeutliche Äußerung zum Nachteil desjenigen erklärt, der sich derselben bedient hat. Dies gilt in Österreich schon nach § 915 ABGB. In der BRD ist es – zumindest für

Allgemeine Geschäftsbedingungen – aus § 5 des Gesetzes zur Regelung des Rechts der Allgemeinen Geschäftsbedingungen (AGBG) herauszulesen.

Als Korrektiv dazu gibt es die Regel, daß der Empfänger, der den von der objektiven Bedeutung abweichenden wahren Willen des Erklärenden kannte, an diesen gebunden ist. Zudem erklären § 119 BGB, § 871 ABGB und Artikel 23 ff. OR Willenserklärungen für unverbindlich, bei deren Abgabe sich der Absender in einem wesentlichen Irrtum befand. Anfechtungsvoraussetzung in Österreich ist zusätzlich, daß der Irrtum dem Empfänger „aus den Umständen offenbar auffallen mußte".

Gemeinhin kann also bei menschlichen Empfängern angenommen werden, daß sie rückfragen, zum Beispiel, wenn ein Privathaushalt über WWW drei Paar Socken bestellen will und durch einen Übertragungsfehler daraus 300 Paar werden.

Bei Willenserklärungen zwischen EDV-Anlagen, also zum Beispiel vom Computer eines automatischen Lagerhaltungssystems zum Bestellsystem des Herstellers, fehlt dieses Korrektiv, außer es sind Plausibilitätskontrollen im EDV-System des Erklärungsempfängers vorgesehen.

Die Anfechtung von Willenserklärungen wegen Fehlern, die beim Erklärenden entstanden sind, richtet sich – in Österreich – nach den engen Regeln der Irrtumsanfechtung. Zur Anfechtung berechtigt ein Irrtum nur,

- wenn er wesentlich ist, das heißt die Hauptsache oder eine wesentliche Beschaffenheit derselben betrifft,
- und vom Erklärungsempfänger veranlaßt ist
- oder diesem aus den Umständen offenbar auffallen mußte
- oder noch rechtzeitig aufgeklärt wurde.[144]

Ein Irrtum über den Beweggrund (Motivirrtum) oder Endzweck eines Vertrages gilt mangels gegenteiliger Vereinbarung als unwesentlich.[145] Die Verletzung von Aufklärungspflichten kann nur zu einem wesentlichen Irrtum führen.[146]

Nach diesen Regeln ist klar, daß Willenserklärungen, die durch Fehlverhalten des Erklärungsempfängers (List, Drohung, falsche Informationen) zustande gekommen sind, anfechtbar sind.

Die vom Anlageninhaber nicht gewollte Ingangsetzung einer EDV-Anlage rechnet *Köhler* zu den Fällen, in denen mangels Handlungswillens keine gültige oder zumindest eine anfechtbare Erklärung vorliegt. Hier treten die gleichen Probleme auf, die oben unter „Willenserklärungen durch Dritte" behandelt wurden. Die Regel des § 875 ABGB bzw. § 123 BGB – nach der Erklärungen, die durch List eines Dritten zustande gekommen sind, in der Regel unanfechtbar bleiben – hilft hier auch nicht weiter, da in unserem Fall der Erklärende überhaupt keine Handlung gesetzt hat, im Fall des § 875 aber selbst gehandelt hat. Es bleiben also wieder die ebenfalls schon besprochenen Regeln über die Duldungs- und Anscheinsvollmacht und die Schlüsselgewalt des Ehegatten anwendbar. Außerhalb dieses Fallkreises ist keine Willenserklärung des angeblich Erklärenden zustande gekommen, was aber in praxi der angeblich Erklärende zu beweisen haben wird. Für die mangelhafte Absicherung seiner EDV-Anlage wird er in diesem Zusammenhang bei Verschulden auch zu haften haben.

Als der Akt, der automatisierte Willenserklärungen einer Person zurechenbar macht, wurde soeben das Ingangsetzen der EDV-Anlage, etwa eines WWW-Servers mit bestimmten Angeboten bzw. des Programms, erkannt. Dieser rechtlich bedeutsame Vorgang sollte daher durch Autorisierungssysteme so abgesichert werden, daß er nur von einem Vertretungsbefugten gestartet werden kann.

4.13 Wie weiß ich, wer bestellt? Haftung der Inhaber von Kennwörtern usw.

In den meisten EDV-Systemen und auch im Internet werden Benutzer durch Eingabe eines Benutzernamens und eines Kennworts identifiziert. Für den durchschnittlichen Internet-Benutzer ordnet der Rechner des Access-/Service-Providers diesem Wertepaar eine allgemein gültige Netzwerkadresse zu, die bei jeder Art von Übertragung in jedem Datenpaket mitgesendet wird und die sich bei jeder Internet-Sitzung ändern kann. Bei Internet-Mail erfolgt überhaupt keine Überprüfung der Identität des Absenders einer Nachricht.

Besonders im Zusammenhang mit Btx wurde die Möglichkeit diskutiert, daß andere Personen als der Inhaber des Kennwortes unter diesem Namen Bestellungen tätigen oder andere Willenserklärungen abgeben. In Frage kommen hier Personen, die zu dem Inhaber eine Nahebeziehung haben, etwa Familienmitglieder oder Unternehmensangehörige, Personen, die Zugang zum Rechner des Nutzers haben, auf dem die Kennwörter gespeichert sind, und Dritte, die sich das Kennwort erschlichen haben, etwa durch Abhören einer Leitung.

Sendet der Ehegatte, der ohne ein eigenes Einkommen zu beziehen, den Haushalt führt, eine Willenserklärung unter dem Namen des Alleinverdieners ab, sind die Bestimmungen über die Schlüsselgewalt anzuwenden. Bewegt sich das Rechtsgeschäft im Rahmen der Führung des gemeinsamen Haushalts, vertritt der eine Gatte den anderen gemäß § 1357 BGB bzw. § 96 ABGB und kann ihn also auch per WWW-Bestellung verpflichten.[147]

Bei Bestellungen von Kindern und Dritten stellt sich vor allem die Beweisfrage: Wer muß beweisen, daß ein Unbefugter eine fremde Identität mißbraucht hat? Wer beweist, daß nicht ein Fall der Anscheinsvollmacht vorliegt, also etwa der Vater dem Sohn die Kennwörter anvertraut hat? In der BRD gibt es zu diesen Fragen im Fall Btx divergierende Meinungen.[148] Die praktische Lösung bildet derzeit das bei Btx faktisch eingeräumte Rücktrittsrecht des Bestellers von Waren. Im Bankbereich haftet der Inhaber der Bankkennwörter. Anders nach dem amerikanischen Electronic Fund Transfer Act: Das Kreditinstitut muß beweisen, daß eine autorisierte Transaktion vorliegt!

Im Bereich des Internet ist die Identifikation eines Nutzers noch viel schwerer möglich. Praktisch jeder der ca. 50 Millionen Internet-Benutzer kann unter einem beliebigen Namen Bestellungen absenden. Hier wird wohl derzeit die Beweislast beim Anbieter liegen, daß wirklich ein bestimmter Nutzer bei ihm bestellt hat.

Im Verkehr zwischen Unternehmen werden hier vor allem die Regeln der Duldungs- und Anscheinsvollmacht zum Tragen kommen.[149] Läßt der Geschäftsherr einen seiner Angestellten immer wieder im Namen des Unternehmens über elektronische Systeme bestellen, wird er sich nicht auf die mangelnde Vertretungsmacht des Angestellten ausreden können. Analog wird in der BRD bei Mißbrauch von Geschäftspapieren und Fakturenstempeln eine Rechtsscheinhaftung des Namensträgers bejaht.[150]

4.14 Wie werden Allgemeine Geschäftsbedingungen Inhalt des Vertrages?

Vor allem die Vereinbarung eines Eigentumsvorbehalts für den Fall der Zahlungsunfähigkeit des Kunden oder Haftungsausschlüsse sind oft der Anlaß, AGB in einen Bestellvorgang einbeziehen zu wollen. Gegenüber dem allgemeinen Zivilrecht verbessern sie in der Regel die Rechtsposition des Anbieters.[151] Allgemeine Geschäftsbedingungen (AGB) werden nur Bestandteil eines Vertrages, wenn ihre Geltung vereinbart wurde.[152] Dazu gehört natürlich auch die Möglichkeit, von ihrem Inhalt in zumutbarer Weise Kenntnis zu nehmen. In Deutschland ist dies explizit in § 2 des AGBG geregelt, aber auch in Österreich und der Schweiz eine anerkannte Regel.[153]

Bei Geschäftsabschlüssen im Internet stellt sich hier die Frage, ob es insbesondere für Konsumenten zumutbar ist, AGB in Form einer oder mehrerer WWW-Seiten abzurufen und zu lesen.[154] Der Abruf kostet ja pro Minute zumindest den Telefonortstarif von einigen Pfennig bzw. fast einem Schilling je Minute. Falls die AGB leicht zugänglich und relativ kurz sind, ist dies derzeit wohl eher zu bejahen. *Waltl* begrenzt die Länge der AGB auf drei Bildschirmseiten von je 1500 Zeichen.[155]

Allerdings ist zu bedenken, daß die Fernabsatzrichtlinie im Entwurf ja gerade davon ausgeht, daß eine dauerhafte schriftliche Information des Konsumenten notwendig ist. Dabei dürfte wohl die Beweisfrage eine Rolle spielen: Denn da AGB im Netz ja auf den Seiten des Anbieters gespeichert sind, können diese zwischen einer Bestellung und der Lieferung oder gar einem Streitfall ja schon beliebig geändert worden sein.

Die nächste im Zusammenhang mit WWW-Bestellseiten relevante Frage ist die nach der Intensität, mit der auf die Geltung von AGB hingewiesen werden muß. Die österreichische Rechtsprechung geht zum Beispiel davon aus, daß es beim Ladenkauf genügt, wenn die AGB deutlich sichtbar im Geschäftslokal angeschlagen sind. § 73 der Gewerbeordnung verpflichtet österreichische Gewerbetreibende sogar zum Aushang der AGB und teilweise zur Information des österreichischen Vereines für Konsumenteninformation über den Inhalt der AGB. Auch bezüglich der recht komplexen AGB bei Bankgeschäften hat der Gesetzgeber in Österreich die Zugänglichkeit in der Bankfiliale als ausreichend betrachtet.[156] Die deutsche Rechtsprechung geht davon aus, daß dies nur ausreichend ist, wenn die AGB einen gewissen Umfang nicht übersteigen.[157]

Dementsprechend könnte es nach österreichischem Recht genügen, am Beginn des Bestellvorganges, nicht aber auf jeder Bestellseite bzw. bei jedem Bestellvorgang auf die Geltung der AGB hinzuweisen. Dies könnte in Deutschland schon zuwenig sein. Im Lichte der Fernabsatzrichtlinie, die auch vor ihrer Umsetzungsfrist als Auslegungsregel des Zivilrechts heranzuziehen sein wird, ist aber im EU-Raum wohl die Erwähnung der AGB auf jeder Bestellseite zu fordern. Dies insbesondere, da ja die Bestellung in der Regel das Angebot und damit die erste Willenserklärung zum Vertragsabschluß darstellt.

Schlußendlich ist die Frage nach der Sprache zu stellen, in der die AGB im Netz zu lesen sein müssen. Potentiell ermöglicht das Netz ja Geschäfte mit Kunden jeder Sprache. Viele Konsumentenschutzbestimmungen – so auch Artikel 5 der EG-Richtlinie 93/13 – gehen davon aus, daß AGB stets klar und verständlich verfaßt sein müssen und die praktische Möglichkeit besteht, von ihrem Inhalt Kenntnis zu nehmen. Unklarheiten gehen zu Lasten des Verwenders. *Waltl* geht davon aus, daß gegenüber privaten Verbrauchern fremdsprachige AGB grundsätzlich unwirksam sind.[158] Im kaufmännischen Verkehr könnten zumindest Kenntnisse der englischen Sprache erwartet werden. Vermutlich ist bei weltweiten Internet-Angeboten die Verwendung paralleler AGB in der Sprache des Heimatlandes – zum Beispiel in Deutsch, Englisch, Spanisch und unter Umständen asiatischen Sprachen – empfehlenswert.

4.15 Auf was ist bei der Formulierung von AGB besonders zu achten?

Besonders bei der Formulierung von Allgemeinen Geschäftsbedingungen für Konsumenten ist darauf zu achten, daß hier in allen europäischen Ländern bestimmte Klauseln von Gesetzes wegen sittenwidrig und damit nichtig sind. Eine allgemeine Richtschnur bildet die EG-Richtlinie 93/13/EWG über mißbräuchliche Klauseln in Konsumentenverträgen, die in Deutschland durch das AGB-Gesetz und in Österreich durch das Konsumentenschutzgesetz umgesetzt ist (in der Schweiz fehlt eine solche allgemeine Sammlung sittenwidriger Klauseln). Danach sind insbesondere in der EU sittenwidrig:

- Haftungsbeschränkungen für den Fall von Körperverletzungen;
- Ausschluß der Haftung für grobes Verschulden;
- Ausschluß der Aufrechnung des Konsumenten mit Forderungen gegen den Gewerbetreibenden;
- einseitige Kündigungsbestimmungen;
- bestimmte stillschweigende Vertragsverlängerungen;
- einseitige Vertragsänderungen oder Änderungen der AGB;
- Einschränkung der Haftung des Unternehmers für die Zusagen seiner Vertreter;
- Beweislastverschiebungen zugunsten des Unternehmers;
- besondere Formvorschriften für Erklärungen des Konsumenten.

In einzelnen Ländern der EU können die Details der Regelungen differieren. Die Umgehung des Konsumentenschutzrechts durch Vereinbarung der Geltung einer anderen Rechtsordnung ist ebenfalls ausgeschlossen.

4.16 Was bei der Gestaltung von WWW-Bestellseiten beachtet werden sollte

Bei der Darbietung von Leistungen auf WWW-Seiten sollten einige Dinge bedacht und beherzigt werden:

1. Die Rechtsprechung geht zwar davon aus, daß Informationen, die an eine unbestimmte Gruppe von Personen gerichtet sind (Flugblätter mit Preislisten usw.), keine bindenden Angebote darstellen. Trotzdem sollten Leistungs-/ Produktbeschreibungen und Preisangaben vorsichtshalber mit dem Vermerk „Irrtum vorbehalten", „Nur solange der Vorrat reicht" oder ähnlichem gekennzeichnet werden.

2. Überlegenswert ist auch die Frage, ob für Schäden zu haften ist, die durch ein Versagen des Computersystems beim Internet-Provider oder Lieferanten entstehen. So könnte etwa ein Software-Fehler dazu führen, daß einem Kunden 200 statt 20 Pizzas für seine Party ins Haus geliefert werden. Es gibt Stimmen in der Rechtswissenschaft, die dafür plädieren, den Unternehmer für Fehler seines EDV-Systems genauso streng haften zu lassen wie für Fehler seiner menschlichen Gehilfen.

3. Im Internet weiß der Anbieter kaum, von wem eine Bestellung wirklich kommt. Er kann sich nur über die richtige Angabe von (prüfbaren) Zusatzinformationen vergewissern. Üblicherweise werden auf Bestellseiten neben dem Namen des Bestellers Adresse, Geburtsdatum, Kreditkartennummer und Ablaufdatum verlangt.

4. Schließlich sollte noch darauf hingewiesen werden, daß über Internet internationale Geschäfte mit Konsumenten zustande kommen können. Dies bedeutet, daß die gelieferte Ware unter Umständen den Bestimmungen des Landes des Konsumenten entsprechen muß und daß ein eventueller Rechtsstreit vor einem Gericht des Landes des Konsumenten stattfinden könnte (Verbrauchergerichtsstand).

Insgesamt wird hier die EG-Richtlinie über den Fernabsatz im EU-Raum einiges an Rechtsvereinheitlichung bringen.

4.17 Internet-Rechnungen: Vom Steuerprüfer anerkannt?

Grundsätzlich kann Internet-Mail natürlich auch für das Versenden von Rechnungen im Sinne des Zivilrechts verwendet werden. Aus Sicht des Abgabenrechts sieht die Rechtslage aber komplexer aus:

Gemäß § 146 der deutschen Abgabenordnung (AO) bzw. § 131 der österreichischen Bundesabgabenordnung (BAO) ist zwar seit 1975 die elektronische Führung von Büchern und die elektronische Archivierung von Belegen erlaubt. § 14 Absatz 4 des deutschen Umsatzsteuergesetzes (dUStG) bzw. § 11 des österreichischen Umsatzsteuergesetzes (öUStG) gehen aber davon aus, daß „als Rechnung im Sinne des Absatz 1 ... jede *Urkunde*" gilt, „mit der ein Unternehmer über eine Lieferung oder sonstige Leistung abrechnet, gleichgültig, wie diese Urkunde im Geschäftsverkehr bezeichnet wird".

Eine Rechnung muß also eine Urkunde sein. Da die Frage, ob eine elektronische Nachricht eine Urkunde sein kann, nicht zu beantworten war, stellte die österreichische Bundeskammer der gewerblichen Wirtschaft am 3. 8. 1988 eine diesbezügliche Anfrage an das Finanzministerium. In der Antwort vom 14. Februar 1989, GZ 21 0209/12-IV/9/88, führte Dr. Siegl aus, daß eine elektronische Nachricht keine Urkunde sei und daher eine elektronisch übersandte Rechnung allein nicht zum Vorsteuerabzug berechtigt. Allerdings genüge eine schriftliche Sammelrechnung je Abrechnungszeitraum, wenn sich die Details aus den elektronischen Nachrichten ablesen ließen. In Deutschland sieht die offizielle Meinung ähnlich aus.

Inzwischen hat die Finanzverwaltung aber erkannt, daß die Übersendung von Rechnungen per Telefax sehr wohl eine zulässige Form der Rechnungslegung ist!

Die traurige Schlußfolgerung: Übers Internet können zwar Rechnungen versandt werden. Als Beleg im Sinne des Umsatzsteuerrechts werden sie aber nur anerkannt, wenn etwas Papierenes bzw. zumindest ein Telefax die monatlichen Salden zusammenfaßt.

5 Zahlungsformen im Internet

5.1 Überblick

Voraussetzung für Geschäftsabschlüsse via Internet ist die praxisgerechte Möglichkeit der Zahlung. Erfolgreiche WWW-Applikationen ermöglichen es dem Kunden, menügesteuert seine Bestellung (bzw. seine Willensäußerung dazu) abzugeben. Für den Anbieter gewinnt die Sicherstellung der Zahlung vor allem dann an zentraler Bedeutung, wenn bereits die eigentliche Leistung via Internet erfolgt (etwa der Versand von Schrift- oder Bildwerken) und zu diesem Zweck der Zahlungsauftrag des Konsumenten (die Gegenleistung) festgehalten werden soll.

Der Themenkreis der Zahlung im Rahmen eines Internet-Geschäftsabschlusses kann jedoch nicht mit derselben Eindeutigkeit und Rechtssicherheit beurteilt werden, wie dies bei der Zahlung im Rahmen einer konventionellen Geschäftsabwicklung ohne Internet möglich ist.

Jede nähere Untersuchung richtet sich zunächst danach,

- welche Personen bei der Geschäftsabwicklung bzw. bei der Zahlung beteiligt sind (Banken, Kreditkartenfirmen, Service-Provider, Erzeuger von „digitalem Geld" etc.);
- mit welchem Grad an Sicherheit die an der Zahlung beteiligten Personen durch die angewendeten Verschlüsselungstechniken identifizierbar bzw. geschützt sind;
- welche Vertragsverhältnisse zwischen den Beteiligten heranzuziehen sind („Vertrag" über Internet, AGB der Kreditkartenunternehmungen)
- und welche unterschiedlichen nationalen Gesetze zur Anwendung zu bringen sind.

Obgleich die Zahlung im Rahmen des Internet rechtlich besonders zu behandeln ist, hat dieser Umstand keineswegs der Akzeptanz des Internet als Plattform für die Geschäftsabwicklung geschadet. Es kommen zunehmend immer mehr Geschäfte über Internet zustande und werden zum Teil einschließlich der Zahlung über Internet abgewickelt.

Zudem haben sich in den letzten Jahren speziell auf dem Sektor der Zahlung unterschiedliche Techniken, Strategien und Zahlungsdienste etabliert, deren Entwicklung längst nicht abgeschlossen ist:

- Zahlung auf herkömmlichem Weg außerhalb des Internet (zum Beispiel Banküberweisung, Zahlung per Nachnahme);
- elektronischer Scheck, elektronischer Überweisungsauftrag;
- elektronische Übermittlung von Kreditkarteninformationen;
- elektronisches Geld.

Bestimmend für die Akzeptanz dieser Zahlungsformen ist dabei vorrangig die Frage der Sicherheit beim Zahlungsvorgang durch die Anwendung geeigneter Verschlüsselungstechniken. Schließlich will kein Zahler erleben, wie sein Geld im Internet auf Abwegen verschwindet. Aber auch die Frage der Bequemlichkeit der Zahlungsform und die Frage der staatlichen Einflußnahme (US-Exportverbot sicherer Verschlüsselungssysteme, Maßnahmen zum Konsumentenschutz etc.) werden letztlich die Akzeptanz und Verbreitung jeder für das Internet tauglichen Zahlungsform mitbestimmen.

5.2 Herkömmliche Zahlung außerhalb des Internet

Wenn bei einem Vertrag von Leistungsstörungen seitens des Zahlers gesprochen wird, so handelt es sich meist um die nicht oder zu spät erfolgte Zahlung. Es müssen weiters die Zahlungsbedingungen in dem über Internet geschlossenen Liefervertrag sowie die für jede Zahlungsform spezifisch getroffenen Vereinbarungen zwischen dem Kunden und den Finanzinstituten für eine vollständige Beurteilung herangezogen werden.

Für die ersten Geschäftsabschlüsse, die über das Internet zustande kamen, wurde – da es keine andere Zahlungstechnik gab – die herkömmliche Zahlung gewählt. Abgesehen vom eigentlichen WWW-Angebot selbst, welches für sich rechtlich zu qualifizieren ist, können vereinbarte herkömmliche Zahlungformen mit der größtmöglichen rechtlichen Sicherheit beurteilt werden.

Nach dem Motto „Erst das Geld, dann die Ware" kann der Verkäufer speziell bei hochpreisigen Gütern, die er im Internet anbietet, die konventionelle Zahlung (bar, Scheck, Überweisung etc.) vor oder bei Übergabe der Güter vereinbaren (zum Beispiel beim Autokauf).

Mit zunehmender Hochpreisigkeit oder Komplexität des Angebotes im Netz macht die Vereinbarung konventioneller Zahlungsformen Sinn. Der Anbieter kann standardisiert festlegen, wann der Zeitpunkt der Zahlung erfolgen soll oder ob für ein bestimmtes Geschäft etwa Anzahlungen zu leisten sind. In diesem Zusammenhang kann es mit zunehmender Komplexität des Geschäfts ratsam sein, das Internet nur zur Geschäftsanbahnung zu verwenden und das eigentliche Geschäft außerhalb des Internet zustande kommen zu lassen.

Nach dem Motto „Erst die Ware, dann das Geld" agieren viele Versandhäuser: Nachdem er über Internet bestellt hat, bekommt der Kunde die Ware zugeschickt, kann sie in aller Ruhe prüfen und muß erst dann entscheiden, ob er sie behalten will. Behält der Kunde die Ware, so wird der vereinbarte Preis konventionell überwiesen. Schickt der Kunde die Ware zurück, so ist keine Gutschrift und Bearbeitung erforderlich – das Geschäft ist eben nicht zustande gekommen.

Viele Unternehmen im Versandhandel wollen ihre Kunden „persönlich" betreuen und benötigen dazu deren Kundendaten. Im Normalfall werden dazu Rechnung und Zahlschein an die Kundenadresse zugeschickt und der Kunde in der Kundenkartei angelegt. Mit Hilfe der laufend gewonnenen Kunden- bzw. Bestelldaten können nämlich Rückschlüsse auf das Kaufverhalten der Kunden gezogen werden, womit die Neuausrichtung auf Geschäftsschwerpunkte ermöglicht wird.

5.3 Zahlung mit Kreditkarten

Die am weitesten verbreitete Zahlungsform im Internet ist die mittels Kreditkarte. Es ist nicht verwunderlich, daß diese Zahlungsform vor allem bei amerikanischen Unternehmen im Internet Akzeptanz und tägliche Anwendung gefunden hat, können doch die Vereinigten Staaten als Geburtsstätte sowohl der Kreditkarte als auch des Internet bezeichnet werden.

Praktisch für alle erdenklichen über das Internet angebotenen Konsumgüter und Werke (Software, Bücher, CDs etc.) ist es bei der Verwendung der Kreditkartendaten des Kunden möglich, das Angebotene sozusagen „auf Knopfdruck" zu bestellen (bzw. sich die gewünschten Daten über das Netz schicken zu lassen) und gleichzeitig die Zahlung zu initiieren. Zu diesem Zweck muß der Konsument bloß seine Kreditkartennummer und das Verfalldatum seiner Karte in einer Bildschirmmaske einsetzen und quittieren. Vielleicht wird er seitens der WWW-Applikation des Anbieters noch einmal darauf hingewiesen, daß er soeben dabei ist, eine Bestellung zu erteilen.

Danach findet der folgende grundsätzliche Ablauf statt:

1. Der Anbieter erhält diese Bestellung.
2. Er verwendet zunächst die Kreditkartendaten zur Prüfung der Gültigkeit der Karte. Die Daten dürfen nicht in der Sperrliste aufscheinen, die seitens der Kreditkartenunternehmen online oder gedruckt bereitgestellt wird. In der Sperrliste werden Karten geführt, die bekannterweise verloren, gestohlen oder mißbräuchlich verwendet wurden. Darüber hinaus darf die Karte nicht abgelaufen sein.
3. Daraufhin folgt die Bonitätsprüfung. Ab einer bestimmten Betragshöhe hat der Anbieter telefonisch oder online die Autorisierung durch die Kreditkartenunternehmung einzuholen.
4. Nach erfolgreicher Autorisierung kann der Anbieter die Bestellung ausführen.
5. Weiters füllt der Anbieter einen Abrechnungsbeleg aus, setzt selbst den Betrag ein und schickt den ausschließlich von ihm ausgefüllten Beleg bzw. entsprechende Dateien an die jeweilige Kreditkartenunternehmung (Bank). Die Kreditkartenunternehmung belastet daraufhin das Konto des Karteninhabers zur Gänze mit dem Betrag des Abrechnungsbeleges und weist dem Anbieter die Valuta abzüglich einer Provision von einigen Prozenten an.

5.3.1 Zahlung mit Kreditkartendaten – unverschlüsselt

Zum Entstehungszeitpunkt dieses Buches ist SET – eine weiter unten beschriebene Verschlüsselungsmethode der großen Kreditkartenorganisationen VISA und Mastercard (Eurocard) für den europäischen Raum – noch nicht einsatzbereit. Aus diesem Grund findet die Zahlung mit Kreditkartendaten in unverschlüsselter Form zur Zeit tägliche Verwendung.

Probleme und Risiken

Die Übertragung von Kreditkartendaten im Internet ohne Verwendung zusätzlicher Verschlüsselungsmaßnahmen ist technisch möglich, aber mit einer Reihe von Problemen und Risiken behaftet:

1. Seitens der österreichischen Kreditkartenorganisationen von VISA und Mastercard (Eurocard) ist den unter Vertrag stehenden Unternehmen (den

Internet-Anbietern) die unverschlüsselte Übertragung nicht gestattet. Jeder aufgrund unverschlüsselter Übertragung entstehende Schaden würde in einer Schadenersatzforderung münden:
„Bei Bestellungen über Internet oder ähnlichen Netzwerken hat das Vertragsunternehmen dafür Sorge zu tragen, daß ein Verschlüsselungsverfahren, das zur Absicherung des Datenverkehrs geeignet ist, verwendet wird. Solange die Kreditkartenunternehmung dem Vertragsunternehmen kein autorisiertes Verschlüsselungsverfahren bekanntgegeben hat, steht die Wahl dem Vertragsunternehmen frei, hat aber auf jeden Fall eines zu verwenden. (...) Kommt es infolge Verletzungen dieser Verpflichtungen zu einem Schaden durch die mißbräuchliche Verwendung dieser Daten bei der Kreditkartenunternehmung, einem Karteninhaber oder einem anderen Vertragsunternehmen, ist dieser Schaden vom Vertragsunternehmen zu ersetzen.“[159]
In Deutschland und in der Schweiz gibt es seitens der Kreditkartenorganisationen von VISA und Mastercard (Eurocard) keine Auflage, Kreditkartendaten verschlüsselt zu übertragen.

2. Es besteht ein erhebliches Risiko des Mißbrauchs und des Betruges. Da der Datenstrom manipulierbar und lesbar ist,

- kann mittels sogenannter „Paket-Überwachungsprogramme“ („Packet Sniffers“) nach verräterischen Kreditkartendaten (und Personendaten) Ausschau gehalten werden. Diese werden von Betrügern zum Beispiel für kriminelle Einkaufstouren im Internet verwendet oder etwa auf eigenen Schwarzmärkten verkauft. Bei einem durchschnittlichen „Kreditrestwert“ bloß einer einzigen Kreditkarte im Ausmaß von ca. DM 7000,– / öS 50.000.– / sFr 7000,– kann der potentielle Schaden beträchtlich sein;
- kann die Identität des Absenders einer Bestellung nicht festgestellt oder nachgewiesen werden;
- kann man nicht sicher sein, daß die erhaltene Bestellung denselben Inhalt hat, wie die vom Kunden abgesandte.

Technisch gesehen sollte man aber doch davon ausgehen, daß die Risiken von Störungen einer Internet-Zahlung noch lange nicht die Mißbrauchsquote des Eurocheque-Systems erreicht haben.

Überbindung der Risiken

Um im Falle des Mißbrauchs jedes Risiko auszuschalten, sichern sich Kreditkartenunternehmen gegenüber Karteninhabern und Vertragshändlern vertraglich so weit wie möglich ab:

- So soll gemäß AGB der Karteninhaber in der Regel gegenüber der Kreditkartenunternehmung selbst dann keine Einspruchsmöglichkeit haben, wenn der Einzugsbeleg ohne Kundenunterschrift vorgelegt wird und daraufhin das Kartenkonto belastet wird.
- Der Vertragshändler seinerseits soll die Kreditkartenunternehmung im Falle von Einsprüchen der Karteninhaber schadlos halten. Im Einspruchsfall werden die seitens des Karteninhabers beeinspruchten Umsätze zurückbelastet.

In Nordamerika führt dies dazu, daß im Sinne einer kundenfreundlichen Politik die Kreditkartenunternehmen vermehrt als Sachverständige und Vermittler zwischen Karteninhabern und Vertragshändlern auftreten und dabei vor allem die Kunden beratend unterstützen.

Im deutschsprachigen Raum haben Karteninhaber dagegen eine verbesserte Rechtsstellung. So räumen die Allgemeinen Geschäftsbedingungen der großen österreichischen Kreditkartengesellschaften den Karteninhabern eine Haftungsbegrenzung sowie ein Einspruchsrecht ein:

„Durch seine Unterschrift/Verwendung des PIN-Codes anerkennt der Karteninhaber die Richtigkeit der Rechnung dem Grunde und der Höhe nach und weist die Kreditkartenunternehmung unwiderruflich an, das für den Bezug von Waren/Dienstleistungen/Barbeträgen geschuldete Entgelt direkt an das Vertragsunternehmen zu bezahlen, welche Anweisung die Kreditkartenunternehmung schon jetzt annimmt. Gleiches gilt für den Bezug von Waren/Dienstleistungen aufgrund von Bestellungen (schriftlich, telefonisch und dergleichen) unter Bekanntgabe der Kartennummer, jedoch ohne Kartenabdruck und Unterschrift[160] auf einem Abrechnungsvordruck oder ohne Verwendung des PIN-Codes. (...)

In allen übrigen Fällen haftet der rechtmäßige Karteninhaber für die aus mißbräuchlicher Verwendung der Karte entstehenden Belastungen bis zu einem Betrag von ATS 1.000,–. (...)

Der Karteninhaber anerkennt die Richtigkeit der Monatsabrechnung dem Grunde und der Höhe nach, sofern er nicht binnen 30 Tagen nach Zustellung schriftlich widerspricht."[161]

Gegenüber dem Karteninhaber ist der im Internet anbietende Vertragshändler in Betrugs- und Mißbrauchsfällen jedenfalls deutlich schlechtergestellt:

„Das Vertragsunternehmen hat ... Beträge ... zurückzuerstatten, wenn sich nachträglich herausstellt, daß der Karteninhaber bestreitet, eine Bestellung aufgegeben oder eine sonstige Leistung in Anspruch genommen zu haben, oder er bestreitet, eine bestellte Lieferung erhalten zu haben. (...). Es besteht für die Kreditkartenunternehmung keine Verpflichtung, die Richtigkeit dieser Behaup-

tungen eines Karteninhabers zu überprüfen. Allein die Bestätigung des Karteninhabers berechtigt die Kreditkartenunternehmung zur Rückforderung und verpflichtet das Vertragsunternehmen zur Rückzahlung.“[162]

Empfehlungen zur Risikominimierung beim Anbieter
Bis zur Einführung des SET-Protokolls sollte der Anbieter daher Bestellungen mit Kreditkartendaten möglichst nur mittels eines SSL-Servers entgegennehmen und sich der Risiken bewußt sein. De facto ist es aber wohl nicht ratsam, nur aus Sicherheitsüberlegungen heraus das Internet-Geschäft den Amerikanern zu überlassen. Die Praxis zeigt etwa schon jetzt, daß die Bestellung von Turnschuhen über das Internet von Wien aus viel schneller und billiger bei einem US-Händler erfüllt wird als die schriftliche oder persönliche Bestellung bei einem Händler in derselben Stadt!

Empfehlungen zur Risikominimierung beim Karteninhaber
Es kann allen Kreditkarteninhabern empfohlen werden, die Monatsabrechnungen der Kreditkartenunternehmungen rechtzeitig, das heißt innerhalb von 30 Tagen nach Erhalt, auf Ordnungsmäßigkeit zu kontrollieren – vor allem, wenn die Kreditkarte für Bestellungen im Internet verwendet wurde. Im Falle von Unregelmäßigkeiten kann innerhalb dieser Frist unverzüglich Einspruch erhoben werden.

5.3.2 Zahlung mit Kreditkartendaten – verschlüsselt via SSL

Bei dieser Zahlungsvariante handelt es sich im wesentlichen um einen Zahlungsvorgang wie er in Punkt 5.3.1 beschrieben wurde. Im Unterschied zur Kreditkartenzahlung, bei der die Kreditkartendaten in lesbarer Form unverschlüsselt im Internet wandern, wird hier der gesamte Datenstrom verschlüsselt. Nur der berechtigte Empfänger kann die erhaltenen Daten in die lesbare Form rückübersetzen.

Möglich ist dies durch die Verwendung von Software mit SSL-Technik. SSL („Secure Socket Layer“) ist ein offener Standard, der in den Produkten von Netscape und später Microsoft implementiert wurde und vor allem durch sie Verbreitung fand. Herzstück ist dabei eine geeignete SSL-Server-Software,[163] die beim Anbieter selbst oder bei seinem Provider (der Anbieter kann sich in die „Secure-Server“-Dienste seines Providers einmieten) Einsatz findet.

Als Gegenstück dazu benötigen alle Kunden, mit denen der Anbieter über Internet in geschäftliche Verbindung treten will, einen gängigen WWW-Browser, der in allen neueren Versionen auch das Protokoll SSL beherrscht.

Schutz gegen Manipulation

Die Verschlüsselung wird im Zuge der Internet-Sitzung aktiviert. Nach dem Prinzip der Public-Key-Kryptographie wird für jede Internet-Sitzung ein neuer Schlüssel erzeugt, mit dem der Datenstrom wirksam verschlüsselt bzw. mit dem dazugehörigen Schlüssel des Empfängers wieder entschlüsselt werden kann. Die über Internet versendeten Daten werden somit gegen Manipulation und Einsichtnahme auf dem Transportweg geschützt.

Das System der Verschlüsselung ist für alltägliche Internet-Geschäftsabschlüsse ziemlich sicher, obgleich das SSL-Verschlüsselungssystem außerhalb der USA bis Ende 1997 nur mit geringerer Rechentiefe (40 Bit) zum Einsatz kommt und mit genügend Rechnerleistung und Know-how geknackt werden kann.

Problem der Kunden-Identifizierung

Allein mit der Verschlüsselung ist jedoch noch nicht sichergestellt, daß der Internet-Konsument auch jener Konsument bzw. rechtmäßige Karteninhaber ist, der zu sein er vorgibt. Erst die Kombination mit einer zusätzlichen Maßnahme zur Sicherstellung der Identität des Internet-Konsumenten würde dieses Risiko ausräumen.

Die Identität des im Internet anbietenden Vertragshändlers (bzw. seines Internet-Providers) wurde anläßlich des Einsatzes der SSL-Server-Software gegenüber der jeweiligen Zertifizierungsstelle[164] bekanntgegeben und registriert.

Die Identität des Karteninhabers kann jedoch aus den erhaltenen Daten nur entnommen, aber nicht überprüft werden. Sie ist für den Anbieter dann nachvollziehbar, wenn dieser für sich ein digitales Zertifikat bei einer anerkannten Zertifizierungsstelle erworben hat. Da dies nur bei einer Minorität der Karteninhaber der Fall ist, ist diese Identifizierungsmöglichkeit für geschäftliche Überlegungen praktisch ohne Bedeutung.

5.3.3 Zahlung mit Kreditkartendaten – verschlüsselt via SET

Kurz vor dem Einsatz steht SET („Secure Electronic Transactions").[165] SET ist ein gemeinsam von VISA und Mastercard geführtes Projekt, an dessen Realisierung IBM, Microsoft, Netscape und andere Unternehmen beteiligt sind. Aufgrund der Zusammensetzung der beteiligten Unternehmen an diesem Gemeinschaftsprojekt (gemeinsam beherrschen sie den Markt), kann darauf geschlossen werden, daß sich SET als weltweiter Standard durchsetzt. Ein Indiz dafür ist die Tatsache, daß auch American Express beschlossen hat, diesen Zahlungsstandard einzusetzen. Diners Club wird diesem Beispiel voraussichtlich folgen. Im Rahmen der Umsetzung des Projektes sind auf europäischer Seite 38 Banken aus 16 Ländern beteiligt, wodurch SET in der EU voraussichtlich zu Jahresende 1997 zur Verfügung stehen wird.

Die Zielsetzung von SET geht weit über den eigentlichen Zahlungsvorgang im Internet hinaus. SET soll – wie der Name schon sagt – alle Schritte und Transaktionen der Geschäftsabwicklung über elektronische Medien (Internet) abdecken. Die sichere Zahlung mit Kreditkarten über Internet ist dabei sicherlich das erste Einsatzgebiet von SET. Da SET aber als offener Standard der Wirtschaft zur Verfügung steht, ist mit weiteren Anwendungsmöglichkeiten zu rechnen.

Grundprinzipien von SET

SET erfaßt lückenlos jeden Teilnehmer an Geschäftsprozessen. Im Falle von Kreditkartenzahlungen sind daher die folgenden Teilnehmer an SET zu nennen: Karteninhaber, Bank des Karteninhabers, Vertragshändler, Bank des Vertragshändlers, Zertifizierungsstellen.

Die Konzeption von SET sieht vor, daß bei der Kommunikation der Teilnehmer die folgenden Grundprinzipien konsequent eingehalten werden:

- Authentizität: Jeder Teilnehmer muß eindeutig und nachvollziehbar identifizierbar sein.
- Vertraulichkeit: Der Zusammenhang zwischen Zahlung und Verwendungszweck darf für Außenstehende nicht erkennbar sein.
- Integrität: Die Geschäftsinformationen müssen gegen Manipulationen auf dem Transportweg geschützt sein.

Das Zusammenspiel aller im Rahmen von SET verwendeten Protokolle und Verschlüsselungsmechanismen ist sehr komplex aufgebaut und erlaubt die Zerlegung der Geschäftsabwicklung in die folgenden eigenständigen Transaktionen:

- Registrierung des Kunden/Karteninhabers,
- Registrierung des Anbieters,

- Zertifikatseinholung,
- Anfrage,
- Anmeldung zu Kauf,
- Kaufmeldung,
- Zahlungsermächtigung,
- Zahlungsdurchführung,
- Zahlungseingang,
- Verkaufsdurchführung (Transaktion),
- Umkehrung Zahlungsermächtigung,
- Umkehrung Zahlungsdurchführung,
- Umkehrung Zahlungseingang.

Um diese unterschiedlichen Geschäftsprozesse eigenständig und dennoch zusammenhängend abwickeln zu können, verwendet SET eine ausgeklügelte Kombination an RSA-(Public-Key)- und DES-(symmetrische)-Verschlüsselung. Alle Teilnehmer benötigen besondere digitale Zertifikate, um sich im Internet gegenseitig zu identifizieren. Jede Transaktion bleibt durch Verschlüsselung vertraulich und ist nur den unmittelbar erforderlichen Teilnehmern bekannt.

Kreditkartenzahlungen mit SET

Ein wirksames Konzept an digitalen Unterschriften setzt voraus, daß die Identität des Unterschreibers feststeht, bevor dieser seine Unterschriftsschlüssel bzw. sein digitales Zertifikat erhält. Die Sicherstellung dieser Anforderung übernehmen Zertifizierungsstellen. Ähnlich einem Paßamt überprüfen sie die Identität des Interessenten und halten seine Legitimationsdaten fest (Lichtbildausweis), bevor sie für den Interessenten ein öffentlich einsehbares digitales Zertifikat (inklusive Unterschriftsschlüssel) erstellen. Das Überprüfen und Registrieren der Legitimationsdaten kann auch von einer Registration Authority erledigt werden.

Da bei SET jeder Teilnehmer – auch der Konsument – ein digitales Zertifikat benötigt, wären herkömmliche Zertifizierungsstellen aufgrund des Mengenproblemes mit der manipulativen Identitätsfeststellung überlastet.

Dagegen bietet die Anwendung von SET für Kreditkartenzahlungen geradezu ideale Voraussetzungen:

- Die Identität des Karteninhabers wurde bereits anläßlich der Kontoeröffnung von der Bank des Karteninhabers überprüft und registriert.

- Die Identität des Vertragshändlers wurde ebenfalls anläßlich der Kontoeröffnung von der Bank des Vertragshändlers überprüft und registriert.

Die Banken übernehmen in diesem Falle der Rolle der Registration Authority. Sie stellen zudem die erforderliche operative Schnittstelle dar, über die Karteninhaber und Vertragshändler in die Lage versetzt werden, an SET teilzunehmen:

- Jeder Karteninhaber und jeder Vertragshändler erhält von seiner Bank persönlich ein Paßwort bzw. eine PIN ausgehändigt, um damit einmalig und bequem seine Internet-Software SET-tauglich zu machen.
- Der Vertragshändler muß zusätzlich noch seine Web-Applikation adaptieren (zum Beispiel Erweiterung der Zahlungsauswahl um den Eintrag „SET"). Ist auch dies erfolgt, so steht dem Cyber-Shopping via SET und Kreditkarte nichts mehr im Wege.

Die Rolle der Kreditkarte und der „Electronic Wallets"

Für die Kreditkartenzahlung mit SET ist es erforderlich, die im Geschäftsprozeß verwendete Kreditkarte jederzeit identifizieren zu können. Um dieses zu gewährleisten, erhält nicht der Kreditkarteninhaber selbst ein persönliches digitales Zertifikat, sondern jede seiner Kreditkarten.

Die Kreditkarte des Karteninhabers behält auch unter SET unverändert ihre bisherige Funktionalität. Funktionserweiterungen – etwa durch den Einsatz von Chipkarten – sind nicht erforderlich und auch nicht vorgesehen. Die Kreditkartenzahlung mit SET kann auch ohne Anwesenheit der Kreditkarte vorgenommen werden. Es ist auch nicht erforderlich, daß der Karteninhaber im Falle von Zahlungen umständlich die Nummer der Kreditkarte samt Ablaufdatum eintippt. „Electronic Wallets" (elektronische Geldbörsen)[166] nehmen ihm diese Arbeit ab.

Electronic Wallets sind auf der Seite des Karteninhabers für die Verwaltung der SET-Zahlungen zuständig:

- Sie regeln die Zutrittsberechtigung: Die Verwendung des Electronic Wallet und der Anstoß von Zahlungen ist mit einem Paßwort vor Unbefugten abgesichert;
- sie ermöglichen die Verwaltung von Karten (bzw. deren digitalen Zertifikaten) unterschiedlicher Kartensysteme (Kredit-/Debitkarten etc.) von unterschiedlichen Kartenfirmen – und oftmals sogar von digitalem Geld;

- sie sind für die automatische Verschlüsselung und Signatur von Nachrichten zuständig, die im Rahmen von SET seitens des Karteninhabers erforderlich sind;
- sie halten die Stadien von Zahlungsprozessen fest – von der Initiierung bis zu ihrem Abschluß;
- sie erlauben die Standführung der Kartenumsätze (Kontostände), treffen die Zuordnung zu getätigten Käufen und gestatten Ausgabenstatistiken.

Funktionsablauf bei Anwendung des SET-Protokolls

Beim Zahlungsvorgang durch SET werden zwischen den Beteiligten:

- Karteninhaber, Händler, Payment Gateway und Kreditkartenorganisation

insgesamt etwa

- sechs Public-Keys, sechs Private-Keys, sechs Symmetric-Keys und drei digitale Zertifikate (deren Ursprung in jedem Fall zurückverfolgt werden kann)

verwendet.

Der Zahlungsvorgang selbst – von der „Warenauswahl" des Karteninhabers bis zur Belastung dessen Kreditkartenkontos und zur Gutschrift am Konto des Händlers – ist sehr komplex und kann in bis zu etwa 60 Einzelschritte zerlegt werden. Für die Beteiligten ergibt dieser Umstand kein aufwendiges Hantieren mit ihnen nicht bekannten Abläufen – die jeweils installierte Software führt diese Aktionen im Hintergrund aus. Trotz der Komplexität des Zahlungsvorganges im Rahmen von SET haben die Autoren versucht, die wichtigsten Stationen der Zahlung darzustellen:

- Nachdem der Konsument seinen Warenkorb bei dem Anbieter im WWW zusammengestellt hat und das Angebotene bezahlen will, wählt er die Zahlungsoption „Kreditkartenzahlung mit SET" aus.
- Danach wird er in der Regel zur Eingabe der Kundendaten (Name, Adresse etc.) aufgefordert. Ist er dieser Aufforderung nachgekommen, so wird sein Electronic Wallet durch die Web-Anwendung des Anbieters angestoßen.
- Der Konsument wird aufgefordert, aus einer Auswahl die gewünschte Zahlungsart bzw. Kreditkarte für die Zahlung auszuwählen. Die Nummer seiner Kreditkarte hat er bereits anläßlich der Installation seines Electronic Wallet oder nach Erhalt seiner Kreditkarte in seinem Electronic Wallet eingetragen.
- Nach der Auswahl der gewünschten Kreditkarte wird der eigentliche Zahlungsvorgang angestoßen.

1. Initialisierung: Aufforderung zur Zahlung mittels SET (Initiate Request)

Nachdem der Karteninhaber in einem Online-Shop diverse Produkte gewählt und in seinen Einkaufskorb gefüllt hat, wird er vom Händler (bzw. von dessen Merchant-Server-Software) aufgefordert, die von ihm gewünschte Zahlungsart anzugeben. Wählt der Karteninhaber SET als Zahlungsmodus, sendet seine Software eine Initialisierungssequenz zum Händler.

2. Kennzeichnung der Transaktion und Übermittlung der nötigen Zertifikate (Initiate Response)

Wenn der Händler die Zusendung des Karteninhabers empfängt, ordnet er dieser ein eindeutiges Kennzeichen zu. Seine Software generiert eine Antwort, signiert diese digital und sendet diese Antwort zusammen mit den Zertifikaten von Händler und Payment Gateway zum Karteninhaber zurück.

3. Erzeugung aller Bestell- und Zahlungsinformationen als verschlüsselter und unterschriebener Brief (Cardholder Purchase Request)

Nach Überprüfung der empfangenen Zertifikate generiert die Software des Karteninhabers Bestellinformationen (OI) für den Händler und Zahlungsinformationen (PI) für seine Bank. Weiters wird unter Verwendung des Private Signature Keys des Karteninhabers aus OI und PI eine sogenannte Digital Signature erzeugt. Diese wird gemeinsam mit den PI mit einem symmetrischen Schlüssel chiffriert. Der symmetrische Schlüssel und die Kontodaten des Karteninhabers werden mit dem Public Key/Exchange Key des Payment Gateways verschlüsselt und gemeinsam mit den PI und dem Resultat der symmetrischen Verschlüsselung übertragen.

4. Bearbeitung der Bestellung zur Autorisierungsanfrage (Merchant Authorization Request)

Der Händler überprüft das Zertifikat des Karteninhabers, ermittelt und prüft unter Verwendung des Public Signature Keys des Karteninhabers die duale Unterschrift und leitet die weiterhin verschlüsselte PI mit einem verschlüsselten Authorization Request an das Payment Gateway zur Autorisierung beim jeweiligen Karteninstitut weiter.

5. Verifikation der Zertifikate, Extraktion der Zahlungsinformationen, Kontenprüfung (Payment Gateway Authorization Response)

Das Payment Gateway überprüft die Händlerzertifikate und entschlüsselt mit seinem Private Key/Exchange Key den Authorization Request des Händlers. Danach wird das Zertifikat des Karteninhabers auf Gültigkeit überprüft und mit dem zur Verschlüsselung verwendeten symmetrischen Schlüssel geöffnet, die PI wird auf Korrektheit geprüft und an die Kreditkartenorganisation zur Autorisierung weitergereicht. Nach erfolgter Vormerkung am Konto des Karteninhabers wird eine neue Nachricht mit einem neuen symmetrischen Schlüssel generiert und dem Public Exchange Key des Händlers verschlüsselt, ein Payment Capture Token wird erzeugt und mit dem Gateway Private Signature Key verschlüsselt; beides wird dann zum Händler retourniert.

6. Der Karteninhaber erhält Kaufbestätigung als Rechnung (Purchase Response)
Die Software des Händlers erzeugt nun eine Kaufbestätigung, die mit dem Private Signature Key des Händlers digital unterschrieben ist, und stellt diese dem Karteninhaber zu. Am PC des Karteninhabers wird nach Erhalt der Bestätigung die digitale Unterschrift des Händlers überprüft, danach über die Software der elektronischen Börse der Kaufbeleg gespeichert.

7. Belastung des Kartenkontos des Karteninhabers, Rechnungsstellung des Händlers (Merchant Payment Request)
Sobald die Autorisierung und die Bestätigung an den Karteninhaber abgeschlossen sind, muß der Händler natürlich noch eine Einreichung vornehmen. Auch dies geschieht über das World-Wide Web. Der Händler sendet seine Zertifikate, einen Capture Request und den vom Payment Gateway bei der Autorisierung erhaltenen Capture Token verschlüsselt an das Payment Gateway. Diese entschlüsselt und überprüft die Zertifikate und leitet die für die Bank notwendigen Informationen über das private Netzwerk der jeweiligen Organisation zum Clearing und Settlement weiter. Der Händler erhält wiederum eine Bestätigung, daß sein Clearing durchgeführt wurde und er auf dem üblichen Weg seine Zahlung erhält.

Payment Gateway: Das Payment Gateway ist die Schnittstelle zwischen Internet (World-Wide Web im speziellen) und dem internationalen privaten Netzwerk der jeweiligen Kreditkartenorganisation. Es muß zertifiziert sein, verfügt über eigene Schlüsselpaare und beherrscht ebenso wie alle anderen Applikationen Schlüssel- und Zertifikationsmanagement. Hier erfolgt auch eine Prüfung jedes eintreffenden Zertifikates auf dessen Gültigkeit.
Andererseits kann das Payment Gateway auch mit verschiedenen Übertragungsprotokollen umgehen; seine Aufgabe ist es, die aus dem WWW empfangenen Nachrichten in jenes Format umzuwandeln, das im privaten Netzwerk verarbeitet werden kann.

Abbildung 5.1: *Funktionsablauf bei Anwendung des SET-Protokolls*
Quelle: *VISA Austria*

Die bedingte Anonymität der Zahlung

Nur die Bank des Karteninhabers kennt die Zahlungsanweisungen des Karteninhabers – nur die Bank des Vertragshändlers kennt die Zahlungseingänge des Vertragshändlers, darüber hinaus kennen sich die Beteiligten nicht:

- Der Vertragshändler selbst kennt den Karteninhaber nur, wenn er im Rahmen seiner Web-Applikation die Personendaten des Karteninhabers aufnimmt.
- Der Vertragshändler erlangt im Zuge der SET-Zahlungsabwicklung keine Kenntnis über die Identität des Karteninhabers. Er kennt weder den Namen des Karteninhabers noch seine Identität noch seine Kreditkartennummer. Selbst das Zertifikat der Kreditkarte ist für den Vertragshändler nicht lesbar – dieses ist nur für die kartenführende Bank bestimmt, die dann die Zahlung freigeben soll.
- Die Bank des Vertragshändlers erlangt keine Kenntnis über die Identität des Karteninhabers und seine Kontodaten.
- Die Bank des Karteninhabers erlangt keine Kenntnis über die Identität des Vertragshändlers und den Verwendungszweck.

Augrund des hohen Aufwandes bei der Verschlüsselung werden Kreditkartenzahlungsvorgänge über SET von den Kreditkartenfirmen für Umsätze über US-$ 20,– positioniert.

5.3.4 Zahlung mit Kreditkartendaten – proprietär verschlüsselt via Cyber Cash

Mit Cyber Cash[167] von Cyber Cash Inc. wird exemplarisch ein proprietäres System vorgestellt, an dessen Entwicklung die Kreditkartenunternehmen nicht maßgeblich beteiligt waren.

Cyber Cash ist im wesentlichen ein Verschlüsselungssystem für Kreditkartenzahlungen. Der Name ist irreführend, da er nichts mit Bargeld gemein hat. Der Einsatz von Cyber Cash ist aufgrund entsprechender Vereinbarungen möglich, die Cyber Cash Inc. einerseits mit den WWW-Anbietern und andererseits mit den Kreditkartenunternehmungen unterhält.

Damit der Konsument die Cyber-Cash-Lösung überhaupt verwenden kann, wird Cyber Cash vor allem mit WWW-Browsern ausgeliefert und eine dazugehörige PIN mit- oder nachgeliefert. Die Funktionsweise kann wie folgend beschrieben werden:

1. Der Konsument im Internet wird nach der Auswahl seiner zum Kauf ausgewählten Lieferungen/Leistungen im WWW zur Zahlung aufgefordert (dies erfolgt meist mittels Aufforderung, einen „Pay-Button“ anzuklicken). Nachdem er dieser Aufforderung nachgekommen ist (den Pay-Button angeklickt hat), wird er durch die Cyber-Cash-Software zur Eingabe seiner eigenen PIN aufgefordert.
2. Nach Eingabe der PIN wird sowohl der Kaufauftrag als auch die PIN des Konsumenten – durch Cyber Cash entsprechend verschlüsselt – zum Anbieter geschickt.
3. Diesen Datenstrom ergänzt der Anbieter seinerseits durch seine eigene digitale Unterschrift und schickt diese an den Cyber-Cash-Server der Cyber Cash Inc. weiter.
4. Cyber Cash Inc. nimmt Routineprüfungen vor und leitet den Datenstrom an die Kreditkartenunternehmung (Geldinstitut) des Konsumenten weiter.
5. Die Kreditkartenunternehmung des Konsumenten verständigt bei Ordnungsmäßigkeit und Kontodeckung die kontoführende Bank des Anbieters über den bevorstehenden Zahlungseingang. Meldet die kontoführende Bank des Anbieters zurück, daß der Zahlungseingang erfolgen kann, so nimmt die Kreditkartenunternehmung des Konsumenten die Abbuchung auf dem tatsächlichen Kreditkartenkonto des Konsumenten vor und schreibt der Bank des Anbieters auf einem Lorokonto den Betrag gut. Danach wird an den Cyber-Cash-Server die vorgenommene Bezahlung rückgemeldet.
6. Der Cyber-Cash-Server informiert den Anbieter über die vorgenommene Bezahlung.
7. Der Anbieter erbringt daraufhin die Leistung/Lieferung (meist über das WWW) an den Konsumenten.

Die obengenannten Transaktionen laufen üblicherweise innerhalb von etwa 20 Sekunden ab.

5.3.5 Zahlung mit Kreditkartendaten – proprietär verschlüsselt via VirtualPIN

Das Zahlungssystem VirtualPIN[168] (der First Virtual Holdings Inc.) ähnelt Cyber Cash für Kreditkartenzahlungen. Im Gegensatz dazu werden keine

Kreditkartendaten verschlüsselt und über das Internet geschickt, sondern ein eindeutiger Schlüssel selbst – eine PIN – wird verwendet.

Der Einsatz von VirtualPIN ist aufgrund entsprechender Vereinbarungen möglich, die First Virtual einerseits mit den Web-Anbietern und andererseits mit den zahlungswilligen Konsumenten unterhält. Im Vertrag zwischen First Virtual und dem Anbieter werden dessen Bankdaten (Bankverbindung, Kontonummer etc.) festgehalten und daraufhin dem Anbieter von First Virtual ein eigener PIN zugewiesen. Ebenso werden im Vertrag zwischen First Virtual und dem Konsumenten dessen Kreditkartendaten festgehalten und daraufhin dem Konsumenten von First Virtual ebenfalls ein eigener PIN zugewiesen. Insofern sind die an einer VirtualPIN-Transaktion Beteiligten nur First Virtual selbst bekannt.

Die Funktionsweise kann wie folgt beschrieben werden:

1. Nach der Auswahl seiner zum Kauf ausgewählten Lieferungen/Leistungen im WWW bestätigt der Konsument seine Zahlungsabsicht (meist mittels „Pay-Button") und gibt daraufhin seine VirtualPIN ein.
2. Nach Eingabe der VirtualPIN wird sowohl der Kaufauftrag als auch die VirtualPIN des Konsumenten zum Anbieter geschickt.
3. Diesen Datenstrom ergänzt der Anbieter seinerseits durch seine eigene VirtualPIN und schickt den Datenstrom als E-Mail zu First Virtual.
4. First Virtual macht eine Rückfrage beim Anbieter mittels E-Mail und fragt um Bestätigung.
5. Der Anbieter bestätigt mit E-Mail.
6. First Virtual stößt über sichere Netzwerke zur Kreditkartenunternehmung des Konsumenten die Zahlung zu Lasten des Kreditkartenkontos des Konsumenten und zugunsten eines Kontos der Bank des Anbieters an.
7. Wird die Kreditkartentransaktion erfolgreich abgewickelt, erhält First Virtual die erfolgreiche Rückmeldung.
8. Der Anbieter erhält seinerseits als Nachweis eine Autorisierungsnummer und erbringt daraufhin die Leistung/Lieferung (meist über das WWW) an den Konsumenten.

Das Geschäftsverhältnis zwischen First Virtual und dem Anbieter kann dadurch ergänzt werden, daß First Virtual selbst im Sinne eines Subauftragnehmers anstelle des Anbieters die Lieferungen/Leistungen über das WWW erbringt.

5.4 Zahlung mit elektronischen Schecks

5.4.1 Das Zahlungssystem der FSTC

Noch im Entwicklungsstadium befindet sich das Projekt Electronic Cheque der FSTC („Financial Services Technology Consortium").[169] Ziel ist ein „elektronisches Scheckbuch", welches im Rahmen des herkömmlichen, bereits heute bestehenden Clearing-Systems der internationalen Banken Verwendung finden soll. Die Größe von FSTC (über 90 Mitglieder) läßt die Akzeptanz der fertigen Lösung erwarten.

Der elektronische Scheck soll alle Merkmale eines herkömmlichen Schecks (in Form von Daten) besitzen, wobei der Schlüssel für die digitale Unterschrift ausschließlich in einer speziellen Hardware erzeugt wird.

5.5 Zahlung mit digitalem Geld

Mit Hilfe der Public-Key-Kryptographie lassen sich auch „elektronische Geldscheine und Münzen" herstellen. Einige dieser Entwicklungen sind so erfolgreich und sicher, daß sie als Zahlungsmittel im Internet immer weitere Verbreitung finden. Aufgrund der hohen Akzeptanz unter den Teilnehmern am Internet bedient sich die Wirtschaft zunehmend dieser verfügbaren Zahlungsformen: Denn wer schon heute Marktanteile gewinnen will, der wartet nicht erst auf ein gesetzliches Regulativ!

5.5.1 E-Cash

Am ehesten mit Bargeld ist die Funktionalität der E-Cash-Lösung von DigiCash[170] vergleichbar. Es handelt sich hier um entsprechend verschlüsselte Dateien, die – ähnlich Münzen oder Banknoten – mit vorbestimmten Geldwerten korrespondieren und die – ähnlich Bargeld – an Zahlungs Statt den Besitzer (ausgebende, „prägende" Bank, Zahler, Zahlungsempfänger) wechseln sollen.

E-Cash ist die „Software-only"-Weiterentwicklung der holländischen DigiCash, die große Bekanntheit erlangt hat, indem sie erfolgreiche Chipkartensysteme und elektronische Maut-Verrechnungssysteme ins Leben gerufen hat. Für die Konzeption und Entwicklung von E-Cash zeichnet David Chaum verantwortlich, der als führender Experte auf dem Gebiet der Kryptographie gilt und dieses virtuelle Geld durch eine ausgeklügelte Kombination aller verfügbaren kryptographischen Techniken mit maximaler Sicherheit ausgestattet hat.

E-Cash selbst findet als eine reine Software-Lösung für digitales Bargeld ohne besondere Aufbewahrungsmittel, wie etwa Smartcards, zunehmend bereits im heutigen Geldverkehr ihren Einsatz. Anstelle dieser proprietären Aufbewahrungsmittel für das digitale Bargeld kann die herkömmliche Hardware – zum Beispiel die Festplatte des Konsumenten – als Depot dienen.

Zentrale Stellung kommt hier der Bank zu, die E-Cash ausgibt oder E-Cash „prägt". Jeder Teilnehmer am E-Cash-System – Zahler und Zahlungsempfänger – hat ein virtuelles E-Cash- Konto bei dieser Bank, welches durch ein reales Konto hinterlegt ist und welches zum Empfang bzw. zur Abbuchung von E-Cash dient. Darüber hinaus hat jeder Teilnehmer entsprechende Software auf seinem PC, mit deren Hilfe sich E-Cash empfangen, deponieren und überweisen läßt.

Ein typischer Zahlungsvorgang kann folgendermaßen ablaufen:

1. Kassasturz: Der Zahler startet seine E-Cash-Software auf seinem PC und stellt fest, daß er für eine Zahlung zuwenig E-Cash auf seiner lokalen Festplatte hat. Er wählt daher die Transaktion „Geldbehebung" seiner E-Cash-Software und leitet den Geldempfang über Internet ein.

2. Geldbehebung: Die E-Cash-Bank erhält die Auforderung zur Geldbehebung. Sofern mit der vorzunehmenden Geldbehebung das virtuelle E-Cash-Konto bzw. das reale Konto gedeckt oder „im Rahmen" bleibt, wird die E-Cash-Behebung initiiert. Dazu wird E-Cash – wie vom Zahler in Stückelung und Anzahl gewünscht – produziert und mit der „digitalen Unterschrift" der Bank versehen. Um deutlich zu machen, daß die erzeugten E-Cash-Dateien ab der digitalen Unterschrift der Bank dieselbe Güte und Anonymität wie Bargeld besitzen, spricht man auch vom „Prägen" des digitalen Geldes. Das „geprägte" E-Cash wandert über Internet auf die Festplatte des Zahlers und erhöht seinen lokalen Bestand an E-Cash. Gleichzeitig wird bankseitig das E-Cash-Konto des Zahlers und in der Folge dessen reales Konto belastet.

3. Zahlung: Der Zahler kann nun mit seiner E-Cash-Software entweder über das WWW oder über E-Mail dem Zahlungsempfänger von seinem lokalen E-Cash-Depot (Festplatte) E-Cash anweisen.

4. Zahlungseingang: Bevor der Zahlungsempfänger das soeben erhaltene E-Cash akzeptieren kann, sendet es seine lokale E-Cash-Software zur Einlö-

sung an die E-Cash-Bank (gleichzeitig mitgeschickt wird eine Anforderung zum Erhalt von E-Cash in derselben Höhe).

5. Prüfung durch die Bank: Die E-Cash-Bank prüft, ob die zur Einlösung bestimmte E-Cash-Sendung gültig ist. Ist dies der Fall, so erhält der Zahlungsempfänger zur Bestätigung umgehend die von ihm angeforderte Geldmenge an E-Cash von der Bank retourniert (die dieser auf seiner Festplatte lokal speichern oder seinem E-Cash-Konto bei der E-Cash-Bank gutschreiben lassen kann).
6. Nach Vorliegen der Bankbestätigung wird dem Zahler die Zahlung bestätigt.

Anonymität

Im Vergleich zu anderen digitalen Zahlungsformen wie CyberCoin wurde bei der Entwicklung des E-Cash-Systems großer Wert auf die Anonymität der Beteiligten gelegt.

Die ausgebende E-Cash-Bank

- kennt zwar ihren Kunden aufgrund seiner E-Cash-Kontoverbindung,
- und sie weiß, wieviel E-Cash ihr Kunde via Internet behebt.

Sie weiß jedoch nicht,

- ob ihr Kunde dieses E-Cash verwendet,
- in welcher Größenordnung ihr Kunde dieses E-Cash verwendet
- und für welche Zahlungen dieses E-Cash verwendet wird, obwohl das vom Zahler ausgegebene E-Cash über die Zahlungsempfänger der E-Cash-Bank zur Bestätigung vorgelegt wird.

Ebenso weiß der E-Cash-Empfänger anhand des E-Cash nicht, wer der E-Cash-Zahler ist. Seine Internet-Applikation kann jedoch die Eingabe der Kundendaten vom Kunden (zum Beispiel für die Lieferung, Kundenstatistik etc.) verlangen.

Portabilität

Eine weitere Ähnlichkeit zu Bargeld ist die Portabilität von E-Cash. Der Speicher an E-Cash auf der lokalen Festplatte kann jederzeit geleert werden, indem man sein eigenes E-Cash-Konto bei der E-Cash-Bank dotiert. Diese Möglichkeit kann sinnvollerweise im Vorfeld von Servicearbeiten an der Hardware vorgenommen werden.

Genauso können E-Cash-Beträge zur Erhöhung der Mobilität auf eine Diskette kopiert werden. Wurde die E-Cash-Software auch auf einem anderen

Rechner an einem anderen Ort installiert, so können die auf der Diskette befindlichen E-Cash-Beträge von dort aus zur Zahlung über Internet verwendet werden.

Sicherheit vor Diebstahl

E-Cash-Diebe kommen nicht weit, denn sie werden ausgeforscht. Bei jeder vom Konsumenten beauftragten E-Cash-Zahlung via Internet werden seitens der E-Cash-Software die Seriennummern der verschickten E-Cash-Münzen (analog Seriennummern auf Geldscheinen) auf der Festplatte des Konsumenten festgehalten. Kommt daher eine E-Cash-Zahlung nicht beim beabsichtigten Empfänger an (indem ein Hacker die E-Cash-Zahlung aus dem Datenstrom für seine Zahlungszwecke entnimmt), so wird dieser den Kosumenten vom Ausbleiben der Zahlung in Kenntnis setzen. Der Konsument stellt daraufhin die betroffenen Seriennummern der Bank zur Verfügung, um sie zu sperren, sollte sie jemand (der Hacker) einlösen wollen. Fand die Einlösung bereits statt, so kann die Bank – ausschließlich anhand der vom Konsumenten genannten Seriennummern – den kriminellen Einlöser feststellen.

E-Cash und die Landeswährung

Zum Entstehungszeitpunkt dieses Buches steht hinter jeder E-Cash-Münze eine bestimmte Landeswährung, die nur innerhalb der Landesgrenzen eingesetzt werden kann. Innerhalb des deutschen Sprachraumes kann daher E-Cash heute nicht grenzüberschreitend eingesetzt werden, es sein denn, der Internet-Konsument hat grenzüberschreitend eine Bankverbindung zur Bank des jeweiligen Landes.

Die E-Cash-ausgebenden Banken innerhalb des deutschen Sprachraumes sind

- die Deutsche Bank AG (Pilotbetrieb Herbst 1997 geplant)
- und die Bank Austria AG (Pilotbetrieb Anfang 1998 geplant).

Die Einführung des Euro wird diese durch die Landeswährung gesetzte Grenze jedoch aufbrechen, womit E-Cash schlagartig in ganz Europa zur Zahlung verwendet werden kann.

Ähnliche Zahlungssysteme sind das CyberCoin-System[171] und Millicent[172] von Digital Equipment.

5.6 Kartensysteme und andere Zahlungsformen

5.6.1 Das Zahlungssystem der CAFE („Conditional Access for Europe")

CAFE[173] entwickelt eine „Hardware-Geldbörse", deren Einsatz primär außerhalb des Internet gedacht ist. Es soll sich hier um spezielle elektronische Geräte ähnlich einem Taschenrechner und in der Größe einer Geldbörse handeln, welche mit einem Infrarotsensor für den Datenaustausch (= Geldtransfer) ausgestattet sind. Konsumenten sollen mit dieser elektronischen Geldbörse vor allem in Geschäften europaweit anonym Bezahlungen vornehmen können.

5.6.2 Das Zahlungssystem von Mondex

Eine reine Hardware-Lösung ist Kern des Zahlungssystems von Mondex.[174] Ausschließlich zwischen von Mondex erzeugten Smartcards sollen Zahlungsströme fließen. Die Sicherheitsanforderungen werden seitens Mondex bereits bei der Erzeugung dieser Smartcards berücksichtigt, wodurch die Smartcards die eigentliche Verschlüsselungslogik beherbergen.

Eigens konstruierte öffentliche Telefone („Payphones"), private Telefone („Homephones") oder spezielle Bankomaten sollen zum „Betanken" der Karte verwendet werden. Um über Internet Zahlungen vornehmen zu können, benötigen sowohl Zahler als auch Zahlungsempfänger einen an deren PC angeschlossenen Smartcard-Leser.

Das Mondex-Zahlungssystem kann ähnlich der „Hardware-Geldbörse" von CAFE auch in Geschäften außerhalb des Internet Verwendung finden, sofern auch der Zahlungsempfänger eine Mondex-Karte besitzt. Somit werden auch Zahlungsströme direkt zwischen den Konsumenten möglich, sofern sie Mondex-Karteninhaber sind.

Die Mondex-Karte ist in der Lage, mehrere Landeswährungen gleichzeitig zu speichern. Die Funktion einer Währungsumrechnung innerhalb der Karte ist jedoch nicht möglich. Die Karte kann außerdem mit einem Code gegen unbefugte Verwendung geschützt werden. Eine Reihe von erfolgreich absolvierten Pilotprojekten vor allem im englischsprachigen Raum spricht dafür, daß Mondex die reine Entwicklungsphase bereits verlassen hat.

5.6.3 Die Quick-Geldbörse

Quick ist eine ausschließlich in Österreich bereits flächendeckend im Einsatz befindliche Smartcard, die von der Konstruktion her für das Internet vorbereitet ist. Die Produktion der Quick-Karte wird unter der Kontrolle der Oestereichischen Nationalbank von der Austria Card wahrgenommen.

Da die Funktionalität der Quick-Geldbörse auf jeder von einer österreichischen Bank ausgegebenen Kombinationskarte (Scheckkarte und Bankomatkarte) implementiert ist, wird praktisch jeder Kontoinhaber erreicht (die überwiegende Mehrheit der Kontoinhaber besitzt eine Kombinationskarte).

In der derzeitigen Implementierung – außerhalb des Internet – muß der Karteninhaber zum Aufladen seiner Quick-Geldbörse eine Bank mit angeschlossenem Bankomat[175] aufsuchen. Die Karte kann dann zur Bezahlung bei allen Vertragshändlern eingesetzt werden, die von der Bank mit einem entsprechenden Terminal ausgestattet wurden.

Eine spezielle, im Terminal vorhandene Karte dient zur Speicherung aller Geldzahlungen. Der Händler kann das auf seiner Terminalkarte gesammelte Geld zur Gutschrift auf sein Konto gutschreiben, indem er via Modem die Kartendaten an die Bank überträgt oder die Karte aus dem Terminal entnimmt und sie zu seiner Bank befördert, damit diese die Gutschrift auf sein Konto vornehmen kann.

Es ist auch denkbar, daß der Funktionsumfang der Quick-Geldbörse um die direkte Zahlungsmöglichkeit zwischen den Karteninhabern erweitert wird, wofür die Karte selbst bereits vorbereitet sein müßte.

Zum Entstehungszeitpunkt des Buches ist nicht abzusehen, ob und wann die Quick-Geldbörse für Zahlungen über Internet Verwendung finden wird.

5.6.4 Das NetBill-Zahlungssystem

Zur Zeit im Test an der Carnegie Mellon Universität befindet sich NetBill.[176] NetBill ist auf die Bezahlung von allen über Internet erhaltenen Informationen und Produkten ausgerichtet. Internet-Anbieter und Konsument müssen Inhaber von NetBill-Konten sein, die mit real existierenden Konten bei Banken in Verbindung stehen.

NetBill funktioniert nach dem folgenden Prinzip:

1. Der Konsument bestellt über Internet die gewünschten, über Internet zu liefernden Informationen oder Produkte.

2. Der Internet-Anbieter verschickt die gewünschten Informationen oder Produkte in verschlüsselter Form an den PC des Konsumenten.
3. Die Software im PC des Konsumenten stellt den vollständigen Erhalt der gewünschten Informationen oder Produkte in verschlüsselter Form fest und meldet dies an den Internet-Anbieter zurück.
4. Der Internet-Anbieter schickt diese Rückmeldung mit den Kontoinformationen des Konsumenten und dem Schlüssel zur Entschlüsselung der gelieferten Informationen oder Produkte zum NetBill-Server.
5. Der NetBill-Server prüft auf vorhandenes Guthaben, speichert den Schlüssel zur Entschlüsselung ab, führt die Überweisung durch und meldet die Transaktion an den Internet-Anbieter zurück.
6. Der Internet-Anbieter sendet den Schlüssel zur Entschlüsselung an den Konsumenten zurück.
7. Der Konsument kann mit diesem Schlüssel die bereits erhaltenen Informationen oder Produkte entschlüsseln und verwenden.

5.6.5 JEPI – das Zahlungssystem des W3C-Consortiums

Noch im Entwicklungsstadium befindet sich das Projekt JEPI.[177] Zielsetzung ist die Verwendung eines Internet-Protokolls, über welches beim Geschäftsabschluß über Internet aus allen sich bietenden Zahlungsmöglichkeiten eine Zahlungsmöglichkeit „verhandelt“ und eingesetzt wird.

6 Sicherheit im Internet: Die Rolle der Verschlüsselung

Daten können während ihrer Übertragung auf Leitungen von technisch Versierten mitgelesen oder verfälscht werden. Dies gilt für das Internet genauso wie für herkömmliche Datenverbindungen. Besonders dort, wo Daten Geldbeträge darstellen, ist es daher notwendig, Sicherheitsvorkehrungen zu treffen.

Während man Angriffe auf firmeneigene Rechenanlagen mit unterschiedlichsten Firewall-Techniken abwehren kann, stehen für die sichere Übertragung von Daten Verschlüsselungstechniken zur Verfügung, wobei die Daten jedenfalls für die Dauer der Übertragung verändert und unlesbar gemacht werden, so daß sie für einen außenstehenden Betrachter keinen Sinn ergeben. Zudem ist es mit bestimmten Verschlüsselungstechniken möglich, Nachrichten derart mit Zusatzcodes zu kennzeichnen, daß diese im Sinne einer elektronischen Unterschrift verwendet werden können.

Die Theorie von Verschlüsselungstechniken wird von einer eigenen Wissenschaft behandelt: der Kryptographie bzw. Kryptologie.

Von **Verschlüsselung** spricht man, wenn die lesbaren und zu schützenden Daten (der Klartext) mittels eines bestimmten mathematischen Verfahrens unter Verwendung eines Schlüssels (Kombination aus Zeichenketten) dermaßen abgeändert werden, daß sie nicht mehr erkannt werden können und bei der Betrachtung keinen Sinn ergeben (Schlüsseltext).

Die **Entschlüsselung** wandelt diese unscheinbaren Daten mit einem mathematischen Verfahren, welches auf das Verschlüsselungsverfahren Bezug nimmt, vollständig und ident wieder in die ursprüngliche Form, den Klartext, zurück. Dazu ist ebenfalls ein Schlüssel erforderlich, der jedoch nicht notwendigerweise mit dem Schlüssel der Verschlüsselung ident sein muß.

6.1 Verschlüsselung

6.1.1 Symmetrische Verschlüsselung

Um symmetrische Verschlüsselung handelt es sich, wenn sowohl die Verschlüsselung des Senders als auch die Entschlüsselung beim Empfänger mit einem gleichlautenden Schlüssel erfolgt. Die Geheimhaltung des Schlüssels ist absolut erforderlich, da jeder, der in den Besitz des Schlüssels gelangt, die verschlüsselten Daten wieder entschlüsseln und dadurch Schaden anrichten kann. Darüber hinaus können unberechtigte Inhaber des Schlüssels nicht festgestellt und entdeckt werden. Mit zunehmender Anzahl an Teilnehmern steigt das Risiko, daß der Schlüssel durch Unachtsamkeit Außenstehenden bekannt wird. Außerdem erlaubt die symmetrische Verschlüsselung alleine nicht, den Sender einer Nachricht schlüssig zu identifizieren.

Symmetrische Verschlüsselung findet in Netzwerken geschlossener Benutzergruppen Anwendung. Die bekanntesten symmetrischen Verschlüsselungsverfahren sind DES[178] („Data Encryption Standard"), IDEA[179] („International Data Encryption Standard") und RC4.[180]

Da der große Vorteil der symmetrischen Verschlüsselung in der Leistungsfähigkeit und Schnelligkeit der Verschlüsselungsprozedur besteht, dient sie als Teil vieler Verschlüsselungskonzepte, die als „äußersten Kern" asymmetrische Verschlüsselung vorsehen.

6.1.2 Asymmetrische Verschlüsselung

Um asymmetrische Verschlüsselung (Public-Key-Verfahren) handelt es sich, wenn zwei unterschiedliche, aber zusammengehörende Schlüssel verwendet werden. Das einzige weltweit anerkannte asymmetrische Verschlüsselungsverfahren ist das RSA-Verfahren.[181]

Was ein Schlüssel verschlüsselt, kann nur mit dem dazugehörigen anderen Schlüssel wieder entschlüsselt werden: die Verschlüsselung/Entschlüsselung funktioniert dabei in beide „Richtungen". Ein Schlüssel des Schlüsselpaares – „Private-Key" genannt – gehört dem Anwender und wird von diesem geheimgehalten. Der andere, dazugehörige Schlüssel – „Public-Key" genannt – ist für alle anderen Teilnehmer gedacht, die mit dem Anwender kommunizieren wollen bzw. sollen und wird offen weitergegeben.

Der Private-Key selbst wird dabei entweder mit einem Paßwort, einer PIN oder durch die Verwendung von eigens dafür vorgesehenen Smartcards vor den Zugriffen Unberechtigter geschützt.[182]

6.2 Das Prinzip der digitalen Signatur

Aufgrund der genannten Eigenschaften bietet das RSA-Verfahren zwei grundlegende Einsatzmöglichkeiten:

- **Verschlüsselung:** Beliebig viele Teilnehmer können unter Verwendung des Public-Key des Empfängers Nachrichten verschlüsseln, die nur dieser mit seinem geheimen Private-Key wieder in den Originalzustand entschlüsseln kann.

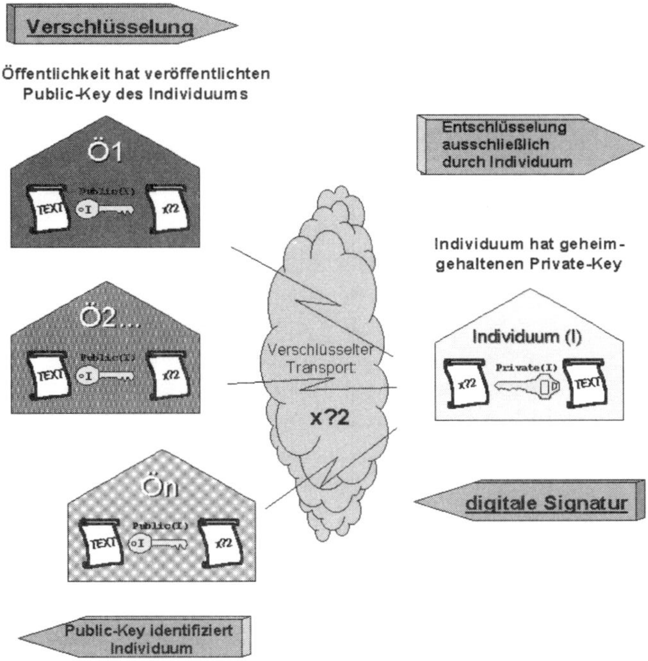

Abbildung 6.1: *Das Prinzip der digitalen Signatur*

- **Digitale Signatur:** Eine Nachricht, die der Anwender mit seinem geheimen Private-Key verschlüsselt, kann von der Öffentlichkeit nur mit dem dazugehörigen Public-Key entschlüsselt werden. Die eigentliche Zuordnung der Public-Keys zu den jeweiligen Personen zur Feststellung der Identität wird zunehmend von besonderen Zertifizierungsstellen[183] anläßlich der Erstellung digitaler Zertifikate wahrgenommen und auch von diesen bestätigt.

Das asymmetrische Verschlüsselungsverfahren benötigt mehr Zeit zur Ver- bzw. Entschlüsselung als die symmetrischen Verschlüsselungen. Unter anderem aus diesem Grund verkürzt man die zu signierende Nachricht mit einem Prüfsummen-Verfahren[184] zu einem „Hash-Code" oder „Message-Digest" (der die Charakteristika der Nachricht enthält) und signiert, das heißt verschlüsselt diesen Hash-Code anstelle der Nachricht mit dem eigenen Private-Key.

Ein Beispiel:

Der nachfolgende Text soll mit Signatur verschickt werden:

```
Sehr geehrter Herr Maier! Ich habe soeben Ihren
Brief vom 30.9.1997 erhalten. Seite 1 ... Seite
2 ... Mit freudlichen Grüßen, Alfons HUBER
```

1. **Komprimierung zu Prüfziffern**. Unter Zuhilfenahme eines vereinbarten Prüfsummen-Verfahrens wird aus dem Text der Hash-Code errechnet:

aus

```
Sehr geehrter Herr Maier! Ich habe soeben Ihren
Brief vom 30.9.1997 erhalten. Seite 1 ... Seite
2 ... Mit freudlichen Grüßen, Alfons HUBER
```

wird

```
0000 0000 0001 1125 8776 1349 FF43 C9AB
```

2. **Digitale Signatur**. Der Hash-Code wird mit dem Private-Key des Absenders verschlüsselt und dadurch die Signatur erzeugt:

aus

```
0000 0000 0001 1125 8776 1349 FF43 C9AB
```

wird

```
56BC 9CB3 4D13 5F8E 57D2 44A2 4368 FB5A
```

3. Versand. Der Text wird mit Signatur versendet:

```
Sehr geehrter Herr Maier! Ich habe soeben Ihren
Brief vom 30.9.1997 erhalten. Seite 1 ... Seite
2 ... Mit freudlichen Grüßen, Alfons HUBER
```

```
56BC 9CB3 4D13 5F8E 57D2 44A2 4368 FB5A
```

4. Empfang. Der Empfänger erhält Text und Signatur.

5. Komprimierung zu Prüfziffern. Der Empfänger ermittelt durch das vereinbarte Prüfsummen-Verfahren aus dem Text den Hash-Code:

aus

```
Sehr geehrter Herr Maier! Ich habe soeben Ihren
Brief vom 30.9.1997 erhalten. Seite 1 ... Seite
2 ... Mit freudlichen Grüßen, Alfons HUBER
```

wird

```
0000 0000 0001 1125 8776 1349 FF43 C9AB
```

6. Entschlüsselung. Die empfangene Signatur wird mit dem Public-Key des Absenders entschlüsselt:

aus

```
56BC 9CB3 4D13 5F8E 57D2 44A2 4368 FB5A
```

wird

```
0000 0000 0001 1125 8776 1349 FF43 C9AB
```

7. Vergleich. Wenn die entschlüsselte Signatur mit dem ermittelten Hash-Code ident ist, dann handelt es sich tatsächlich um die digitale Signatur des Absenders:

entschlüsselte Signatur

```
0000 0000 0001 1125 8776 1349 FF43 C9AB
```

entspricht

errechnetem Hash-Code

```
0000 0000 0001 1125 8776 1349 FF43 C9AB
```

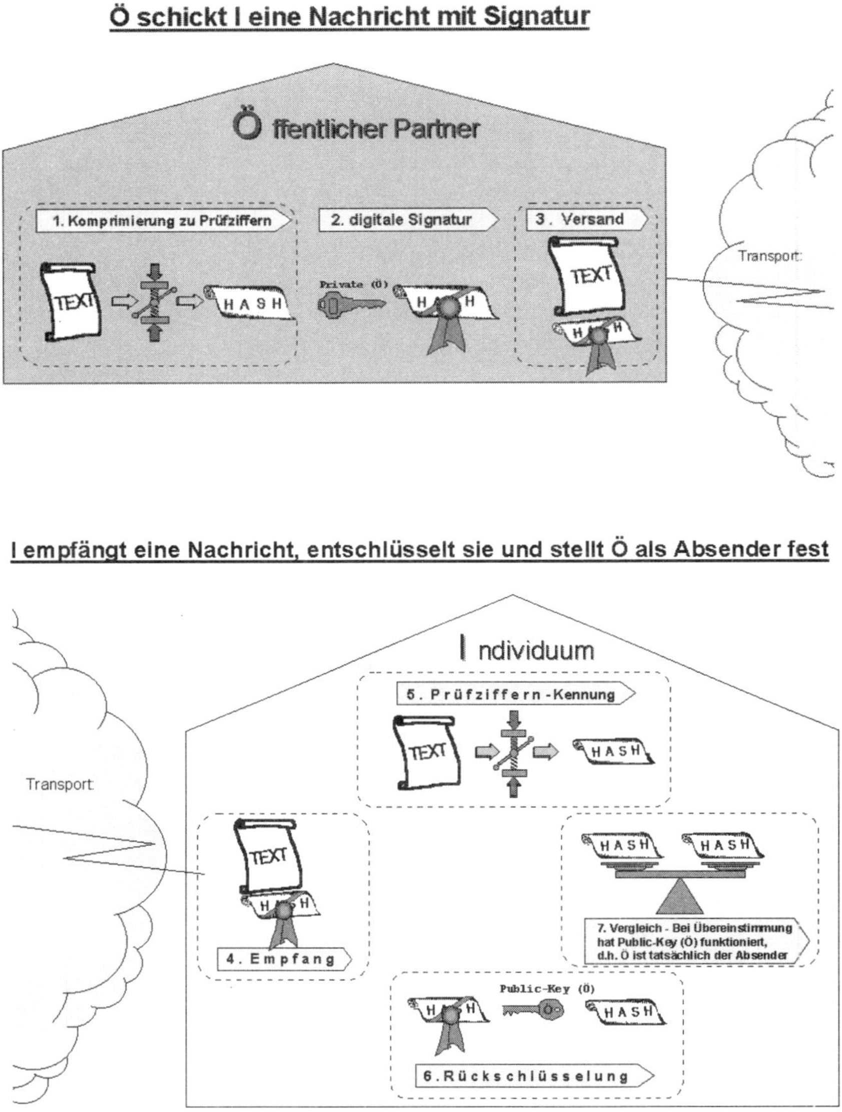

Abbildung 6.2: *Versand einer Nachricht mit Signatur*

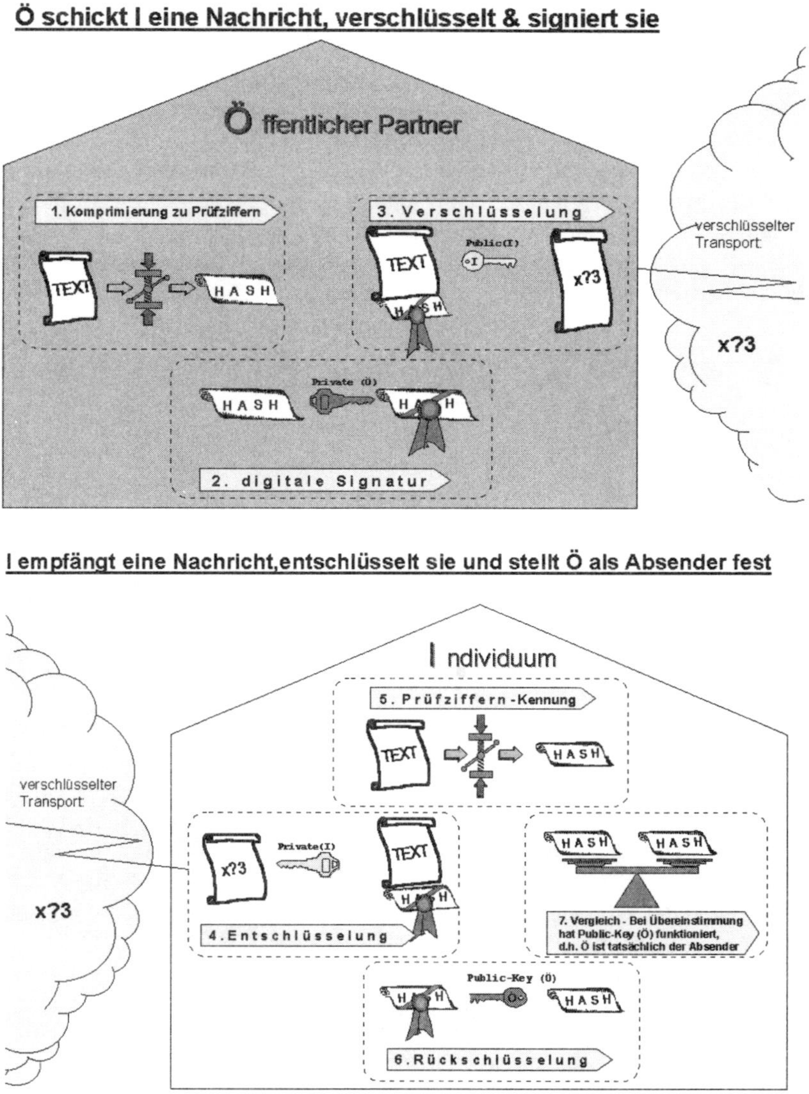

Abbildung 6.3: *Asymmetrische Verschlüsselung eines Textes und einer digitalen Signatur*

Ein weiterer Vorteil der digitalen Signatur besteht darin, daß jeder einzelne Buchstabe des übertragenen Textes durch die Verschlüsselung signiert wird. Bei erfolgreicher Entschlüsselung einer digital signierten Sendung (bzw. des Hash-Codes) kann somit die Identität des Unterzeichners und die Originalität der gesamten Nachricht zweifelsfrei festgestellt werden.

Selbstverständlich können Texte mit digitaler Signatur auch verschlüsselt übertragen werden. Dazu gibt es unterschiedlichste Verschlüsselungstechniken, die auf Kombinationen aus symmetrischer und asymmetrischer Verschlüsselung aufbauen. Abbildung 6.3 skizziert eine einfache Methode, die Text und digitale Signatur ausschließlich asymmetrisch verschlüsselt.

6.3 Modelle der Schlüsseladministration

Es gibt zwei grundsätzliche Methoden, Public-Keys der Öffentlichkeit zugänglich zu machen und entsprechend zu verwalten. Entweder tauschen die an einer Kommunikation interessierten Personen deren Public-Keys direkt oder über vertrauenswürdige Personen aus (man spricht dabei von einem „Web of Trust“), oder die Public-Keys werden bei Zertifizierungsstellen verwaltet und dadurch der Öffentlichkeit zugänglich gemacht.

6.3.1 Administration über ein „Web of Trust“

Hierbei ist es die Regel, daß sich je zwei an einer Kommunikation interessierte Partner persönlich treffen. Sie überzeugen sich über die Identität des anderen (durch Kontrolle des Lichtbildausweises). Danach erzeugt jeder der Beteiligten ein digitales Zertifikat des anderen und erhält dadurch als Ergebnis den Public-Key der soeben zertifizierten Person. Weitere Kommunikationspartner werden Mitglieder, indem sie sich gegenüber einem beliebigen anderen Mitglied des Web identifizieren. Dies geschieht unter Zuhilfenahme einer dazu geeigneten Software (die bekannteste ist PGP).

Für die Anwendung im Privatbereich oder im Freundeskreis ist der Austausch von Public-Keys durch persönlichen Kontakt durchaus praktikabel. Für geschäftliche Anwendungen hat die Schlüsselerzeugung über ein Web of Trust kaum Bedeutung. Zum einen ist der persönliche Kontakt zu zeitraubend. Zum anderen kann man sich im Falle erhaltener Zertifikate lediglich auf die Qualitätskriterien verlassen, die andere Personen für die Erzeugung des Public-Keys angewendet haben.

6.3.2 Administration über Zertifizierungsstellen

Zertifizierungsstellen sind allgemein bekannte Instanzen, die den persönlichen Kontakt zweier an der Kommunikation interessierten Personen zur Erlangung von Schlüsseln überflüssig machen. Zertifizierungsstellen übernehmen die vertrauenswürdige Aufgabe, die asymmetrischen Schlüsselpaare unter qualitativen Richtlinien herzustellen bzw. die Public-Keys zu übernehmen, um dann jederzeit aufgrund des veröffentlichten Public-Keys auf die Identität der Person schließen zu können, der der Public-Key zugeordnet ist.

Einmal von einer Zertifizierungsstelle zertifiziert, sind die erforderlichen öffentlichen Schlüssel der gesuchten Kommunikationspartner dann jederzeit von den Zertifizierungsstellen (via Internet) abrufbar. Um sicherzustellen, daß erzeugte Zertifikate auch von neu eingerichteten Zertifizierungsstellen weltweit abrufbar sind, zertifizieren sich die Zertifizierungsstellen gegenseitig dachartig. Durch eine derartige „Kette des Vertrauens“ wird weltweit und lückenlos der geschützte Zugriff auf Public-Keys und Zertifikate möglich.

6.4 Digitale Zertifikate

Digitale Zertifikate sind Daten, die anstelle eines Ausweises den Sender einer Nachricht im Internet eindeutig identifizieren (Ausweisfunktion). Es handelt sich hier um normierte Informationen, die nachvollziehbare Rückschlüsse auf die ausstellende Zertifizierungsstelle und auf die Identität der zertifizierten Person (des Unterzeichners und Senders) erlauben:

- Angaben zur zertifizierten Person: Name, Public-Key;
- Angaben zur Zertifizierungsstelle: Name und Signatur der Zertifizierungsstelle;
- sonstige Daten: laufende Nummer des Zertifikates etc.

Unter digitalen Zertifikaten werden im weiteren Sinne auch jene Zertifikate verstanden, die direkt von den Kommunikationspartnern produziert und zwischen diesen ausgetauscht werden. Dabei werden von den handelnden Personen individuelle Qualitätsmaßstäbe angelegt, was zu Zertifikaten führt, die in Qualität und Konstruktion uneinheitlich sind. Für die Öffentlichkeit sind derartige Zertifikate daher uninteressant.

Im engeren Sinn werden unter digitalen Zertifikaten nur jene Zertifikate verstanden, die von Zertifizierungsstellen erzeugt werden.

Die heute überwiegend zum Einsatz kommenden Zertifikate richten sich zunehmend nach dem Format der CCITT-X.509-Norm, welches den Aufbau und die Mindestbestandteile eines digitalen Zertifikates vorgibt:

- **Versionsnummer**
  Kennzeichnet die Version des Formates, nach dem das Zertifikat aufgebaut ist.
- **Zertifikatsnummer**
  Die fortlaufende Nummer des Zertifikates, welche die Zertifizierungsstelle vergibt.
- **Name der Zertifizierungsstelle**
  Der Name der Zertifizierungsstelle, welche das Zertifikat erstellt und es mit ihrem Public-Key signiert hat.
- **Ablaufdatum**
  Das Ablaufdatum, zu dem das digitale Zertifikat keine Gültigkeit mehr besitzt.
- **Verfahrensangaben**
  Genaue Angabe der verwendeten Verfahren für die Verschlüsselung und für die Prüfziffernermittlung (Erzeugung des Hash-Codes).
- **Zertifikatsklasse**
  Dabei wird in einer Art Sicherheitsstufe ausgedrückt, welches Ausmaß an Sicherheitsmaßnahmen die Zertifizierungsstelle getroffen hat. Bestimmend für die Sicherheit ist die Länge des verwendeten Schlüssels (der zertifizierten Person), aber auch die vorgenommenen Maßnahmen, um die Authentifizierung und Identifizierung der zertifizierten Person sicherzustellen.
- **Name der zertifizierten Person**[185]
  Der Name der zertifizierten Person; diese wird im Signaturgesetz als „Signaturschlüssel-Inhaber" bezeichnet.
- **Public-Key der zertifizierten Person**
  Das Herzstück des Zertifikates. Erst mit diesem Schlüssel kann die Öffentlichkeit alle Dokumente wieder lesbar entschlüsseln, die von der zertifizierten Person mit deren Private-Key signiert wurden.
- **Umfang der Gültigkeit**
  Der Geltungsbereich, für den das Zertifikat Gültigkeit besitzt. Weiters kann

hier festgehalten werden, ob die zertifizierte Person alleine zeichnungsberechtigt ist oder nur gemeinsam mit anderen Personen (mit deren digitalen Unterschriften). Auch die Haftungsbeschränkung auf einen bestimmten Betrag kann hier angegeben werden.

- **Allfällige sonstige relevante Daten**
  Hier handelt es sich oftmals um weitere Angaben zur zertifizierten Person, wie zum Beispiel ihre Adresse, ihr Titel, ihre Branche oder das Unternehmen, für das sie tätig ist.

- **Zertifikatssignatur**
  Die zuvor genannten Angaben werden durch die Abgabe der Zertifikatssignatur mit dem geheimen Private-Key der Zertifizierungsstelle signiert.

Die Zertifizierungsstelle bestätigt mit Ihrer digitalen Unterschrift am Zertifikat, daß der im Zertifikat enthaltene Public-Key tatsächlich der im Zertifikat angegebenen Person gehört und daß alle anderen Angaben im Zertifikat richtig sind. Weiters wird dadurch sichergestellt, daß die im Zertifikat enthaltenen Angaben nicht beim Transport manipuliert werden können, und daß die darin enthaltenen Angaben tatsächlich von der Zertifizierungsstelle stammen.

Ein Beispiel:

1. Sie erhalten von einer Person, die Sie selbst nicht persönlich kennen, ein Angebot in der Form einer E-Mail mit Angebotstext im Klartext und digitaler Signatur. Da Sie die Unterschrift prüfen wollen, benötigen Sie den Public-Key des Absenders.

2. Ihre Software stellt danach eine geschützte SSL-Verbindung zur nächsten Zertifizierungsstelle her und lädt das benötigte Zertifikat lokal auf Ihre Festplatte. Unter Umständen holt der befragte Zertifizierungsserver das Zertifikat von einem anderen Server.

3. Ihre Software entnimmt den durch das Zertifikat erhaltenen Public-Key und entschlüsselt den Signaturblock des Angebots.

4. Die Software berechnet aus dem Klartext des Angebots mittels des öffentlich bekannten Hash-Verfahrens den Signaturblock (Message-Digest) und vergleicht die Ergebnisse aus dem vorigen Schritt mit dem Message-Digest. Bei Übereinstimmung sind sowohl Nachricht als auch Unterschrift echt. Sie können nun in Ruhe überlegen, ob Ihnen das Angebot zusagt.

6.5 Das neue Signaturgesetz

Von den Industrienationen hat Deutschland die umfassendsten Regelungen zum Themenkreis der digitalen Signaturen getroffen, welche 1997 gesetzliche Gültigkeit erlangt haben. Im Rahmen des Multimediagesetzes[186] beschäftigt sich der Artikel 3 mit digitalen Signaturen. Er wird daher als Signaturgesetz (SigG) bezeichnet und ist vom Bundestag im Juli 1997 endgültig verabschiedet worden. (Den Text finden Sie im Anhang 1 ab Seite 162.) Das SigG wird durch die Signaturverordnung (SigV) ergänzt.

Folgende Themen werden dadurch absehbar geregelt bzw. beschlossen:

- Die Verantwortung des Staates wird auf die Schaffung der gesetzlichen Rahmenbedingungen und die Kontrolle der Zertifizierungsstellen reduziert.
- Zertifizierungsstellen sollen privatwirtschaftlich geführt werden.
- Definition der technischen und organisatorischen Anforderungen an die digitale Signatur bzw. der Mindestbestandteile des digitalen Zertifikates.
- Anforderungen an die Aufbewahrung und Beschaffenheit des geheimen Private-Keys. Der Inhaber muß seinen Key besitzen können und ihn durch Wissen (Paßwort oder PIN) zugänglich haben. Einige Experten leiten ab, daß diese Anforderungen technisch nur mit Smartcards oder ähnlichen Materialien verwirklichbar sind.
- Die Gültigkeitsdauer von digitalen Zertifikaten wird auf drei Jahre begrenzt.
- Abgelaufene Zertifikate können jeweils in Fünf-Jahres-Schritten verlängert werden.
- Das Bundesamt für Sicherheit in der Informationstechnik in Bonn (BSI) ist verantwortlich für die Zulassung der benötigten technischen Verfahren für die Verschlüsselung und für die Prüfziffernrechnung als „anerkannte Verfahren“ im Sinne des SigG.

6.6 Die Rolle der Zertifizierungsstellen

Wie bereits erwähnt kann der Empfänger einer Nachricht im Internet nur mit dem öffentlichen Public-Key des Senders feststellen, ob die Nachricht tatsächlich von diesem stammt. Die Zuordnung, welcher Person welcher öffentlich zugängliche Public-Key gegenüberzustellen ist, muß daher eindeutig und zweifelsfrei erfolgen können. Diese Aufgabe haben Zertifizierungsstellen gewerbsmäßig übernommen – Public-Keys können als Bestandteil von digitalen Zertifikaten von Zertifizierungsstellen abgerufen werden.

Um eine Zertifizierungsstelle betreiben zu können, muß man die im § 4 SigG angeführten vorgesehenen Kriterien erfüllen. Die Erteilung der Lizenz selbst erfolgt dabei von behördlichen Stellen, die nach dem § 66 Telekommunikationsgesetz dafür vorgesehen sind.

Die Anforderungen an derartige Zertifizierungsstellen sind:

- Sie müssen glaubwürdig sein und seitens der Klienten Vertrauen genießen;
- sie müssen unabhängig sein und dürfen nicht wirtschaftlich von Dritten beherrscht werden;
- sie müssen besondere Sicherheitsvorkehrungen treffen und diese dem Stand der Technik anpassen;
- sie müssen internen und behördlichen Sicherheitskontrollen genügen;
- sie müssen sich laufend an der international entstehenden Infrastruktur der Zertifizierungsstellen orientieren und zunehmend kooperieren;
- sie müssen sich laufend der in Entwicklung befindlichen internationalen Rechtslage – speziell betreffend Kryptographie und digitale Unterschriften – anpassen.

Die Aufgaben der Zertifizierungsstellen umfassen:

- Sicherstellung der Authentizität von personenbezogenen Daten (Name, Adresse, Geburtsdaten etc.) und Registrierung der personenbezogenen Daten.
  Die Legitimierung erfolgt im Falle der persönlichen Vorsprache durch den Vorweis amtlicher Dokumente und amtlicher Lichtbildausweise bzw. durch das Beibringen von notariell beglaubigten Unterlagen.
  Diese wichtigen Funktionen können auch von geeigneten Unternehmen/Personen wahrgenommen werden, die im Vorfeld von Zertifizierungsstellen (in deren Sicherheitskonzept) zu finden sind. Dabei handelt es sich beim derzeitigen Diskussionsstand um Notare oder Banken, die die Prüfung der Identität der Zertifikanten vornehmen sollen.
- Sicherstellung der Produktion von einzigartigen asymmetrischen Schlüsselpaaren. Dabei sollen vor allem die organisatorischen Grundlagen geschaf-

fen werden, um den Zertifikanten die selbständige Produktion des asymmetrischen Schlüsselpaares zu ermöglichen (Bereitstellung entsprechender Software).
Der geheime Private-Key des Zertifikanten darf nicht aus der Sphäre des Zertifikanten gelangen und darf nicht bei der Zertifizierungsstelle gespeichert werden.

- Ausgabe des geheimen Private-Keys ausschließlich an den Zertifikanten (zum Beispiel via Diskette oder via Smartcard).

- Zuordnung der personenbezogenen Daten und des einzigartigen Public-Keys des Zertifikanten durch die Erstellung eines einzigartigen digitalen Zertifikates für diese Person.

- Führung und Pflege von Zertifikatsverzeichnissen.

- Führung und Pflege einer Sperrliste ungültiger oder abgelaufener Zertifikate, die sogenannte CRL („Certificate Revocation List"). Zertifikate sind in der CRL aufzunehmen, wenn
  - dem Zertifikanten sein geheimer Private-Key abhanden gekommen ist (zum Beispiel im Falle einer defekten Festplatte oder wenn die Smartcard verloren wurde) oder dieser gestohlen (ausgespäht) wurde,
  - sich der Berechtigungsumfang des Zertifikanten verändert hat (Verlust der Zeichnungsberechtigung oder Hinzunahme zusätzlicher, für Unterschriftsleistungen erforderlicher Personen),
  - der Zertifikant verstorben ist,
  - die Gültigkeitsdauer des Zertifikats abgelaufen ist.

- Veröffentlichung der Zertifikate durch Weitergabe via Internet an anfragende Internet-Kunden.

- Zertifizierung der Public-Keys (Signaturanfragen) – hier wird dem Anfrager die zu einem Public-Key gehörende registrierte Person genannt bzw. bestätigt. Die Bestätigung erfolgt in der Regel via Internet und wird mit dem Private-Key der Zertifizierungsstelle signiert.

- Bereitstellung von Unterlagen im Beweisverfahren.

6.6.1 Welche Zertifizierungsstellen stehen Ihnen zur Verfügung?

Die erste und vermutlich weltweit größte Zertifizierungsstelle ist die Verisign, Inc.[187] und befindet sich in den Vereinigten Staaten. Verisign bietet drei Klassen von digitalen Zertifikaten. Die Vergabe eines digitalen Zertifikates nach der einfachsten Klasse erfolgt dabei ohne Prüfung der Identität des Zertifikanten.

Verisign beschränkt die insgesamte (!) Haftung für alle mit einem Zertifikat entstehenden Schäden (aller mit dem Zertifikat vorgenommenen Unterschriften und Transaktionen) auf folgende Beträge:

- Klasse 1: US-$ 100,–
- Klasse 2: US-$ 5100,–
- Klasse 3: US-$ 100.000,–

Verisign plant nach eigenen Angaben, 1997 im deutschsprachigem Raum „vertreten zu sein“.

Im deutschsprachigen Raum agieren die CCI[188] und Telesec[189] bereits als gewerbliche Zertifierungsstellen. Darüber hinaus wird die DFN-CERT[190] Hamburg als Zertifizierungsstelle innerhalb des europäischen ICE-Projektes (Internetworking Public Key Certification Infrastructure for Europe) für Deutschland etabliert.

Als Zertifizierungsstelle in Österreich kann die ARGE Daten[191] genannt werden.

Ob diese Stellen schon Zertifizierungsstellen gemäß Signaturgesetz sind, wäre im Bedarfsfall zu überprüfen! Bei Entstehung des Buches waren sie es naturgemäß noch nicht.

Anhang 1

Gesetz zur Regelung der Rahmenbedingungen für Informations- und Kommunikationsdienste (Informations- und Kommunikationsdienste-Gesetz – IuKDG)*)

Vom 22. Juli 1997

Der Bundestag hat das folgende Gesetz beschlossen:

Inhaltsübersicht:

Artikel 1

Gesetz über die Nutzung von Telediensten (Teledienstegesetz – TDG)

§ 1 Zweck des Gesetzes

Zweck des Gesetzes ist es, einheitliche wirtschaftliche Rahmenbedingungen für die verschiedenen Nutzungsmöglichkeiten der elektronischen Informations- und Kommunikationsdienste zu schaffen.

---

*) Artikel 7 dieses Gesetzes dient der Umsetzung der Richtlinie 96/9/EG des Europäischen Parlaments und des Rates vom 11. März 1996 über den rechtlichen Schutz von Datenbanken (ABl. EG Nr. L. 77 S. 20).

§ 2 Geltungsbereich

(1) Die nachfolgenden Vorschriften gelten für alle elektronischen Informations- und Kommunikationsdienste, die für eine individuelle Nutzung von kombinierbaren Daten wie Zeichen, Bilder oder Töne bestimmt sind und denen eine Übermittlung mittels Telekommunikation zugrunde liegt (Teledienste).

(2) Teledienste im Sinne von Absatz 1 sind insbesondere:

1. Angebote im Bereich der Individualkommunikation (zum Beispiel Telebanking, Datenaustausch),
2. Angebote zur Information oder Kommunikation, soweit nicht die redaktionelle Gestaltung zur Meinungsbildung für die Allgemeinheit im Vordergrund steht (Datendienste, zum Beispiel Verkehrs-, Wetter-, Umwelt- und Börsendaten, Verbreitung von Informationen über Waren und Dienstleistungsangebote),
3. Angebote zur Nutzung des Internets oder weiterer Netze,
4. Angebote zur Nutzung von Telespielen,
5. Angebote von Waren und Dienstleistungen in elektronisch abrufbaren Datenbanken mit interaktivem Zugriff und unmittelbarer Bestellmöglichkeit.

(3) Absatz 1 gilt unabhängig davon, ob die Nutzung der Teledienste ganz oder teilweise unentgeltlich oder gegen Entgelt möglich ist.

(4) Dieses Gesetz gilt nicht für

1. Telekommunikationsdienstleistungen und das geschäftsmäßige Erbringen von Telekommunikationsdiensten nach § 3 des Telekommunikationsgesetzes vom 25. Juli 1996 (BGBl. I S. 1120),
2. Rundfunk im Sinne des § 2 des Rundfunkstaatsvertrages,
3. inhaltliche Angebote bei Verteildiensten und Abrufdiensten, soweit die redaktionelle Gestaltung zur Meinungsbildung für die Allgemeinheit im Vordergrund steht, nach § 2 des Mediendienste-Staatsvertrages in der Fassung vom 20. Januar bis 7. Februar 1997.

(5) Presserechtliche Vorschriften bleiben unberührt.

§ 3 Begriffsbestimmungen

Im Sinne dieses Gesetzes sind

1. „Diensteanbieter" natürliche oder juristische Personen oder Personenvereinigungen, die eigene oder fremde Teledienste zur Nutzung bereithalten oder den Zugang zur Nutzung vermitteln,
2. „Nutzer" natürliche oder juristische Personen oder Personenvereinigungen, die Teledienste nachfragen.

§ 4 Zugangsfreiheit

Teledienste sind im Rahmen der Gesetze zulassungs- und anmeldefrei.

§ 5 Verantwortlichkeit

(1) Diensteanbieter sind für eigene Inhalte, die sie zur Nutzung bereithalten, nach den allgemeinen Gesetzen verantwortlich.
(2) Diensteanbieter sind für fremde Inhalte, die sie zur Nutzung bereithalten, nur dann verantwortlich, wenn sie von diesen Inhalten Kenntnis haben und es ihnen technisch möglich und zumutbar ist, deren Nutzung zu verhindern.
(3) Diensteanbieter sind für fremde Inhalte, zu denen sie lediglich den Zugang zur Nutzung vermitteln, nicht verantwortlich. Eine automatische und kurzzeitige Vorhaltung fremder Inhalte aufgrund Nutzerabfrage gilt als Zugangsvermittlung.
(4) Verpflichtungen zur Sperrung der Nutzung rechtswidriger Inhalte nach den allgemeinen Gesetzen bleiben unberührt, wenn der Diensteanbieter unter Wahrung des Fernmeldegeheimnisses gemäß § 85 des Telekommunikationsgesetzes von diesen Inhalten Kenntnis erlangt und eine Sperrung technisch möglich und zumutbar ist.

§ 6 Anbieterkennzeichnung

Diensteanbieter haben für ihre geschäftsmäßigen Angebote anzugeben:
1. Namen und Anschrift sowie
2. bei Personenvereinigungen und -gruppen auch Namen und Anschrift des Vertretungsberechtigten.

Artikel 2

Gesetz über den Datenschutz bei Telediensten (Teledienstedatenschutzgesetz – TDDSG)

§ 1 Geltungsbereich

(1) Die nachfolgenden Vorschriften gelten für den Schutz personenbezogener Daten bei Telediensten im Sinne des Teledienstegesetzes.
(2) Soweit in diesem Gesetz nichts anderes bestimmt ist, sind die jeweils geltenden Vorschriften über den Schutz personenbezogener Daten anzuwenden, auch wenn die Daten nicht in Dateien verarbeitet oder genutzt werden.

§ 2 Begriffsbestimmungen

Im Sinne dieses Gesetzes sind
1. „Diensteanbieter“ natürliche oder juristische Personen oder Personenvereinigungen, die Teledienste zur Nutzung bereithalten oder den Zugang zur Nutzung vermitteln,
2. „Nutzer“ natürliche oder juristische Personen oder Personenvereinigungen, die Teledienste nachfragen.

§ 3 Grundsätze für die Verarbeitung personenbezogener Daten

(1) Personenbezogene Daten dürfen vom Diensteanbieter zur Durchführung von Telediensten nur erhoben, verarbeitet und genutzt werden, soweit dieses Gesetz oder eine andere Rechtsvorschrift es erlaubt oder der Nutzer eingewilligt hat.
(2) Der Diensteanbieter darf für die Durchführung von Telediensten erhobene Daten für andere Zwecke nur verwenden, soweit dieses Gesetz oder eine andere Rechtsvorschrift es erlaubt oder der Nutzer eingewilligt hat.
(3) Der Diensteanbieter darf die Erbringung von Telediensten nicht von einer Einwilligung des Nutzers in eine Verarbeitung oder Nutzung seiner Daten für andere Zwecke abhängig machen, wenn dem Nutzer ein anderer Zugang zu diesen Telediensten nicht oder in nicht zumutbarer Weise möglich ist.
(4) Die Gestaltung und Auswahl technischer Einrichtungen für Teledienste hat sich an dem Ziel auszurichten, keine oder so wenige personenbezogene Daten wie möglich zu erheben, zu verarbeiten und zu nutzen.
(5) Der Nutzer ist vor der Erhebung über Art, Umfang, Ort und Zwecke der Erhebung, Verarbeitung und Nutzung personenbezogener Daten zu unterrichten. Bei automatisierten Verfahren, die eine spätere Identifizierung des Nutzers ermöglichen und eine Erhebung, Verarbeitung oder Nutzung personenbezogener Daten vorbereiten, ist der Nutzer vor Beginn dieses Verfahrens zu unterrichten. Der Inhalt der Unterrichtung muß für den Nutzer jederzeit abrufbar sein. Der Nutzer kann auf die Unterrichtung verzichten. Die Unterrichtung und der Verzicht sind zu protokollieren. Der Verzicht gilt nicht als Einwilligung im Sinne von Absatz 1 und 2.
(6) Der Nutzer ist vor Erklärung seiner Einwilligung auf sein Recht auf jederzeitigen Widerruf mit Wirkung für die Zukunft hinzuweisen. Absatz 5 Satz 3 gilt entsprechend.
(7) Die Einwilligung kann auch elektronisch erklärt werden, wenn der Diensteanbieter sicherstellt, daß

1. sie nur durch eine eindeutige und bewußte Handlung des Nutzers erfolgen kann,
2. sie nicht unerkennbar verändert werden kann,
3. ihr Urheber erkannt werden kann,
4. die Einwilligung protokolliert wird und
5. der Inhalt der Einwilligung jederzeit vom Nutzer abgerufen werden kann.

§ 4 Datenschutzrechtliche Pflichten des Diensteanbieters

(1) Der Diensteanbieter hat dem Nutzer die Inanspruchnahme von Telediensten und ihre Bezahlung anonym oder unter Pseudonym zu ermöglichen, soweit dies technisch möglich und zumutbar ist. Der Nutzer ist über diese Möglichkeiten zu informieren.
(2) Der Diensteanbieter hat durch technische und organisatorische Vorkehrungen sicherzustellen, daß

1. der Nutzer seine Verbindung mit dem Diensteanbieter jederzeit abbrechen kann,
2. die anfallenden Daten über den Ablauf des Abrufs oder Zugriffs oder der sonstigen Nutzung unmittelbar nach deren Beendigung gelöscht werden, soweit nicht eine längere Speicherung für Abrechnungszwecke erforderlich ist,
3. der Nutzer Teledienste gegen Kenntnisnahme Dritter geschützt in Anspruch nehmen kann,
4. die personenbezogenen Daten über die Inanspruchnahme verschiedener Teledienste durch

einen Nutzer getrennt verarbeitet werden; eine Zusammenführung dieser Daten ist unzulässig, soweit dies nicht für Abrechnungszwecke erforderlich ist.
(3) Die Weitervermittlung zu einem anderen Diensteanbieter ist dem Nutzer anzuzeigen.
(4) Nutzungsprofile sind nur bei Verwendung von Pseudonymen zulässig. Unter einem Pseudonym erfaßte Nutzungsprofile dürfen nicht mit Daten über den Träger des Pseudonyms zusammengeführt werden.

§ 5 Bestandsdaten

(1) Der Diensteanbieter darf personenbezogene Daten eines Nutzers erheben, verarbeiten und nutzen, soweit sie für die Begründung, inhaltliche Ausgestaltung oder Änderung eines Vertragsverhältnisses mit ihm über die Nutzung von Telediensten erforderlich sind (Bestandsdaten).
(2) Eine Verarbeitung und Nutzung der Bestandsdaten für Zwecke der Beratung, der Werbung, der Marktforschung oder zur bedarfsgerechten Gestaltung der Teledienste ist nur zulässig, soweit der Nutzer in diese ausdrücklich eingewilligt hat.

§ 6 Nutzungs- und Abrechnungsdaten

(1) Der Diensteanbieter darf personenbezogene Daten über die Inanspruchnahme von Telediensten nur erheben, verarbeiten und nutzen, soweit dies erforderlich ist,

1. um dem Nutzer die Inanspruchnahme von Telediensten zu ermöglichen (Nutzungsdaten) oder
2. um die Nutzung von Telediensten abzurechnen (Abrechnungsdaten).

(2) Zu löschen hat der Diensteanbieter

1. Nutzungsdaten frühestmöglich, spätestens unmittelbar nach Ende der jeweiligen Nutzung, soweit es sich nicht um Abrechnungsdaten handelt,
2. Abrechnungsdaten, sobald sie für Zwecke der Abrechnung nicht mehr erforderlich sind; nutzerbezogene Abrechnungsdaten, die für die Erstellung von Einzelnachweisen über die Inanspruchnahme bestimmter Angebote auf Verlangen des Nutzers gemäß Absatz 4 gespeichert werden, sind spätestens 80 Tage nach Versendung des Einzelnachweises zu löschen, es sei denn, die Entgeltforderung wird innerhalb dieser Frist bestritten oder trotz Zahlungsaufforderung nicht beglichen.

(3) Die Übermittlung von Nutzungs- oder Abrechnungsdaten an andere Diensteanbieter oder Dritte ist unzulässig. Die Befugnisse der Strafverfolgungsbehörden bleiben unberührt. Der Diensteanbieter, der den Zugang zur Nutzung von Telediensten vermittelt, darf anderen Diensteanbietern, deren Teledienste der Nutzer in Anspruch genommen hat, lediglich übermitteln

1. anonymisierte Nutzungsdaten zu Zwecken deren Marktforschung,
2. Abrechnungsdaten, soweit diese zum Zwecke der Einziehung einer Forderung erforderlich sind.

(4) Hat der Diensteanbieter mit einem Dritten einen Vertrag über die Abrechnung des Entgelts geschlossen, so darf er diesem Dritten Abrechnungsdaten übermitteln, soweit es für diesen Zweck erforderlich ist. Der Dritte ist zur Wahrung des Fernmeldegeheimnisses zu verpflichten.
(5) Die Abrechnung über die Inanspruchnahme von Telediensten darf Anbieter, Zeitpunkt, Dauer, Art, Inhalt und Häufigkeit bestimmter von einem Nutzer in Anspruch genommener Teledienste nicht erkennen lassen, es sei denn, der Nutzer verlangt einen Einzelnachweis.

§ 7 Auskunftsrecht des Nutzers

Der Nutzer ist berechtigt, jederzeit die zu seiner Person oder zu seinem Pseudonym gespeicherten Daten unentgeltlich beim Diensteanbieter einzusehen. Die Auskunft ist auf Verlangen des Nutzers auch elektronisch zu erteilen. Das Auskunftsrecht ist im Falle einer kurzfristigen Speicherung im Sinne des § 33 Abs. 2 Nr. 5 des Bundesdatenschutzgesetzes nicht nach § 34 Abs. 4 des Bundesdatenschutzgesetzes ausgeschlossen.

§ 8 Datenschutzkontrolle

(1) § 38 des Bundesdatenschutzgesetzes findet mit der Maßgabe Anwendung, daß die Überprüfung auch vorgenommen werden darf, wenn Anhaltspunkte für eine Verletzung von Datenschutzvorschriften nicht vorliegen.
(2) Der Bundesbeauftragte für den Datenschutz beobachtet die Entwicklung des Datenschutzes bei Telediensten und nimmt dazu im Rahmen seines Tätigkeitsberichtes nach § 26 Abs. 1 des Bundesdatenschutzgesetzes Stellung.

Artikel 3

Gesetz zur digitalen Signatur (Signaturgesetz – SigG)*)

§ 1 Zweck und Anwendungsbereich

(1) Zweck des Gesetzes ist es, Rahmenbedingungen für digitale Signaturen zu schaffen, unter denen diese als sicher gelten und Fälschungen digitaler Signaturen oder Verfälschungen von signierten Daten zuverlässig festgestellt werden können.
(2) Die Anwendung anderer Verfahren für digitale Signaturen ist freigestellt, soweit nicht digitale Signaturen nach diesem Gesetz durch Rechtsvorschrift vorgeschrieben sind.

§ 2 Begriffsbestimmungen

(1) Eine digitale Signatur im Sinne dieses Gesetzes ist ein mit einem privaten Signaturschlüssel erzeugtes Siegel zu digitalen Daten, das mit Hilfe eines zugehörigen öffentlichen Schlüssels, der mit einem Signaturschlüssel-Zertifikat einer Zertifizierungsstelle oder der Behörde nach § 3 versehen ist, den Inhaber des Signaturschlüssels und die Unverfälschtheit der Daten erkennen läßt.
(2) Eine Zertifizierungsstelle im Sinne dieses Gesetzes ist eine natürliche oder juristische Person, die die Zuordnung von öffentlichen Signaturschlüsseln zu natürlichen Personen bescheinigt und dafür eine Genehmigung gemäß § 4 besitzt.

---

*) Die Mitteilungspflichten der Richtlinie 83/189/EWG des Rates vom 28. März 1983 über ein Informationsverfahren auf dem Gebiet der Normen und technischen Vorschriften (ABl. EG Nr. L 109 S. 8), zuletzt geändert durch die Richtlinie 94/10/EG des Europäischen Parlaments und des Rates vom 23. März 1994 (ABl. EG Nr. L 100 S. 30) sind beachtet worden.

(3) Ein Zertifikat im Sinne dieses Gesetzes ist eine mit einer digitalen Signatur versehene digitale Bescheinigung über die Zuordnung eines öffentlichen Signaturschlüssels zu einer natürlichen Person (Signaturschlüssel-Zertifikat) oder eine gesonderte digitale Bescheinigung, die unter eindeutiger Bezugnahme auf ein Signaturschlüssel-Zertifikat weitere Angaben enthält (Attribut-Zertifikat).
(4) Ein Zeitstempel im Sinne dieses Gesetzes ist eine mit einer digitalen Signatur versehene digitale Bescheinigung einer Zertifizierungsstelle, daß ihr bestimmte digitale Daten zu einem bestimmten Zeitpunkt vorgelegen haben.

§ 3 Zuständige Behörde

Die Erteilung von Genehmigungen und die Ausstellung von Zertifikaten, die zum Signieren von Zertifikaten eingesetzt werden, sowie die Überwachung der Einhaltung dieses Gesetzes und der Rechtsverordnung nach § 16 obliegen der Behörde nach § 66 des Telekommunikationsgesetzes.

§ 4 Genehmigung von Zertifizierungsstellen

(1) Der Betrieb einer Zertifizierungsstelle bedarf einer Genehmigung der zuständigen Behörde. Diese ist auf Antrag zu erteilen.
(2) Die Genehmigung ist zu versagen, wenn Tatsachen die Annahme rechtfertigen, daß der Antragsteller nicht die für den Betrieb einer Zertifizierungsstelle erforderliche Zuverlässigkeit besitzt, wenn der Antragsteller nicht nachweist, daß die für den Betrieb einer Zertifizierungsstelle erforderliche Fachkunde vorliegt, oder wenn zu erwarten ist, daß bei Aufnahme des Betriebes die übrigen Voraussetzungen für den Betrieb der Zertifizierungsstelle nach diesem Gesetz und der Rechtsverordnung nach § 16 nicht vorliegen werden.
(3) Die erforderliche Zuverlässigkeit besitzt, wer die Gewähr dafür bietet, als Inhaber der Zertifizierungsstelle die für deren Betrieb maßgeblichen Rechtsvorschriften einzuhalten. Die erforderliche Fachkunde liegt vor, wenn die im Betrieb der Zertifizierungsstelle tätigen Personen über die dafür erforderlichen Kenntnisse, Erfahrungen und Fertigkeiten verfügen. Die übrigen Voraussetzungen für den Betrieb der Zertifizierungsstelle liegen vor, wenn die Maßnahmen zur Erfüllung der Sicherheitsanforderungen dieses Gesetzes und der Rechtsverordnung nach § 16 der zuständigen Behörde rechtzeitig in einem Sicherheitskonzept aufgezeigt und die Umsetzung durch eine von der zuständigen Behörde anerkannten Stelle geprüft und bestätigt worden ist.
(4) Die Genehmigung kann mit Nebenbestimmungen versehen werden, soweit dies erforderlich ist, um sicherzustellen, daß die Zertifizierungsstelle bei Aufnahme des Betriebes und im Betrieb die Voraussetzungen dieses Gesetzes und der Rechtsverordnung nach § 16 erfüllt.
(5) Die zuständige Behörde stellt für Signaturschlüssel, die zum Signieren von Zertifikaten eingesetzt werden, die Zertifikate aus. Die Vorschriften für die Vergabe von Zertifikaten durch Zertifizierungsstellen gelten für die zuständige Behörde entsprechend. Diese hat die von ihr ausgestellten Zertifikate jederzeit für jeden über öffentlich erreichbare Telekommunikationsverbindungen abrufbar zu halten. Dies gilt auch für Informationen über Anschriften und Rufnummern der Zertifizierungsstellen, die Sperrung von ihr ausgestellter Zertifikate, die Einstellung und die Untersagung des Betriebes einer Zertifizierungsstelle sowie die Rücknahme oder den Widerruf von Genehmigungen.

(6) Für öffentliche Leistungen nach diesem Gesetz und der Rechtsverordnung nach § 16 werden Kosten (Gebühren und Auslagen) erhoben.

§ 5 Vergabe von Zertifikaten

(1) Die Zertifizierungsstelle hat Personen, die ein Zertifikat beantragen, zuverlässig zu identifizieren. Sie hat die Zuordnung eines öffentlichen Signaturschlüssels zu einer identifizierten Person durch ein Signaturschlüssel-Zertifikat zu bestätigen und dieses sowie Attribut-Zertifikate jederzeit für jeden über öffentlich erreichbare Telekommunikationsverbindungen nachprüfbar und mit Zustimmung des Signaturschlüssel-Inhabers abrufbar zu halten.
(2) Die Zertifizierungsstelle hat auf Verlangen eines Antragstellers Angaben über seine Vertretungsmacht für eine dritte Person sowie zur berufsrechtlichen oder sonstigen Zulassung in das Signaturschlüssel-Zertifikat oder ein Attribut-Zertifikat aufzunehmen, soweit ihr die Einwilligung des Dritten zur Aufnahme dieser Vertretungsmacht oder die Zulassung zuverlässig nachgewiesen wird.
(3) Die Zertifizierungsstelle hat auf Verlangen eines Antragstellers im Zertifikat anstelle seines Namens ein Pseudonym aufzuführen.
(4) Die Zertifizierungsstelle hat Vorkehrungen zu treffen, damit Daten für Zertifikate nicht unbemerkt gefälscht oder verfälscht werden können. Sie hat weiter Vorkehrungen zu treffen, um die Geheimhaltung der privaten Signaturschlüssel zu gewährleisten. Eine Speicherung privater Signaturschlüssel bei der Zertifizierungsstelle ist unzulässig.
(5) Die Zertifizierungsstelle hat für die Ausübung der Zertifizierungstätigkeit zuverlässiges Personal einzusetzen. Für das Bereitstellen von Signaturschlüsseln sowie das Erstellen von Zertifikaten hat sie technische Komponenten gemäß §14 einzusetzen. Dies gilt auch für technische Komponenten, die ein Nachprüfen von Zertifikaten nach Absatz 1 Satz 2 ermöglichen.

§ 6 Unterrichtungspflicht

Die Zertifizierungsstelle hat die Antragsteller nach § 5 Abs. 1 über die Maßnahmen zu unterrichten, die erforderlich sind, um zu sicheren digitalen Signaturen und deren zuverlässiger Prüfung beizutragen. Sie hat die Antragsteller darüber zu unterrichten, welche technischen Komponenten die Anforderungen nach § 14 Abs. 1 und 2 erfüllen, sowie über die Zuordnung der mit einem privaten Signaturschlüssel erzeugten digitalen Signaturen. Sie hat die Antragsteller darauf hinzuweisen, daß Daten mit digitaler Signatur bei Bedarf neu zu signieren sind, bevor der Sicherheitswert der vorhandenen Signatur durch Zeitablauf geringer wird.

§ 7 Inhalt von Zertifikaten

(1) Das Signaturschlüssel-Zertifikat muß folgende Angaben enthalten:

1. den Namen des Signaturschlüssel-Inhabers, der im Falle einer Verwechslungsmöglichkeit mit einem Zusatz zu versehen ist, oder ein dem Signaturschlüssel-Inhaber zugeordnetes unverwechselbares Pseudonym, das als solches kenntlich sein muß,
2. den zugeordneten öffentlichen Signaturschlüssel,
3. die Bezeichnung der Algorithmen, mit denen der öffentliche Schlüssel des Signaturschlüssel-Inhabers sowie der öffentliche Schlüssel der Zertifizierungsstelle benutzt werden kann,

4. die laufende Nummer des Zertifikates,
5. Beginn und Ende der Gültigkeit des Zertifikates,
6. den Namen der Zertifizierungsstelle und
7. Angaben, ob die Nutzung des Signaturschlüssels auf bestimmte Anwendungen nach Art und Umfang beschränkt ist.

(2) Angaben zur Vertretungsmacht für eine dritte Person sowie zur berufsrechtlichen oder sonstigen Zulassung können sowohl in das Signaturschlüssel-Zertifikat als auch in ein Attribut-Zertifikat aufgenommen werden.

(3) Weitere Angaben darf das Signaturschlüssel-Zertifikat nur mit Einwilligung der Betroffenen enthalten.

§ 8 Sperrung von Zertifikaten

(1) Die Zertifizierungsstelle hat ein Zertifikat zu sperren, wenn ein Signaturschlüssel-Inhaber oder sein Vertreter es verlangen, das Zertifikat auf Grund falscher Angaben zu § 7 erwirkt wurde, sie ihre Tätigkeit beendet hat und diese nicht von einer anderen Zertifizierungsstelle fortgeführt wird oder die zuständige Behörde gemäß §13 Abs. 5 Satz 2 eine Sperrung anordnet. Die Sperrung muß den Zeitpunkt enthalten, von dem an sie gilt. Eine rückwirkende Sperrung ist unzulässig.

(2) Enthält ein Zertifikat Angaben einer dritten Person, so kann auch diese eine Sperrung dieses Zertifikates verlangen.

(3) Die zuständige Behörde sperrt von ihr nach § 4 Abs. 5 ausgestellte Zertifikate, wenn eine Zertifizierungsstelle ihre Tätigkeit einstellt oder wenn die Genehmigung zurückgenommen oder widerrufen wird.

§ 9 Zeitstempel

Die Zertifizierungsstelle hat digitale Daten auf Verlangen mit einem Zeitstempel zu versehen. § 5 Abs. 5 Satz 1 und 2 gilt entsprechend.

§ 10 Dokumentation

Die Zertifizierungsstelle hat die Sicherheitsmaßnahmen zur Einhaltung dieses Gesetzes und der Rechtsverordnung nach § 16 sowie die ausgestellten Zertifikate so zu dokumentieren, daß die Daten und ihre Unverfälschtheit jederzeit nachprüfbar sind.

§ 11 Einstellung der Tätigkeit

(1) Die Zertifizierungsstelle hat, wenn sie ihre Tätigkeit einstellt, dies zum frühestmöglichen Zeitpunkt der zuständigen Behörde anzuzeigen und dafür zu sorgen, daß die bei Einstellung der Tätigkeit gültigen Zertifikate von einer anderen Zertifizierungsstelle übernommen werden, oder diese zu sperren.

(2) Sie hat die Dokumentation nach § 10 an die Zertifizierungsstelle, welche die Zertifikate übernimmt, oder andernfalls an die zuständige Behörde zu übergeben.

(3) Sie hat einen Antrag auf Eröffnung eines Konkurs- oder Vergleichsverfahrens der zuständigen Behörde unverzüglich anzuzeigen.

§ 12 Datenschutz

(1) Die Zertifizierungsstelle darf personenbezogene Daten nur unmittelbar beim Betroffenen selbst und nur insoweit erheben, als dies für Zwecke eines Zertifikates erforderlich ist. Eine Datenerhebung bei Dritten ist nur mit Einwilligung des Betroffenen zulässig. Für andere als die in Satz 1 genannten Zwecke dürfen die Daten nur verwendet werden, wenn dieses Gesetz oder eine andere Rechtsvorschrift es erlaubt oder der Betroffene eingewilligt hat.
(2) Bei einem Signaturschlüssel-Inhaber mit Pseudonym hat die Zertifizierungsstelle die Daten über dessen Identität auf Ersuchen an die zuständigen Stellen zu übermitteln, soweit dies für die Verfolgung von Straftaten oder Ordnungswidrigkeiten, zur Abwehr von Gefahren für die öffentliche Sicherheit oder Ordnung oder für die Erfüllung der gesetzlichen Aufgaben der Verfassungsschutzbehörden des Bundes und der Länder, des Bundesnachrichtendienstes, des Militärischen Abschirmdienstes oder des Zollkriminalamtes erforderlich ist. Die Auskünfte sind zu dokumentieren. Die ersuchende Behörde hat den Signaturschlüssel-Inhaber über die Aufdekkung des Pseudonyms zu unterrichten, sobald dadurch die Wahrnehmung der gesetzlichen Aufgaben nicht mehr beeinträchtigt wird oder wenn das Interesse des Signaturschlüssel-Inhabers an der Unterrichtung überwiegt.
(3) § 38 des Bundesdatenschutzgesetzes findet mit der Maßgabe Anwendung, daß die Überprüfung auch vorgenommen werden darf, wenn Anhaltspunkte für eine Verletzung von Datenschutzvorschriften nicht vorliegen.

§ 13 Kontrolle und Durchsetzung von Verpflichtungen

(1) Die zuständige Behörde kann gegenüber Zertifizierungsstellen Maßnahmen zur Sicherstellung der Einhaltung dieses Gesetzes und der Rechtsverordnung treffen. Dazu kann sie insbesondere die Benutzung ungeeigneter technischer Komponenten untersagen und den Betrieb der Zertifizierungsstelle vorübergehend ganz oder teilweise untersagen. Personen, die den Anschein erwecken, über eine Genehmigung nach § 4 zu verfügen, ohne daß dies der Fall ist, kann die Tätigkeit der Zertifizierung untersagt werden.
(2) Zum Zwecke der Überwachung nach Absatz 1 Satz 1 haben Zertifizierungsstellen der zuständigen Behörde das Betreten der Geschäfts- und Betriebsräume während der üblichen Betriebszeiten zu gestatten, auf Verlangen die in Betracht kommenden Bücher, Aufzeichnungen, Belege, Schriftstücke und sonstigen Unterlagen zur Einsicht vorzulegen, Auskunft zu erteilen und die erforderliche Unterstützung zu gewähren. Der zur Erteilung einer Auskunft Verpflichtete kann die Auskunft auf solche Fragen verweigern, deren Beantwortung ihn selbst oder einen der in § 383 Absatz 1 Nr. 1 bis 3 der Zivilprozeßordnung bezeichneten Angehörigen der Gefahr der Verfolgung wegen einer Straftat oder eines Verfahrens nach dem Gesetz über Ordnungswidrigkeiten aussetzen würde. Der zur Auskunft Verpflichtete ist auf dieses Recht hinzuweisen.
(3) Bei Nichterfüllung der Pflichten aus diesem Gesetz oder der Rechtsverordnung oder bei Entstehen eines Versagungsgrundes für eine Genehmigung hat die zuständige Behörde die erteilte Genehmigung zu widerrufen, wenn Maßnahmen nach Absatz 1 Satz 2 keinen Erfolg versprechen.

(4) Im Falle der Rücknahme oder des Widerrufs einer Genehmigung oder der Einstellung der Tätigkeit einer Zertifizierungsstelle hat die zuständige Behörde eine Übernahme der Tätigkeit durch eine andere Zertifizierungsstelle oder die Abwicklung der Verträge mit den Signaturschlüssel-Inhabern sicherzustellen. Dies gilt auch bei Antrag auf Eröffnung eines Konkurs- oder Vergleichsverfahrens, wenn die genehmigte Tätigkeit nicht fortgesetzt wird.
(5) Die Gültigkeit der von einer Zertifizierungsstelle ausgestellten Zertifikate bleibt von der Rücknahme oder vom Widerruf einer Genehmigung unberührt. Die zuständige Behörde kann eine Sperrung von Zertifikaten anordnen, wenn Tatsachen die Annahme rechtfertigen, daß Zertifikate gefälscht oder nicht hinreichend fälschungssicher sind oder daß zur Anwendung der Signaturschlüssel eingesetzte technische Komponenten Sicherheitsmängel aufweisen, die eine unbemerkte Fälschung digitaler Signaturen oder eine unbemerkte Verfälschung signierter Daten zulassen.

§ 14 Technische Komponenten

(1) Für die Erzeugung und Speicherung von Signaturschlüsseln sowie die Erzeugung und Prüfung digitaler Signaturen sind technische Komponenten mit Sicherheitsvorkehrungen erforderlich, die Fälschungen digitaler Signaturen und Verfälschungen signierter Daten zuverlässig erkennbar machen und gegen unberechtigte Nutzung privater Signaturschlüssel schützen.
(2) Für die Darstellung zu signierender Daten sind technische Komponenten mit Sicherheitsvorkehrungen erforderlich, die die Erzeugung einer digitalen Signatur vorher eindeutig anzeigen und feststellen lassen, auf welche Daten sich die digitale Signatur bezieht. Für die Überprüfung signierter Daten sind technische Komponenten mit Sicherheitsvorkehrungen erforderlich, die feststellen lassen, ob die signierten Daten unverändert sind, auf welche Daten sich die digitale Signatur bezieht und welchem Signaturschlüssel-Inhaber die digitale Signatur zuzuordnen ist.
(3) Bei technischen Komponenten, mit denen Signaturschlüssel-Zertifikate gemäß § 5 Abs. 1 Satz 2 nachprüfbar oder abrufbar gehalten werden, sind Vorkehrungen erforderlich, um die Zertifikatverzeichnisse vor unbefugter Veränderung und unbefugtem Abruf zu schützen.
(4) Bei technischen Komponenten nach den Absätzen 1 bis 3 ist es erforderlich, daß sie nach dem Stand der Technik hinreichend geprüft sind und die Erfüllung der Anforderungen durch eine von der zuständigen Behörde anerkannten Stelle bestätigt ist.
(5) Bei technischen Komponenten, die nach den in einem anderen Mitgliedstaat der Europäischen Union oder in einem anderen Vertragsstaat des Abkommens über den Europäischen Wirtschaftsraum geltenden Regelungen oder Anforderungen rechtmäßig hergestellt oder in den Verkehr gebracht werden und die gleiche Sicherheit gewährleisten, ist davon auszugehen, daß die die sicherheitstechnische Beschaffenheit betreffenden Anforderungen nach den Absätzen 1 bis 3 erfüllt sind. In begründeten Einzelfällen ist auf Verlangen der zuständigen Behörde nachzuweisen, daß die Anforderungen nach Satz 1 erfüllt sind. Soweit zum Nachweis der die sicherheitstechnische Beschaffenheit betreffenden Anforderungen im Sinne der Absätze 1 bis 3 die Vorlage einer Bestätigung einer von der zuständigen Behörde anerkannten Stelle vorgesehen ist, werden auch Bestätigungen von in anderen Mitgliedstaaten der Europäischen Union oder in anderen Vertragsstaaten des Abkommens über den Europäischen Wirtschaftsraum zugelassenen Stellen berücksichtigt, wenn die den Prüfberichten dieser Stellen zugrundeliegenden technischen Anforderungen, Prüfungen und Prüfverfahren denen der durch die zuständige Behörde anerkannten Stellen gleichwertig sind.

§ 15 Ausländische Zertifikate

(1) Digitale Signaturen, die mit einem öffentlichen Signaturschlüssel überprüft werden können, für den ein ausländisches Zertifikat aus einem anderen Mitgliedstaat der Europäischen Union oder aus einem anderen Vertragsstaat des Abkommens über den Europäischen Wirtschaftsraum vorliegt, sind, soweit sie gleichwertige Sicherheit aufweisen, digitalen Signaturen nach diesem Gesetz gleichgestellt.
(2) Absatz 1 gilt auch für andere Staaten, soweit entsprechende überstaatliche oder zwischenstaatliche Vereinbarungen getroffen sind.

§ 16 Rechtsverordnung

Die Bundesregierung wird ermächtigt, durch Rechtsverordnung die zur Durchführung der §§ 3 bis 15 erforderlichen Rechtsvorschriften zu erlassen über

1. die näheren Einzelheiten des Verfahrens der Erteilung, Rücknahme und des Widerrufs einer Genehmigung sowie des Verfahrens bei Einstellung des Betriebes einer Zertifizierungsstelle,
2. die gebührenpflichtigen Tatbestände nach § 4 Abs. 6 und die Höhe der Gebühr,
3. die nähere Ausgestaltung der Pflichten der Zertifizierungsstellen,
4. die Gültigkeitsdauer von Signaturschlüssel-Zertifikaten,
5. die nähere Ausgestaltung der Kontrolle der Zertifizierungsstellen,
6. die näheren Anforderungen an die technischen Komponenten sowie die Prüfung technischer Komponenten und die Bestätigung, daß die Anforderungen erfüllt sind,
7. den Zeitraum sowie das Verfahren, nach dem eine neue digitale Signatur angebracht werden sollte.

Artikel 4

Änderung des Strafgesetzbuches

Das Strafgesetzbuch in der Fassung der Bekanntmachung vom 10. März 1987 (BGBl. I S. 945, 1160), zuletzt geändert durch Artikel 1 des Gesetzes vom 1. Juli 1997 (BGBl. I S. 1607), wird wie folgt geändert:

1. § 11 Abs. 3 StGB wird wie folgt gefaßt:
   „(3) Den Schriften stehen Ton- und Bildträger, Datenspeicher, Abbildungen und andere Darstellungen in denjenigen Vorschriften gleich, die auf diesen Absatz verweisen."
2. § 74d wird wie folgt geändert:
   a) In Absatz 3 wird nach dem Wort „Schriften" die Angabe „(§ 11 Abs. 3)" eingefügt.
   b) In Absatz 4 werden die Wörter „wenn mindestens ein Stück" durch die Wörter „wenn eine Schrift (§ 11 Abs. 3) oder mindestens ein Stück der Schrift" ersetzt.
3. In § 86 Abs. 1 werden nach dem Wort „ausführt" die Wörter „oder in Datenspeichern öffentlich zugänglich macht" eingefügt.
4. § 184 wird wie folgt geändert:

a) In Absatz 4 werden nach dem Wort „tatsächliches“ die Wörter „oder wirklichkeitsnahes“ eingefügt.

b) In Absatz 5 Satz 1 werden nach dem Wort „tatsächliches“ die Wörter „oder wirklichkeitsnahes“ eingefügt.

Artikel 5

Änderung des Gesetzes über Ordnungswidrigkeiten

Das Gesetz über Ordnungswidrigkeiten in der Fassung der Bekanntmachung vom 19. Februar 1987 (BGBl. I S. 602), zuletzt geändert durch Artikel 19 des Gesetzes vom 18. Juni 1997 (BGBl. I S. 1430), wird wie folgt geändert:

1. In § 116 Abs. 1, § 120 Abs. 1 Nr. 2 und § 123 Abs. 2 Satz 1 werden jeweils nach dem Wort „Bildträgern“ ein Komma und das Wort „Datenspeichern“ eingefügt.
2. § 119 wird wie folgt geändert:

   a) In Absatz 1 Nr. 2 werden nach dem Wort „Darstellungen“ die Wörter „oder durch das öffentliche Zugänglichmachen von Datenspeichern“ eingefügt.

   b) In Absatz 3 werden nach dem Wort „Bildträger“ ein Komma und das Wort „Datenspeicher“ eingefügt.

Artikel 6

Änderung des Gesetzes über die Verbreitung jugendgefährdender Schriften

Das Gesetz über die Verbreitung jugendgefährdender Schriften in der Fassung der Bekanntmachung vom 12. Juli 1985 (BGBl. I S. 1502), zuletzt geändert durch Artikel 16 Abs. 1 des Gesetzes vom 28. Oktober 1994 (BGBl. I S. 3186), wird wie folgt geändert:

1. Die Überschrift wird wie folgt gefaßt:

   „Gesetz
   über die Verbreitung jugendgefährdender
   Schriften und Medieninhalte“.

2. § 1 Abs. 3 wird wie folgt gefaßt:

   „(3) Den Schriften stehen Ton- und Bildträger, Datenspeicher, Abbildungen und andere Darstellungen gleich. Schriften im Sinne dieses Gesetzes sind nicht Rundfunksendungen nach § 2 des Rundfunkstaatsvertrages sowie inhaltliche Angebote bei Verteildiensten und Abrufdiensten, soweit die redaktionelle Gestaltung zur Meinungsbildung für die Allgemeinheit im Vordergrund steht, nach § 2 des Mediendienste-Staatsvertrages in der Fassung vom 20. Januar bis 7. Februar 1997.“
3. § 3 wird wie folgt geändert:

   a) In Absatz 1 wird am Ende der Nummer 3 der Punkt durch ein Komma ersetzt und folgende Nummer 4 angefügt:

„4. durch elektronische Informations- und Kommunikationsdienste verbreitet, bereitgehalten oder sonst zugänglich gemacht werden."

b) Dem Absatz 2 wird folgender Satz angefügt:
„Absatz 1 Nr. 4 gilt nicht, wenn durch technische Vorkehrungen Vorsorge getroffen ist, daß das Angebot oder die Verbreitung im Inland auf volljährige Nutzer beschränkt werden kann."

4. § 5 Abs. 3 wird wie folgt gefaßt:
„(3) Absatz 2 gilt nicht,
1. wenn die Handlung im Geschäftsverkehr mit dem einschlägigen Handel erfolgt oder
2. wenn durch technische Vorkehrungen oder in sonstiger Weise eine Übermittlung an oder Kenntnisnahme durch Kinder oder Jugendliche ausgeschlossen ist."

5. Nach § 7 wird folgender § 7a eingefügt:
„§ 7a Jugendschutzbeauftragte
Wer gewerbsmäßig elektronische Informations- und Kommunikationsdienste, denen eine Übermittlung mittels Telekommunikation zugrunde liegt, zur Nutzung bereithält, hat einen Jugendschutzbeauftragten zu bestellen, wenn diese allgemein angeboten werden und jugendgefährdende Inhalte enthalten können. Er ist Ansprechpartner für Nutzer und berät den Diensteanbieter in Fragen des Jugendschutzes. Er ist von dem Diensteanbieter an der Angebotsplanung und der Gestaltung der Allgemeinen Nutzungsbedingungen zu beteiligen. Er kann dem Diensteanbieter eine Beschränkung von Angeboten vorschlagen. Die Verpflichtung des Diensteanbieters nach Satz 1 kann auch dadurch erfüllt werden, daß er eine Organisation der freiwilligen Selbstkontrolle zur Wahrnehmung der Aufgaben nach den Sätzen 2 bis 4 verpflichtet."

6. Nach § 21 Abs. 1 Nr. 3 wird folgende Nummer 3a eingefügt:
„3a. entgegen § 3 Abs. 1 Nr. 4 verbreitet, bereithält oder sonst zugänglich macht,".

7. § 18 wird wie folgt gefaßt:
„§ 18
(1) Eine Schrift unterliegt den Beschränkungen der §§ 3 bis 5, ohne daß es einer Aufnahme in die Liste und einer Bekanntmachung bedarf, wenn sie ganz oder im wesentlichen inhaltsgleich mit einer in die Liste aufgenommenen Schrift ist. Das gleiche gilt, wenn ein Gericht in einer rechtskräftigen Entscheidung festgestellt hat, daß eine Schrift pornographisch ist oder den in § 130 Abs. 2 oder § 131 des Strafgesetzbuches bezeichneten Inhalt hat.
(2) Ist es zweifelhaft, ob die Voraussetzungen des Absatzes 1 erfüllt sind, so führt der Vorsitzende eine Entscheidung der Bundesprüfstelle herbei. Eines Antrages (§ 11 Abs. 2 Satz 1) bedarf es nicht. § 12 gilt entsprechend.
(3) Wird die Schrift in die Liste aufgenommen, so gilt § 19 entsprechend."

8. § 18a wird gestrichen.

9. § 2 wird wie folgt geändert:
a) der bisherige Text wird Absatz 1.
b) Es wird folgender Absatz 2 angefügt:
„(2) Kommt eine Listenaufnahme offensichtlich nicht in Betracht, so kann der Vorsitzende das Verfahren einstellen."

10. § 21a Abs. 1 wird wie folgt gefaßt:
„(1) Ordnungswidrig handelt, wer

1. entgegen § 4 Abs. 2 Satz 2 einen Abnehmer nicht auf die Vertriebsbeschränkungen hinweist oder
2. entgegen § 7a Abs. 1 Satz 1 einen Jugendschutzbeauftragten nicht bestellt oder eine Organisation der freiwilligen Selbstkontrolle zur Wahrnehmung dieser Aufgaben nicht verpflichtet."

Artikel 7

Änderung des Urheberrechtsgesetzes

Das Urheberrechtsgesetz vom 9. September 1965 (BGBl. I S. 1273), zuletzt geändert durch Artikel 5 des Gesetzes vom 9. Juli 1996 (BGBl. I S. 1014), wird wie folgt geändert:

1. § 4 wird wie folgt gefaßt:

„§ 4
Sammelwerke und Datenbankwerke

(1) Sammlungen von Werken, Daten und anderen unabhängigen Elementen, die aufgrund der Auswahl oder Anordnung der Elemente eine persönliche geistige Schöpfung sind (Sammelwerke), werden, unbeschadet eines an den einzelnen Elementen gegebenenfalls bestehenden Urheberrechts oder verwandten Schutzrechts, wie selbständige Werke geschützt.
(2) Datenbankwerk im Sinne dieses Gesetzes ist ein Sammelwerk, dessen Elemente systematisch oder methodisch angeordnet und einzeln mit Hilfe elektronischer Mittel auf andere Weise zugänglich sind. Ein zur Schaffung des Datenbankwerkes oder zur Ermöglichung des Zugangs zu dessen Elementen verwendetes Computerprogramm (§ 69a) ist nicht Bestandteil des Datenbankwerkes."

2. § 23 Satz 2 wird wie folgt geändert:
   a) Nach dem Wort „Künste" wird das Wort „oder" durch ein Komma ersetzt.
   b) Nach dem Wort „Baukunst" werden die Wörter „oder um die Bearbeitung oder Umgestaltung eines Datenbankwerkes" eingefügt.

3. § 53 wird wie folgt geändert:
   a) Nach Absatz 4 wird folgender Absatz 5 eingefügt:
      „(5) Absatz 1 sowie Absatz 2 Nr. 2 bis 4 finden keine Anwendung auf Datenbankwerke, deren Elemente einzeln mit Hilfe elektronischer Mittel zugänglich sind. Absatz 2 Nr. 1 findet auf solche Datenbankwerke mit der Maßgabe Anwendung, daß der wissenschaftliche Gebrauch nicht zu gewerblichen Zwecken erfolgt."
   b) Die bisherigen Absätze 5 und 6 werden Absätze 6 und 7.

4. Nach § 55 folgender § 55a eingefügt:

„§ 55a
Benutzung eines Datenbankwerkes

Zulässig ist die Bearbeitung sowie Vervielfältigung eines Datenbankwerkes durch den Eigentümer eines mit Zustimmung des Urhebers durch Veräußerung in Verkehr gebrachten Vervielfältigungsstücks des Datenbankwerkes, den in sonstiger Weise zu dessen Gebrauch Berechtigten oder denjenigen, dem ein Datenbankwerk aufgrund eines mit dem Urheber oder eines mit dessen Zustimmung mit einem Dritten geschlossenen Vertrags zugänglich gemacht wird, wenn und soweit die Bearbeitung oder Vervielfältigung für den Zugang zu den Elementen des Datenbankwerkes und für dessen übliche Benutzung erforderlich ist. Wird aufgrund eines Vertrags nach Satz 1 nur ein Teil des Datenbankwerkes zugänglich gemacht, so ist nur die Bearbeitung sowie die Vervielfältigung dieses Teil zulässig. Entgegenstehende vertragliche Vereinbarungen sind nichtig."

5. § 63 Abs. 1 wird wie folgt geändert:
   a) Nach Satz 1 wird folgender Satz 2 eingefügt:
      „Das gleiche gilt in den Fällen des § 53 Abs. 2 Nr. 1 und Abs. 3 Nr. 1 für die Vervielfältigung eines Datenbankwerkes."
   b) Die bisherigen Sätze 2 und 3 werden Sätze 3 und 4.

6. Nach § 87 wird folgender Abschnitt eingefügt:

„Sechster Abschnitt

Schutz des Datenbankherstellers

§ 87a
Begriffsbestimmungen

(1) Datenbank im Sinne dieses Gesetzes ist eine Sammlung von Werken, Daten oder anderen unabhängigen Elementen, die systematisch oder methodisch angeordnet und einzeln mit Hilfe elektronischer Mittel oder auf andere Weise zugänglich sind und deren Beschaffung, Überprüfung oder Darstellung eine nach Art oder Umfang wesentliche Investition erfordert. Eine in ihrem Inhalt nach Art oder Umfang wesentlich geänderte Datenbank gilt als neue Datenbank, sofern die Änderung eine nach Art oder Umfang wesentliche Investition erfordert.
(2) Datenbankhersteller im Sinne dieses Gesetzes ist derjenige, der die Investition im Sinne des Absatzes 1 vorgenommen hat.

§ 87b
Rechte des Datenbankherstellers

(1) Der Datenbankhersteller hat das ausschließliche Recht, die Datenbank insgesamt oder einen nach Art oder Umfang wesentlichen Teil der Datenbank zu vervielfältigen, zu verbreiten und öffentlich wiederzugeben. Der Vervielfältigung, Verbreitung oder öffentlichen Wiedergabe eines nach Art oder Umfang wesentlichen Teils der Datenbank steht die wiederholte und systematische Vervielfältigung, Verbreitung oder öffentliche Wiedergabe von nach Art oder Umfang unwesentlichen Teilen der Datenbank gleich, sofern diese Handlungen einer normalen Auswertung der Datenbank zuwiderlaufen oder die berechtigten Interessen des Datenbankherstellers unzumutbar beeinträchtigen.

(2) § 17 Abs. 2 und § 27 Abs. 2 und 3 sind entsprechend anzuwenden.

§ 87c
Schranken des Rechts des Datenbankherstellers

(1) Die Vervielfältigung eines nach Art oder Umfang wesentlichen Teils einer Datenbank ist zulässig

1. zum privaten Gebrauch; dies gilt nicht für eine Datenbank, deren Elemente einzeln mit Hilfe elektronischer Mittel zugänglich sind,
2. zum eigenen wissenschaftlichen Gebrauch, wenn und soweit die Vervielfältigung zu diesem Zweck geboten ist und der wissenschaftliche Gebrauch nicht zu gewerblichen Zwekken erfolgt,
3. zum eigenen Gebrauch im Schulunterricht, in nichtgewerblichen Einrichtungen der Aus- und Weiterbildung sowie in der Berufsausbildung in der für eine Schulklasse erforderlichen Anzahl.

In den Fällen der Nummern 2 und 3 ist die Quelle deutlich anzugeben.
(2) Die Vervielfältigung, Verbreitung und öffentliche Wiedergabe eines nach Art oder Umfang wesentlichen Teils einer Datenbank ist zulässig zur Verwendung in Verfahren vor einem Gericht, einem Schiedsgericht oder einer Behörde sowie für Zwecke der öffentlichen Sicherheit.

§ 87d
Dauer der Rechte

Die Rechte des Datenbankherstellers erlöschen fünfzehn Jahre nach der Veröffentlichung der Datenbank, jedoch bereits fünfzehn Jahre nach der Herstellung, wenn die Datenbank innerhalb dieser Frist nicht veröffentlicht worden ist. Die Frist ist nach § 68 zu berechnen.

§ 87e
Verträge über die Benutzung einer Datenbank

Eine vertragliche Vereinbarung, durch die sich der Eigentümer eines mit Zustimmung des Datenbankherstellers durch Veräußerung in Verkehr gebrachten Vervielfältigungsstücks der Datenbank, der in sonstiger Weise zu dessen Gebrauch Berechtigte oder derjenige, dem eine Datenbank aufgrund eines mit dem Datenbankhersteller oder eines mit dessen Zustimmung mit einem Dritten geschlossenen Vertrags zugänglich gemacht wird, gegenüber dem Datenbankhersteller verpflichtet, die Vervielfältigung, Verbreitung oder öffentliche Wiedergabe von nach Art oder Umfang unwesentlichen Teilen der Datenbank zu unterlassen, ist insoweit unwirksam, als diese Handlungen weder einer normalen Auswertung der Datenbank zuwiderlaufen noch die berechtigten Interessen des Datenbankherstellers unzumutbar beeinträchtigen."

7. In § 108 Abs. 1 wird nach Nummer 7 folgende Nummer angefügt:
„8. eine Datenbank entgegen § 87b Abs. 1 verwertet,".

8. In § 119 Abs. 3 werden nach dem Wort „Lichtbilder" das Wort „und" durch ein Komma ersetzt und nach dem Wort „Tonträger" die Wörter „und die nach § 87b Abs. 1 geschützten Datenbanken" eingefügt.

9. Nach § 127 wird folgender § 127a eingefügt:

„§ 127a
Schutz des Datenbankherstellers

(1) Den nach § 87b gewährten Schutz genießen deutsche Staatsangehörige sowie juristische Personen mit Sitz im Geltungsbereich dieses Gesetzes. § 120 Abs. 2 ist anzuwenden.
(2) Die nach deutschem Recht oder dem Recht eines der in § 120 Abs 2 Nr. 2 bezeichneten Staaten gegründeten juristischen Personen ohne Sitz im Geltungsbereich dieses Gesetzes genießen den nach § 87b gewährten Schutz, wenn
1. ihre Hauptverwaltung oder Hauptniederlassung sich im Gebiet eines der in § 120 Abs. 2 Nr. 2 bezeichneten Staaten befindet oder
2. ihr satzungsmäßiger Sitz sich im Gebiet eines dieser Staaten befindet und ihre Tätigkeit eine tatsächliche Verbindung zur deutschen Wirtschaft oder zur Wirtschaft eines dieser Staaten aufweist.

(3) Im übrigen genießen ausländische Staatsangehörige sowie juristische Personen den Schutz nach dem Inhalt von Staatsverträgen sowie von Vereinbarungen, die die Europäische Gemeinschaft mit dritten Staaten schließt; diese Vereinbarungen werden vom Bundesministerium der Justiz im Bundesgesetzblatt bekanntgemacht."

10. Nach § 137f wird folgender § 137g eingefügt:

„§ 137g
Übergangsregelung bei Umsetzung der Richtlinie 96/9/EG

(1) § 23 Satz 2, § 53 Abs. 5, die §§ 55a und 63 Abs. 1 Satz 2 sind auch auf Datenbankwerke anzuwenden, die vor dem 1. Januar 1998 geschaffen wurden.
(2) Die Vorschriften des Sechsten Abschnitts des Zweiten Teils sind auch auf Datenbanken anzuwenden, die zwischen dem 1. Januar 1983 und dem 31. Dezember 1997 hergestellt worden sind. Die Schutzfrist beginnt in diesen Fällen am 1. Januar 1998.
(3) Die §§ 55a und 87e sind nicht auf Verträge anzuwenden, die vor dem 1. Januar 1998 abgeschlossen worden sind."

Artikel 8

Änderung des Preisangabengesetzes

Dem § 1 des Preisangabengesetzes vom 3. Dezember 1984 (BGBl. I S. 1429) wird folgender Satz angefügt:

„Bei Leistungen der elektronischen Informations- und Kommunikationsdienste können auch Bestimmungen über die Angabe des Preisstandes fortlaufender Leistungen getroffen werden."

Artikel 9

Änderung der Preisangabenverordnung

Die Preisangabenverordnung vom 14. März 1985 (BGBl. I S. 580), zuletzt geändert durch die Verordnung vom 14. Oktober 1992 (BGBl. I S. 1765), wird wie folgt geändert:

1. Dem § 3 Abs. 1 werden folgende Sätze angefügt:
   „Ort des Leistungsangebots ist auch die Bildschirmanzeige. Wird eine Leistung über Bildschirmanzeige erbracht und nach Einheiten berechnet, ist eine gesonderte Anzeige über den Preis der fortlaufenden Nutzung unentgeltlich anzubieten."
2. § 8 Abs. 2 Nr. 2 wird wie folgt gefaßt:
   „2. des § 3 Abs. 1 Satz 1, 2 oder 4 oder Abs. 2, jeweils auch in Verbindung mit § 2 Abs. 5, über das Aufstellen, das Anbringen oder das Bereithalten von Preisverzeichnissen oder über das Anbieten einer Anzeige des Preises,".

Artikel 10

Rückkehr zum einheitlichen Verordnungsrang

Die auf Artikel 8 beruhenden Teile der Preisangabenverordnung können auf Grund der Ermächtigung des § 1 des Preisangabengesetzes durch Rechtsverordnung geändert werden.

Artikel 11

Inkrafttreten

Dieses Gesetz tritt mit Ausnahme des Artikels 7, der am 1. Januar 1998 in Kraft tritt, am 1. August 1997 in Kraft.

Die verfassungsmäßigen Rechte des Bundesrates sind gewahrt.
Das vorstehende Gesetz wird hiermit ausgefertigt und wird im Bundesgesetzblatt verkündet.

Berlin, den 22. Juli 1997

Der Bundespräsident Roman Herzog, *der Bundeskanzler* Dr. Helmut Kohl, *der Bundesminister für Bildung, Wissenschaft, Forschung und Technologie* Dr. Jürgen Rüttgers, *der Bundesminister des Inneren* Kanther, *der Bundesminister der Justiz* Schmidt-Jortzig, *der Bundesminister der Finanzen* Theo Waigel, *der Bundesminister für Wirtschaft* Günter Rexrodt, *die Bundesministerin für Familie, Senioren, Frauen und Jugend* Claudia Nolte, *der Bundesminister für Post und Telekommunikation* Wolfgang Bötsch.

Anhang 2

Staatsvertrag über Mediendienste

(Mediendienste-Staatsvertrag)

Das Land Baden-Württemberg, der Freistaat Bayern, das Land Berlin, das Land Brandenburg, die Freie Hansestadt Bremen, die Freie und Hansestadt Hamburg, das Land Hessen, das Land Mecklenburg-Vorpommern, das Land Niedersachsen, das Land Nordrhein-Westfalen, das Land Rheinland-Pfalz, das Saarland, der Freistaat Sachsen, das Land Sachsen-Anhalt, das Land Schleswig-Holstein und der Freistaat Thüringen schließen nachstehenden Staatsvertrag:

Inhaltsverzeichnis:

I. Abschnitt
Allgemeines

§ 1 Zweck des Staatsvertrages

Zweck des Staatsvertrages ist, in allen Ländern einheitliche Rahmenbedingungen für die verschiedenen Nutzungsmöglichkeiten der im folgenden geregelten elektronischen Informations- und Kommunikationsdienste zu schaffen.

§ 2 Geltungsbereich

(1) Dieser Staatsvertrag gilt für das Angebot und die Nutzung von an die Allgemeinheit gerichteten Informations- und Kommunikationsdiensten (Mediendienste) in Text, Ton oder Bild, die unter Benutzung elektromagnetischer Schwingungen ohne Verbindungsleitung oder längs oder mittels eines Leiters verbreitet werden. Die Bestimmungen des Rundfunkstaatsvertrages bleiben unberührt. Ferner bleiben die Bestimmungen des Teledienstegesetzes in der in einem Bundesgesetz erstmalig beschlossenen Fassung sowie des Telekommunikationsgesetzes unberührt.
(2) Mediendienste im Sinne von Absatz 1 sind insbesondere

1. Verteildienste in Form von direkten Angeboten an die Öffentlichkeit für den Verkauf, den Kauf oder die Miete oder Pacht von Erzeugnissen oder die Erbringung von Dienstleistungen (Fernseheinkauf),
2. Verteildienste, in denen Meßergebnisse und Datenermittlungen in Text oder Bild mit oder ohne Begleitton verbreitet werden,
3. Verteildienste in Form von Fernsehtext, Radiotext und vergleichbaren Textdiensten,
4. Abrufdienste, bei denen Text-, Ton- oder Bilddarbietungen auf Anforderung aus elektronischen Speichern zur Nutzung übermittelt werden, mit Ausnahme von solchen Diensten, bei denen der individuelle Leistungsaustausch oder die reine Übermittlung von Daten im Vordergrund steht, ferner von Telespielen.

§ 3 Begriffsbestimmungen

Im Sinne dieses Staatsvertrages sind

1. „Anbieter" natürliche oder juristische Personen oder Personenvereinigungen, die eigene oder fremde Mediendienste zur Nutzung bereithalten, oder den Zugang zur Nutzung vermitteln,
2. „Nutzer" natürliche oder juristische Personen oder Personenvereinigungen, die Mediendienste nachfragen.

§ 4 Zugangsfreiheit

Mediendienste sind im Rahmen der Gesetze zulassungs- und anmeldefrei.

II. Abschnitt
Besondere Pflichten und Rechte der Anbieter

§ 5 Verantwortlichkeit

(1) Anbieter sind für eigene Inhalte, die sie zur Nutzung bereithalten, nach den allgemeinen Gesetzen verantwortlich.
(2) Anbieter sind für fremde Inhalte, die sie zur Nutzung bereithalten, nur dann verantwortlich, wenn sie von diesen Inhalten Kenntnis haben und es ihnen technisch möglich und zumutbar ist, deren Nutzung zu verhindern.
(3) Anbieter sind für fremde Inhalte, zu denen sie lediglich den Zugang zur Nutzung vermitteln, nicht verantwortlich. Eine automatische und kurzzeitige Vorhaltung fremder Inhalte aufgrund Nutzerabfrage gilt als Zugangsvermittlung. § 18 Abs. 3 bleibt unberührt.

§ 6 Anbieterkennzeichnung

(1) Anbieter haben für ihre Angebote anzugeben

1. Namen und Anschrift sowie
2. bei Personenvereinigungen und -gruppen auch Namen und Anschrift des Vertretungsberechtigten.

(2) Anbieter von journalistisch-redaktionell gestalteten Angeboten, in denen vollständig oder teilweise Inhalte periodischer Druckerzeugnisse in Text oder Bild wiedergegeben oder in periodischer Folge Texte verbreitet werden, müssen zusätzlich einen Verantwortlichen mit Angabe des Namens und der Anschrift benennen. Werden mehrere Verantwortliche benannt, so ist kenntlich zu machen, für welchen Teil des Mediendienstes der jeweils Benannte verantwortlich ist. Als Verantwortlicher kann nur benannt werden, wer

1. seinen ständigen Aufenthalt im Inland hat,
2. nicht infolge Richterspruchs die Fähigkeit zur Bekleidung öffentlicher Ämter verloren hat,
3. voll geschäftsfähig ist und
4. unbeschränkt strafrechtlich verfolgt werden kann.

§ 7 Inhalte, Sorgfaltspflicht, Meinungsumfragen

(1) Für die Angebote gilt die verfassungsmäßige Ordnung. Die Vorschriften der allgemeinen Gesetze und die gesetzlichen Bestimmungen zum Schutz der persönlichen Ehre sind einzuhalten.
(2) Verteildienste nach § 2 Abs. 2 Nrn. 1 bis 3 und Angebote nach § 6 Abs. 2 haben, soweit sie der Berichterstattung dienen und Informationsangebote enthalten, den anerkannten journalistischen Grundsätzen zu entsprechen. Nachrichten über das aktuelle Tagesgeschehen sind vom Anbieter vor ihrer Verbreitung mit der nach den Umständen gebotenen Sorgfalt auf Inhalt, Herkunft und Wahrheit zu prüfen. Kommentare sind von der Berichterstattung deutlich zu trennen und unter Nennung des Verfassers als solche zu kennzeichnen.
(3) Bei der Wiedergabe von Meinungsumfragen in Angeboten, die vom Diensteanbieter durchgeführt werden, ist anzugeben, ob sie repräsentativ sind.

§ 8 Unzulässige Mediendienste, Jugendschutz

(1) Angebote sind unzulässig, wenn sie
1. um Haß gegen Teile der Bevölkerung oder gegen eine nationale, rassische, religiöse oder durch ihr Volkstum bestimmte Gruppe aufstacheln, zu Gewalt- oder Willkürmaßnahmen gegen sie auffordern oder die Menschenwürde anderer dadurch angreifen, daß Teile der Bevölkerung oder eine vorbezeichnete Gruppe beschimpft, böswillig verächtlich gemacht oder verleumdet werden (§ 130 StGB),
2. grausame oder sonst unmenschliche Gewalttätigkeiten gegen Menschen in einer Art schildern, die eine Verherrlichung oder Verharmlosung solcher Gewalttätigkeiten ausdrückt oder die das Grausame oder Unmenschliche des Vorgangs in einer die Menschenwürde verletzenden Weise darstellt (§ 131 StGB),
3. den Krieg verherrlichen,
4. pornographisch sind (§ 184 StGB),
5. offensichtlich geeignet sind, Kinder oder Jugendliche sittlich schwer zu gefährden,
6. Menschen, die sterben oder schweren körperlichen oder seelischen Leiden ausgesetzt sind oder waren, in einer die Menschenwürde verletzenden Weise darstellen und ein tatsächliches Geschehen wiedergeben, ohne daß ein überwiegendes berechtigtes Interesse gerade an dieser Form der Berichterstattung vorliegt; eine Einwilligung ist unbeachtlich.

(2) Angebote für Verteildienste nach § 2 Abs. 2 Nrn. 1 bis 3, die geeignet sind, das körperliche, geistige oder seelische Wohl von Kindern oder Jugendlichen zu beeinträchtigen, dürfen nicht verbreitet werden, es sei denn, der Anbieter trifft aufgrund der Sendezeit oder auf andere Weise Vorsorge, daß Kinder oder Jugendliche die Sendungen üblicherweise nicht wahrnehmen.
(3) Angebote nach § 2 Abs. 2 Nr. 4, die geeignet sind, das körperliche, geistige oder seelische Wohl von Kindern oder Jugendlichen zu beeinträchtigen, sind nur zulässig, wenn Vorkehrungen durch den Anbieter oder andere Anbieter bestehen, die dem Nutzer die Sperrung dieser Angebote ermöglichen.
(4) Wer gewerbsmäßig Mediendienste zur Nutzung bereithält, hat einen Jugendschutzbeauftragten zu bestellen, wenn diese jugendgefährdende Inhalte enthalten können. Der Jugendschutzbeauftragte ist Ansprechpartner für Nutzer und berät den Anbieter in Fragen des Jugendschutzes. Er ist vom Anbieter bei der Angebotsplanung und der Gestaltung der Allgemeinen Nutzungsbedingungen zu beteiligen. Er kann gegenüber dem Anbieter eine Beschränkung von Angebo-

ten vorschlagen. Die Verpflichtung des Anbieters nach Satz 1 kann auch dadurch erfüllt werden, daß er eine Organisation der freiwilligen Selbstkontrolle zur Wahrnehmung der Aufgaben nach den Sätzen 2 bis 4 verpflichtet.

§ 9 Werbung, Sponsoring

(1) Werbung, die sich auch an Kinder oder Jugendliche richtet oder bei der Kinder oder Jugendliche eingesetzt werden, darf nicht ihren Interessen schaden oder ihre Unerfahrenheit ausnutzen.
(2) Werbung muß als solche klar erkennbar und vom übrigen Inhalt der Angebote eindeutig getrennt sein. In der Werbung dürfen keine unterschwelligen Techniken eingesetzt werden.
(3) Für Sponsoring bei Fernsehtext gilt § 8 des Rundfunkstaatsvertrages entsprechend.

§ 10 Gegendarstellung

(1) Jeder Anbieter von Angeboten nach § 6 Abs. 2 ist verpflichtet, unverzüglich eine Gegendarstellung der Person oder Stelle, die durch eine in seinem Angebot aufgestellte Tatsachenbehauptung betroffen ist, ohne Kosten für den Betroffenen in sein Angebot ohne Abrufentgelt aufzunehmen. Die Gegendarstellung ist ohne Einschaltungen und Weglassungen in gleicher Aufmachung wie die Tatsachenbehauptung anzubieten. Die Gegendarstellung ist so lange wie die Tatsachenbehauptung in unmittelbarer Verknüpfung mit ihr anzubieten. Wird die Tatsachenbehauptung nicht mehr angeboten oder endet das Angebot vor Ablauf eines Monats nach Aufnahme der Gegendarstellung, so ist die Gegendarstellung an vergleichbarer Stelle so lange anzubieten, wie der Betroffene es verlangt, höchstens jedoch einen Monat. Eine Erwiderung auf die Gegendarstellung muß sich auf tatsächliche Angaben beschränken und darf nicht unmittelbar mit der Gegendarstellung verknüpft werden.
(2) Eine Verpflichtung zur Aufnahme der Gegendarstellung gemäß Absatz 1 besteht nicht, wenn
1. der Betroffene kein berechtigtes Interesse an der Gegendarstellung hat,
2. der Umfang der Gegendarstellung unangemessen über den der beanstandeten Tatsachenbehauptung hinausgeht,
3. die Gegendarstellung sich nicht auf tatsächliche Angaben beschränkt oder einen strafbaren Inhalt hat oder
4. die Gegendarstellung nicht unverzüglich, spätestens sechs Wochen nach dem letzten Tage des Angebots des beanstandeten Textes, jedenfalls jedoch drei Monate nach der erstmaligen Einstellung des Angebots, dem in Anspruch genommenen Anbieter schriflich und von dem Betroffenen oder seinem gesetzlichen Vertreter unterzeichnet, zugeht.

(3) Für die Durchsetzung des vergeblich geltend gemachten Gegendarstellungsanspruchs ist der ordentliche Rechtsweg gegeben. Auf dieses Verfahren sind die Vorschriften der Zivilprozeßordnung über das Verfahren auf Erlaß einer einstweiligen Verfügung entsprechend anzuwenden. Eine Gefährdung des Anspruchs braucht nicht glaubhaft gemacht zu werden. Ein Verfahren zur Hauptsache findet nicht statt.
(4) Eine Verpflichtung zur Gegendarstellung besteht nicht für wahrheitsgetreue Berichte über öffentliche Sitzungen der übernationalen parlamentarischen Organe, der gesetzgebenden Organe des Bundes und der Länder sowie derjenigen Organe und Stellen, bei denen das jeweilige Landespressegesetz eine presserechtliche Gegendarstellung ausschließt.

§ 11 Auskunftsrecht

(1) Anbieter von Mediendiensten nach § 6 Abs. 2 haben gegenüber Behörden ein Recht auf Auskunft.
(2) Auskünfte können verweigert werden, soweit

1. hierdurch die sachgemäße Durchführung eines schwebenden Verfahrens vereitelt, erschwert, verzögert oder gefährdet werden könnte oder
2. Vorschriften über die Geheimhaltung entgegenstehen oder
3. ein überwiegendes öffentliches oder schutzwürdiges privates Interesse verletzt würde oder
4. ihr Umfang das zumutbare Maß überschreitet.

III. Abschnitt
Datenschutz

§ 12 Grundsätze für die Verarbeitung personenbezogener Daten

(1) Soweit in diesem Staatsvertrag nichts anderes bestimmt ist, sind die jeweils geltenden Vorschriften für den Schutz personenbezogener Daten anzuwenden, auch wenn die Daten nicht in Dateien verarbeitet oder genutzt werden.
(2) Personenbezogene Daten dürfen vom Anbieter zur Durchführung von Mediendiensten nur erhoben, verarbeitet und genutzt werden, soweit dieser Staatsvertrag oder eine andere Rechtsvorschrift es erlaubt oder soweit der Betroffene eingewilligt hat.
(3) Der Anbieter darf für die Durchführung von Mediendiensten erhobene Daten für andere Zwecke nur verwenden, soweit dieser Staatsvertrag oder eine andere Rechtsvorschrift es erlaubt oder der Betroffene eingewilligt hat.
(4) Der Anbieter darf die Erbringung von Mediendiensten nicht von einer Einwilligung des Nutzers in eine Verarbeitung oder Nutzung seiner Daten für andere Zwecke abhängig machen.
(5) Die Gestaltung und Auswahl technischer Einrichtungen für Mediendienste hat sich an dem Ziel auszurichten, keine oder so wenige personenbezogene Daten wie möglich zu erheben, zu verarbeiten und zu nutzen.
(6) Der Nutzer ist vor der Erhebung über Art, Umfang, Ort und Zwecke der Erhebung, Verarbeitung und Nutzung seiner personenbezogenen Daten zu unterrichten. Bei automatisierten Verfahren, die eine spätere Identifizierung des Nutzers ermöglichen und eine Erhebung, Verarbeitung oder Nutzung personenbezogener Daten vorbereiten, ist der Nutzer vor Beginn dieses Verfahrens zu unterrichten. Der Inhalt der Unterrichtung muß für den Nutzer jederzeit abrufbar sein. Der Nutzer kann auf die Unterrichtung verzichten. Die Unterrichtung und der Verzicht sind zu protokollieren. Der Verzicht gilt nicht als Einwilligung im Sinne von Absatz 3.
(7) Der Nutzer ist vor einer Einwilligung auf sein Recht auf jederzeitigen Widerruf mit Wirkung für die Zukunft hinzuweisen. Absatz 6 Satz 3 gilt entsprechend.
(8) Die Einwilligung kann auch elektronisch erklärt werden, wenn der Anbieter sicherstellt, daß

1. sie nur durch eine eindeutige und bewußte Handlung des Nutzers erfolgen kann,
2. sie nicht unerkennbar verändert werden kann,
3. ihr Urheber eindeutig erkannt werden kann,

4. die Einwilligung (Tag, Uhrzeit, Inhalt) protokolliert wird und
5. der Inhalt der Einwilligung jederzeit vom Nutzer abgerufen werden kann.

§ 13 Datenschutzrechtliche Pflichten des Anbieters

(1) Der Anbieter hat dem Nutzer die Inanspruchnahme von Mediendiensten und ihre Bezahlung anonym oder unter Pseudonym zu ermöglichen, soweit dies technisch möglich und zumutbar ist. Der Nutzer ist über diese Möglichkeit zu informieren.
(2) Der Anbieter von Mediendiensten hat durch technische und organisatorische Vorkehrungen sicherzustellen, daß

1. der Nutzer seine Verbindung mit dem Anbieter jederzeit abbrechen kann,
2. die anfallenden Daten über den Ablauf des Abrufs oder Zugriffs oder der sonstigen Nutzung unmittelbar nach deren Beendigung gelöscht werden, soweit nicht eine längere Speicherungsdauer für Abrechnungszwecke erforderlich ist,
3. der Nutzer Mediendienste gegen Kenntnisnahme Dritter geschützt in Anspruch nehmen kann,
4. die personenbezogenen Daten über die Inanspruchnahme verschiedener Mediendienste durch einen Nutzer getrennt verarbeitet werden; eine Zusammenführung dieser Daten ist unzulässig, soweit dies nicht für Abrechnungszwecke erforderlich ist.

(3) Die Weitervermittlung zu einem anderen Anbieter ist dem Nutzer anzuzeigen.
(4) Nutzungsprofile sind nur bei Verwendung von Pseudonymen zulässig. Unter einem Pseudonym erfaßte Nutzungsprofile dürfen nicht mit Daten über den Träger des Pseudonyms zusammengeführt werden.

§ 14 Bestandsdaten

(1) Der Anbieter von Mediendiensten darf personenbezogene Daten eines Nutzers erheben, verarbeiten und nutzen, soweit sie für die Begründung, inhaltliche Ausgestaltung oder Änderung eines Vertragsverhältnisses mit ihm über die Nutzung von Mediendiensten erforderlich sind (Bestandsdaten).
(2) Eine Verarbeitung und Nutzung der Bestandsdaten für Zwecke der Beratung, der Werbung, der Marktforschung oder zur bedarfsgerechten Gestaltung technischer Einrichtungen des Anbieters ist nur zulässig, soweit der Nutzer in diese ausdrücklich eingewilligt hat.

§ 15 Nutzungs- und Abrechnungsdaten

(1) Der Anbieter darf personenbezogene Daten über die Inanspruchnahme von Mediendiensten nur erheben, verarbeiten und nutzen, soweit dies erforderlich ist,

1. um dem Nutzer die Inanspruchnahme von Mediendiensten zu ermöglichen (Nutzungsdaten) oder
2. um die Nutzung von Mediendiensten abzurechnen (Abrechnungsdaten).

(2) Zu löschen hat der Anbieter

1. Nutzungsdaten frühestmöglich, spätestens unmittelbar nach Ende der jeweiligen Nutzung, soweit es sich nicht um Abrechnungsdaten handelt,
2. Abrechnungsdaten, sobald sie für Zwecke der Abrechnung nicht mehr erforderlich sind;

nutzerbezogene Abrechnungsdaten, die für die Erstellung von Einzelnachweisen über die Inanspruchnahme bestimmter Angebote auf Verlangen des Nutzers gemäß Absatz 4 gespeichert werden, sind spätestens 80 Tage nach Versendung des Einzelnachweises zu löschen, es sei denn, die Entgeltforderung wird innerhalb dieser Frist bestritten oder trotz Zahlungsaufforderung nicht beglichen.

(3) Die Übermittlung von Nutzungs- oder Abrechnungsdaten an andere Anbieter oder Dritte ist unzulässig. Der Anbieter, der den Zugang zu Mediendiensten vermittelt, darf anderen Anbietern, deren Dienste der Nutzer in Anspruch genommen hat, lediglich übermitteln

1. anonymisierte Nutzungsdaten zu Zwecken deren Marktforschung,
2. Abrechnungsdaten, soweit diese zum Zwecke der Einziehung einer Forderung erforderlich sind.

(4) Hat der Anbieter mit einem Dritten einen Vertrag über die Abrechnung des Entgelts geschlossen, so darf er diesem Dritten Abrechnungsdaten übermitteln, soweit es für diesen Zweck erforderlich ist. Der Dritte ist zur Wahrung des Fernmeldegeheimnisses zu verpflichten.

(5) Die Abrechnung über die Inanspruchnahme von Mediendiensten darf Anbieter, Zeitpunkt, Dauer, Art, Inhalt und Häufigkeit bestimmter von einem Nutzer in Anspruch genommener Mediendienste nicht erkennen lassen, es sei denn, der Nutzer verlangt einen Einzelnachweis.

§ 16 Auskunftsrecht des Nutzers

(1) Der Nutzer ist berechtigt, jederzeit die zu seiner Person oder zu seinem Pseudonym gespeicherten Daten unentgeltlich beim Anbieter von Mediendiensten einzusehen. Die Auskunft ist auf Verlangen des Nutzers auch elektronisch zu erteilen. Das Auskunftsrecht ist im Falle einer kurzfristigen Speicherung im Sinne von § 33 Abs. 2 Nr. 5 des Bundesdatenschutzgesetzes nicht nach § 34 Abs. 4 des Bundesdatenschutzgesetzes ausgeschlossen.

(2) Führt die journalistisch-redaktionelle Verwendung personenbezogener Daten zur Verbreitung von Gegendarstellungen des Betroffenen oder zu Verpflichtungserklärungen, Verfügungen oder Urteilen über die Unterlassung der Verbreitung oder über den Widerruf des Inhalts der Daten, sind diese Gegendarstellungen, Unterlassungserklärungen oder Widerrufe zu den gespeicherten Daten zu nehmen und dort für dieselbe Zeitdauer aufzubewahren wie die Daten selbst sowie bei einer Übermittlung der Daten gemeinsam mit diesen zu übermitteln.

(3) Werden über Angebote personenbezogene Daten von einem Anbieter ausschließlich zu eigenen journalistisch-redaktionellen Zwecken verarbeitet und wird der Betroffene dadurch in seinen schutzwürdigen Interessen beeinträchtigt, kann er Auskunft über die zugrundeliegenden, zu seiner Person gespeicherten Daten verlangen. Die Auskunft kann nach Abwägung der schutzwürdigen Interessen der Beteiligten verweigert werden, soweit durch die Mitteilung die journalistische Aufgabe des Anbieters durch Ausforschung des Informationsbestandes beeinträchtigt würde oder aus den Daten

1. auf Personen, die bei der Vorbereitung, Herstellung oder Verbreitung mitgewirkt haben, oder
2. auf die Person des Einsenders oder des Gewährsträgers von Beiträgen, Unterlagen und Mitteilungen für den redaktionellen Teil geschlossen werden kann. Der Betroffene kann die Berichtigung unrichtiger Daten oder die Hinzufügung einer eigenen Darstellung von angemessenem Umfang verlangen. Für die Aufbewahrung und Übermittlung gilt Absatz 2 entsprechend.

§ 17 Datenschutz-Audit

Zur Verbesserung von Datenschutz und Datensicherheit können Anbieter von Mediendiensten ihr Datenschutzkonzept sowie ihre technischen Einrichtungen durch unabhängige und zugelassene Gutachter prüfen und bewerten sowie das Ergebnis der Prüfung veröffentlichen lassen. Die näheren Anforderungen an die Prüfung und Bewertung, das Verfahren sowie die Auswahl und Zulassung der Gutachter werden durch besonderes Gesetz geregelt.

IV. Abschnitt
Aufsicht

§ 18 Aufsicht

(1) Die in den Ländern für den gesetzlichen Jugendschutz zuständige Behörde überwacht die Einhaltung der Bestimmungen nach § 8 und § 9 Abs. 1. Die nach den allgemeinen Datenschutzgesetzen des Bundes und der Länder zuständigen Kontrollbehörden überwachen für ihren Bereich die Einhaltung der Bestimmungen nach §§ 12 bis 16. Die Einhaltung der übrigen Bestimmungen dieses Staatsvertrages wird durch eine nach Landesrecht bestimmte Aufsichtsbehörde überwacht.
(2) Stellt die jeweils zuständige Aufsichtsbehörde nach Absatz 1 einen Verstoß gegen die Bestimmungen dieses Staatsvertrages mit Ausnahme der § 6 Abs. 2, § 7 Abs. 2 und 3, §§ 10, 12 bis 16 fest, trifft sie die zur Beseitigung des Verstoßes erforderlichen Maßnahmen gegenüber dem Anbieter. Sie kann insbesondere Angebote untersagen und deren Sperrung anordnen. Die Untersagung darf nicht erfolgen, wenn die Maßnahme außer Verhältnis zur Bedeutung des Angebots für den Anbieter und die Allgemeinheit steht. Eine Untersagung darf nur erfolgen, wenn ihr Zweck nicht in anderer Weise erreicht werden kann. Die Untersagung ist, soweit ihr Zweck dadurch erreicht werden kann, auf bestimmte Arten und Teile von Angeboten oder zeitlich zu beschränken.
(3) Erweisen sich Maßnahmen gegenüber dem Verantwortlichen nach § 5 Abs. 1 und 2 als nicht durchführbar oder nicht erfolgversprechend, können Maßnahmen zur Sperrung von Angeboten nach Absatz 2 auch gegen den Anbieter von fremden Inhalten nach § 5 Abs. 3 gerichtet werden, sofern der Anbieter unter Wahrung des Fernmeldegeheimnisses gemäß § 85 des Telekommunikationsgesetzes von den Inhalten Kenntnis erlangt und eine Sperrung technisch möglich und zumutbar ist.
(4) Wird durch ein Angebot in Rechte Dritter eingegriffen und ist für den Dritten hiergegen der Rechtsweg eröffnet, sollen Anordnungen der Aufsichtsbehörde im Sinne von Absatz 2 nur erfolgen, wenn dies aus Gründen des Gemeinwohls geboten ist.
(5) Für den Vollzug dieses Abschnitts ist die Aufsichtsbehörde des Landes zuständig, in dem der betroffene Anbieter seinen Sitz, Wohnsitz oder in Ermangelung dessen seinen ständigen Aufenthalt hat. Ergibt sich danach keine Zuständigkeit, so ist diejenige Aufsichtsbehörde zuständig, in deren Bezirk der Anlaß für die Amtshandlung hervortritt.
(6) Der Abruf von Angeboten im Rahmen der Aufsicht ist unentgeltlich. Anbieter haben dies sicherzustellen. Der Anbieter darf seine Angebote nicht gegen den Abruf durch die zuständige Aufsichtsbehörde sperren.

§ 19 Revision zum Bundesverwaltungsgericht

In einem gerichtlichen Verfahren kann die Revision zum Bundesverwaltungsgericht auch darauf gestützt werden, daß das angefochtene Urteil auf der Verletzung der Bestimmungen dieses Staatsvertrages beruhe.

§ 20 Ordnungswidrigkeiten

(1) Ordnungswidrig handelt, wer vorsätzlich oder fahrlässig

1. Mediendienste ohne die nach § 6 Abs. 1 und 2 erforderliche Kennzeichnung anbietet,
2. Mediendienste entgegen § 8 Abs. 1 Nrn. 1, 2 oder 4 anbietet, die wegen Verstoßes gegen §§ 130, 131 oder 184 StGB unzulässig sind,
3. Mediendienste entgegen § 8 Abs. 1 Nrn. 3 oder 5 anbietet, die wegen Kriegsverherrlichung oder wegen ihrer offensichtlichen Eignung, Kinder oder Jugendliche sittlich schwer zu gefährden, unzulässig sind,
4. Mediendienste entgegen § 8 Abs. 1 Nr. 6 anbietet, die unzulässig sind, weil sie Menschen, die sterben oder schweren körperlichen oder seelischen Leiden ausgesetzt sind oder waren, in einer die Menschenwürde verletzenden Weise darstellen und ein tatsächliches Geschehen wiedergeben, ohne daß ein überwiegendes berechtigtes Interesse gerade an dieser Form der Berichterstattung vorliegt,
5. Mediendienste nach § 2 Abs. 2 Nrn. 1 bis 3, die geeignet sind, das körperliche, geistige oder seelische Wohl von Kindern oder Jugendlichen zu beeinträchtigen, entgegen § 8 Abs. 2 verbreitet, ohne aufgrund der Sendezeit oder auf andere Weise Vorsorge getroffen zu haben, daß Kinder oder Jugendliche die Sendungen üblicherweise nicht wahrnehmen,
6. Mediendienste nach § 2 Abs. 2 Nr. 4, die geeignet sind, das körperliche, geistige oder seelische Wohl von Kindern oder Jugendlichen zu beeinträchtigen, entgegen § 8 Abs. 3 verbreitet, ohne Vorkehrungen getroffen zu haben, die dem Nutzer die Sperrung dieser Angebote ermöglichen,
7. entgegen § 8 Abs. 4 einen Jugendschutzbeauftragten nicht bestellt oder eine Organisation der freiwilligen Selbstkontrolle zur Wahrnehmung dieser Aufgaben nicht verpflichtet,
8. entgegen § 12 Abs. 4 die Erbringung von Mediendiensten von einer Einwilligung des Nutzers in eine Verarbeitung oder Nutzung für andere Zwecke abhängig macht,
9. den Nutzer nicht nach Maßgabe des § 12 Abs. 6 Sätze 1 und 2 unterrichtet,
10. entgegen § 12 Abs. 8 die Voraussetzungen für die Möglichkeit einer elektronisch erklärten Einwilligung nicht beachtet,
11. entgegen § 13 Abs. 1 Satz 1 die Inanspruchnahme von Mediendiensten und ihre Bezahlung nicht anonym oder unter Pseudonym ermöglicht,
12. die in § 13 Abs. 2 Nrn. 1 bis 4 genannten technischen und organisatorischen Vorkehrungen nicht trifft,
13. entgegen § 13 Abs. 4 Satz 2 unter einem Pseudonym erfaßte Nutzungsprofile mit Daten über den Träger des Pseudonyms zusammenführt,
14. personenbezogene Daten entgegen § 14 und § 15 Abs. 1 bis 3 erhebt, verarbeitet, nutzt, nicht löscht oder übermittelt,
15. entgegen einer Anordnung durch die zuständige Aufsichtsbehörde nach § 18 Abs. 2 Satz 2 und Abs. 3 ein Angebot nicht sperrt,

16. entgegen § 18 Abs. 6 Satz 3 Angebote gegen den Abruf durch die zuständige Aufsichtsbehörde sperrt.

(2) Die Ordnungswidrigkeit kann mit einer Geldbuße bis zu fünfhunderttausend Deutsche Mark geahndet werden.

V. Abschnitt
Schlußbestimmungen

§ 21 Geltungsdauer, Kündigung

Dieser Staatsvertrag gilt für unbestimmte Zeit. Er kann von jedem der vertragsschließenden Länder zum Schluß des Kalenderjahres mit einer Frist von einem Jahr gekündigt werden. Die Kündigung kann erstmals zum 31. Dezember 2000 erfolgen. Wird der Staatsvertrag zu diesem Zeitpunkt nicht gekündigt, kann die Kündigung mit gleicher Frist jeweils zu einem zwei Jahre späteren Zeitpunkt erfolgen. Die Kündigung ist gegenüber dem Vorsitzenden der Ministerpräsidentenkonferenz schriftlich zu erklären. Die Kündigung eines Landes läßt das Vertragsverhältnis unter den übrigen Ländern unberührt, jedoch kann jedes der übrigen Länder das Vertragsverhältnis binnen einer Frist von drei Monaten nach Eingang der Kündigungserklärung zum gleichen Zeitpunkt kündigen.

§ 22 Änderung des Rundfunkstaatsvertrages

§ 2 Abs. 1 des Rundfunkstaatsvertrages vom 31. August 1991, zuletzt geändert durch den Dritten Rundfunkänderungs-Staatsvertrag vom 26. August bis 11. September 1996, wird wie folgt geändert:

a) In Satz 2 werden die Worte „ , sowie Fernsehtext" gestrichen.

b) Es wird folgender Satz 3 angefügt:

„Dieser Staatsvertrag gilt nicht für Mediendienste im Sinne von § 2 des Mediendienste-Staatsvertrages; § 20 Abs. 2 dieses Staatsvertrages bleibt unberührt."

§ 23 Inkrafttreten, Außerkrafttreten

(1) Dieser Staatsvertrag tritt am 1. August 1997 in Kraft. Sind bis zum 31. Juli 1997 nicht alle Ratifikationsurkunden bei der Staatskanzlei des Vorsitzenden der Ministerpräsidentenkonferenz hinterlegt, wird der Staatsvertrag gegenstandslos.

(2) Wird im Teledienstegesetz nicht klargestellt, daß Mediendienste im Sinne dieses Staatsvertrages vom Anwendungsbereich des Teledienstegesetzes ausgenommen sind, wird § 2 Abs. 1 Satz 3 gegenstandslos.

(3) Mit Inkrafttreten dieses Staatsvertrages tritt der Bildschirmtextstaatsvertrag vom 31. August 1991 außer Kraft.

Protokollerklärung aller Länder:

1. Bund und Länder haben sich am 01.07.1996 darauf verständigt, im Rahmen der Zuständigkeitsverteilung des Grundgesetzes einen in der Sache einheitlichen Rechtsrahmen in Form eines Bundesgesetzes und eines Länderstaatsvertrages zu schaffen. Es bestand Einigkeit darüber, die notwendigen Regelungen nicht an unterschiedlichen Auffassungen in Kompetenzfragen scheitern zu lassen.
2. Bund und Länder haben in wichtigen Fragenkomplexen einvernehmliche Ergebnisse erzielt. Dies gilt für die zentrale Frage der Zugangsfreiheit, die wortgleich geregelt ist; gleiches gilt für den Datenschutz sowie für die Grundzüge der Verantwortlichkeit der Diensteanbieter.
3. Bund und Länder stimmen darin überein, daß eine abschließende, alle Dienste umfassende Festlegung der jeweiligen Anwendungsbereiche zur Zeit nicht sinnvoll möglich ist. Durch die Zuordnung von einzelnen, heute bekannten Diensten im Teledienstegesetz und im Mediendienste-Staatsvertrag haben Bund und Länder die Aufteilung nach dem gegenwärtigen Erkenntnisstand vorgenommen.
4. Bund und Länder werden die Entwicklung neuer Dienste sowie die Anwendung der beiderseitigen gesetzlichen Regelungen fortlaufend beobachten und hierüber weiterhin im Gespräch bleiben. Sie vereinbaren, die Gespräche mit dem Ziel zu führen, eine Verständigung über notwendige Anpassungen unverzüglich und auf politischer Ebene herbeizuführen.
5. Bund und Länder werden beide Regelungswerke mit dem Ziel des gemeinsamen Inkrafttretens zum 01.08.1997 den jeweiligen Parlamenten zuleiten.

Protokollerklärung
des Landes Brandenburg, der Freien Hansestadt Bremen, der Freien und Hansestadt Hamburg, der Länder Hessen, Niedersachsen, Nordrhein-Westfalen, Rheinland-Pfalz, des Saarlandes, der Länder Sachsen-Anhalt und Schleswig-Holstein zu § 4 Mediendienste-Staatsvertrag.

Das Land Brandenburg, die Freie Hansestadt Bremen, die Freie und Hansestadt Hamburg, die Länder Hessen, Niedersachsen, Nordrhein-Westfalen, Rheinland-Pfalz, das Saarland, die Länder Sachsen-Anhalt und Schleswig-Holstein sind der Auffassung, daß § 4 um eine Regelung ergänzt werden sollte, die Betreiber von Telekommunikationsnetzen für Mediendienste verpflichtet, Anbietern von Mediendiensten diskriminierungsfreien Zugang zu den Netzen zu gewährleisten. Sie bedauern, daß über die dem Interesse der Nutzer dienende Regelung kein Einvernehmen im Länderkreise erzielbar war.

Anhang 3

Richtlinie 97/7/EG des Europäischen Parlaments und des Rates vom 20. Mai 1997 über den Verbraucherschutz bei Vertragsabschlüssen im Fernabsatz

DAS EUROPÄISCHE PARLAMENT UND DER RAT DER EUROPÄISCHEN UNION –

gestützt auf den Vertrag zur Gründung der Europäischen Gemeinschaft, insbesondere auf Artikel 100a,
auf Vorschlag der Kommission (1),
nach Stellungnahme des Wirtschafts- und Sozialausschusses (2),
gemäß dem Verfahren des Artikels 198b des Vertrags (3),aufgrund des am 27. November 1996 vom Vermittlungsausschuß gebilligten gemeinsamen Entwurfs,
in Erwägung nachstehender Gründe:

(1) Im Rahmen der Verwirklichung der Ziele des Binnenmarkts sind geeignete Maßnahmen zu dessen schrittweiser Festigung zu ergreifen.

(2) Der freie Verkehr von Waren und Dienstleistungen betrifft nicht nur den gewerblichen Handel, sondern auch Privatpersonen. Er bedeutet für den Verbraucher, daß dieser zu den Gütern und Dienstleistungen eines anderen Mitgliedstaats zu den gleichen Bedingungen Zugang hat wie die Bevölkerung dieses Staates.

(3) Die Vollendung des Binnenmarktes kann für den Verbraucher besonders im grenzüberschreitenden Fernabsatz sichtbar zum Ausdruck kommen, wie dies unter anderem in der Mitteilung der Kommission an den Rat „Auf dem Weg zu einem Binnenmarkt für den Handel“ festgestellt wurde. Es ist für das reibungslose Funktionieren des Binnenmarkts unabdingbar, daß der Verbraucher sich an ein Unternehmen außerhalb seines Landes wenden kann, auch wenn dieses Unternehmen über eine Filiale in dem Land verfügt, in dem der Verbraucher lebt.

(4) Mit der Einführung neuer Technologien erhalten die Verbraucher einen immer besseren Überblick über das Angebot in der ganzen Gemeinschaft und zahlreiche neue Möglichkeiten, Bestellungen zu tätigen. Einige Mitgliedstaaten haben bereits unterschiedliche oder abweichende Verbraucherschutzbestimmungen für den Fernabsatz erlassen, was

---

(1) ABl. Nr. C 156 vom 23. 6. 1992, S. 14 und
ABl. Nr. C 308 vom 15. 11. 1993, S. 18.

(2) ABl. Nr. C 19 vom 25. 1. 1993, S. 111.

(3) Stellungnahme des Europäischen Parlaments vom 26. Mai 1993 (ABl. Nr. C 176 vom 28. 6. 1993, S. 95), gemeinsamer Standpunkt des Rates vom 29. Juni 1995 (ABl. Nr. C 288 vom 30. 10. 1995, S. 1) und Beschluß des Europäischen Parlaments vom 13. Dezember 1995 (ABl. Nr. C 17 vom 22. 1. 1996, S. 51). Entscheidung des Europäischen Parlaments vom 16. Januar 1997 und Entscheidung des Rates vom 20. Januar 1997.

negative Auswirkungen auf den Wettbewerb zwischen den Unternehmen im Binnenmarkt zur Folge hat. Es ist daher geboten, auf Gemeinschaftsebene eine Mindestzahl gemeinsamer Regeln in diesem Bereich einzuführen.

(5) Unter den Nummern 18 und 19 des Anhangs zur Entschließung des Rates vom 14. April 1975 über das erste Programm der Europäischen Wirtschaftsgemeinschaft für eine Politik zum Schutz und zur Information der Verbraucher (4) wird von der Notwendigkeit gesprochen, die Käufer von Gütern oder Dienstleistungen vor der Forderung nach Zahlung nicht bestellter Waren und vor aggressiven Verkaufsmethoden zu schützen.

(6) In der Mitteilung der Kommission an den Rat mit dem Titel „Neuer Impuls für die Verbraucherschutzpolitik“, die durch die Entschließung des Rates vom 23. Juni 1986 (5) gebilligt wurde, wird unter Nummer 33 erklärt, daß die Kommission Vorschläge zur Verwendung neuer Informationstechnologien unterbreiten wird, die es den Verbrauchern ermöglichen, Bestellungen an einen Lieferer von zu Hause aus zu tätigen.

(7) In der Entschließung des Rates vom 9. November 1989 über künftige Prioritäten bei der Neubelebung der Verbraucherschutzpolitik (6) wird die Kommission aufgefordert, ihre Bemühungen vor allem auf die im Anhang der Entschließung angegebenen Bereiche zu konzentrieren. In diesem Anhang werden die neuen Technologien, die den Fernabsatz ermöglichen, erwähnt. Die Kommission ist dieser Entschließung durch die Annahme eines „Dreijahresplans für die Verbraucherpolitik in der EWG (1990 –1992)“ nachgekommen; dieser Plan sieht die Verabschiedung einer diesbezüglichen Richtlinie vor.

(8) Die Frage, welche Sprachen bei Vertragsabschlüssen im Fernabsatz zu verwenden sind, fällt in die Zuständigkeit der Mitgliedstaaten.

(9) Der Abschluß von Verträgen im Fernabsatz ist durch die Verwendung einer oder mehrerer Fernkommunikationstechniken gekennzeichnet. Diese verschiedenen Techniken werden im Rahmen eines für den Fernabsatz organisierten Vertriebs- bzw. Dienstleistungssystems ohne gleichzeitige Anwesenheit des Lieferers oder Dienstleistungserbringers und des Verbrauchers eingesetzt. Aufgrund ihrer ständigen Weiterentwicklung können diese Techniken nicht in einer erschöpfenden Liste erfaßt werden; es ist daher notwendig, brauchbare Prinzipien auch für die wenig verwendeten unter ihnen festzulegen.

(10) Dieselbe Transaktion, die sukzessive Vorgänge oder eine Reihe von getrennten Vorgängen, die sich über einen bestimmten Zeitraum erstrecken, umfaßt, kann je nach Gesetzeslage in den Mitgliedstaaten in rechtlicher Hinsicht unterschiedlich ausgestaltet sein. Die Bestimmungen dieser Richtlinie können – vorbehalten der Inanspruchnahme von Artikel 14 – nicht unterschiedlich je nach den Rechtsvorschriften der Mitgliedstaaten angewandt werden. Es erscheint deshalb angebracht, daß den Bestimmungen der Richtlinie zumindest zu dem Zeitpunkt nachgekommen werden muß, zu dem der erste einer Reihe von sukzessiven Vorgängen oder der erste einer Reihe von getrennten Vorgängen erfolgt, die sich über einen bestimmten Zeitraum erstrecken und als ein Gesamtvorgang gelten können, und zwar ungeachtet, ob dieser Vorgang oder diese Reihe von Vorgängen Gegenstand eines einzigen Vertrags oder aufeinanderfolgender getrennter Verträge ist.

---

(4) ABl. Nr. C 92 vom 25. 4. 1975, S. 1.
(5) ABl. Nr. C 167 vom 5. 7. 1986, S. 1.
(6) ABl. Nr. C 294 vom 22. 11. 1989, S. 1.

(11) Die Verwendung dieser Techniken darf nicht zu einer Verringerung der dem Verbraucher vermittelten Informationen führen. Es sind daher die Informationen festzulegen, die dem Verbraucher unabhängig von der verwendeten Kommunikationstechnik zwingend übermittelt werden müssen. Außerdem muß die Übermittlung dieser Informationen entsprechend den sonstigen einschlägigen Gemeinschaftsvorschriften erfolgen, und zwar insbesondere gemäß der Richtlinie 84/450/EWG des Rates vom 10. September 1984 über die Angleichung der Rechts- und Verwaltungsvorschriften der Mitgliedstaaten auf dem Gebiet der irreführenden Werbung ([7]). Falls Ausnahmen von der Verpflichtung zur Übermittlung von Informationen gemacht werden, obliegt es dem Verbraucher, nach seiner Wahl bestimmte grundlegende Angaben wie Identität des Lieferers, wesentliche Eigenschaften und Preis der Waren oder Dienstleistungen zu verlangen.

(12) Bei Benutzung des Telefons sollte der Verbraucher zu Beginn des Gesprächs genügend Informationen erhalten, um zu entscheiden, ob er das Gespräch fortsetzen will oder nicht.

(13) Die mit Hilfe bestimmter elektronischer Technologien verbreitete Information ist häufig nicht beständig, soweit sie nicht auf einem dauerhaften Datenträger empfangen wird. Infolgedessen ist es notwendig, daß der Verbraucher rechtzeitig schriftlich Informationen erhält, die zur korrekten Ausführung des Vertrags erforderlich sind.

(14) Der Verbraucher hat in der Praxis keine Möglichkeit, vor Abschluß des Vertrags das Erzeugnis zu sehen oder die Eigenschaften der Dienstleistung im einzelnen zur Kenntnis zu nehmen. Daher sollte ein Widerrufsrecht bestehen, sofern in dieser Richtlinie nicht etwas anderes bestimmt ist. Damit es sich um mehr als ein bloß formales Recht handelt, müssen die Kosten, die, wenn überhaupt, vom Verbraucher im Fall der Ausübung des Widerrufsrechts getragen werden, auf die unmittelbaren Kosten der Rücksendung der Waren begrenzt werden. Das Widerrufsrecht berührt nicht die im einzelstaatlichen Recht vorgesehenen Rechte des Verbrauchers, insbesondere bei Erhalt von beschädigten Erzeugnissen oder unzulänglichen Dienstleistungen oder Erzeugnissen und Dienstleistungen, die mit der entsprechenden Beschreibung in der Aufforderung nicht übereinstimmen. Es ist Sache der Mitgliedstaaten, weitere Bedingungen und Einzelheiten für den Fall der Ausübung des Widerrufsrechts festzulegen.

(15) Ebenso ist eine Frist für die Erfüllung des Vertrags vorzusehen, wenn sie nicht bei der Bestellung festgelegt worden ist.

(16) Die Absatztechnik, die darin besteht, dem Verbraucher ohne vorherige Bestellung oder ohne ausdrückliches Einverständnis gegen Entgelt Waren zu liefern oder Dienstleistungen zu erbringen, ist als nicht zulässig anzusehen, es sei denn, es handele sich um eine Ersatzlieferung.

(17) Die in den Artikeln 8 und 10 der Europäischen Konvention zum Schutz der Menschenrechte und Grundfreiheiten vom 4. November 1950 festgelegten Prinzipien sind zu berücksichtigen. Es ist daher angezeigt, dem Verbraucher ein Recht auf den Schutz des Privatlebens, insbesondere vor Belästigungen durch gewisse besonders aufdringliche Kommunikationstechniken, zuzuerkennen und mithin die spezifischen Grenzen der Nutzung solcher Techniken genau zu bestimmen. Die Mitgliedstaaten sollten die geeigneten Maßnahmen ergreifen, um die Verbraucher, die keine Kontaktaufnahme durch bestimm-

(7) ABl. Nr. L 250 vom 19. 9. 1984, S. 17.

te Kommunikationsmittel wünschen, auf wirksame Weise vor derartigen Kontakten zu schützen, und zwar ohne Beeinträchtigung der zusätzlichen Garantien, die dem Verbraucher aufgrund gemeinschaftlicher Regelungen über den Schutz personenbezogener Daten und der Privatsphäre zustehen.

(18) Es ist wichtig, daß die verbindlichen Grundregeln dieser Richtlinie im Einklang mit der Empfehlung 92/295/EWG der Kommission vom 7. April 1992 über Verhaltenskodizes zum Verbraucherschutz bei Vertragsabschlüssen im Fernabsatz ([8]) gegebenenfalls durch freiwillige Bestimmungen der betreffenden Berufszweige ergänzt werden.

(19) Im Hinblick auf einen optimalen Verbraucherschutz ist es wichtig, daß der Verbraucher in ausreichendem Umfang über die Bestimmungen dieser Richtlinie und etwaige Verhaltenskodizes auf diesem Gebiet unterrichtet wird.

(20) Die Nichteinhaltung der Bestimmungen dieser Richtlinie kann den Verbrauchern, aber auch Mitbewerbern, schaden. Es können daher Bestimmungen vorgesehen werden, die es öffentlichen Einrichtungen oder deren Vertretern oder Verbraucherverbänden, die nach dem innerstaatlichen Recht ein berechtigtes Interesse am Schutz der Verbraucher haben, oder Berufsverbänden mit berechtigtem Interesse erlauben, auf Anwendung dieser Richtlinie zu dringen.

(21) Im Hinblick auf den Verbraucherschutz ist es wichtig, die Frage grenzüberschreitender Beschwerden so bald wie möglich zu behandeln. Die Kommission hat am 14. Februar 1996 einen Aktionsplan für den Zugang der Verbraucher zum Recht und die Beilegung von Rechtsstreitigkeiten der Verbraucher im Binnenmarkt veröffentlicht. Dieser Aktionsplan umfaßt spezifische Initiativen zur Förderung außergerichtlicher Verfahren. Es werden objektive Kriterien (Anhang II) vorgeschlagen, um die Verläßlichkeit jener Verfahren sicherzustellen, und es wird die Verwendung von genormten Formblättern (Anhang III) vorgesehen.

(22) Bei den neuen Technologien entzieht sich die technische Seite dem Einfluß des Verbrauchers. Es ist daher vorzusehen, daß die Beweislast dem Lieferer auferlegt werden kann.

(23) In bestimmten Fällen besteht die Gefahr, daß dem Verbraucher der in dieser Richtlinie aufgestellte Schutz entzogen wird, indem das Recht eines Drittlands zum auf den Vertrag anwendbaren Recht erklärt wird. Diese Richtlinie sollte deshalb Bestimmungen enthalten, die dies ausschließen.

(24) Ein Mitgliedstaat kann im Interesse der Allgemeinheit in seinem Hoheitsgebiet die Vermarktung bestimmter Erzeugnisse und Dienstleistungen im Rahmen von Vertragsabschlüssen im Fernabsatz untersagen. Dieses Verbot muß unter Einhaltung der Rechtsvorschriften der Gemeinschaft gehandhabt werden. Entsprechende Verbote sind insbesondere im Hinblick auf Arzneimittel im Rahmen der Richtlinie 89/552/EWG des Rates vom 3. Oktober 1989 zur Koordinierung bestimmter Rechts- und Verwaltungsvorschriften der Mitgliedstaaten über die Ausübung der Fernsehtätigkeit ([9]) und der Richtlinie 92/28/EWG des Rates vom 31. März 1992 über die Werbung für Humanarzneimittel ([10]) bereits vorgesehen –

(8) ABl. Nr. L 156 vom 10. 6. 1992, S. 21.
(9) ABl. Nr. L 298 vom 17. 10. 1989, S. 23.
(10) ABl. Nr. L 113 vom 30. 4. 1992, S. 13.

HABEN FOLGENDE RICHTLINIE ERLASSEN:

Artikel 1
Gegenstand

Gegenstand dieser Richtlinie ist die Angleichung der Rechts- und Verwaltungsvorschriften der Mitgliedstaaten über Vertragsabschlüsse im Fernabsatz zwischen Verbrauchern und Lieferern.

Artikel 2
Definitionen

Im Sinne dieser Richtlinie bezeichnet der Ausdruck

1. „Vertragsabschluß im Fernabsatz" jeden zwischen einem Lieferer und einem Verbraucher geschlossenen, eine Ware oder eine Dienstleistung betreffenden Vertrag, der im Rahmen eines für den Fernabsatz organisierten Vertriebs- bzw. Dienstleistungssystems des Lieferers geschlossen wird, wobei dieser für den Vertrag bis zu dessen Abschluß einschließlich des Vertragsabschlusses selbst ausschließlich eine oder mehrere Fernkommunikationstechniken verwendet;
2. „Verbraucher" jede natürliche Person, die beim Abschluß von Verträgen im Sinne dieser Richtlinie zu Zwecken handelt, die nicht ihrer gewerblichen oder beruflichen Tätigkeit zugerechnet werden können;
3. „Lieferer" jede natürliche oder juristische Person, die beim Abschluß von Verträgen im Sinne dieser Richtlinie im Rahmen ihrer gewerblichen oder beruflichen Tätigkeit handelt;
4. „Fernkommunikationstechnik" jedes Kommunikationsmittel, das zum Abschluß eines Vertrags zwischen einem Verbraucher und einem Lieferer ohne gleichzeitige körperliche Anwesenheit der Vertragsparteien eingesetzt werden kann. Eine beispielhafte Liste der Techniken im Sinne dieser Richtlinie ist in Anhang I enthalten;
5. „Betreiber einer Kommunikationstechnik" jede natürliche oder juristische Person des öffentlichen oder privaten Rechts, deren gewerbliche oder berufliche Tätigkeit darin besteht, den Lieferern eine oder mehrere Fernkommunikationstechniken zur Verfügung zu stellen.

Artikel 3
Ausnahmen

(1) Diese Richtlinie gilt nicht für Verträge, die

- in einer nicht erschöpfenden Liste in Anhang II angeführte Finanzdienstleistungen betreffen;
- unter Verwendung von Warenautomaten oder automatisierten Geschäftsräumen geschlossen werden;
- mit Betreibern von Telekommunikationsmitteln aufgrund der Benutzung von öffentlichen Fernsprechern geschlossen werden;
- für den Bau und den Verkauf von Immobilien geschlossen werden oder die sonstige Rechte an Immobilien mit Ausnahme der Vermietung betreffen;
- bei einer Versteigerung geschlossen werden.

(2) Die Artikel 4, 5 und 6 sowie Artikel 7 Absatz 1 gelten nicht für

- Verträge über die Lieferung von Lebensmitteln, Getränken oder sonstigen Haushaltsgegenständen des täglichen Bedarfs, die am Wohnsitz, am Aufenthaltsort oder am Arbeitsplatz eines Verbrauchers von Händlern im Rahmen häufiger und regelmäßiger Fahrten geliefert werden;
- Verträge über die Erbringung von Dienstleistungen in den Bereichen Unterbringung, Beförderung, Lieferung von Speisen und Getränken sowie Freizeitgestaltung, wenn sich der Lieferer bei Vertragsabschluß verpflichtet, die Dienstleistungen zu einem bestimmten Zeitpunkt oder innerhalb eines genau angegebenen Zeitraums zu erbringen; ausnahmsweise kann der Lieferer sich bei Freizeitveranstaltungen unter freiem Himmel das Recht vorbehalten, Artikel 7 Absatz 2 unter besonderen Umständen nicht anzuwenden.

Artikel 4
Vorherige Unterrichtung

(1) Der Verbraucher muß rechtzeitig vor Abschluß eines Vertrags im Fernabsatz über folgende Informationen verfügen:

a) Identität des Lieferers und im Fall von Verträgen, bei denen eine Vorauszahlung erforderlich ist, seine Anschrift;
b) wesentliche Eigenschaften der Ware oder Dienstleistung;
c) Preis der Ware oder Dienstleistung einschließlich aller Steuern;
d) gegebenenfalls Lieferkosten;
e) Einzelheiten hinsichtlich der Zahlung und der Lieferung oder Erfüllung;
f) Bestehen eines Widerrufrechts, außer in den in Artikel 6 Absatz 3 genannten Fällen;
g) Kosten für den Einsatz der Fernkommunikationstechnik, sofern nicht nach dem Grundtarif berechnet;
h) Gültigkeitsdauer des Angebots oder des Preises;
i) gegebenenfalls Mindestlaufzeit des Vertrags über die Lieferung von Waren oder Erbringung von Dienstleistungen, wenn dieser eine dauernde oder regelmäßig wiederkehrende Leistung zum Inhalt hat.

(2) Die Informationen nach Absatz 1, deren kommerzieller Zweck unzweideutig erkennbar sein muß, müssen klar und verständlich auf jedwede der verwendeten Fernkommunikationstechnik angepaßte Weise erteilt werden; dabei sind insbesondere die Grundsätze der Lauterkeit bei Handelsgeschäften sowie des Schutzes solcher Personen, die nach den Gesetzen der einzelnen Mitgliedstaaten nicht geschäftsfähig sind (wie zum Beispiel Minderjährige), zu beachten.
(3) Bei Telefongesprächen mit Verbrauchern ist darüber hinaus zu Beginn des Gesprächs die Identität des Lieferers und der kommerzielle Zweck des Gesprächs ausdrücklich offenzulegen.

Artikel 5
Schriftliche Bestätigung der Informationen

(1) Der Verbraucher muß eine Bestätigung der Informationen gemäß Artikel 4 Absatz 1 Buchstaben a) bis f) rechtzeitig während der Erfüllung des Vertrags, bei nicht zur Lieferung an Dritte bestimmten Waren spätestens zum Zeitpunkt der Lieferung, schriftlich oder auf einem anderen für ihn verfügbaren dauerhaften Datenträger erhalten, soweit ihm diese Informationen nicht bereits

vor Vertragsabschluß schriftlich oder auf einem anderen für ihn verfügbaren dauerhaften Datenträger erteilt wurden.
Auf jeden Fall ist folgendes zu übermitteln:

- schriftliche Informationen über die Bedingungen und Einzelheiten der Ausübung des Widerrufsrechts im Sinne des Artikels 6, einschließlich der in Artikel 6 Absatz 3 erster Gedankenstrich genannten Fälle;
- die geographische Anschrift der Niederlassung des Lieferers, bei der der Verbraucher seine Beanstandungen vorbringen kann;
- Informationen über Kundendienst und geltende Garantiebedingungen;
- die Kündigungsbedingungen bei unbestimmter Vertragsdauer bzw. einer mehr als einjährigen Vertragsdauer.

(2) Absatz 1 ist nicht anwendbar auf Dienstleistungen, die unmittelbar durch Einsatz einer Fernkommunikationstechnik erbracht werden, sofern diese Leistungen in einem Mal erfolgen und über den Betreiber der Kommunikationstechnik abgerechnet werden. Allerdings muß der Verbraucher in jedem Fall die Möglichkeit haben, die geographische Anschrift der Niederlassung des Lieferers zu erfahren, bei der er seine Beanstandungen vorbringen kann.

Artikel 6
Widerrufsrecht

(1) Der Verbraucher kann jeden Vertragsabschluß im Fernabsatz innerhalb einer Frist von mindestens sieben Werktagen ohne Angaben von Gründen und ohne Strafzahlung widerrufen. Die einzigen Kosten, die dem Verbraucher infolge der Ausübung seines Widerrufsrechts auferlegt werden können, sind die unmittelbaren Kosten der Rücksendung der Waren.
Die Frist für die Wahrnehmung dieses Rechts beginnt

- bei Waren mit dem Tag ihres Eingangs beim Verbraucher, wenn die Verpflichtungen im Sinne des Artikels 5 erfüllt sind;
- bei Dienstleistungen mit dem Tag des Vertragsabschlusses oder dem Tag, an dem die Verpflichtungen im Sinne des Artikels 5 erfüllt sind, wenn dies nach Vertragsabschluß der Fall ist, sofern damit nicht die nachstehend genannte Dreimonatsfrist überschritten wird.

Falls der Lieferer die Bedingungen im Sinne des Artikels 5 nicht erfüllt hat, beträgt die Frist drei Monate. Diese Frist beginnt

- bei Waren mit dem Tag ihres Eingangs beim Verbraucher,
- bei Dienstleistungen mit dem Tag des Vertragsabschlusses.

Werden innerhalb dieser Dreimonatsfrist die Informationen gemäß Artikel 5 übermittelt, so beginnt die Frist von sieben Werktagen gemäß Unterabsatz 1 mit diesem Zeitpunkt.
(2) Übt der Verbraucher das Recht auf Widerruf gemäß diesem Artikel aus, so hat der Lieferer die vom Verbraucher geleisteten Zahlungen kostenlos zu erstatten. Die einzigen Kosten, die dem Verbraucher infolge der Ausübung seines Widerrufsrechts auferlegt werden können, sind die unmittelbaren Kosten der Rücksendung der Waren. Die Erstattung hat so bald wie möglich in jedem Fall jedoch binnen 30 Tagen zu erfolgen.
(3) Sofern die Parteien nichts anderes vereinbart haben, kann der Verbraucher das in Absatz 1 vorgesehene Widerrufsrecht nicht ausüben bei

- Verträgen zur Erbringung von Dienstleistungen, deren Ausführung mit Zustimmung des Verbrauchers vor Ende der Frist von sieben Werktagen gemäß Absatz 1 begonnen hat;
- Verträgen zur Lieferung von Waren oder Erbringung von Dienstleistungen, deren Preis von der Entwicklung der Sätze auf den Finanzmärkten, auf die der Lieferer keinen Einfluß hat, abhängt;
- Verträgen zur Lieferung von Waren, die nach Kundenspezifikation angefertigt werden oder eindeutig auf die persönlichen Bedürfnisse zugeschnitten sind oder die aufgrund ihrer Beschaffenheit nicht für eine Rücksendung geeignet sind oder schnell verderben können oder deren Verfallsdatum überschritten würde;
- Verträgen zur Lieferung von Audio- oder Videoaufzeichnungen oder Software, die vom Verbraucher entsiegelt worden sind;
- Verträgen zur Lieferung von Zeitungen, Zeitschriften und Illustrierten;
- Verträgen zur Erbringung von Wett- und Lotterie-Dienstleistungen.

(4) Die Mitgliedstaaten sehen in ihren Rechtsvorschriften folgendes vor:

- Wenn der Preis einer Ware oder einer Dienstleistung vollständig oder zum Teil durch einen vom Lieferer gewährten Kredit finanziert wird, oder
- wenn dieser Preis vollständig oder zum Teil durch einen Kredit finanziert wird, der dem Verbraucher von einem Dritten aufgrund einer Vereinbarung zwischen dem Dritten und dem Lieferer gewährt wird,

wird der Kreditvertrag entschädigungsfrei aufgelöst, falls der Verbraucher von seinem Widerrufsrecht gemäß Absatz 1 Gebrauch macht.

Die Mitgliedstaaten legen die Einzelheiten der Auflösung des Kreditvertrags fest.

Artikel 7
Erfüllung des Vertrags

(1) Sofern die Parteien nichts anderes vereinbart haben, hat der Lieferer die Bestellung spätestens 30 Tage nach dem Tag auszuführen, der auf den Tag, an dem der Verbraucher dem Lieferer seine Bestellung übermittelt hat, folgt.

(2) Wird ein Vertrag vom Lieferer nicht erfüllt, weil die bestellte Ware oder Dienstleistung nicht verfügbar ist, so ist der Verbraucher davon zu unterrichten, und er muß die Möglichkeit haben, sich geleistete Zahlungen möglichst bald, in jedem Fall jedoch binnen 30 Tagen, erstatten zu lassen.

(3) Die Mitgliedstaaten können indessen vorsehen, daß der Lieferer dem Verbraucher eine qualitätsmäßig und preislich gleichwertige Ware liefern oder eine qualitätsmäßig und preislich gleichwertige Dienstleistung erbringen kann, wenn diese Möglichkeit vor Vertragsabschluß oder in dem Vertrag vorgesehen wurde. Der Verbraucher ist von dieser Möglichkeit in klarer und verständlicher Form zu unterrichten. Die Kosten der Rücksendung infolge der Ausübung des Widerrufsrechts gehen in diesem Fall zu Lasten des Lieferers; der Verbraucher ist davon zu unterrichten. In diesem Fall handelt es sich bei der Lieferung einer Ware oder der Erbringung einer Dienstleistung nicht um eine unbestellte Ware oder Dienstleistung im Sinne des Artikels 9.

Artikel 8
Zahlung mittels Karte

Die Mitgliedstaaten tragen dafür Sorge, daß geeignete Vorkehrungen bestehen, damit
- der Verbraucher im Fall einer betrügerischen Verwendung seiner Zahlungskarte im Rahmen eines unter diese Richtlinie fallenden Vertragsabschlusses im Fernabsatz die Stornierung einer Zahlung verlangen kann;
- dem Verbraucher im Fall einer solchen betrügerischen Verwendung die Zahlungen gutgeschrieben oder erstattet werden.

Artikel 9
Unbestellte Waren oder Dienstleistungen

Die Mitgliedstaaten treffen die erforderlichen Maßnahmen, um
- zu untersagen, daß einem Verbraucher ohne vorherige Bestellung Waren geliefert oder Dienstleistungen erbracht werden, wenn mit der Warenlieferung oder Dienstleistungserbringung eine Zahlungsaufforderung verbunden ist;
- den Verbraucher von jedweder Gegenleistung für den Fall zu befreien, daß unbestellte Waren geliefert oder unbestellte Dienstleistungen erbracht wurden, wobei das Ausbleiben einer Reaktion nicht als Zustimmung gilt.

Artikel 10
Beschränkungen in der Verwendung bestimmter Fernkommunikationstechniken

(1) Die Verwendung folgender Techniken durch den Lieferer bedarf der vorherigen Zustimmung des Verbrauchers:
- Kommunikation mit Automaten als Gesprächspartner (Voice-Mail-System);
- Fernkopie (Telefax).

(2) Die Mitgliedstaaten tragen dafür Sorge, daß Fernkommunikationstechniken, die eine individuelle Kommunikation erlauben, mit Ausnahme der in Absatz 1 genannten Techniken, nur dann verwendet werden dürfen, wenn der Verbraucher ihre Verwendung nicht offenkundig abgelehnt hat.

Artikel 11
Rechtsbehelfe bei Gericht oder Verwaltungsbehörden

(1) Die Mitgliedstaaten sorgen im Interesse der Verbraucher für geeignete und wirksame Mittel, die die Einhaltung der Bestimmungen dieser Richtlinie gewährleisten.

(2) Die in Absatz 1 genannten Mittel schließen Rechtsvorschriften ein, wonach eine oder mehrere der folgenden, im innerstaatlichen Recht festzulegenden Einrichtungen im Einklang mit den innerstaatlichen Rechtsvorschriften die Gerichte oder die zuständigen Verwaltungsbehörden anrufen können, um die Anwendung der innerstaatlichen Vorschriften zur Umsetzung dieser Richtlinie zu erreichen:

a) öffentliche Einrichtungen oder ihre Vertreter,
b) Verbraucherverbände, die ein berechtigtes Interesse am Schutz der Verbraucher haben;
c) Berufsverbände mit berechtigtem Interesse.

(3) a) Die Mitgliedstaaten können bestimmen, daß der Nachweis, daß eine vorherige Unterrichtung stattfand, eine schriftliche Bestätigung erfolgte oder die Fristen eingehalten wurden und die Zustimmung des Verbrauchers erteilt wurde, dem Lieferer obliegen kann.

b) Die Mitgliedstaaten treffen die erforderlichen Maßnahmen, um sicherzustellen, daß die Lieferer und die Betreiber von Kommunikationstechniken, sofern sie hierzu in der Lage sind, Praktiken unterlassen, die nicht mit den gemäß dieser Richtlinie erlassenen Bestimmungen im Einklang stehen.

(4) Die Mitgliedstaaten können zusätzlich zu den Mitteln, die sie zur Gewährleistung der Einhaltung der Bestimmungen dieser Richtlinie vorsehen müssen, eine freiwillige Kontrolle der Einhaltung der Bestimmungen dieser Richtlinie durch unabhängige Einrichtungen sowie die Inanspruchnahme solcher Einrichtungen zwecks Streitschlichtung vorsehen.

Artikel 12
Unabdingbarkeit

(1) Der Verbraucher kann auf die Rechte, die ihm aufgrund der Umsetzung dieser Richtlinie in innerstaatliches Recht zustehen, nicht verzichten.

(2) Die Mitgliedstaaten ergreifen die erforderlichen Maßnahmen, damit der Verbraucher den durch diese Richtlinie gewährten Schutz nicht verliert, wenn das Recht eines Drittlands als das auf den Vertrag anzuwendende Recht gewählt wurde und der Vertrag einen engen Zusammenhang mit dem Gebiet eines oder mehrerer Mitgliedstaaten aufweist.

Artikel 13
Gemeinschaftsbestimmungen

(1) Die Bestimmungen dieser Richtlinie gelten, soweit es im Rahmen von Rechtsvorschriften der Gemeinschaft keine besonderen Bestimmungen gibt, die bestimmte Vertragstypen im Fernabsatz umfassend regeln.

(2) Enthalten spezifische Rechtsvorschriften der Gemeinschaft Bestimmungen, die nur gewisse Aspekte der Lieferung von Waren oder der Erbringung von Dienstleistungen regeln, dann sind diese Bestimmungen – und nicht die Bestimmungen der vorliegenden Richtlinie für diese bestimmten Aspekte der Verträge im Fernabsatz anzuwenden.

Artikel 14
Mindestklauseln

Die Mitgliedstaaten können in dem unter diese Richtlinie fallenden Bereich mit dem EG-Vertrag in Einklang stehende strengere Bestimmungen erlassen oder aufrechterhalten, um ein höheres Schutzniveau für die Verbraucher sicherzustellen. Durch solche Bestimmungen können sie im Interesse der Allgemeinheit den Vertrieb im Fernabsatz für bestimmte Waren und Dienstleistungen, insbesondere Arzneimittel, in ihrem Hoheitsgebiet unter Beachtung des EG-Vertrags verbieten.

Artikel 15
Durchführung

(1) Die Mitgliedstaaten setzen die erforderlichen Rechts- und Verwaltungsvorschriften in Kraft, um dieser Richtlinie spätestens drei Jahre nach ihrem Inkrafttreten nachzukommen. Sie setzen die Kommission unverzüglich davon in Kenntnis.
(2) Wenn die Mitgliedstaaten Vorschriften nach Absatz 1 erlassen, nehmen sie in den Vorschriften selbst oder durch einen Hinweis bei der amtlichen Veröffentlichung auf diese Richtlinie Bezug. Die Mitgliedstaaten regeln die Einzelheiten der Bezugnahme.
(3) Die Mitgliedstaaten teilen der Kommission die innerstaatlichen Rechtsvorschriften mit, die sie auf dem durch diese Richtlinie geregelten Gebiet erlassen.
(4) Spätestens vier Jahre nach Inkrafttreten dieser Richtlinie legt die Kommission dem Europäischen Parlament und dem Rat einen Bericht über die Anwendung dieser Richtlinie, gegebenenfalls verbunden mit einem Änderungsvorschlag, vor.

Artikel 16
Unterrichtung der Verbraucher

Die Mitgliedstaaten sehen angemessene Maßnahmen zur Unterrichtung der Verbraucher über das zur Umsetzung dieser Richtlinie erlassene innerstaatliche Recht vor und fordern, falls angebracht, Berufsorganisationen auf, die Verbraucher über ihre Verhaltenskodizes zu unterrichten.

Artikel 17
Beschwerdesysteme

Die Kommission untersucht, ob wirksame Verfahren zur Behandlung von Verbraucherbeschwerden, die den Fernabsatz betreffen, geschaffen werden können. Binnen zwei Jahren nach Inkrafttreten dieser Richtlinie legt die Kommission dem Europäischen Parlament und dem Rat einen Bericht über die Untersuchungsergebnisse gegebenenfalls zusammen mit Vorschlägen vor.

Artikel 18

Diese Richtlinie tritt am Tag ihrer Veröffentlichung im *Amtsblatt der Europäischen Gemeinschaften* in Kraft.

Artikel 19

Diese Richtlinie ist an die Mitgliedstaaten gerichtet.

Geschehen zu Brüssel am 20. Mai 1997.

Im Namen des Europäischen Parlaments
Der Präsident
J.M. Gil-Robles

Im Namen des Rates
Der Präsident
J.van Aartsen

ANHANG I
Kommunikationstechniken nach Artikel 2 Nummer 4

- Drucksache ohne Anschrift,
- Drucksache mit Anschrift,
- vorgefertigter Standardbrief,
- Pressewerbung mit Bestellschein,
- Katalog,
- telefonische Kommunikation mit Person als Gesprächspartner,
- telefonische Kommunikation mit Automaten als Gesprächspartner (Voice-Mail-System, Audiotext),
- Hörfunk,
- Bildtelefon,
- Videotext (Mikrocomputer, Fernsehbildschirm) mit Tastatur oder Kontaktbildschirm,
- elektronische Post,
- Fernkopie (Telefax),
- Fernsehen (Teleshopping).

ANHANG II
Finanzdienstleistungen nach Artikel 3 Absatz 1

- Wertpapierdienstleistungen;
- Versicherungs- und Rückversicherungsgeschäfte;
- Bankdienstleistungen;
- Tätigkeiten im Zusammenhang mit Versorgungsfonds;
- Dienstleistungen im Zusammenhang mit Termin- oder Optionsgeschäften.

Diese Dienstleistungen umfassen insbesondere:

- Wertpapierdienstleistungen gemäß dem Anhang der Richtlinie 93/22/EWG ([1]); Dienstleistungen von Wertpapierfirmen für gemeinsame Anlagen;
- Dienstleistungen im Zusammenhang mit den Tätigkeiten, die im Anhang zur Richtlinie 89/646/EWG ([2]) genannt sind und für die die gegenseitige Anerkennung gilt;
- Versicherungs- und Rückversicherungsgeschäfte gemäß
  - Artikel 1 der Richtlinie 73/239/EWG ([3]);
  - dem Anhang der Richtlinie 79/267/EWG ([4]);
  - der Richtlinie 64/225/EWG ([5]);
  - den Richtlinien 92/49/EWG ([6]) und 92/96/EWG ([7]).

---

(1) ABl. Nr. L 141 vom 11. 6. 1993, S. 27.
(2) ABl. Nr. L 386 vom 30. 12. 1989, S. 1. Richtlinie zuletzt geändert durch die Richtlinie 92/30/EWG (ABl. Nr. L 110 vom 28. 4. 1992, S. 52).
(3) ABl. Nr. L 228 vom 16. 8. 1973, S. 3 Richtlinie zuletzt geändert durch die Richtlinie 92/49/EWG (ABl. Nr. L 228 vom 11. 8. 1992, S. 1).
(4) ABl. Nr. L 63 vom 13. 3. 1979, S. 1. Richtlinie zuletzt geändert durch die Richtlinie 90/619/EWG (ABl. Nr. L 330 vom 29. 11. 1990, S. 50).
(5) ABl. Nr. 56 vom 4. 4. 1964, S. 878/64. Richtlinie geändert durch die Beitrittsakte von 1973.
(6) ABl. Nr. L 228 vom 11. 8. 1992, S. 1.
(7) ABl. Nr. L 360 vom 9. 12. 1992, S. 1.

Erklärung des Rates und des Parlaments zu Artikel 6 Absatz 1
Der Rat und das Parlament nehmen zur Kenntnis, daß die Kommission prüfen wird, ob es möglich und wünschenswert ist, die Berechnungsmethode für die Bedenkzeit in den derzeit geltenden Verbraucherschutzvorschriften, insbesondere der Richtlinie 85/577/EWG vom 20. Dezember 1985 betreffend den Verbraucherschutz im Falle von außerhalb von Geschäftsräumen geschlossenen Verträgen („Haustürgeschäfte") ([1]) zu harmonisieren.

Erklärung der Kommission zu Artikel 3 Absatz 1 erster Gedankenstrich
Die Kommission erkennt die Bedeutung des Verbraucherschutzes für Vertragsabschlüsse im Fernabsatz bei finanziellen Dienstleistungen an und hat daher ein Grünbuch „Finanzdienstleistungen – Wahrung der Verbraucherinteressen" vorgelegt. Im Lichte der Ergebnisse dieses Grünbuchs wird die Kommission prüfen, wie der Verbraucherschutz in die Finanzdienstleistungspolitik und in etwaige Rechtsvorschriften in diesem Bereich einbezogen werden kann, und erforderlichenfalls geeignete Vorschläge unterbreiten.

(1) ABl. Nr. L 372 vom 31. 12. 1985, S. 31.

Literaturverzeichnis

Bachmann, Internet und Internationales Privatrecht – Vertragsschluß und Haftung im Internet, in: *Lehmann* (Hrsg.), Internet- und Multimediarecht, Stuttgart 1997, 169

Bartl, Aktuelle Fragen des Bildschirmtextes, Der Betrieb 1982, 1097–1103

Bartl, Handbuch Btx-Recht, Mit Kommentar zum Bildschirmtext-Staatsvertrag, Heidelberg 1984

Baumbach-Hefermehl, Wettbewerbsrecht, 17. Auflage, 1993

Becker-Rehbinder (Hrsg.), Rechtsfragen internationaler Netze, Baden-Baden 1996

Boden-Barabas (Hrsg.), Internet – von der Technologie zum Wirtschaftsfaktor, Deutscher Internet Kongress '97 Düsseldorf, Heidelberg 1997

Borsum-Hoffmeister, Bildschirmtext und Vertragsrecht, Rechtsfragen unter besonderer Berücksichtigung der Bankgeschäfte, Band 3 der Reihe Wissenschaft und Praxis des Instituts für Rechtsinformatik der Universität Hannover, 1984

Borsum-Hoffmeister, Handeln unberechtigter Personen mittels Bildschirmtext, NJW 1985, 1205–1207

Boss-Ritter, Electronic Data Interchange Agreements, ICC 1993

Brandl-Schönberger, Datenschutz und Internet, ecolex 1996, 132

Brinkmann, Vertragsrechtliche Probleme bei Warenbestellungen über Bildschirmtext, Betriebsberater 1981, 1183–1190

Buckenberger, Fernschreiben und Fernkopien – Formerfordernisse, Absendung und Zugang, DB 1980, 289 ff.

Buckenberger, Teletex – Formerfordernisse, Absendung und Zugang, DB 1982, 634 ff.

Bundesamt für Justiz, Internet – neues Medium – neue Fragen ans Recht, Bericht einer interdepartementalen Arbeitsgruppe zu strafrechtlichen, datenschutzrechtlichen und urheberrechtlichen Fragen rund um Internet, Bern Mai 1996 (http://www.admin.ch/bj/infrecht/internet/indexd.htm)

Business Digital – Die große Multimedia-Studie von Bertelsmann Telemedia und Diebold, Eschborn 1996

Busl, Werberecht und Internationales Privatrecht/ Internationales Verfahrensrecht, in: *Schotthöfer* (Hrsg.), Handbuch des Werberechts in den EU-Staaten, 2. Auflage, Köln 1997

Clemens, Die elektronische Willenserklärung – Chancen und Gefahren, NJW 1985, 1998–2005

Czernich, Kauf- und Dienstleistungsverträge im Internet, ecolex 1996, 82

Dittrich-Matzka-Wittmann, Rechtsprobleme des Bildschirmtextbetriebes in Österreich, Studie für das BMWuF, Wien 1983

Emery, Internet im Unternehmen, Heidelberg 1996

Hance, Business and Law on the Internet, London 1996 (Original französisch)

Hansen (Hrsg.), Klare Sicht am Info-Highway, Wien 1996

Hoeren, Werberecht im Internet am Beispiel der ICC Guidelines on Interactive Marketing Communications, in: *Lehmann* (Hrsg.), Internet- und Multimediarecht, Stuttgart 1997, 111

Intertrader, Digital Money Online, Edinburgh 1997

Jaburek, Bildschirmtext und Recht, Wien 1984

Jaburek, Risiken elektronischer Datenübermittlung im Banken-, Handels- und Behördenbereich, Mannheim 1990

Kleier, Bildschirmtext – Wirtschaftliche und rechtliche Auswirkungen, WRP 1983, 534–540.

Köhler, Die Problematik automatisierter Rechtsvorgänge, insbesondere von Willenserklärungen, AcP 1982, 126–171

Koppe, Fernmeldeanlagen-Überwachungs-Verordnung, Datenschutz-Nachrichten 5/1995, 16

Koziol-Welser, Grundriß des bürgerlichen Rechts, 10. Auflage, Wien 1995, 1996

Kurz, Internet and the Law, Rockville 1996

Lehmann, Die Europäische Datenbankrichtlinie und Multimedia, in: *Lehmann* (Hrsg.), Internet- und Multimediarecht, Stuttgart 1997, 67

Madl, Vertragsabschluß im Internet, ecolex 1996, 79

Martin, Das Cyber-Unternehmen, Wien 1997 (Cybercorp, New York 1996)

Mayer, Recht und Cyberspace, NJW 1996, 1782–1791

Medienrecht und telematische Medien, ergänzter Entwurf der SPÖ einer Änderung des Mediengesetzes, Wien 1997 (http://www.spoe.or.at/news/zensur/...)

Micklitz, Verbraucherschutz und Bildschirmtext, NJW 1982, 263–268

Palandt, Bürgerliches Gesetzbuch, 56. Auflage, München 1997

Perritt, Law and the Information Superhighway, New York 1996

Pfeiler, Die Gerichtszuständigkeit nach dem Abkommen von Lugano, ecolex 1996, 659

Rosenoer, Cyberlaw: the law of the Internet, New York 1997

Rummel, Kommentar zum Allgemeinen Bürgerlichen Gesetzbuch, 2. Auflage, Wien 1990

Rummel, Telefax und Schriftform, Ostheim-FS (1990) 219 ff.

Schallbruch, Electronic Mail im Internet, Wie steht es mit dem Datenschutz? Datenschutz-Nachrichten 5/1995, 11

Schmölzer, Computer-Netzwerke und Strafrecht – eine internationale Herausforderung, in: *Terlitza-Schwarzegger-Boric* (Hrsg.), Die internationale Dimension des Rechts, Festschrift Willibald Posch, Wien 1996

Schmölzer, Internet und Strafrecht, in: Strafrechtliche Probleme der Gegenwart (StPdG) 25 (in Druck)

Schönherr-Wiltschek, UWG, 6. Auflage, Wien 1994

Sieber, Strafrechtliche Verantwortlichkeit für den Datenverkehr in internationalen Computernetzen, JZ 1996, 429 und 494

Smedinghoff (Ed), Online Law – The SPA's Legal Guide to Doing Business on the Internet, Addison-Wesley, Reading 1996

Smith, Graham, Internet Law and Regulation, London 1996

Stuckey, Internet and Online Law, Law Journal Seminars-Press, New York 1996

Taborsky, Elektronisches Geld – Zahlungsysteme im Internet, Diplomarbeit Wien 1996

Telefaxbürgschaft: OGH folgt BGH, RdW 1996, 196

Viebke, Durch Datenverarbeitungsanlagen abgegebene Willenserklärungen und ihre Anfechtung, Dissertation, Marburg 1972

VISA, Zusatzvereinbarung zum VISA-Händlervertrag für Teleorder, 1997

Waltl, Online-Netzwerke und Multimedia-Werbung und Vertrieb im Internet, in: *Lehmann* (Hrsg.), Internet- und Multimediarecht, Stuttgart 1997, 185

Welser, Die Haftung für Rat, Auskunft und Gutachten, Wien 1983

Wilhelm, Telefax: Zugang, Übermittlungsfehler und Formfragen, ecolex 1990, 208 ff.

Wolf, Big Brother Is Watching You, Computerwelt 17. 6. 1996, 31

Zeiler, Forum-Shopping in Europa, ecolex 1996, 725

Abkürzungsverzeichnis

ABGB	Allgemeines Bürgerliches Gesetzbuch (Österreich)
ABl.	Amtsblatt der Europäischen Gemeinschaften
AbzG	Abzahlungsgesetz
AcP	Archiv für die civilistische Praxis
AGB	Allgemeine Geschäftsbedingungen
AGBG	Gesetz zur Regelung des Rechts der Allgemeinen Geschäftsbedingungen (Deutschland)
AO	Abgabenordnung (Deutschland)
BAO	Bundesabgabenordnung (Österreich)
BB	Der Betriebsberater (Zeitschrift)
BDSG	Bundesdatenschutzgesetz
BGB	Bürgerliches Gesetzbuch (Deutschland)
BGBl.	Bundesgesetzblatt
BGE	Entscheidungen des Schweizerischen Bundesgerichts
BGH	Bundesgerichtshof (höchstes Zivil- und Strafgericht in Deutschland)
bps	Bits per second, Bits pro Sekunde
BSI	Bundesamt für Sicherheit in der Informationstechnik in Bonn
Btx	Bildschirmtext
BVG	Bundesverfassungsgesetz
BWG	Bankwesengesetz (Österreich)
CAFE	Conditional Access for Europe (EG-Forschungsprojekt)
CRL	Certificate Revocation List, Sperrliste ungültiger oder abgelaufener Zertifikate
d	deutsch(es)
DB	Der Betrieb (Zeitschrift)
DES	Data Encryption Standard, symmetrisches Verschlüsselungsverfahren
E-Cash	Electronic Cash, elektronisches Geld
EDI	Electronic Data Interchange
EGBGB	Einführungsgesetz zum Bürgerlichen Gesetzbuch (Deutschland)
EGMR	Europäischer Gerichtshof für Menschenrechte
EGV	EG-Vertrag
E-Mail	Electronic Mail, elektronische Post
EMRK	Europäische Menschenrechtskonvention
EuGH	Europäischer Gerichtshof
EuGVÜ	Europäische Übereinkommen über die Zuständigkeit und Vollstreckung gerichtlicher Entscheidungen in Zivil- und Handelssachen vom 27. 9. 1968
EvBl.	Evidenzblatt der Rechtsmittelentscheidungen in der „Österreichischen Juristen-Zeitung“
EWiR	Entscheidungen zum Wirtschaftsrecht
FSTC	Financial Services Technology Consortium

FTC	Federal Trade Commission
FTP	File Transfer Protocol
FÜV	Fernmeldeanlagen-Überwachungs-Verordnung
G	Gesetz (z. B. in MarkenG)
GewO	Gewerbeordnung (Österreich)
GJS	Gesetz über die Verbreitung jugendgefährdender Schriften
GRUR	Gewerblicher Rechtsschutz und Urheberrecht (Deutschland)
HausTWG	Gesetz über den Widerruf von Haustürgeschäften oder ähnlichen Geschäften vom 16. Januar 1986 (Deutschland)
HGB	Handelsgesetzbuch
ICC	International Chamber of Commerce (Internationale Handelskammer)
IDC	International Data Corporation
IDEA	International Data Encryption Standard, symmetrisches Verschlüsselungsverfahren
IP	Internet Protocol
IPR	Internationales Privatrecht
IPRG	Bundesgesetz über das Internationale Privatrecht
IRC	Internet Relay Chat
IuKDG	Gesetz zur Regelung der Rahmenbedingung für Informations- und Kommunikationsdienste (Informations- und Kommunikationsdienste-Gesetz)
JZ	(deutsche) Juristenzeitung
KSchG	Konsumentenschutzgesetz (Österreich)
LAN	Local Area Network, lokales Netzwerk
LG	Landgericht
LGZ	Landesgericht für Zivilrechtssachen
MB	Megabyte
MDR	Monatszeitschrift für Deutsches Recht
MedG	Mediengesetz (Österreich)
NJW	Neue Juristische Wochenschrift
NSF	National Science Foundation
ö	österreichisch(es)
Ob	Oberster Gerichtshof
ÖBl	Österreichische Blätter für gewerblichen Rechtsschutz und Urheberrecht
OGH	Oberster Gerichtshof (höchstes Zivil- und Strafgericht in Österreich)
ÖJZ	Österreichische Juristen-Zeitung
OLG	Oberlandesgericht
OR	Schweizerisches Obligationenrecht vom 30. März 1911
PGP	Pretty Good Privacy, Verschlüsselungs-Software
PIN	Personal Identification Number, persönliche Identifikationsnummer
PTT	Post- und Telegrafenverwaltung
RC4	symmetrisches Verschlüsselungsverfahren
RS	Rechtssache
RSA	asymmetrisches Verschlüsselungsverfahren, benannt nach seinen Erfindern Rivest, Shamir und Adleman
RZ	(österreichische) Richterzeitung
Rz	Randzahl

s	schweizerisch(es)
SET	Secure Electronic Transactions, kryptographisches Protokoll für Kreditkartenzahlungen
SigG	Signaturgesetz
SSL	Secure Socket Layer
StGB	Strafgesetzbuch
SZ	Entscheidungen des Österreichischen Obersten Gerichtshofes in Zivil-(und Justizverwaltungs-)sachen
TCP/IP	Transmission Control Protocol/ Internet Protocol
UNCITRAL	United Nations Commission on International Trade Law
UrhG	Urheberrechtsgesetz
URL	Uniform Resource Locator, Adresse im WWW
U.S.C.	United States Code (US-Gesetzessammlung)
UStG	Umsatzsteuergesetz
UWG	Gesetz gegen den Unlauteren Wettbewerb (Deutschland, Österreich, Schweiz)
V	Verordnung
VfGH	Verfassungsgerichtshof
WRP	Wettbewerb in Recht und Praxis
WWW	World-Wide Web

Anmerkungen

1 Die Zahlenangaben beruhen auf diversen Quellen, die einander widersprechen. Die Autoren haben versucht, unter Ausgleich der Widersprüche eine realistische Schätzung vorzunehmen.

2 Nähere Informationen finden Sie im Internet: <http://www.vocaltec.com>.

3 Nähere Informationen finden Sie im Internet: <http://www.cu-seeme/cornell.edu/>.

4 Nähere Informationen finden Sie im Internet: <http://welbtalk.qdeck.com/>.

5 Nähere Informationen finden Sie im Internet: <http://www.itelco.com>.

6 Nähere Informationen finden Sie im Internet: <http://www.digiphone.co.uk>.

7 Computerwoche 15/97.

8 Artikel 10 Absatz 2 Europäische Menschenrechtskonvention.

9 § 8a öApothekengesetz.

10 §§ 50 ff. öArzneimittelgesetz.

11 *Waltl*, Online-Netzwerke und Multimedia – Werbung und Vertrieb im Internet, in: *Lehmann* (Hrsg.), Internet- und Multimediarecht, Stuttgart 1997, 190.

12 EuGH 1979, 649.

13 EuGH 1987, 1227; GRUR 1987, 245 f.

14 OLG Hamburg NJW-RR 1990, 236 f.

15 Richtlinie des Rates zur Angleichung der Rechts- und Verwaltungsvorschriften der Mitgliedstaaten über irreführende Werbung (84/450/EWG).

16 Geänderter Vorschlag für eine Richtlinie des Europäischen Parlaments und des Rates über vergleichende Werbung und zur Änderung der Richtlinie 84/450/EWG über irreführende Werbung (94/C 136/04 vom 21. 4. 1994).

17 Richtlinie des Rates zur Koordinierung der Rechts- und Verwaltungsvorschriften der Mitgliedstaaten über die Ausübung der Fernsehtätigkeit (ABl. Nr. L 298/23 vom 17. 10. 1989).

18 Richtlinie des Rates vom 13. 11. 1989 zur Angleichung der Rechts- und Verwaltungsvorschriften der Mitgliedstaaten über die Etikettierung von Tabakerzeugnissen (89/622/EWG).

19 Richtlinie des Rates vom 18. 12. 1978 zur Angleichung der Rechtsvorschriften der

Mitgliedstaaten über die Etikettierung und Aufmachung von für den Endverbraucher bestimmten Lebensmitteln sowie die Werbung hierfür (79/112/EWG, Änderungen 89/395/EWG und 93/102/EG, Ergänzung durch 89/396/EWG Chargenkennzeichnung und 89/398/EWG diätetische Lebensmittel).

20 Richtlinien 88/314/EWG und 79/581/EWG geändert durch 88/315/EWG.

21 Verordnung Nr. 2081/92 des Rates vom 14. 7. 1992 zum Schutz von geographischen Angaben und Ursprungsbezeichnungen für Agrarerzeugnisse und Lebensmittel.

22 Verordnung (EWG) Nr. 880/92 des Rates vom 23. 3. 1992 betreffend ein gemeinschaftliches Verfahren zur Vergabe eines Umweltzeichens.

23 Richtlinie des Rates zur Angleichung der Rechts- und Verwaltungsvorschriften der Mitgliedstaaten über den Verbraucherkredit (87/102/EWG, geändert durch 90/88/EWG); Empfehlung der Kommission vom 14. 2. 1990 (90/109/EWG) zur Transparenz der Bankkonditionen bei grenzüberschreitenden Finanztransaktionen.

24 Richtlinie des Rates betreffend den Verbraucherschutz im Fall von außerhalb geschlossener Geschäftsräume geschlossenen Verträgen (85/577/EWG).

25 Richtlinie des Rates vom 13. 6. 1990 über Pauschalreisen (90/314/EWG).

26 Richtlinie 97/7/EG des Europäischen Parlaments und des Rates vom 20. 5. 1997 über den Verbraucherschutz bei Vertragsabschlüssen im Fernabsatz (ABl. L 144/19 vom 4. 6. 1997).

27 Richtlinie 95/46/EG des europäischen Parlaments und des Rates vom 24. 10. 1995 zum Schutz natürlicher Personen bei der Verarbeitung personenbezogener Daten und zum freien Datenverkehr (ABl. L 281/31/1995).

28 Mitteilung der Kommission an den Rat und das Parlament betreffend den Sprachengebrauch für die Information der Verbraucher in der Gemeinschaft.

29 Vgl. dazu *Hoeren*, Werberecht im Internet am Beispiel der ICC Guidelines on Interactive Marketing Communications, in: *Lehmann* (Hrsg.), Internet- und Multimediarecht, Stuttgart 1997, 111.

30 Vgl. *Pfeiler*, Die Gerichtszuständigkeit nach dem Abkommen von Lugano, ecolex 1996, 659.

31 *Busl*, Werberecht und Internationales Privatrecht/Internationales Verfahrensrecht, in: *Schotthöfer* (Hrsg.), Handbuch des Werberechts in den EU-Staaten, 2. Auflage, Köln 1997, RZ 35.

32 Vgl. etwa Gesetzblatt von Baden-Württemberg vom 10. 6. 1997, 181.

33 EGMR 24. 11. 1993, 36/1992/381/455459 Informationsverein Lentia u. a./Österreich.

34 VfGH 27. 9. 1995, G 1219-1244/95-21, G 1303/95-8, V 76-101/95-21, V 110/95-8: Die Bestimmung des Frequenzplans praktisch durch den ORF ist verfassungswidrig.

35 VfGH 27. 9. 1995, G 1256-1264/95-9: Das Verbot der Programmgestaltung durch Kabelrundfunkbetreiber widerspricht Artikel 10 Absatz 1 EMRK.

36 Verordnung Nr. 2081/92 des Rates vom 14. 7. 1992 zum Schutz von geographischen Angaben und Ursprungsbezeichnungen für Agrarerzeugnisse und Lebensmittel.

37 § 144 Markengesetz.

38 Richtlinie des Rates vom 18. Dezember 1978 zur Angleichung der Rechtsvorschriften der Mitgliedstaaten über die Etikettierung und Aufmachung von für den Endverbraucher bestimmten Lebensmitteln sowie die Werbung hierfür (79/112/EWG, ABl. L 33/1 vom 8. 2. 1979; Änderungen 89/395/EWG und 93/102/EG, Ergänzung durch 89/396/EWG Chargenkennzeichnung und 89/398/EWG diätetische Lebensmittel).

39 Vgl. in Deutschland das Lebensmittel- und Bedarfsgegenständegesetz; in Österreich § 6 öArzneimittelgesetz.

40 LG Trier 19. 9. 1996 – 7 HO 113/96.

41 § 8a öApothekengesetz.

42 §§ 50 ff. öArzneimittelgesetz.

43 21 U.S.C. § 352 (n).

44 Deutschland: § 14 Betäubungsmittelgesetz; Österreich: § 15 Suchtgiftgesetz.

45 15 U.S.C. § 1335.

46 Richtlinie des Rates vom 13. 11. 1989 zur Angleichung der Rechts- und Verwaltungsvorschriften der Mitgliedstaaten über die Etikettierung von Tabakerzeugnissen (89/622/EWG).

47 15 U.S.C. § 1333.

48 EuGH 1979, 649.

49 EuGH 1987, 1227; GRUR 1987, 245 f.

50 OLG Hamburg NJW-RR 1990, 236 f.

51 Vgl. Medienrecht und telematische Medien, ergänzter Entwurf der SPÖ einer Änderung des Mediengesetzes, Wien 1997 (http://www.spoe.or.at/news/zensur/...).

52 §§ 26, 50 MedG.

53 Richtlinie des Rates vom 10. September 1984 zur Angleichung der Rechts- und Verwaltungsvorschriften der Mitgliedstaaten über irreführende Werbung (84/450/EWG, ABl. L 250/17 vom 19. 9. 1984).

54 § 1 dUWG; § 1 öUWG; Artikel 2 sUWG.

55 § 13a dUWG.

56 Vgl. §§ 6 bis 8 dUWG; §§ 9c, 30, 33a–f öUWG; Artikel 21 sUWG.

57 § 14 dUWG; § 7 öUWG; Artikel 3 lit. a sUWG.

58 45 U.S.C. § 45.

59 Geänderter Vorschlag für eine Richtlinie des Europäischen Parlaments und des Rates über vergleichende Werbung und zur Änderung der Richtlinie 84/450/EWG über irreführende Werbung (94/C 136/04) vom 21. 4. 1994.

60 Vgl. Artikel 3 lit. c sUWG, Grundsatz Nr. 3.6. der Grundsätze der Schweizerischen Kommission für die Lauterkeit in der Werbung (Fassung 1996).

61 Richtlinie des Rates über den Schutz der Verbraucher bei der Angabe der Lebensmittelpreise (79/581/EWG, geändert durch 88/315/EWG); Richtlinie des Rates vom 7. Juni 1988 über den Schutz der Verbraucher bei der Angabe der Preise von anderen Erzeugnissen als Lebensmitteln (88/314/EWG).

62 §§ 7, 8 dUWG; §§ 33a–f öUWG.

63 Vgl. FTC Guide Against Bait Advertising.

64 Schweiz: Artikel 16 Preisbekanntgabeverordnung; USA: FTC Guide against Deceptive Pricing.

65 Deutschland: § 1 ZugabeV; Österreich: § 9a öUWG.

66 Artikel 3 lit. g sUWG.

67 § 28 öUWG.

68 § 6c dUWG.

69 § 27 öUWG.

70 Vgl. dazu im Detail *Sieber*, Strafrechtliche Verantwortlichkeit für den Datenverkehr in internationalen Computernetzen, JZ 1996, 429 und 494.

71 NJW 1991, 2087.

72 OGH 18. 10. 1994, 4 Ob 107/94, ÖBI, 1995, 12.

73 EuGH, Urteil im Fall Alpine Investments BV / Minister van Financien RS C 384/93 vom 10. 5. 1995.

74 NJW 1996, 330.

75 OLG Graz 5. 3. 1992, 6 R 227/91, ÖJZ 1995/27 (EvBl.) und LGZ Wien 22. 8. 1994, 40 R 341/94, ÖJZ 1995/28 (EvBl.).

76 BGH 3. 1. 1988, I ZR 222/85, JZ 1988/612, NJW 1988, 1670.

77 Deutschland: § 37 Absatz 2 dHGB; Österreich: § 37 öHGB; Artikel 8 Pariser Verbandsübereinkunft.

78 § 12 BGB; § 43 ABGB.

79 LG Mannheim CR 1996, 353.

80 OLG Frankfurt 13. 2. 1997, 6 W 5/97.

81 Deutschland: § 134 MarkenG 1994; Österreich: § 51 MarkenschutzG.

82 Andere Meinung: *Waltl,* Online-Netzwerke und Multimedia-Werbung und Vertrieb im Internet, in: *Lehmann* (Hrsg.), Internet- und Multimediarecht, Stuttgart 1997, 195.

83 Deutschland: § 14 MarkenG; Österreich: § 12 MarkenschutzG.

84 Artikel 6bis Pariser Verbandsübereinkunft.

85 Verordnung (EG) Nr. 40/94 des Rates vom 20. 12. 1993 über die Gemeinschaftsmarke.

86 Richtlinie 96/9 des Europäischen Parlaments und des Rates über den rechtlichen Schutz von Datenbanken vom 11. März 1996, ABl. L 77/20 vom 27. 3. 1996; vgl. *Lehmann*, Die Europäische Datenbankrichtlinie und Multimedia, in: *Lehmann* (Hrsg.), Internet- und Multimediarecht, Stuttgart 1997, 67; vgl. Artikel 7 des IuKDG.

87 Deutschland: § 13 Absatz 4 dUWG, § 2 Absatz 1 ZugabeVO, § 12 Absatz 2 RabattG, § 100 dUrhG, § 14 Absatz 7 MarkenG; Österreich: §§ 18, 19 öUWG, § 56 öMarkSchG i. V. m. § 152 PatentG, § 88 öUrhG.

88 *Schmölzer*, Computer-Netzwerke und Strafrecht – eine internationale Herausforderung, in: *Terlitza-Schwarzegger-Boric* (Hrsg.), Die internationale Dimension des Rechts, Festschrift Willibald Posch, Wien 1996; *Schmölzer*, Internet und Strafrecht, in: Strafrechtliche Probleme der Gegenwart (StPdG) 25 (in Druck).

89 BGE 121 IV 109. Hierbei wurde der Generaldirektor der PTT wegen Beihilfe zu Pornographie durch Beistellung von Telefondiensten für Sex-Hotlines trotz Warnung durch den Staatsanwalt verurteilt.

90 *Wolf*, Big Brother Is Watching You, Computerwelt 17. 6. 1996, 31.

91 Deutschland: § 85 Telekommunikationsgesetz; Österreich: §§ 88, 102 Telekommunikationsgesetz.

92 *Koppe*, Fernmeldeanlagen-Überwachungs-Verordnung, Datenschutz-Nachrichten 5/1995, 16.

93 *Brandl-Schönberger*, Datenschutz und Internet, ecolex 1996, 132.

94 Gemeinsamer Standpunkt des Rates 8937/96 vom 27. 8. 1996.

95 *Hansen* (Hrsg.), Klare Sicht am Info-Highway, Wien 1996, 132 ff.

96 Vgl. etwa §§ 39 ff. des österreichischen Bankwesengesetzes 1993.

97 § 9 dStGB.

98 § 67 Absatz 2 öStGB.

99 *Zeiler*, Forum-Shopping in Europa, ecolex 1996, 725.

100 Artikel 27 EGBGB; § 35 öIPRG; Artikel 116 sIPRG.

101 Artikel 28 EGBGB; § 36 IPRG.

102 *Bachmann*, Internet und Internationales Privatrecht – Vertragsschluß und Haftung im Internet, in: *Lehmann* (Hrsg.), Internet- und Multimediarecht, Stuttgart 1997, 176. *Madl*, Vertragsabschluß im Internet, ecolex 1996, 79 (84), will hier eine Ausnahme dann zulassen, wenn der Anbieter in seinem Angebot explizit anmerkt, es sei nicht für den bestimmten Staat des Verbrauchers gedacht.

103 Deutschland: Artikel 29 EGBGB; § 12 AGBG sieht sogar eine „Berücksichtigung" des AGBG vor, falls gültig ausländisches Recht vereinbart wurde; Österreich: § 41 IPRG.

104 Uniform Commercial Code 2-201.

105 § 432 ABGB; § 313 BGB; Artikel 216 OR.

106 Vgl. etwa Österreich: § 33 Bankwesengesetz; Schweiz: Artikel 8 Bundesgesetz über den Konsumkredit 1993.

107 § 1346 ABGB; § 766 BGB.

108 § 1b Abzahlungsgesetz.

109 § 3 Konsumentenschutzgesetz.

110 § 126 BGB; § 886 ABGB; Artikel 13 f. OR.

111 Deutscher Bundesgerichtshof (BGH) 24, 298; Österr. Oberster Gerichtshof (OGH) SZ 25/302; OGH 5 Ob 535/85.

112 *Buckenberger*, Fernschreiben und Fernkopien – Formerfordernisse, Absendung und Zugang, DB 1980, 289 ff.; *Buckenberger*, Teletex – Formerfordernisse, Absendung und Zugang, DB 1982, 634 ff.

113 BGH NJW 1993, 1126; OGH 2. 7. 1993, 1 Ob 525/93, JBl 1994/119 = ecolex 1994, 159; OGH 27 .3. 1995, 1 Ob 515/95, ecolex 1995, 487. *Wilhelm*, Telefax: Zugang, Übermittlungsfehler und Formfragen, ecolex 1990, 208 ff. Andere Meinung: *Rummel*, Telefax und Schriftform, Ostheim-FS (1990) 219 ff. Für den Bereich des Medienrechts hat das OLG Wien (10. 4. 1989, 27 Bs 69/89) allerdings ein Entgegnungsbegehren per Telefax als schriftlich gelten lassen. Vgl. auch Telefaxbürgschaft: OGH folgt BGH, RdW 1996, 196; *Koziol*, EWiR 1993, 562.

114 OGH in RZ 1938, 61; SZ 17/150.

115 Vgl. *Blocher* in *Hansen*, Klare Sicht 170; *Jaburek*, Bildschirmtext, 50; *Jaburek*, Risiken, 53.

116 § 1a AbzG; § 24 KSchG; Artikel 226c OR.

117 Text im Anhang. Eine Einführung in die Technik der digitalen Signatur und des SigG und der Durchführung durch eine Verordnung ist im Punkt 6.2 zu finden.

118 Dem Autor liegt ein Vorentwurf vom Juni 1996 vor.

119 Vgl. zum folgenden generell *Jaburek*, Bildschirmtext und Recht, Wien 1984, 50 ff.; im speziellen *Palandt* RZ 1 zu § 145 BGB; OGH SZ 45/102; OGH JBL 1984, 487; OGH RZ 1985/15; OGH ÖBA 1989, 1136; *Koziol-Welser*, I 104.

120 *Rummel* in *Rummel* RZ 2 zu § 861 ABGB.

121 *Palandt* RZ 1 zu § 145 BGB; *Koziol-Welser*, I 104; *Bartl*, Aktuelle Fragen des Bildschirmtextes, DB 21 (1982), 1097–1103; *Brinkmann*, Vertragsrechtliche Probleme bei Warenbestellungen über Bildschirmtext, Betriebsberater 1981, 1183–1190; *Blocher* in *Hansen*, Klare Sicht, 167; *Madl*, Vertragsabschluß im Internet, ecolex 1996, 79.

122 *Micklitz*, Verbraucherschutz und Bildschirmtext, NJW 1982, 263–268.

123 Vgl. OLG Oldenburg, CR 9/1993, 558.

124 *Waltl*, Online-Netzwerke und Multimedia – Werbung und Vertrieb im Internet, in: *Lehmann* (Hrsg.), Internet- und Multimediarecht, Stuttgart 1997, 197.

125 *Baumbach-Hefermehl*, Wettbewerbsrecht, 17. Auflage, 1993, Anm. 13 zu § 1 UWG; *Schönherr-Wiltschek*, UWG, 6. Auflage, Wien 1994, Fall 802 zu § 2 UWG.

126 Vgl. *Jaburek*, Risiken elektronischer Datenübermittlung im Banken-, Handels- und Behördenbereich, Mannheim 1990, 87 ff.

127 Vgl. *Jaburek*, Bildschirmtext und Recht, Wien 1984, 53; *Madl*, Vertragsabschluß im Internet, ecolex 1996, 79 (80).

128 Deutschland: §§ 145–149 BGB; Österreich: § 862 ABGB; Schweiz: Artikel 4, 5 OR.

129 Deutschland: § 151 BGB; Österreich: § 862 ABGB.

130 Artikel 6 OR.

131 Deutschland: § 149 BGB; Österreich: § 862a zweiter Satz ABGB; Schweiz: Artikel 5 Absatz 3 OR.

132 Deutschland: § 150 BGB; herrschende Lehre in Österreich und Schweiz.

133 Deutschland: § 10 Z. 1 Gesetz über Allgemeine Geschäftsbedingungen (AGBG), Österreich: § 6 Absatz 1 Z. 1 KonsumentenschutzG.

134 *Eckert* DB 1994, 717.

135 NJW 1996, 929.

136 *Madl*, Vertragsabschluß im Internet, ecolex 1996, 79 (80).

137 Richtlinie 97/7/EG des Europäischen Parlaments und des Rates vom 20. 5. 1997 über den Verbraucherschutz bei Vertragsabschlüssen im Fernabsatz (ABl. L 144/19 vom 4. 6. 1997).

138 *Clemens*, Die elektronische Willenserklärung – Chancen und Gefahren, NJW 1985, 1998–2005; *Susat-Stolzenberg* MDR 1957, 146.

139 *Viebke*, Durch Datenverarbeitungsanlagen abgegebene Willenserklärungen und ihre Anfechtung, Dissertation, Marburg 1972; *Köhler*, Die Problematik automatisierter Rechtsvorgänge, insbesondere von Willenserklärungen, AcP 1982, 126–171; *Redeker* NJW 1984, 2390.

140 § 121 BGB.

141 § 122 BGB.

142 Artikel 31 OR.

143 Vgl. *Koziol-Welser* I 90.

144 § 871 ABGB.

145 § 901 ABGB; Artikel 24 Absatz 2 OR.

146 § 871 Absatz 2 ABGB.

147 Für die BRD vgl. *Borsum-Hoffmeister*, Bildschirmtext und Vertragsrecht, Band 3 der Reihe Wissenschaft und Praxis des Instituts für Rechtsinformatik der Universität Hannover,1984, 49 ff.

148 *Borsum-Hoffmeister*, Handeln unberechtigter Personen mittels Bildschirmtext, NJW 1985, 1205–1207; *Brinkmann*, Vertragsrechtliche Probleme bei Warenbestellungen über Bildschirmtext, BB 1981, 1183–1190; *Kleier*, Bildschirmtext – Wirtschaftliche und rechtliche Auswirkungen, WRP 1983, 534–540.

149 Vgl. *Strasser* in *Rummel* RZ 44 zu § 1002.

150 *Köhler*, Die Problematik automatisierter Rechtsvorgänge, insbesondere von Willenserklärungen, AcP 1982, 149 mit weiteren Nachweisen.

151 *Palandt*, Einführung zum AGBG.

152 Deutschland: § 2 AGBG; Österreich: *Rummel* in *Rummel* RZ 2 zu § 864a ABGB.

153 *Koziol-Welser* I 111.

154 Vgl. *Bachmann*, Internet und Internationales Privatrecht – Vertragsschluß und Haftung im Internet, in: *Lehmann* (Hrsg.), Internet- und Multimediarecht, Stuttgart 1997, 174.

155 *Waltl*, Online-Netzwerke und Multimedia – Werbung und Vertrieb im Internet, in: *Lehmann* (Hrsg.), Internet- und Multimediarecht, Stuttgart 1997, 202.

156 § 35 Absatz 1 Z. 2 BWG.

157 *Palandt* RZ 3 zu § 2 AGBG.

158 *Waltl*, Online-Netzwerke und Multimedia – Werbung und Vertrieb im Internet, in: *Lehmann* (Hrsg.), Internet- und Multimediarecht, Stuttgart 1997, 202.

159 Zusatzvereinbarung zum VISA-Händlervertrag für Teleorder, Punkt 5. Analog die Regelungen bei Mastercard/Eurocard.

160 Alle Vertragsvereinbarungen, die dem Karteninhaber ohne Abgabe seiner Unterschrift am Einzugsbeleg die Zustimmung zur Belastung seines Kartenkontos bzw. den Verzicht auf Einspruch unterstellen, sind im Sinne des § 879 ABGB nach Rechtsmeinung namhafter Experten klar als sittenwidrig zu qualifizieren und daher nicht wirksam. Schließlich ist die Kreditkartennummer öffentlich einsichtbar. Ein Kreditkarten-Abrechnungs-

beleg ohne die Unterschrift des Karteninhabers hätte dann bloß den Stellenwert eines bedruckten Papierblatts!

161 Geschäftsbedingungen für den Gebrauch der VISA-Karte, Fassung 3/96, Punkte 5, 8, 13.

162 Zusatzvereinbarung zum VISA-Händlervertrag für Teleorder, Punkt 9. Analog die Regelungen bei Mastercard/ Eurocard.

163 Netscape Secure Server, Netscape Commerce Server, MS Internet Server, MS Commerce Internet System etc.

164 Die Registrierung wird dabei meistens direkt bei RSA oder Verisign vorgenommen.

165 Nähere Informationen finden Sie im Internet: <http://www.visa.com/cgi-bin/vee/sf/set/intro.html>.

166 Bei einem Electronic Wallet handelt es sich um eine Software-Erweiterung, die einmalig in der Browser-Software des Karteninhabers zu installieren ist, um dann als Zusatzfunktion zur Verfügung zu stehen.

167 Nähere Informationen finden Sie im Internet: <http://www.cybercash.com>.

168 Weitere Informationen finden Sie im Internet: <http://www.fv.com>.

169 Nähere Informationen finden Sie im Internet: <http://www.fstc.org>.

170 Nähere Informationen finden Sie im Internet: <http://www.digicash.com>.

171 Nähere Informationen finden Sie im Internet: <http://www.cybercash.com>.

172 Nähere Informationen finden Sie im Internet: <http://www.research.digital.com/SRC/millicent/>.

173 Nähere Informationen finden Sie im Internet: <http://www.digicash.com/products/projects/cafe.html>.

174 Nähere Informationen finden Sie im Internet: <http://www.mondex.com>.

175 In Österreich sind zur Zeit rund 4000 Bankomaten im Einsatz.

176 Nähere Informationen finden Sie im Internet: <http://www.netbill.com>.

177 Nähere Informationen finden Sie im Internet: <http://www.w3.org/pub/WWW/Payments/jepi.html>.

178 Das DES-Verfahren wurde im Auftrag der US-Regierung ausschließlich von IBM entwickelt und basiert auf lineare Transformation von 64-Bit-Datenblöcken. Kritiker weisen auf die alleinige Auftragsvergabe an IBM und auf die verhältnismäßig kurze Schlüssel-Länge von 56 Bit hin.

179 Das IDEA-Verfahren von Xueija Lay und James Massey wurde in der Schweiz für die nichtkommerzielle Verwendung in der Verschlüsselungs-Software PGP (Pretty Good Privacy) entwickelt und basiert auf nichtlinearer Transformationen von 64-Bit-Datenblöcken. Die Schlüssel-Länge von 128 Bit gilt als sehr sicher.

180 Das RC4-Verfahren wurde 1987 von Ron Rivest entwickelt und basiert auf einer laufenden Verschlüsselung des Bit-Datenstroms. Die Schlüssel-Länge ist variabel bis 2048 Bit.

181 Das RSA-Verfahren wurde 1977 von Ronald Rivest, Adi Shamir und Len Adleman entwikkelt und basiert im wesentlichen auf Faktorenzerlegung von Produkten aus Primzahlen.

182 Die handelsüblichen Browser-Programme Netscape Navigator 3.0 und Microsoft Internet Explorer 3.0 unterstützen bereits die Public-Key-Verschlüsselung. Der Private-Key wird unmittelbar nach der Erzeugung vom Browser verschlüsselt, mit einem vom Benutzer zu wählenden Paßwort versehen und zum Beispiel in den „Preferences" auf der Festplatte abgespeichert.

183 Zertifizierungsstellen werden auch Certification Authorities (CA), Trusted Third Parties (TTP) oder Public Certification Authorities (PCA) genannt.

184 Die häufigsten heute verwendeten Prüfsummenverfahren heißen MD2, MD4, und MD5; sie wurden von Ron Rivest entwickelt und verkürzen eine Nachricht auf einen Hash-Code in der Länge von 128 Bit. Andere Verfahren sind SHA-1, RIPEMD oder CS4.

185 Nach dem SigG muß der Name des Zertifikanten eindeutig sein und ist gegebenenfalls mit einem Zusatz zu versehen, damit er nicht mit anderen Namen verwechselt werden kann.

186 Gesetz des Bundes zur Regelung der Rahmenbedingungen für Informations- und Kommunikationsdienste (IuKDG).

187 Die Verisign, Inc. ging 1992 aus der RSA Data Security, Inc. und anderen führenden Unternehmen hervor. Nähere Informationen finden Sie im Internet: <http://www.verisign.com/>.

188 Nähere Informationen finden Sie im Internet: <http://www.cci.de/cci/its/trustc.htm>.

189 Nähere Informationen finden Sie im Internet: <http://www.telesec.de/>.

190 Nähere Informationen finden Sie im Internet: <http://www.cert.dfn.de/dfnpca>.

191 Nähere Informationen finden Sie im Internet: <http://www.keyserver.ad.or.at>.

Stichwortverzeichnis

Walter Berka
Das Recht der Massenmedien

Studien zu Politik und Verwaltung

Herausgegeben von
Christian Brünner · Wolfgang Mantl · Manfried Welan
Band 27

WALTER BERKA

Das Recht der Massenmedien

Ein Lehr- und Handbuch für Studium und Praxis

mit Wiedergabe des
Medien- und Rundfunkgesetzes

BÖHLAU VERLAG WIEN · KÖLN · GRAZ

Gedruckt mit Unterstützung durch
den Fonds zur Förderung der wissenschaftlichen Forschung,
das Amt der Steiermärkischen Landesregierung,
den René-Marcic-Fonds,
die Stiftungs- und Förderungsgesellschaft der Paris-Lodron-Universität Salzburg.

CIP-Titelaufnahme der Deutschen Bibliothek
Berka Walter:
Das Recht der Massenmedien : ein Lehr- und Handbuch für Studium und Praxis mit Wiedergabe d. Medien- u. Rundfunkgesetzes / Walter Berka. - Wien ; Köln ; Graz : Böhlau, 1989
(Studien zu Politik und Verwaltung ; Bd. 27)
ISBN 3-205-05194-7
NE: GT

ISBN 3-205-05194-7

Satz: Peter Paul Kloß, 1230 Wien
Druck: Novographic, 1238 Wien

Für David, Tobias, Johanna
und Gabriele

Inhalt

Vorwort

Wie in keiner Zeit zuvor beeinflussen die Massenmedien heute die Gesellschaft und das Leben des Einzelnen in der Gesellschaft. Presse und Rundfunk prägen unser Bewußtsein von der Realität. Sie zwingen bereits durch ihre bloße Existenz der Politik und Kultur ihre eigenen Gesetzmäßigkeiten auf. Für viele Menschen sind sie zu alltäglichen Lebensbegleitern geworden. Daneben sind die Massenmedien aber auch Schaltstellen und Träger gesellschaftlicher und wirtschaftlicher Macht und den Gesetzmäßigkeiten eines Marktes unterworfen, auf dem Nachrichten und Unterhaltung einen Marktwert haben und das mediale Image von Personen oder Produkten zur vermarktbaren Ware geworden ist. Die Frage nach der Verantwortung der Massenmedien gegenüber der Gesellschaft und dem Einzelnen stellt sich daher immer wieder aufs neue. In unserer Tradition ist sie eng mit den Werten der bürgerlichen Selbstaufklärung, der politischen Mündigkeit und des kulturellen Fortschritts verbunden. Die Medien sollen uns alle jene Informationen objektiv vermitteln, die wir zur Lebens- und Weltbewältigung benötigen, sie sollen uns den Zugang zu der Kultur unserer Gesellschaft eröffnen, und sie sollen ein Forum sein für die geistigen und politischen Auseinandersetzungen einer offenen Gesellschaft.

Diese umfassende publizistische Verantwortung kann durch die staatliche Rechtsordnung weder erzwungen noch gewährleistet werden. Sie kann es umso weniger, weil Verantwortung auf einen Spielraum der Freiheit angewiesen ist, weil die Objektivität der Berichterstattung durch den Staat nicht definiert und ihre Wahrhaftigkeit nicht durch eine staatlich approbierte Wahrheit ersetzt werden darf. Das staatliche Medienrecht formt aber die rechtliche Verantwortung der Medien aus, die bei der Sammlung und Verbreitung von Informationen mit öffentlichen und privaten Rechtsgütern in Konflikt geraten können, es setzt die Rahmenbedingungen, innerhalb derer sich die publizistische Verantwortung entfalten kann, und es kann gewisse Strukturen der publizistischen Verantwortung schaffen. Diesem Recht der Massenmedien wendet sich das vorliegende Buch zu.

Es möchte alle jene ansprechen, die eine problemorientierte Einführung in dieses Rechtsgebiet suchen. Daher werden die sachlichen Regelungsprobleme und die Grundzüge der Lösungen, die die Rechtsordnung anzubieten hat, in den Vordergrund gestellt, auch wenn das bedeutet, daß mitunter manche juristischen Einzelheiten nicht mehr bis in die letzte Verästelung verfolgt werden können. Der Jurist wird bei der Lösung komplizierter praktischer Fragen weiterhin die bewährte Kommentarliteratur mit heranziehen müssen. Ihm soll die Darstellung aber zumindest einen Überblick vermitteln, die Grundstrukturen und Zusammenhänge verzweigter Regelungsbereiche verdeutlichen und die weiterführende Literatur und Rechtsprechung erschließen.

Die einzelnen Massenmedien stehen heute in einem vielfach verflochtenen Wirkungsverbund. Dem ist auch bei einer Darstellung des Rechts der Massenmedien durch eine grundsätzlich alle Massenmedien einschließende Behandlung Rechnung zu tragen. Entsprechend ihrer praktischen Bedeutung werden allerdings die Rechtsprobleme von Presse und Rundfunk im Vordergrund stehen, während die übrigen Massenmedien (Film, Video, Buch) zumindest soweit mit berücksichtigt werden konnten, als es der gegebene Rahmen erlaubt. Eine Darstellung des Rechts der Massenmedien unter dem leitenden Gesichtspunkt der Medienverantwortung kann sich schließlich auch nicht mit einer Behandlung nur der spezifisch medienrechtlichen Bestimmungen des Mediengesetzes und des Rundfunkgesetzes begnügen. Vielmehr wird hier erstmals der Versuch unternommen, alle Rechtsvorschriften geschlossen darzustellen, die den publizistischen Prozeß betreffen und die die Arbeit und Organisation der Massenmedien bestimmen. Nicht behandelt werden allerdings diejenigen „Neuen Medien", die schwergewichtig nicht der Massenkommunikation, sondern wie der Bildschirmtext (Btx) den individuellen Informationssystemen zuzurechnen sind. Denn obwohl die Grenzen zwischen Individual- und Massenkommunikation in gewisser Weise fließend geworden sind, unterscheiden sich diese neuen Informationsdienste nach ihrer Aufgabe, Struktur und den daraus folgenden Rechtsproblemen so wesentlich von den publizistischen Medien, daß eine nur beiläufige Behandlung ausscheidet.

Gesetzgebung, Literatur und Rechtsprechung sind mit dem Stand Herbst 1988 berücksichtigt. Ein Verzeichnis der abgekürzt zitierten Literatur befindet sich am Ende des Buches, wo auch der Text der einschlägigen Grundrechte, des Mediengesetzes und des Rundfunkgesetzes wiedergegeben sind.

Salzburg, im Dezember 1988 *Walter Berka*

Abkürzungen

A	Archiv
aA	anderer Ansicht
aaO	am angeführten Ort
ABGB	Allgemeines bürgerliches Gesetzbuch vom 1. Juni 1811 JGS 946, zuletzt geändert BGBl 1988/179
abgedr	abgedruckt
Abs	Absatz
AfP	Archiv für Presserecht
AngestelltenG	Angestelltengesetz vom 11. Mai 1921 BGBl 292, zuletzt geändert BGBl 1983/544
Anm	Anmerkung
AnwBl	Österreichisches Anwaltsblatt
AöR	Archiv des öffentlichen Rechts
APA	Austria Presse Agentur
Arb	Sammlung von arbeitsrechtlichen Entscheidungen der Gerichte und Einigungsämter
ArbVG	Arbeitsverfassungsgesetz vom 14. Dezember 1973 BGBl 1974/22, zuletzt geändert BGBl 1988/196
Art	Artikel
AVG	Allgemeines Verwaltungsverfahrensgesetz 1950 BGBl 172, zuletzt geändert BGBl 1983/136
Bericht JA	Bericht des Justizausschusses über die Regierungsvorlage zum MedienG, 743 BlgNR 15. GP
BG	Bundesgesetz
BGBl	Bundesgesetzblatt
BlgNR	Beilagen zu den Stenographischen Protokollen des Nationalrates
BReg	Bundesregierung
BVerfG	(deutsches) Bundesverfassungsgericht
BVerfGE	Entscheidungen des (deutschen) Bundesverfassungsgerichts
B-VG	Bundes-Verfassungsgesetz in der Fassung von 1929, BGBl 1930/1, zuletzt geändert BGBl 1988/341

BVG-Rundfunk	Bundesverfassungsgesetz vom 10. Juli 1974 über die Sicherung der Unabhängigkeit des Rundfunks BGBl 396
dh	das heißt
Diss	Dissertation
DöV	Die öffentliche Verwaltung
DRdA	Das Recht der Arbeit
DSG	Datenschutzgesetz vom 18. Oktober 1978 BGBl 565, zuletzt geändert BGBl 1988/233
EB	Erläuternde Bemerkungen
EGMR	(Europäischer) Gerichtshof für Menschenrechte
EGVG	Einführungsgesetz zu den Verwaltungsverfahrensgesetzen 1950, BGBl 172, zuletzt geändert BGBl 1986/563
EKMR	(Europäische) Kommission für Menschenrechte
EuGRZ	Europäische Grundrechte-Zeitschrift
EvBl	Evidenzblatt der Rechtsmittelentscheidungen
FG	Fernmeldegesetz vom 13. Juli 1949 BGBl 170, zuletzt geändert BGBl 1974/477
FN	Fußnote
FS	Festschrift
G	Gesetz
geänd	geändert
GewO	Gewerbeordnung 1973 BGBl 1974/50, zuletzt geändert BGBl 1988/399
GG	Grundgesetz für die Bundesrepublik Deutschland dBGBl 1948, S 1, zuletzt geändert dBGBl 1983 I S 1481
GP	Gesetzgebungsperiode
GRUR Int	Gewerblicher Rechtsschutz und Urheberrecht, internationaler Teil
GS	Gedächtnisschrift
H	Heft
Hrsg	Herausgeber
hrsg	herausgegeben
ITU	International Telecommunication Union
JBl	Juristische Blätter
JournalistenG	Journalistengesetz vom 11. Februar 1920 StGBl 88, zuletzt geändert BGBl 1983/81

KartellG	BG vom 19. Oktober 1988 über Kartelle und andere Wettbewerbsbeschränkungen (Kartellgesetz 1988 – KartG 1988) BGBl 600
KonsumentenschutzG	Konsumentenschutzgesetz vom 8. März 1979 BGBl 140, zuletzt geändert BGBl 1985/481
LGBl	Landesgesetzblatt
lt	laut
MedienG	BG vom 12. Juni 1981 über die Presse und andere publizistische Medien (Mediengesetz) BGBl 314, zuletzt geändert BGBl 1988/233
MRK	Konvention zum Schutze der Menschenrechte und Grundfreiheiten vom 4. November 1950 BGBl 1958/210, mit Verfassungsrang ausgestattet durch BVG vom 4. März 1964 BGBl 59
MuR	Medien und Recht
m weit Nachw	mit weiteren Nachweisen
NR	Nationalrat
ÖBl	Österreichische Blätter für gewerblichen Rechtsschutz und Urheberrecht
OGH	Oberster Gerichtshof
ÖHZ	Österreichische Hochschulzeitung
ÖJT	Österreichischer Juristentag
ÖJZ	Österreichische Juristen-Zeitung
ÖJZ-LSK	Österreichische Juristen-Zeitung / Leitsatzkartei
ÖZPW	Österreichische Zeitschrift für Politikwissenschaft
OHG	offene Handelsgesellschaft
oJ	ohne Jahr
OLG	Oberlandesgericht
ORF	Österreichischer Rundfunk
PornG	BG vom 31. März 1950 über die Bekämpfung unzüchtiger Veröffentlichungen und den Schutz der Jugend gegen sittliche Gefährdung BGBl 97, zuletzt geändert BGBl 1972/46 (Aufhebung des § 10 Abs 2 durch den VfGH)
PresseG 1922	Pressegesetz vom 7. April 1922 BGBl 218, zuletzt geändert BGBl 1966/104 (aufgehoben durch BGBl 1981/314)
rd	rund
RdS	Recht der Schule

Rdz	Randziffer
RFG 1966	BG vom 8. Juli 1966 über die Aufgaben und die Einrichtung der „Österreichischer Rundfunk Gesellschaft m.b.H." (Rundfunkgesetz) BGBl 195 (aufgehoben durch BGBl 1974/397)
RFG 1974	BG über die Aufgaben und die Einrichtung des Österreichischen Rundfunks (Rundfunkgesetz – RFG) BGBl 1984/379, zuletzt geändert BGBl 1987/606
RFK	Kommission zur Wahrung des Rundfunkgesetzes
RfR	Rundfunkrecht, Beilage zur Zeitschrift Österreichische Blätter für gewerblichen Rechtsschutz und Urheberrecht
RGBl	Reichsgesetzblatt
Rspr	Rechtsprechung
RuF	Rundfunk und Fernsehen
RV MedienG 1975	Regierungsvorlage eines Mediengesetzes vom 26. November 1975, 54 BlgNR 14. GP
RV MedienG 1979	Regierungsvorlage eines Mediengesetzes vom 5. Juni 1979, 2 BlgNR 15. GP
RZ	Österreichische Richterzeitung
SSt	Entscheidungen des österreichischen Obersten Gerichtshofes in Strafsachen und Disziplinarangelegenheiten
Stb	Der Staatsbürger – Beilage zu den „Salzburger Nachrichten"
StGB	BG vom 23. Jänner 1974 über die mit gerichtlicher Strafe bedrohten Handlungen (Strafgesetzbuch – StGB) BGBl 60, zuletzt geändert BGBl 1987/605
StGBl	Staatsgesetzblatt
StGG	Staatsgrundgesetz über die allgemeinen Rechte der Staatsbürger RGBl 1867/142, zuletzt geändert BGBl 1982/262
StPO	Strafprozeßordnung 1975 BGBl 631, zuletzt geändert BGBl 1987/605
StVO	Straßenverkehrsordnung 1960 BGBl 159, zuletzt geändert BGBl 1987/213 und 1987/573
SWA-Rechtsgutachten	Rechtsgutachten der Sozialwissenschaftlichen Arbeitsgemeinschaft
SZ	Entscheidungen des österreichischen Obersten Gerichtshofes in Zivilsachen
ua	unter anderem
UFITA	Archiv für Urheber-, Film-, Funk- und Theaterrecht

UrhG	BG vom 19. April 1936 über das Urheberrecht an Werken der Literatur und der Kunst und über verwandte Schutzrechte BGBl 111, zuletzt geändert BGBl 1988/601
usw	und so weiter
UWG	BG gegen den unlauteren Wettbewerb 1984 BGBl 448, zuletzt geändert BGBl 1988/422
VfGH	Verfassungsgerichtshof
VfSlg	Sammlung der Erkenntnisse und wichtigsten Beschlüsse des Verfassungsgerichtshofes
vgl	vergleiche
VÖZ	Verband Österreichischer Zeitungsherausgeber und Zeitungsverleger
VStG	Verwaltungsstrafgesetz 1950 BGBl 1950/172, zuletzt geändert BGBl 1987/516
VwGH	Verwaltungsgerichtshof
VwSlg	Erkenntnisse und Beschlüsse des Verwaltungsgerichtshofes
Z	Zahl
ZAS	Zeitschrift für Arbeitsrecht und Sozialrecht
zB	zum Beispiel
ZfVB	Zeitschrift für Verwaltung, Beilage
ZfP	Zeitschrift für Politik
zit	zitiert
ZPMRK	Zusatzprotokoll zur Menschenrechtskonvention
ZUM	Zeitschrift für Urheber- und Medienrecht/Film und Recht
ZVR	Zeitschrift für Verkehrsrecht

I. KAPITEL

Massenmedien und Medienpolitik in Österreich

Das Medienrecht ist ein Produkt der staatlichen *Medienpolitik*, worunter man alle zielgerichteten staatlichen Aktivitäten zur Regelung und Beeinflussung der massenmedial vermittelten Kommunikationsprozesse verstehen kann. Die gesellschaftspolitische Bedeutung von Medienpolitik und Medienrecht liegt in der Schlüsselrolle, die den Medien der öffentlichen Kommunikation für die Gesellschaft und die in ihr lebenden Menschen zukommt.

Presse und Rundfunk sind die wichtigsten Vermittler und eigenständige Faktoren des *gesamtpolitischen Prozesses*. Von der Seite des Staatsapparates und der politischen Eliten her gesehen, bilden sie ein Mittel zur Durchsetzung politischer Entscheidungen und zur Steuerung der gesellschaftlichen Entwicklung. Für den Bürger können sie ein Organ zur Artikulation seiner politischen Vorstellungen, zur Kontrolle der Staatsorgane und ein kritisches Korrektiv staatlicher Herrschaft sein. Für die meisten Menschen sind die Massenmedien die einzige Quelle der Information über die Politik und ihre Akteure: Im Bannkreis der Massenmedien hängt die Qualität des demokratischen Prozesses davon ab, ob die Medien ihrem Auftrag zur rationalen Vermittlung des politischen Geschehens gerecht werden. Dabei ist es unübersehbar, daß die Massenmedien bereits durch ihre bloße Existenz der Politik ihre eigenen Gesetzmäßigkeiten aufdrängen und die ihnen zugeschriebene Wirkungsmacht auch dann zu einer sich selbst erfüllenden Realität werden kann, wenn sich die meßbaren Wirkungen einer exakten Erfassung entziehen. Vor allem das Fernsehen mit seiner faszinierenden Bilderwelt kann einer Ritualisierung und Personalisierung der Politik Vorschub leisten und eine politische Kultur prägen, in der das mediale Image die politischen Inhalte und die Inszenierung pseudohafter Medienereignisse die realen Entscheidungen verhüllen.[1]

1 Vgl zur wechselseitigen Durchdringung von Politik und Medien und zur

In den Massenmedien findet die *Kultur einer Gesellschaft* einen wirkungskräftigen Ausdruck. Für viele Menschen wird der Zugang zum kulturellen Angebot erst durch die Medien eröffnet, so daß die Teilhabe am Kulturleben von den (klassen- und schichtspezifisch unterschiedlichen) Möglichkeiten der Mediennutzung abhängt. Auch die kulturelle Produktion selbst ist auf leistungsfähige Medienunternehmen angewiesen. Ihr Fehlen kann vor allem in einem kleinen Land die Ausbildung einer lebendigen nationalen Kultur hemmen. Mit der Öffnung gegenüber ausländischen Programmangeboten verbinden sich die Chancen eines internationalen Kulturgüteraustausches, aber auch die Sorge vor einer „Überfremdung" durch die Dominanz ausländischer Massenproduktionen im Unterhaltungsbereich.

Als Werbeträger schaffen die Massenmedien eine wichtige infrastrukturelle Voraussetzung für die *Marktwirtschaft.* Das Anzeigengeschäft ist aber auch die ökonomische Existenzgrundlage für die meisten Zeitungen und für den Rundfunk, der sich allerdings zusätzlich aus Gebühreneinnahmen finanzieren kann. Die Abhängigkeit vom wirtschaftlichen Erfolg, der sich in der vermarktbaren Reichweite einer Auflage oder von Programmen ausdrückt, wirkt auf die publizistischen Leistungen zurück. Sie kann eine „Kommerzialisierung" des Medieninhalts durch Anpassung an die Bedürfnisse breiter Publikumsschichten zur Folge haben, wie sie etwa für die Entwicklung der Boulevardpresse typisch war und wie sie nunmehr im Rundfunkbereich bei einer Zulassung privater, auf Werbeeinnahmen und damit Publikumsmaximierung angewiesener Programmveranstalter befürchtet wird.

Mit ihrem Angebot an Informationsgütern und dem Konsumgut Unterhaltung versorgen die Massenmedien zugleich einen *eigenständigen Markt.* Ihm kommt angesichts der für entwikkelte Industriegesellschaften charakteristischen Nachfrage nach informationellen Dienstleistungen und dem gesteigerten Bedürfnis nach einer die Freizeitwelt durchdringenden medialen Lebensbegleitung eine große und ständig wachsende wirtschaftliche Bedeutung zu. An die fortgeschrittenen Kommunikationstechnologien knüpft sich die Hoffnung auf neue dynamische

---

„Medifizierung" der Politik die kritischen Analysen bei SCHWARTZENBERG, Politik als Showgeschäft (1980); LUGER–FABRIS, Das politische Starsystem Österreichs, ÖZPW 81, 455; LANGENBUCHER, Gegenwärtige Trends der politischen Kommunikation, in: SAXER (Hrsg), Politik und Kommunikation (1983) 38; PLASSER–ULRAM–WELAN (Hrsg), Demokratierituale. Zur politischen Kultur der Informationsgesellschaft (1985).

Märkte, auf denen hochentwickelte Systeme der Daten- und Textkommunikation mit der entsprechenden elektronischen Hardware abgesetzt werden können. Was dabei vielen als die Triebfeder für die gesamtwirtschaftliche Entwicklung erscheint, wird freilich auch Auswirkungen auf die Arbeitswelt und den Informationszugang haben, die sich heute erst vage abzeichnen.

Schließlich fällt den Massenmedien eine Schlüsselrolle im Prozeß der menschlichen *Sozialisation und gesellschaftlichen Integration* zu. Information ist die Voraussetzung individueller Aufklärung und verantwortlicher Lebensbewältigung. Die alltägliche Lebensgestaltung der meisten Menschen wird in einem Maß wie nie zuvor vom Medienkonsum durchdrungen. Über die Vermittlung von Informationen hinaus befriedigt das Angebot der Medien emotionale Bedürfnisse, sorgt für Ablenkung und Zerstreuung, stellt sinnvermittelnde Erlebnisse und Gesprächsstoffe bereit und bietet Schemata für das Verständnis der Welt an, auf die der Einzelne angewiesen ist. In den modernen Industriegesellschaften können nur die vielfältigen Systeme der Massenkommunikation die Integration zu einer Gemeinschaft mit gemeinsamen Werten, Überzeugungen und Normen bewirken. Ob dies auch tatsächlich gelingt, hängt nicht zuletzt davon ab, ob alle gesellschaftlichen Gruppen mit ihren Einstellungen und realen Problemen in diesen Prozeß einbezogen sind. Mit all dem tragen die Medien zur Vermittlung der gesellschaftlichen Werte und zur Entwicklung der individuellen und kollektiven Identität bei, vor allem bei den jungen Menschen, deren Hineinwachsen in die Gesellschaft von den Medien maßgeblich mitbestimmt wird. Unübersehbar sind aber auch die Rückwirkungen auf die Bereitschaft und Fähigkeit zur unmittelbaren zwischenmenschlichen Begegnung im Gespräch und im persönlichen Kontakt, die dort verkümmern, wo die Medien zur Droge werden.

Diese hier nur mit wenigen Stichworten angedeutete gesellschaftliche Bedeutung der Massenmedien ist der Bezugspunkt jeder staatlichen Medienpolitik. Von einer verantwortungsbewußten *Medienpolitik* muß erwartet werden, daß sie die damit verbundenen Herausforderungen aufnimmt. Dem staatlichen Handeln sind dabei freilich Grenzen gesetzt: Die Medienpolitik trifft immer auf ein gewachsenes Mediensystem, das seine wirtschaftlichen und publizistischen Interessen in die politischen Entscheidungsprozesse einzubringen trachtet. Ökonomische und technische Sachzwänge engen den kommunikationspolitischen Spielraum ebenso ein wie die Vorgaben des gesamtpolitischen Systems und die internationalen Abhängigkeiten. Schließlich dürfen ungeachtet aller Tendenzen zu einer stärkeren Verrechtlichung der Massenkommunikation die Möglichkeiten einer rechtlichen Steuerung der relevanten Sozialabläufe nicht überschätzt werden. Auf diese dem geltenden Medienrecht vorgegebenen Rahmenbedingungen ist im folgenden näher einzugehen.

1. Das österreichische Mediensystem

Die beiden wichtigsten Massenmedien mit den publizistischen Funktionen der Nachrichtenvermittlung und öffentlichen Meinungsbildung – die Tages- und Wochenzeitungen und der Rundfunk – stehen in Österreich immer noch in dem traditionellen Verhältnis einer *publizistischen Gewaltenteilung.* Die privatwirtschaftlich organisierten Printmedien werden durch eine in öffentliche Verantwortung genommene nationale Rundfunkanstalt (ORF) ergänzt, die zugleich ihr Konkurrent in publizistischer und wirtschaftlicher Hinsicht ist. Übergreifende Besonderheiten der österreichischen Medienlandschaft sind der enge Inlandsmarkt, der vor allem für die kleineren Medienunternehmen ungünstige Kostenstrukturen zur Folge hat, die ausgeprägte Verflechtung mit den Institutionen des politischen Systems (Parteien und Verbände) und die seit jeher gegebene starke Auslandsabhängigkeit.[2] Der im Herbst 1987 erfolgte Verkauf eines maßgeblichen Anteils an der auflagenstärksten Tageszeitung des Landes („Neue Kronen-Zeitung“) an eine westdeutsche Verlagsgruppe und die Beteiligung derselben Verlagsgruppe am Kurier-Verlag hat diese Auslandsabhängigkeit in spektakulärer Weise zum Ausdruck gebracht und weiter verstärkt.

Die Printmedien

Der Wiederaufbau einer österreichischen *Tagespresse* vollzog sich nach dem Zweiten Weltkrieg unter dem Einfluß der alliierten Besatzungsmächte, wobei an die früheren Traditionen des österreichischen Journalismus nur mehr beschränkt angeknüpft

2 Einen aktuellen, umfassenden und datenreichen Überblick über die Gesamtsituation der Massenmedien in Österreich (auch im Hinblick auf die hier nicht näher behandelten Medien Film, Video und das Buchwesen) bietet der vom Institut für Publizistik und Kommunikationswissenschaft Salzburg hrsg Medienbericht II (Untersuchungszeitraum 1976–1982) und seine Fortschreibung im Medienbericht III (Untersuchungszeitraum 1983–1985); vgl ferner FABRIS, Das österreichische Mediensystem, in: FISCHER (Hrsg), Das politische System Österreichs³ (1982) 501 mit Nachtrag 659ff.

werden konnte.[3] Die ersten Zeitungslizenzen wurden an die politischen Parteien vergeben. In den westlichen Bundesländern erhielten bald auch Einzelpersonen die Genehmigung zur Herausgabe von Zeitungen, womit die Voraussetzungen für das Entstehen einer profilierten parteiunabhängigen Bundesländerpresse geschaffen waren. 1946 gab es einschließlich der Besatzungszeitungen bereits wieder 36 selbständige Zeitungseinheiten. Noch in den 50er Jahren setzte allerdings ein Prozeß des „Zeitungssterbens“ und der Pressekonzentration ein, der sich bis in die Gegenwart fortsetzt.[4]

Den Markt für Tageszeitungen dominieren drei „Zeitungsriesen“ (Neue Kronen-Zeitung, Kurier, Kleine Zeitung), die bei einer Gesamtauflage von rd 1,8 Mill Exemplaren etwa 2/3 des Gesamtmarktes abdecken. Dabei nehmen wiederum mehr als die Hälfte aller österreichischen Zeitungsleser die „Neue Kronen-Zeitung“ zur Hand, die damit die relativ größte Zeitung der Welt ist. Insgesamt umfaßt die österreichische Tagespresse gegenwärtig 16 selbständige publizistische Einheiten, die mit einer Gesamtauflage von 2,7 Mill Exemplaren erscheinen und von 70% aller Österreicher über 14 Jahren gelesen werden. Im Herbst 1988 wurde eine weitere überregionale Tageszeitung („Der Standard“) auf den Markt gebracht. Neben den auflagestarken Boulevardblättern und den vor allem in den Bundesländern marktbeherrschenden parteiunabhängigen Zeitungen mit teilweise monopolartigen Besitzständen vermitteln die fünf Parteizeitungen immer noch ein gewisses Bild äußerer Vielfalt am Markt für Tageszeitungen, wobei auf diese letzte Gruppe heute aber nur mehr etwa 1/8 der Auflage entfällt. Die nicht parteigebundenen Tageszeitungen stehen überwiegend im privaten Eigentum von Einzelpersonen, Verlegerfamilien, Aktionärsgruppen und kirchlichen bzw kammernahen Organisationen. Die beiden dominierenden Verlagshäuser, der Kronen-Zeitungsverlag

---

3 Zur jüngeren österreichischen Pressegeschichte vgl die Beiträge in: PÜRER–LANG–DUCHKOWITSCH (Hrsg), Die österreichische Tagespresse, Journalistik Heft 5/1983 (Sonderheft) sowie DUCHKOWITSCH (Hrsg), Mediengeschichte, FS Lunzer-Lindhausen (1985) jeweils m weit Nachw der pressegeschichtlichen Literatur.

4 Der Konzentrationsgrad der österreichischen Presse ist dementsprechend groß; nach einer internationalen Vergleichsuntersuchung lag Österreich bereits Anfang der 70er Jahre hinsichtlich der Auflagenkonzentration an zweiter Stelle unter den Industrienationen; vgl FABRIS, aaO 512f. Zu den im folgenden wiedergegebenen Strukturdaten der österreichischen Presse vgl die in FN 2 angeführte Literatur sowie den Abschnitt Presse in PÜRER (Hrsg), Praktischer Journalismus 362ff.

und der Kurier-Zeitungsverlag haben sich in den letzten Jahren zu Multi-Media-Konzernen entwickelt, die neben der Herausgabe der beiden auflagenstärksten Tageszeitungen auch zahlreiche andere Printmedien herstellen und die an ausländischen Radio- und Fernsehprogrammen beteiligt sind.[5] Durch die maßgebliche Beteiligung der deutschen WAZ-Gruppe an den beiden Verlagen sind nunmehr die beiden größten Tageszeitungen kapitalmäßig verflochten, was sich bislang vor allem in einer engen Kooperation bei der Herstellung und beim Vertrieb durch die gemeinsame Tochterfirma „Mediaprint" niederschlägt.

Obwohl die Gesamtauflage in den beiden letzten Jahrzehnten eine (zwar langsam, aber immerhin) steigende Tendenz aufweist, sind die Zeitungsunternehmen einem immer stärkeren Kostendruck ausgesetzt. Da der Erlös aus Anzeigen im Durchschnitt etwa 60% des Gesamterlöses ausmacht, hängt die wirtschaftliche Situation der Zeitungen entscheidend vom Anzeigengeschäft ab. Abgesehen von den gewinnträchtigen Marktführern kämpft eine größere Zahl der Zeitungen mit erheblichen finanziellen Problemen, vor allem die stark defizitären Parteizeitungen, deren Überleben weitgehend von der staatlichen Presseförderung abhängt. Wie die Einstellung der ÖVP-Zeitung „Südost-Tagespost" im Frühjahr 1987 und die wirtschaftlichen Schwierigkeiten bei einigen anderen Parteizeitungen zeigen, ist es aber trotz der staatlichen Förderung zweifelhaft, ob sich alle Parteiorgane am Markt werden halten können. Ein Auffangen der Kostensteigerungen vor allem im Personalbereich durch die neuen elektronischen Produktionstechnologien scheint für die kleineren Zeitungen nur schwer möglich zu sein und auch für die übrigen jedenfalls kurzfristig nicht die notwendige Entlastung zu bringen. Investitionen in bestehende Unternehmen oder Zeitungsneugründungen scheinen nur mehr mit ausländischer Kapitalbeteiligung möglich zu sein. Wie sich die künftigen Entwicklungen bei den „Neuen Medien" auf die wirtschaftliche Lage der Zeitungen auswirken werden, ob sie Leser und vor allem Anzeigenkunden verlieren oder sich in diesem Bereich neue Märkte erschließen können, ist gegenwärtig offen.

Die vor allem im Osten Österreichs stärker verbreiteten *Wochenzeitungen* haben in den mit eigenständigen Tageszeitungen unterversorgten Gebieten die Funktion eines Tageszeitungsersatzes. In mehreren Bundesländern bestehen jeweils größere Verlagsunternehmen, die für ihr Gebiet eine Vielzahl von Regionalausgaben produzieren und den jeweiligen Markt beherr-

---

5 Vgl GERETSCHLÄGER-LUGER, „Und sie verändert sich doch ..." – Österreichs Medienlandschaft Mitte der achtziger Jahre, in: Österr. Jahrbuch für Kommunikationswissenschaft 4 (1986/87) 217 (218); zu den Eigentumsverhältnissen im einzelnen MUZIK, Die Zeitungsmacher² (1984) 184ff.

schen. Neben diesen der Befriedigung lokaler und regionaler Informationsinteressen in ländlichen Räumen dienenden Wochenblättern und den ebenfalls wöchentlich erscheinenden Kirchenzeitungen gibt es noch einige wenige überregionale kommentierende Wochenzeitungen. Über die Gesamtauflage der in mehr als 100 Titeln erscheinenden Wochenpresse liegen keine Angaben vor.

Den Markt für *Zeitschriften und Magazine* bestimmen weitgehend ausländische, in erster Linie aus der Bundesrepublik Deutschland importierte Produkte, die etwa zwei Drittel der in Österreich vertriebenen Zeitschriften ausmachen. Der größte Auslandsanteil entfällt auf die Publikumszeitschriften (Illustrierte), die auch teilweise in eigenen „Österreich-Ausgaben" erscheinen. Einen stärkeren österreichischen Eigenanteil gibt es bei den politischen Magazinen, den Wirtschaftsmagazinen und bei der Fachpresse.

In der Summe bietet die österreichische Presse, beschränkt man sich nicht nur auf die Tageszeitungen, immer noch ein Bild der Vielfalt. Es wird durch jüngere Entwicklungen verstärkt: Den politischen Magazinen ist mit ihrem für Österreich relativ neuen Stil des investigativen Journalismus auch in kommerzieller Hinsicht ein Durchbruch gelungen. Auf dem Illustriertenmarkt haben erfolgreiche Neugründungen („Basta", „Wiener") wieder zu einer stärkeren Präsenz österreichischer Medienprodukte geführt. Die 1985 neu gegründete Wochenillustrierte „Die ganze Woche" hat in kurzer Zeit eine bemerkenswerte Reichweite (37%) erzielt. Auch die Gratispresse hat einen starken Aufschwung genommen. Neben ihrem eigentlichen Geschäft der kommerziellen Wirtschaftswerbung haben die Anzeigenblätter durch die Befriedigung bisher vernachlässigter kommunikativer Bedürfnisse (Lokalberichterstattung, Lebenshilfe) eine eigenständige publizistische Bedeutung erlangt. Für Bewegung sorgt auch die bunte Palette der „Alternativpresse", die als Stadtteilzeitungen, Programmzeitschriften, Sprachrohre von Bürgerinitiativen usw eine „Gegenöffentlichkeit" herstellen möchten und in ihrer Gesamtheit einen nicht zu vernachlässigenden kommunikativen Faktor darstellen, selbst wenn es sich oft nur um kurzlebige, laienhaft betriebene Erscheinungen handelt. Bei den Tageszeitungen sind eine Reihe krisenhafter Erscheinungen, wie die fortgeschrittene Konzentration, die im Vergleich zu anderen Staaten auffällige Unterversorgung mit selbständigen Zeitungen vor allem in regionalen Bereichen und das Fehlen einer prosperierenden Qualitätspresse von internationaler Bedeutung freilich nicht zu übersehen. Möglicherweise zeichnen sich aber auch hier gewisse Änderungen ab, wie die im Herbst 1988 erfolgte Gründung einer neuen, niveauvollen Tageszeitung zeigt, die allerdings ebenfalls nur mit ausländischem Kapital realisiert werden konnte. Wie weit die gegen die Kurier-Krone-Gruppe gerichteten publizistischen Gegenstrategien der Bundesländer-Zeitungen Erfolg haben werden, muß die Zukunft zeigen.

Nach dem Urteil der Kommunikationswissenschaft erfüllen die Zeitungen und Zeitschriften ungeachtet aller Schwierigkeiten und der mächtigten Konkurrenz durch den Rundfunk auch immer noch ihre Funktion. Von den kleineren Tageszeitungen (Parteizeitungen) abgesehen, haben sich viele von ihnen eine gesunde wirtschaftliche Basis erhalten können. Ihnen wenden sich auch immer noch relativ große Lesermengen kontinuierlich zu, und die werbetreibende Wirtschaft notiert sie nach wie vor als verläßliche Werbeträger. Allerdings sucht das Publikum in den Tageszeitungen heute „nicht mehr primär politische Information und Orientierung, sondern eine ziemlich diffuse, stark parzellierte Alltagsbegleitung".[6]

Der öffentliche Rundfunk

Zur Ausstrahlung von Rundfunkprogrammen ist in Österreich nur die öffentlich-rechtlich organisierte Anstalt *„Österreichischer Rundfunk (ORF)"* befugt. Nach dem Zweiten Weltkrieg hatten ursprünglich regionale Sendergruppen unter der Aufsicht der vier alliierten Besatzungsmächte die Sendetätigkeit aufgenommen.[7] Aus der 1957 neu gegründeten nationalen Rundfunkgesellschaft ging nach einer wechselvollen Entwicklung der ORF hervor, der sich zu dem größten Medienunternehmen des Landes mit der höchsten Publikumsreichweite unter den Massenmedien, einem Jahresumsatz von 5,5 Milliarden Schilling und etwa 3200 angestellten Mitarbeitern und rund 10.000 freien Mitarbei-

---

6 SCHMOLKE, Zur Lage der Tagespresse in Österreich, in: Die österreichische Tagespresse aaO 124 (129); zur „Armut" Österreichs im Hinblick auf die Tageszeitungen vgl ferner LANGENBUCHER, Kontinuität und Wandel. Das österreichische Mediensystem auf dem Weg in die neunziger Jahre, in: KUNZ (Hrsg), Die (des)informierte Gesellschaft (1987) 95 (117f).

7 Zur Geschichte des österreichischen Rundfunks vgl ERGERT, 50 Jahre Rundfunk in Österreich, 3 Bände (1974–1977); ANDICS-ERGERT-KRIECHBAUMER, 50 Jahre Rundfunk in Österreich, Bd 4 (1985); MAGENSCHAB, Demokratie und Rundfunk (1973).

tern entwickelte. Radiohören und Fernsehen gehören zu den am meisten bevorzugten Freizeitbeschäftigungen der Österreicher, die dem Rundfunk die höchste Glaubwürdigkeit und Objektivität unter den Massenmedien zubilligen.

Der ORF veranstaltet zwei Fernsehprogramme und drei österreichweite Hörfunkprogramme, die zu 56% aus den Teilnehmerentgelten und zu 37% aus Werbeeinnahmen finanziert werden.[8] Vom gesamten österreichischen Werbeaufkommen entfallen rund 40% auf den Rundfunk, der damit der wichtigste Konkurrent der Printmedien im Anzeigengeschäft ist. Die Zahl der angemeldeten Hörfunk- und Fernsehteilnehmer liegt bei etwa 2,7 Mill Personen.

Die beiden *Fernsehprogramme* werden österreichweit ausgestrahlt. Im Zuge der Regionalisierung des Fernsehens wurden die Voraussetzungen für eine aktive Beteiligung der Landesstudios durch eine selbständige Programmproduktion geschaffen. Seit 1988 senden die Landesstudios ein kurzes, der regionalen Information dienendes Fernsehmagazin getrennt für das jeweilige Bundesland aus. Die tägliche Programmleistung im Fernsehen beträgt rund 22 Stunden, etwa die Hälfte des TV-Programms stammt aus ausländischer Produktion. Im Durchschnitt erreichen die Fernsehprogramme des ORF täglich mehr als 4 Mill Österreicher. Die Reichweite der Hauptinformationssendung des Fernsehens entspricht in etwa der der auflagenstärksten Tageszeitung.

Von den *Hörfunkprogrammen* ist eines ein Regionalprogramm, das zur Hälfte von den Landesstudios für ihren jeweiligen Sendebereich getrennt ausgestrahlt wird und das auch lokale Informationsaufgaben wahrnimmt. Als eine Reaktion auf die Einstrahlungen durch ausländische Kommerzsender hat der ORF in das bundesweite Programm „Ö 3" lokale Fenster für einzelne Bundesländer eingebaut. Im Wiener Raum kommt zu den regulären Radiosendungen noch ein englisch- und französischsprachiges Programm („Blue Danube Radio") zur Versorgung der in Wien tätigen Angehörigen der internationalen Gemeinschaften hinzu. Im Auftrag der Bundesregierung gestaltet der ORF ferner einen Auslandsdienst auf Kurzwelle. Die tägliche Programmleistung im Radio beträgt an die 140 Stunden, die nahezu vollständig vom ORF selbst produziert werden. Die Gesamtreichweite des Radios liegt bei knapp 4,5 Mill Hörer, wobei einzelne Sendungen zu den Programmspitzenzeiten bis zu 1,5 Mill Menschen erreichen. Die Tagesinformationssendungen des Hörfunks werden von etwa 10% der Österreicher gehört; die Radionachrichten selbst sind zumindest nach der meßbaren Reichweite das meistgenutzte Informationsmittel des Landes.

8 Zu den folgenden Strukturdaten vgl ORF-Almanach 1983 und ORF-Almanach 1986/87; Medienbericht II, 162ff; PÜRER (Hrsg), Praktischer Journalismus 383ff.

Seit 1980 bietet der ORF einen zusätzlichen Informationsdienst über den *Teletext* an, der von dazu eingerichteten Fernsehgeräten empfangen werden kann. Die ursprünglich vereinbarte Zusammenarbeit mit den Zeitungsverlegern, die den Nachrichtenteil dieses Dienstes besorgt haben, wurde vom Herausgeberverband wieder aufgekündigt. Das nunmehr ausschließlich vom ORF gestaltete Programmangebot umfaßt Serviceleistungen (etwa Verkehrsinformationen, Wetterdienste), ORF-Programminformationen, Lebenshilfe und Unterhaltung, Untertitelungen für Hörgeschädigte und Nachrichten, die individuell abgerufen werden können. Zusammen mit ZDF und SRG beteiligt sich der ORF an einem gemeinsamen deutschsprachigen *Satellitenprogramm* („3-SAT"), das über den ECS-Satelliten abgestrahlt wird. Diese Beteiligung wird als „Erprobungs- und Erfahrungsstufe" zu einem gemeinsamen Programm der drei Anstalten für einen Rundfunkdirektsatelliten verstanden. Der ORF gibt ferner eine Programmzeitschrift („ORF-Nachlese") heraus, die der Programminformation und Programmbegleitung dient.

An der mit den vorstehenden Daten nur angedeuteten *überragenden Stellung des ORF* im österreichischen Mediensystem wird sich auch in der absehbaren Zukunft wenig ändern. Die im folgenden darzustellenden Entwicklungen bei den „Neuen Medien" haben aber seine Monopolstellung in Frage gestellt und Anpassungsstrategien des ORF ausgelöst, zu denen eine Straffung der Organisation der Anstalt, Programmreformen und verstärkte Bemühungen um eine internationale Präsenz gehören.[9]

Kabelfernsehen, Video und Satellitenrundfunk

Der Empfang ausländischer Hörfunkprogramme und in den grenznahen westlichen Bundesländern auch der Fernsehprogramme ausländischer Anstalten hat in Österreich aufgrund der geographischen Gegebenheiten immer schon eine gewisse Bedeutung gehabt. Durch den Aufbau größerer Kabelnetze und durch geänderte rundfunkrechtliche Gegebenheiten in einigen Nachbarstaaten hat sich in den letzten Jahren eine neue Situation ergeben. Vor allem in Italien (und künftig wahrscheinlich auch in Bayern) sind von privaten österreichischen Veranstaltern oder unter österreichischer Beteiligung *grenznahe Sender* gegründet worden, die für Österreich bestimmte und aus dem inländischen Werbeaufkommen finanzierte Hörfunk- und Fernsehprogramme ausstrahlen. Diese Sender sind teilweise mit

9 Vgl LUGER, Der österreichische Rundfunk im Zeitalter der neuen Medien, in: Österr. Jahrbuch für Kommunikationswissenschaft 3 (1985) 71 (82ff).

den sogenannten „Urlaubersendern“ wirtschaftlich verflochten, die von österreichischen Medienunternehmen im norditalienischen Raum betrieben werden und die in den Sommermonaten eine beträchtliche Anzahl deutschsprachiger Urlauber erreichen. Eine Abschirmung des nationalen ORF-Monopols gegen derartige Überstrahlungen ist kaum möglich.

Während die gezielte Einstrahlung in den österreichischen Raum durch terrestrische Sender allerdings in absehbarer Zeit nur für begrenzte Gebiete Bedeutung erlangen kann, sind der gesamtösterreichischen Verbreitung ausländischer Fernsehprogramme über die *Kabelnetze* technisch keine Grenzen mehr gesetzt. Seit den 70er Jahren wurden zur Verbesserung der Empfangsmöglichkeiten für inländische Programme und zur Einspeisung ausländischer Programme größere Versorgungsgebiete verkabelt. Ende 1987 gab es rund 390.000 angemeldete Kabel-TV-Anschlüsse, das heißt, daß ca 14% aller österreichischen Haushalte die über Kabel verbreiteten Programme empfangen. Die technischen Möglichkeiten für einen Anschluß bestünden für eine Million weiterer Haushalte.[10] An den etwa 200 privaten Kabelgesellschaften sind vor allem die großen Elektrokonzerne, die Gemeinden, die Elektrizitätsversorgungsunternehmen, Banken und Zeitungsherausgeber, aber auch lokale Elektrohändler beteiligt; bei den in einzelnen Bundesländern errichteten Landesgesellschaften halten die Länder selbst eine maßgebliche Beteiligung. In den Gesellschaftsverträgen wird die sogenannte „Programmhoheit“, dh die Entscheidung über die einzuspeisenden Programme, entweder den Gemeinden oder den Ländern zugesichert. Die Zuleitung der Programme zu den Kopfstationen des Kabelnetzes besorgt die Post auf Richtfunkstrecken.

Nach der gesetzlichen Bereinigung der rundfunkrechtlichen und urheberrechtlichen Probleme werden über diese Kabelnetze gegenwärtig die ORF-Programme, die Fernsehprogramme der Nachbarstaaten und mehrere über Fernmeldesatelliten ausgestrahlte, zum Teil fremdsprachige Programme unverändert („intregral“) weitergeleitet. Ein inhaltlicher Eingriff in diese Programme oder eine eigene programmgestaltende Tätigkeit ist nach der derzeit geltenden Rechtslage nicht möglich. Die ursprünglich sehr optimistischen Annahmen über den weiteren Fortgang der Verkabelung haben angesichts der hohen Kosten und der zögernden Anschlußbereitschaft der Konsumenten mittlerweile einer etwas zurückhaltenderen Einschätzung Platz gemacht. Nach einer ORF-Studie in Wiener Haushalten führt die Erweiterung des Programmangebotes

---

10 SENGER, Kabelfernsehen in Österreich, in: KUNZ (Hrsg), Die (des)informierte Gesellschaft (1987) 197 (219).

durch den Kabelanschluß zu einem etwas intensiveren Fernsehkonsum, wobei das Publikum zu etwa 60% inländische und zu 40% ausländische Programme nutzt. Die verstärkte Fernsehnutzung entfällt in erster Linie auf den Unterhaltungsbereich.

Das im Aufbau stehende Kabelnetz ist auch der Ansatz für alle auf die Einführung eines programmschöpfenden *Privatrundfunks* zielenden Vorhaben, die das bisher bestehende inländische Sendemonopol des ORF beenden würden. Vorstöße in diese Richtung haben in der Vergangenheit Landeshauptleute der ÖVP („Landeshauptleute-Rundfunk"), der Zeitungsherausgeberverband („Verleger-Rundfunk") und einzelne kapitalstarke Verleger unternommen. Wegen des hohen Investitionsrisikos und der Kosten für ein konkurrenzfähiges Fernsehvollprogramm wurden diese Bestrebungen aber nur zurückhaltend betrieben. Wirtschaftlich interessant erscheint gegenwärtig allenfalls ein privates Engagement im (lokalen) Hörfunk, ferner ein über Abonnementzahlungen finanziertes Pay-TV und vielleicht auch ein Fernsehen mit speziellen (lokalen oder spartenbezogenen) Angeboten, das in ein attraktives Gesamtprogramm eingebettet ist.[11]

Eine gewisse Reserviertheit der etablierten Medien gegenüber grundlegenden Umgestaltungen der Medienstruktur kündigte sich in einem Ende 1985 abgeschlossenen Übereinkommen zwischen dem ORF und den Zeitungsverlegern an, in dem sich der Zeitungsherausgeberverband gegen die Zusicherung einer nur begrenzten Ausweitung der Rundfunkwerbezeiten und bei Wahrung gewisser Optionen im Bereich der Hörfunkfrequenzen verpflichtet hat, in den nächsten Jahren keine über das gegenwärtige Engagement bei Radio und Fernsehen hinausgehenden Initiativen zu entfalten. Im Herbst 1986 hat die ÖVP nach einer Neubesetzung der Führungsspitze des ORF einen neuerlichen Vorstoß in Richtung privater Rundfunk unternommen und ist für einen dritten TV-Kanal in privater Trägerschaft eingetreten; nach den Vorstellungen der SPÖ sollte ein solcher Kanal dagegen ebenfalls vom ORF betrieben und für Regionalprogramme auf Landesebene verwendet werden. Ein weiteres, Ende 1987 zwischen dem ORF und dem Verband österreichischer Zeitungsherausgeber abgeschlossenes Abkommen signalisiert aber,

---

11 Zu den wirtschaftlichen Chancen und Bedingungen eines privatwirtschaftlichen Rundfunks in Österreich vgl LENHARDT, Rundfunk im Satellitenzeitalter (1987) sowie aus der (naturgemäß wesentlich zurückhaltenderen) Sicht des ORF, ZEILER, Plädoyer für eine österreichische Lösung, in: KUNZ (Hrsg), Die (des)informierte Gesellschaft (1987) 179.

daß die beiden großen Mediengruppen des Landes selbst den Status quo weiterhin – zumindest für die Laufzeit des bis 1995 geltenden Abkommens – beibehalten wollen. In dem Abkommen nimmt der ORF von seinem ursprünglichen Plan, in den nächsten Jahren ein eigenes drittes Fernsehprogramm zu starten, Abstand und verpflichtet sich, die Zahl seiner Programme nicht zu erweitern. Umgekehrt akzeptieren die Zeitungsherausgeber, daß der Rundfunk in Österreich wie bisher öffentlich-rechtlich organisiert bleiben soll. Die Frage, ob ein regionaler Hörfunk unter privater Trägerschaft ohne Beeinträchtigung der Interessen der beiden Partner des Abkommens möglich ist, soll im Rahmen einer gemeinsamen Projektgruppe und allfälliger Pilot-Projekte geklärt werden.[12] Die Entscheidung darüber, wer an diesen Projekten für einen lokalen Hörfunk teilnehmen darf, haben sich die Vertragspartner vorbehalten. Ein Koordinationsbüro „Radiopilotprojekt", das die einzelnen Projektträger in den Regionen betreuen soll, hat 1988 seine Arbeit aufgenommen.

Die weiteren Entwicklungen im Rundfunkbereich sind auch vor dem Hintergrund der neuen Nutzungsmöglichkeiten zu sehen, die die elektronische Heimkommunikation und der direkte Empfang von Satellitenprogrammen eröffnen. Vor allem der *Videorekorder* erlaubt den Konsumenten neben der intensiveren Nutzung der konventionellen Fernsehsendungen die Zusammenstellung eines individuellen Unterhaltungsprogramms und bindet damit die Möglichkeiten und wohl auch die Bereitschaft für den Konsum zusätzlicher Programmangebote. Die Ausstattung der Haushalte mit Videorekordern und der Kassettenverleih erzielen hohe Zuwachsraten: 1986 verfügten bereits 16% der österreichischen Haushalte über einen Videorekorder, die Zahl der Videotheken lag zu diesem Zeitpunkt bei rund 400. Nach allen vorliegenden Prognosen wird die Verbreitung und Nutzung von Video bis Ende des Jahrhunderts die des Kabelfernsehens weit überflügeln und damit zu einer deutlichen Konkurrenz für alle anderen Medien werden.[13]

In den nächsten Jahren werden ferner in Europa direkt sendende *Rundfunksatelliten* in Betrieb gehen, deren Programme anders als bei den jetzt installierten Fernmeldesatelliten durch

---

12 Vgl dazu die auszugsweise Wiedergabe der Vereinbarung in: MuR 87/6, 196f.

13 GERETSCHLÄGER–LUGER, aaO 224; STREITENBERGER, Die Zukunft der neuen Medien, in: KUNZ (Hrsg), Die (des)informierte Gesellschaft (1987) 289 (297ff).

Hausantennen direkt empfangen werden können.[14] Wegen der hohen Kosten der individuellen Empfangsanlagen wird aber zumindest vorerst die Verbreitung auch dieser zusätzlichen Programme weitgehend über die Kabelnetze erfolgen und den dafür geltenden rechtlichen und wirtschaftlichen Bedingungen unterworfen sein. Ob die aufwendigen Direktsatelliten überhaupt noch die ursprünglich angenommene Bedeutung erlangen werden, wird daher heute zum Teil bezweifelt. Über die Beteiligung Österreichs an einem über einen Direktsatelliten ausgestrahlten Programm, das in erster Linie der österreichischen Selbstdarstellung im europäischen Ausland dienen und eine „Waffengleichheit im All" herstellen sollte, ist noch keine Entscheidung getroffen worden.

2. *Medienpolitische Grundsatzpositionen*

Unter den verschiedenen Faktoren, die die Entwicklung und die Leistungen des Mediensystems eines Landes bestimmen, kommt der *staatlichen Medienpolitik* eine besondere Bedeutung zu. Seit den 70er Jahren sind Fragen der Medienpolitik auch in Österreich zu einem zentralen politischen Thema avanciert.[15] Blickt man hinter das handfeste Ringen um politischen Einfluß und wirtschaftliche Macht, auf das Medienpolitik im politischen Alltag oft hinausläuft, wird darin das spannungsreiche Verhältnis zwischen politischer Herrschaft und öffentlicher Kommunikation sichtbar, das freilich sehr viel älter ist als der moderne Begriff der Medienpolitik. Über lange Zeiträume hinweg standen sich dabei Politik und Publizistik feindselig gegenüber. In der Demokratie haben sie in gewisser Weise zueinandergefunden und sind in ein Verhältnis wechselseitiger Abhängigkeit getreten, das trotzdem konfliktreich geblieben ist, weil jede der beiden Gewalten in Versuchung steht, die andere ihren eigenen Zielen und Interessen dienstbar zu machen oder zu unterwerfen. Es ist daher die Schlüsselfrage jeder Medienpolitik, ob und wieweit sie die Autonomie des Mediensystems respektiert und sichert. Unter diesem Gesichtspunkt lassen sich drei idealtypische

---

14 Zu den wirtschaftlichen, technischen und rechtlichen Voraussetzungen und zum Stand der Satellitenkommunikation vgl zB KABEL-STRÄTLING, Kommunikation per Satellit (1985); STREITENBERGER, aaO 304ff.

15 Vgl FABRIS, Helfen den Massenmedien neue Gesetze? Publizistik 76, 31.

Modelle medienpolitischen Handelns unterscheiden, die sich in der Wirklichkeit differenzierter Kommunikationsordnungen freilich überschneiden und vermengen.[16]

Autoritäre Medienpolitik

Eine *autoritäre Medienpolitik* unterwirft die gesellschaftliche Massenkommunikation mehr oder minder vollständig dem politischen System. Der Vorrang der politischen Macht kann dabei wie im absoluten Polizeistaat des vorigen Jahrhunderts durch eine traditionelle Legitimation oder wie in den modernen totalitären Systemen durch das Wahrheitsmonopol einer klassen- oder rassenbezogenen Ideologie gerechtfertigt werden. Auch wenn die gänzliche Unterbindung unkontrollierter Informationsströme wohl niemals möglich ist, beansprucht der Staat oder eine staatstragende Partei das Recht zur Entscheidung, welche Themen öffentlich behandelt und welche Wahrheiten öffentlich verbreitet werden dürfen oder müssen. Zur Instrumentalisierung der Medien kann sich eine autoritäre Medienpolitik im einzelnen unterschiedlicher Mittel bedienen: Durch rechtliche Instrumente wie den Zensurzwang oder ein Konzessionssystem kann der Staat versuchen, systemkritische Veröffentlichungen unmittelbar zu unterbinden. Die Gleichschaltung der Journalisten durch eine straffe Zwangsorganisation in Verbindung mit Berufsverboten wie im NS-Staat gibt dem Staats- oder Parteiapparat indirekte, aber nicht weniger wirksame Möglichkeiten zur Kommunikationskontrolle. Durch den Aufbau einer abhängigen Regierungspresse oder eines Staatsrundfunks und die rechtliche und wirtschaftliche Umklammerung unabhängiger Medien kann der Staat aber auch selbst die Massenkommunikation an sich ziehen.

In einer freiheitlichen Demokratie stoßen Bestrebungen zu einer *unmittelbaren* Beherrschung oder Steuerung der Medien freilich auf schwer überwindbare politische und rechtliche Grenzen. Dies schließt aber nicht aus, daß der Staat oder die ihn tragenden politischen Gruppen mit anderen Mitteln versuchen, die öffentliche Meinung zu kontrollieren. So kann die mit erhebli-

16 Zum Verhältnis zwischen publizistischem und politischem System vgl zB RONNEBERGER, Publizistische und politische Macht, RuF 83, 260; SCHRAMM–PETERSON–SIEBERT, Four theories of the press (1956); Stichwort „Kommunikationspolitik“, in: KOSZYK (Hrsg), dtv-Wörterbuch zur Publizistik (1969) 185.

chem Einsatz betriebene und als ein Mittel zur Staatspflege und Information der Bevölkerung durchaus legitime regierungsamtliche Öffentlichkeitsarbeit als Instrument einseitiger Propaganda mißbraucht werden. Verflechtungen zwischen den politischen und publizistischen Eliten schaffen Abhängigkeiten, die ausgenützt werden können, um Informationsvorsprünge zu erzielen oder Meinungen durchzusetzen. Diese Gefahr besteht vor allem beim öffentlichen Rundfunk im Einflußbereich des Staates oder der Parteien. Solange sich allerdings die Massenmedien auch gegenseitig kontrollieren und sich das Publikum aus einer Mehrzahl voneinander unabhängiger Quellen informieren kann, wird die Unabhängigkeit und kritische Distanz zwischen dem politischen System und dem Mediensystem nicht aufgehoben. Diese Voraussetzungen wären aber dann wiederum bedroht, wenn die Medien von staatlichen Zuwendungen wirtschaftlich abhängig würden. Unter solchen Umständen kann auch die offene und noch mehr die verdeckte staatliche oder halbstaatliche Presseförderung zu einer Einbruchstelle politischer Lenkung werden.

Liberale Medienpolitik

Den Gegenpol zu einer autoritären Medienpolitik stellt eine *liberale Medienpolitik* dar, der die vom Bürgertum des vorigen Jahrhunderts erkämpfte Pressefreiheit, die jede staatliche Einflußnahme in enge Grenzen verweist, den Boden bereitet hat. Ihr sozialphilosophischer Ausgangspunkt ist die Mündigkeit des aufgeklärten, sittlich und wirtschaftlich autonomen Bürgers, der frei von staatlicher Bevormundung auf einem Forum der bürgerlichen Öffentlichkeit am Zeitgespräch der Gesellschaft teilhat. Gesellschaftspolitisch liegt ihr das Modell einer vom Staat getrennten bürgerlichen Gesellschaft zugrunde, in der sich ein autonomes Mediensystem entfalten kann, das der Staatsmacht aus eigenem Recht gegenübertritt und diese kontrolliert und beeinflußt. Die Prozesse der Massenkommunikation werden durch die Marktmechanismen eines „free market place of ideas" reguliert, der auf dem publizistischen und wirtschaftlichen Wettbewerb einer grundsätzlich unbeschränkten Vielzahl von Marktteilnehmern beruht. Mit dem Vertrauen in die Selbstregulierungskräfte des Marktes verbindet sich die Erwartung, daß das System der Massenkommunikation von sich aus ein umfassendes Informationsangebot und ein breites Meinungsspektrum hervorbringt. Alle Kommunikationsbedürfnisse werden nach diesem Modell optimal befriedigt und allfällige Defizite von neuen Anbietern aufgegriffen, so daß im Ergebnis jedem Menschen und allen Gruppen die gleiche Chance kommunikativer Entfaltung und Informationsteilhabe gesichert wäre. Praktisch wird die publizistische Entfaltungsfreiheit mit der wirtschaftlichen Verfügungsmacht des Eigentümers verbunden und dem Verleger zugeordnet, der allerdings der Idee nach seinem Publikum und den Werten der Aufklärung verpflichtet bleibt.

Die *Rolle des Staates* beschränkt sich im Rahmen einer liberalen Medienpolitik auf die Gewährleistung der äußeren, vornehmlich der wirtschaftlichen Rahmenbedingungen, innerhalb derer grundsätzlich jede beliebige publizistische Tendenz verwirklicht und alle erlaubten wirtschaftlichen Ziele verfolgt werden dürfen. Gegenüber dem eigentlichen Kommunikationsgeschehen wahrt der Staat Neutralität; eine staatliche Außensteuerung in der Form des allgemein geltenden Gesetzes setzt nur dort ein, wo die Massenmedien in klar abgegrenzte Rechtssphären der Allgemeinheit oder der Bürger eingreifen.

Für die „klassische" Pressepolitik der modernen freiheitlichen Demokratien war und ist das Marktmodell der maßgebliche Bezugspunkt, während der Rundfunk aufgrund seiner Staatsnähe und der fehlenden Anbietervielfalt und -konkurrenz von vornherein unter anderen Vorzeichen stand. Aber auch in der durch Großunternehmen geprägten Wirklichkeit des modernen Pressewesens wurden Tendenzen sichtbar, die eine Reihe von Annahmen der liberalen Theorie in Frage gestellt haben. Vor allem auf dem Markt für Tageszeitungen haben die wirtschaftliche Konzentration der Medienunternehmen und der erforderliche Kapitaleinsatz die tatsächliche Vielfalt und die Marktzugangschancen eingeengt. Politisch oder wirtschaftlich mächtige Gruppierungen können einzelne Medien in den Dienst ihrer Ziele nehmen, ohne daß der Markt unter allen Umständen den notwendigen Ausgleich und die erwartete Kontrolle bietet. Die zur Erhaltung der ökonomischen Grundlagen notwendige Gewinnorientierung kann zu Informationsdefiziten und publizistischen Fehlleistungen führen, die durch andere Medien nicht immer wirksam ausgeglichen werden. Hinzu kommt, daß die meisten Menschen die faktisch gegebenen Auswahlmöglichkeiten nur in bescheidenem Umfang nutzen. Sie suchen in erster Linie nicht eine Vielfalt von Informationen, sondern verläßliche Information durch ein Medium ihrer Wahl, wobei die Presse diesem Bedürfnis durch die Verlagerung von der Meinungs- zur Nachrichtenzeitung und die Übernahme von Dienstleistungsfunktionen längst entsprochen hat. Schließlich müssen auch von der vorausgesetzten Mündigkeit des Rezipienten angesichts der Wirkungsmacht der Medien und der tatsächlichen Kommunikationsbedürfnisse und Nutzungsgewohnheiten der Menschen erhebliche Abstriche gemacht werden.[17]

Interventionistische Medienpolitik

Eine Medienpolitik, die die Schwächen und Mängel eines ausschließlich marktorientierten Mediensystems nicht hinnehmen will, wird dort *intervenieren,* wo die Steuerung durch den Markt den angemessenen Zugang zu den vielfältigen sozialen, politischen und kulturellen Ideen und Erfahrungen einer Gemeinschaft nicht mehr ausreichend sicherstellt. Ihr Ausgangspunkt lag in der besonderen staatlichen Verantwortung für einen gemeinwohlorientierten Rundfunk, bei dem das Fehlen eines freien „Meinungsmarktes" in allen Industriestaaten durch verschiedene Formen staatlicher Regulierung kompensiert wurde, die eine staatliche Aufsicht über die Programme und beim öffentlichen Monopolrundfunk eine „binnenpluralistische" Organisation der Anstalten umschlossen. Einer unmittelbaren Übertragung dieses Modells auf die Presse standen zwar die anders gearteten Gegebenheiten und die rechtlich wie politisch gesicherten liberalen Traditionen im Pressebereich entgegen. Die Vorstellung von einer Gemeinwohlbindung der Medien ist jedoch auch in die Pressepolitik demokratischer Staaten eingegangen, die es – in der einen oder anderen Form – als eine Aufgabe sozialstaatlicher Verantwortung empfinden, durch ordnungspolitische Maßnahmen für eine den gesellschaftlichen Erwartungen entsprechende Kommunikationsordnung zu sorgen. In der durch die neuen Informationstechnologien ausgelösten Umbruchsphase sind auch gegenläufige Bestrebungen zu registrieren, die den Marktkräften auch bei den elektronischen Medien wieder stärker zum Durchbruch verhelfen wollen („Deregulierung").[18]

Eine Politik, die nicht mehr ausschließlich auf das freie Spiel der Kräfte vertraut, braucht inhaltliche Leitbilder, die dem staat-

17 Vgl dazu und zu den übrigen Restriktionen eines Marktmodells zB KÜBLER, Kommunikation und Verantwortung (1973) 12ff.

18 Zu diesem „Pendelschlag" vgl zB in (unterschiedlicher) verfassungsrechtlicher und verfassungspolitischer Perspektive: STOCK, Marktmodell kontra Integrationsmodell? AöR 110 (1985) 219; HOFFMANN-RIEM, Deregulierung als Konsequenz des Marktrundfunks, AöR 110 (1985) 528; BULLINGER, Elektronische Medien als Marktplatz der Meinungen, AöR 108 (1983) 161.

lichen Handeln Ziel und Richtung geben: das sind in diesem Zusammenhang die (vielfältig verstandenen) Informationsbedürfnisse der Bürger und der Gesellschaft, die von den Massenmedien bestmöglich zu befriedigen sind, wobei die erwünschten und unerwünschten Medienwirkungen ebenso zu berücksichtigen sind wie die soziale Macht der Medien. In diesem Sinne zielt eine interventionistische Medienpolitik auf die Durchsetzung einer umfassend verstandenen *Medienverantwortung*, deren Konturen und Anforderungen im politischen Prozeß festgelegt werden. Dazu gehören jedenfalls die Objektivität der vermittelten Informationen, die Pluralität der im Spektrum der Medien vertretenden Meinungen, die Gewährleistung des individuellen Mediennutzens unter Berücksichtigung aller wesentlichen Kommunikationsbedürfnisse und die Sicherung der Gemeinwohlverantwortung der Medien.[19] Zur Realisierung dieser Medienverantwortung stehen dem Staat vielfältige medienpolitische Instrumente zur Verfügung. Er ist nicht mehr auf die allgemein geltenden Rechtsvorschriften beschränkt, sondern kann medienspezifisches Sonderrecht schaffen und der differenzierten Macht und Verantwortung der einzelnen Medien durch besondere Rechte und Pflichten Rechnung tragen.

Der Umstand, daß die Mechanismen des Marktes die gewünschten Qualitäten der öffentlichen Kommunikation nicht unter allen Umständen und mit Sicherheit gewährleisten, darf in einer demokratischen Gesellschaft andererseits nicht zu einer Aufhebung der Autonomie des Mediensystems führen und zu der Forderung, die gesellschaftliche Selbststeuerung durch eine direkte staatliche Lenkung zu ersetzen. Insoweit steht die Medienpolitik demokratischer Staaten vor der schwierigen Aufgabe, den Lebensbereich der Massenmedien auf eine Art zu regeln, die den normativen Vorgaben der *Medienfreiheit und Medienverantwortung* gleichermaßen Rechnung trägt. In der politischen Praxis äußert sich dies in dem Dilemma, daß die Träger der Medienpolitik zugleich die Träger der politischen Macht sind und von daher immer die Gefahr besteht, daß die Medienpolitik zu einer Einbruchsstelle für machtpolitische Interessen wird. Von daher ist auch das Mißtrauen verständlich, das man-

---

19 Zur Medienverantwortung als Kategorie des Medienrechts und der Medienpolitik vgl HOFFMANN-RIEM, Medienwirkung und Medienverantwortung, in: KÜBLER (Hrsg), Medienwirkung und Medienverantwortung (1975) 19; KÜBLER, Medienverantwortung als Rechtsproblem, in: HASSEMER–HOFFMANN-RIEM–LIMBACH, Grundrechte und soziale Wirklichkeit (1982) 105.

chen medienpolitischen Ambitionen entgegenschlägt. Deutlich wird auch, daß die Medienpolitik heute in erhöhtem Maß auf demokratische Legitimation, Transparenz und Kontrolle durch eine bewußte Öffentlichkeit angewiesen ist.

3. Praxis der Medienpolitik

Medienfreiheit und Medienverantwortung sind auch die Pole, an denen sich die maßgeblichen Träger der Medienpolitik in Österreich in ihren *medienpolitischen Grundsatzprogrammen* orientieren. Übereinstimmend wird die Verantwortung des Staates für das Mediensystem betont, aus der im Zusammenhang mit konkreten Fragen - wie etwa der Öffnung des Rundfunks für private Veranstalter - allerdings unterschiedliche Konsequenzen abgeleitet werden. Besonders weitreichende Reformvorstellungen entwickelte das Medienkonzept der sozialistischen Partei. Mit den Postulaten nach einer demokratischen Kontrolle der Massenmedien und ihrer inneren und äußeren „Demokratisierung" gab es der Medienpolitik der 70er Jahre die kontroversen Themen vor.[20]

Die *Praxis der Medienpolitik* in Österreich wird allerdings weniger durch medienpolitische Grundsatzerklärungen bestimmt als durch ein pragmatisches, auf akute Problemlagen reagierendes Vorgehen. Es ist ein Kennzeichen dieser Politik, daß sie gegenüber den überkommenen Strukturen der Medienlandschaft im allgemeinen Behutsamkeit wahrt, die wirtschaftlichen Gegebenheiten weithin als vorgegeben akzeptiert bzw akzeptieren muß und insgesamt trachtet, Eingriffe in bestehende Interessenlagen soweit als möglich zu vermeiden. Die berechenbaren politischen und wirtschaftlichen Einflußsphären bei den verschiedenen Massenmedien und vor allem die publizistische Gewaltenteilung zwischen den privaten Zeitungen und dem öffentlichen Rundfunk sind in weitem Umfang durch einen grundsätzlichen Konsens der politischen Kräfte abgesichert. Tiefergreifende Reformvorhaben, die den Status quo in Frage stellen, stoßen daher an eine sensible Grenze und können in krisenhafter Zuspitzung das politische Gesamtsystem erschüttern. Dies gilt in erster Linie für die Rundfunkpolitik, die daher auch im Zentrum der medienpolitischen Auseinandersetzungen der Zweiten Republik

---

20 Zu den Medienprogrammen der Parteien, Interessenvertretungen und Kirchen im einzelnen Medienbericht II, 527ff und Medienbericht III, 242ff.

stand. Gegenüber den mit den neuen Kommunikationstechnologien verbundenen Herausforderungen hält sich die „offizielle" Medienpolitik bedeckt, die insoweit das vorsichtige Abwarten zur Maxime ihres Handelns gemacht hat. Angesichts mancher noch schwer abschätzbarer Entwicklungen ist diese Zurückhaltung nicht unvernünftig. Sie hat dazu beigetragen, daß die überkommene Medienlandschaft bislang vor jeder tiefergehenden Beunruhigung bewahrt und der medienpolitischen Konsens im großen und ganzen gesichert blieben. Daß der Druck der wirtschaftlichen und internationalen Sachzwänge den Spielraum für verantwortliches kommunikationspolitisches Handeln fortschreitend einengt, wird damit freilich in Kauf genommen: Dies zeigt sich etwa im Bereich des Satellitenrundfunks oder an der Handlungsohnmacht gegenüber den Konzentrationserscheinungen am Pressemarkt.

Begünstigt wird die pragmatische, an der Erhaltung bestehender Strukturen orientierte Medienpolitik durch die enge *Verflechtung zwischen den Massenmedien und den institutionellen Trägern der Medienpolitik.* Die politischen Parteien verfügen auch nach der Zurückdrängung der unvermittelten Proporzherrschaft im Rundfunk über gesicherte Einflußbereiche und über Besitzstände bei den Zeitungen. Die schwindende Bedeutung der Parteipresse hat in der Pressepolitik allerdings eine Verschiebung der Kräfteverhältnisse zur Folge gehabt, in der neben einzelnen kapitalstarken Verlegern die wirtschaftlichen Interessenvertretungen zunehmenden Einfluß erlangt haben. In Verbindung mit der die politische Kultur Österreichs prägenden Einrichtung der Sozialpartnerschaft hat dies den Einfluß der „Mediensozialpartnerschaft" verstärkt, in der die beruflichen Interessenvertretungen der Verleger (Zeitungsherausgeberverband) und der Medienmitarbeiter (Gewerkschaft Kunst, Medien, freie Berufe) zusammenarbeiten und den Gang aller Reformvorhaben entscheidend beeinflussen. Auch in den verschiedenen Entscheidungsgremien wird den Sozialpartnern des Medienbereichs eine maßgebliche Mitbestimmung eingeräumt. Die staatliche Medienpolitik engt sich in der Praxis daher sehr oft auf die administrative Umsetzung der sozialpartnerschaftlich akkordierten Lösungen ein. So gesehen ist es auch kein Zufall, wenn vor allem wirtschaftliche Problem- und Krisenlagen den staatlichen Aktivitäten im Medienbereich ihren Anstoß gaben.

Rundfunkpolitik im Spannungsfeld der Machtpolitik

Der auf die Anfangsjahre des Rundfunks zurückgehende beherrschende Einfluß des politisch-administrativen Systems hat auch der Rundfunkpolitik der Zweiten Republik seinen Stempel aufgeprägt. Nachdem nach dem Zweiten Weltkrieg zunächst alle gemeinsamen Anstrengungen auf die Wiedererlangung der österreichischen Rundfunkhoheit gerichtet waren, hatten sich die damaligen Koalitionsparteien ÖVP und SPÖ des Rundfunks bemächtigt und ihrem *Proporzregime* unterworfen. Der durch den Proporz personell aufgeblähte und wegen des parteipolitischen Streits um die Rundfunkgebühren auch finanziell notleidend gewordene Rundfunk wurde einem offen zur Schau gestellten politischen Interventionismus ausgesetzt und war kaum mehr in der Lage, qualitativ und quantitativ zufriedenstellende Programme zu gestalten. Der Unmut der Bevölkerung über diese parteipolitische Umklammerung des Rundfunks schlug sich schließlich in dem von 830.000 Bürgern unterstützten, von den unabhängigen Zeitungen maßgeblich mitgetragenen *Rundfunkvolksbegehren* des Jahres 1964 nieder. Mit ihm wurden die Weichen zu einer über die rechtliche und organisatorische Neugestaltung hinausgehenden Reform gestellt.

Das Rundfunkvolksbegehren hatte in einer durch wechselseitige machtpolitische Blockierung gekennzeichneten Situation erstmals einen wirklichen rundfunkpolitischen Gestaltungsspielraum eröffnet und zugleich dem Staats- und Parteirundfunk die Legitimation entzogen. Das politische Ringen um den Zugang zum größten Medienunternehmen des Landes, vor allem mit den Mitteln einer handfesten Personalpolitik, setzte sich zwar auch weiterhin fort. Doch waren nunmehr die Unabhängigkeit und der öffentliche Auftrag des Rundfunks so fest im öffentlichen Bewußtsein verankert, daß sie nicht mehr offen in Frage gestellt werden konnten. Ihre Sicherung wurde zu einer Aufgabe der *Rundfunkgesetzgebung,* in der sich die staatliche Verantwortung für den öffentlichen Rundfunk dokumentiert, die 1974 zudem in den Rang eines Verfassungsauftrages erhoben wurde. Gleichzeitig gelang es dem wirtschaftlich und im Ansehen der Bevölkerung gestärkten ORF, seine eigenen Interessen in der Rundfunkgesetzgebung stärker zur Geltung zu bringen.

Der gesamtstaatlichen Verantwortung des öffentlichen Monopolrundfunks entsprach es, daß nunmehr alle maßgeblichen gesellschaftlichen Kräfte nach dem Modell eines *„Integrationsrundfunks"* beteiligt werden sollten. Praktisch bedeutete dies angesichts der überragenden, alle gesellschaftlichen Bereiche durchflutenden Stellung der politischen Parteien und ihrer legitimen Rolle bei der pluralistischen Interessenartikulation, daß diesen auch weiterhin ein entscheidender Einfluß nicht verwehrt werden konnte. Die mit bemerkenswerter Härte geführten rundfunkpolitischen Auseinandersetzungen der 70er Jahre, in deren Zentrum die von der sozialistischen Partei nach dem Regierungswechsel ausgelöste „Rundfunkreform 1974" stand, drehten sich daher vor allem um die Frage, welche konkreten Einwirkungsmöglichkeiten den Parteien zukommen sollten und mit welchen Mitteln der Rundfunk vor parteipolitischen Übergriffen geschützt werden konnte.

Bei der *Besetzung der leitenden Rundfunkgremien* vermochte sich die jeweilige Regierungspartei im Ergebnis durchzusetzen. In ihrer Zusammensetzung spiegeln sich, seit 1974 deutlicher als zuvor, die politischen Machtverhältnisse auf der Bundesebene: Die förmliche Weisungsfreiheit der Rundfunkorgane und der in ihr tätigen Vertreter wird ebenso wie die Beteiligung der übrigen gesellschaftlichen Gruppen durch faktische Parteiloyalitäten überlagert. Dies führt zu einer relativ gesicherten Mehrheit der Regierungspartei(en), wobei es vom allgemeinen politischen Klima, dem Willen zur Zusammenarbeit und nicht zuletzt dem politischen Geschick der Spitzenfunktionäre des ORF abhängt, ob diese Mehrheit durchgesetzt oder ob ein „rundfunkpolitischer Konsens" gesucht wird.

Wieweit sich der Rundfunk gegenüber den politischen Einflußmöglichkeiten behaupten kann, hängt vom Maß seiner rechtlichen und faktischen *Autonomie* ab. Eine wichtige Voraussetzung war die Anerkennung der Befugnis, das Programmentgelt autonom festzusetzen. Politisch weitgehend außer Streit steht auch, daß der ORF auch in Zukunft auf gesicherte finanzielle Grundlagen angewiesen ist. Den vom ORF ausgehenden Initiativen zu kostensenkenden Reformen (Reorganisation der Unternehmensstruktur, Bereinigung des Problems der freien Mitarbeiter) hat daher der Gesetzgeber nach entsprechender Einigung im Vorfeld der Sozialpartner ebenso reibungslos entsprochen wie dem Wunsch nach einer Anhebung der Werbezeiten. Da keine politische Partei eine „Demontage" des öffentlichen Rundfunks wollen kann, hat die Forderung nach einer (auch wirtschaftlichen) Waffengleichheit mit einer allfälligen privaten Konkurrenz alle Diskussionen um die Zulassung eines aus Werbeeinnahmen finanzierten Privatrundfunks und seine Realisierungschancen in enge Grenzen verwiesen.

Grundlage der *publizistischen Autonomie* des Rundfunks sind die gesetzlich umschriebenen Programmaufträge und Programmdirektiven. Mit der Verpflichtung zur Objektivität, Unparteilichkeit, Ausgewogenheit und Pluralität wurde der öffentliche Rundfunk auf Werte festgelegt, zu denen sich alle politischen Gruppen bekennen können. Eine die Programmgestaltung auch tatsächlich regulierende Kraft entfalten diese Grundsätze aber nur, wenn sie in den rundfunkinternen Entscheidungsprozessen durchgesetzt und ihre Einhaltung kontrolliert werden kann. Da die Programmdirektiven zugleich den Bereich der publizistischen Autonomie umschreiben, muß außerdem sichergestellt sein, daß sachwidrige Eingriffe unterbleiben.

In diesem Punkt gingen die rundfunkpolitischen Vorstellungen der beiden Großparteien auseinander. Das auf das Rundfunkvolksbegehren zurückgehende und zur Zeit der ÖVP-Alleinregierung verabschiedete RFG 1966 übertrug die Verantwortung für die Erfüllung des Programmauftrages an einen weisungsfreien Generalintendanten, der mit weitreichenden Befugnissen ausgestattet an der Spitze des hierarchisch gegliederten Unternehmens stand, für dessen publizistische Unabhängigkeit er einzutreten hatte. Dem hielt die sozialistische Partei das Konzept einer inneren „Demokratisierung" des Rundfunks entgegen, das sie im RFG 1974 gegen alle Einwendungen der Opposition durchsetzte. Damit wurde die Wahrnehmung des publizistischen Auftrages in ein System vielfältig abgestufter dezentraler Entscheidungsstrukturen eingebracht, das auf Empfehlungen des politischen Leitungsgremiums, einem beschränkten Weisungsrecht des Generalintendanten, der Programmverantwortung der Intendanten und Mitwirkungsrechten der programmgestaltenden Mitarbeiter beruht. Ob dieses Organisationsmodell die tatsächliche Unabhängigkeit des Rundfunks gestärkt oder durch die Verwischung der Verantwortungsbereiche nicht einer verschleierten politischen Einflußnahme Vorschub geleistet hat, wird auch heute noch kontrovers beurteilt. Die im Interesse der Meinungsvielfalt ursprünglich angelegte Konkurrenz zwischen zwei selbständigen Fernsehprogrammen wurde mittlerweile wieder zurückgenommen.

Eine tendenziell dem Parteieneinfluß entgegengerichtete und zugleich die staatliche Verantwortung für einen leitbildgerechten Rundfunk sichernde Einrichtung stellt die *Rundfunkaufsicht* durch die gerichtsförmig organisierte staatliche Rundfunkkommission dar. Mit ihr ist eine begrenzte Verrechtlichung der inhaltlichen Programmbindungen verbunden, so daß die Objektivität, Pluralität und Ausgewogenheit der Rundfunkprogramme auch als rechtlich verpflichtende und sanktionierte Maßstäbe rundfunkjournalistischen Handelns erscheinen.

Die dargestellten Ordnungselemente – die gesamtgesellschaftliche Trägerschaft, die finanzielle Autonomie, die gesetzlichen Programmauflagen und die publizistische Unabhängigkeit – weisen aus, daß der Rundfunk in Österreich weiterhin dem traditionellen Modell eines *öffentlichen Integrationsrund-*

funks verpflichtet ist, dessen Verantwortung und Freiheit durch staatliche Regulierung gewährleistet sind. Seine Verdrängung durch einen privatwirtschaftlichen Marktrundfunk ist unwahrscheinlich; seiner Ergänzung durch eine inländische Konkurrenz bleibt wegen der Enge des Marktes nur ein begrenzter Spielraum. Die jüngsten rundfunkpolitischen Kontroversen um die Zulassung privater Rundfunkanstalten haben sich daher von vornherein auf die Frage beschränkt, wer (ORF oder private Anstalten) der Träger eines dritten Fernsehkanals sein soll. Vor verbindlichen Aussagen über die Zukunft des Rundfunks in Österreich scheuen die Träger der staatlichen Medienpolitik ohnedies zurück.[21] Das 1987 abgeschlossene Abkommen zwischen dem ORF und den Zeitungsherausgebern[22] kam in dieser Situation nicht ungelegen, weil es für die nächsten Jahre von konfliktträchtigem politischem Handlungsdruck entlastet. Die Initiative zum Handeln und die Verantwortung für die Rundfunkordnung der nächsten Jahre hat den Staat damit freilich an die (überwiegend an der Beibehaltung des Status quo interessierten) etablierten Medien abgetreten.

Unabhängig von allen künftigen innerstaatlichen Entwicklungen stellt sich für die Rundfunkpolitik der nächsten Jahre aber jedenfalls die Frage, ob und wieweit die Gemeinwohlverantwortung des Rundfunks gegenüber den aus dem Ausland „herangeführten“ Rundfunkprogrammen durchgesetzt werden kann und soll. Insoweit scheint der Rundfunkpolitik ein Steuerungsdilemma zu erwachsen, da sie einerseits eine Unterwanderung der inländischen Rundfunkordnung durch ausländische Programme auf Dauer nicht hinnehmen kann, während andererseits jede Programmkontrolle nach zwangsläufig vagen inhaltlichen Kriterien in die gefährliche Nähe staatlicher Zensur führen könnte. Darauf wird im rundfunkrechtlichen Teil dieses Buches noch zurückzukommen sein.

Pressepolitik zwischen Marktwirtschaft und Staatsförderung

Die Pressepolitik der Zweiten Republik orientiert sich angesichts der vorgegebenen privatwirtschaftlichen Verhältnisse auf

21 Vgl aber das 1987 zwischen den Regierungsparteien ÖVP und SPÖ abgeschlossene Koalitionsübereinkommen, das die – freilich ebenfalls nicht sonderlich aussagekräftige – Formulierung enthält, daß „im Zuge einer weiteren Liberalisierung des Rundfunks Gespräche über die Einräumung von Sendezeit im lokalen Hörfunk und über die Nutzung von Frequenzen für private österreichische Programmveranstalter geführt werden sollen“.

22 Vgl dazu oben S 28f.

den Zeitungsmärkten und den noch fortwirkenden Traditionen der Gesinnungspresse weiterhin am liberalen Marktmodell. Die Aufrechterhaltung der äußeren Vielfalt konnte allerdings nicht mehr ausschließlich von den Marktkräften geleistet werden, sondern wurde zu einer Forderung an den Staat, der ihr in Form eines ausgebauten Systems von Förderungsmaßnahmen entsprach, ohne freilich das angestrebte Ziel wirklich wirksam zu erreichen.

Die *staatliche Presseförderung* ist eine freiwillige Leistung des Staates, die nach politischen Zweckmäßigkeitserwägungen und nach Maßgabe der in den letzten Jahren merklich beengten Lage der Staatsfinanzen gewährt wird. Die in Verfassungsbestimmungen zum MedienG vorgesehene ausdrückliche Bestandsgarantie des Staates für eine „vielfältige und unabhängige Presse" scheiterte am fehlenden politischen Konsens. Bei der näheren Gestaltung der Förderungsmaßnahmen und ihrer Durchführung kommt den Sozialpartnern des Medienbereiches ein maßgebliches Gewicht zu. Dies hat in Verbindung mit der bewußt angestrebten medienpolitischen Neutralität vor allem der Presseförderung des Bundes dazu beigetragen, daß sie aus dem politischen Streit weitgehend herausgehalten werden konnte. Der Verzicht auf stärker differenzierende Maßnahmen hat allerdings ihre Wirksamkeit geschwächt, so daß die Auflagenkonzentration und Schrumpfung der publizistischen Einheiten nur verlangsamt und die wirtschaftliche Krisensituation vieler Zeitungen nicht wirklich behoben wurden.

Weitere Maßnahmen zur *Konzentrationsbekämpfung* oder zur Verbesserung der Funktionsfähigkeit des Marktes haben in der österreichischen Diskussion bis vor kurzem keine Rolle gespielt. Erst die in ihren Auswirkungen noch gar nicht absehbare Verflechtung zwischen den beiden größten Tageszeitungen Kurier und Kronen-Zeitung, die durch Beteiligungen einer westdeutschen Verlagsgruppe bewerkstelligt wurde, hat dieses Versäumnis schlagartig der breiteren Öffentlichkeit und manchen Medienpolitikern bewußt werden lassen. Dabei liegt die Problematik gar nicht so sehr in der Beteiligung von Auslandskapital als vielmehr darin, daß diese Konzentration tendenziell den publizistischen und wirtschaftlichen Wettbewerb gefährdet und den Mißbrauch von Medienmacht ermöglicht – was unabhängig davon, ob dies von ausländischem oder österreichischem Kapital ausgeht, ein Übel ist. Wirksame Handhaben gegen solche Formen der Medienkonzentration enthält das österreichische Recht nicht: Zwar gelten die dem Schutz des Wettbewerbs dienenden Regelungen des KartellG grundsätzlich auch für die

Massenmedien unter Einbeziehung des ORF. Die dort vorgesehenen Instrumente – der Registerzwang für Kartelle, die Anmeldepflicht für Unternehmenszusammenschlüsse und die Mißbrauchskontrolle über marktbeherrschende Unternehmen – können solche Verflechtungen aber überhaupt nicht verhindern und sind auch im übrigen wenig taugliche Mittel, um den mit jeder Konzentration verbundenen Gefahren für die freie Meinungsbildung entgegenzuwirken.[23] Eine unter dem Schock der aktuellen Ereignisse im Frühjahr 1988 kurzfristig ausgebrochene Diskussion um die Einführung einer kartellrechtlichen *Fusionskontrolle* ist bald wieder versandet. Dies ist bedauerlich, auch wenn die Vor- und Nachteile einer solchen Kontrolle von Unternehmenszusammenschlüssen im Medienbereich sorgfältig erwogen werden müßten und ihre rückwirkende Anwendung auf den aktuellen Anlaßfall sicherlich problematisch gewesen wäre. Als Ausweg hat man schließlich eine Erhöhung und Umgestaltung der staatlichen Presseförderung ins Auge gefaßt, deren geringe Tauglichkeit freilich schon durch die bisherigen Erfahrungen belegt wird.[24]

Neben der Sicherung der ökonomischen Grundlagen bildete die *Presserechtsreform* den Schwerpunkt der Pressepolitik der 70er Jahre. Die Beibehaltung der durch geistige und wirtschaftliche Konkurrenz, Tendenzfreiheit und verlegerisches Privateigentum gekennzeichneten Presseordnung stand auch im Bereich der rechtlichen Rahmenbedingungen außer Frage. Trotzdem liegt das MedienG als Resultat dieser Reform im Schnittpunkt unterschiedlich orientierter Reformansätze.

Eine Zielrichtung der Presserechtsreform war der Abbau überkommener autoritärer Rechtsstrukturen, die wie manche

23 Daran wird auch das mit 1.1.1989 in Kraft getretene neue KartellG 1988 BGBl 600 nichts ändern. Anders als im bisherigen § 40 KartellG 1972 wird nunmehr (§ 34) die marktbeherrschende Stellung, die die Mißbrauchsaufsicht auslöst, auch mit qualitativen Kriterien umschrieben. Dies kann ihren Anwendungsbereich, auch bei den hier interessierenden Medien, erweitern. Praktische Bedeutung ist der Mißbrauchsaufsicht freilich schon bisher kaum zugekommen; sie ist auch nur darauf angelegt, Mißbräuchen im Bereich des wirtschaftlichen Wettbewerbs, nicht aber dem Mißbrauch von Meinungsmacht, entgegenzuwirken. Zum Kartellrecht und seinen Instrumenten vgl im übrigen KOPPENSTEINER, Wettbewerbsrecht. Kartellrecht und unlauterer Wettbewerb (1981) 55ff. Zur Rechtslage und tatsächlichen Situation in der Bundesrepublik Deutschland vgl zB Kapitel V (Wettbewerbsbedingungen und Konzentration im Medienbereich), in: Hauptgutachten 1984/1985 der Monopolkommission, Gesamtwirtschaftliche Chancen und Risiken wachsender Unternehmensgrößen (1986).

24 Vgl dazu noch unten S 94ff.

längst obsolet gewordenen Ordnungsvorschriften die wirtschaftliche und publizistische Entwicklung der Presse behindert oder, wie die Ermächtigung zur administrativen Beschlagnahme, politischen Übergriffen wenig Widerstand entgegengesetzt hatten. Dieser liberale Ansatz der Reform konnte sich in den langwierigen, aber vorwiegend durch rechtliche Detailproblematik und juristische Argumentation gekennzeichneten Diskussion voll durchsetzen. Durch die Zurücknahme staatlicher Kontroll- und Sanktionsmöglichkeiten wurde der Freiraum der Presse gegenüber dem Staat beträchtlich erweitert, innerhalb dessen Grenzen die verantwortungsvolle Erfüllung des publizistischen Auftrages eine autonome Leistung der Presse ist.

Eine zweite Reformschicht zielte auf begrenzte staatliche Interventionen in die publizistischen Prozesse, um konstatierte (im einzelnen freilich umstrittene) Defizite des publizistischen Wettbewerbs auszugleichen. Es waren vor allem diese aus dem sozialistischen Medienkonzept abgeleiteten Postulate, an denen die Reform mehrmals festzulaufen drohte. Da sie die sozialistische Regierungspartei auch nicht gegen den Willen der Mediensozialpartner durchsetzen wollte und für einzelne Regelungen (Verfassungsbestimmungen) die Zustimmung der (damaligen) großen Oppositionspartei erforderlich gewesen wäre, gingen sie letztlich nur in mehrfach gebrochener Form in das Gesetz ein.

Nicht so sehr wegen der vermutlich geringen praktischen Bedeutung, sondern als Symptom charakteristisch dafür war das Scheitern aller Versuche, eine *„öffentliche Aufgabe“* der Presse in den Verfassungsbestimmungen zum MedienG zu verankern. Die Formel von der „öffentlichen Aufgabe“ spricht Erwartungen an eine im Dienst an der Demokratie und der Gemeinschaft stehende Presse an und bezeichnet damit einen Zielpunkt für die gesetzliche Ausgestaltung des Pressewesens, der gewisse Privilegien, aber auch besondere Pflichten der Presse umschließt. Ein solcher Maßstab kann zwar auch ohne ausdrückliche verfassungsrechtliche Verankerung die Rechtssetzung und Rechtsanwendung leiten.[25] Auch mag der Widerstand gegen die vorgeschlagene Verfassungsbestimmung vordergründig mit ihren ungeklärten Konsequenzen zusammenhängen. Er war aber auch ein bemerkenswertes Indiz dafür, daß eine umfassende Verrechtlichung der publizistischen Verantwortung der Presse anders als beim Rundfunk außerhalb des medienpolitischen Konsenses gelegen wäre.

Konkreter waren die Vorschläge, die durch einen *Ausbau der redaktionellen Mitbestimmungsrechte* die publizistische Vielfalt in den Presseunternehmen fördern wollten, um den Verlust an äußerer Vielfalt auszu-

---

25 Vgl unten S 75ff.

gleichen. Als wichtigstes Instrument zur Erreichung dieses Zieles sahen die Vorentwürfe zum MedienG den zwingenden Abschluß von Redaktionsstatuten zwischen den Zeitungseigentümern und den Redakteuren vor. In dieser Form scheiterten die Vorschläge am Widerstand der Verleger. Da in der Gesetz gewordenen Fassung der Zwang zum Abschluß von Redaktionsstatuten entfallen ist, blieb im Ergebnis die Klammer zwischen der wirtschaftlichen und der publizistischen Verfügungsmacht prinzipiell erhalten. Eine gewisse Einschränkung hat das Direktionsrecht des Verlegers allerdings durch jene Bestimmung erfahren, die eine individuelle Gesinnungsfreiheit der Journalisten verbürgen.

Im großen und ganzen durchsetzen konnte sich die Regierungspartei dagegen mit den vorgeschlagenen *Offenlegungspflichten,* durch die eine größere Transparenz auf den Zeitungsmärkten erreicht werden soll. Gegen sie hatte die Opposition vor allem verfassungsrechtliche Bedenken geltend gemacht, während sich die unmittelbar davon betroffenen Medienunternehmen damit abgefunden zu haben scheinen.

Die Feststellung, daß journalistische Qualitätskriterien, wie etwa die Objektivität von Nachrichten oder ihre publizistische Relevanz, nicht rechtlich verankert wurden und die Tendenzfreiheit des Verlegers grundsätzlich gewahrt blieb, bedeutet schließlich nicht, daß sich die *publizistische Verantwortung* überhaupt einer rechtlichen Steuerung entzogen hat. Vielmehr knüpft das MedienG in einzelnen Regelungsbereichen an Kategorien verantwortlichen journalistischen Handelns an, indem es sie voraussetzt oder zum Inhalt einer rechtlichen Regelung macht.

So liegt etwa den Vorschriften über den Schutz des Redaktionsgeheimnisses die Erwartung zugrunde, daß die Presse ihren Beruf nicht nur in einer auflagensteigernden Jagd nach Sensationen erblickt, sondern auch in der Wahrnehmung demokratischer Kontroll- und Informationsaufgaben, bei denen sie auf das Zeugnisverweigerungsrecht angewiesen sein kann. Weil es aber gefährlich wäre, den Schutz des Redaktionsgeheimnisses von der tatsächlichen Erfüllung dieser Aufgaben abhängig zu machen, hat der Gesetzgeber auf eine differenzierende Lösung verzichtet und mit der generellen Zuerkennung dieses Privilegs den fallweisen Mißbrauch in Kauf genommen. Im Rahmen der beleidigungsrechtlichen Regelungen verweist das Gesetz mit dem Maßstab der Erfüllung der journalistischen Sorgfaltspflicht auf autonome Standesnormen, denen damit ebenfalls eine beschränkte rechtliche Verbindlichkeit zuerkannt wird. In diesem Zusammenhang kann auch der grundsätzlich autonom zu bestimmende Nachrichtenwert („news value") einer Berichterstattung ausnahmsweise rechtliche Relevanz erlangen, da eine Voraussetzung der Straffreiheit bei Beleidigungsdelikten ein tatsächlich gegebener Öffentlichkeitswert („Interesse der Öffentlichkeit an der Veröffentlichung") ist, der im Streitfall durch den Richter gleichsam „nachzumessen" ist. Solche Regelungen geben zwar keine Handhabe zur direkten Durchsetzung des journalistischen Auftrages, dessen Erfüllung weiterhin Sache der nicht erzwingbaren Berufsethik ist. Sie schlagen aber gleichsam Brücken zwischen den berufsethischen Anforderungen und dem staatlichen Sanktionssystem, indem sie den Eintritt bestimmter Rechtsfolgen (Straffreiheit) von der Einhaltung dieser Anforderungen abhängig machen.[26]

Mit der Verabschiedung des MedienG ist eine Epoche österreichischer Pressepolitik zum Abschluß gelangt, in der sich die bemerkenswerte Wirkungskraft der liberalen presserechtlichen Tradition auch noch in einer vielfach veränderten Medienlandschaft bestätigt hat. Mit den behutsam eingebauten Strukturen staatlich gewährleisteter Medienverantwortung hat das Gesetz einen Kompromiß gefunden, dessen Zustandekommen für sich genommen schon ein politischer Erfolg war, vor allem wenn man an die vielen gescheiterten Anläufe zu einer Reform des Presserechts denkt. Von Einzelfragen wie der Lösung gewisser legistischer Unklarheiten abgesehen, sind weitere gesetzliche Maßnahmen im Bereich des klassischen Presserechts in der näheren Zukunft nicht zu erwarten. Die entscheidende Schwachstelle der liberalen, auf Wettbewerb angewiesenen Ordnung auf den Zeitungsmärkten bleibt die wirtschaftliche Notlage vieler Zeitungen bei gleichzeitiger Dominanz weniger kapitalstarker und nunmehr auch miteinander verflochtener Großverlage. Sie wird auch künftig staatliches Handeln nötig machen, wenn die ohnedies beengte Vielfalt nicht noch weiter schrumpfen soll.

4. *Die freiwillige Selbstkontrolle der Presse*

Vorstehend war bereits von den berufsethischen Anforderungen die Rede, die sich in der Form von Standesregeln im Zuge der Professionalisierung der journalistischen Tätigkeit herausgebildet haben. Sie umschreiben Maßstäbe der publizistischen Verantwortung (zB Wahrheitspflicht), stellen Grundsätze der journalistischen Fairneß und Sorgfalt (zB Recherchepflicht) auf und bezeichnen Verhaltensweisen, die mit der Berufsethik des Journalismus unvereinbar sind (zB Annahme von Schmiergeldzahlungen).[27] Obwohl die staatliche Rechtsordnung vereinzelt an

---

26 Vgl dazu BERKA, Die Verantwortung des Journalisten zwischen Recht und Moral, in: Österr. Jahrbuch für Kommunikationswissenschaft 4 (1986/87) 55.

27 Zu der sich in einer förmlichen Berufsethik ausdrückenden „Professionalisierung“ allgemein und bezogen auf den Journalismus KEPPLINGER–VOHL, Professionalisierung des Journalismus? RuF 76, 309.

solche Konventionen anknüpft oder sich mit ihnen deckt,[28] stellen sie keine erzwingbaren Rechtspflichten, sondern Normen einer berufsautonomen *Selbstkontrolle* dar. Sie verhelfen den Massenmedien zu einer gewissen Autonomie gegenüber staatlicher Überwachung, die dort, wo es um Fragen der journalistischen Kompetenz und Ethik geht, meist fehl am Platze wäre. Außerdem schirmen die Standesregeln gegenüber sachfremden privaten Interessen und wirtschaftlichen Druck ab und geben dem Wettbewerb der Massenmedien untereinander einen Ordnungsrahmen.[29]

Die Verbindlichkeit von Standeskonventionen kann sich erhöhen, wenn sie ausdrücklich formuliert und in einem geschriebenen Ehrenkodex zusammengefaßt sind und wenn besondere Organe über ihre Einhaltung wachen. Da ein „Standeszwang" für Journalisten, dh ihre Zusammenfassung zu einer Zwangsorganisation verbunden mit einer Regelung des Berufszuganges und -ausschlusses und eine Unterwerfung unter ein förmliches Standesrecht heute aus guten Gründen abgelehnt werden,[30] kann es sich dabei nur um eine „freiwillige Selbstkontrolle" handeln.

In Österreich haben sich 1961 die Berufsorganisationen der Zeitungs- und Zeitschriftenherausgeber (VÖZ) und der Journalisten (Journalistengewerkschaft) zum *Österreichischen Presserat* zusammengeschlossen. Er besteht aus 20 ehrenamtlich tätigen Mitgliedern, die nach der Geschäftsordnung ausdrücklich frei von Weisungen der sie entsendenden Verbände sind.[31] Beschlüsse werden grundsätzlich mit einfacher Mehrheit gefaßt, für die Beschlußfassung über Richtlinien oder Leitsätze zum Ehrenkodex ist eine 2/3-Mehrheit erforderlich. Die Geschäftsführung wird vom Herausgeberverband besorgt; der Presserat selbst besitzt weder Rechtspersönlichkeit noch verfügt er über ein eigenes Budget oder Büro, was seine kontinuierliche Arbeit er-

---

28 Vgl zB unten S 219 und S 306.

29 Zur Presseselbstkontrolle allgemein und in rechtsvergleichender Sicht vgl zB: LÖFFLER, Das Standesrecht der Massenmedien in weltweiter Sicht, AfP 71, 16; RONNEBERGER, Probleme publizistischer Selbstkontrolle, Publizistik 72, 177; FISCHER–BREUER–WOLTER, Die Presseräte der Welt (1976).

30 Abschreckend wirkt vor allem der Mißbrauch der berufsständischen Organisationen während der nationalsozialistischen Zeit („Reichspressekammer").

31 Je acht Mitglieder des Presserates werden von VÖZ und Journalistengewerkschaft nominiert; diese Mitglieder kooptieren weitere vier Mitglieder aus dem Presse- und Verlagswesen, das sind gegenwärtig Vertreter des Zeitschriftenverbandes und des Presseclubs Concordia.

schwert.[32] *Aufgabe des Presserates* ist es, über die Einhaltung der Berufspflichten der österreichischen Presse zu wachen, Mißstände im Pressewesen festzustellen und allen das Ansehen der österreichischen Presse schädigenden Vorhaben entgegenzutreten. Er soll ferner die Interessen der Presse gegenüber Staat und Öffentlichkeit vertreten und die Presse- und Informationsfreiheit verteidigen. In Wahrnehmung dieser Aufgaben hat der Presserat die journalistischen Berufspflichten in „*Grundsätzen für die publizistische Arbeit – Ehrenkodex für die österreichische Presse*" zusammengefaßt. Die 1983 überarbeitete Fassung des Ehrenkodex gibt sich allerdings, wenn man von der eher pathetisch formulierten Beschwörung der publizistischen Verantwortung und Freiheit absieht, äußerst knapp und faßt gewisse Standesregeln in fünf Grundsätze zusammen:[33]

- Gewissenhaftigkeit und Korrektheit in Recherche und Bericht als oberste Verpflichtung des Journalisten;
- Unzulässigkeit einer Einflußnahme Außenstehender auf Inhalt und Form der Information; Verbot der Geschenkannahme;
- Verpflichtung zur Abwägung zwischen öffentlichen Informationsinteressen und Interessen eines Betroffenen bei Berichten über die Intimsphäre; Verpflichtung zur Abkürzung des Familiennamens bei einer Berichterstattung über jugendliche Straftäter;
- Verbot persönlicher Diffamierungen, Verunglimpfungen und Verspottungen, wobei die Unzulässigkeit von Pauschalverdächtigungen und Pauschalverunglimpfungen sowie jeder Diskriminierung aus rassischen, religiösen, nationalen oder sonstigen Beweggründen besonders unterstrichen wird;
- Unzulässigkeit von Veröffentlichungen, die „mit der Angst spekulieren, um daraus ein Geschäft zu machen".

Auffällig ist, daß sich die veröffentlichten Grundsätze zu zentralen Fragen der journalistischen Berufsausübung verschweigen, wie zB zur Objektivitätsverpflichtung, zur Trennung von Kommentar und Meinung, zur Berichterstattung über schwebende Verfahren, zur Pflicht zur Wahrung des journalistischen Berufsgeheimnisses oder zu den Methoden der Informationsbeschaf-

---

32 Vgl MÖSEL, Funktioniert die Selbstkontrolle der österreichischen Presse? in: Österreichischer Presserat (Hrsg), Der Österreichische Presserat. Aktionen, Feststellungen, Geschäftsführung, Ehrenkodex (oJ).

33 Der Ehrenkodex ist ua veröffentlicht in: MuR 86/5, 31.

fung. Konkreter als im veröffentlichten Ehrenkodex werden daher die journalistischen Berufspflichten erst in der *Entscheidungspraxis* des Presserats.[34]

Ein *Beschwerdeverfahren* vor dem Presserat kann jedermann durch eine schlichte „Mitteilung" an den Presserat einleiten, der aber auch berechtigt ist, Fälle von sich aus aufzugreifen. Nach einer Vorprüfung durch die beiden Vorsitzenden findet das Verfahren vor dem Presserat in nichtöffentlicher Sitzung, aber unter Beiziehung des Beschwerdeführers und der Personen, gegen die sich das Verfahren richtet, statt. Der Presserat entscheidet „in freier Würdigung des ihm vorliegenden Sachverhaltes" (§ 9 Geschäftsordnung), ob durch ein Verhalten eines Journalisten oder durch eine Veröffentlichung Berufspflichten der Presse oder sonstwie das Ansehen der Presse durch das Verhalten einer Person verletzt wurde oder ob kein Grund zum Einschreiten vorliegt. Bei besonders schweren Fällen kann der Presserat eine *grobe* Verletzung der Berufspflichten bzw des Ansehens der Presse feststellen. Die Entscheidung wird in einer zu begründenden „Feststellung" zusammengefaßt, die zu veröffentlichen ist, wenn dies der Presserat ausdrücklich beschließt. Die Veröffentlichung erfolgt durch Aussendung an die APA. Ferner wird die betroffene Druckschrift zur Veröffentlichung aufgefordert. Die Veröffentlichung einer solchen Feststellung kann nicht erzwungen werden, wird aber zu den ungeschriebenen Standespflichten zu rechnen sein, so daß die Nichtveröffentlichung einen neuerlichen Verstoß gegen den Ehrenkodex darstellt. Die Bereitschaft der Zeitungsredaktionen, die sie betreffenden Feststellungen des Presserats auch tatsächlich zu veröffentlichen, ist eher gering.

Trotz der fehlenden Sanktionsmöglichkeiten und der geringen Publizität seiner Rügen ist der Presserat eine Beschwerdeinstanz, die dem Einzelnen auch in jenen Fällen zu einer Genugtuung verhelfen kann, in denen der Weg zu den Gerichten versperrt ist oder aussichtslos wäre.[35] In seinen Entscheidungen nimmt der Presserat auch immer wieder Anlaß zu über den konkreten Beschwerdefall hinausgehenden Stellungnahmen von allgemeiner Bedeutung, so wenn etwa klargestellt wird, daß Briefe

---

34 Die Entscheidungen des Presserates werden nunmehr in der Zeitschrift Medien und Recht veröffentlicht; vgl etwa MuR 86/5, 30ff; 86/6, 28ff; 87/2, 67ff; 87/3, 110ff; 87/5, 186ff; 87/6, 229ff; 88/2, 65ff; 88/4, 142f.

35 So wurde der Presserat zwischen 1982 und 1985 in insgesamt 80 Fällen angerufen, von denen 55 im ordentlichen Verfahren behandelt wurden: In etwa der Hälfte dieser Fälle fand der Presserat keinen Grund zum Einschreiten bzw wurde eine einvernehmliche Regelung zwischen dem Mitteilenden und der Druckschrift erzielt. In den übrigen (bereits erledigten) Fällen wurde eine Verletzung von Berufspflichten durch einen Journalisten (10 Fälle) oder durch eine Veröffentlichung (2 Fälle) bzw eine Verletzung des Ansehens der Presse durch eine Veröffentlichung (3 Fälle) festgestellt. Angaben lt Mitteilung des Österreichischen Presserats vom 13. 1. 1986.

an Journalisten von diesen immer dann veröffentlicht werden dürfen, wenn sie nicht ausdrücklich als private Mitteilungen gekennzeichnet sind, daß ein wörtliches Zitat als Schlagzeile nur dann gerechtfertigt ist, wenn es durch den Wortlaut eines Interviews auch tatsächlich gedeckt ist oder daß durch ein erschlichenes Interview im allgemeinen („wo die gewählten Mittel in keiner Relation zum Anlaßfall stehen") grob gegen die Berufspflichten verstoßen wird.[36] Diese am Einzelfall entwickelten Richtlinien können allerdings die Lücken bei den förmlich beschlossenen Grundsätzen nur ungenügend schließen. Als einen Nachteil kann man es auch empfinden, daß die betroffenen Berufsgruppen im Presserat gleichsam „unter sich bleiben" und weder den Medienkonsumenten noch neutralen, außenstehenden Instanzen ein Einfluß auf seine Entscheidungen eingeräumt wird.

Neben der Behandlung von Beschwerdefällen wendet sich der Presserat immer wieder allgemeinen und aktuellen Entwicklungen im Pressewesen zu. Er greift Mißstände auf, wie etwa das „Geschenkunwesen", protestiert gegen Behinderungen der journalistischen Arbeit und nimmt zu einschlägigen Gesetzesvorhaben Stellung. Auch mit solchen Aktionen nimmt der Presserat Einfluß auf die Wirklichkeit des Journalismus und erleichtert den Berufsangehörigen die Erfüllung ihrer Aufgaben. Noch deutlicher als bei den Beschwerdefällen werden freilich hier die Grenzen einer auf Freiwilligkeit angewiesenen Standesorganisation sichtbar, die sich in den Interessenkonflikten der sie tragenden Institutionen verfangen kann und sich gelegentlich gegen starke wirtschaftliche oder standespolitische Interessen nicht durchzusetzen vermag.

---

36 Vgl zB die in Österreichischer Presserat, aaO 27 und 29 sowie MuR 87/2, 67 abgedr Feststellungen.

II. KAPITEL

Zur Geschichte des Medienrechts

Die Geschichte des Rechts der Massenmedien beginnt mit der Einführung der Zensur über die Druckschriften. Zwar hatte es schon in der Antike Rechtsvorschriften zum Schutz vor Schmähschriften gegeben und hatte die Kirche ketzerische Schriften mit der Strenge der Inquisition verfolgt.[1] Aber erst mit der Entdekkung der „teuflischen schwarzen Kunst" des Buchdrucks entstand am Beginn der Neuzeit das Bedürfnis nach einer umfassenden Kontrolle der beunruhigenden neuen Ideen und Informationen, die durch das technische Mittel der Massenvervielfältigung eine bis dahin unbekannte Breitenwirkung erlangt hatten. Zum wirksamsten Mittel der Überwachung des Gedruckten wurde die Vorzensur, das heißt die Überprüfung und allenfalls Unterdrückung eines Werkes bereits vor seinem Erscheinen und bevor der „schädliche Gedanke" sein Publikum erreichen konnte. Das moderne Medienrecht hat sich aus dem Kampf gegen diese staatliche Bevormundung heraus entwickelt und ist untrennbar mit der Forderung nach Pressefreiheit verbunden. Als im 20. Jahrhundert zu der Presse die modernen elektronischen Nachrichtenmittel Rundfunk und Fernsehen hinzukamen, stand der Staat vor neuen Regelungsaufgaben. Wiederum war es der technische Vorgang der Informationsverbreitung, der – wenngleich mit anderer Zielrichtung – zu dem Ansatzpunkt für staatliche Reglementierungen wurde, aus denen ein ausgebautes Rundfunkrecht hervorging.

1. Die Entwicklung des österreichischen Presserechts

Das Presserecht bis 1848

Vorläufer der *Zensur* über die Druckschriften waren die päpstlichen Zensurverordnungen und der Index librorum prohibitorum

1 Vgl LÖFFLER–RICKER, Handbuch des Presserechts (1978) 20f.

für den kirchlichen Bereich.[2] Die staatlich angeordnete Zensur erwuchs aus dem Kampf der katholischen Regierungen gegen die reformatorische Lehre und die um sich greifenden Schmach- und Schandschriften. Bereits im Wormser Edikt 1521 wurden die Schriften Luthers verboten und alle neuen theologischen Schriften der Zensur unterworfen. Für die österreichischen Länder führte eine Verordnung Ferdinands I. aus dem Jahre 1528 die allgemeine und förmliche Zensur durch das strenge Verbot ein, irgendein Werk ohne Bewilligung der Obrigkeit in Druck zu legen. In den folgenden Jahrhunderten zogen die staatlichen Behörden das als Ausfluß landesherrlicher Gewalt begriffene und vielfältig ausgebaute Zensurwesen zunehmend in ihre Zuständigkeit. Unter Maria Theresia wurde die Büchercensur-Hofkommission (1753) eingerichtet. Das Erfordernis einer behördlichen Druckerlaubnis wurde ergänzt durch den Konzessionszwang, der die Bewilligung zum Buchdruck an ein Privileg des Fürsten band, was die strenge Überwachung dieses Gewerbes wie auch seinen Schutz vor unerwünschter Konkurrenz ermöglichte und den zugelassenen Zeitungen eine bequeme Monopolstellung verschaffte.

Im Lauf der Zeit profanisierte sich die Stoßrichtung der Zensur. Der Kampf gegen die religiösen Irrlehren trat gegenüber dem Schutz der staatlichen Autorität und der sittlichen Bevormundung der Bevölkerung zunehmend in den Hintergrund. Bemerkenswert sind die Versuche des aufgeklärten Absolutismus, die vorbeugende Überwachung der Druckschriften durch detaillierte Instruktionen in geordnete Bahnen zu lenken, um der oft beklagten Willkür der Zensoren entgegenzuwirken. Die 1787 durch Joseph II. zugunsten der Wiener Druckereien verfügte Einstellung der Vorzensur, die durch eine nach Drucklegung einzuholende Druckerlaubnis ersetzt wurde, blieb allerdings ein kurzlebiges Experiment. Bereits drei Jahre später sah sich der Kaiser gehalten, wegen des Mißbrauchs dieser Erlaubnis die Rückkehr zur Zensur anzuordnen.

Im *österreichischen Vormärz* wurde die Zensur zu der wohl am leidenschaftlichsten bekämpften Einrichtung reaktionärer Herrschaft und zum verhaßten Symbol der Metternichschen Ära. Auf der Grundlage der General-Censur-Verordnung 1795 und der Zensurvorschrift von 1810 wurde sie von den Behörden mit äußerster Strenge, engherziger Intoleranz und häufiger noch mit peinlicher Kleinlichkeit betrieben, so daß die freiheitliche Kritik die Verarmung des österreichischen Geisteslebens und seine

---

2 Zur österreichischen Presserechtsgeschichte vgl Liszt, Lehrbuch des österreichischen Preßrechts (1878) 1ff; Kadečka, Das österreichische Preßrecht (1931) 11ff.

Abschnürung gegenüber dem Ausland nicht ohne Grund auf das Zensursystem zurückführen konnte.[3] In ihrem beißenden Spott an der Willkür der Zensoren, ihrer subalternen Engstirnigkeit und ihrer Scheu vor Verantwortung setzte sich die liberale Polemik auch über die von konservativ-aufklärerischer Seite ausgehenden Bemühungen hinweg, eine in rechtsstaatliche Bahnen gelenkte und mit Klugheit gehandhabte Zensur in den Dienst der Volksaufklärung zu stellen. Die innere Rechtfertigung war einer solchen Politik schon verlorengegangen, seit der österreichische Hof in den Karlsbader Beschlüssen von 1819 im Zeichen des restaurativen Absolutismus eine Verschärfung des Zensurzwanges gerade gegen jene Presse durchgesetzt hatte, die in den „Freiheitskriegen" gegen Napoleon zum ersten Mal ihre geistige und nationale Mächtigkeit bewiesen hatte. Zu Fall gebracht wurde die Zensur in Österreich aber erst durch die Sturmpetition vor der Wiener Hofburg am Beginn des Revolutionsjahres 1848.[4]

Die Preßgesetzgebung im 19. Jahrhundert

Die *gesetzliche Sicherung der Pressefreiheit* war die große Forderung des bürgerlichen Liberalismus. Eine freiheitliche Gesetzgebung war der Presse bereits in der Bundesakte von 1815 zugesichert worden, wobei dies nach damaligem Verständnis die Beseitigung der präventiven Zensur (Polizeisystem) und die Unterstellung der Presse unter ein System nur nachfolgender, repressiver Verantwortlichkeit (Justizsystem) bedeutete. Das Ringen

3 Die Zensurverordnung von 1810 liefert ein anschauliches Beispiel für die differenzierten Verbotsmaßnahmen, zu denen das Zensursystem an seinem Ende fähig war: Vorgesehen waren vier verschiedene Urteilsformeln, denen jeweils genau umschriebene Rechtsfolgen zugeordnet waren: „Admittitur" bedeutete die unbeschränkte Erlaubnis, „Transeat" gab die Möglichkeit öffentlichen Verkaufs, aber ohne Ankündigung durch Inserate; eine mit „Erga schedam" abgestempelte Schrift konnte nur gegen Erlaubnisschein bezogen werden, während „Damnatur" die schärfste Form des Verbotes war; diese Werke durften nur einem kleinen Personenkreis zugänglich gemacht werden, den der Kaiser persönlich überprüfte.

4 Zur Geschichte der Zensur in Österreich vgl mit anschaulichen Beispielen WIESNER, Denkwürdigkeiten der Oesterreichischen Zensur (1847); ferner: SCHNEIDER, Pressefreiheit und politische Öffentlichkeit (1966) 133 ff, 181 ff, 243; DUCHKOWITSCH, Österreichs Tagespresse im Banne der Obrigkeit: Kommunikationskontrolle vor 1848, in: PÜRER–LANG–DUCHKOWITSCH (Hrsg), Die österreichische Tagespresse, Journalistik 5/1983 (Sonderheft), 16.

um ein solches Gesetz, das die reaktionäre Politik des Vormärz nicht zugestehen wollte, zieht sich durch die Revolutionsjahre 1848/49 und wird wie die Forderung nach Pressefreiheit selbst zum Symbol für den Erfolg und die Rückschläge der konstitutionellen Bewegung.

Nachdem die Proklamation vom 14. März 1848 die Aufhebung der Zensur verfügt hatte, wurde am 31. März 1848 das erste österreichische *Pressegesetz* erlassen, das den gemäßigten freiheitlichen Vorstellungen einigermaßen entgegenzukommen trachtete. In Anlehnung an das Badische Preßgesetz 1831 sah es unter anderem eine Impressumspflicht, die Namhaftmachung eines verantwortlichen Redakteurs und die Pflicht zur Hinterlegung von Pflichtexemplaren vor – alles Einrichtungen, die für die weitere Gesetzgebung vorbildhaft wurden. In Kraft getreten ist dieses Gesetz allerdings nie, da es vor allem wegen der Pflicht zur Hinterlegung einer Kaution für Geldstrafen von den revolutionären Kräften einhellig abgelehnt wurde. Zwei presserechtliche Verordnungen trugen diesen Einwendungen Rechnung; sie standen jedoch nur bis zur Verhängung des Belagerungszustandes im Herbst 1848 in Geltung und wurden mit für die Zügellosigkeiten der revolutionären Presse verantwortlich gemacht.

Das nach der Auflösung des Kremsierer Reichstages und dem Verfassungsoktroy vom März 1849 erlassene Preßgesetz brachte die Rückkehr zu den Regelungen des Pressegesetzes vom März des Vorjahres und ging in einigen Punkten sogar hinter dieses zurück. Das vorläufige Scheitern der bürgerlichen Revolution Ende 1849 kündigte sich in einer neuerlichen Unterdrückung der Presse an, die den erreichten bescheidenen freiheitlichen Fortschritt beseitigte. Eine Rückkehr zur förmlichen Zensur war zwar auch für die Reaktion der 50er Jahre politisch nicht mehr möglich. Die neoabsolutistische *Preßordnung 1852* führte jedoch andere präventive Maßnahmen ein, die in ihrer Wirksamkeit dem Preszwang des Vormärz nur wenig nachstanden. An erster Stelle galt dies für das neu geschaffene System der Verwarnungen, das erlaubte, nach vorhergehender Abmahnung über unbotmäßige periodische Druckschriften die Einstellung zu verfügen, dh ihr künftiges Erscheinen auch für einen längeren Zeitraum zu verbieten. Das Erfordernis einer besonderen behördlichen Bewilligung (Konzession) für die Herausgabe sowie Kautionspflichten und weitreichende Beschlagnahmeermächtigungen für die Sicherheitsbehörden verschärften den Druck, dem die Presse für die nächsten zehn Jahre ausgesetzt war.

Als sich der endgültige Durchbruch der liberalen Bewegung abzuzeichnen begann, beseitigte das *Preßgesetz des Jahres 1862* die drückendsten Beschränkungen. Der Geist der polizeilichen Bevormundung war durch dieses Gesetz indessen noch nicht gebannt, das nach einem zeitgenössischen Urteil „halb auf Prävention, halb auf Repression in wunderlicher Verquickung“ aufgebaut war.[5] Zwar wurden der Konzessionszwang und das Verwarnungssystem beseitigt. Ausländischen Druckschriften konnte aber der „Postdebit“ entzogen werden, dh die Möglichkeit des Bezugs durch die österreichische Post; auch blieben das Strafmittel der Einstellung für periodische Druckschriften und die Kautionspflicht für die politischen Blätter weiter erhalten. So kam es, daß die Presse – wie *Liszt* berichtet – das neue Gesetz zwar ursprünglich „mit aufrichtiger Sympathie“ begrüßte, die aber schon bald „durch die engherzige von den Traditionen des abgelaufenen Jahrzehnts getragene Handhabung des Gesetzes ... getrübt wurde“.[6]

Die verfassungsrechtliche Verbürgung der *Pressefreiheit* durch die Dezemberverfassung 1867 sicherte den erreichten freiheitlichen Fortschritt verfassungsrechtlich ab. Die Zensur, die Beschränkung durch ein Konzessionssystem und Postverbote gegen inländische Druckschriften wurden für unzulässig erklärt. Im übrigen stand die Meinungsäußerung in der Presse aber unter einem Vorbehalt der gesetzlichen Schranken und konnte durch einfaches Gesetz repressiven (nachträglichen) Beschränkungen unterworfen werden.[7] Die Verbürgung der Pressefreiheit gab auch einen Anstoß für eine Reform des Preßgesetzes, die aber ebenso wie spätere Bemühungen bescheiden ausfiel; durch Novellen der Jahre 1868 und 1894 wurden mit der Kautionspflicht und der Ermächtigung zur Einstellung die anstößigsten polizeistaatlichen Relikte beseitigt. Ebenfalls durch ein Staatsgrundgesetz des Jahres 1867 zugesichert und durch ein nachfolgendes Gesetz eingeführt wurde die Schwurgerichtsbarkeit in Pressesachen – ein altes Anliegen der liberalen Bewegung, das im Revolutionsjahr 1848 erstmals verwirklicht und in der Folge wieder abgeschafft worden war. Die Zuständigkeit der Geschwornen konnte jedoch dadurch unterlaufen werden, daß der Staatsanwalt auf die Verfolgung namentlich bekannter Verfasser einer strafbaren Mitteilung oder des verantwortlichen Redak-

5 Wahlberg, zit nach Swoboda–Hartmann, Preßgesetz 4.

6 Liszt, aaO 22; zum Preis den die Presse für das Zustandekommen des Preßgesetzes 1862 zahlen mußte – die gleichzeitig verabschiedeten, von der Regierung in ein Junktim gebrachten „Lasser'schen Artikel“ – vgl Berka, Kriminalberichterstattung zwischen Medienfreiheit und Medienverantwortung: Zur Geschichte der Lasser'schen Artikel, in: Weinzierl–Stadler (Hrsg), Justiz und Zeitgeschichte VI, Veröffentlichungen des Ludwig-Boltzmann-Instituts für Geschichte der Gesellschaftswissenschaften (1987) 397.

7 Vgl dazu S 70f.

teurs verzichtete und das „objektive“ Verfahren gegen das Druckwerk selbst einleitete, weil die Durchführung dieses Verfahrens einem Senat von Berufsrichtern in nicht-öffentlicher Sitzung übertragen war. Daß von dieser Möglichkeit allzu häufig Gebrauch gemacht wurde, trug wesentlich dazu bei, daß der durch das Gesetz vom Jahre 1862 geschaffene Rechtszustand schließlich von allen Seiten als unbefriedigend empfunden wurde. Kritik richtete sich auch gegen das den Vertrieb von Zeitungen unbillig behindernde Kolportageverbot.

Während des *Ersten Weltkrieges* wurde die gesetzliche Pressefreiheit suspendiert und die Zensur wiedereingeführt, welche mit großer Ängstlichkeit und in einer Art gehandhabt wurde, die mit den Methoden der Metternichschen Zeit getrost wetteifern konnte.[8] Der Beschluß der Provisorischen Nationalversammlung vom 30. Oktober 1918 StGBl 3 proklamierte daher in unmittelbarer Reaktion auf diese Beschränkungen die „volle Freiheit“ der Presse, bekräftigte nochmals die Zensurfreiheit und verfügte ergänzend das Verbot der Einstellung von Druckschriften und die allgemeine Unzulässigkeit von Postverboten.

Das Pressegesetz 1922

Um die bekräftigte Verheißung der Pressefreiheit einzulösen, nahm die Republik die Reform des Presserechts unverzüglich in Angriff. Ausgehend von einer Pressegesetzenquete und auf der Grundlage eines Entwurfes des prominenten Journalisten und Abgeordneten *Austerlitz* führte sie zu dem *PresseG vom 7. April 1922* BGBl 218.

Gegenüber den Rechtsvorschriften der Monarchie und ihrer Praxis war mit diesem Gesetz ein Durchbruch zu einem freiheitlichen Presserecht gelungen. Auf eine Überwachung der Presse durch Ordnungsvorschriften und eine besondere Haftung für die in Druckwerken begangenen strafbaren Handlungen wollte aber auch der republikanische Gesetzgeber nicht verzichten. Verstöße gegen die Impressumspflicht, die Pflichten zur Erstattung der vorgeschriebenen Herausgeberanzeige und zur Ablieferung der sogenannten Pflichtstücke an die Staatsanwaltschaft und die Sicherheitsbehörden bei Beginn der Verbreitung wurden mit gerichtlicher Strafe bedroht. Das Gesetz ließ wie bisher die Beschlagnahme von Druckwerken durch die Verwaltungsbehörden zu und ermächtigte in seiner Ursprungsfassung die Behörden, administrative Verbreitungsverbote gegen ausländische Zeitungen und Verbreitungsbeschränkungen im Interesse des Jugendschutzes zu verfügen, wobei sich diese Verbote auch

8 So KADEČKA, aaO 16.

auf künftig erscheinende Nummern einer periodischen Druckschrift erstrecken konnten. Die Stellung eines „verantwortlichen Redakteurs" sollte die Verfolgung strafbarer Handlungen auch dann ermöglichen, wenn diese unter dem Schutz der Zeitungsanonymität begangen wurden.[9]

Für die rasante Entwicklung, die die Medien der sozialen Kommunikation im 20. Jahrhundert nahmen, und gemessen an der großen gesellschaftlichen Bedeutung, die ihnen dabei zuwuchs, sollte sich der durch das PresseG 1922 geschaffene Rahmen bald als zu eng erweisen: Die überkommenen Ordnungsvorschriften entsprachen schwerlich einer Presse, die sich von einem mißtrauisch überwachten und geduldeten Widerpart des Obrigkeitsstaates zu einem Faktor der demokratischen Öffentlichkeit entwickelt hatte. Die gesteigerte beleidigungsrechtliche Verantwortlichkeit der Presse bedurfte der Korrektur, um ihr die wirksame Wahrnehmung ihres Informationsauftrages zu ermöglichen. Die Einrichtung des verantwortlichen Redakteurs, dessen Sorgfaltspflicht das PresseG 1922 in den Mittelpunkt des strafrechtlichen Haftungssystems gestellt hatte, wurde im Lauf der Zeit fragwürdig, weil sich die Verhältnisse in den Presseunternehmen gewandelt hatten und die ursprünglichen Zielsetzungen kaum mehr erreicht werden konnten. Das Aufkommen der neuen elektronischen Medien ließ manche nur die Presse treffenden Pflichten diskriminierend erscheinen, der Formalismus der strafrechtlich sanktionierten Preßordnungsvorschriften hatte sich überlebt. Und schließlich machten neue Formen der Rechtsgüterbedrohung durch die Massenmedien, aber auch neu empfundene Schutzbedürfnisse, wie zum Beispiel der Schutz der privaten Sphäre vor der Neugierde der Öffentlichkeit, Lücken im Rechtsschutz sichtbar.

Der *Gesetzgeber der Ersten Republik* beschränkte sich allerdings auf einzelne Änderungen und Ergänzungen im Text des PresseG 1922 und hob 1929 die in Mißkredit geratene besondere Zuständigkeit der Geschwornengerichte in Pressesachen auf. Der *autoritäre Ständestaat* beseitigte die Pressefreiheit und baute einen staatlichen Propagandaapparat auf, der in erster Linie die vom Deutschen Reich seit 1933 gegen Österreich gerichtete Propagandaoffensive abwehren sollte, dabei aber praktisch scheiterte. Die Ausschaltung der regimekritischen Presse erfolgte durch Vertriebs- und Verkaufsverbote; den Anschein einer förmlichen Zensur suchte die ständestaatliche Regierung aber zu vermeiden.

---

9 Zum „verantwortlichen Redakteur" und zu den Vorbildern dieser Einrichtung vgl HARTMANN, Schutz der höchstpersönlichen Interessensphäre im Rahmen der Berichterstattung der Massenkommunikationsmittel im neuen österreichischen Medienrecht, RZ 83, 33.

Nach dem *Zweiten Weltkrieg* galt es zunächst, den bis 1933 geltenden Rechtszustand wiederherzustellen. Gleichzeitig wird aber der Reformdruck deutlich, der sich an das Schlagwort von einer „öffentlichen Aufgabe" der Presse knüpft, das nunmehr zum politischen Durchbruch gelangt. In einer anläßlich der Verabschiedung der PresseG-Novelle 1952 gefaßten Entschließung wird von den gesetzgebenden Organen die Notwendigkeit einer „Gesamtreform des österreichischen Presserechts" deponiert.

2. *Der Weg zum Mediengesetz 1981*

Die Arbeiten an einem modernen Presserecht, das zur „Magna Charta der Presse" (R. *Marcic*) werden sollte, gediehen zu einem der langwierigsten Gesetzgebungsvorhaben der Zweiten Republik.

Das federführende Justizministerium strebte von Anfang an ein enges Zusammenwirken mit den Berufsorganisationen der Journalisten und Verleger an, was sich in vielfachen Anhörungen und Enqueten sowie in den breit angelegten Beratungen eines zwischen 1972 und 1974 tätigen Arbeitskreises zur Beratung der Grundlagen für ein modernes Recht der Massenmedien niederschlug. Entwürfe aus den Jahren 1954, 1955, 1959 und 1961 lösten engagierte Diskussionen in den interessierten Kreisen aus. Die parlamentarischen Arbeiten blieben jedoch in den jeweils kontroversen Themen stecken, so daß für lange Zeit nur ein Teilbereich einer Lösung zugeführt werden konnte.[10] Eine neuerliche Entschließung des Nationalrates mit einer Erinnerung an die überfällige Gesamtreform im Jahre 1966 löste vorerst nur weitere Berichte der Bundesregierung an den Nationalrat aus.[11]

Die Reformbemühungen wurden *Anfang der 70er Jahre,* aufbauend auf den Ergebnissen des erwähnten Arbeitskreises, wiederaufgenommen. Die vorangegangenen Diskussionen hatten zu

---

10 Durch die PresseG-Novelle 1966 BGBl 104 wurde die Entschädigungspflicht bei ungerechtfertigter Beschlagnahme von Druckwerken wiedereingeführt.

11 Zu den Reformbestrebungen zwischen 1954 und 1975 vgl den Entwurf 1961, 375 BlgNR 9. GP, die Berichte der BReg III/36 BlgNR 11. GP, III/39 BlgNR 12. GP; zu den ebenfalls gescheiterten Teilnovellen 1971 vgl 530, 531 BlgNR 12. GP; 91, 92 BlgNR 13. GP; RIEDER, Für ein modernes Medienrecht, ÖZPW 73, 243; RIEDER-ADAMOVICH, Zur Gesamtreform des Medienrechtes (Vortragsbericht), JBl 75, 478; kritisch zum Ansatz der Reform KLECATSKY, Die „große" österreichische „Presserechtsreform", in: Marcic-GS I (1974) 535.

einem Konsens in einer Reihe durchaus nicht unwichtiger Bereiche geführt. Weiterhin umstritten blieben in der Hauptsache die Fragen, die um die verfassungsrechtliche Verankerung der „öffentlichen Aufgabe“ der Medien, um den gerechten Ausgleich zwischen dem Informationsrecht der Presse und den entgegenstehenden Ansprüchen des Einzelnen auf Achtung seiner Ehre und Privatsphäre sowie um die Stärkung der innerbetrieblichen Stellung der Journalisten kreisten. Außerdem begannen sich Anfang der 70er Jahre neue Perspektiven im Bereich der elektronischen Medien und die Möglichkeit einer Auflockerung des bisher vor allem auch technisch bedingten Monopols des ORF abzuzeichnen, so daß die „Presse“rechtsreform nicht nur verbal zu einer „Medien“rechtsreform ausgeweitet, sondern von ihr auch die Lösung der mit den „Neuen Medien“ verbundenen Probleme erwartet wurde. Wie die 1975 und erneut 1979 eingebrachten Regierungsvorlagen zu einem Bundesgesetz über die Presse und andere publizistische Medien (MedienG) zeigten, waren einem solchen Vorhaben aber enge Grenzen gesetzt, wenn nicht die überfällige Reform angesichts der ungewissen Entwicklungen in diesen Bereichen und der politischen Befrachtung der Problematik wiederum im Sande verlaufen sollte. Die Entwürfe sahen daher zwar die Erstreckung der Bestimmungen über die Haftung für Eingriffe in Persönlichkeitsrechte, des Entgegnungsanspruches und der strafrechtlichen Bestimmungen über die medienrechtliche Verantwortung auf alle „Medien“ bzw auf alle „periodischen Medien“ vor, ließen aber die Frage der organisatorischen Ausgestaltung und der Trägerschaft bei den „Neuen Medien“ offen.

Auch in dieser Beschränkung boten die Entwürfe Anlaß für heftige politische Auseinandersetzungen, wobei die hauptsächlich berührte Presse mehrmals das Menetekel der bedrohten Pressefreiheit mahnend an die Wand zu malen Anlaß sah. Der Gang des politischen Willensbildungsprozesses kann hier nicht im einzelnen nachgezeichnet werden. Soweit die dabei diskutierten Sachthemen für das Verständnis des geltenden Rechts von Interesse sind, wird im gegebenen Zusammenhang darauf zurückzukommen sein. Daß es trotz aller Kontroversen zu einer Verabschiedung des MedienG kam, war vor allem darauf zurückzuführen, daß in den unter Beiziehung von Vertretern der Journalisten und Verleger durchgeführten parlamentarischen Verhandlungen noch einige der umstrittensten Punkte einer einvernehmlichen Lösung zugeführt werden konnten. Die für eine Verfassungsänderung notwendige Zustimmung der damaligen großen Oppositionspartei (ÖVP) war trotzdem nicht zu erlangen, so daß das MedienG ohne die vorgesehenen neuformulierten Verfassungsbestimmungen über die Meinungs- und Pressefreiheit am 12. Juni 1981 mehrheitlich beschlossen wurde.[12]

3. Die Entwicklung des österreichischen Rundfunkrechts

Das österreichische Rundfunkrecht hat sich wie in vergleichbaren europäischen Staaten aus dem *Fernmelderecht* heraus entwickelt, das die Fernmeldehoheit dem Zentralstaat vorbehält und diesen ermächtigt, entweder unmittelbar selbst Rundfunkanlagen zu betreiben oder dieses Recht im Wege einer fernmeldebehördlichen Bewilligung und bei Wahrung des staatlichen Aufsichtsrechts an Private zu übertragen. Gegenstand dieser fernmelderechtlichen Regelungen sind die nötigen Vorkehrungen zur Sicherung eines geordneten Nachrichtenwesens und damit vor allem die technische Seite der Veranstaltung von Rundfunk durch Fernmeldeanlagen. Zu einer Einflußnahme auf das Programm sind die Fernmeldebehörden nicht ermächtigt. Da auf die Erteilung einer Rundfunkkonzession kein Rechtsanspruch besteht, blieb es aber den Fernmeldebehörden überlassen, wem eine solche Bewilligung erteilt wurde und welche Auflagen sie damit verbanden. Die Programmgestaltung betreffende Auflagen bedurften nach der Rechtsprechung des VfGH allerdings einer gesetzlichen Verankerung.[13]

Auf dieser fernmelderechtlichen Grundlage wurde der als Aktiengesellschaft organisierten *RAVAG* im Jahre 1924 die erste Rundfunkkonzession erteilt. Die gesellschaftsrechtliche Konstruktion sowie ergänzende Satzungsbestimmungen (zB Vetorecht der Großaktionäre) und die organisatorische Eingliederung der privaten RAVAG in das öffentliche Telegraphenwesen („Telegraphenamt Wien – RAVAG") sollten die staatliche Aufsicht sichern und einen paritätischen Einfluß der politisch tragenden Gruppierungen gewährleisten, wovon man sich vor allem

---

12 Zu dem Gesetzgebungsprozeß vgl die unmittelbar zum MedienG führenden Materialien: 54 BlgNR 14. GP (Regierungsvorlage 1975), 2 BlgNR 15. GP (Regierungsvorlage 1979), 743 BlgNR 15. GP (Bericht Justizausschuß), 79. Sitzung NR 15. GP (Beschlußfassung).

13 VfSlg 2721/54; Ansätze für eine inhaltliche Einflußnahme durch die Fernmeldebehörden boten lediglich die fernmeldepolizeilichen Vorschriften über unzulässige Mitteilungen, nunmehr § 20 FG; vgl dazu DITTRICH–MATZKA–WITTMANN, Rechtsprobleme des Bildschirmtextbetriebes in Österreich (1984) 14ff.

eine machtpolitische Neutralisierung des neuen Mediums versprach. Zugleich wurden in den Konzessionsbescheid auch das Programm betreffende Auflagen aufgenommen. Die Einflußnahme der Bundesländer und anderer gesellschaftlicher Kräfte ging über bescheidene Mitwirkungsmöglichkeiten in einem Beirat nicht hinaus.

Nach der Besetzung Österreichs und der Angliederung an das Deutsche Reich wurde die RAVAG in die reichsdeutsche Rundfunkgesellschaft eingegliedert. Das Eigentum an den Sendeanlagen wurde an die Deutsche Reichspost verkauft, weshalb diese Rundfunkanlagen nach 1945 als deutsches Eigentum behandelt und den entsprechenden Beschränkungen und Vorschriften über die Verwaltung deutschen Eigentums unterworfen wurden.

Die zunächst auf Wien und die sowjetische Besatzungszone beschränkte *Öffentliche Verwaltung für das Rundfunkwesen* war, bei umfassenden Vorbehaltsrechten der Besatzungsmächte, weisungsmäßig dem (späteren) Bundesministerium für Verkehr und verstaatlichte Betriebe unterstellt. Wieweit dem der anderen Koalitionspartei zugeordneten Unterrichtsministerium ein Weisungsrecht in Programmfragen zukam, blieb umstritten. Das praktisch leitende Organ wurde ein unter Hinzuziehung der politischen Parteien gebildeter Radiobeirat. Die Ablöse dieses organisatorischen Provisoriums erwies sich als überaus schwierig, auch nachdem die britischen, amerikanischen und französischen Sendergruppen in den Zuständigkeitsbereich der Öffentlichen Verwaltung eingegliedert worden waren.

Den Weg zu einer rundfunkrechtlichen Neuorganisation durch den Zentralstaat eröffneten erst das Kompetenzfeststellungserkenntnis des VfGH aus dem Jahre 1954[14] und die Übertragung der Aufsicht über den Rundfunk vom bisher zuständigen Ressortminister auf die gesamte Bundesregierung. Damit wurde allerdings der Rundfunk einem im damaligen Koalitionskabinett prekären Zwang zur Einstimmigkeit unterworfen. In den Koalitionsverhandlungen setzte sich, gegen das von der SPÖ bevorzugte öffentlich-rechtliche Anstaltsmodell, eine gesellschaftsrechtliche Konstruktion durch. Unter gleichzeitiger Ausgliederung aus der Staatsorganisation wurde 1957 als neuer Rechtsträger des Rundfunks die *„Österreichische Rundfunkgesellschaft mbH“* gegründet, an der der Bund als Hauptgesellschafter und die Länder mit einer Minderheitenbeteiligung beteiligt waren. Die näheren Regelungen im Gesellschaftsvertrag sahen für die

---

14 Vgl unten S 101f.

grundlegenden unternehmenspolitischen Entscheidungen einstimmige Beschlüsse der Generalversammlung in Form von Beschlüssen eines Ministerkomitees vor und die Zustimmung des Aufsichtsrates, der nach Parteienproporz und unter Bedachtnahme auf die bundesstaatliche Gliederung zusammengesetzt war. Auch für die bedeutsameren Beschlüsse des vierköpfigen Vorstandes war die einstimmige Beschlußfassung vorgeschrieben. Der nach Gesichtspunkten pluralistischer Interessenvertretung zusammengesetzte Rundfunkprogrammbeirat erlangte demgegenüber keine praktische Bedeutung.[15]

Der neu gegründeten Gesellschaft wurde wiederum die entsprechende fernmelderechtliche Konzession für die Veranstaltung von Rundfunkprogrammen erteilt.[16] Zur gesetzlich möglichen Zulassung weiterer Rundfunkveranstalter ist es auch in der Zweiten Republik nicht gekommen, so daß dem im Eigentum von Bund und Ländern stehenden öffentlichen Rundfunk eine Monopolstellung zukam, die bis zur grundlegenden Umgestaltung der Rechtslage und der Einführung eines Systems der rundfunkrechtlichen Legalkonzession im Jahre 1974 allerdings nur ein faktisches Monopol war.

Der mit diesen Regelungen bewußt angestrebte und abgesicherte umfassende Einfluß der Koalitionsparteien beließ der personellen, inhaltlichen und finanziellen Autonomie des Unternehmens einen nur bescheidenen Spielraum. Nachdem die Schwächen dieser institutionalisierten Proporzherrschaft allzu deutlich geworden und die Reform des Rundfunks im *Rundfunkvolksbegehren 1964* nachhaltig gefordert worden waren,[17] galt es daher vor allem, die sachliche Selbständigkeit der Rundfunkorgane zu stärken und diese dem Einfluß der Parteien zu entziehen („Entpolitisierung"). Die Entwicklung eines autonomen Rundfunks und die Gewährleistung einer objektiven und unparteilichen Berichterstattung wurden nunmehr als eine Aufgabe der Gesetzgebung begriffen. Dem machtpolitischen Ringen um die Erlangung eines parteipolitisch motivierten Einflusses auf die Rundfunkgremien und die Programmgestaltung konnte sich aber auch der Gesetzgeber nicht zur Gänze entziehen, wie nicht zuletzt in der weiteren, von Reform zu Reform vorangetriebenen Entwicklung des Rundfunkrechts deutlich wurde.

---

15 WITTMANN, Rundfunkfreiheit 83.

16 Sendekonzession 18. 12. 1957 mit über 10.000 Änderungsbescheiden; zur Problematik des Rechtsübergangs dieser Konzession auf den ORF vgl WITTMANN, Rundfunkfreiheit 87.

17 Vgl oben S 38.

Im RFG 1966[18] wurden noch unter Beibehaltung der gesellschaftsrechtlichen Konstruktion die Organisation und der Programmauftrag der Rundfunkgesellschaft erstmals sondergesetzlich geregelt. Die im Rahmen detaillierter Programmdirektiven ausgesprochene Anerkennung einer öffentlichen Aufgabe, die gesetzliche Garantie der Unabhängigkeit des Unternehmens und seiner Mitarbeiter, die Einschränkung der Kompetenzen der Generalversammlung und des Aufsichtsrats zugunsten einer fachlich autonomen Führungsspitze („Intendanturprinzip") und die durchgängige Verankerung des Mehrheitsprinzips in den Gesellschaftsorganen wurden für die weitere rundfunkrechtliche Entwicklung wegweisend. Auch andere Regelungen, wie die zeitliche Beschränkung der Belangsendungen der politischen Parteien und der kommerziellen Werbezeiten und die Festlegung professioneller Voraussetzungen für die leitenden Rundfunkmitarbeiter bei gleichzeitiger Schaffung politischer Unvereinbarkeiten wurden in der Folge beibehalten.

Nach einem Wechsel der politischen Mehrheitsverhältnisse wurde das Rundfunkgesetz am Beginn der 70er Jahre erneut in den Brennpunkt einer kontroversen rundfunkpolitischen Diskussion gerückt, die unter dem Schlagwort einer „Demokratisierung des Rundfunks" auf die Reorganisation des Unternehmens, der Entscheidungsgremien und der Entscheidungsstrukturen zielte. Ergebnis dieser umstrittenen *„Rundfunkreform 1974"* waren das mit Zustimmung der großen Oppositionspartei am 10. Juli 1974 beschlossene BVG über die Sicherung der Unabhängigkeit des Rundfunks, das den verfassungsrechtlichen Status des Rundfunks neu begründete,[19] und das an demselben Tag, aber nur mit den Stimmen der sozialistischen Regierungspartei beschlossene einfache BG über die Aufgaben und die Einrichtung des Österreichischen Rundfunks.[20] Damit wurde unter gleichzeitiger Auflösung der bisherigen Rundfunkgesellschaft als neuer Träger der Aufgabe Rundfunk die öffentlich-rechtliche Anstalt „Österreichischer Rundfunk" (ORF) eingerichtet. Die umstrittene Verfassungsmäßigkeit dieses Gesetzes hat der VfGH in den wesentlichen Punkten bestätigt.[21] Die ursprünglich im Interesse der Meinungsvielfalt vorgesehene Binnenkonkurrenz zwischen zwei Fernsehprogrammen wurde allerdings in ei-

---

18 BG vom 8. 7. 1966 über die Aufgaben und die Einrichtung der „Österreichischer Rundfunk Gesellschaft m.b.H." (Rundfunkgesetz) BGBl 195.

19 Zu den vorausgegangenen Versuchen, die Freiheit und Unabhängigkeit des Rundfunks durch eine Verfassungsbestimmung zu sichern, vgl die Nachw bei MAGENSCHAB, Demokratie und Rundfunk (1973) 110f.

20 BGBl 396 und 397/1974.

21 Vgl VfSlg 7593/75; zur Aufhebung einzelner Bestimmungen des RfG VfSlg 7376/74 und 7786/76.

ner Art „Reform der Reform“ durch die *Rundfunkgesetznovelle des Jahres 1984* BGBl 1984/246 unter Hinweis auf gewisse Proporzentwicklungen und „Reibungsverluste“ beseitigt. Gleichzeitig wurde durch diese Novelle der Einfluß der Bundesregierung auf den ORF verstärkt. In dieser Fassung bildet das 1984 wiederverlautbarte RFG[22] die geltende Rechtsgrundlage für die Veranstaltung von Rundfunksendungen durch den ORF als den bislang einzigen zugelassenen Veranstalter.

22 BGBl 1984/379 (Druckfehlerberichtigung BGBl 1986/612); durch weitere Novellen wurden das Werbeverbot an Sonn- und Feiertagen (BGBl 1985/563) und steuerliche Begünstigungen des ORF (BGBl 1987/606) aufgehoben.

III. KAPITEL

Die verfassungsrechtliche Freiheit der Massenmedien

Die rechtliche Stellung der Massenmedien in der Gesellschaft hängt entscheidend davon ab, ob der Staat die Massenkommunikation als eine staatlich gelenkte und organisierte Aufgabe an sich gezogen hat oder ob er sie als eine in Freiheit und Unabhängigkeit vom Staat zu erbringende gesellschaftliche Leistung respektiert.[1] Für den neuzeitlichen Verfassungsstaat ist es charakteristisch, daß er die Freiheit und Autonomie der Massenmedien *rechtlich* garantiert und damit auch den Spielraum staatlicher Medienpolitik begrenzt. Seitdem die liberalen Verfassungen des 19. Jahrhunderts die Freiheit der Meinungsäußerung und die Pressefreiheit gewährleisten, gehören diese Grundrechte als „Magna Charta" geistiger Freiheit zum unverzichtbaren Standard der in die nationalen Verfassungen der demokratischen Gesellschaften aufgenommenen *Grundrechtskataloge.* Auch die nach dem Zweiten Weltkrieg geschaffenen internationalen Menschenrechtsdokumente bekräftigen sie ohne Ausnahme, so daß heute jedenfalls der Idee nach die Freiheit der gesellschaftlichen Kommunikation ein universell anerkanntes Prinzip ist, auch wenn sie in der politischen Realität vieler Staaten nur eine mehr oder minder leere Verheißung bleibt.[2]

Ob die Meinungsfreiheit tatsächlich das vornehmste und wichtigste Menschenrecht und die Grundlage aller anderen Frei-

1 Zum Verhältnis von Kommunikationsordnung und Herrschaftsordnung vgl KOSCHWITZ, Publizistik und politisches System (1974).

2 Die Rede- und Meinungsfreiheit gehörte zu den berühmten „Vier Freiheiten", die F.D. Roosevelt 1941 in seiner Botschaft an den US-Kongreß verkündete; vgl ferner Art 19 der (programmatischen) Allgemeinen Erklärung der Menschenrechte 1948, Art 19 des (völkerrechtlich verbindlichen) Internationalen Paktes über bürgerliche und politische Rechte 1966, den „Menschenrechtskorb" der (programmatischen) Schlußakte der Konferenz für Sicherheit und Zusammenarbeit in Europa 1975. Zu den ideengeschichtlichen Grundlagen und zur Genese der Meinungsfreiheit vgl SCHWARTLÄNDER–WILLOWEIT (Hrsg), Meinungsfreiheit – Grundgedanken und Geschichte in Europa und USA (1986).

heiten ist, wie oft gesagt wird, mag zwar fraglich sein: Wirkliche geistige Freiheit wird sich wohl nur dort entfalten können, wo der Mensch auch frei ist von elementarer Not, Furcht und äußerem Zwang. Für eine freiheitliche politische Gemeinschaft ist die Meinungs- und Medienfreiheit aber in der Tat schlechthin konstituierend und, wie es der Europäische Gerichtshof für Menschenrechte formulierte, ein „Grundpfeiler einer demokratischen Gesellschaft".[3]

Das österreichische Verfassungsrecht gewährleistet die *Meinungs- und Medienfreiheit* in einer Reihe von Rechtstexten:[4]

- Art 13 des aus dem Jahre 1867 stammenden und in die geltende Verfassungsrechtsordnung übernommenen *Staatsgrundgesetzes über die allgemeinen Rechte der Staatsbürger* (StGG) garantiert jedermann das Recht der freien Meinungsäußerung und ordnet zugunsten der Presse das Verbot von Zensur und Konzessionssystem sowie die Unzulässigkeit administrativer Postverbote gegenüber inländischen Druckschriften an.
- Der im Rang eines Verfassungsgesetzes stehende *Beschluß der Provisorischen Nationalversammlung* des Jahres 1918 bekräftigt die Zensurfreiheit, verfügt das Verbot der Einstellung von Druckschriften, die allgemeine Unzulässigkeit von Postverboten und die „volle Freiheit" der Presse.
- Diese Garantien der älteren österreichischen Grundrechtsschicht werden überlagert und modifiziert durch *Art 10 der Europäischen Menschenrechtskonvention* (MRK), die in Österreich seit 1964 in Verfassungsrang in Geltung steht und unmittelbar anwendbar verfassungsgesetzliche Rechte gewährleistet. In einem ersten Absatz garantiert Art 10 MRK einen Anspruch auf freie Meinungsäußerung, welcher die Freiheit der Meinung und die Freiheit zum Empfang und

3 EGMR 7. 12. 1976 – Fall Handyside, EuGRZ 77, 38 (42); ähnlich das deutsche BVerfG in BVerfGE 7, 198 (208) – Fall Lüth und BVerfGE 20, 162 (174) – Fall Spiegel.

4 Vgl die Wiedergabe dieser Rechtstexte unten S 318. Die äußerlich unverbundenen, aus unterschiedlichen Epochen und Rechtskreisen stammenden Grundrechte machen die Verfassungsrechtslage ziemlich unübersichtlich. Im Rahmen der Vorarbeiten zum MedienG gab es daher auch Bemühungen um eine Neugestaltung des grundrechtlichen Schutzes der Meinungs- und Medienfreiheit; vgl zuletzt Art I der RV MedienG 1979. Zur Verabschiedung dieses als Vorgriff auf eine umfassende Grundrechtskodifikation gedachten Textes ist es aber nicht gekommen; das MedienG selbst enthält in einer Präambel nur ein verfassungsrechtlich bedeutungsloses „Bekenntnis zur vollen Medienfreiheit".

zur Mitteilung von Nachrichten oder Ideen in sich schließt; in einem zweiten Absatz werden diese Freiheiten einem materiellen Gesetzesvorbehalt unterworfen.

- Die Sonderrechtslage des Rundfunks wird im *Bundesverfassungsgesetz über die Sicherung der Unabhängigkeit des Rundfunks (BVG-Rundfunk)* aus dem Jahre 1974 ausgestaltet, das den Rundfunk zu einer öffentlichen Aufgabe erklärt und das dem Bundesgesetzgeber bindende Organisations- und Programmgestaltungsaufträge erteilt.
- Die jüngste Ergänzung der verfassungsrechtlichen Kommunikationsordnung erfolgte 1982 durch die Einfügung eines *Art 17a StGG,* der die Freiheit des künstlerischen Schaffens, die Freiheit der Kunstvermittlung sowie die Freiheit der künstlerischen Lehre verbürgt.

Im Zentrum dieses grundrechtlichen Schutzsystems steht die *individuelle Meinungsfreiheit.* Jeder Mensch hat das unveräußerliche Recht, sich in der zwischenmenschlichen Begegnung durch den Austausch von Meinungen und Informationen unbehindert von staatlichem Zwang und staatlicher Lenkung geistig zu verwirklichen. Zu diesem Zweck gewährt die Verfassung freiheitsrechtliche Ansprüche auf der Seite des Äußernden (Meinungsfreiheit) wie auf der Seite des Äußerungsempfängers (Informationsfreiheit) und begründet eine wechselbezügliche Sinneinheit kommunikativer Freiheit: Die Freiheit, sich ungehindert zu informieren, ist die Voraussetzung für die freie Bildung von Meinungen und ihre Weitergabe, so wie umgekehrt die Äußerungsfreiheit der Informationsfreiheit erst das reale Substrat gibt. Auf diese Weise ist in den Grundrechten der Art 13 StGG und Art 10 MRK eine umfassende Freiheit der individuellen Kommunikation verankert.[5] Sie umfaßt jede denkbare Äußerungsform, ob es sich nun um die klassischen Verständigungsmittel durch Wort, Schrift oder Bild handelt oder um die neuen Technologien einer modernen Informationsgesellschaft.

Im Rahmen dieser umfassenden individuellen Kommunikationsfreiheit wird den organisierten *Medien der sozialen Kommunikation* eine Sonderstellung eingeräumt. In historischer Sicht

---

5 Vgl dazu m weit Nachw BERKA, Die Kommunikationsfreiheit in Österreich, EuGRZ 82, 413 (416); BULLINGER, Freedom of expression and information: an essential element of democracy, Human Rights Law Journal 6 (1985) 339; auch der VfGH spricht nunmehr von einer umfassenden „Kommunikationsfreiheit"; vgl VfGH 16. 3. 1987 B 154/85 – Hainburg, MuR 87/2, 47 = EuGRZ 87, 237.

war die Freiheit der Presse der wichtigste Ausdruck der geistigen Freiheit, die der Liberalismus dem absoluten Staat abrang. Sie steht in Verbindung mit dem Zensurverbot im Zentrum der einschlägigen Garantien, in der Gegenwart ergänzt durch die Rundfunkfreiheit. Mit der Hervorhebung von Medienfreiheiten trägt die Verfassung den Besonderheiten der organisierten Massenkommunikation Rechnung: Öffentliche Kommunikation und die Herausbildung öffentlicher Meinung sind auf leistungsfähige Medien angewiesen, die eine unerläßliche Voraussetzung der individuellen Freiheiten auf Information und zur Information sind. Dabei sind Presse und Rundfunk besonderen staatlichen Einwirkungen ausgesetzt, so daß die allgemeine Freiheit in besondere Schutzwirkungen zugunsten dieser Medien aufgefächert werden muß. Zugleich sind die Massenmedien aber auch Machtträger, auf denen eine besondere Verantwortung ruht. In diesem Sinne dienen die nachfolgend näher dargestellten Medienfreiheiten der allgemeinen Meinungsäußerungsfreiheit und formen sie im Hinblick auf tatsächliche Bedingungen und Grenzen des Freiheitsgebrauchs in der Gesellschaft aus. Weil dabei die Verfassung den unterschiedlichen Gegebenheiten beim Rundfunk und den übrigen Medien durch eine differenzierte Regelung Rechnung trägt, empfiehlt sich eine getrennte Darstellung.

1. Die Pressefreiheit

Pressefreiheit ist die Freiheit, Nachrichten und Meinungen durch das Mittel der Presse frei äußern und verbreiten zu dürfen.[6] Obwohl die *Pressefreiheit* historisch oft auf die periodische Presse eingeschränkt wurde, die der Staat durch Jahrhunderte in erster Linie unterdrückte, kommt sie heute jedem Druckwerk zugute, auch dem Buch, Flugblättern oder Plakaten, gleichgültig ob sie in herkömmlichen Druckverfahren oder in einer anderen technischen Form der Vervielfältigung hergestellt werden. Geschützt ist jeder durch diese Massenmedien verbreitete Inhalt, die aktuelle Nachricht ebenso wie wertende Meinungsäußerungen, Abbildungen, Karikaturen und grundsätzlich auch die kom-

---

6 Die Pressefreiheit ist der wichtigste Sonderfall der durch Art 10 MRK umfassend gewährleisteten *Medien*freiheit. Der im Text dargestellte Grundrechtsschutz kommt im wesentlichen gleichartig auch den übrigen Massenmedien (zB Filmen, Video) zugute, abgesehen vom Rundfunk, auf dessen verfassungsrechtlich vorgezeichnete Sonderrechtslage im nächsten Abschnitt eingegangen wird.

merzielle Werbung.[7] Auf die Qualität oder ein besonderes Niveau der verbreiteten Information kommt es bei der Frage, ob der Grundrechtsschutz überhaupt zusteht, nicht an: Unwahrhaftige Meinungsäußerungen oder unwahre Tatsachenbehauptungen, bloß der Unterhaltung oder der „Sensationslust" dienende Beiträge sind ebenso ein garantierter Freiheitsgebrauch wie Meinungen, welche den Staat oder irgendwelche Bevölkerungsteile schockieren oder beunruhigen. Auf die Pressefreiheit kann sich daher auch die Presse berufen, die sich anderen Aufgaben als der seriösen Information über das Zeitgeschehen zuwendet, die nur nach Gewinn strebt oder ihre Leser nur zerstreuen oder unterhalten möchte.

Sachlich gewährleistet die Pressefreiheit vor allem die *Freiheit der Inhaltsbestimmung*. Nur die Presse selbst, nicht aber staatliche Instanzen sollen bestimmen, welche Informationen und Meinungen öffentlich verbreitet werden. Darüber hinaus schützt das Grundrecht aber auch den gesamten Prozeß der Sammlung und Verbreitung von Informationen durch die Presse, daher etwa auch die journalistische Recherche, die Herausgabe und den Druck von Zeitungen und Zeitschriften und ihre Distribution über beliebige Vertriebswege.[8] In all diesen Beziehungen ist der Staat verpflichtet, die Freiheit und Unabhängigkeit der Presse zu respektieren.

Mit der Verfassungsentscheidung für eine freie, nicht von der öffentlichen Gewalt gelenkte und von ihr unabhängige Presse wird zugleich eine

---

7 VfGH 27. 6. 1986 B 658/85 – Ganze Woche, EuGRZ 86, 481 = MuR 86/14.

8 Der VfGH war allerdings lange Zeit der Auffassung, daß nur jene staatlichen Akte in das Grundrecht eingreifen, denen die Bestimmung zukommt, „die geistige Wirkung der Meinungsäußerung als solche zu unterbinden oder einzuschränken", so daß zB vom Inhalt unabhängige Beschränkungen des Zeitungsvertriebs auf der Straße die Pressefreiheit nicht beschränken; vgl etwa VfSlg 5616, 5619/67, 5663/68, 6186/70. Da staatliche Maßnahmen der Meinungskontrolle aber auch an die mit der Massenkommunikation notwendig verbundenen Prozesse der Produktion, der Verbreitung oder des Empfangs anknüpfen können, sind auch diese auf einen wirksamen Schutz angewiesen. Art 10 MRK spricht in diesem Sinne umfassend von „Formvorschriften, Bedingungen, Einschränkungen oder Strafdrohungen", die die gewährleistete Freiheit beeinträchtigen und die nur zulässig sind, wenn sie den in Art 10 Abs 2 MRK aufgestellten Bedingungen entsprechen; vgl zu dieser Frage BERKA, EuGRZ 82, 422ff. Ein Wandel in der Judikatur des VfGH zeichnet sich aber nunmehr ab: vgl VfGH 19. 3. 1987 G 147/86, MuR 87/3, 87, wo der VfGH eine Verbreitungsbeschränkung für Druckwerke (§ 47 Abs 1 MedienG) an Art 10 MRK gemessen hat, sowie die neuere Judikatur zu den straßenverkehrsrechtlichen Bewilligungspflichten für Informationstische (zB VfGH 12.3.1988 B 970/87); zu den Einzelheiten noch unten S 129ff.

„pluralistische Presseverfassung“ gewährleistet: Presseunternehmen können sich im Schutz des Grundrechts im gesellschaftlichen Bereich nach privatwirtschaftlichen Grundsätzen und in privatwirtschaftlichen Organisationsformen frei bilden, in wirtschaftlichen und publizistischen Wettbewerb treten und so der Vielfalt der Meinungen Raum geben. Weil die Pressefreiheit ein Jedermannsrecht ist, steht der Zugang zu diesem „Meinungsmarkt“ prinzipiell jedem offen, freilich unter dem faktischen Vorbehalt, daß er dazu wirtschaftlich in der Lage ist und er sein Publikum findet. In der maßgeblich ökonomisch bestimmten Wirklichkeit des Mediensystems kommt diese Freiheit vor allem leistungsfähigen Wirtschaftseinheiten und anderen sozialen Großorganisationen zugute, wobei die mit der fortschreitenden Kapitalverflechtung einhergehende publizistische Konzentration auch die vorausgesetzte Pluralität schrumpfen läßt. Trotzdem darf nicht übersehen werden, daß es Formen der Kleinpublizistik und der spontanen Publizistik gibt, in denen sich immer noch die Pressefreiheit des einzelnen Bürgers auch real verwirklichen kann.

Schranken der Pressefreiheit

Die dargestellte Freiheit ist der Presse nicht schrankenlos gewährleistet. In einer menschlichen Gesellschaft muß jeder Freiheitsanspruch in eine rechtliche Ordnung eingefügt sein, schon um der gleichen Freiheit des Mitmenschen willen und zur Sicherung unverzichtbarer gemeinschaftlicher Anliegen. Art 10 MRK hebt dies ausdrücklich hervor, wenn dort von den *Pflichten und der Verantwortung* gesprochen wird, die die Ausübung der Meinungsfreiheit mit sich bringt. In einer Demokratie ist es die Aufgabe der demokratisch legitimierten Gesetzgebung, die notwendigen Grenzen zu ziehen. Ihr fällt damit die Verantwortung für einen gerechten Ausgleich zwischen individueller Freiheit und Gemeinschaftsbindung zu. Das ältere Grundrecht des Art 13 StGG hatte dem Gesetzgeber dabei, von bestimmten absoluten Eingriffsverboten wie dem Zensurverbot abgesehen, freie Hand gelassen. Er durfte jede Einschränkung verfügen, wenn sie nur in der Form eines Gesetzes erfolgte (sogenannter formeller Gesetzesvorbehalt). Auch der VfGH sah in seiner älteren Rechtsprechung repressive Schranken der Pressefreiheit für unbegrenzt zulässig an.[9] Gegenüber Übergriffen des Gesetzgebers selbst müßte eine solche Freiheit weitgehend leerlaufen. Die Menschenrechtskonvention hat diese Verfassungsrechtslage aber einschneidend verändert und als Konsequenz aus der Erfahrung, daß es auch Unrecht in der Form eines Gesetzes gibt,

9 Vgl zB VfSlg 1207/29, 2060/50, 2283, 2343/52, 2587/53, 2960/56 usw; vgl aber nunmehr VfSlg 10700/85.

dem Gesetzgeber bestimmte inhaltliche Grenzen gesetzt (sogenannter materieller Gesetzesvorbehalt). Gemessen an Art 13 StGG in Verbindung mit Art 10 MRK sind Beschränkungen der Pressefreiheit daher nur dann zulässig und verfassungsmäßig, wenn sie

- gesetzlich vorgesehen sind,
- nicht gegen ein absolutes Eingriffsverbot verstoßen,
- einem der in Art 10 Abs 2 MRK angeführten Ziele dienen und
- in einer demokratischen Gesellschaft unentbehrlich sind.

Das Erfordernis einer *gesetzlichen Grundlage* bedeutet, daß die Pressefreiheit nur durch ein förmliches, hinreichend bestimmtes Gesetz beschränkt werden darf. Gesetzlose Übergriffe der Verwaltung sind daher ebenso verfassungswidrig wie Eingriffe, die sich nur zum Schein auf ein Gesetz berufen oder ihre Grundlage in einer Rechtsvorschrift haben, die nicht ausreichend bestimmt ist.

Bestimmte Eingriffsformen hat die Verfassung schlechterdings verboten, so daß es in einem solchen Fall gar nicht darauf ankommt, ob ein legitimes Ziel verfolgt wird oder nicht. An erster Stelle steht hier das absolute *Verbot jeder Zensur,* das sich heute im übrigen nicht nur auf die Presse, sondern auch auf Theatervorstellungen und Filmvorführungen erstreckt.[10]

Das verfassungsrechtliche Zensurverbot bezieht sich abweichend vom allgemeinen Sprachgebrauch nur auf die (präventive) Vorzensur. Nachträgliche (repressive) Verbotsmaßnahmen wie die strafrechtliche Verfolgung bestimmter Meinungsäußerungen verstoßen nicht gegen das Zensurverbot, können aber aus anderen Gründen unzulässig sein. Eine unzulässige Vorzensur liegt dann vor, wenn Verwaltungsbehörden oder Gerichte gegen eine Publikation bereits vor ihrer erstmaligen Veröffentlichung Zwangsmaßnahmen einleiten, etwa ihre behördliche Vorprüfung anordnen oder ein Druckwerk vor der ersten Verbreitung beschlagnahmen. Die Rechtsprechung des VfGH nimmt das Zensurverbot sehr ernst und unterstellt ihm ganz allgemein alle auf den Inhalt bezogenen präventiven Maßnahmen gegen noch nicht öffentlich verbreitete Druckwerke oder Filme. Daher stellen nicht nur Erscheinungsverbote, sondern auch andere vor dem Erscheinen eines Druckwerks verfügte Beschränkungen, wie die seinerzeit in § 10 Abs 2 PornG vorgesehene Befugnis, künftig er-

---

10 Zum Verbot der Filmzensur vgl Matzka, Informationsfreiheit und Freiheit der Meinungsäußerung in Kino und „neuen Medien“ in Österreich, EuGRZ 84, 249 (254); Öhlinger, „Das Gespenst“ und die Freiheit der Kunst in Österreich, ZUM 85, 190 (191 f).

scheinende Schriften wegen eines möglicherweise jugendgefährdenden Inhalts in ihrer Verbreitung zu beschränken, oder die Pflicht zur Hinterlegung von Pflichtexemplaren vor der ersten Verbreitung, Maßnahmen unzulässiger Vorzensur dar.[11] Auch „verdeckte" Zensurmaßnahmen sind unzulässig, wenn sie im Effekt auf eine präventive behördliche Überwachung hinauslaufen.

Neben der Zensur hat die Verfassung noch weitere, im Licht der Pressegeschichte besonders gefährliche Eingriffe absolut untersagt: Das zugunsten der Presse verfügte *Verbot des Konzessionssystems* (Art 13 StGG) bedeutet, daß die Herausgabe von Zeitungen und Zeitschriften nicht an eine vorhergehende behördliche Erlaubnis gebunden werden darf. Unzulässig wäre ferner die Wiedereinführung der im Presserecht der Monarchie vorgesehenen Einstellung von Druckschriften, das heißt ein Verbot des weiteren Erscheinens bestimmter periodischer Druckschriften, sowie die Verfügung von Verbreitungsbeschränkungen in der Form eines Postverbotes.

Von diesen wegen ihrer präventiven Wirkungen absolut unzulässigen Eingriffen abgesehen, darf der Gesetzgeber der Pressefreiheit nur jene Schranken ziehen, die den Erfordernissen des Art 10 Abs 2 MRK entsprechen. Pressefreiheit erschöpft sich daher nicht in der Abwesenheit von Zensur und anderer präventiver Maßnahmen; auch die grundsätzlich zulässigen repressiven Schranken finden ihr Maß und ihre Grenzen an den Zielen und am liberalen Standard einer demokratischen Gesellschaft.[12]

Art 10 Abs 2 MRK zählt einen *Katalog von Rechtsgütern* auf, zu deren Gunsten durch Gesetz Beschränkungen verfügt werden dürfen. Ein Eingriff in die Freiheit der Presse ist nur dann verfassungsmäßig, wenn er einem der angeführten Zwecke dient, wobei diese Begriffe im Geist einer demokratischen Gesellschaft und in Übereinstimmung mit dem (vor allem durch die Rechtsprechung der Straßburger Konventionsorgane konkretisierten) freiheitlichen europäischen Standard auszulegen sind. Außerdem muß die fragliche Beschränkung in einer demokratischen Gesellschaft „unentbehrlich" sein. Die Freiheit der Presse darf daher auch bei der Verfolgung eines grundsätzlich legitimen Zieles nur beschränkt werden, wenn dies ein zwingendes soziales Bedürfnis erfordert; der Gesetzgeber hat stets das gelindeste noch zum Ziel führende Mittel zu wählen und dabei den Vor-

---

11 VfSlg 6615/71 – Neues Forum; nach VfSlg 8461/78 ist abweichend von der früheren Judikatur eine Vorzensur (verpflichtende Vorbegutachtung) von Filmen auch dann unzulässig, wenn sie dem Jugendschutz dienen soll.

12 Vgl VfSlg 10700/85 und VfGH 19. 3. 1987 G 147/86, MuR 87/3, 87; anders dagegen noch die ältere Rspr des VfGH, zB VfSlg 2362/52, 2458/52, 4647/64, 5218/66.

rang der Freiheit zu respektieren. Dabei ist ein materieller Ausgleich zwischen dem Verfassungswert der freien geistigen Auseinandersetzung und entgegenstehenden individuellen und kollektiven Rechtsgütern anzustreben. Weil die demokratische Gesellschaft auf Toleranz, Pluralität und Freiheit beruht und die freie Presse eines ihrer Lebenselemente ist, muß ihr der Gesetzgeber auch bei der Verfolgung wichtiger Gemeinschaftsinteressen den Spielraum belassen, den sie im Dienste einer lebendigen geistigen Auseinandersetzung braucht.[13] Im einzelnen handelt es sich um die folgenden, einen Eingriff rechtfertigenden Schutzgüter:[14]

— *Nationale Sicherheit und territoriale Unversehrtheit:*
Lebenswichtige nationale Interessen des österreichischen Staates rechtfertigen Beschränkungen der Pressefreiheit, so daß etwa hochverräterische Umtriebe, der publizistische Landesverrat oder die Befürwortung großdeutscher und nationalsozialistischer Zielsetzungen unter Strafe gestellt werden dürfen. Auch eine abwehrbereite Demokratie muß freilich ihren geistigen Gegnern mit Toleranz und Gelassenheit entgegentreten. Die bloße Propagierung staats- und verfassungsfeindlicher Zielsetzungen darf daher nur unterbunden werden, wenn durch sie eine klare und bevorstehende Gefahr für die nationale Sicherheit heraufbeschworen wird. Auch darf nationalen Minderheiten nicht das Recht abgesprochen werden, ihre Interessen mit demokratischen Mitteln zu verfolgen.[15]

— *Öffentliche Sicherheit, Bekämpfung von Ordnungsstörungen und von Verbrechen:*
Dieser weit gespannte Eingriffstatbestand deckt gesetzliche Maßnahmen zur Abwehr von sozialschädlichem Verhalten ab, das durch Veröffentlichungen begangen wird. Der Staat darf daher Angriffe der Massenmedien auf die unverzichtbaren Gemeinschaftsgüter, darunter vor allem auf die strafrechtlich geschützten Werte der persönlichen Sicherheit und Freiheit, des Eigentums, des öffentlichen Friedens, tatkräftig abwehren. Eine Beschränkung der „Meinung als

---

13 Vgl dazu BERKA, Die Gesetzesvorbehalte der Europäischen Menschenrechtskonvention, ZöR 37 (1986) 71 (97).

14 Rechtsprechungsnachweise zu den einzelnen Tatbeständen des Art 10 Abs 2 MRK bei BERKA, EuGRZ 82, 425 FN 102; NOWAK, Artikel 10 MRK, in: ERMACORA–NOWAK–TRETTER (Hrsg), Die Europäische Menschenrechtskonvention in der Rechtsprechung der österreichischen Höchstgerichte (1983) 441; FROWEIN, Artikel 10 MRK, in: FROWEIN–PEUKERT, Europäische Menschenrechtskonvention (1985) 223; aus der Judikatur der Konventionsorgane vgl vor allem EGMR 7. 12. 1976 – Fall Handyside, EuGRZ 77, 38; EGMR 26. 4. 1979 – Fall Sunday Times, EuGRZ 79, 386; EGMR 25. 3. 1985 – Fall Barthold, EuGRZ 85, 170; EGMR 8. 7. 1986 – Fall Lingens, EuGRZ 86, 424 = MuR 86/4, 11.

15 Zur einfach-gesetzlichen Rechtslage vgl unten S 188 ff.

solcher" und ihrer ideellen Auswirkungen wäre dagegen unzulässig. Der Gesetzgeber darf aber solchen Äußerungen Schranken setzen, die in den Bereich der Tat übergreifen, wenn zB nicht nur die staatliche Rechtsordnung oder einzelne Rechtsvorschriften kritisch in Frage gestellt werden, sondern zu einem Bruch der Rechtsordnung aufgefordert wird.[16] Der Tatbestand „Bekämpfung von Ordnungsstörungen" ermächtigt auch zur Abwehr von Gefahren, die der Ordnung in sozialen Teilbereichen drohen, etwa im Arbeits- und Beamtenverhältnis oder im Gefängnis. Die zu schützende Ordnung muß aber auch in solchen Fällen dem Leitbild der demokratischen Gesellschaft entsprechen, die nicht auf Friedhofsruhe und Kadavergehorsam, sondern auf Toleranz und Offenheit gegenüber Kritik beruht. Verfassungsrechtlich gedeckt sind auch Ordnungsvorschriften für die Massenmedien selbst.[17]

— *Schutz der Gesundheit und der Moral:*
Dem Interesse des Gesundheitsschutzes dienen etwa die legitimen staatlichen Beschränkungen im Bereich der Arzneimittelwerbung. Der Tatbestand „Schutz der Moral" ermächtigt den Gesetzgeber zum Schutz der Grundwerte der Sittlichkeit, zu denen sich bei aller Liberalität auch eine demokratische Gesellschaft bekennt. Unter Berücksichtigung des Gesichtspunktes der Erforderlichkeit des Eingriffes ist einer Bevormundung von Erwachsenen aber eine sehr viel engere Grenze gesetzt als Maßnahmen des Jugendschutzes.[18]

— *Schutz des guten Rufes und der Rechte anderer:*
Der Staat darf der Presse zum Schutz der persönlichen Ehre und des wirtschaftlichen Rufes entsprechende Schranken setzen. Auf diesen Tatbestand stützt sich das für die Praxis der Massenmedien wichtige straf- und zivilrechtliche Beleidigungsrecht. Auch in dieser Hinsicht verbietet aber der Verweis auf das Leitbild einer demokratischen Gesellschaft einen Ausbau des Ehrenschutzrechtes in einem Ausmaß, das die freimütige Kritik und unbehinderte Information in allzu enge Fesseln schlagen würde.[19] Der nicht näher spezifizierte Vorbehalt zugunsten der Rechte anderer erlaubt Beschränkungen zum Schutz sonstiger Individualrechtsgüter, etwa zur Wahrung der Rechte des Urhebers durch das Urheberrecht.[20] Auch die Sicherung einer publizistischen Waffengleichheit etwa durch das Entgegnungsrecht oder die Offenlegung der Eigentumsverhältnisse bei Medienunternehmen dienen in diesem Sinne den individuellen Rechten der Medienkonsumenten.[21]

---

16 Zur einfach-gesetzlichen Rechtslage vgl unten S 195 ff.
17 Zur einfach-gesetzlichen Rechtslage vgl unten S 117 ff.
18 Zur einfach-gesetzlichen Rechtslage vgl unten S 198 ff.
19 Zur einfach-gesetzlichen Rechtslage vgl unten S 207 ff.
20 Zur einfach-gesetzlichen Rechtslage vgl unten S 277 ff.
21 Zur einfach-gesetzlichen Rechtslage vgl unten S 120 ff.

— *Verhinderung der Verbreitung vertraulicher Nachrichten:*
Tatbestände des Geheimnisschutzes können sich auf diese Ermächtigung stützen, wobei wiederum in einer Demokratie die öffentliche Erörterung gemeinschaftlicher Angelegenheiten nicht mehr als notwendig unterbunden werden darf. Dies setzt vor allem dem Schutz von Wirtschaftsgeheimnissen engere Grenzen als den Rechtsvorschriften zum Schutze der Privatsphäre, die ihrerseits in einem Menschenrecht (Art 8 MRK) verfassungsrechtlich verankert sind.[22]
— *Gewährleistung des Ansehens und der Unparteilichkeit der Rechtsprechung:*
Die Justiz einer demokratischen Gesellschaft unterliegt öffentlicher Kritik und Kontrolle. Die Berichterstattung über anhängige Verfahren muß daher grundsätzlich unbehindert möglich sein, auch wenn dabei die Justiz selbst und ihre Organe kritisch beleuchtet werden. Der Staat darf aber im Interesse einer geordneten Rechtspflege und zum Schutze von Prozeßparteien gewisse Verfahrensschritte zumindest vorläufig dem vollen Licht der Medienöffentlichkeit entziehen und darf Auswüchsen einer „Medienjustiz" entgegentreten.[23]

Die „öffentliche Aufgabe" der Presse in der Demokratie

Wenn die Presse im Rahmen der dargestellten gesetzlichen Schranken über gemeinschaftswichtige Angelegenheiten informiert, den gesellschaftlichen Meinungen Raum gibt und mit eigenen Stellungnahmen zur Herausbildung einer öffentlichen Meinung beiträgt, erfüllt sie eine wichtige, in der Demokratie *unverzichtbare Aufgabe.* Durch die Massenmedien wird das politische Forum der Aktivbürgerschaft konstituiert und der Bürger zum wirklichen Gebrauch seiner politischen Freiheit befähigt. Das Ringen der pluralistischen Gruppen wird in die Bahnen öffentlicher Auseinandersetzung gelenkt, den Minderheiten ihre politische Chance gesichert, und es entsteht jene Permanenz öffentlicher Kritik und Kontrolle, die ein wirksames Korrektiv staatlicher Herrschaft sein kann. Damit tragen die Massenmedien zu einer offenen Gesellschaft bei, die durch öffentliche Prozesse der Meinungs- und Entscheidungsbildung den demokratischen Staat hervorbringt: Wenn Demokratie „government by public opinion" ist, sind die Massenmedien ein unentbehrlicher Faktor und Mittler der öffentlichen Meinung.[24]

Die Verfassung berücksichtigt diese Leistungen der Medien

22 Zur einfach-gesetzlichen Rechtslage vgl unten S 182ff.
23 Zur einfach-gesetzlichen Rechtslage vgl unten S 258ff.
24 Vgl dazu Marcic, Die Öffentlichkeit als Prinzip der Demokratie, in: Arndt-FS (1969) 267 mit zahlreichen weit Nachw.

für eine lebendige Demokratie, wenn sie in Art 10 MRK auf das *Leitbild einer demokratischen Gesellschaft* verweist. Stellt sich die Presse in den Dienst an der res publica, verstärkt sich daher ihre Freiheit und wird mit einem besonderen Wertakzent ausgezeichnet. Daher sind Einschränkungen der Pressefreiheit immer auch daran zu messen, ob sie nicht die für eine demokratische Gesellschaft lebenswichtige freie Information und Meinungsbildung unverhältnismäßig beengen – eine Konsequenz kann die Zuerkennung eines Freiraums für öffentliche Kritik sein oder die Anerkennung der Tatsache, daß in gemeinschaftlichen Angelegenheiten eine rasche Information durch die Presse auch dann im öffentlichen Interesse liegt, wenn sich die Wahrheit einer Behauptung auch nach sorgfältiger Recherche (noch) nicht zur Gänze erweisen läßt.[25] Es kann aber auch geboten sein, daß der Gesetzgeber der Presse besondere Vorrechte einräumt, um ihr die sachgerechte Erfüllung ihrer Aufgabe zu erleichtern – etwa indem der unbehinderte Informationsfluß zu den Medien durch das Redaktionsgeheimnis abgeschirmt wird.[26]

Die Zuerkennung einer solchen begünstigten Position ist nur gerechtfertigt, wenn die Presse den in sie gesetzten Erwartungen verantwortungsbewußt nachkommt und sich um Objektivität und Fairneß der Berichterstattung bemüht. Dieser Zusammenhang von öffentlicher Anerkennung und öffentlicher Verantwortung sollte durch die Zuerkennung einer *„öffentlichen Aufgabe“* an die Presse ausgedrückt werden. Dieser Begriff ist freilich nicht frei von Mißverständnissen geblieben.

Bereits um die Jahrhundertwende hatten die Journalisten im Rückgriff auf frühliberale Vorstellungen die Wahrnehmung einer öffentlichen Aufgabe für sich reklamiert und diese als ein Prinzip der Standesehre empfunden. Dahinter stand die Besorgnis, die hohe Aufgabe der Presse und ihr Dienst am Volk würden mit dem Hervorkommen der kommerzialisierten Presse den Erwerbsinteressen und der Sensationslust geopfert. In der weiteren presserechtlichen Entwicklung wurden aus diesem Postulat sehr viel konkretere rechtliche Folgerungen abgeleitet, vor allem gewisse Vorrechte der Presse bei der Erfüllung ihrer Aufgaben und gesteigerte Pflichten. Dies mündete letztlich in der Forderung, die „öffentliche Aufgabe“ der Presse müsse in der Verfassung anerkannt werden, soweit sie nicht ohnedies bereits schon in der Verbürgung der Pressefreiheit angelegt sei. Unklar blieb dabei der Verpflichtungscharakter eines solchen

---

25 Vgl in diesem Sinne OGH 14. 10. 1980, EvBl 1981/94 und EGMR 8. 7. 1986 – Fall Lingens, EuGRZ 86, 424 = MuR 86/4, 11; zur Ausformung dieser Grundsätze im Beleidigungsrecht vgl unten S 217ff.

26 Vgl dazu unten S 179ff.

Öffentlichkeitsauftrages, dem manche eine Rechtspflicht zur wahrheitsgetreuen, objektiven Berichterstattung und darüber hinaus sogar eine Ermächtigung zur Umgestaltung der Presseverfassung bis hin zur Einführung staatlicher oder staatsnaher Organisationsformen für Zeitungsunternehmen entnahmen. Unklar war auch, ob die der Presse zugeschriebene „öffentliche Aufgabe" und die daraus abgeleiteten Vorrechte jeder Pressetätigkeit zugute kommen sollten oder nur jenen Zeitungen und Zeitschriften, die sich auch tatsächlich dieser Aufgabe widmen. Weil die „öffentliche Aufgabe" die Presse auch in Pflicht zu nehmen schien, befürchteten manche eine Verkürzung der Pressefreiheit.

Im Ergebnis blieb die rechtspolitische Diskussion um die verfassungsrechtliche Verankerung der „öffentlichen Aufgabe" kontrovers und ihr juristischer Ertrag gering: Während eine Reihe von Vorentwürfen zum MedienG noch eine ausdrückliche Anerkennung einer „öffentlichen Aufgabe" in Verfassungsrang vorsah, die in den letzten Entwürfen allerdings bereits zu einer blassen „Aufgabe für die Öffentlichkeit" verarmte, fehlt im MedienG selbst jeder ausdrückliche Bezug auf eine der Presse zugeschriebene Öffentlichkeitsaufgabe.[27] Es ist daher für den Bereich der Presse[28] bei der oben dargestellten Verfassungsrechtslage geblieben: Die Verfassung anerkennt die konstitutive Bedeutung der Presse für eine demokratische Gesellschaft. Sie gebietet die Berücksichtigung der von ihr im Dienst an der Demokratie erbrachten Leistungen bei der gesetzlichen Ausgestaltung ihrer Rechte und Pflichten und hält die Rechtsanwendungsorgane an, bei der Entscheidung im Einzelfalle dieser Bedeutung im Rahmen der Gesetze angemessen Rechnung zu tragen. Dies kann man als eine Anerkennung einer öffentlichen Aufgabe bezeichnen, wenn nicht übersehen wird, daß unmittelbare Rechtspflichten daraus noch nicht abgeleitet werden können und sich Zeitungen und Zeitschriften auch anderen Aufgaben zuwenden können, ohne ihres Freiheitsschutzes verlustig zu gehen.

Wegen der eminenten sozialen Bedeutung der organisierten Massenkommunikation kann der Staat des weiteren berechtigt, unter Umständen sogar verpflichtet sein, die tatsächlichen Voraussetzungen für eine leitbildgerechte öffentliche Kommunikation zu verbessern und wenn nötig zu schaffen. Konkret könnte der Staat daher zur Abwehr von Gefahren berechtigt und verpflichtet sein, die der freien Presse aus der Bildung von Mei-

---

27 Vgl zur vorangegangenen Diskussion ZEIZINGER, „Öffentliche Aufgabe der Presse" und Pressefreiheit, JBl 72, 408; BERKA, Medienfreiheit 126ff; HARTMANN, Die öffentliche Aufgabe der Medien, AnwBl 85, 339.

28 Zur öffentlichen Aufgabe des Rundfunks vgl aber im folgenden S 83ff.

nungsmonopolen oder von seiten wirtschaftlicher Machtgruppen erwachsen. Auch der Ausgleich eines faktischen Ungleichgewichts zwischen den professionellen Kommunikatoren und den Medienkonsumenten durch die rechtliche Sicherung kommunikativer Teilhabechancen – ein klassisches Beispiel dafür ist das Entgegnungsrecht – kann in diesem Sinne im Hinblick auf die gesamtgesellschaftliche Verantwortung der Massenmedien erfolgen. Soweit es sich bei solchen Maßnahmen allerdings um Eingriffe in die individuelle Pressefreiheit handelt, richtet sich ihre Verfassungsmäßigkeit ebenfalls nicht nach einer vage umschriebenen öffentlichen Aufgabe, sondern nach den verfassungsrechtlichen Erfordernissen des Art 10 Abs 2 MRK.[29]

Schließlich kann man in der öffentlichen Aufgabe noch einen Appell an das journalistische Berufsethos und eine Erinnerung an Mindesterfordernisse der Objektivität und Fairneß erkennen. Dabei handelt es sich aber dann nicht mehr um eine *rechtliche* Verpflichtung.[30]

Der Schutz der Pressefreiheit

Eingriffe der staatlichen Gewalt in die Freiheit der Presse, die den vorstehend dargelegten Bedingungen nicht entsprechen, sind verfassungswidrig. Dabei richten sich die den verfassungsrechtlichen Gewährleistungen entspringenden Verpflichtungen an *alle* Träger der staatlichen Gewalt in Gesetzgebung, Verwaltung und Gerichtsbarkeit.

Verletzt ein Akt des *Gesetzgebers* die Pressefreiheit, hat der VfGH auf Antrag eines Gerichts oder in anhängigen Beschwerdesachen von Amts wegen die entsprechenden Bestimmungen des Gesetzes als verfassungswidrig aufzuheben (Art 140 B-VG).[31] In der Praxis ist es vor allem zur Aufhebung von Geset-

---

29 Vgl oben S 71; zur Ausgestaltung der Pressefreiheit und zum Verhältnis zwischen Ausgestaltung und Eingriff vgl BERKA, Medienfreiheit 170ff; BULLINGER, Human Rights Law Journal 6 (1985) 358.

30 Zur fehlenden Aussagekraft der „öffentlichen Aufgabe" aus der Sicht der Kommunikationswissenschaft GOTTSCHLICH, Verständigung als journalistisches Handlungsziel, in: Österr. Jahrbuch für Kommunikationswissenschaft (1979) 105 (108).

31 Das Recht auf Einleitung eines Gesetzesprüfungsverfahrens vor dem VfGH steht außerdem den Regierungen im Bund und in den Ländern zu (jeweils bezogen auf Gesetzgebungsakte der anderen Gebietskörperschaft), ferner einem Drittel der Mitglieder des Nationalrates (des Bundesrates, der Landtage) sowie Einzelpersonen, wenn diese durch das Gesetz unmittelbar und ohne Dazwischentreten eines Urteils oder Bescheides betroffen sind.

zesbestimmungen gekommen, die gegen das Zensurverbot verstoßen haben.[32] Gegenüber Übergriffen der *Verwaltungsbehörden* kann der Betroffene nach Ausschöpfung des administrativen Instanzenzuges Beschwerden bei den Gerichtshöfen des öffentlichen Rechts (VfGH, VwGH) einbringen und die Aufhebung des entsprechenden Bescheides, bei Maßnahmen formloser Befehls- und Zwangsgewalt wie zB einer Beschlagnahme die Feststellung der Rechtswidrigkeit begehren (Art 130, 144 B-VG). Dabei greift ein Verwaltungsakt nicht nur dann in die Pressefreiheit ein, wenn er gesetzlos ist oder sich nur zum Schein auf ein Gesetz stützt; die Behörden sind vielmehr verpflichtet, im Rahmen der Gesetze der Verfassungsgarantie der Presse umfassend Rechnung zu tragen und die bestehenden Gesetze in verfassungskonformer Weise zu interpretieren. Bewilligungspflichten für den Vertrieb von Druckwerken auf öffentlichen Straßen oder Straftatbestände, die wie das Verbot von Anstandsverletzungen anstößige öffentliche Manifestationen verbieten, können daher, soweit sie zur Aufrechterhaltung der Ordnung notwendig sind, verfassungsrechtlich zulässig sein. Doch sind die Behörden bei der Handhabung solcher Bestimmungen verpflichtet, zwischen den Belangen der öffentlichen Ordnung und der beeinträchtigten Presse- und Meinungsfreiheit unter Berücksichtigung des hohen verfassungsrechtlichen Ranges dieser Freiheiten vernünftig abzuwägen. Wird diese Pflicht verkannt oder die Freiheit im Einzelfall unverhältnismäßig verkürzt, kann auch die Anwendung eines an sich verfassungsrechtlich unbedenklichen Gesetzes zu einem verfassungswidrigen Eingriff führen.[33] Die gleiche Verpflichtung trifft auch die ordentlichen Gerichte, die bei der Auslegung und Anwendung der die Freiheit der Presse beschränkenden Strafgesetze und der zivilrechtlichen Vorschriften die Freiheit der Presse zu respektieren haben, vor allem

32 Vgl die Nachw oben S 71ff.

33 Vgl VfSlg 10700/85 und VfGH 12. 3. 1988 B 970/87: Im ersten zitierten Erkenntnis hat der VfGH die Verurteilung eines Liedermachers wegen einer unschicklichen Äußerung als verfassungswidrig aufgehoben, weil „eine demokratische Gesellschaft die in Rede stehenden Formulierungen ... hinnehmen kann, ohne daß ihre öffentliche Ordnung oder Moral Schaden leidet". Im zweiten Fall hat der VfGH entschieden, daß die straßenverkehrsrechtliche Bewilligungspflicht (§ 82 StVO) für Informationstische, von denen aus Schriften verteilt werden, an sich nicht zu beanstanden ist, daß aber die Verwaltung im Einzelfall das Interesse an der Meinungsfreiheit gegen die Interessen des Straßenverkehrs abzuwägen hat und daß unverhältnismäßige Beschränkungen im Einzelfall (etwa unangemessen hohe Gebühren oder eine überlange Dauer des Bewilligungsverfahrens) die Meinungsfreiheit verletzen könnten.

dort, wo die Gesetze dem Richter einen entsprechenden Spielraum belassen.[34] Nach Ausschöpfung der innerstaatlichen Rechtsbehelfe steht schließlich gegen höchstgerichtliche Entscheidungen noch die auf Art 10 MRK gestützte Beschwerde an die Straßburger Kommission für Menschenrechte offen, die zugelassene Beschwerden dem Europäischen Gerichtshof für Menschenrechte zur Entscheidung vorlegen kann.

Auch wenn der Staat nicht hoheitlich, sondern in Form der sogenannten *Privatwirtschaftsverwaltung* tätig wird, dh wenn etwa Behörden privatrechtliche Verträge abschließen oder die Verwaltung von ihrem privatrechtlichen Hausrecht Gebrauch macht, muß er die Pressefreiheit grundsätzlich respektieren. Die Anmaßung einer Zensurbefugnis oder willkürliche Verbreitungsbeschränkungen wären daher auch dann verfassungswidrig, wenn die Verwaltung sich dazu privatrechtlicher Handlungsformen bedienen würde (sogenannte Fiskalgeltung der Grundrechte).[35]

Ob die verfassungsrechtliche Verbürgung der Pressefreiheit über die Abwehr staatlicher Eingriffe hinausgehend auch im Rechtsverkehr der Bürger untereinander Geltung beanspruchen kann (sogenannte *„Drittwirkung“*), ist strittig und durch die bisherige Judikatur auch noch nicht geklärt. Dabei hätte man vor allem an das arbeitsrechtliche Verhältnis zwischen dem Eigentümer eines Zeitungsunternehmens und den bei ihm angestellten Journalisten zu denken, aber auch an die Frage, ob, gestützt auf die Pressefreiheit, Streikaktionen oder der Boykottierung von Zeitungsunternehmen entgegengetreten werden kann. Auch wenn sich eine mechanische Übertragung der in erster Linie „staatsgerichteten“ Pressefreiheit verbietet, darf bei der Beurteilung solcher Rechtsfragen über die Wertentscheidung der Verfassung für eine freie Presse nicht hinweggesehen werden, vor allem wenn Träger gesellschaftlicher Macht in einer der Staatsgewalt vergleichbaren Weise auf die Unabhängigkeit der Presse einzuwirken versuchen. Zum Ausgleich der angesprochenen Konfliktsituationen ist allerdings in erster Linie der Gesetzgeber berufen.[36]

---

34 Vgl zB OGH 19. 6. 1970, EvBl 1970/383; 18. 1. 1972, EvBl 1972/238; 31. 8. 1977, EvBl 1978/65; 14. 10. 1980, EvBl 1981/94.

35 Vgl VfGH 19. 3. 1987 G 147/86, MuR 87/3, 87.

36 Zur „inneren Pressefreiheit“ vgl noch unten S 301ff; vgl ferner zum Problem der „Drittwirkung“ BERKA, EuGRZ 82, 421f.

2. Die Freiheit und öffentliche Verantwortung des Rundfunks

Der Rundfunk (Hörfunk und Fernsehen) ist ein Massenmedium, das, anders als die Presse, unter maßgeblichem Einfluß des Staates entstanden ist, der den Aufbau von Rundfunkanstalten mit nationaler Monopolstellung und kulturellem Auftrag betrieben hat. Die Notwendigkeit einer Bewirtschaftung der knappen Frequenzen und der hohe finanzielle Aufwand, den die Veranstaltung von Rundfunkprogrammen erfordert, ließen der privaten Initiative und Konkurrenz von Anfang an wenig Raum. Diese *staatliche Verantwortung für den Rundfunk* trat noch stärker in den Vordergrund, als sich abzuzeichnen begann, daß dieser zum publizistisch, kulturell und wirtschaftlich mächtigsten Massenmedium wurde, das nicht ohne Schaden für die Allgemeinheit dem freien Spiel der Kräfte überlassen bleiben durfte. Unter diesen Umständen konnte die Freiheit und Unabhängigkeit des Rundfunks nicht aus einer pluralistischen Ordnung verschiedener, miteinander in Wettbewerb stehender Rundfunkanstalten hervorgehen („außenpluralistisches Modell“), sondern sollte durch eine entsprechende Organisation des Monopolrundfunks gewährleistet werden, dem die Sicherung der Meinungsvielfalt und eine ausgewogene Information der Öffentlichkeit von Staats wegen aufgegeben wurde („binnenpluralistisches Modell“). Nach dem Wegfall der Mangelsituation im Frequenzbereich vor allem durch die moderne Kabeltechnik steht zumindest dieses Hindernis der Zulassung privater Rundfunkveranstalter nicht mehr im Wege, so daß sich heute die Frage stellt, ob eine Monopolsituation noch mit der Verfassung vereinbar ist.

Die Rundfunkfreiheit

Verfassungsrechtlich ist die Freiheit des Rundfunks als ein jedermann zustehendes Individualrecht anerkannt. Sie folgt aus der jedes Massenmedium einschließenden Freiheitsgarantie des Art 10 MRK, die grundsätzlich das Recht gibt, Informationen und Ideen auch mit den Mitteln des Rundfunks frei von staatlicher Beherrschung und Einflußnahme zu verbreiten.[37]

Bereits Art 10 MRK nimmt allerdings auf die besonderen Verhältnisse im Rundfunkbereich Rücksicht und läßt ein *staatliches Genehmigungsverfahren* für Rundfunk und Fernsehen ausdrücklich zu. Diese deutlich von den Verhältnissen im Pressebe-

37 VfGH 27. 6. 1986 B 658/85 – Ganze Woche, EuGRZ 86, 481 = MuR 86/4, 14.

reich abweichende Verfassungsrechtslage des Rundfunks wird im BVG-Rundfunk (Abdruck unten S 334) weiter ausgeformt. Neben einer Definition von Rundfunk (Abs 1) und seiner Erklärung zu einer öffentlichen Aufgabe (Abs 3) wird darin angeordnet (Abs 2), daß die näheren Bestimmungen für den Rundfunk und seine Organisation bundesgesetzlich festzulegen sind, wobei dem Gesetzgeber gewisse Organisations- und Programmgrundsätze aufgegeben sind (Objektivität und Unparteilichkeit der Berichterstattung, Berücksichtigung der Meinungsvielfalt, Ausgewogenheit der Programme, Unabhängigkeit der Personen und Organe, die mit der Besorgung von Rundfunk betraut sind).

Die Rundfunkfreiheit steht daher unter einem *Vorbehalt des Gesetzes,* wobei das Gesetz nicht nur wie bei den klassischen Freiheitsrechten und der Pressefreiheit lediglich eine Schranke, sondern vielmehr die Grundlage für jede Betätigung in diesem Bereich ist. Die entsprechenden organisatorischen, verfahrensrechtlichen und inhaltlichen Voraussetzungen für die Veranstaltung von Rundfunksendungen und die Regelungen über den Zugang zu diesem Medium hat der Bundesgesetzgeber zu schaffen (Rundfunkvorbehalt). Fehlt ein solches Gesetz oder läßt es nur einen einzigen oder wenige Veranstalter zu, sind alle übrigen Interessierten ausgeschlossen. Da bislang der Bund als zuständiger Gesetzgeber nur die öffentlich-rechtliche Anstalt ORF gesetzlich mit der Aufgabe Rundfunk betraut hat und weitere Ausführungsgesetze nicht bestehen, kommt dieser Anstalt ein rechtliches Monopol für jede programmgestaltende Tätigkeit im Inland zu. Nur die bloße Weiterleitung inländischer oder ausländischer Programme über Kabelnetze fällt unter gewissen Voraussetzungen nicht unter den Rundfunkvorbehalt.

Ob die Beibehaltung dieses Zustandes auch unter den geänderten tatsächlichen Gegebenheiten mit der individuellen Rundfunkfreiheitsgarantie (noch) vereinbar ist, ist umstritten.[38] Bei der Beurteilung dieser Streitfrage wird man nicht darüber hinwegsehen dürfen, daß Art 10 MRK die Rundfunkfreiheit zwar als ein Individualrecht gewährleistet, aber zugleich, wie der Konzessionsvorbehalt verdeutlicht, die Ausformung eines rundfunkpolitischen Ordnungsrahmens durch den Gesetzgeber nicht

---

38 Vgl dazu die Kontroverse zwischen KORINEK und KNITEL, Stb 77, F 11, 19–22 und Stb 78, F 19, 20; vgl ferner KORINEK, Die Gewährleistung von Kommunikationsfreiheit im österreichischen Rundfunkrecht, RfR 80, 1; WITTMANN, Rundfunkfreiheit 143 ff; ÖHLINGER, Rechtsprobleme des Kabelfernsehens und des Satellitenrundfunks, RfR 83, 37; BINDER, Die Rundfunkfreiheit in Österreich, EuGRZ 86, 209; BERKA, Rundfunkmonopol 24 ff.

ausschließt. Rundfunk ist daher auch nach der Menschenrechtskonvention eine gebundene Freiheit, die einer inhaltlichen Ausgestaltung durch den Gesetzgeber zugänglich ist, wobei freilich die individuelle Freiheit nicht weiter zurückgedrängt werden darf als dies der Schutz der Kommunikationsinteressen der Allgemeinheit erfordert. Dementsprechend hat der nationale österreichische Verfassungsgesetzgeber im BVG-Rundfunk ein *rundfunkpolitisches Leitbild* verankert, das an einer öffentlichen Aufgabe des Rundfunks orientiert ist und diese umfassend gewährleisten soll. An dieses Leitbild ist der einfache Gesetzgeber bei seinen Entscheidungen über die konkret zu verwirklichende Rundfunkorganisation gebunden. Solange eine objektive und unparteiische Berichterstattung, Meinungsvielfalt und Ausgewogenheit der Programme und eine allseitige Unabhängigkeit des Rundfunks nur in der Form eines nationalen Rundfunkmonopols in öffentlicher Trägerschaft erreicht werden können, ist eine „binnenpluralistische" Rundfunkorganisation verfassungsrechtlich zulässig. Dem Gesetzgeber steht es aber auch frei, die angeführten Grundsätze in einer anderen Form zu verwirklichen, auch durch die Zulassung privater Veranstalter, wenn er die geeigneten Vorkehrungen für einen leitbildgerechten „außenpluralistischen" Rundfunk schafft. Ein verfassungsrechtlicher Anspruch auf Öffnung des Zugangs zum Rundfunk bestünde entsprechend der Art 10 MRK zugrunde liegenden Garantie der Individualfreiheit dann, wenn die Beibehaltung der Monopolsituation unter den gegebenen Verhältnissen nicht mehr erforderlich wäre, weil sich auch auf einem offenen Rundfunkmarkt bei entsprechenden gesetzlichen Rahmenbedingungen eine durch Meinungsvielfalt und ausgewogene Information gekennzeichnete Rundfunkordnung verwirklichen läßt.[39]

Die öffentliche Verantwortung des Rundfunks

Wie dargelegt, verpflichtet das BVG-Rundfunk dazu, die Organisation, den Programmauftrag, den wirtschaftlichen Geschäftsbereich und die Kontrolle des (der) Rundfunkveranstalter(s) in den wesentlichen Grundzügen durch förmliches Bundesgesetz zu regeln. Dabei kann der Gesetzgeber bereits selbst eine oder

---

39 Die rechtliche Durchsetzung eines solchen Zulassungsanspruches wäre aber schwierig, da ein Untätigsein des Gesetzgebers im österreichischen Rechtsschutzsystem kaum gerichtlich geltend gemacht werden kann; vgl auch VfSlg 9909/83 – Lentia 2000, wo der VfGH aus prozessualen Gründen daran gehindert war, das ORF-Monopol an Art 10 MRK zu messen; ausführlich dazu BERKA, Rundfunkmonopol 36 ff.

mehrere Rundfunkanstalten installieren, wie dies im RFG hinsichtlich des ORF geschehen ist. Der Gesetzgeber könnte aber auch ein allgemeines Rahmengesetz erlassen, das neben den notwendigen Grundsatzentscheidungen die Voraussetzungen für die Erteilung einer rundfunkrechtlichen Konzession einschließlich der Auswahl der Bewerber regelt und eine staatliche Behörde zur Erteilung der Konzession ermächtigt.[40] In beiden Fällen muß der Rundfunkgesetzgeber sicherstellen, daß die Rundfunkfreiheit auch *tatsächlich* gewährleistet ist.[41] Konkret bedeutet dies, daß der Gesetzgeber den in Art I Abs 2 BVG-Rundfunk aufgestellten Organisations- und Programmprinzipien Rechnung tragen muß, die in ihrer Summe einen öffentlichen Rundfunk im Auge haben, der zu einer ausgewogenen öffentlichen Meinungsbildung verpflichtet und vor einer einseitigen Inbesitznahme durch den Staat oder gesellschaftliche Kräfte geschützt ist. Ein diesem Leitbild entsprechender Rundfunk erfüllt, wie die Verfassung ausdrücklich bekräftigt (Art I Abs 3 BVG-Rundfunk), eine „öffentliche Aufgabe".[42] Für den ORF hat das RFG 1974 die öffentliche Verantwortung des Rundfunks, zugeschnitten auf eine Monopolanstalt, ausgeformt. Da diese Regelungen aber nur eine mögliche Form der Verwirklichung der Rundfunkfreiheit darstellen, ist an dieser Stelle der allgemeine Sinngehalt der in das BVG-Rundfunk aufgenommenen Prinzipien zu umreißen, die für Rundfunk in jeder gegenwärtigen oder künftigen Organisationsform Geltung beanspruchen.[43]

Die Garantie der *Unabhängigkeit* des Rundfunks und der ihn besorgenden Personen und Organe schließt in erster Linie aus, daß der Staat unmittelbar gestaltend auf die inhaltliche Wahrnehmung des Programmauftrages einwirkt oder sich durch personelle Abhängigkeiten und Verflechtungen solche Einflußmöglichkeiten eröffnet. Dem Rundfunk ist ungeachtet der öffentlichen Verantwortung „Staatsfreiheit" zu garantieren, so daß die Gebietskörperschaften auch davon ausgeschlossen sind, selbst einen Regierungsrundfunk zu betreiben. Bei juristisch selbständigen öffentlich-rechtlichen Rundfunkanstalten oder bei privatwirtschaftlichen Rundfunkunternehmen mit staatlicher Beteiligung ist die fachliche Auto-

---

40 Vgl zur Reichweite des rundfunkrechtlichen Gesetzesvorbehalts WITTMANN, Rundfunkfreiheit 21 ff.

41 Siehe FN 37.

42 Zu den rechtlichen Konsequenzen, die aus der Anerkennung einer öffentlichen Aufgabe des Rundfunks folgen, vgl FUNK, Rechtsprobleme der Rundfunkwerbung, in: AICHER (Hrsg), Das Recht der Werbung (1984) 55 (74 ff); BERKA, Medienfreiheit 131 ff.

43 Vgl zum folgenden ausführlicher BERKA, Rundfunkmonopol 27 ff m weit Nachw.

nomie der Programmgestalter durch entsprechende organisatorische Vorkehrungen zu gewährleisten. Mit der Unabhängigkeitsgarantie wäre es ferner unvereinbar, wenn der Rundfunk in seiner Gesamtheit von einer einzigen oder wenigen gesellschaftlichen Gruppen (Parteien, Interessenvertretungen, mächtige Wirtschaftsunternehmen, andere Medien) abhängig wäre. Solange oder wenn die Gefahr einer einseitigen Einflußnahme auf die öffentliche Meinungsbildung nicht durch eine tatsächliche Vielzahl miteinander in Konkurrenz stehender Rundfunkunternehmen aufgehoben wird, bedürfte es daher auch nach der Zulassung weiterer (privater) Veranstalter Regelungen, die die innere und äußere Unabhängigkeit der Programmträger und Programmverantwortlichen und die gleiche Chance des Marktzuganges sichern.

Eine gewisse Begrenzung erfährt die dem Rundfunk garantierte Unabhängigkeit durch die *Staatsaufsicht,* die geboten ist, um die Einhaltung der im folgenden zu erörternden Programmdirektiven zu überwachen. Da die Einzelheiten dieser Rundfunkaufsicht verfassungsrechtlich nicht festgelegt sind, bleibt ihre nähere Gestaltung dem Gesetzgeber überlassen. Die staatliche Aufsicht darf jedoch nicht zu einer mit der Freiheit und Unabhängigkeit des Rundfunks unvereinbaren Gängelung durch den Staat führen und muß auf eine Mißbrauchsaufsicht beschränkt bleiben.

Von den verfassungsrechtlichen Programmdirektiven beziehen sich die Grundsätze der *Objektivität und Unparteilichkeit* der Berichterstattung, zu der jeder Rundfunkveranstalter durch Gesetz anzuhalten ist, hauptsächlich auf die Informationssendung im Rundfunk. Inhaltlich verpflichten sie zu einer sachgemäßen, umfassenden und wahrheitsgetreuen Information ohne einseitige Bevorzugung oder Benachteiligung bestimmter Interessen. Die Auswahl des Nachrichtenmaterials hat nach dem Gesichtspunkt der publizistischen Relevanz zu erfolgen. Bei der Nachrichtensammlung und -präsentation hat der Rundfunkjournalist die Regeln der journalistischen Sorgfalt und Fairneß zu beachten.

Das Gebot zur Berücksichtigung der *Meinungsvielfalt* will sicherstellen, daß im Rundfunk die Vielfalt der bestehenden Meinungen möglichst vollständig Ausdruck findet. Solange nur ein einziger oder wenige Programmveranstalter bestehen, sind diese zu einer ausgewogenen Wiedergabe und Vermittlung der in der Gesellschaft vertretenen Ansichten zu verpflichten. Der Einbau von „Meinungskommentaren" in ein solches binnenpluralistisches Gesamtprogramm ist aber nicht ausgeschlossen. Bei einer Öffnung des Rundfunkmarktes für weitere Veranstalter kann eine stärkere weltanschauliche und politische Profilierung der einzelnen Programme zulässig sein, vor allem wenn ein der Meinungsvielfalt verpflichteter öffentlicher Programmträger weiterhin besteht und existenzfähig bleibt.

Der Grundsatz der *Ausgewogenheit der Programme* ergänzt die auf Objektivität, Unparteilichkeit und Meinungsvielfalt zielenden Programmdirektiven und verdeutlicht, daß diesen durch das Gesamtangebot der Programme Rechnung zu tragen ist. Er verpflichtet darüber hinausgehend den Gesetzgeber, dafür Sorge zu tragen, daß der Rundfunk mit seinen Programmen möglichst allen kommunikativen Bedürfnissen angemessen Rechnung trägt und zB nicht etwa Informationssendungen oder kulturelle Programme in einem mehr oder weniger seichten, kommerziell orientierten „Unterhaltungsbrei“ untergehen. Ist eine ausgewogene Versorgung durch ein breites Angebot verschiedenartiger Programme gewährleistet, muß der einzelne Veranstalter aber nicht unbedingt auf ein „Vollprogramm“ verpflichtet werden.

Die Programmgrundsätze gelten in erster Linie für die Veranstaltung von Rundfunkprogrammen durch den (die) zugelassenen Rundfunkveranstalter. Soweit der Gesetzgeber unter dem Gesichtspunkt einer effektiven Gewährleistung der Rundfunkfreiheit auch Programme möglich macht, die der einzelne Interessent gestalten kann (Belangsendungen, Werbesendungen, „offener Kanal“), muß allerdings auch der Zugang zu ihnen unter den vom BVG-Rundfunk garantierten Bedingungen offenstehen und ist daher für einen ausgewogenen, unparteiischen und pluralistischen Zugang zum Medium Rundfunk zu sorgen.[44]

Der rundfunkpolitische Gestaltungsspielraum

Die dargestellten Grundsätze geben dem Rundfunkgesetzgeber einen beträchtlichen *Entscheidungsspielraum,* nicht zuletzt weil viele für die künftige Entwicklung der Massenkommunikation durch Rundfunk wesentliche Fragen verfassungsrechtlich mehr oder weniger offengelassen sind. Ob sich der Rundfunk durch Gebühren finanziert, durch individuelle Beiträge der Konsumenten („Pay-TV“) oder über Werbeeinnahmen und welchen Anteil die jeweiligen Finanzierungsformen einnehmen, hat der einfache Gesetzgeber zu entscheiden. Er kann und muß freilich die Folgen für die verfassungsrechtlich vorgegebenen Programmgrundsätze mit berücksichtigen, dies vor allem auch im Hinblick auf die Auswirkungen eines ausschließlich von Werbeeinnahmen abhängigen kommerzialisierten Rundfunks auf die bestehende öffentliche Rundfunkanstalt. Da ein reines Marktmodell im Rundfunk wohl auch weiterhin ausscheidet, sind Bestand und Funktion des öffentlichen Rundfunks verfassungsmäßig garantiert. Vergleichbares gilt für die Frage der Programmträgerschaft, die im einzelnen verfassungsrechtlich nicht festgelegt und daher dem einfachen Gesetzgeber überlassen ist, der allerdings dafür zu sorgen hat, daß auch in einem „dualen“ Rundfunksystem die Balance zwischen den Rundfunkveranstaltern und die Funktionsfähigkeit des Gesamtsystems gewahrt bleiben. Daher

44 VfGH 27. 6. 1986 B 658/85 – Ganze Woche, EuGRZ 86, 481 = MuR 86/4, 14.

ist zB die Einrichtung eines „offenen Kanals“ oder ähnlicher Formen des bürgernahen Rundfunks verfassungsrechtlich nicht geboten, sie könnte aber ein Versuch sein, dem Ziel der Meinungsvielfalt auch in einer gewandelten Rundfunklandschaft eine zusätzliche Chance zu geben.

Eine verantwortungsbewußte Medienpolitik muß schließlich auch die vielfach beschworenen Gefahren eines ungezügelt vermehrten Fernsehangebots für die Sozialisation der Jugend, für das familiäre Zusammenleben und für die Fähigkeit des Menschen, sich in persönlicher Begegnung mit der realen Welt auseinanderzusetzen, ernst nehmen, obwohl medienpädagogische Zielsetzungen im verfassungsrechtlichen Rundfunkleitbild nur ansatzweise enthalten sind. Daher darf der Gesetzgeber nur den greifbaren und mit gewisser Eindeutigkeit prognostizierbaren Gefahren für die Gemeinschaft und den einzelnen Bürger entgegentreten und Entwicklungen abwehren, die mit einem der öffentlichen Aufgabe verpflichteten Rundfunk unvereinbar sind.

Bei der Beurteilung der Chancen und Gefahren einer geänderten (privatwirtschaftlichen) Rundfunkorganisation wird man dem Gesetzgeber auch einen erheblichen Prognose- und Abwägungsspielraum einräumen müssen, da einmal eingetretene Fehlentwicklungen nur bedingt und nur unter erheblichen Schwierigkeiten rückgängig gemacht werden können.[45] Aus all diesen Gründen ist die Entscheidung über jede künftige Rundfunkorganisation in beträchtlichem Umfang eine rechtspolitische Entscheidung, die dem Bundesgesetzgeber zusteht. Es ist freilich unübersehbar, daß die möglichen Entscheidungen durch den Druck der gesellschaftlichen und wirtschaftlichen Entwicklungen bereits präjudiziert sind, vor allem wenn man an die weit fortgeschrittene Verkabelung und das kaum kontrollierbare Hereinströmen ausländischer Programme im Wege des Satellitenrundfunks denkt.

3. *Die Informationsfreiheit*

Neben der Äußerungsfreiheit und der Freiheit der Medien gewährleistet Art 10 MRK das Grundrecht, Nachrichten und Ideen ohne Eingriffe öffentlicher Behörden und ohne Rücksicht auf

45 Zu diesem Gesichtspunkt vgl auch das 3. Rundfunkerkenntnis des deutschen BVerfG (BVerfGE 57, 295 [323]), das im übrigen – wie auch ÖHLINGER, RfR 83, 43 unterstreicht – im Wege der Interpretation des Art 5 GG zu ähnlichen Aussagen gelangt, wie sie im BVG-Rundfunk expressis verbis verankert sind.

die Landesgrenzen *empfangen* zu dürfen. Besondere Bedeutung kommt diesem als *Informationsfreiheit* bezeichneten Recht angesichts der modernen Formen staatlicher Informationskontrolle zu, die im Zeitalter der drahtlosen grenzüberschreitenden Nachrichtenflüsse häufig an den Empfangsakt anknüpfen. Die Informationsfreiheit steht in erster Linie den Medienkonsumenten zu. Für die Massenmedien liegt ihre Bedeutung insoweit in der Sicherung des Informationsflusses zu ihrem Publikum. Staatliche Eingriffe in das Recht des unbehinderten Empfangs, wie beispielsweise beim Rundfunk der Einsatz von Störsendern oder bei Druckwerken Verbote hinsichtlich des Bezuges oder Besitzes von Druckschriften ausländischer Herkunft, sind grundsätzlich unzulässig. Als *Rundfunkempfangsfreiheit* gilt die Informationsfreiheit für alle tatsächlich empfangbaren und für die Allgemeinheit bestimmten Rundfunksendungen, daher auch für den „overspill" ausländischer Programme, unabhängig davon, ob sie durch terrestrische Sender oder Rundfunksatelliten verbreitet werden. Soweit der Staat aus überwiegenden Gemeinschaftsinteressen gewisse Einschränkungen verfügen muß, wie etwa die aus technischen Gründen (Vermeidung von funktechnischen Störungen, Verwaltung der Frequenzen) notwendige Zulassung von Rundfunkempfangsanlagen, müssen diese Regelungen den in Art 10 Abs 2 MRK aufgestellten Bedingungen entsprechen.[46]

Auf die Informationsfreiheit können sich auch die Massenmedien selbst bei der *Beschaffung ihres Nachrichtenmaterials* stützen. Weil es zu ihren Aufgaben gehört, die Bürger rasch und vollständig über das Zeitgeschehen zu informieren, ist es für sie sogar von besonderer Bedeutung, obwohl es als ein Jedermannsrecht jedem Bürger zusteht. Daher darf der Staat die Journalisten bei der Beschaffung und Ermittlung öffentlich zugänglicher Informationen nicht behindern, wenn nicht ausnahmsweise durch Gesetz eine auch in einer demokratischen Gesellschaft unerläßliche allgemein geltende Einschränkung (Art 10 Abs 2 MRK) verfügt wurde.[47] Zu den geschützten Informationsquellen gehören andere, auch ausländische Massenmedien, ferner sonstige Informationträger und Informationsein-

46 Vgl sinngemäß oben S 71; problematisch sind daher alle inhaltlichen Reglementierungen. Ausführlich zur Bedeutung der Informationsfreiheit im Rundfunkbereich: BULLINGER, Human Rights Law Journal 6 (1985) 377ff.

47 So nunmehr auch der VfGH 16. 3. 1987 B 154/85 – Hainburg, MuR 87/2, 47 = EuGRZ 87, 237. Der VfGH hat dabei anerkannt, daß sich das Grundrecht der Informationsfreiheit „im Hinblick auf den höheren Informationsbedarf der Presse im besonderen im Medienbereich auswirkt".

richtungen wie die Bibliotheken und Archive sowie alle unmittelbar wahrnehmbaren Ereignisse (zB Unfälle) und für die Öffentlichkeit zugänglichen Veranstaltungen. Durch die gesetzlich nicht gedeckte Wegnahme eines Fotoapparats und die Zerstörung der Filme mit den Aufnahmen, die ein Journalist während einer Demonstration angefertigt hat, wird daher zB dieses Grundrecht jedenfalls verletzt.

Allgemeine Zugangsbeschränkungen muß freilich auch der Journalist respektieren, so daß der über die Informationsquelle oder über den Ort eines Ereignisses Verfügungsberechtigte den Zutritt oder die Verwertung der Information von Bedingungen, etwa der Zahlung eines Benützungsentgelts, abhängig machen kann. Insoweit gibt die Informationsfreiheit dem Journalisten keine Sonderrechte. Ob Art 10 MRK darüber hinausgehend einen prinzipiellen Anspruch auf Zugang auch zu vertraulichen Informationsquellen garantiert, ist umstritten.[48] Eine Verpflichtung des Staates, selbst Zugang zu Informationen zu gewährleisten oder Informationen bereitzustellen, kann aus der Informationsfreiheit nicht abgeleitet werden.[49]

Eine besondere Verstärkung erfährt die Informationsfreiheit in jenen Bereichen, in denen die *Öffentlichkeit des demokratischen Staates* in Erscheinung tritt. Hier kann der Staat aufgrund besonderer verfassungsrechtlicher Anordnungen verpflichtet sein, selbst Informationen bereitzustellen.

Öffentlich zugänglich sind in diesem Sinne die Plenarverhandlungen der *Parlamente* im Bund und in den Ländern (Nationalrat, Bundesrat, Landtage), um jedermann eine unmittelbare Teilnahme an den demokratischen Willensbildungsprozessen zu ermöglichen.[50] Ein Ausschluß der Öffentlichkeit bedarf einer förmlichen Beschlußfassung durch die Mitglieder des Gesetzgebungsorgans; hingegen finden die Verhandlungen in den Ausschüssen unter Ausschluß zumindest der unmittelbaren Öf-

48 Nach dem völkerrechtlich verbindlichen, aber innerstaatlich nicht in Verfassungsrang stehenden Art 19 des Internationalen Paktes über bürgerliche und politische Rechte ist auch ein Recht zum Aufsuchen (seek, rechercher) von Informationen gewährleistet; vgl dazu m weit Nachw BERKA, EuGRZ 82, 419; BULLINGER, Human Rights Law Journal 6 (1985) 352f; TRETTER, Zur Freiheit der Informationsbeschaffung, MuR 87/3, 84.

49 So auch VfGH 16. 3. 1987 B 154/85 – Hainburg, MuR 87/2, 47 = EuGRZ 87, 237.

50 Zu den Rechtsproblemen und Gegebenheiten der Parlamentsberichterstattung vgl TWAROCH, Parlamentarismus und Massenmedien, Stb 77, F 14, 15 und 16; JANN, Parlament und Massenmedien, in: SCHAMBECK (Hrsg), Österreichs Parlamentarismus (1986) 807.

fentlichkeit statt. Im Interesse einer breiten Publizität des parlamentarischen Geschehens ist den Massenmedien bei der Parlamentsberichterstattung sogar eine bevorzugte Stellung eingeräumt worden. Neben tatsächlichen Erleichterungen für die Arbeit der Parlamentsjournalisten garantiert das Prinzip der *„sachlichen Immunität"*, daß wahrheitsgetreue Berichte über die öffentlichen Verhandlungen der Parlamente von jeder Verantwortung frei bleiben. Wegen einer der Wahrheit entsprechenden Wiedergabe von Äußerungen im Plenum einer gesetzgebenden Körperschaft darf daher ein Journalist weder strafrechtlich verfolgt noch zivilrechtlich belangt werden. Auch eine persönliche Verunglimpfung oder die Preisgabe eines Staatsgeheimnisses durch einen Abgeordneten, der sich seinerseits auf seine persönliche Immunität berufen kann, darf daher rechtlich folgenlos in den Massenmedien wiederholt werden, eine Möglichkeit, die mitunter einer Taktik der „Immunisierung" heikler Äußerungen Vorschub geleistet hat. Auch das MedienG trägt der sachlichen Immunität Rechnung, wenn es den bei Beleidigungsdelikten und bei Eingriffen in einen höchstpersönlichen Lebensbereich an sich zustehenden Entschädigungsanspruch ausschließt, wenn es sich um eine wahrheitsgetreue Parlamentsberichterstattung handelt.[51] Über die verfassungsrechtliche Privilegierung hinausgehend schließt das MedienG ferner den Entgegnungszwang bei einer wahrheitsgetreuen Parlamentsberichterstattung aus, damit nicht die parlamentarischen Auseinandersetzungen zwischen den politischen Parteien durch aufgezwungene Entgegnungen in den Medien und zu Lasten der Medien fortgesetzt werden. Damit wurde freilich auch dem von einem Abgeordneten im Schutz der Immunität persönlich attackierten Bürger die Möglichkeit genommen, einem Angriff zumindest durch eine Entgegnung entgegenzutreten.[52]

Ebenfalls auf dem Gedanken der demokratischen Öffentlichkeit beruht die verfassungsrechtlich garantierte *Gerichtsöffentlichkeit* (Art 90 B-VG, Art 6 MRK). Sie soll dem Bürger Einblick in den Gang der Justiz geben und ihre Kontrolle ermöglichen, was heute im wesentlichen durch die Prozeßberichterstattung der Massenmedien erfolgt. Ein Ausschluß der Öffentlich-

51 § 6 Abs 2 Z 1, § 7 Abs 2 Z 2 MedienG.

52 Die Entgegnungsfähigkeit von Parlamentsberichten wurde im Verlauf der Presserechtsreform unterschiedlich beurteilt; vgl noch § 15 RV MedienG 1979, wonach eine Entgegnung zumindest dann zulässig sein sollte, wenn ein Bürger durch die Wiedergabe einer parlamentarischen Wortmeldung persönlich beleidigt oder in seinen höchstpersönlichen Lebensbereich eingegriffen wurde.

keit und damit auch der Massenmedien ist nach der Verfassung zulässig, soweit dies auch in einer demokratischen Gesellschaft zum Schutz gewichtiger öffentlicher Anliegen (nationale Sicherheit, Sittlichkeit, öffentliche Ordnung, geordnete Rechtspflege) oder der Interessen schutzbedürftiger Prozeßbeteiligter erforderlich ist; das Urteil selbst muß jedoch immer öffentlich verkündet werden (Art 6 Abs 1 MRK). Die im Straf- und Zivilprozeßrecht enthaltenen Ausschlußtatbestände sind sehr eng gefaßt und legen der Prozeßberichterstattung kaum Hindernisse in den Weg, auch wenn sie von den legitimen Aufgaben der Information und Kontrolle abirrt und die in ein Verfahren verwickelten Personen unnötig bloßstellt.[53]

Anders als die Gesetzgebung und Rechtsprechung war die dritte Staatsfunktion der *Verwaltung* von Verfassungs wegen bis vor kurzem keinen ausdrücklichen Publizitätspflichten unterworfen, wenn man von der traditionellen Pflicht zur Veröffentlichung von Rechnungshofberichten (Art 126d B-VG) absieht, durch die Mißstände bei der Verwaltung öffentlicher Gelder für die Allgemeinheit sichtbar gemacht werden.[54] Wollten die Massenmedien über interne Angelegenheiten der Verwaltung berichten, waren sie daher auf die Auskunftsbereitschaft der Verwaltungsbehörden angewiesen, die im Grundsatz der Amtsverschwiegenheit eine rechtliche und in den (über das rechtlich Gebotene oft hinausgehenden) Geheimhaltungspraktiken der Bürokratie eine tatsächliche Grenze findet. Selbst wenn man aus dem verfassungsrechtlichen Demokratieprinzip und der allgemeinen Öffentlichkeitspflicht des demokratischen Staates einen Informationsanspruch der Massenmedien herleiten wollte, blieb ein solcher Anspruch ohne nähere Regelungen über seinen Inhalt und seine Grenzen eher theoretisch.[55]

---

53 Dazu und zu den durch das Strafrechtsänderungsgesetz 1987 erweiterten Ausschlußtatbeständen noch näher unten S 258ff.

54 Zur Öffentlichkeit der Finanzkontrolle und den damit zusammenhängenden Fragen (Geheimhaltungspflichten, Vorveröffentlichung von „Rohberichten" in Massenmedien) vgl BERKA, Rechnungshofkontrolle im Spannungsfeld von Öffentlichkeit und Geheimnisschutz, in: KORINEK (Hrsg), Die Kontrolle wirtschaftlicher Unternehmungen durch den Rechnungshof (1986) 419.

55 Vgl MORSCHER, Öffentlichkeit und Verwaltung, ZÖR 31 (1980) 39; BERKA, Kriminalberichterstattung zwischen Medienfreiheit und Medienverantwortung, Verhandlungen des 9. ÖJT (1985), wo (S 17ff) eine Verpflichtung der staatlichen Behörden zur sachgerechten Information der Öffentlichkeit zumindest für jene Bereiche bejaht wird, in denen der Staat ein Informationsmonopol hat.

Durch die B-VG-Novelle 1987 (BGBl 285) wurde nunmehr aber auch die Verwaltung auf allen Ebenen von Verfassungs wegen zur Erteilung von Informationen rechtlich verpflichtet. Nach Art 20 Abs 4 B-VG haben alle Organe der Verwaltung über die Angelegenheiten ihres Wirkungsbereiches Auskünfte zu erteilen, soweit dem eine gesetzliche Verschwiegenheitspflicht nicht entgegensteht.[56] Die näheren Regelungen über diesen allgemeinen Auskunftsanspruch sind für den Bereich der Bundesverwaltung in einem AuskunftspflichtG des Bundes getroffen worden. Die Länder haben die Einzelheiten der Auskunftserteilung durch Organe der Länder und Gemeinden auf der Grundlage eines Grundsatzgesetzes des Bundes durch Landesgesetz zu regeln.[57] Nach diesen Durchführungsbestimmungen hat jedermann, also nicht etwa nur Vertreter der Massenmedien, ein Recht auf die Erteilung von Auskünften über die Angelegenheiten, die in den Wirkungsbereich einer Verwaltungsbehörde fallen. Auskunftsbegehren können mündlich, telefonisch, schriftlich oder fernschriftlich angebracht werden; die begehrten Auskünfte müssen „ohne unnötigen Aufschub“, spätestens aber innerhalb von acht Wochen erteilt werden.[58]

Die Pflicht zur Erteilung von Auskünften ist allerdings dem Umfang nach und inhaltlich eingeschränkt. Zum einen ist die Verwaltung nur verpflichtet, Auskünfte in einem solchen Umfang zu erteilen, der die Besorgung der übrigen Aufgaben der Verwaltung nicht „wesentlich“ beeinträchtigt. Umfangreiche Nachforschungen verursachende Auskünfte können daher unter Hinweis auf die Arbeitsbelastung der Behörde abgewiesen oder, wenn dies in Betracht kommt, in eingeschränktem Umfang erteilt werden. Offenbar mutwilligen Auskunftsbegehren braucht überhaupt nicht entsprochen werden. Sachliche Grenzen der Auskunftserteilung sind der begehrten Auskunft entgegenstehende gesetzliche Verschwiegenheitspflichten, wie zB die Pflicht zur Wahrung des Steuergeheimnisses oder des Ärztegeheimnisses und vor allem auch die allgemeine Pflicht der Behörden zur Wahrung des Amtsgeheimnisses. Da sich

---

56 Vorbild dieser verfassungsrechtlichen Regelung war der in § 3 Z 5 des BundesministerienG enthaltene einfach-gesetzliche Auskunftsanspruch. Nach der Rechtsprechung (VwSlg 9151 A/1976) gab diese Regelung jedermann ein subjektives Recht auf die Erteilung von Auskünften über die Angelegenheiten des jeweiligen Ressorts; er galt allerdings anders als die nunmehrige Regelung nur für den Bereich der Bundesministerien.

57 AuskunftspflichtG BGBl 1987/287 und Auskunftspflicht-GrundsatzG BGBl 1987/286; die AusführungsG der Länder sind bis zum 1. 7. 1988 zu erlassen gewesen.

58 Kann aus besonderen Gründen diese Frist nicht eingehalten werden, ist der Auskunftswerber zu verständigen; für den Landesbereich kann eine andere Frist festgelegt werden.

die Verwaltung mitunter hinter übertriebenen Vorstellungen von der Amtsverschwiegenheit verschanzt, wurde mit der Einführung der allgemeinen Auskunftspflicht auch die verfassungsrechtliche Bestimmung über die Amtsverschwiegenheit (Art 20 Abs 3 B-VG) schärfer gefaßt. Danach sind die Verwaltungsorgane nur mehr soweit zur Verschwiegenheit verpflichtet, als ihnen

— bestimmte Tatsachen ausschließlich aus ihrer amtlichen Tätigkeit bekannt geworden sind *und*
— ihre Geheimhaltung im Interesse der Aufrechterhaltung der öffentlichen Ruhe, Ordnung und Sicherheit, der umfassenden Landesverteidigung, der auswärtigen Beziehungen, im wirtschaftlichen Interesse einer Körperschaft des öffentlichen Rechts, zur Vorbereitung einer Entscheidung oder im überwiegenden Interesse der Parteien geboten ist.[59]

Über eine allfällige Verweigerung einer Auskunft ist bescheidmäßig abzusprechen, womit die Möglichkeit geschaffen wurde, die Verweigerung im Instanzenzug und letztlich durch Beschwerde an den VwGH oder VfGH zu bekämpfen.

Der neu geschaffene Auskunftsanspruch unterstreicht die Öffentlichkeitspflicht der Verwaltung, die bei der starken Betonung der Pflicht zur Verschwiegenheit bislang allzuleicht in Vergessenheit geriet. Er soll freilich in erster Linie den Zugang des einzelnen Bürgers zur Verwaltung verbessern. Auf die besonderen Erfordernisse der journalistischen Arbeit und die gesteigerten Informationsbedürfnisse der Massenmedien ist er nicht zugeschnitten, nicht zuletzt weil seine Durchsetzung dort, wo sich die Verwaltung nicht freiwillig zur Informationsweitergabe entschließt, mühsam und langwierig wäre.

Freilich ist die Verwaltung in einem modernen Staat in vielen Fällen auf die Mitwirkung der Öffentlichkeit angewiesen und wird schon aus diesem Grunde und auch ohne rechtliche Verpflichtung um gute Kontakte zu den Massenmedien bemüht sein. Diese amtliche *Öffentlichkeitsarbeit* wird auf den verschiedenen Ebenen der Verwaltung durch Pressestellen oder Pressereferate besorgt, wobei im Vordergrund die Information der Allgemeinheit über bestimmte Sachprobleme, die einheitliche Selbstdarstellung der Verwaltungsbehörden mit ihren Leistungen und Verdiensten und die Zusammenarbeit mit den Me-

59 Nach dem Wortlaut des Art 20 Abs 3 B-VG wirkt die Amtsverschwiegenheit absolut, wenn die Geheimhaltung wegen eines der näher bezeichneten öffentlichen Interessen geboten ist; geht es um private Geheimhaltungsinteressen („Interesse der Parteien“), wird auf eine Interessenabwägung verwiesen, so daß auch berechtigte Interessen etwa der Allgemeinheit an einer Offenbarung in die Entscheidung mit einzubeziehen sind.

dien bei bestimmten Angelegenheiten (zB Fahndung) stehen. Die Arbeit der amtlichen Pressestellen wird durch interne Weisungen organisiert, die vor allem die innerbehördliche Zuständigkeit für die Erteilung von Auskünften regeln und die Schranken bestimmen, die einer Auskunftserteilung etwa bei schwebenden Verfahren oder aus Gründen des Persönlichkeitsschutzes entgegenstehen.[60] In der journalistischen Praxis spielen allerdings informelle Informationsbeziehungen oft eine sehr viel größere Rolle. Dazu gehören vor allem die Kontakte zu den im allgemeinen „medienfreundlich" agierenden politischen Spitzen der Verwaltung und die Verwertung von Indiskretionen, durch die geheimhaltungsbedürftige Angelegenheiten oder Fehlleistungen der Verwaltung aufgedeckt werden können, welche eine amtliche Öffentlichkeitsarbeit verschweigen möchte oder muß.[61]

4. *Die staatliche Presseförderung*

Die Pressefreiheit verpflichtet den Staat, Eingriffe in die Unabhängigkeit der Zeitungen und Zeitschriften zu unterlassen. Eine Art „Bestandsgarantie" für das Pressewesen in seiner gegenwärtigen Gestalt kann der Verfassungsgarantie nicht entnommen werden. Mit der Gewährleistung von Pressefreiheit verbindet allerdings die Verfassung die Erwartung, daß eine durch publizistische Vielfalt und Unabhängigkeit gekennzeichnete Presse besteht, die dem Bürger Auswahlfreiheit und ein breites Spektrum gesellschaftlicher Standpunkte und journalistischer Leistungen bietet. Wenn sich wegen der vor allem durch die Kostenentwicklung ausgelösten Konzentration im Pressewesen diese Erwartung nur mehr beschränkt erfüllt und die Gefahr regionaler Meinungsmonopole droht, kann es daher gerechtfertigt sein, wenn der Staat der Presse finanzielle Hilfestellungen gibt.

Staatliche *Presseförderung* kommt allerdings einer gefährlichen Gratwanderung gleich, weil sie nicht zu einer mit der garantierten Staatsfreiheit unvereinbaren Gängelung führen darf, weil sie die auf Zuschüsse angewiesenen Unternehmen in finan-

---

60 Vgl zB den Erlaß des Bundesministeriums für Justiz vom 14. 3. 1984 betreffend die Zusammenarbeit mit den Medien, Einrichtung von Justizpressestellen (JMZ 4514/1 – Pr 2/84); den Erlaß des Bundesministeriums für Inneres vom 10.8.1988 (Zl19.658/7-GD/88) über Medienarbeit der Sicherheitsexekutive; OBERNDORFER, Verwaltung und Umwelt, in: WENGER–BRÜNNER–OBERNDORFER (Hrsg), Grundriß der Verwaltungslehre (1983) 405 (425ff).

61 Zum Redaktionsgeheimnis, das diese vertraulichen Informationsbeziehungen zwischen einem Informanten und den Massenmedien wirksam abschirmt, vgl unten S 179ff.

zielle Abhängigkeit führen kann und weil sie unter Umständen auch Zeitungen künstlich am Leben erhält, für die am Markt kein Platz mehr ist. Aus diesen Gründen sind Förderungsmaßnahmen nicht nur auf sachlich überzeugende Förderungskriterien, sondern auch auf Transparenz und demokratische Legitimation angewiesen. Diesem Postulat entspricht die Praxis der auf verschiedenen Ebenen und mit den unterschiedlichsten Mitteln praktizierten Presseförderung in Österreich nur teilweise.

Das zentrale Instrument der direkten staatlichen Presseförderung ist die durch das *Bundesgesetz über die Förderung der Presse* 1975 eingeführte Subventionierung der Tages- und Wochenzeitungen durch den Bund.[62] Unmittelbarer Anlaß war die schwierige wirtschaftliche Situation der österreichischen Presse Ende der 60er Jahre, die die Einstellung einer ganzen Reihe von Tages- und Wochenzeitungen zur Folge hatte. Ursprünglich als eine Abgeltung der Umsatzsteuerbelastung konzipiert und mit bis zu 125 Mill Schilling jährlich dotiert, betrug die Höhe der nach den Kürzungen in den letzten Jahren im Budget zur Verfügung gestellten Mittel zuletzt nur mehr rund 65 Mill Schilling (Stand Finanzjahr 1988). Seit einer Novellierung des Gesetzes im Jahre 1984 teilt sich dieser Betrag auf eine allgemeine Förderung und eine „besondere Förderung zur Erhaltung der Medienvielfalt" auf.

Die *allgemeine Förderung* steht grundsätzlich allen österreichischen Tages- und Wochenzeitungen zu, die zumindest in einem Bundesland eine über den lokalen Bereich hinausgehende Bedeutung haben. Von der Förderung ausgeschlossen sind reine Fachzeitschriften, ferner Kundenzeitschriften, Presseorgane von Interessenvertretungen und Gratiszeitungen. Die Aufteilung der jährlich verfügbaren Mittel erfolgt nach einem gemischten Schlüssel, der hauptsächlich den im Vertrieb erzielten Umsatz und (mit geringeren Anteilen) die Kosten für die Postbeförderung und die Aufwendungen für Telegraphen- und Fernschreibgebühren berücksichtigt. Der Schlüssel begünstigt die umsatzstärkeren Zeitungen, wobei allerdings die Obergrenze für den pro Zeitung ausgeschütteten Förderungsbetrag (bei Tageszeitungen 5% der Gesamtsumme) ausgleichend wirkt. Dabei er-

---

62 Das Gesetz wurde seit seiner Erlassung mehrfach novelliert und gilt nunmehr in der unter dem Titel „Presseförderungsgesetz 1985" wiederverlautbarten Fassung BGBl 1985/228; vgl zur Presseförderung in Österreich DÜNSER, Demokratie und Medienvielfalt, Medienpolitik in Österreich am Beispiel staatlicher Presseförderung (1979).

hielten zuletzt (1988), von einer Zeitung abgesehen, *alle* Tageszeitungen den Höchstbetrag von ca. 1,9 Mill Schilling.[63]

Während bei den Tageszeitungen alle in Österreich bestehenden Blätter in den Genuß der Bundesförderung gelangen, wird bei den Wochenzeitungen stärker selektiert und weisen auch die zur Verfügung gestellten Beiträge eine größere Bandbreite auf. Wenn ein Verleger mehrere Zeitungen verlegt, sind Kürzungen vorgesehen. Kopfblätter und Mutationen werden bei der allgemeinen Presseförderung nicht gesondert gefördert.

Die *„besondere Förderung zur Erhaltung der Medienvielfalt"* wurde 1984 mit dem deklarierten Ziel eingeführt, Tageszeitungen, die von besonderer Bedeutung für die politische Meinungs- und Willensbildung sind, die jedoch keine marktbeherrschende Stellung in ihrem Verbreitungsgebiet haben, eine zusätzliche Förderung zukommen zu lassen. Praktisch begünstigt diese Förderungsform die wirtschaftlich notleidenden Parteizeitungen, die ohne Anrechnung auf die allgemeine Förderung noch eine weitere Subvention erhalten, die sich aus einem Grundbetrag und einem von der Auflage und der Seitenzahl abhängigen Zusatzbetrag zusammensetzt. Dabei werden auch die Kopfblätter mit einem teilweise regional gestalteten redaktionellen Teil eigenständig gefördert. 1988 betrug die besondere Förderung 20 Mill Schilling. Die jährliche Zuteilung der Mittel aus der allgemeinen und besonderen Bundespresseförderung erfolgt durch Beschluß der Bundesregierung; sie hat bei der besonderen Förderung jedenfalls ein Gutachten einer vom Bundeskanzler, dem Herausgeberverband und der Journalistengewerkschaft beschickten Kommission einzuholen, die bei der allgemeinen Förderung nur dann zu befassen ist, wenn die Regierung einem Ansuchen nicht oder nicht voll zu entsprechen beabsichtigt. Ein Teil der jährlich unter dem Titel der Presseförderung bereitstehenden Mittel wird für die Journalistenausbildung durch die von den Sozialpartnern, den Publizistikinstituten und den politischen Parteien getragenen Ausbildungsstellen (bis zu 4,3% der Mittel) und für die Förderung von Presseclubs (bis zu 1,6% der Mittel) ausgeschüttet.

Im Zusammenhang mit den aktuellen Veränderungen am österreichischen Zeitungsmarkt, und hier wiederum vor allem im Hinblick auf die deutschen Kapitalbeteiligungen bei Kurier

63 Auch in den zurückliegenden Jahren waren der Mehrzahl der Tageszeitungen Förderungsmittel in der Höhe des jeweiligen Höchstbetrages zugeflossen; vgl die Aufstellungen im Medienbericht II, 100; Medienbericht III, 61.

und Kronen-Zeitung, wurde für 1989 eine „radikale“ Änderung der Förderungsrichtlinien ins Auge gefaßt. In erster Linie sollen Zeitungen, die zu mehr als 25% in ausländischem Besitz sind, von der Förderung ausgeschlossen werden – womit man freilich auch in Kauf nehmen würde, daß Zeitungsneugründungen, die heute oft nur mehr mit ausländischer Kapitalbeteiligung möglich sind, getroffen würden. Ob es im übrigen gelingen wird, sich in Abkehr vom bisherigen „Gießkannenprinzip“, das die ohnedies lebensfähigen auflagenstarken Zeitungen begünstigt, auf sinnvolle Kriterien für die Aufteilung der verfügbaren Mittel zu einigen, ist im Augenblick noch offen. Zu erwarten ist jedenfalls, daß die Mittel gegenüber den letzten Jahren wieder insgesamt erhöht werden.

Neben der Förderung nach dem Presseförderungsgesetz gibt es noch weitere Förderungsinstrumente. In Österreich verlegte *Zeitschriften* mit politischer, kultureller oder weltanschaulicher Schwerpunktsetzung werden nach dem Gesetz über die Förderung politischer Bildungsarbeit und Publizistik ebenfalls aus Bundesmitteln gefördert (*„Publizistikförderung“*).[64] Dafür stehen nach Kürzungen in den letzten Jahren nunmehr rund 3 Mill Schilling jährlich zur Verfügung. Die Höhe der Förderung wird im Einzelfall unter Bedachtnahme auf das Gutachten eines Beirates sowie unter Berücksichtigung des Umfangs, der Auflage, der Ausstattung und der wirtschaftlichen Lage der antragstellenden Zeitschrift festgelegt; sie darf 4% der hierfür festgesetzten Mittel im Jahr nicht übersteigen. Für viele Zeitschriften sind diese Zuschüsse zu einer wichtigen, mitunter existenzerhaltenden Einnahmequelle geworden.[65]

Neben dem Bund fördern auch die meisten Bundesländer und einige Landeshauptstädte die Presse durch namhafte direkte Zuwendungen, ohne daß die Förderungsrichtlinien gesetzlich verankert sind. Die früher vorgesehene Anrechnung dieser Landesförderung auf die vom Bund gewährten Beträge wurde 1978 gestrichen.[66]

---

64 In diesem Bundesgesetz ist die staatliche Förderung der Bildungsarbeit der politischen Parteien, also ein Teilbereich der Parteienfinanzierung, mit der Publizistikförderung zusammengefaßt; das 1972 erstmals erlassene Gesetz wurde mehrfach novelliert und gilt nunmehr in der unter dem Titel „Bundesgesetz über die Förderung politischer Bildungsarbeit und Publizistik 1984“ wiederverlautbarten Fassung BGBl 1984/369, zuletzt geändert BGBl 1985/562.

65 Vgl Medienbericht III, 64.

66 Vgl die Übersicht über die Presseförderung der Länder im Medienbericht II, 109ff und im Medienbericht III, 63f.

Der Bund und die übrigen Gebietskörperschaften wenden ferner größere Beträge für die *Einschaltung von Inseraten* und für *Druckkostenzuschüsse* auf. Zumindest teilweise handelt es sich dabei um eine Form der indirekten Presseförderung, die notleidenden oder nach politischen Gesichtspunkten förderungswürdig erscheinenden Zeitungen und Zeitschriften zufließt. Ebenfalls auf eine indirekte staatliche Förderung von großer wirtschaftlicher Bedeutung läuft schließlich der begünstigte Tarif beim Postzeitungsversand hinaus.[67]

In der Summe bringen die Gebietskörperschaften und staatsnahe Einrichtungen daher erhebliche Finanzmittel für die direkte und indirekte Förderung von Zeitungen und Zeitschriften auf. Sie leisten damit einen Beitrag zur Medienvielfalt, von dem vor allem die zum Teil stark defizitären Parteizeitungen profitieren, denen die staatliche Förderung das Überleben erleichtert, wenn nicht sogar erst ermöglicht. Davon abgesehen werden die konzentrationshemmenden Impulse eher gering veranschlagt, weil die Praxis der Presseförderung an den strukturellen Wettbewerbsnachteilen der kleineren Zeitungen wenig ändert und sie mit ihrer Ausrichtung am Umsatz die ohnedies lebensfähigen „Großen" begünstigt. Im Ergebnis hat sie daher bestenfalls eine „Konservierung der Medienlandschaft"[68] bewirkt. Anreize für kostensenkende Investitionen oder für sonstige der Monopolisierung entgegenwirkende Strukturmaßnahmen gehen von ihr nicht aus. Daß die in Aussicht gestellte Reform der Bundespresseförderung daran etwas Grundsätzliches wird ändern können, ist wenig wahrscheinlich.

Die Einbeziehung der Standesvertretungen der Journalisten und Verleger in die Förderungsgremien und die zumindest für den Bereich der Bundespresseförderung gesetzlich offengelegten Richtlinien haben aber immerhin zu einer weitgehend komplikationsfreien Abwicklung der Förderungsmaßnahmen geführt und das Fehlen förmlich durchsetzbarer Rechtsansprüche und rechtlicher Kontrollmöglichkeiten weniger spürbar gemacht. Dagegen ist bei der im gesetzesfreien Raum angesiedelten Landesförderung und vor allem bei der kaum faßbaren Förderung durch Inseratenaufträge die Besorgnis nicht ganz von der Hand zu weisen, daß die Förderung in Einzelfällen auch nach Kriterien erfolgt, die mit der Unabhängigkeit des Zeitungswesens nicht immer vereinbar sind.

---

67 Vgl dazu unten S 135f.
68 So DÜNSER, aaO 293.

IV. KAPITEL

Grundlagen des Medienrechts

Die Verfassung garantiert eine umfassende Medienfreiheit. Auf der Ebene der einfachen Rechtsordnung hat sich die Vielfalt der modernen Mittel der Massenkommunikation einer geschlossenen rechtlichen Regelung entzogen. Es gibt kein dem traditionellen Presserecht vergleichbares eigenständiges und einheitliches Medienrecht. Auch das *MedienG* wendet sich, ungeachtet seines umfassenden Titels, nur Teilbereichen zu, wobei die Ordnungsvorschriften für Printmedien und die besonderen straf- und zivilrechtlichen Bestimmungen für Medieninhaltsdelikte neben dem Recht der Entgegnung die Schwerpunkte dieses Gesetzes bilden. Das *Recht des Rundfunks* ist in organisatorischer und inhaltlich-kultureller Hinsicht in einem besonderen Rundfunkgesetz (RFG) enthalten, während sich die Bestimmungen über die technische Abwicklung von Rundfunksendungen im Fernmelderecht finden. Das *Filmrecht* ist über Bundes- und Landesgesetze verstreut, die Rechtsstellung der übrigen *elektronischen Massenmedien* erst in Ansätzen einer Regelung zugeführt.

Diese Zersplitterung der Rechtsquellen hängt nicht zuletzt mit der bundesstaatlichen Kompetenzordnung zusammen, da die Verfassung keinen geschlossenen Kompetenztatbestand „Medienrecht" kennt. Vor der Darstellung der einzelnen Rechtsvorschriften ist in diesem Kapitel daher die für einen *Bundesstaat* wesentliche Verteilung der Zuständigkeiten zwischen Bund und Ländern zu behandeln. Außerdem werden im folgenden die wichtigsten medienrechtlichen Grundbegriffe erläutert, die vor allem in den jüngeren Gesetzgebungsakten eine verwirrende Vielfalt angenommen haben.

1. Die Bundes- und Landeskompetenzen auf dem Gebiet des Medienrechts

Der Kompetenzbereich „Pressewesen"

Nach dem System der bundesstaatlichen Kompetenzverteilung (Art 10–15 B-VG) ist der Bund zur Gesetzgebung und Vollziehung zuständig, soweit ihm eine bestimmte Angelegenheit ausdrücklich durch die Verfassung zugewiesen ist; fehlt eine ausdrückliche Kompetenzzuweisung, ist es Sache der Länder, die entsprechenden Gesetze zu erlassen und zu vollziehen. Im Bereich der Massenmedien liegt das Schwergewicht der staatlichen Zuständigkeiten beim Zentralstaat. Wichtigster Ansatzpunkt für diese starke Stellung des Bundes ist die Zuweisung der Kompetenzen für die Erlassung der Gesetze und ihre Vollziehung im Bereich des *„Pressewesens"* (Art 10 Abs 1 Z 6 B-VG). Bei der näheren Abgrenzung der diesem Tatbestand zugeordneten Angelegenheiten stützt sich die maßgebliche Rechtsprechung des VfGH auf die sogenannte „Versteinerungstheorie" und ordnet dementsprechend dem Pressewesen alle jene Materien zu, die nach dem Stand der Rechtsordnung zum Zeitpunkt des Inkrafttretens dieser Kompetenzbestimmung – das war der 1. Oktober 1925 – unter diesen Begriff gefallen sind.

Die nähere Reichweite der *Bundeszuständigkeit für das Pressewesen* ist daher im wesentlichen aus dem Inhalt des PresseG 1922 abzuleiten.[1] Zentraler kompetenzrechtlicher Anknüpfungspunkt ist der Begriff des Druckwerks, den das PresseG sehr weit gefaßt und auf alle durch Massenvervielfältigungsverfahren hergestellte und zur Verbreitung bestimmte Träger von Informationen erstreckt hat. Unter Berücksichtigung der Möglichkeit einer systematischen Fortentwicklung durch die neuere Gesetzgebung sind das praktisch alle „Medienwerke" im Sinne der Begriffsbestimmung des MedienG. Der Bund ist daher unter dem Titel Pressewesen zuständig, die bei der Herstellung und dem Vertrieb von Zeitungen, Zeitschriften und Büchern, aber auch bei sonstigen Bild- und Tonträgern (Film, Video- und Tonbänder) zu beachtenden Ordnungsvorschriften zu erlassen. Nach der Rechtsprechung fallen ferner die Vorschriften über administrative Verbreitungsbeschränkungen aus inhaltlichen Gründen, wie sie zum Schutz der Jugend vor Gewalt und Pornographie in den §§ 10–14 PornG enthalten sind, unter den Tatbestand des Pressewesens, so daß insoweit die Zuständigkeit der Länder für Maßnahmen des Jugendschutzes verdrängt wird.[2]

Nicht gehindert sind die Länder, in Anknüpfung an Materien ihres eigenen Regelungsbereiches und nach den daraus entspringenden Gesichtspunkten auch Angelegenheiten von Druckwerken mitzuregeln und etwa den Vertrieb von Werbeschriften bei bestimmten Veranstaltungen oder das Anbringen von Plakaten

---

1 Zu diesem Gesetz vgl oben S 56f.
2 VfSlg 2282/52 unter der freilich problematischen Prämisse eines Vorranges des Art 10 B-VG vor entgegenstehenden Zuständigkeiten der Länder.

in geschützten Ortsteilen administrativen Beschränkungen zu unterwerfen.[3]

Die Kompetenzen im Bereich des Filmwesens

Eine selbständige medienrechtliche Kompetenz hat die Verfassung den Ländern im Bereich des *Filmwesens* zuerkannt. Filmkopien oder Videobänder sind zwar körperliche Informationsträger und als solche Gegenstand der Bundeskompetenz für das Pressewesen, so daß der Bundesgesetzgeber beispielsweise anordnen konnte, daß Videobänder der Impressumspflicht unterliegen.[4] Unter kompetenzrechtlichen Gesichtspunkten davon zu unterscheiden ist aber die Projektion eines Films, durch die sein Inhalt vor einem größeren Publikum verbreitet wird. Regelungen über öffentliche Filmvorführungen oder die öffentliche Projektion von Fernsehsendungen können nicht mehr auf den presserechtlichen Kompetenztatbestand gestützt werden und fallen daher ebenso wie die Bestimmungen über die sachlichen und persönlichen Voraussetzungen zum Betrieb von Lichtspieltheatern gemäß Art 15 B-VG in den Verantwortungsbereich der Länder.[5]

Die Kompetenzen im Bereich des Rundfunks

Für das Rundfunkwesen fehlte ursprünglich ein ausdrücklicher Kompetenztatbestand. Dem Bund zur Gesetzgebung und Vollziehung zugewiesen ist das *Fernmeldewesen* (Art 10 Abs 1 Z 9 B-VG),[6] in dessen Zentrum die Regelung der technischen Seite der Informationsübertragung mittels elektrischer Wellen steht. Trotzdem blieb für eine auf die Generalklausel des Art 15 B-VG gestützte Zuständigkeit der Länder in den Bereichen der Rundfunkorganisation und der Programmhoheit und damit für eine eigenständige rundfunkpolitische Gestaltungsmacht der Gliedstaaten kein Raum. Der VfGH stellte sich 1954 in einem Kompetenzfeststellungserkenntnis auf den Standpunkt, daß dem fernmelderechtlichen Tatbestand eine *umfassende* Rundfunkzuständigkeit des Bundes entnommen werden könne. Er begründete diese Auffassung damit, daß bereits bei der Schaffung des

---

3 Vgl VfSlg 4927/65, 5573/67.
4 Vgl unten S 118f.
5 VfSlg 2527/53.
6 Bis zur B-VG-Novelle 1974 BGBl 444 bei gleichem Begriffsinhalt als „Telegraphen- und Fernsprechwesen" umschrieben.

Telegraphengesetzes 1924 das Rundfunkwesen in seiner Gesamtheit einen integrierten Bestandteil dieser Materie gebildet habe.[7] Nach dem Rechtssatz BGBl 1954/257 ist das Rundfunkwesen daher „zur Gänze, somit in organisatorischer, technischer und kultureller Beziehung gemäß Art 10 Abs 1 Z 9 B-VG in Gesetzgebung und Vollziehung Bundessache". Die einschlägigen Kompetenzen der Länder beschränken sich auf Randbereiche ohne größere praktische Bedeutung, wie zB die dem Veranstaltungswesen zugeordneten Zuständigkeiten bei der öffentlichen Aufführung von Rundfunksendungen.[8]

Das Rundfunkkompetenzerkenntnis entzog den bescheidenen Ansätzen zu einer *bundesstaatlichen Rundfunkorganisation,* die es in der Nachkriegszeit gab, die Grundlagen. Es beschränkte den rundfunkpolitischen Einfluß der Länder auf den Bereich, den ursprünglich der Gesellschaftsvertrag des Rundfunks und später die Rundfunkgesetze des Bundes eröffneten. Nur innerhalb einer grundsätzlich zentralistischen Organisation konnten daher die Rundfunkgesetze der Jahre 1966 und 1974 durch die programmatische Hervorhebung der Länderinteressen, durch eine entsprechende Gestaltung der Programmstruktur (Regionalprogramme) und der Studiobereiche (Landesstudios mit selbständigen Landesintendanten) föderalistischen Impulsen einen gewissen Raum geben.

Abgesehen von der Unterschätzung der eigenständigen medien- und kulturpolitischen Tragweite der Programmhoheit waren in dem erwähnten Erkenntnis des VfGH die zentralstaatlich geprägte Tradition und die nicht zu vernachlässigenden technischen und organisatorischen Bedingungen zum Tragen gekommen, die die Veranstaltung von Rundfunk in Österreich bestimmen. Erst die neuen Technologien und die Beseitigung der Mangelsituation im Frequenzbereich durch die Kabeltechnik haben erneut vor die Frage nach einer dem föderalistischen Prinzip gerecht werdenden Rundfunkstruktur gestellt. Das BVG-Rundfunk hat in diesem Zusammenhang zwar die umfassende Bundeszuständigkeit bestätigt und den Ländern auch weiterhin verfassungsrechtlich gesicherte Mitwirkungsrechte verwehrt.[9] Es hat aber nicht ausgeschlossen, daß die Länder Organisationsformen für einen Rundfunk auf Länderebene durch Gesetz oder Ländervertrag schaffen, *wenn* der zuständige Bundesgesetzgeber

---

7 VfSlg 2721/54; zu diesem Erkenntnis und seiner Begründung ausführlich und kritisch WITTMANN, Rundfunkfreiheit 54ff.

8 Grundsätzlich vergleichbar ist die Kompetenzlage bei dem hier nicht näher zu behandelnden Bildschirmtext, der zwar nicht Rundfunk ist, aber auch in der Hauptsache unter den Kompetenztatbestand Fernmeldewesen fällt; vgl dazu im einzelnen DITTRICH–MATZKA–WITTMANN, Rechtsprobleme des Bildschirmtextbetriebes in Österreich (1984) 11ff.

9 VfSlg 7593/75; nach dem Erkenntnis kann auch aus der Erklärung von Rundfunk zur öffentlichen Aufgabe „kein Anspruch (der Länder) auf Einräumung einer besonderen Stellung bei der Regelung des Rundfunkwesens durch den Bundesgesetzgeber abgeleitet werden".

weitere Rundfunkveranstalter neben dem ORF zuläßt.[10] Nicht zu verkennen ist, daß aber auch in diesem Fall der Schwerpunkt der rundfunkpolitischen Entscheidungsbefugnisse und der Organisationsverantwortung beim Bundesgesetzgeber verbleiben würde, dem die Verfassung die Verantwortung für eine dem BVG-Rundfunk gerecht werdende Organisation und für die Gewährleistung der Programmaufträge zuweist.

Sonstige Kompetenzbereiche

Die an den Medientypus anknüpfenden Kompetenzen für die Presse, den Rundfunk und den Film werden in wesentlichen Bereichen überlagert durch die Bundeszuständigkeiten für das *Zivilrechtswesen* und das *Strafrechtswesen* (Art 10 Abs 1 Z 6 B-VG). Die Aufstellung von mit gerichtlicher Strafe bedrohten Straftatbeständen und die Erlassung von zivilrechtlichen Regelungen ist daher *immer* – auch wenn es sich um öffentliche Filmvorführungen handelt – Sache des Bundesgesetzgebers, ebenso wie die Erlassung der zivil- und strafprozessualen Verfahrensvorschriften. Die Vollziehung dieser Vorschriften obliegt Bundesbehörden, in erster Linie den ordentlichen Gerichten. Die gleiche Kompetenzlage ergibt sich auch für die Gestaltung der Rechtsbeziehungen zwischen Medienunternehmern und Journalisten, die unter dem Titel des *Arbeitsrechts* (Art 10 Abs 1 Z 11 B-VG) dem Bund zugeordnet ist; auch das *Urheberrecht* ist durch ausdrückliche Aufnahme in den Katalog der Bundeszuständigkeiten dem Zentralstaat zugewiesen (Art 10 Abs 1 Z 6 B-VG).

2. *Medienrechtliche Grundbegriffe*

Um den unterschiedlichen Anwendungsbereich der einzelnen Regelungen des MedienG einigermaßen deutlich abzugrenzen, hat der Gesetzgeber diesem Gesetz ein System medienrechtlicher Grundbegriffe vorangestellt (§ 1 MedienG). Hinsichtlich des Rundfunks ist die einschlägige Rundfunkdefinition des BVG-Rundfunk heranzuziehen, die auch für die Abgrenzung der Reichweite des Rundfunkvorbehalts bedeutsam ist. Die Durchdringung der äußerst differenziert angelegten Terminologie ist

---

10 Vgl OBERNDORFER, Föderalismus und Medienpolitik, in: Eckert-FS (1976) 449 (458); FUNK, Öffentlich-rechtliche Fragen des Kabelfernsehens in Österreich – Überlegungen zur geltenden und künftig zu gestaltenden Rechtslage, in: POPPER–WOLNY (Hrsg), Beiträge zum Medienrecht (1978) 1 (33).

nicht ganz einfach, weil sich der Gesetzgeber bewußt von der traditionellen presserechtlichen Begrifflichkeit („Zeitung", „Zeitschrift") gelöst hat, um auch den neuartigen Kommunikationstechnologien Rechnung zu tragen.

Medium – Medienwerk – Rundfunk

Grundtatbestand des gesetzlichen Begriffsystems ist der Begriff des *„Mediums"*, der zugleich den sachlichen Anwendungsbereich des MedienG insgesamt umschreibt. Nach § 1 Abs 1 Z 1 MedienG ist darunter „jedes Mittel zur Verbreitung von Mitteilungen oder Darbietungen mit gedanklichem Inhalt in Wort, Schrift, Ton oder Bild an einen größeren Personenkreis im Wege der Massenherstellung oder der Massenverbreitung" zu verstehen. Erfaßt werden durch diese Definition alle Formen der Massenkommunikation, unabhängig von der eingesetzten Technologie, welche bei den körperlichen Medien (Printmedien, audiovisuelle Informationsträger) in der Massen*herstellung* und bei den „körperlosen" Medien (Rundfunk, Teletext, Bildschirmtext) in der Massen*verbreitung* besteht. Anders als beim bisherigen Begriff des „Druckwerks" gemäß § 2 PresseG 1922, aber in weitgehender Übereinstimmung mit der Auslegung dieses Begriffes, wird ein gewisser geistiger Informationsgehalt („gedanklicher Inhalt") vorausgesetzt, so daß nicht jeder massenhaft hergestellte oder verbreitete Informationsträger, sondern nur ein zweckgerichtetes, kommunikativ bedeutsames menschliches Informationsverhalten erfaßt wird. Auf die gedankliche Höhe der Mitteilung oder Darbietung kommt es aber nicht an; auch Alltagsäußerungen (zB Glückwunschkarten), schlichte Sachinformationen (zB der Preis einer Ware), Bildinformationen (zB Ansichtskarten) werden „medial" verbreitet, wenn dies an einen größeren Personenkreis geschieht.

Abgrenzungsbedürftig ist der Begriff des Mediums vor allem gegenüber der Individualkommunikation. Das Gesetz stellt in erster Linie auf die *„Verbreitung an einen größeren Personenkreis"* ab. Dieser Rechtsbegriff stammt aus dem PresseG 1922, in welchem er jede Verbreitung an eine nicht unerhebliche Mehrheit von Personen erfaßte, auch wenn diese einen individuell begrenzten Kreis bildeten. Anders als beim Rundfunk, der durch die Verbreitung eines gedanklichen Inhalts an eine Allgemeinheit gekennzeichnet ist, kann der Tatbestand des Mediums daher auch schon durch eine Kommunikation mit einer abgrenzbaren, durch gemeinsame persönliche Merkmale (zB Vereins- oder Betriebszugehörigkeit) verbundenen Gruppe erfüllt sein, wenn dieser Personenkreis von einer ins Gewicht fallenden Größe ist. Bei der näheren Eingrenzung dieses unbestimmten Rechtsbegriffs ist allerdings auch auf die Art der angestrebten Kommunikationsbeziehungen abzustellen. Ob die Schwelle zur Massenkommunikation im Einzelfall überschritten ist, wird daher nicht zuletzt auch davon abhängen, ob es sich nur um rein interne Informationsvorgänge, etwa im Bereich von Unternehmen oder Behörden, handelt (zB Rundschreiben an Mitarbeiter) oder ob Informationen nach außen getragen werden (zB Rundschreiben an Kunden). Eine bestimmte Stückzahl läßt sich dagegen kaum nennen, weil beispielsweise bei Plakaten bereits mit einzelnen Exemplaren der größere Personenkreis erreicht wird.[11]

Eine auf einen „größeren Personenkreis" zielende Informationsübermittlung unterliegt aber nur dann den Bestimmungen des MedienG, wenn zu dieser Absicht ein Verfahren der *Massenvervielfältigung* oder *Massenverbreitung* tritt, so wie umgekehrt ein im Wege eines Massenvervielfältigungsverfahrens hergestelltes Druckwerk erst durch die Absicht der Verbreitung an einen „größeren Personenkreis" zum „Medium" wird. Vervielfältigungsverfahren sind die verschiedenen mechanischen oder chemischen Druck- und Kopierverfahren, daher auch die Fotokopie, aber nicht der bloße Schreibmaschinendurchschlag, und die unterschiedlichen Produktionsprozesse bei der Herstellung von Schall- und Bildträgern. Verfahren der Massenverbreitung sind die Aussendung von Signalen auf elektrischem Weg und die Ausstrahlung von Bildern und Tönen, wenn mit Hilfe der eingesetzten Technik ein massenhaftes Publikum erreicht werden kann.[12] Keine Massenverbreitung liegt hingegen bei einem schlichten Vorlesen oder einer Theatervorführung vor, da hier die für eine Massenverbreitung charakteristischen technisch-medialen Hilfsmittel fehlen.

Vor allem wegen der modernen Kopiertechniken fallen im Ergebnis viele Informationsvorgänge unter den Begriff des Mediums und damit in den Regelungsbereich des MedienG. Die rechtspolitische Fragwürdigkeit einer solchen umfassenden Re-

---

11 Vgl zum „größeren Personenkreis" RV MedienG 1979, 48; ferner: Hartmann–Rieder (1981) 3; Wittmann, Medienrecht 13. Hartmann–Rieder (1985) 24f nennen als Anhaltspunkt für ein Medienwerk 50 Exemplare, während bei einer Verbreitung durch Plakat schon 10 Stück genügen sollen, um einen größeren Personenkreis zu erreichen.

12 Auch die öffentliche Projektion eines Films ist ein Verfahren der Massenverbreitung, das – unbeschadet der Zuständigkeit des Landesgesetzgebers unter dem Gesichtspunkt des Kino- bzw Veranstaltungswesens – der Pressrechtsgesetzgebung des Bundes unterliegt; aA Wittmann, Medienrecht 14f; vgl aber zu der im Sinne der Versteinerungstheorie maßgeblichen Auslegung des PresseG 1922 Swoboda–Hartmann, Preßgesetz 16.

glementierung von Informationsvorgängen wird durch die Bestimmung über die exempten Medien entschärft.[13]

Für die körperlichen Medien verwendet das MedienG als einen eigenständigen Terminus den Begriff des *„Medienwerkes“* (§ 1 Abs 1 Z 3 MedienG); handelt es sich ausschließlich um die Verbreitung von Schriften oder Standbildern, sind es „Druckwerke“ (§ 1 Abs 1 Z 4 MedienG). Medien- und Druckwerke werden in „Medienstücken“ verbreitet, das sind die einzelnen Exemplare einer Auflage, die beispielsweise Gegenstand einer medienrechtlichen Beschlagnahme sind.

Rundfunkprogramme sind ein Medium iS des MedienG. Der Begriff des Rundfunks selbst wird im BVG-Rundfunk durch eine in Verfassungsrang stehende Legaldefinition bestimmt. Sie umfaßt den gesamten inhaltlichen, technischen und organisatorischen Vorgang bei der elektronisch bewirkten Verbreitung von für die Allgemeinheit bestimmten Darbietungen aller Art, unabhängig davon, ob diese Verbreitung drahtlos oder mittels eines Leiters (Kabel) erfolgt.[14] „Rundfunk“ ist daher jedenfalls und unabhängig von der Trägerschaft der herkömmliche Äther-Rundfunk (Fernsehen und Hörfunk), der programmschöpfende „aktive“ Kabelfunk, der „Teletext“ in der Austastlücke des Fernsehens, nicht aber der individuell abrufbare Bildschirmtextdienst der Post. Unter den umfassenden Rundfunktatbestand würden aber auch bestimmte Formen der Individualkommunikation oder bloße Verteilungsanlagen fallen, etwa elektronische Kommunikationsanlagen in Betrieben oder Anstalten. Sie dem Rundfunkvorbehalt des BVG-Rundfunk zu unterstellen, besteht kein Anlaß, so daß der Rundfunkbegriff einer teleologischen Eingrenzung bedarf. In Randbereichen, etwa bei dem Betrieb von Hausgemeinschaftsanlagen und bei gewissen Funksonderdiensten, bleiben Zweifelsfragen offen.[15]

Die Aussendungen der *Nachrichtenagenturen* wären wegen ihres eingeschränkten Bezugskreises nicht notwendigerweise

---

13 Vgl unten S 113ff.

14 Die dem bundesdeutschen Rundfunkrecht nachgebildete Definition des Art I Abs 1 BVG-Rundfunk lautet wörtlich: „Rundfunk ist die für die Allgemeinheit bestimmte Verbreitung von Darbietungen aller Art in Wort, Ton und Bild unter Benützung elektrischer Schwingungen ohne Verbindungsleitung bzw längs oder mittels eines Leiters sowie der Betrieb von technischen Einrichtungen, die diesem Zweck dienen“; zu den einzelnen Elementen dieser Definition ausführlich WITTMANN, Rundfunkfreiheit 2ff m weit Nachw; VfSlg 9909/83 – Lentia 2000.

15 Vgl dazu WITTMANN, Rundfunkfreiheit 5ff.

Medien bzw Medienwerke. Um sie trotzdem den Bestimmungen des MedienG zu unterwerfen, ordnet § 1 Abs 2 MedienG an, daß die Mitteilungen der sogenannten „Mediendienste" jedenfalls und ungeachtet der technischen Verbreitungsform (zB Fernschreiben) Medien bzw Medienwerke sind.

Der *Oberbegriff „Medium"* zerfällt daher im Ergebnis in die nachfolgenden Kategorien, wobei jeweils die praktisch in Betracht kommenden Beispiele angeführt sind:

Medien

I. Medienwerke
   1. Druckwerke: Zeitungen, Zeitschriften, Bücher, Plakate, Flugblätter, Bildkarten, sonstige Vervielfältigungen von Schriften und Standbildern
   2. Sonstige Medienwerke: Filmkopien, Schallplatten, Tonbänder, Videobänder

II. Rundfunkprogramme: Fernsehen, Hörfunk, aktiver Kabelfunk, Teletext

III. Sonstige Medien: elektronische Medien, die nicht „Rundfunk" sind – einzelne Verwendungsformen des Bildschirmtextes, öffentliche Filmvorführungen

IV. Mitteilungen eines Mediendienstes

Periodische Medien

Eine rechtliche Sonderstellung unter den Medien nehmen die *periodischen Medien* ein. Der Gesetzgeber knüpft damit an eine traditionelle presserechtliche Kategorie an. Sie berücksichtigt die Erfahrungstatsache, daß die Periodizität des Erscheinens mit typischen publizistischen Erwartungen und Leistungen, vor allem der Erbringung aktueller Informationen und der kontinuierlichen Behandlung des aktuellen Zeitgeschehens, sowie typischen Gefahrenlagen, wie dem gesteigerten Verbreitungsgrad und der Nachhaltigkeit diskriminierender Behauptungen, verbunden ist. Gegenüber den nur einmal erscheinenden Medien, wie den Büchern oder Filmen, sind daher den periodischen Medien gesteigerte Rechtspflichten auferlegt,[16] aber auch bestimmte Begünstigungen, etwa im Gewerberecht, im Postzeitungsversand oder bei der Presseförderung.[17]

Kennzeichnend für ein periodisches Medium ist die fortlaufende Erscheinungsform – das Erscheinen unter demselben Namen in fortlaufenden Nummern mit einem selbständigen, im

---

16 Vgl die Übersicht auf S 116.
17 Vgl oben S 94ff und unten S 118 und 135f.

Gesamtzusammenhang stehenden Inhalt –, wobei das Gesetz ein wenigstens viermaliges Erscheinen im Kalenderjahr fordert (§ 1 Abs 1 Z 5 MedienG). Tages-, Wochen- und Monatszeitungen und die in vergleichbaren Zeiträumen erscheinenden Fachzeitschriften, Illustrierten oder Magazine sind daher periodische Druckwerke, nicht aber die einzelnen Hefte eines Lieferungswerkes, denen die vorausgesetzte Selbständigkeit fehlt. Die Unterscheidung zwischen Zeitungen und Zeitschriften ist ohne rechtliche Bedeutung. Die Programme des Rundfunks – beim ORF die drei Hörfunk- und die zwei Fernsehprogramme sowie Teletext – gelten dem Gesetz nach jedenfalls als periodische Medien (§ 1 Abs 1 Z 2 MedienG).

Medieninhaber – Verleger – Herausgeber – Hersteller

Die medienrechtlichen Pflichten und Verantwortlichkeiten knüpfen an die verschiedenen, mit der Herausgabe, der Herstellung und Verbreitung von Medien verbundenen Rollen an.

Im Mittelpunkt des strafrechtlichen Haftungssystems nach dem PresseG 1922 war der *„verantwortliche Redakteur“* gestanden. Seine Verantwortlichkeit wurde ergänzt durch die Verantwortlichkeit der Verleger, Drukker und Verbreiter von Druckschriften, die für die Vernachlässigung der ihnen auferlegten besonderen Sorgfaltspflichten einzustehen hatten. Dieses ausgebaute System einer strafrechtlichen „Stellvertreterhaftung“ war seinerzeit für unentbehrlich gehalten worden, um die in der Presse begangenen strafbaren Handlungen wirksam und vor allem auch dann verfolgen zu können, wenn die Ermittlung des wirklichen Täters wegen der Anonymität der Presse und dem Schutz des Redaktionsgeheimnisses nicht möglich war. Da den als verantwortliche Redakteure benannten Personen allerdings nicht immer der gesetzlich vorausgesetzte redaktionelle Einfluß zukam, konnte es zur Bestellung und Bestrafung von bloßen „Sitzredakteuren“ kommen. Außerdem wurden in der Praxis die dem verantwortlichen Redakteur auferlegten und nach dessen Einkommen bemessenen Geldstrafen häufig von den Zeitungsunternehmen getragen, so daß die kriminalpolitische Sinnhaftigkeit dieser Haftung allmählich fragwürdig geworden war.[18]

Das MedienG hat nach langen rechtspolitischen Diskussionen die Rechtsfigur des verantwortlichen Redakteurs abgeschafft und auch die besondere strafrechtliche Verantwortlichkeit der

18 Zur strafrechtlichen Haftung des verantwortlichen Redakteurs und zu den Diskussionen um ihre Sinnhaftigkeit vgl PLATZGUMMER und FOREGGER, Ehrenschutz unter Hinblick auf die Massenmedien, Referate 3. ÖJT 1967 (1969) 7 (12ff) und 30 (34ff); RV MedienG 1979, 39f.

Hersteller und Verbreiter von Druckwerken beseitigt. Die damit verbundenen Erschwernisse bei der strafrechtlichen Verfolgung von Medieninhaltsdelikten hat der Gesetzgeber in Kauf genommen.[19] Die „entkriminalisierte“ medienrechtliche Haftung konzentriert das Gesetz nunmehr bei dem wirtschaftlichen Träger eines Mediums, das ist der *„Medieninhaber (Verleger)“*, der für Eingriffe in die Persönlichkeitsrechte haftet, der Anspruchsgegner im Entgegnungsverfahren ist und der für die Einhaltung der medienrechtlichen Ordnungsvorschriften verantwortlich zeichnet. Das Gesetz verwendet den zusammengefaßten Ausdruck „Medieninhaber (Verleger)“, um jene Person oder Personenmehrheit zu kennzeichnen, der der maßgebliche Einfluß auf die Gestaltung und die Verbreitung eines Mediums zukommt. Der Unterschied beider Funktionen liegt darin, daß der Medieninhaber ein Medienunternehmen (Mediendienst) betreibt, während Verleger derjenige ist, der „sonst“ – dh außerhalb eines solchen Unternehmens – das Erscheinen von Medienwerken durch Inverkehrbringen der Medienstücke besorgt (§ 1 Abs 1 Z 8 MedienG).

Medienunternehmen sind nach einer Legaldefinition diejenigen Unternehmen, in denen die inhaltliche Gestaltung des Mediums besorgt wird und seine Herstellung und Verbreitung besorgt oder veranlaßt werden. Das Gesetz stellt damit auf wirtschaftliche Organisationseinheiten ab, zu deren Unternehmenszweck jedenfalls die inhaltliche Gestaltung von Medien gehört und die entweder diese Medien selbst herstellen und verbreiten oder die Herstellung und Verbreitung durch andere, etwa einen Druckereibetrieb oder auswärtigen Vertriebsapparat, veranlassen. Typische Medienunternehmen sind daher die Zeitungs- und Zeitschriftenunternehmen, Rundfunkanstalten, Filmproduktionen und Buchverlage. Druckhäuser und Betriebe des Zeitschriftenhandels sind wegen der fehlenden inhaltlichen Gestaltungsmacht keine Medienunternehmen.

Der ein Medienunternehmen betreibende *Medieninhaber* kann eine natürliche Person oder eine juristische Person, zB eine Kapitalgesellschaft (AG, GmbH), ein Verein oder wie der ORF eine Anstalt des öffentlichen Rechts sein. Medieninhaber kann aber auch eine handelsrechtliche Personengesellschaft (OHG, KG) sein oder eine sonstige Personenmehrheit, beispielsweise eine Gesellschaft bürgerlichen Rechts, immer vorausgesetzt, daß ihnen die für die Stellung des Medieninhabers charakteristische Verfügungsmacht über das Unternehmen zukommt.

Verleger und nicht Medieninhaber ist, wer außerhalb eines organisatorisch verselbständigten Medienunternehmens Medienwerke inhaltlich gestaltet und in den Verkehr bringt, etwa im Rahmen der Öffentlich-

19 Zum selbständigen Verfahren vgl unten S 176ff.

keitsarbeit eines Betriebes oder einer Behörde, durch die Herstellung von Flugblättern oder die Herausgabe einer Vereinszeitung. Auch der Verleger kann eine natürliche oder juristische Person sein, eine handelsrechtliche Personengesellschaft oder eine sonstige Personenmehrheit.

Der *Herausgeber* ist diejenige (natürliche oder juristische) Person, die bei periodischen Medien die grundlegende Richtung bestimmt (§ 1 Abs 1 Z 9 MedienG). Seine Stellung als „geistiger Herr der Zeitung" wird durch Vertrag mit dem Medieninhaber (Verleger) begründet, der sich auch selbst die Herausgeberfunktion vorbehalten kann. Abgesehen von der Mitwirkung an der vom Medieninhaber zu veröffentlichenden Erklärung über die publizistische Richtung und von der ebenfalls den Medieninhaber treffenden Verpflichtung, den Herausgeber im Impressum namhaft zu machen, ist die medienrechtliche Bedeutung der Herausgeberfunktion gering.[20]

Wer die technische Massenherstellung eines Medienwerkes besorgt, ist *Hersteller* (§ 1 Abs 1 Z 10 MedienG). Darunter fällt etwa das gewerbsmäßige Druckereiunternehmen, aber auch diejenige Person, unter deren Verantwortung Druckwerke außerhalb eines Betriebes vervielfältigt werden. Der Hersteller haftet für die Einhaltung der Vorschriften über das Impressum und die Ablieferung von Bibliotheksstücken.[21]

3. Ausnahmen vom Geltungsbereich des MedienG

Grundsätzlich erstreckt sich der Anwendungsbereich des MedienG auf alle „Medien", wobei allerdings manche Regelungen nur für Medien*werke* bzw *periodische* Medien gelten. Für bestimmte Gruppen von Medien hat der Gesetzgeber aus unterschiedlichen Gründen generelle Ausnahmen vorgesehen:[22] § 50 MedienG zählt vier Gruppen von Medien auf, die von den spezifisch medienrechtlich motivierten Ordnungsvorschriften (Impressums-, Offenlegungs-, Ablieferungs- und Veröffentlichungspflicht) und dem Entgegnungszwang befreit sind und für die auch die Bestimmungen über den journalistischen Überzeugungsschutz und die Redaktionsstatuten sowie über den zivil-

---

20 Vgl dazu unten S 122f. Der Herausgeber ist nach § 42 MedienG ferner berechtigt, Anklage wegen eines Ehrangriffs auf ein periodisches Medium zu erheben, wenn nicht erkennbar ist, auf welche Person der Angriff abzielte.

21 Vgl dazu unten S 118f und 123ff.

22 Vgl die tabellarische Übersicht über die Anwendungsbereiche der einzelnen Bestimmungen des MedienG auf S 116.

rechtlichen Persönlichkeitsschutz nicht gelten. Anzuwenden sind aber auch auf diese Medien die strafrechtlichen und strafprozessualen Bestimmungen des MedienG, darunter die Regelungen über die journalistische Sorgfaltspflicht, den Schutz des Redaktionsgeheimnisses, die Beschlagnahme und die besondere Zuständigkeit der Mediengerichte (§§ 23, 28–42 MedienG). Die Plakatierungsvorschriften und die Verbreitungsvorschriften gelten mit Ausnahme der Preisauszeichnungspflicht ebenfalls für die in § 50 angeführten Medien.

In diesem Umfang sind von der vollen Anwendung des MedienG gemäß § 50 ausgenommen:

- die Medien ausländischer Medienunternehmen,
- die Medienwerke fremder Staaten und internationaler Organisationen,
- die amtlichen Medienwerke,
- die im einzelnen angeführten „exempten" Medien ohne eigenständige publizistische Aufgabe und die Schülerzeitungen.

Die Ausnahme für die *Medien ausländischer Medienunternehmen* erklärt sich aus der Tatsache, daß in Österreich verhältnismäßig viele ausländische, vor allem deutschsprachige Presseerzeugnisse und Bücher vertrieben werden. Eine volle Anwendung des österreichischen Rechts mit seinen Besonderheiten wäre gegenüber diesen Medien sachlich kaum vertretbar, könnte die Belieferung des österreichischen Marktes in Frage stellen und wäre wohl auch nicht immer durchsetzbar. Ansprüche auf Entgegnung bzw auf Gegendarstellung, die sich gegen im Inland verbreitete ausländische Zeitungen richten, sind daher im allgemeinen ebenso wie die immateriellen Ersatzansprüche bei rechtswidrigen Eingriffen in Persönlichkeitsrechte nur nach Maßgabe des anzuwendenden ausländischen Rechts gegeben und vor ausländischen Gerichten geltend zu machen.[23]

Für den Ausnahmetatbestand maßgeblich ist grundsätzlich der ausländische Sitz eines Medienunternehmens (Verlagsort). Wird das Medium

---

23 Seinerzeit diskutierte Bestrebungen, ausländische Zeitungen mit einer nennenswerten Verbreitung im Inland dem österreichischen Entgegnungsrecht zu unterwerfen, wurden wegen der Schwierigkeiten bei der Vollziehung und Durchsetzung einer solchen Bestimmung und ihrer mangelnden Effektivität nicht mehr verfolgt; vgl dazu § 29 RV MedienG 1975, § 25 RV MedienG 1979 und die Begründung im Bericht JA, 9f. Zum anzuwendenden Recht bei Pressedelikten in ausländischen Zeitungen SCHWIMANN, Grundriß des internationalen Privatrechts (1982) 165; OGH SZ 48/28.

aber zur Gänze oder nahezu ausschließlich in Österreich verbreitet, sind nach einer ausdrücklichen gesetzlichen Regelung auch die Medien ausländischer Medienunternehmen voll den Bestimmungen des MedienG unterworfen. „Österreich“-Ausgaben ausländischer Druckwerke fallen daher nicht in den Anwendungsbereich der Ausnahmebestimmung.[24]

Die von *fremden Staaten* herausgegebenen oder verlegten Medienwerke privilegiert das MedienG auch dann, wenn sie zur Gänze im Inland verbreitet werden, um dem völkerrechtlichen Immunitätsrecht Rechnung zu tragen. Ihnen sind gleichgestellt die Schriften und sonstigen Medien, die eine diplomatische oder konsularische Vertretung oder die in Österreich eingerichteten und anerkannten internationalen Organisationen herausgeben.

Amtliche Medienwerke, die im dargelegten Umfang von der vollen Anwendung des MedienG befreit sind, sind die Medienwerke, die von Organen der Gesetzgebung (Nationalrat, Bundesrat, Landtage), von der Bundesversammlung oder von einer Behörde in Erfüllung von Aufgaben der Hoheitsverwaltung oder der Gerichtsbarkeit herausgegeben oder verlegt werden. Die traditionelle Rechtfertigung dieser Regelung findet sich darin, daß ein Mißbrauch der Freistellung bei amtlichen Schriften nicht zu befürchten ist. Allerdings muß der amtliche Charakter dieser Schriften erkennbar sein; die Privilegierung kann sich auf die als amtlich erkennbaren Teile eines im übrigen nicht ausgenommenen Medienwerkes beschränken. Unter diesen Ausnahmetatbestand fallen etwa die Protokolle und sonstigen Druckwerke der Parlamente von Bund und Ländern, die Gesetz- und Verordnungsblätter der Gebietskörperschaften, von Gerichten publizierte amtliche Entscheidungssammlungen, Drucksachen der Verwaltungsbehörden (Formulare, Dokumente); begünstigt sind auch Organe von Selbstverwaltungseinrichtungen, wenn diese, wie zB die Gemeinden oder die Sozialversicherungsträger, Aufgaben der Hoheitsverwaltung wahrnehmen.

Die *Öffentlichkeitsarbeit* der Regierungen ist keine der Hoheitsverwaltung zurechenbare Aufgabe, auch wenn sie über hoheitliche Tätigkeiten informiert. Druckwerke, die zu diesen Zwecken herausgegeben werden, fallen daher ebenso wie sonstige der Information der Allgemeinheit dienende behördliche Leitfäden und Informationsblätter nicht unter den Ausnahmetatbestand des § 50 Z 3 MedienG. Solche Publikationen und

---

24 Zur Ausdehnung des Ausnahmebereiches auf ausländische Kleinmedien, die nicht von einem Medienunternehmen herausgebracht werden, und zu den einem ausländischen Medium beigehefteten „Österreich-Seiten“, die, weil sie in der Regel nicht selbständige Medien sind, die Auslandseigenschaft unberührt lassen, vgl HARTMANN–RIEDER (1985) 262f.

Drucksorten, die im Rahmen der Privatwirtschaftsverwaltung Verwendung finden, können aber als „Hilfsmittel im Rahmen der Tätigkeit eines Amtes" gemäß § 50 Z 4 privilegiert sein.

Diesem letzten Ausnahmetatbestand kommt die größte praktische Bedeutung zu. Er umfaßt jene *„exempten" Medien,* die in historischer Sicht vor allem wegen ihrer präsumtiven Harmlosigkeit einer weniger strengen Überwachung und nach heutigen Vorstellungen in erster Linie wegen des Fehlens einer eigenständigen publizistischen Funktion keiner medienpolitisch motivierten Reglementierung bedürfen.[25] Das Gesetz umschreibt die unter diesem Gesichtspunkt begünstigten Medien, indem es auf ihre Funktion als „Hilfsmittel" innerhalb bestimmter gesellschaftlicher und wirtschaftlicher Bereiche abstellt.[26] Freilich könnte man auch die typisch publizistischen Medien (Zeitungen, Zeitschriften) in einem weiteren Sinn als „Hilfsmittel" zur Befriedigung von Informationsbedürfnissen, zur Meinungsbildung oder zum wissenschaftlichen Meinungsaustausch ansehen. Dies ist aber nicht gemeint; das Gesetz stellt vielmehr auf eine nur *technische* Hilfsfunktion ab, die sich daraus ergibt, daß schlichte Informationen ohne selbständige publizistische Bedeutung erbracht werden, die ausschließlich einem der angeführten Betätigungsbereiche in dienender Funktion untergeordnet sind. Das Fehlen eines eigenständigen publizistischen Aussagewertes kann dabei nicht anders als typisierend festgestellt werden, weil die Frage, ob ein Informationsträger Bedeutung für die öffentliche Meinungsbildung erlangt – dies gilt im allgemeinen als ein die Hilfsmittel-Funktion ausschließendes Kriterium –, von ganz unterschiedlichen Umständen des Einzelfalles abhängen kann.

In diesem Sinn sind beispielsweise Fahrpläne und Fahrscheine unselbständige Hilfsmittel im *Verkehr,* dienen gedruckte Einladungen und Anzeigen über familiäre Ereignisse dem *häuslichen* und *gesellschaftlichen* Leben, sind Veranstaltungsprogramme Hilfsmittel des *kulturellen* und mathematische Formelsammlungen solche des *wissenschaftlichen* Lebens, sind Gebets- und Liedertexte bei der gebotenen typisierenden Betrachtungs-

25 Anders als die nach § 50 Z 1–3 MedienG ausgenommenen Medien können diese Medien einer eingeschränkten Ablieferungspflicht unterworfen werden; vgl dazu unten S 124f.

26 „Medien, die im Verkehr, im häuslichen, geselligen, kulturellen, wissenschaftlichen oder religiösen Leben, im Vereinsleben, im Wirtschaftsleben, im Rahmen der Tätigkeit eines Amtes oder einer Interessenvertretung oder bei einer anderen vergleichbaren Betätigung als Hilfsmittel dienen" (§ 50 Z 4 MedienG).

weise Hilfsmittel des *religiösen* Lebens. Aussendungen an Mitglieder eines *Vereins* oder Angehörige einer *Interessenvertretung* sind nur dann exempte Medien, wenn sie sich auf Sachinformationen über interne Angelegenheiten beschränken. Reklameschriften, Werbeplakate, gedruckte Betriebsanleitungen, Kataloge fallen wegen ihrer Hilfsfunktion im *Wirtschaftsleben* unter den Ausnahmetatbestand, auch die Anzeigeblätter, wenn sie keinen redaktionellen Teil enthalten.[27]

Einen Sonderfall stellen die *Schülerzeitungen* dar, die der Gesetzgeber ebenfalls in den Kreis der nach § 50 Z 4 MedienG privilegierten Medien aufgenommen hat, obwohl sie anders als die zuvor behandelten Druckwerke eigenständige Instrumente der Information und Meinungsbildung sein können und insoweit regelmäßig publizistische Medien sind. Schülerzeitungen im Sinne der Ausnahmebestimmung sollen nach der Absicht des Gesetzgebers freilich nicht alle für Schüler oder Jugendliche bestimmte Zeitungen sein, sondern nur solche Druckwerke, die *von* Schülern einer oder mehrerer Schulen *für* Schüler gestaltet und herausgegeben werden.[28] Schülerzeitungen dieser Art gibt es etwa an jeder vierten höheren Schule Österreichs. Mit der Befreiung von der Einhaltung der medienrechtlichen Ordnungsvorschriften, von der Pflicht zur Veröffentlichung von Entgegnungen und von der Entschädigungspflicht bei Eingriffen in Persönlichkeitsrechte wird die Herausgabe von Schülerzeitungen erleichtert. Die verwaltungsstrafrechtliche Verantwortlichkeit ist herabgesetzt und das Haftungsrisiko vermindert. Der Gesetzgeber wollte damit offenbar dazu beitragen, daß die heranwachsenden jungen Bürger im Interesse der Erziehung zu Demokratie und geistiger Mündigkeit eigene Erfahrungen mit den Mitteln und Inhalten demokratischer Meinungsbildung sammeln. Fraglich bleibt freilich, ob gerade mit der Freistellung von allgemein geltenden, unschwer erfüllbaren Pflichten der richtige Weg gewählt wurde, um den Zusammenhang von Freiheit und Verantwortung zu verdeutlichen.

---

27 Zum letzten Punkt aA HARTMANN-RIEDER (1981) 122; HARTMANN-RIEDER (1985) 267.

28 Grundlage für diese einschränkende Auslegung ist ein Erlaß des Bundesministeriums für Unterricht, Kunst und Sport, den sich der Justizausschuß zu eigen gemacht hat; vgl Bericht JA, 15 und den „Schülerzeitungserlaß", abgedr ua RdS 80, 106; zur Problematik einer erlaßmäßigen Definition MATZKA, RdS 81, 21. Auch das SchülervertretungsG BGBl 1981/56 verzichtet auf eine nähere gesetzliche Präzisierung des in § 3 Z 5 aufgenommenen Begriffs der Schülerzeitung; zur tatsächlichen Situation der Schülerpresse in Österreich vgl Medienbericht II, 148 ff.

Im übrigen gelten für Schülerzeitungen keine anderen Rechtsvorschriften als für sonstige Druckwerke; bei den Vorschriften über die Verbreitung ist Vorsorge getroffen, daß Schülerzeitungen auch von Jugendlichen vertrieben werden dürfen, wenn diese älter als 14 Jahre sind (§ 47 Abs 2 MedienG). Im Rahmen der strafrechtlichen und der allgemeinen zivilrechtlichen Tatbestände, die auch für die für Schülerzeitungen verantwortlichen Personen gelten, gibt es keine besonderen inhaltlichen Schranken für ihre Gestaltung. Die verfassungsrechtlichen Gewährleistungen der Pressefreiheit und der Zensurfreiheit kommen auch den Schülerzeitungen zugute. Daher ist es zumindest mißverständlich, wenn der Erlaß der Unterrichtsbehörden über die Schülerzeitungen diese auf die gesetzliche Aufgabe der österreichischen Schule (§ 2 SchOG) festlegt und damit ua in den Dienst der Werte des Wahren, Guten und Schönen zu nehmen scheint. Richtig verstanden kann diese erlaßmäßige Festlegung nur die Organe der Schule binden, denen eine Richtlinie an die Hand gegeben wird für die Handhabung der Befugnis, die Verbreitung von Zeitschriften in den Räumlichkeiten der Schule zu beschränken.[29]

29 Zu den Rechtsproblemen rund um die Schülerzeitungen vgl RIEDER, Mediengesetz und Schülerzeitung, RdS 81, 106; LEBITSCH, Zur dogmatischen Figur des besonderen Gewaltverhältnisses im österreichischen Schulrecht, RdS 84, 100 (105 f).

4. Übersicht: Die Anwendungsbereiche des MedienG

	Alle Medien[1]	Medienwerke[1]	Druckwerke[1]	Periodische Medien[1]	Periodische Medienwerke[1]	Periodische Druckwerke[1]	Auch für die privileg Medien § 50 MedienG
Schutz der journ. Berufsausübung; Redaktionsstatuten §§ 2–5	X[2]	X	X	X	X	X	—
Persönlichkeitsschutz §§ 6–7	X	X	X	X	X	X	—
Entgegnung; nachtr. Mitteilung §§ 9–11				X	X	X	—
Verbotene Einflußnahme § 23	X	X	X	X	X	X	X
„kleines" Impressum § 24 (1)		X	X	X	X	X	—
„großes" Impressum § 24 (2)					X	X	—
Offenlegung § 25				X	X	X	—
Kennzeichnung § 26				X	X	X	—
Wahrnehmung journ. Sorgfalt § 29	X	X	X	X	X	X	X
Redaktionsgeheimnis § 31	X[2]	X	X	X	X	X	X
Einziehung; Beschlagnahme §§ 33, 36–39		X	X	X	X	X	X
Bibliotheksstücke §§ 43–45			X	X	X	X	—[3]
Veröffentlichungspflicht § 46 (1)					X	X	—
Verbreitungsvorschriften §§ 47–49						X	X

1 Soweit nicht nach § 50 privilegiert.
2 Soweit Medien in Medienunternehmen (Mediendienst) hergestellt.
3 Vgl aber § 43 (4).

V. KAPITEL

Das Ordnungsrecht der Presse

Der absolute Polizeistaat hatte die Presse einer präventiven polizeilichen Aufsicht unterworfen und sich damit ein Instrument geschaffen, um die Herausgabe und Verbreitung mißliebiger Druckwerke von vornherein zu verhindern. Der Übergang zum Repressivsystem machte Vorkehrungen notwendig, um dem Mißbrauch der Pressefreiheit entgegenzuwirken und die Verfolgung der in Druckwerken begangenen strafbaren Handlungen zu ermöglichen. Diese *ordnungspolizeilichen Vorschriften* bildeten den Kernbestand der Pressegesetze des vorigen Jahrhunderts. Sie zeugten von dem beträchtlichen Mißtrauen, das auch noch der konstitutionelle Staat den Erzeugnissen der Druckerpresse entgegenbrachte. Von diesem Mißtrauen war auch das PresseG 1922 nicht frei, das die Überwachung der Presse durch weitreichende Anzeige- und Ablieferungspflichten und damit verbundene Ermächtigungen zur Beschlagnahme sicherstellen wollte.[1] Erst das MedienG hat diese obrigkeitsstaatlichen Relikte beseitigt. Es hat zugleich neue Pflichten begründet, die nicht mehr der Abwehr von Gefahren, sondern *medienpolitischen* Zielvorstellungen dienen.

1. Die Freiheit zur Herausgabe von Druckwerken

Aus der verfassungsrechtlichen Garantie der Pressefreiheit folgt, daß die Herstellung und Verbreitung von Druckwerken von keiner behördlichen Bewilligung abhängig gemacht werden darf (Art 13 StGG, Art 10 MRK).[2] Das MedienG respektiert diese Freiheit und verpflichtet die mit der Herstellung und Verbreitung von Druckwerken befaßten Personen lediglich zur Beachtung bestimmter Ordnungsvorschriften und zur Erbringung gewisser im allgemeinen Interesse liegender Leistungen. Vom ur-

---

1 Vgl oben S 56f.
2 Vgl oben S 71f.

sprünglichen Presseordnungsrecht sind nach der Beseitigung der Herausgeberanzeige und der Regelung über die Ablieferung der Pflichtstücke an die Sicherheitsbehörden nur mehr die Verpflichtung zum Abdruck von Ursprungsangaben (Impressumspflicht) und bestimmte Verbreitungsbeschränkungen übriggeblieben. Für periodische Druckwerke gelten ergänzende Vorschriften über die Offenlegung wirtschaftlicher und publizistischer Zusammenhänge, über die Ablieferung von Bibliotheksstücken und über die Veröffentlichung behördlicher Aufrufe und Anordnungen und gerichtlicher Entscheidungen.[3]

Die Freiheit zur unbehinderten Herausgabe von Druckschriften wird auch durch die Bestimmungen des *Gewerberechts* ausgestaltet. Bestimmte Tätigkeiten, und zwar die Herausgabe und die Herstellung periodischer Druckschriften durch den Herausgeber selbst und der Kleinverkauf solcher Druckschriften, sind, auch wenn sie gewerbsmäßig vorgenommen werden, von der Gewerbeordnung zur Gänze ausgenommen (§ 2 Abs 1 Z 18 GewO). Die Herausgabe von Zeitungen und Zeitschriften, ihr Druck durch den Herausgeber selbst und der Kleinverschleiß von Zeitungen und Zeitschriften sind daher ohne Gewerbeberechtigung zulässig. Die anderen sogenannten „Preßgewerbe", vor allem der Buchverlag und der Buchhandel, der Pressegroßhandel und das Druckereigewerbe, unterliegen demgegenüber zwar der Gewerbeordnung. Doch hat die GewO 1973 den Konzessionszwang für diese Gewerbe aufgehoben und sie unter die gebundenen Gewerbe eingereiht, so daß sie, wenn der vorgeschriebene Befähigungsnachweis erbracht wird, aufgrund einer bloßen Anmeldung bei der Gewerbebehörde ausgeübt werden dürfen. Mit diesen Regelungen ist die verfassungsrechtlich garantierte Gründungs- und Betätigungsfreiheit gewahrt.[4]

2. *Die Impressumspflicht*

Die Verpflichtung zum Abdruck von *Ursprungsangaben* in Druckwerken richtet sich gegen die Anonymität von Massenver-

---

3 Auf jene Medien, die gemäß § 50 MedienG nur eingeschränkt den Bestimmungen dieses Gesetzes unterworfen sind, sind diese Vorschriften mit Ausnahme der Vorschriften über die Verbreitung grundsätzlich nicht anzuwenden; vgl oben S 110ff.; zur eingeschränkten Pflicht zur Ablieferung von Bibliotheksstücken bei „exempten" Medien vgl unten S 124f.

4 Freie Gewerbe sind der Betrieb eines Lesezirkels, die Ausübung der Pressefotografie, der Kleinhandel mit bestimmten nicht-periodischen Zeitschriften und Magazinen (§ 105 GewO); zur wechselhaften Entwicklung des Preßgewerberechts vgl SWOBODA-HARTMANN, Preßrecht 22f; zur Entkonzessionierung der „Preßgewerbe" vgl die ua bei MACHE-KINSCHER, Die Gewerbeordnung[5] (1982) § 130 FN 2 wiedergegebenen EB zur GewO 1973.

öffentlichungen: Dem Staat sollen die Kontrolle und allenfalls die Strafverfolgung erleichtert werden. Den von einer Veröffentlichung Betroffenen sollen diejenigen Personen und Umstände bekannt gemacht werden, die für die Durchsetzung eines Rechtsanspruches wichtig sind. Angaben über den Inhaber und Herausgeber eines Massenmediums können auch zur Offenheit und Transparenz des Meinungsbildungsprozesses beitragen, obwohl man die Aussagekraft bloßer Impressumsangaben nicht allzu hoch wird veranschlagen dürfen, weshalb auch das MedienG zusätzliche Offenlegungspflichten geschaffen hat.

Der Umfang der in das Impressum zwingend aufzunehmenden Angaben ist unterschiedlich, je nachdem ob es sich um ein nicht-periodisches oder um ein periodisches Medienwerk handelt. Auf *jedem Medienwerk* und damit auch auf jedem Druckwerk sind der Name (Firma) des Medieninhabers und des Herstellers sowie der Verlags- und Herstellungsort anzugeben (§ 24 Abs 1 MedienG). Da sich die Impressumspflicht auf jedes „Medienwerk" bezieht, sind nicht nur Druckwerke, sondern auch Schallplatten, bespielte Ton- oder Videobänder und dergleichen impressumspflichtig. Anzuführen sind der Name der natürlichen oder juristischen Person (bei mehreren Personen die Namen), die das Druckwerk inhaltlich gestaltet und/oder in den Verkehr bringt, sowie der Name derjenigen Person, die die Herstellung besorgt hat, jeweils mit der dazugehörigen Ortsbezeichnung. Der Medieninhaber (Verleger) kann ein Medienunternehmen (Zeitungs- und Zeitschriftenunternehmen, Buchverlag) betreiben oder sonst jemand sein, der Druckwerke etwa im Rahmen der Öffentlichkeitsarbeit öffentlicher oder privater Institutionen oder als Privatperson in den Verkehr bringt.

Periodica müssen ein erweitertes Impressum aufweisen, das zusätzlich zu den zuvor angeführten Angaben noch die genauen Anschriften von Medieninhaber (Verleger) und Redaktion sowie Name und Angabe des Herausgebers enthalten muß. Während die genauere Adressenangabe bei periodischen Medienwerken vor allem der Geltendmachung eines Entgegnungsbegehrens dient, soll die Nennung des Herausgebers den Leser über diejenige Person informieren, die die geistige Richtung einer Zeitung oder Zeitschrift bestimmt.

Die Verantwortung für die richtige und vollständige Veröffentlichung des vorgeschriebenen Impressums trifft den Hersteller (Drucker), dem der Medieninhaber (Verleger) die notwendigen Angaben zu erteilen hat (§ 24 Abs 3 MedienG). Die vom Gesetz geforderten Angaben müssen deutlich ausgewiesen werden.[5]

---

5 OGH 27. 9. 1978, EvBl 1979/39 zu § 16 PresseG.

3. *Die Offenlegungspflichten*

Die mitunter undurchsichtigen Eigentumsverhältnisse und die Verflechtungen und Abhängigkeiten am privatwirtschaftlich organisierten Pressemarkt lassen nicht immer erkennen, welche Personen und Interessengruppen ein Presseorgan wirtschaftlich beherrschen und die Möglichkeit haben, die redaktionelle Gestaltung zu beeinflussen. Ein dem Ideal nahekommender öffentlicher Meinungsbildungsprozeß setzt aber voraus, daß der Leser die reale Chance hat, selbst die Verläßlichkeit von Informationen und die Überzeugungskraft von Meinungen zu beurteilen. Das MedienG versucht daher, durch Vorschriften über die wirtschaftlich-unternehmerische und publizistische Offenlegung das medienpolitische Ziel eines „transparenten Meinungsmarktes" zu fördern.

Diese *Offenlegungspflichten* treffen den Inhaber (Verleger) jedes periodischen Mediums. Er hat die vorgeschriebenen Angaben alljährlich am Beginn des Jahres zu veröffentlichen. Bei Zeitungen und Zeitschriften ist die Veröffentlichung im Druckwerk selbst unmittelbar im Anschluß an das Impressum vorzunehmen. Für die anderen periodischen Medien, praktisch also bei den Programmen des Rundfunks, ist die jährliche Pflichtveröffentlichung in die „Wiener Zeitung" einzuschalten.[6] Nach dem Wortlaut des Gesetzes beschränkt sich die Ausweispflicht nicht auf die eigentlichen Medienunternehmen, sondern erstreckt sich auf jede im Sinne des § 1 Abs 1 Z 8 MedienG publizistisch tätige Person, wenn es sich um das Inverkehrbringen eines periodischen Mediums handelt. Erfaßt würde daher vor allem auch die Öffentlichkeitsarbeit öffentlicher und privater Einrichtungen[7] mit der Folge, daß die Einrichtung selbst publizitätspflichtig wäre. Sinn und Zweck der Offenlegungspflicht legen freilich eine einschränkende Interpretation nahe.[8]

---

6 Die Einbeziehung des Rundfunks würde freilich erst nach der Zulassung weiterer Rundfunkveranstalter praktische Bedeutung erlangen, da die eigentumsrechtlichen Verhältnisse und die publizistische Linie des ORF bereits durch Gesetz offengelegt sind.

7 Soweit es sich nicht um ein im Sinne des § 50 Z 4 MedienG „exemptes" Medium handelt, vgl dazu oben S 113 ff.

8 Vgl in diesem Sinne HARTMANN–RIEDER (1985) 156, die davon ausgehen, daß sich die Pflicht zur Veröffentlichung der Eigentumsverhältnisse (Abs 2) und der Verflechtungen (Abs 3) nur auf Medienunternehmen (Mediendienste) bezieht und nur die „Erklärung über die grundlegende Richtung" auch auf die Medien, die von keinem Medienunternehmen herausgegeben werden.

Die geforderte Darstellung der *Eigentumsverhältnisse* beschränkt sich bei einem Medieninhaber, der eine natürliche Person ist, auf die Wiederholung der Impressumsangaben, ergänzt um die Angabe des Unternehmensgegenstandes. Auf die Offenlegung wirtschaftlicher Beherrschungstatbestände zielt die weitere Anordnung, daß bei Gesellschaften oder Vereinen nicht nur die Geschäftsführer, die Vorstands- und Aufsichtsratsmitglieder, sondern auch diejenigen Gesellschafter anzuführen sind, deren Einlage oder Stammeinlage 25% übersteigt. Anzugeben sind auch die Gesellschafter einer am Medienunternehmen beteiligten Gesellschaft nach Maßgabe der 25%-Grenze und mittelbare Beteiligungen, wenn sich durch die Beteiligungen mehr als die Hälfte aller Anteile am Medienunternehmen in einer Hand befinden (§ 25 Abs 2 MedienG). Nähere Analyse dieser eine ganze Reihe von Zweifelsfragen aufwerfenden Bestimmung ergibt, daß sich die Pflicht zur Offenlegung auf die Organe und Funktionäre von Vereinen, Personengesellschaften (OHG, KG) und von Kapitalgesellschaften (GmbH, AG) sowie auf die Gesellschafter von Personengesellschaften und GmbHs erstreckt. Die Mitglieder eines Vereins, stille Gesellschafter oder Treuhandverhältnisse sind hingegen nicht offenzulegen, aber auch nicht die Aktionäre eines als AG betriebenen Medienunternehmens, selbst wenn es sich um eine von einem Alleinaktionär beherrschte Gesellschaft handelt.[9]

Ist eine nach diesen Bestimmungen anzugebende Person zugleich Inhaber eines anderen Medienunternehmens oder an einem anderen Medienunternehmen beteiligt, muß diese Beteiligung ebenfalls veröffentlicht werden (§ 25 Abs 3 MedienG). Mit dieser Bestimmung hat das Gesetz eine Verpflichtung zur Offenlegung *medienunternehmerischer Verflechtungen* geschaffen, die den Medienmarkt insgesamt und nicht nur die Eigentumsverhältnisse in einem einzelnen Unternehmen durchsichtiger machen soll. Sie ist allerdings dahingehend eingeschränkt, daß nur die gemäß § 25 Abs 2 MedienG auszuweisenden Beteiligungsformen erfaßt sind; die Beteiligung eines Inhabers, Geschäftsführers, Vorstands- oder Aufsichtsratsmitgliedes oder eines auszuweisenden Gesellschafters ist also nur dann zu veröffentlichen, wenn diese Person(en) mit mehr als 25% (bei mittelbarer Beteiligung 50%) an einem als Personengesellschaft oder GmbH eingerichteten Medienunternehmen beteiligt sind.

Die wirtschaftlich-unternehmerische Offenlegungspflicht gehörte zu den umstrittenen Bestimmungen des MedienG. Weil sie den Medienunternehmen besondere Publizitätspflichten auferlegt und weil diese Pflichten unterschiedslos jeden Inhaber oder Verleger eines periodischen Mediums treffen, wurde ihre *Verfassungsmäßigkeit* im Lichte der Pressefreiheit in Zweifel gezogen.[10] Art 10 Abs 2 MRK erlaubt allerdings dem Gesetzgeber

9 Vgl dazu WITTMANN, Medienrecht 36ff; zu den Einzelheiten HARTMANN–RIEDER (1985) 158.

10 GRAFF, Das neue Medienrecht – Vorzüge und Schwächen, RZ 81, 213 (220f); WITTMANN, Medienrecht 35, 40f.

die Verfolgung medienpolitischer Zielsetzungen, wenn diese der Aufrechterhaltung von Grundbedingungen einer funktionierenden Kommunikationsordnung dienen und die damit verbundenen Eingriffe in die Medienfreiheit die betroffenen Unternehmen insgesamt nicht unverhältnismäßig belasten.[11] Eine sachgerechte Information über die wirtschaftlichen Verhältnisse und Beziehungen der Presseunternehmen und die Entschleierung bestehender Arkanbereiche ist ein solches legitimes Ziel, das eine begrenzte Inpflichtnahme der Medien rechtfertigt. Die abverlangte jährliche Offenlegung bezieht sich zudem im wesentlichen nur auf Angaben, die bereits im Impressum aufscheinen oder die in den öffentlichen Registern und gesellschaftsrechtlich vorgeschriebenen Tätigkeitsberichten der Allgemeinheit dem Grunde nach zugänglich sind. Angesichts dieser zurückhaltenden Ausgestaltung wird auch die Einbeziehung von Unternehmen und Institutionen außerhalb des Bereichs der „großen" tagesaktuellen Medien verfassungsrechtlich nicht zu beanstanden sein, obwohl etwa bei Vereinszeitschriften oder bei Fachzeitschriften dem angesprochenen medienpolitischen Bedürfnis nach einer eigentümerrechtlichen Offenlegung kein besonderes Gewicht zukommen wird.

Ob die Offenlegungspflicht allerdings einen nennenswerten Beitrag zur Verbesserung der „Transparenz" am Medienmarkt zu leisten vermag, ist fraglich. Die Erwartung, daß durch ein bloßes Aufzeigen von Eigentumsverhältnissen Meinungsmanipulationen erkennbar gemacht würden,[12] dürfte von Anfang an zu hoch gesteckt gewesen sein. Aber auch die Enthüllung der „wahren Herren" einer Zeitung wird durch die Gesetz gewordene Fassung nur sehr beschränkt ermöglicht, die auf die Benennung selbst einflußreicher Aktionäre und die Aufdeckung von Treuhandverhältnissen verzichtet hat und auch sonst Raum für gesellschaftsrechtliche Gestaltungen und wirtschaftliche Beherrschungsverhältnisse beläßt, die sich der Offenlegung entziehen. Aufschlußreicher kann die Darlegung der medienunternehmerischen Verflechtungen sein.

Eine Art publizistische Offenlegung verbindet sich mit der ebenfalls alljährlich zu veröffentlichenden *„Erklärung über die grundlegende Richtung* des periodischen Mediums" (§ 25 Abs 4 MedienG). In erster Linie wird durch sie das interne Rechtsverhältnis zwischen Medieninhaber und Medienmitarbeiter mitge-

---

11 Vgl oben S 74.
12 So die RV MedienG 1979, 31.

staltet.[13] Mit der Erklärung hat der Gesetzgeber aber auch die Erwartung verbunden, daß der Medienkonsument über das publizistische Profil eines Massenmediums aufgeklärt und in die Lage versetzt wird, die Berichterstattung und Meinungsäußerung im Lichte der grundlegenden „Blattlinie" kritisch zu beurteilen.

Wie die „Erklärung" zu gestalten ist, überläßt das Gesetz dem Medieninhaber, der diese Aufgabe im Zusammenwirken mit dem Herausgeber zu erfüllen hat. Die Veröffentlichungspflicht selbst ist – anders als die wirtschaftlich-unternehmerische Offenlegungspflicht – nicht sanktioniert. Sie wird rechtserheblich im Zusammenhang mit dem redaktionellen Weigerungsrecht, da nur die veröffentlichte Erklärung über die grundlegende Richtung dem Medienmitarbeiter entgegengehalten werden kann und Änderungen und Ergänzungen der grundlegenden Richtung in diesem arbeitsrechtlichen Zusammenhang erst mit der Veröffentlichung wirksam werden. Für den Medieninhaber stehen daher vor allem die Konsequenzen für das interne Verhältnis zu den Medienmitarbeitern im Vordergrund und das Bestreben nach Sicherung des redaktionellen Weisungsrechts bei gleichzeitiger Wahrung derjenigen Flexibilität, die einer Entwicklung der redaktionellen Linie nicht allzu enge Grenzen setzt.[14] Die medienpädagogische Aufklärung des Lesers wird im Schatten dieses Bemühens stehen. Aber auch sonst wird die Bedeutung der publizistischen Offenlegung *nicht überschätzt* werden dürfen. Der kritische und aufmerksame Medienkonsument, den diese Bestimmung voraussetzt, wird sich sein Urteil über das Profil eines Presseorgans wohl unmittelbar und verläßlicher aus dem Inhalt des Produkts selbst bilden. Der zusätzliche Informationswert der vorgeschriebenen Erklärung ist gering, weil sich – von den Fällen der Partei- und Gesinnungspresse abgesehen – die meisten Publikumsblätter auf einen breiten und oft auch verwaschenen Konsens von Grundwerten berufen, der in der Kurzform der veröffentlichten Erklärungen keine schärferen Konturen gewinnen kann.

4. *Die Pflicht zur Ablieferung von Bibliotheksstücken*

Die Pflicht zur Ablieferung und Anbietung von *Bibliotheksstükken,* früher als „Freistücke" bezeichnet, dient kulturpolitischen Zielsetzungen. Mit ihr soll erreicht werden, daß die gesamte inländische literarische und publizistische Produktion gesammelt und der Öffentlichkeit zugänglich gemacht wird, wobei die unentgeltliche oder verbilligte Dotierung der öffentlichen Bibliotheken diesen die Erfüllung ihrer Aufgaben entscheidend er-

13 Vgl unten S 305 f.
14 Vgl WITTMANN, Medienrecht 46.

leichtert.[15] Die §§ 43–45 MedienG regeln die Anbietungs- und Ablieferungspflicht im grundsätzlichen und überlassen es im übrigen dem Verordnungsgeber, innerhalb der gesetzlich festgelegten Höchstzahlen die Stückzahlen und die begünstigten Bibliotheken zu bestimmen. Dabei ist auf die Aufgaben der Archivierung und Information, die Interessen von Wissenschaft, Forschung und Lehre sowie auf die bundesstaatliche Gliederung Österreichs Bedacht zu nehmen (§ 43 Abs 4 MedienG). Diese nähere Regelung ist in der Verordnung des Justizministers vom 4. Dezember 1981 über die Ablieferung und Anbietung von Bibliotheksstücken nach dem MedienG getroffen worden.[16]

Der Ablieferungs- und Anbietungspflicht unterliegen alle im Inland verlegten oder erscheinenden Druckwerke, daher *nicht* auch sonstige Medienwerke (wie Videokassetten oder Schallplatten); ihr unterliegen ferner jene ausländischen Druckwerke, die im Inland gedruckt werden. Im einzelnen werden der Medieninhaber (Verleger) bzw der Drucker verpflichtet, zwei (bei periodischen Druckwerken vier) Exemplare des Druckwerkes an die Österreichische Nationalbibliothek und weitere drei (bei periodischen Druckwerken fünf) Exemplare an die Bibliotheken des Bundeslandes, in dem das Druckwerk verlegt wird oder erscheint, abzuliefern. Sie haben ferner der Parlamentsbibliothek und der Administrativen Bibliothek des Bundeskanzleramtes jeweils ein Bibliotheksstück anzubieten und auf Abruf zu übermitteln. Die abzuliefernden und abgerufenen Druckwerke sind den begünstigten Bibliotheken grundsätzlich unentgeltlich zur Verfügung zu stellen; nur bei Druckwerken, deren Ladenpreis öS 1200,– übersteigt, ist ein Ersatz in der Höhe der Hälfte des Ladenpreises durch die empfangsberechtigte Stelle vorgesehen, wenn diese nicht das Druckwerk zurückstellt. Zur Durchsetzung des Anspruches können die empfangsberechtigten Stellen die Erlassung eines vollstreckbaren Bescheides durch die zuständige Bezirksverwaltungsbehörde bzw Bundespolizeibehörde begehren.

Die „exempten" Medienwerke sind von der Ablieferungspflicht grundsätzlich ausgenommen. Das Gesetz ermächtigt aber den Verordnungsgeber, einzelne der in § 50 Z 4 MedienG bezeichneten Druckwerke wegen ihres über den unmittelbaren Tageszweck hinausgehenden Informationsgehaltes einer (begrenzten) Pflicht zur Ablieferung an die Österreichische Nationalbibliothek zu unterwerfen. Die Bibliotheksstücke-Verordnung hat von dieser Ermächtigung in weitreichendem Ausmaß Gebrauch gemacht und die Ablieferungspflicht auch auf Schülerzeitun-

---

15 Zur historischen Entwicklung der Ablieferungspflicht, die teils aus der Zensur, teils aus der Privilegierung des Landesherrn herrührt, der als Gegenleistung hierfür dem Urheber Rechtsschutz gewährte, vgl HAAS–TRAEGER, Die Ablieferung von Pflichtexemplaren im Lichte der Eigentumsgarantie, DÖV 80, 16.

16 BGBl 1981/544.

gen, Kursbücher und Fahrpläne erstreckt und auf fast alle Druckwerke, die im geselligen, kulturellen, wissenschaftlichen und religiösen Leben sowie im Vereinsleben als Hilfsmittel verwendet werden; auch gewisse Druckwerke des Wirtschaftslebens, bestimmte den Buch-, Kunst- und Musikalienhandel betreffende Preislisten und ähnliches sowie nicht ausdrücklich zum internen Dienstgebrauch bestimmte amtliche Hilfsmittel sind erfaßt.

Die gesetzliche Verpflichtung zur weitgehend unentgeltlichen Ablieferung von bis zu sieben (bei periodischen Druckwerken 12) Exemplaren kann eine ins Gewicht fallende wirtschaftliche Belastung darstellen. Als *Eingriff in das Eigentum* des Verlegers unterliegt sie verfassungsrechtlichen Schranken.[17] In dieser Hinsicht könnte fraglich sein, ob der Zwang zur Ablieferung von Bibliotheksstücken eine Enteignung darstellt, die dann unter Umständen nur gegen eine angemessene Entschädigung zulässig wäre, oder ob der Gesetzgeber eine bloße Eigentumsbeschränkung geschaffen hat. Denn die Ablieferungspflicht ist zwar auf die einzelnen Bibliotheksstücke gerichtet, die in öffentliches Eigentum übertragen werden; anders als bei der typischen Enteignung wird aber nicht ein bestimmtes Vermögensobjekt durch Verwaltungsakt entzogen. Am ehesten entspricht die Ablieferungspflicht daher wohl einer gesetzlichen Naturalleistungspflicht, die das Eigentum an der Gesamtauflage eines Druckwerkes schon von vornherein belastet und die dann den sonstigen Eigentumsbeschränkungen zuzuordnen wäre.[18]

Auch als Eigentumsbeschränkung ist die Regelung nur gerechtfertigt, wenn sie einem legitimen öffentlichen Interesse dient und die durch sie bewirkte Vermögensbelastung sich im Rahmen des Verhältnismäßigen bewegt, insbesondere nicht wirtschaftlich unzumutbar ist oder einzelne Belastete in sachlich nicht gerechtfertigter Weise unterschiedlich behandelt.[19] Das legitime kulturpolitische Interesse an einer Dokumentation des literarischen Schaffens, das in gewisser Weise zum geistigen Allgemeingut rechnet, steht außer Frage. Daher kommt es im we-

---

17 Art 5 StGG, Art 1 1. ZPMRK.

18 Für die Rechtsprechung des VfGH ist die angesprochene Unterscheidung allerdings ohnedies von nur untergeordneter Bedeutung; vgl ÖHLINGER, Eigentum und Gesetzgebung in Österreich, EuGRZ 84, 557 (563 f); zur Qualifikation der in vielem vergleichbaren Regelungen des deutschen Presserechts über die an Bibliotheken abzuliefernden Pflichtexemplare vgl BVerfGE 58, 137. ANTONIOLLI, Allgemeines Verwaltungsrecht (1954) 262 führt die Vorgängerregelung des PresseG über die Freistücke als Beispiel für verwaltungsrechtliche Leistungspflichten (öffentliche Lasten) an.

19 VfSlg 7759/76, 9911/83.

sentlichen auf die mit der Ablieferungspflicht verbundenen, den Verleger und, wenn diesem die Abwälzung auf den Preis gelingt, indirekt auch den Käufer treffenden wirtschaftlichen Belastungen an. Sie werden maßgeblich durch die Auflagenhöhe und die Produktionskosten bestimmt. Durch die Regelung über den teilweisen Kostenersatz bei teuren Druckwerken, die meist auch eine niedrige Auflage haben, hat sich der Gesetzgeber insoweit um einen sachlich gerechtfertigten und dem Eigentumsschutz Rechnung tragenden Ausgleich bemüht. Was bleibt, ist die – auch schon früher vorgesehene – verhältnismäßig hohe Anzahl der abzuliefernden Exemplare, auf die sich aber die Belasteten und Begünstigten eingestellt zu haben scheinen, so daß die Frage nach der Erforderlichkeit nicht mehr gestellt wird.

5. Die Veröffentlichungspflichten

Eine weitere Form einer im öffentlichen Interesse liegenden Inpflichtnahme privater Massenmedien ist die Verpflichtung zum *Abdruck bestimmter behördlicher Mitteilungen.* Sie ist nur denjenigen Zeitungen und Zeitschriften[20] auferlegt, die auch sonst Anzeigen veröffentlichen, und ist auf zwei sachlich begrenzte Tatbestände beschränkt, nämlich auf

— die Veröffentlichung behördlicher Aufrufe und Anordnungen in Krisen- und Katastrophenfällen und
— die Veröffentlichung gerichtlicher Entscheidungen (§ 46 Abs 1 MedienG).

Inhalt und Umfang der Veröffentlichung bestimmen im ersten Fall die zuständigen Bundes- und Landesbehörden, in der Regel die Behörden der allgemeinen Sicherheitsverwaltung. Der Medieninhaber ist zur inhaltlich unveränderten und nach Maßgabe der technischen Möglichkeiten umgehenden Veröffentlichung verpflichtet.[21] Die Pflicht zur Veröffentlichung gerichtlicher Entscheidungen nach § 46 Abs 1 MedienG betrifft nicht den in anderem Zusammenhang geregelten Abdruck von gegen das be-

20 Die Pflicht trifft genauer besehen jedes periodische Medienwerk, ohne daß dem praktische Bedeutung zukommt; zu den entsprechenden Pflichten des Rundfunks vgl § 5 Abs 2 RFG. Die Veröffentlichung von „Dritturteilen" im Rundfunk ist allerdings ausgeschlossen (§ 46 Abs 2 MedienG).

21 Vgl Wittmann, Medienrecht 54; nach Hartmann–Rieder (1985) 249 sind bei den behördlichen Aufrufen redaktionelle Bearbeitungen, die den Sinngehalt der Meldung nicht verändern, zulässig.

treffende Presseorgan ergangenen Strafurteilen,[22] sondern die Veröffentlichung eines „Dritturteils" in einer unbeteiligten periodischen Druckschrift aufgrund einer besonderen gerichtlichen Anordnung. Solche Urteilsveröffentlichungen sind etwa im Urheberrecht, im Wettbewerbsrecht oder im Lebensmittelrecht vorgesehen.[23] Für die Pflichtveröffentlichung ist in beiden Fällen das „übliche Einschaltungsentgelt" zu vergüten.

6. Die Kennzeichnungspflicht bei Anzeigen

Privatwirtschaftlich organisierte Massenmedien sind auf die Einschaltung bezahlter Anzeigen angewiesen. Eine klare Trennung und Unterscheidung von redaktionellem Teil und Anzeigenteil ist daher geboten, um einer Irreführung des Lesers entgegenzuwirken, der redaktionellen Beiträgen ein größeres Vertrauen entgegenzubringen pflegt als den Anzeigen, die dem Interesse dessen dienen, der dafür zahlt. Die Objektivität der Berichterstattung wird auch durch die verschiedenen Spielarten der „redaktionellen Werbung" in Frage gestellt – etwa durch empfehlende Hinweise auf Waren eines Inserenten im Berichtsteil, durch Anzeigen, die sich durch eine geschickte sprachliche und graphische Gestaltung als redaktionelle Empfehlung tarnen oder durch bezahlte, aber nicht offengelegte „Public-relations"-Beiträge für politische Parteien oder Interessenvertretungen.

Durch § 26 MedienG wird das Gebot einer klaren Abgrenzung von Text- und Anzeigenteil als eine rechtliche Pflicht ausgeformt. Nach dieser Regelung sind Ankündigungen, Empfehlungen sowie sonstige Beiträge und Berichte, für deren Veröffentlichung ein Entgelt geleistet wird, in periodischen Medien entsprechend zu kennzeichnen. Das Gesetz schreibt zur Erfüllung der *Kennzeichnungspflicht* die Verwendung der Begriffe „Anzeige", „entgeltliche Einschaltung" oder „Werbung" vor, andere Zeichen oder Begriffe sind nicht zugelassen.

Auf eine ausdrückliche Kennzeichnung darf nur dann verzichtet werden, wenn Zweifel über die Entgeltlichkeit durch die Gestaltung oder Anordnung der Anzeige ausgeschlossen werden können. Das ist etwa dann der Fall, wenn durch entsprechende

---

22 Vgl dazu unten S 170.
23 Vgl §§ 85, 91 UrhG, § 25 UWG, § 134 KartellG, § 67 LebensmittelG, § 360, 362 StPO; zur teilweise nur subsidiären Geltung des § 46 MedienG vgl HARTMANN–RIEDER (1985) 249.

Überschriften, eine räumliche Trennung von redaktionellem Teil und Anzeigenteil oder eine eindeutig werbegraphische Aufmachung auch für den flüchtigen Leser der Anzeigecharakter klar erkennbar ist.

Die nähere Abgrenzung des Kreises kennzeichnungspflichtiger Veröffentlichungen hat einige Probleme aufgeworfen. Bezweifelt wurde, ob auch „Druckkostenbeiträge", das heißt unter dem üblichen Werbetarif liegende Zuschüsse für einen redaktionell gestalteten Beitrag, die Kennzeichnungspflicht auslösen.[24] Da auch ein Druckkostenzuschuß eine direkte Zuwendung für eine Veröffentlichung ist, sind entsprechend dem Wortlaut des Gesetzes auch solche Veröffentlichungen kennzeichnungspflichtig. Bloße „Gefälligkeitsartikel" brauchen dagegen nicht als entgeltliche Einschaltung gekennzeichnet werden, und zwar auch dann nicht, wenn aus Anlaß der Veröffentlichung ein künftiger wirtschaftlicher Vorteil – etwa ein Inseratenauftrag – in Aussicht gestellt wurde oder der Begünstigte gleichzeitig ein nach dem normalen Tarif bezahltes Inserat einschalten läßt. Der Nachweis, daß die Gebühr für ein solches Inserat zugleich auch Entgelt für eine „redaktionelle Werbung" ist oder sich die Zeitung stillschweigend zu einer „redaktionellen Zugabe" verpflichtet hat – diese Fälle müßten an sich eine Kennzeichnungspflicht auslösen –, wird in der Praxis kaum zu führen sein. Weil weder die unentgeltliche redaktionelle Werbung noch die redaktionellen Zugaben von der Kennzeichnungspflicht erfaßt sind, hat man die Regelung des § 26 MedienG daher auch im Hinblick auf den Konsumentenschutz als zu eng gefaßt bezeichnet.[25]

Die Pflicht für eine entsprechende Kennzeichnung zu sorgen, hat das Gesetz dem Medieninhaber (Verleger) bzw seinem verantwortlichen Beauftragten (Anzeigenleiter) auferlegt. Die Kennzeichnungspflicht nach § 26 MedienG gilt auch für den Rundfunk, wird aber für den Bereich des ORF durch die besonderen rundfunkrechtlichen Regelungen für Werbesendungen verdrängt.

7. *Die Verbreitungsbeschränkungen*

Die *Verbreitung von Druckschriften* unterliegt wegen der berührten öffentlichen Interessen einer Reihe von Beschränkungen:

---

24 Eine Freistellung von der Kennzeichnungspflicht nimmt an WITTMANN, Medienrecht 49 unter Hinweis auf die Entstehungsgeschichte; dagegen FOREGGER, Mediengesetz 79; HARTMANN-RIEDER (1985) 164.

25 Vgl SCHUHMACHER, Verbraucherschutz bei Vertragsanbahnung (1983) 223ff m weit Nachw auch zur wettbewerbspolitischen und wettbewerbsrechtlichen Seite der Kennzeichnungspflicht.

Der gewerbsmäßige Handel mit Büchern und der Großhandel mit Zeitungen und Zeitschriften sind den Bestimmungen der GewO unterworfen.[26] Die Benutzung von Straßen für verkehrsfremde Zwecke, etwa durch Aufstellen von Straßenverkaufsständern für Zeitungen,[27] bedarf einer straßenpolizeilichen Bewilligung; nach näherer landesrechtlicher Regelung ist ferner auch eine Bewilligung der Straßenverwaltung einzuholen.[28] Das Anschlagen von Druckwerken an öffentlichen Orten unterliegt ebenfalls straßenpolizeilichen und straßenverwaltungsrechtlichen Beschränkungen[29] und kann aus Gründen des Natur-, Landschafts- und Ortsbildschutzes anzeige- oder bewilligungspflichtig sein. Dem Schutze Jugendlicher dient das Verbot der Beschäftigung von Jugendlichen beim gewerbsmäßigen Vertrieb und bei der Verbreitung von Druckschriften auf der Straße und an öffentlichen Orten.[30] Besondere Vorschriften über den Handel mit Druckwerken enthält auch das KonsumentenschutzG, um vor der Überrumpelung durch Zeitschriftenwerber und vor leichtfertigem Abschluß von Abonnements zu schützen: Entsprechende Verträge sind schriftlich zu errichten; die einwöchige Frist für das dem Konsumenten bei Haustürgeschäften zustehende Rücktrittsrecht beginnt erst nach Übersendung der Vertragsurkunde zu laufen, die unter anderem deutlich lesbar eine Belehrung über dieses Rücktrittsrecht enthalten muß. Verträge über den Bezug von Tageszeitungen sind von dieser Regelung aber ausgenommen (§§ 26, 26a KonsumentenschutzG).

Das MedienG ergänzt diese in unterschiedliche Sachzusammenhänge eingebundenen Bestimmungen durch medienrechtliche Vorschriften über die *Verbreitung von Druckwerken,* die ein Rest des strengen Systems pressepolizeilicher Verbreitungsbeschränkungen sind, die das vorige Jahrhundert noch kannte.

Vor dem Hintergrund des ehemals üblichen Kolportageverbots hebt § 47 Abs 1 MedienG das Recht hervor, periodische

26 Vgl oben S 118.

27 Dazu VfSlg 5616, 5619/67, 5663/68; VwSlg 7796 A/70. Zur Verpflichtung der Behörden, bei der Anwendung dieser Tatbestände im Einzelfall auf die verfassungsrechtliche Meinungs- und Pressefreiheit entsprechende Rücksicht zu nehmen vgl VfGH 12. 3. 1988 B 970/87.

28 Einzelne Regelungsbereiche werden dargestellt bei LEBITSCH, Probleme des Gemeingebrauchs am Beispiel der Benützung von Straßen als Forum der öffentlichen Kommunikation, JBl 83, 68 (79f); SCHÖNHERR, Das Recht der Außenwerbung in Österreich, ZVR 72, 321.

29 § 84 Abs 2 StVO und die einschlägigen Regelungen der LandesstraßenG.

30 § 23 Abs 1 Kinder- und JugendbeschäftigungsG BGBl 1948/146 idgF iVm § 9 Z 28 der VO BGBl 1981/527.

Druckschriften sowohl von einem festen Standort aus als auch auf der Straße zu verbreiten. Der Verkauf von Zeitungen und Zeitschriften auf öffentlichen Straßen darf daher von dem über die Straße Verfügungsberechtigten nicht verboten werden, weil ein solches Verbot mit dem Gemeingebrauch an öffentlichen Straßen unvereinbar wäre. Beschränkungen der freien Verbreitung, die sich aus anderen Rechtsvorschriften ergeben, wie etwa die Bewilligungspflicht für Straßenverkaufsständer nach der StVO, bleiben davon freilich unberührt. An anderen öffentlichen Orten als Straßen sollte nach der Ursprungsfassung des § 47 Abs 1 MedienG die Verbreitung periodischer Druckschriften dagegen nur zulässig sein, „sofern es der Verfügungsberechtigte nicht untersagt". Mit diesem Untersagungsrecht des Verfügungsberechtigten hat sich der VfGH in einem 1987 ergangenen Erkenntnis auseinandergesetzt und im Ergebnis die darauf bezogene Wortfolge des § 47 Abs 1 MedienG als verfassungswidrig aufgehoben.

Der Grund für die Verfassungswidrigkeit lag in der undifferenzierten Ausgestaltung des Untersagungsrechts, das an sich einen verfassungsgerechten Ausgleich zwischen der Meinungsfreiheit und den der Ausübung der Meinungsfreiheit entgegengesetzten Eigentümerbefugnissen bewirken sollte: Die für den Vertrieb von Zeitungen und Zeitschriften in Betracht kommenden öffentlichen Orte sind nämlich vielfältig, und sie stehen vor allem auch im Eigentum von unterschiedlichen Rechtssubjekten. Ein privater Eigentümer muß nach Ansicht des VfGH das Recht haben, die Kolportage auf seinen Liegenschaften (zB Gaststätte, Kaufhaus, Kirche usw) nach freiem Belieben entweder zuzulassen, einzuschränken oder gänzlich auszuschließen, weil diese Befugnis geradezu auch ein Ausfluß der ihm zustehenden Meinungsfreiheit ist. Ist dagegen die öffentliche Hand über einen öffentlichen Ort verfügungsberechtigt (zB Amtsgebäude, Schulen, Universitäten), kann sich diese nicht auf die Freiheit der Meinungsäußerung berufen, sondern hat gerade umgekehrt die Freiheit des Bürgers zu respektieren. Ein der öffentlichen Hand eingeräumtes und nicht näher eingegrenztes Untersagungsrecht ist daher verfassungswidrig, weil die Freiheit zur Verbreitung von Druckwerken nur aus überwiegenden Gründen des Gemeinwohls (Art 10 Abs 2 MRK) eingeschränkt oder unterbunden werden darf.[31] Bei einer Neufassung der aufgehobenen Bestimmung müßte der Gesetzgeber daher zwischen privaten und öffentlichen Eigentümern unterscheiden und klarstellen, daß ein Verbreitungsverbot oder eine Verbreitungsbeschränkung für die von der öffentlichen Hand verwalteten öffentlichen Örtlichkeiten nur aus

---

31 VfGH 19. 3. 1987 G 147/86, MuR 87/3, 87; zu Art 10 Abs 2 MRK vgl oben S 71 ff.

Gründen erlassen werden darf, die vor Art 10 Abs 2 MRK Bestand haben.

Durch die Aufhebung der Regelung über die durch ein Untersagungsrecht des Verfügungsberechtigten eingeschränkte Freiheit der Verbreitung auch auf anderen öffentlichen Orten als auf Straßen ist diese Freiheit nicht beseitigt worden. Wie der VfGH in dem zitierten Erkenntnis klargestellt hat, ist auch künftig die Verbreitung an öffentlichen Orten medienrechtlich nicht verboten, sondern erlaubt. Der über den Ort verfügungsberechtigte *private* Eigentümer hat auch weiterhin ein unbeschränktes Untersagungsrecht, das er allerdings nach dem Wegfall des medienrechtlichen Verbotes mit den ihm zur Verfügung stehenden privatrechtlichen Rechtsbehelfen (zB Besitzstörungsklage) durchsetzen muß. Die *öffentliche Hand* kann von ihrem Eigentumsrecht dagegen nur einen solchen Gebrauch machen, der mit der Garantie der Meinungsfreiheit vereinbar ist, weshalb eine privatrechtliche Verbreitungsbeschränkung nur aus einem überwiegenden öffentlichen Interesse und vor allem frei von Willkür verfügt werden darf.

Auch weiterhin absolut verboten ist der Vertrieb „von Haus zu Haus“ (§ 47 Abs 1 MedienG, letzter Satzteil). Ob für dieses *Hausierverbot* allerdings noch die ursprüngliche Rechtfertigung – der Schutz der leicht beeinflußbaren Teile der Bevölkerung vor geistigen Machwerken und das Fehlen von Überwachungsmöglichkeiten – ins Treffen geführt werden kann, wird man bezweifeln müssen. Was bleibt, ist der Schutz vor Belästigungen.[32] Nicht behindert werden durch diese Bestimmung das unentgeltliche Verteilen von Zeitungen, die Tätigkeit der Zusteller und – unter Beachtung der konsumentenschutzrechtlichen Regelungen – das Sammeln von Abonnements. Ebenfalls dem Konsumentenschutz dient die Vorschrift, daß auf jeder Nummer eines inländischen periodischen Druckwerks der Preis deutlich vermerkt sein muß (§ 47 Abs 3 MedienG). Die arbeitsrechtlichen Schutzbestimmungen für Kinder und Jugendliche werden in § 47 Abs 2 MedienG hinsichtlich der Verbreitung periodischer Druckwerke modifiziert.[33]

Einer besonderen pressepolizeilichen Aufsicht ist das *Plaka-*

---

32 Zur Begründung der Vorgängerbestimmung in § 10 Abs 2 PresseG 1922 vgl SWOBODA-HARTMANN, Preßrecht 25f.

33 Verbot der unentgeltlichen Verteilung und des entgeltlichen Vertriebs für Unmündige unter 14 Jahren, Verbot des entgeltlichen Vertriebs für Jugendliche unter 18 Jahren mit Ausnahme für den Vertrieb von Schülerzeitungen.

tieren von Druckwerken unterstellt. § 48 Abs 1 MedienG bekräftigt den seit der Aufhebung der früheren Plakatzensur durch das PresseG 1922 geltenden Grundsatz, daß es zum Anschlagen, Aushängen und Auflegen eines Druckwerkes an einem öffentlichen Ort keiner behördlichen Bewilligung bedarf. Diese sogenannte Plakatierfreiheit hindert allerdings nicht, daß Bewilligungspflichten unter anderen als pressepolizeilichen Gesichtspunkten erlassen werden;[34] sie läßt auch entgegenstehende private Rechte unberührt, so daß Plakate nur mit Zustimmung eines allenfalls betroffenen privaten Eigentümers angeschlagen werden dürfen.

Medienrechtlich wird die Plakatierfreiheit durch die in § 48 Satz 2 MedienG enthaltene Ermächtigung zur Erlassung von sogenannten Plakatierungsverordnungen beschränkt. In solchen Verordnungen können die Bezirksverwaltungs- bzw die Bundespolizeibehörden „zur Aufrechterhaltung der öffentlichen Ordnung" anordnen, daß das *Anschlagen* von Druckwerken *nur an bestimmten Plätzen* erfolgen darf.

Nach der Rechtsprechung des VfGH zu der vergleichbaren Vorgängerbestimmung im PresseG 1922 ist die Reichweite dieser Verordnungsermächtigung allerdings eng begrenzt zu verstehen. Die Möglichkeit, das Plakatieren im Verordnungsweg zu beschränken, gibt keine Handhabe für die Einführung eines Zulassungssystems, für irgendeine Form der Bedarfsprüfung oder für die Schaffung lokaler Ankündigungsmonopole. Bei verfassungskonformer Interpretation darf das Anschlagen auch nur soweit auf bestimmte Plätze beschränkt werden, als an anderen Standorten überwiegende öffentliche Interessen entgegenstehen. Im Ergebnis wäre die Behörde daher gehalten, nach Erhebung aller berührten öffentlichen Belange und nach umfassender Prüfung aller möglichen Standorte jene Plätze konkret zu bezeichnen, auf denen aus Gründen der Aufrechterhaltung der öffentlichen Ordnung Plakate *nicht* angeschlagen werden dürfen. Diese Entscheidungsbefugnis darf auch nicht auf andere Behörden oder auf die privaten oder kommunalen Plakatierungsunternehmen übertragen werden.[35]

Von der Ermächtigung zur Erlassung von Plakatierungsverordnungen haben die zuständigen Behörden durchwegs Gebrauch gemacht. Nach Inkrafttreten des MedienG wurden die bestehenden Regelungen überarbeitet. Dabei trachtet die Praxis,

---

34 Vgl oben S 129.
35 Vgl VfSlg 5913/69, 6999/73, 8014, 8018, 8019/77, 9591/82; Wittmann, Medienrecht 57.

das Anschlagen von Plakaten auf „offensichtlich zum Anschlagen von Druckwerken bestimmte Flächen" zu beschränken, worunter in erster Linie die gewerblich genutzten oder von der öffentlichen Hand zur kostenlosen Benutzung zur Verfügung gestellten Plakatwände, Litfaßsäulen und Plakatständer verstanden werden. Um den verfassungsrechtlichen Erfordernissen gerecht zu werden, durfte allerdings auch das Plakatieren an anderen Flächen nicht ganz generell ausgeschlossen werden; durch eine mehr oder minder umfangreiche Auflistung von Orten und Gegenständen, auf denen Plakate nicht angebracht werden dürfen, schränken die Verordnungen die verbleibenden Möglichkeiten aber praktisch doch sehr weitgehend ein.[36]

Diese Praxis verdeutlicht die *grundsätzliche Problematik* der in § 48 MedienG enthaltenen Ermächtigung. Eine konkrete Bezeichnung *aller* jener Flächen, auf denen unbeschadet einer Zustimmung des Verfügungsberechtigten Plakate wegen eines widerstreitenden öffentlichen Interesses nicht angeschlagen werden dürfen, ist realistisch kaum vorstellbar. Durch die schwer durchschaubaren Regelungen der Plakatierungsverordnungen wird das Anschlagen von Druckwerken im Ergebnis einem verhältnismäßig strengen, mit Verwaltungsstrafe sanktionierten Reglement unterworfen, das sich auf nicht näher bezeichnete Gesichtspunkte der öffentlichen Ordnung stützt. Dies geschieht, obwohl die notwendigen Beschränkungen etwa zum Schutz des Orts- und Landschaftsbildes oder zur Wahrung der Verkehrssicherheit ohnedies von den dafür zuständigen Instanzen erlassen wurden und spezifisch medienpolitische Gesichtspunkte für eine weitergehende Regelung nicht ersichtlich sind. Für eine gesamthafte Regelung, die die verschiedenen öffentlichen Gesichtspunkte zusammenführt und den notwendigen Ordnungsrahmen für das Plakatieren absteckt, kann die Ermächtigung im MedienG aber aus kompetenzrechtlichen Gründen keinen Ansatz bieten. Die gegen die Verfassungsmäßigkeit des § 48 MedienG vorgebrachten Bedenken hat der VfGH allerdings nicht geteilt.[37]

---

36 Vgl die nach einem Muster des Innenministeriums gestalteten PlakatierungsVO der einzelnen Bundespolizeidirektionen, zB die VO der Bundespolizeidirektion Wien vom 31. 1. 1983, Amtsblatt der Wiener Zeitung vom 4. 2. 1983. Nach § 1 Abs 2 dieser VO dürfen – sofern es sich nicht um offensichtlich zum Plakatieren bestimmte Flächen handelt – Druckwerke nicht angeschlagen werden an Außenflächen von Gebäuden oder von Einfriedungen, an Brückenpfeilern, an Bäumen, an Denkmälern oder an den der religiösen Verehrung gewidmeten Sachen sowie auf im einzelnen bezeichneten Verkehrs- und Versorgungseinrichtungen.

37 Vgl dazu die ziemlich pauschalen Ausführungen in VfGH 9.6.1986 B 290/84. Bemerkenswert ist, daß noch der Ministerialentwurf zum MedienG 1975 glaubte, auf die „unter dem Gesichtspunkt der Medienfreiheit problematisch(e)" Verordnungsermächtigung verzichten zu können. Zur Diskussion um ihre Verfassungsmäßigkeit vgl m weit Nachw GROISS–SCHANTL–WELAN, Betrachtungen zur Verfassungsgerichtsbarkeit, ÖJZ 76, 258 f.

8. Die Postbeförderung

Von großer Bedeutung für die einzelnen Presseunternehmen und für ein leistungsfähiges Nachrichtenwesen ist die Beförderung von Zeitungen und Zeitschriften durch die Post. Das PostG nahm seit jeher die *periodischen* Druckschriften von dem zugunsten der Post bestehenden Beförderungsvorbehalt aus, so daß jedenfalls die Zeitungen und Zeitschriften auch über private, verlagseigene Vertriebssysteme zugestellt werden durften.[38] Durch ein 1987 ergangenes Erkenntnis des VfGH, mit dem einige Worte des § 10 PostG wegen Verfassungswidrigkeit aufgehoben wurden, wurde das Beförderungsmonopol der Post weiter eingeschränkt, weil nunmehr auch die *sonstigen* Druckschriften (zB Werbematerial), die bis dahin noch vom Vorbehalt erfaßt waren, durch Private befördert werden dürfen.[39] Trotz dieser Auflockerung des Postmonopols bleibt der Postversand aber in vielen Fällen, vor allem bei den Wochen- und Monatszeitschriften und in den weniger dicht besiedelten Gebieten, die wirtschaftlichste Vertriebsform.

Die Ausnahme vom Postzwang läßt die *Verpflichtung der Post* unberührt, im Rahmen der allgemeinen Beförderungsbedingungen Druckwerke zu befördern. Von sonstigen betrieblich bedingten Einschränkungen abgesehen, ist die Post daher nur berechtigt, Druckwerke mit offensichtlich staatsgefährlichem oder unsittlichem Inhalt von der Beförderung auszuschließen (§ 6 PostG) und dem Absender zurückzugeben (§ 8 PostO).[40] Durch diese Bestimmung sollte der Post allerdings keine ihr wesensfremde Kompetenz zu einer selbständigen inhaltlichen Kontrolle eingeräumt werden, die auch auf verfassungsrechtliche Bedenken stoßen müßte. Der Post wird nur das Recht eingeräumt,

---

38 § 10 PostG BGBl 1957/58, zuletzt geänd BGBl 1986/48 und BGBl 1987/549 (Aufhebung einiger Worte in § 10).

39 Vgl VfGH 9. 10. 1987 G 75/87; aufgehoben wurden die Worte „wiederkehrend erscheinende" in § 10 PostG. Nach Ansicht des VfGH hat der Gesetzgeber durch die aufgehobene Regelung gegen das Grundrecht auf Erwerbsfreiheit verstoßen, weil er den Beförderungsvorbehalt geschaffen hat, obwohl die Beförderungs*pflicht* der Post bei Massensendungen erheblich eingeschränkt ist, der Post also die Erbringung von Beförderungsleistungen vorbehalten wurde, die sie zT nicht zu erbringen braucht und zT nicht zu erbringen vermag.

40 BGBl 1957/110, zuletzt geänd BGBl 1984/23; die Post ist nicht berechtigt, ausgeschlossene Sendungen zurückzubehalten; vgl SCHAGINGER–TRPIN, Postgesetz und Postordnung (1958) § 6 PG Anm 8.

bei der Erfüllung posteigener Aufgaben öffentliche Interessen wahrzunehmen, wenn diese offensichtlich gefährdet erscheinen.[41] Nach dieser einschränkenden Interpretation darf die Beförderung daher nur abgelehnt werden, wenn ein Verstoß gegen Bestimmungen des strafrechtlichen Staatsschutzrechts oder des Sittenschutzrechts auf der Hand liegt und der bedenkliche Inhalt bei der Prüfung der Einhaltung vorgeschriebener Beförderungsbedingungen (Verpackung, Anschrift, besondere Merkmale) wahrnehmbar ist.

Eine Reihe von postdienstlichen und gebührenrechtlichen Begünstigungen, vor allem die Beförderung zu einem wesentlich herabgesetzten Gewichtstarif, knüpft sich an die Zulassung von Zeitungen zum sogenannten *Postzeitungsversand*.

Sie ist vom Medieninhaber (Verleger) bei der zuständigen Post- und Telegraphendirektion zu beantragen. Weil der Postzeitungsdienst nicht auf Kostendeckung angelegt ist – der Kostendeckungsgrad liegt unter 20% –, stellt die Zulassung eine Maßnahme der Presseförderung dar, die seit jeher nur denjenigen Zeitungen zugute kommen soll, die typische Presseaufgaben wahrnehmen.[42] Zulassungsfähig sind nach näher gesetzlicher Regelung Tageszeitungen, Wochenblätter und (mindestens vierteljährlich erscheinende) Monatszeitschriften, die der Information über das Tagesgeschehen dienen oder die sonstwie „in presseüblicher Weise“ über bestimmte Angelegenheiten des Gemeinschaftslebens berichten. Ausdrücklich ausgeschlossen sind neben den ausländischen Druckschriften und den Sammelwerken Druckschriften, die Werbezwecken dienen oder für die kein Entgelt verlangt wird. Zeitungen von Parteien, Kirchen, Vereinen und die der Wahlwerbung dienenden Drucksachen werden aber auch dann zum Postzeitungsdienst zugelassen, wenn sie unentgeltlich sind (§ 20 Anlage 1 zum PostG).

Die Abgrenzung der begünstigten Zeitungen gegenüber den Werbedruckschriften kann im Einzelfall schwierig sein, weil dem Anzeigengeschäft auch bei den „echten“ Presseorganen große Bedeutung zukommt und weil es eine Reihe schwer zuzuordnender Formen gibt, wie zB die Werks- oder die Kundenzeitschriften. Nach der Rechtsprechung kommt es auf eine Art Gesamtbetrachtung an, so daß der die Begünstigung aus-

---

41 Vgl SCHAGINGER–TRPIN, aaO § 6 PG Anm 7; zum vergleichbaren fernmelderechtlichen Vorbehalt vgl VfSlg 2720/54.

42 Nach SCHAGINGER–TRPIN, Ergänzungsband zum Kommentar Postgesetz und Postordnung (1960) 88 wäre der Postzeitungsdienst sogar nur für Zeitungen gedacht, die „staatspolitische und kulturelle Aufgaben“ wahrnehmen!

schließende Werbezweck nicht etwa nur aus einem flächenmäßigen Vergleich zwischen redaktionellem Teil und Anzeigenteil abzuleiten ist, sondern alle in Betracht kommenden Merkmale einer Zeitung, wie die Form, die Ausstattung, der Umfang und auch der Inhalt geprüft werden müssen.[43] Auf diese pressetypischen Merkmale kommt es bei den unentgeltlich abgegebenen Druckschriften nicht an, die jedenfalls und unabhängig von der konkret wahrgenommenen publizistischen Aufgabe von der Beförderung zu den begünstigten Tarifen ausgeschlossen sind, eine Bestimmung, die sich vor allem gegen die ausschließlich aus Anzeigenerlösen finanzierten Gratiszeitschriften richtet. Die Problematik dieser Anknüpfung an die Preisgestaltung, die für sich genommen noch kein ausreichendes und sachliches Kriterium für die erbrachte publizistische Leistung ist, wird durch die ausdrücklich zugelassenen Ausnahmen für die Partei-, Kirchen- und Vereinspresse nur zu einem Teil entschärft.[44]

9. Presseordnungsdelikte

Verstöße gegen das Ordnungsrecht der Presse (Presseordnungsdelikte) unterliegen einer Verwaltungsstrafsanktion, nachdem das MedienG die früher vorgesehenen gerichtlichen Straftatbestände in diesem Bereich ausnahmslos aufgehoben hat. Als Verwaltungsübertretungen strafbar sind:

— der Verstoß gegen die Impressumspflicht (Nichtveröffentlichung, unrichtige oder unvollständige Angaben) durch den Hersteller – § 27 Abs 1 Z 1 iVm § 24 Abs 3 MedienG;

— die Verletzung der Pflicht, die für die Veröffentlichung des Impressums erforderlichen Auskünfte zu erteilen, durch den Medieninhaber (Verleger) – § 27 Abs 1 Z 1 iVm § 24 Abs 3 MedienG;

— der Verstoß gegen die Pflicht zur wirtschaftlich-unternehmerischen Offenlegung (Nichtveröffentlichung, un-

---

43 VwGH 11. 3. 1981, ZfVB 82/3/878; VwGH 21. 11. 1985, ZfVB 86/3/1298; VwGH 13. 5. 1987, MuR 88/2, 64.

44 Die Privilegierung der von den politischen Parteien herausgegebenen Druckwerke, die auch dann, wenn sie unentgeltlich abgegeben werden, zum Postzeitungsversand zugelassen sind, könnte sogar ihrerseits unter dem Gesichtspunkt des Gleichheitssatzes auf verfassungsrechtliche Bedenken stoßen, da eine vergleichbare Begünstigung anderen politischen Gruppierungen nicht zugestanden ist. In seiner Entscheidung vom 11. 3. 1988 B 934/87 hat der VfGH allerdings sowohl dem Ausschluß der Gratiszeitungen (wegen der unterschiedlichen wirtschaftlichen Grundlagen von Kauf- und Gratiszeitungen) wie der Begünstigung der politischen Parteien (wegen ihrer verfassungsrechtlich vorgezeichneten Sonderstellung bei der politischen Willensbildung) verfassungsrechtliche Unbedenklichkeit attestiert.

richtige oder unvollständige Angaben) durch den Medieninhaber (Verleger) – § 27 Abs 1 Z 1 iVm § 25 Abs 2 und 3 MedienG;
- die Verletzung der Pflicht zur Ablieferung (Anbietung) von Bibliotheksstücken durch den Medieninhaber (Verleger) bzw durch den Drucker – § 45 Abs 2 MedienG;
- der Verstoß gegen die Verpflichtung zur Veröffentlichung bestimmter behördlicher Aufrufe und Anordnungen und gerichtlicher Entscheidungen durch den Medieninhaber (Verleger) – § 46 Abs 4 MedienG;
- der Verstoß gegen die Pflicht zur Bewirkung der Kennzeichnung von entgeltlichen Anzeigen durch den Medieninhaber (Verleger) – § 27 Abs 1 Z 2 iVm § 26 MedienG;
- der Verstoß gegen eine Verbreitungsvorschrift des § 47 MedienG und gegen eine Plakatierungsverordnung nach § 48 MedienG – § 49 MedienG.

Alle diese Verwaltungsstraftatbestände sehen einheitlich eine Geldstrafe bis zu öS 10.000,– vor. Der Verfall von Druckwerken oder ihre Beschlagnahme ist im Zusammenhang mit Presseordnungsdelikten nicht mehr vorgesehen.

Zuständig für die Durchführung des Verwaltungsstrafverfahrens ist die Bezirksverwaltungsbehörde, wo eine solche besteht die Bundespolizeibehörde. Für die örtliche Zuständigkeit ist im Falle der Verletzung der Impressumspflicht der Herstellungsort, sonst der Sitz des Medienunternehmens, wenn aber das Medium nicht von einem Medienunternehmen verbreitet wird, der Verlagsort maßgeblich.

Die allgemeinen Bestimmungen des Verwaltungsstrafrechts über Schuld, Zurechnungsfähigkeit, Schuldausschließungs- und Rechtfertigungsgründe usw und über das Verwaltungsstrafverfahren sind auf die Presseordnungsdelikte ohne Einschränkungen anwendbar. Strafbar sind daher auch der nur fahrlässige Verstoß gegen ein Presseordnungsdelikt (§ 5 Abs 1 VStG), die Anstiftung und die Beihilfe (§ 7 VStG), nicht aber der Versuch (§ 8 Abs 1 VStG). Trifft die Pflicht eine juristische Person oder Personengemeinschaft ohne Rechtspersönlichkeit, was zutrifft, wenn zB der Medieninhaber eine Personen- oder Kapitalgesellschaft ist, ist derjenige für die Einhaltung der medienrechtlichen Ordnungsvorschriften strafrechtlich verantwortlich, der zur Vertretung nach außen berufen ist. Diese Person ist nach der allgemeinen Regelung des § 9 VStG berechtigt und auf Verlangen der Behörde auch verpflichtet, für bestimmte räumlich oder sachlich abgegrenzte Bereiche des Medienunternehmens eine andere Person zum verantwortlichen Beauftragten zu bestellen, der dann die Verantwortung für die Einhaltung der verschiedenen Ordnungsvorschriften obliegt. Auch eine natürliche Person, die Inhaber eines größeren Medienunternehmens ist, kann für abgegrenzte Verantwortungsbereiche einen für den Bereich der medienrechtlichen Verpflichtungen verantwortlichen Beauftragten bestellen (§ 9 Abs 4 VStG). Für die verhängten Geldstrafen haftet jedoch auch in solchen Fällen der Inhaber oder die juristische Person oder Personengemeinschaft zur ungeteilten Hand.

Nicht mit Strafe bedroht sind von den medienrechtlichen Ordnungsvorschriften der Verstoß gegen die Pflicht zur publizistischen Offenlegung sowie, mangels einer entsprechenden Auskunftspflicht, die Verweigerung der Auskunft durch einen Gesellschafter an den zur Offenlegung dieser Angaben verpflichteten Medieninhaber.

VI. KAPITEL

Das Rundfunkrecht

Die im BVG-Rundfunk angelegte staatliche Verantwortung für einen öffentlichen Rundfunk hat zu einem ausgebauten Rundfunkrecht geführt, wie es vergleichbar für die Printmedien nicht existiert. Zeitungen und Zeitschriften werden im Rahmen der allgemeinen Rechtsordnung von Einzelpersonen oder von Unternehmen herausgegeben, die nach den Rechtsformen des Bürgerlichen Rechts eingerichtet sind und den allgemeinen Gesetzen unterliegen. Für den Rundfunk hat der Gesetzgeber ein eigenständiges Organisationsrecht geschaffen und medienpolitische Direktiven für die Besorgung des Programmauftrages ausgeformt. Weil der ORF im Augenblick noch der einzige gesetzlich zugelassene Veranstalter von Rundfunk ist, ist das im Rundfunkgesetz über die Aufgaben und die Einrichtung des Österreichischen Rundfunks (RFG) kodifizierte Rundfunkrecht zugleich ein Sonderrecht für diese Anstalt. Es wird durch fernmelderechtliche Vorschriften ergänzt, die sich ohne Einschränkung auf eine bestimmte Rundfunkträgerschaft der technischen Seite des Rundfunkwesens zuwenden.[1]

1. Rechtsnatur und Rechtsstellung des ORF

Das RFG 1974 ist von einer privatrechtlichen Organisation des Rundfunks abgegangen und hat unter der Bezeichnung „Österreichischer Rundfunk" einen öffentlich-rechtlichen Rechtsträger mit eigener Rechtspersönlichkeit eingerichtet (§ 1 RFG). Nach herrschender Auffassung handelt es sich dabei um eine dem Bund zugeordnete, mit ihm aber nicht identische selbständige

1 Gesamtdarstellungen des Rundfunkrechts bei WITTMANN, Rundfunkfreiheit (1981); TWAROCH–BUCHNER (Hrsg), Rundfunkrecht in Österreich[3] (1985); EVERS, Kulturverfassungsrecht und Kulturverwaltungsrecht in Österreich, JöR 33 (1984) 189 (242ff); das Rundfunkgesetz selbst ist unten S 333ff wiedergegeben.

Anstalt öffentlichen Rechts.[2] Die öffentlich-rechtliche Organisationsstruktur erlaubt eine Eingliederung des Rundfunks in den staatlichen Verantwortungsbereich und sichert Einflußrechte des Staates, die durch ein öffentliches Aufsichtsrecht ergänzt werden, das der Bund durch eine eigene Behörde (Rundfunkkommission) ausübt. Auf diese Weise gibt die Anstaltsform der öffentlichen Aufgabe Rundfunk eine adäquate Organisation, ohne daß sie die einzig denkbare Form für die Erfüllung der dem Rundfunk verfassungsrechtlich übertragenen öffentlichen Aufgabe wäre.

Ungeachtet der öffentlich-rechtlichen Organisation sind die Handlungen des ORF keine staatlichen Hoheitsakte.[3] Daraus folgt, daß die an Verwaltungsorgane gerichteten verfassungsrechtlichen Normen über die Amtsverschwiegenheit oder die Amtshilfe für die Organe des ORF nicht gelten und die Anstalt selbst weder der parlamentarischen Kontrolle noch der Mißstandskontrolle durch die Volksanwaltschaft unterliegt. Die finanzielle Kontrolle durch den Rechnungshof wurde durch eine ausdrückliche Verfassungsbestimmung angeordnet (§ 31a RFG). Zivil- und strafrechtlich haftet der ORF grundsätzlich wie ein privates Rechtssubjekt; er hat jedoch die gesteigerten Objektivitäts- und Sorgfaltspflichten zu beachten, die ihm aus den gesetzlichen Programmdirektiven erwachsen.

Für den Hörer oder Seher knüpft sich die Berechtigung zum Empfang der Programme des ORF an die entsprechende *fernmeldebehördliche Bewilligung* [Rundfunk-(Fernsehrundfunk-) Hauptbewilligung]. Mit ihr ist die Pflicht zur Entrichtung der hoheitlichen Fernmeldegebühren und zur Bezahlung des fortlaufenden Programmentgelts verbunden, das nach Abzug einer Vergütung für die Einhebung durch die Post dem ORF zufließt. Die Höhe des Programmentgelts wird vom ORF-Kuratorium festgesetzt (§ 20 RFG).[4] Die für hilflose und mittellose Personen

---

2 VfSlg 7593, 7717/75; WITTMANN, Rundfunkfreiheit 93ff; TWAROCH–BUCHNER, Rundfunkrecht 34; zur Problematik dieser Einordnung FUNK, Das Rundfunkrecht im Lichte öffentlich-rechtlicher Grundlehren, ÖJZ 77, 589 (592).

3 Dies ist für die Erfüllung des Programmauftrages und die Vergabe von Werbezeiten unbestritten; hinsichtlich der Festsetzung des Programmentgelts und bestimmter Organisationsakte (Erlassung der Geschäftsordnung) wurde zum Teil eine Zugehörigkeit zur Hoheitsverwaltung angenommen, eine Auffassung, der sich die Rechtsprechung allerdings nicht angeschlossen hat; vgl VfSlg 7717/75. Zur Diskussion um die Zuordnung der Tätigkeit des ORF vgl GROISS–SCHANTL–WELAN, Die neuere Rechtsprechung des VfGH in Rundfunkangelegenheiten, ÖJZ 79, 113 (122); FUNK, ÖJZ 77, 589.

4 Nach Ansicht des VfGH handelt es sich auch dabei um einen nach den Vorschriften des Privatrechts zu beurteilenden Akt, obwohl die Einhebung dieses einseitig festgesetzten Entgelts und die Einbringung rückständiger Zah-

vorgesehene Befreiung von den Fernmeldegebühren erfaßt auch das Programmentgelt. Zusätzlich zu den Rundfunk-(Fernseh-) Gebühren und dem Programmentgelt erheben die meisten Länder noch Landesabgaben (Kulturschilling, Altstadterhaltungsschilling usw) und der Bund einen Kunstförderungsbeitrag.[5]

Auch das Rechtsverhältnis zwischen dem ORF und seinen Kunden bei der Vergabe von Werbezeiten für Zwecke der *kommerziellen Werbung* beruht auf Privatrecht. Um den ORF nicht von der Erfüllung seines gesetzlichen Programmauftrages abzuhalten und zum Schutz der übrigen Werbeträger (Printmedien), beschränkt das RFG den zeitlichen Umfang von Werbesendungen im Rundfunk (im Fernsehen 20 Minuten, im Hörfunk 120 Minuten täglich). Innerhalb des gesetzlichen Werbezeitenlimits wird der Umfang der Werbesendungen vom ORF-Kuratorium festgesetzt; eines der Programme des Hörfunks muß von Werbesendungen frei bleiben.[6] Nach einer entsprechenden Einigung zwischen dem ORF und den Zeitungsherausgebern hat der Gesetzgeber Ende 1985 eine Ausweitung der Werbezeit durch Aufhebung des Sonn- und Feiertags-Werbeverbotes zugelassen.[7] In den „Geschäftsbedingungen des ORF für Werbehörfunk und Werbefernsehen" sind die gesetzlichen Werbebeschränkungen (Werbeverbote für Tabakwaren und Spirituosen) sowie darüber hinausgehende Selbstbeschränkungen des ORF festgelegt und werden die Arten der Rundfunkwerbung und Grundsätze für die Durchführung von Werbesendungen näher ausgeführt. Die Preise für die Ausstrahlung von Werbesendungen sind im sogenannten Tarifwerk festgelegt, das auf Vorschlag des Generalintendanten vom Kuratorium festgesetzt und in der Wiener Zeitung verlautbart wird. Weil die Programmauflagen sinngemäß auch für Werbesendungen gelten, ist der ORF zu einer objektiven und wettbewerbsneutralen Vergabe von Werbe-

---

lungen in gleicher Weise wie bei den Fernmeldegebühren erfolgt; ausstehende Programmentgelte sind von den Fernmeldebehörden durch Bescheid oder Zahlungsauftrag vorzuschreiben; zum Rechtsschutz gegen rechtswidrige (nichtige) Beschlüsse betreffend das Programmentgelt vgl FUNK, ÖJZ 77, 596.

5 Vgl die Nachw bei TWAROCH–BUCHNER, Rundfunkrecht 135.

6 § 5 Abs 3–6 RFG; bei Verstößen gegen die Werbezeitenbeschränkung kann die RFK angerufen werden, die – wie in den durch Beschwerden der Zeitungsherausgeber veranlaßten Entscheidungen RFK 18. 1. 1984, RfR 85, 9 und RFK 24. 4. 1984, RfR 85, 10 – eine allfällige Überschreitung festzustellen hat.

7 BGBl 1985/563.

zeiten verpflichtet; er hat jede Bevorzugung oder Benachteiligung einzelner Unternehmen zu vermeiden.[8]

Das Gesetz überträgt dem ORF die Herstellung und Sendung von Hörfunk- und Fernsehprogrammen und erwähnt *weitere Aufgaben*, die der Wahrnehmung des gesetzlichen Programmauftrages dienen oder mit diesem in sachlichem Zusammenhang stehen, wie die Planung, Errichtung und den Betrieb der notwendigen technischen Einrichtungen, die Vergabe von Sendezeiten für die kommerzielle Werbung, den Erwerb und die Veräußerung von Patenten und Verwertungsrechten. Sonstige erwerbswirtschaftliche Tätigkeiten sind dem ORF nur erlaubt, wenn sie mit einer gesetzlich vorgesehenen Aufgabe verknüpft sind, wie etwa die Erbringung von betrieblichen Sozialleistungen oder die zur Unterstützung des Programmauftrages vorgenommene Verbreitung von Pressespiegeln oder die Mitherausgabe programmbegleitender Druckschriften.[9] Im Umfang seines gesetzlichen Wirkungskreises ist der ORF Träger der verfassungsgesetzlich gewährleisteten Grundrechte, in erster Linie des Grundrechts der Rundfunkfreiheit.

2. *Die Organisation des ORF*

Die Unabhängigkeit des Rundfunks und die Objektivität, Pluralität und Ausgewogenheit seiner Programme will das RFG auf der organisatorischen Ebene durch ein *Organisationsrecht* sicherstellen, das eine pluralistische Repräsentation der gesellschaftlichen Kräfte mit Unabhängigkeitsgarantien für die Leitungsgremien, die Träger der Programmverantwortung und die programmgestaltenden Rundfunkmitarbeiter verbindet.

Oberstes Leitungsorgan des ORF ist das *Kuratorium* (§§ 7, 8 RFG). Ihm stehen die wesentlichen Personalentscheidungen zu, vor allem die Bestellung des Generalintendanten und – auf dessen Vorschlag – der übrigen Führungskräfte des ORF. Im Zusammenwirken mit dem Generalintendanten gestaltet das Kuratorium zentrale Fragen der Unternehmenspolitik. Die längerfristigen Pläne für das Programm, für die Technik und die Finanzen, die Stellenpläne, der Abschluß von Kollektivverträgen und des Redakteursstatuts bedürfen der Genehmigung durch das Kuratorium; das Programmentgelt wird auf Vorschlag des Generalintendanten vom Kuratorium festgelegt. Das Kuratorium

8 VfGH 27. 6. 1986 B 658/85 – Ganze Woche, EuGRZ 86, 481 = MuR 86/4, 14; zum Rundfunkwerberecht im einzelnen vgl FUNK, Rechtsprobleme der Rundfunkwerbung, in: AICHER (Hrsg), Das Recht der Werbung (1984) 55.

9 Vgl KORN, Grundstrukturen des Rundfunkrechts, ÖJZ 77, 617 (623); KORINEK–ROSE-KAAN, Rechtsprobleme um die „ORF-Nachlese", ÖZW 81, 65; OGH 1. 12. 1981, RfR 82, 37 – ORF-Nachlese.

nimmt auch auf die inhaltliche Wahrnehmung des Programmauftrages Einfluß, da die Programmrichtlinien ebenfalls seiner Genehmigung bedürfen und die Programmgestaltung Gegenstand von „Programmempfehlungen“ sein kann. Über die Zuteilung von Sendezeiten an die politischen Parteien und Interessenverbände (Belangsendungen) entscheidet ebenfalls dieses Gremium.

Seiner *Zusammensetzung* nach ist das aus 35 Mitgliedern gebildete Kuratorium auf eine Repräsentation der politischen und gesellschaftlichen Kräfte im Bund und in den Ländern angelegt. Neben den Vertretern der Bundesregierung (9 Mitglieder), der Bundesländer (9) und den von der Hörer- und Sehervertretung bestellten Mitgliedern (6), kommt ein maßgeblicher Einfluß den von den politischen Parteien nominierten Kuratoriumsmitgliedern (6) zu, während die Interessen der Dienstnehmer des ORF durch die vom Zentralbetriebsrat bestellten Mitglieder (5) wahrgenommen werden können. Dieser Bestellungsmodus führt in der Praxis zu einer relativ gesicherten Mehrheit von Mitgliedern, die der (den) Regierungspartei(en) zuzuordnen sind. Die Mitglieder des Kuratoriums sind durch ausdrückliche Anordnung (§ 6 Abs 2 RFG) von jeder Bindung an Weisungen oder Aufträge freigestellt. Damit hat der Gesetzgeber *rechtlich* durchsetzbare Einflußmöglichkeiten des Staates und der kollektiven gesellschaftlichen Gruppen ausgeschlossen, aber die mit dem Bestellungsmodus verbundenen tatsächlichen Loyalitätsbindungen der Kuratoriumsmitglieder, die sich in erster Linie als Vertreter der Interessen der sie entsendenden Stellen verstehen, hingenommen.[10] All dies kann parteipolitisch motivierten Mehrheitsentscheidungen im Kuratorium Vorschub leisten, wenn es nicht dem Geschick und der Überzeugungskraft der Spitzenfunktionäre des ORF gelingt, den anstehenden Sachfragen einen breiten Konsens zu sichern.

In der Einrichtung der *„Hörer- und Sehervertretung“* (§§ 15, 16) kommt der Gedanke einer gesamtgesellschaftlichen Verantwortung des öffentlichen Rundfunks zum Ausdruck.[11] Dieses ORF-Organ besteht aus 35 Mitgliedern, die zu einem Teil durch die Sozialpartner, die christlichen Kirchen und Parteiakademien bestellt werden und zu einem anderen Teil vom Bundeskanzler auf Vorschlag „repräsentativer Einrichtungen und Organisationen“,

---

10 Zu der vorzeitigen Abberufung von Kuratoriumsmitgliedern durch das bestellende Organ, wenn sich in der Zusammensetzung dieses Organs eine Änderung (etwa Regierungswechsel) ergibt (§ 7 Abs 3 RFG), vgl VfSlg 7593/75, in der diese Regelung für vereinbar mit der Unabhängigkeitsgarantie gehalten wurde.

11 Vgl Wittmann, Rundfunkfreiheit 104; ursprünglich war vorgesehen, die Mitglieder dieses Beirates durch allgemeine Briefwahl zu bestellen, was noch stärker als in der Gesetz gewordenen Fassung das Anliegen einer „Demokratisierung“ des Rundfunks zum Tragen gebracht hätte.

wobei die verschiedensten gesellschaftlichen Bereiche, wie beispielsweise die Wissenschaft, die Volksbildung, die Kunst, aber auch die Kraftfahrer und Konsumenten, eine besondere Vertretung erhalten. Die Hörer- und Sehervertretung übt im wesentlichen beratende Funktionen aus, vor allem bei der Erstattung von Empfehlungen hinsichtlich der Programmgestaltung. Ein größerer Einfluß ist ihr bei der Festlegung der Höhe des Programmentgelts eingeräumt, da die Hörer- und Sehervertretung gegen den entsprechenden Beschluß des Kuratoriums Einspruch erheben kann, der einen Beharrungsbeschluß des Kuratoriums erforderlich macht. Schließlich beeinflußt die Hörer- und Sehervertretung durch die Entsendung von sechs Kuratoriumsmitgliedern die Zusammensetzung dieses obersten Rundfunkgremiums.

Die eigentliche Geschäftsführung des Unternehmens ist dem *Generalintendanten* anvertraut. In Abschwächung des bis 1974 geltenden ausgeprägten Intendanturprinzips ist aber sein Handlungsspielraum vor allem in Programmfragen durch die Bindung an Empfehlungen des Kuratoriums, die Mitverantwortung dieses Gremiums bei der Erstellung der Programmrichtlinien und durch die eigenverantwortlichen Zuständigkeitsbereiche der programmverantwortlichen Intendanten eingeschränkt. Die in der Ursprungsfassung des RFG im Interesse der Meinungsvielfalt vorgesehene Konkurrenz zwischen zwei selbständigen Fernsehprogrammen mit jeweils eigenständigen Programmintendanten wurde durch die Novelle 1984 wieder abgebaut. Neben dem Hörfunkintendanten sind nunmehr zwei Fernsehintendanten zu bestellen, die für die Gesamtbereiche der beiden Fernsehprogramme eine nach fachlichen Gesichtspunkten getrennte Programmverantwortung tragen (Informationsintendant des Fernsehens, Programmintendant des Fernsehens).[12]

Die Verantworung für die Gestaltung und Durchführung der Programme und der einzelnen Sendungen ist im Rahmen des gesetzlichen Programmauftrages und der Programmrichtlinien zwischen den drei Intendanten und den programmgestaltenden Mitarbeitern geteilt. Die *Intendanten* selbst sind grundsätzlich

12 Die nähere Abgrenzung zwischen den beiden Intendanzbereichen trifft die mit Zustimmung des Kuratoriums vom Generalintendanten anzuordnende Zuständigkeitsverteilung im Fernsehen, § 10 Abs 4 RFG; zu den Motiven, die zu dieser „Funktionstrennung" geführt haben, vgl BACHER, ORF-Reform 1984: Bacher-Vorschlag zur „Funktionslösung", MuR 84/2, 2; zu der 1984 vom Kuratorium genehmigten Zuständigkeitsverteilung TWAROCH–BUCHNER, Rundfunkrecht 94.

weisungsfrei. Der Generalintendant kann aber Weisungen erteilen, soweit sie zur Wahrung der Bestimmungen des RFG und der Beschlüsse des Kuratoriums notwendig sind, wobei in einem Konfliktfall das letztlich entscheidende Gremium das Kuratorium ist (§ 12 Abs 2, 5 RFG). Eine auf ihren regionalen Bereich eingeschränkte Programmverantwortung hat das Gesetz den neun *Landesintendanten* zuerkannt, sie dabei aber anders als die Hörfunk- und Fernsehintendanten unbeschränkt an die Weisungen des Generalintendanten gebunden. Die Verantwortlichkeit der Landesintendanten für die Regionalprogramme und für alle in ihrem Bereich zu gestaltenden sonstigen Hörfunk- und Fernsehprogramme überschneidet sich mit der Programmverantwortung der (zentralen) Intendanten, wobei diesen ein entsprechendes Weisungsrecht fehlt.[13]

Das RFG garantiert ausdrücklich die „Unabhängigkeit und Eigenverantwortlichkeit" der *programmgestaltenden Mitarbeiter* des ORF und die „Freiheit der journalistischen Berufsausübung" der *journalistischen Mitarbeiter* (§ 17 RFG). Diesen Garantien liegt entsprechend dem Konzept einer „inneren Rundfunkfreiheit" die Erwartung zugrunde, daß sich das Ziel eines ausgewogenen, der Meinungsvielfalt und Objektivität verpflichteten Programms auch durch die Anerkennung einer individuellen Gestaltungsfreiheit und fachlichen Autonomie der die Programme gestaltenden Rundfunkmitarbeiter realisieren läßt.

Die nähere Tragweite der allen programmgestaltenden Mitarbeitern in allen Programmsparten zuerkannten Unabhängigkeitsgarantie läßt das Gesetz offen. Ordnet man sie der Programmverantwortung der Intendanten und dem daraus entspringenden Direktionsrecht zu, ergibt sich, daß ihr Kern in einer inhaltlichen Programmgestaltungsfreiheit liegt, die aber durch Rahmenweisungen des zuständigen Intendanten und sein Recht zur Letztentscheidung über die Ausstrahlung einer Sendung begrenzt wird.

Ausführlicher geregelt ist diese Freiheit nur für den engeren Kreis der journalistischen Mitarbeiter, dh für die Rundfunkjournalisten.[14] Ihnen räumt das RFG ein Weigerungsrecht bei den

13 Zu dieser Verantwortungskollision und zum Versuch ihrer Auflösung in den Programmrichtlinien vgl KORINEK, Die Gewährleistung von Kommunikationsfreiheit im österreichischen Rundfunkrecht, RfR 80, 1 (6).

14 Das sind nach der Definition des § 17 Abs 3 RFG alle Personen, die an der journalistischen Gestaltung von Programmen mitwirken (zB Redakteure, Reporter, Korrespondenten und Gestalter); eine nähere Abgrenzung dieses Personenkreises versucht das ORF-Redakteursstatut vom 1. 7. 1976, abgedr bei TWAROCH–BUCHNER, Rundfunkrecht 199; zu der verfassungsrechtli-

Grundsätzen der journalistischen Berufsausübung widersprechenden Aufträgen ein. Zur Sicherstellung der journalistischen Freiheit ist ferner zwingend ein Redakteursstatut zwischen der Anstalt und einer gewählten Vertretung der journalistischen Mitarbeiter abzuschließen.[15]

Nach dem geltenden *Redakteursstatut* besteht die Freiheit der journalistischen Berufsausübung darin, „ausschließlich auf Grund der nach bestem Wissen und Gewissen erhobenen Tatsachenlage zu handeln". Mit dieser Formulierung wird angedeutet, daß sich der Rundfunkjournalist vor allem dort auf seine Eigenverantwortlichkeit berufen kann, wo es um die Wahrung objektivierbarer beruflicher Standards (Objektivitätspflicht, journalistische Sorgfaltspflicht) geht. In diesem Rahmen kann er sich gegen sachwidrige Einflußnahmen zur Wehr setzen, in erster Linie, indem er sein Weigerungsrecht geltend macht. Die journalistische Freiheit gibt aber keine Ermächtigung für die Durchsetzung eines engagierten Meinungsjournalismus; wie das Redakteursstatut klarstellt, bleibt der Rundfunkjournalist dazu verpflichtet, bei der selbständigen Gestaltung von Sendungen auch solche Beiträge aufzunehmen, die seiner eigenen persönlichen Meinung widersprechen. Das Redakteursstatut sieht ferner vor, daß bei erheblichen inhaltlichen Eingriffen in einen Beitrag mit dem betroffenen Redakteur das Einvernehmen herzustellen ist und dieser gegebenenfalls die vorläufige Zurückstellung seines Beitrages verlangen oder, falls dies nicht möglich ist, seinen Namen zurückziehen und damit die Verantwortung für eine Sendung ablehnen kann. Im Konfliktfall ist nach dem Redakteursstatut die Redakteursversammlung und letztlich ein Schiedsgericht zu befassen. Dem Redakteursausschuß wird durch das Statut ferner die Mitwirkung an personellen und sachlichen Entscheidungen der leitenden Rundfunkorgane in Form von Informations- und Anhörungsrechten zugestanden. Im Rahmen seiner Eigenverantwortlichkeit hat ein verantwortlicher Redakteur Parteistellung in Beschwerdeverfahren vor der Rundfunkkommission, die einen von ihm gestalteten Beitrag betreffen.

Die Freiräume der Rundfunkmitarbeiter können immer nur den Spielraum ausfüllen, den die gesetzlichen Programmaufträge eröffnen. Daraus hat der VfGH zutreffend abgeleitet, daß die Unabhängigkeit der programmgestaltenden Mitarbeiter nicht den Ausschluß jeglichen Weisungsrechts im innerbetrieblichen Be-

---

chen Unbedenklichkeit einer Regelung, die zwischen programmgestaltenden und journalistischen Mitarbeitern unterscheidet und die den Journalisten, denen „die Herstellung der Hörfunk- und Rundfunkprogramme in erster Linie aufgetragen ist, angesichts der spezifischen Berufsaufgaben" weiterreichende Rechte gewährt, vgl VfSlg 9656/83.

15 §§ 17, 18 RFG; das in der vorstehenden FN angeführte Redakteursstatut ist in Anwendung des in § 33 Abs 5 RFG vorgesehenen Verfahrens von einem Schiedsgericht erlassen worden; zur Qualifikation des Redakteursstatuts als einer verfassungsrechtlich zulässigen Betriebsvereinbarung VfSlg 7593/75.

reich zum Inhalt haben kann und daß zur Sicherstellung der Erfüllung der dem ORF obliegenden Aufgaben eine Weisungsbefugnis „geradezu unerläßlich“ ist.[16] In diesem begrenzten Rahmen kann die garantierte Eigenverantwortlichkeit die ORF-Mitarbeiter vor sachwidriger Beeinflussung schützen und ihre fachliche Kompetenz stärken. Die Abstufung der Verantwortungssphären verdeutlicht, daß die Verwirklichung der auf Objektivität und Meinungsvielfalt bezogenen Programmaufträge eine Leistung ist, zu der unbeschadet der formellen Programmverantwortung jeder Programmgestalter eigenständig beizutragen hat. Tiefergreifende Entscheidungskonflikte, zu deren Lösung das Gesetz selbst keinen Beitrag leistet, müßten in diesem Sinne wohl als Ausdruck einer Krise erscheinen, welche die Erfüllung der Programmaufträge selbst in Frage stellt.

Die gesteigerte Mitverantwortung der programmgestaltenden Rundfunkmitarbeiter ist nur gerechtfertigt, wenn der Rundfunk entsprechend *qualifizierte Mitarbeiter* frei von irgendwelchen unsachlichen Einflüssen heranziehen kann. § 14 RFG schreibt daher vor, daß sämtliche Stellen im ORF auszuschreiben sind und daß bei der Auswahl von Bewerbern sowie bei der Beförderung von Dienstnehmern „in erster Linie“ die fachliche Eignung zu berücksichtigen ist.[17] Das für den ORF personalpolitisch folgenreiche Problem der in ein festes Dienstverhältnis drängenden „ständigen freien Mitarbeiter“ wurde durch die Rundfunkgesetznovelle 1982 gelöst.[18]

Ergänzend zu dem Sondervertretungsrecht der journalistischen Mitarbeiter gelten für den ORF noch die Mitbestimmungsregelungen des ArbeitsverfassungsG. Danach gibt es für die einzelnen Unternehmensbereiche getrennte Betriebsräte; diesen Organen ist die Wahrung der Interessen der gesamten Belegschaft in sozialen, personellen und wirtschaftlichen Angelegenheiten anvertraut. Wie bei anderen Medienunternehmen ist allerdings die betriebliche Mitbestimmung durch eine ausdrücklich auf den ORF zugeschnittene Tendenzschutzklausel eingeschränkt.[19]

16 VfSlg 7593/75; zu den Einzelheiten vgl WITTMANN, Rundfunkfreiheit 221ff.

17 Zur Prüfung der fachlichen Eignung vgl VfSlg 8320/78.

18 § 17 Abs 4–6 RFG enthält nunmehr ein Sonderarbeitsrecht für programmgestaltende Rundfunkmitarbeiter; vgl dazu im einzelnen unten S 296.

19 Nach § 132 Abs 3 ArbVG sind die Bestimmungen über Einsprüche gegen die Wirtschaftsführung (§ 111 ArbVG) und die Anrufung der Staatlichen Wirtschaftskommission (§ 112 ArbVG) für den ORF jedenfalls unanwendbar; die Arbeitnehmermitbestimmung im Kuratorium richtet sich nach dem RFG, das den Zentralbetriebsrat zur Entsendung von fünf Kuratoriumsmitgliedern beruft. Zu dem (im Umfang abweichenden) allgemeinen Tendenzschutz bei sonstigen Medienunternehmen vgl unten S 308ff.

3. *Der Programmauftrag des ORF*

Art und Umfang der vom ORF anzubietenden *Programme* und die Grundsätze der *Programmgestaltung* sind in den großen Zügen gesetzlich vorgegeben. Danach hat der ORF für mindestens drei Hörfunk- und mindestens zwei Fernsehprogramme zu sorgen, darunter ein von den Landesstudios zu gestaltendes Hörfunk-Regionalprogramm. Die gesetzliche Versorgungspflicht erstreckt sich nach Maßgabe der technischen Entwicklung und wirtschaftlichen Tragbarkeit auf eine angemessene Versorgung aller Bewohner Österreichs mit dem Ziel der Vollversorgung (§ 3 RFG). Getrennt von diesen Programmen betreibt der ORF im Auftrag der Bundesregierung und auf Rechnung des Bundes rund um die Uhr einen mehrsprachigen Auslandsdienst auf Kurzwelle, durch den Österreich in seiner nationalen Identität im Ausland präsentiert werden soll.[20]

Bis zu 1% seiner Sendezeit je Programm hat der ORF an die im Nationalrat vertretenen Parteien und die Interessenverbände für *Belangsendungen* zu vergeben.[21] Er ist ferner zur kostenlosen Veröffentlichung gewisser behördlicher Mitteilungen verpflichtet (§ 5 Abs 1, 2 RFG). Belangsendungen und behördliche Aufrufe werden außerhalb des Programmauftrages und außerhalb des rechtlichen Verantwortungsbereichs des ORF ausgestrahlt, unterliegen aber ebenfalls der Kontrolle durch die Rundfunkkommission.

Inhaltlich umschreibt § 2 RFG den *Programmauftrag* des ORF durch verschiedene Programmsparten und diesen zugeordnete qualitative Anforderungen. Danach hat der ORF zu sorgen für:

— die umfassende Information der Allgemeinheit über alle

---

20 Eine Umschreibung des Programmauftrages dieses Auslandsdienstes enthält ein zwischen der Republik Österreich und dem ORF abgeschlossener Vertrag vom 20. 12. 1977; unabhängig von der Verantwortung der Bundesregierung verpflichten das RFG und der Vertrag den ORF auch beim Auslandsdienst zur Wahrung von Objektivität und Meinungsvielfalt.

21 Nach VfGH 10. 12. 1987 B 446/87 bestehen gegen diese Regelung, die einen Anspruch auf Zuteilung von Sendezeit für Belangsendungen nur für *im Nationalrat vertretene* Parteien begründet, keine verfassungsrechtlichen Bedenken, da sie „dem größeren politischen Gewicht" dieser Vereinigungen angemessen Rechnung trägt. Davon unberührt bleibt die Verpflichtung des ORF, *alle* politischen Parteien im Rahmen seiner Berichterstattung entsprechend ihrer Bedeutung im öffentlichen Leben gebührend zu berücksichtigen. Zur näheren Tragweite des Objektivitätsgebots bei der Wahlkampfberichterstattung vgl RFK 13. 1. 1987, MuR 87/2, 51 mit Anm von ZANGER.

wichtigen politischen, wirtschaftlichen, kulturellen und sportlichen Fragen,

— die Verbreitung von Volks- und Jugendbildung,
— die Vermittlung und Förderung von Kunst und Wissenschaft,
— die Darbietung von einwandfreier Unterhaltung,
— die Förderung des Interesses der Bevölkerung an aktiver sportlicher Betätigung.

Bei allen Programmelementen muß der ORF den verfassungsgesetzlich vorgegebenen Programmdirektiven der Objektivität, Unparteilichkeit, Meinungsvielfalt und Ausgewogenheit Rechnung tragen. Er muß ferner auf die Grundsätze der österreichischen Verfassungsordnung unter Berücksichtigung der Länderinteressen und der künstlerischen Freiheit Bedacht nehmen, die Bedeutung der gesetzlich anerkannten Kirchen- und Religionsgesellschaften „angemessen berücksichtigen" und insgesamt ein „hohes Niveau" seiner Sendungen anstreben (§ 2 Abs 2 RFG).

Mit der Verpflichtung zur Erstellung eines ausgewogenen Vollprogramms, das den angesprochenen Qualitätsmaßstäben entspricht, ist der Programmpolitik und der Programmgestaltung ein anspruchsvolles Ziel vorgegeben worden. Zu seiner näheren Konkretisierung sind die *„Allgemeinen Richtlinien für die Programmgestaltung, Programmerstellung und Programmkoordinierung"* bestimmt, die der Generalintendant mit Zustimmung des Kuratoriums zu erlassen hat (§ 10 Abs 2 Z 1 RFG).[22] Das Dilemma der vielfach konkurrierenden Anforderungen an ein Rundfunkprogramm, das den unterschiedlichsten Erwartungen gerecht werden soll, das anspruchsvolle Kultur und gediegene Information ebenso vermitteln soll wie breitenwirksame Unterhaltung, lösen die Programmrichtlinien mit ihren teils idealistischen und teils kompromißhaften Formulierungen freilich nur beschränkt. Der kontinuierlichen und ausgewogenen Programmpolitik, die in erster Linie die Qualität des Gesamtprogrammes bestimmen wird und die Aufgabe der fachlich qualifizierten Programmverantwortlichen ist, wird aber immerhin eine gewisse Richtung gewiesen.

So legen die geltenden Programmrichtlinien *allgemeine Gestaltungsgrundsätze* fest, die für alle Programmbereiche gelten. Sie verpflichten zur Programmgestaltung „im Sinn der Verfassung" und im Einklang mit der österreichischen Rechtsordnung, ermahnen zur Achtung der menschlichen Würde und schreiben die Einhaltung bestimmter Grundregeln journalistischer Fairneß und Anständigkeit vor (grundsätzliche Unzuläs-

22 Die geltenden Programmrichtlinien sind abgedr ua in: TWAROCH–BUCHNER, Rundfunkrecht 169ff.

sigkeit heimlicher Bild- und Tonaufnahmen, Verbot manipulativer Interviews, Verbot von Schleichwerbung ua). Ferner definieren die Programmrichtlinien den Programmauftrag in den einzelnen Programmsparten und geben Anweisungen zu seiner Erfüllung. So soll beispielsweise durch die dem ORF aufgetragene Volks- und Jugendbildung die Formung der Persönlichkeit unterstützt werden, weshalb die Bildungsprogramme nicht nur Wissen vermitteln, sondern auch das selbständige Erkennen, eigenes kritisches Denken und verantwortungsbewußtes Handeln fördern sollen. Sendungen zur Vermittlung und Förderung von Kunst und Wissenschaft sollen sowohl den tradierten Kunstformen und gesicherten wissenschaftlichen Erkenntnissen wie dem Neuen unter besonderer Berücksichtigung des gegenwärtigen österreichischen Schaffens Raum geben. „Einwandfrei" ist nach den Programmrichtlinien ein Unterhaltungsprogramm dann, wenn innerhalb der Grenzen des rechtlich Erlaubten auf die Wertvorstellungen eines „Durchschnittshörers und -sehers" Rücksicht genommen wird, wobei zwar das Lebens- und Zeitgefühl des Publikums durch attraktive Sendungsformen anzusprechen, aber einer Geschmacksverflachung ebenso entgegenzuwirken ist wie den kommerziellen Interessen der Unterhaltungsindustrie nicht ungebührlich Vorschub geleistet werden darf. Auch die Sportsendungen werden in den Dienst übergreifender pädagogischer Zielsetzungen gestellt; daß chauvinistischen Tendenzen entgegengewirkt werden soll, wird in diesem Zusammenhang ausdrücklich betont.

Konkreter sind die Gestaltungsgrundsätze für die *Informationssendungen* des Rundfunks. Das Gesetz und die Programmrichtlinien legen dabei das Prinzip der Trennung von Tatsachenberichterstattung und wertender Meinungsäußerung zugrunde, die jeweils unterschiedlichen Programmgrundsätzen unterworfen sind.

Die Auswahl und Vermittlung von Nachrichten stehen unter dem Gebot der *Objektivität;* nach den Programmrichtlinien bedeutet Objektivität „Sachlichkeit unter Vermeidung von Einseitigkeit, von Parteinahme und von Verzerrung der Dimensionen". Für die Auswahl soll allein der „Nachrichtenwert" ausschlaggebend sein, der sich freilich einer abstrakten Umschreibung entzieht und nichts anderes bedeutet, als die Anerkennung einer journalistischen Selektionskompetenz. Die Programmrichtlinien machen aber auch die Grenzen einer objektiven Erfassung der Wirklichkeit deutlich, wenn sie von einem „Auftrag zu unablässigem Bemühen" und einem „Streben nach Objektivität" sprechen und auf die Eigengesetzlichkeiten der elektronischen Medien und die Gefahr von Verzerrungseffekten hinweisen. Im einzelnen leiten die Programmrichtlinien aus dem Zielwert der Objektivität Regeln der journalistischen Sorgfalt ab, teilweise auch in Form durchaus bestimmter Handlungsgebote:

So halten sie etwa zur Berücksichtigung aller erreichbaren und zuverlässigen Informationsquellen und zur genauen Recherche an, erinnern bei der Berichterstattung über Strafverfahren an das Prinzip der Unschuldsvermutung und verpflichten zur Rückfrage bei den Betroffenen, wenn Behauptungen über Personen, Organisationen oder Institutionen ausgesendet werden.

Strahlt der ORF sogenannte „Meinungskommentare" aus, ist er zur Gewährleistung von *Meinungsvielfalt und Ausgewogenheit* verpflichtet. Diese Programmdirektiven beziehen sich auf alle meinungsbildenden Programmbeiträge, die – wie Kommentare oder sonstige Stellungnahmen – auf Veranlassung des ORF von außenstehenden Personen abgegeben werden. Bei ihnen soll Objektivität dadurch erreicht werden, daß die Vielfalt der im öffentlichen Leben vertretenen Meinungen in einem Programm in seiner Gesamtheit angemessene Berücksichtigung findet, in erster Linie durch eine der gesellschaftlichen Bedeutung entsprechende Auswahl der Personen, denen im Rahmen der Programme Gelegenheit zur Äußerung gegeben wird. Die Programmrichtlinien lassen in diesem Zusammenhang auch den Gedanken der publizistischen Chancengleichheit anklingen, wenn sie zur Berücksichtigung nicht nur der bereits etablierten, sondern auch der abweichenden oder erst aufkommenden Anschauungen und Richtungen verpflichten. Von den Meinungskommentaren unterschieden und wieder dem Grundsatz der Objektivität unterworfen sind dagegen die „eigenen Kommentare und Sachanalysen" des ORF, dh die kritische Kommentierung und Erläuterung des aktuellen Zeitgeschehens durch die journalistischen Mitarbeiter des ORF selbst.

Man würde auch diesem Teil der Programmrichtlinien nicht gerecht werden, wenn man von ihnen eine Auflösung aller mit der täglichen journalistischen Arbeit verbundenen Konflikte erwarten wollte. Indem sie die zentralen Kategorien rundfunkjournalistischer Verantwortung (Objektivität, Meinungsvielfalt, Ausgewogenheit) und einzelne Handlungs- und Sorgfaltspflichten ausformen, stecken sie aber den Rahmen ab, in dem sich die eigenverantwortliche journalistische Entscheidung entfalten kann.[23] Gleichzeitig stellen sie sachgerechte Maßstäbe für die Programmaufsicht durch die Rundfunkkommission bereit, die

23 Ergänzend werden dem Rundfunkjournalisten durch die Programmrichtlinien auch die Standesregeln der freiwilligen Presse-Selbstkontrolle (Ehrenkodex der Internationalen Journalistischen Föderation und die Grundsätze des österreichischen Presserates für die publizistische Arbeit) verbindlich vorgeschrieben.

im Streitfall über die Einhaltung der gesetzlichen Programmaufträge zu urteilen hat.

4. *Die Aufsicht über den ORF*

Als Organ der Staatsaufsicht über den Rundfunk und zugleich als ein rundfunkspezifisches Rechtsschutzinstrument ist die *Kommission zur Wahrung des Rundfunkgesetzes* (Rundfunkkommission) eingerichtet. Nach ihrer rechtlichen Konstruktion und Zusammensetzung handelt es sich um eine „Kollegialbehörde mit richterlichem Einschlag", dh um eine unter Beiziehung von Richtern gebildete kollegiale Verwaltungsbehörde des Bundes, deren Mitglieder die Garantien der Unabsetzbarkeit und Unabhängigkeit genießen. Die 17 Mitglieder der Kommission (darunter 9 Richter) werden vom Bundespräsidenten auf Vorschlag der Bundesregierung ernannt, wobei die Bundesregierung Besetzungsvorschläge von Justizfunktionären, des Zentralbetriebsrats des ORF und der Hörer- und Sehervertretung einzuholen hat.

Gegenstand der Tätigkeit der Rundfunkkommission ist die Ausübung der *Rechtsaufsicht* über den ORF. Ihr Kontrollmaßstab sind die Bestimmungen des Rundfunkgesetzes.[24] Ein Verfahren vor der Kommission wird durch die Beschwerde einer Person – die ein Mitarbeiter des ORF oder ein Außenstehender sein kann – eingeleitet, wenn diese Person durch eine Verletzung des RFG in einem wirtschaftlichen oder sonstigen Recht (zB Persönlichkeitsrecht) geschädigt zu sein behauptet. Neben dieser subjektiven Individualbeschwerde gibt es als Rechtsschutzinstrument für organisierte Gruppen die sogenannte „Rundfunkteilnehmerbeschwerde", die jeder Inhaber einer Rundfunkbewilligung einbringen kann, sofern sie von mindestens 500 Rundfunkteilnehmern unterstützt wird. In Beschwer-

---

24 § 27 Abs 1 RFG; nach der in dieser Bestimmung enthaltenen Subsidiaritätsklausel entscheidet die Kommission nur dann über Verletzungen von Bestimmungen des RFG, soweit dafür nicht eine andere Verwaltungsbehörde oder ein Gericht zuständig ist. Praktische Bedeutung kommt dieser Zuständigkeitseinschränkung aber nicht zu, da die Kommission mit dem Begehren auf Feststellung einer Verletzung des RFG auch dann angerufen werden kann, wenn der inkriminierte Programmbeitrag auch zum Gegenstand einer strafrechtlichen Privatanklage oder eines zivilrechtlichen Schadenersatzbegehrens vor ordentlichen Gerichten gemacht werden könnte; zur Auslegung der Subsidiaritätsklausel und zur Abgrenzung zwischen gerichtlichen Zuständigkeiten und der Zuständigkeit der Kommission vgl VfSlg 7897/76, 8579/79, 8581/79.

defällen entscheidet die Kommission durch Senate, die aus 5 Mitgliedern gebildet sind. Die Kommission ist ferner dazu berufen, über Anträge des Bundes, eines Bundeslandes, der Hörer- und Sehervertretung oder des Kuratoriums zu entscheiden, in denen eine Verletzung des RFG geltend gemacht wird. Die *Entscheidung* der Kommission besteht in der Regel in der Feststellung, ob und durch welchen Sachverhalt eine Bestimmung des RFG verletzt worden ist. Fortdauernde gesetzwidrige Entscheidungen eines ORF-Organs kann die Kommission aufheben (§ 29 RFG).

Die bisherige *Praxis* der verhältnismäßig häufig angerufenen Rundfunkkommission hat ihre sachlichen Schwerpunkte im Bereich umstrittener Personalentscheidungen, bei der Überprüfung der Gesetzeskonformität von internen Organisationsmaßnahmen und vor allem bei der Überwachung des Programms.[25]

Bei der Überprüfung von *personalpolitischen Maßnahmen* muß die auf eine Rechtsaufsicht beschränkte Kommission die Beurteilungsfreiheit der Organe des ORF respektieren, die sich auch auf die unbestimmten gesetzlichen Maßstäbe für die Anstellung und Beförderung von Mitarbeitern erstreckt.[26] Aber auch bei der *Programmkontrolle* kann Aufgabe der Kommission nur sein, in Konkretisierung der gesetzlichen Programmaufträge behutsam die Grenzen der Programmfreiheit des ORF abzustekken, ohne die Beurteilung der fachlich-professionellen Qualität eines Programms an sich zu ziehen. Daher ist es sachgerecht, wenn sich die Rundfunkkommission bei der Interpretation der unbestimmten Programmaufträge auf die Programmrichtlinien des ORF bezieht, obwohl diese rechtlich ihre Entscheidungen nicht binden können. Auf dieser Linie hat die Kommission in

25 Seit ihrer Konstituierung im Jahre 1975 wurden bei der Kommission bis zum 30. 11. 1986 insgesamt 444 Verfahren anhängig gemacht; zahlenmäßig stand dabei die Behandlung von Einsprüchen von ORF-Mitarbeitern gegen die Nichtaufnahme in die Wählerliste für Redakteursprecherwahlen im Vordergrund. 77 Verfahren bezogen sich auf Sendungen des ORF; davon wurde in 16 Fällen eine Verletzung des gesetzlichen Programmauftrages festgestellt. Einen Überblick über die Entscheidungsgegenstände enthält der ORF-Almanach 1986/87, 396f; die Entscheidungen der RFK werden regelmäßig in der Zeitschrift „Rundfunkrecht" veröffentlicht.

26 Vgl VfSlg 8320/78: Die Kommission hat bei der Beurteilung der fachlichen Eignung nicht ihre Auffassung an die Stelle des zur Personalentscheidung zuständigen Organs zu setzen; neben der fachlichen Eignung sind nach diesem Erkenntnis auch personalpolitische und führungspsychologische Gesichtspunkte zu berücksichtigen, die letztlich nur von den ORF-Organen selbst beurteilt werden können.

ständiger Rechtsprechung einen durchaus konkreten Kanon von Verhaltensregeln für die aktuelle Berichterstattung, für die Gestaltung von Magazinsendungen und für sonstige meinungsbildende Programmbestandteile entwickelt. Über sie können sich die Programmverantwortlichen nicht hinwegsetzen, auch wenn der konkret Betroffene durch die Entscheidung der Kommission nicht mehr erreicht als die Feststellung, daß in einem bestimmten Fall durch eine unseriöse oder einseitige Berichterstattung das Gesetz verletzt wurde.[27]

So hat die Kommission zum *Objektivitätsgebot* entschieden, daß der Rundfunk die Möglichkeit zur Erwiderung auf persönliche Angriffe „unabdingbar" einzuräumen habe, daß alle zuverlässigen Informationsquellen zu berücksichtigen seien und daß Informationen aus seriös geltenden Zeitschriften oder von Polizeidienststellen grundsätzlich übernommen werden dürfen. Die Verpflichtung zur Rückfrage bei den Betroffenen gelte auch für die Wiedergabe von Anklageschriften, könne aber bei einer aktuellen Berichterstattung unter Umständen im Interesse der Aktualität entfallen. Magazinsendungen mit nicht unmittelbar tagesaktuellem Inhalt seien dagegen gründlicher vorzubereiten und zu recherchieren. Gegen die Verpflichtung zur Objektivität verstoße auch ein Beitrag, der neben einer sachlichen Darstellung der Fakten unangemessene und polemische Formulierungen enthält. Unter dem Gesichtspunkt der *Meinungsvielfalt* hat die Kommission ua entschieden, daß dieser Programmgrundsatz zwar eine angemessene Berücksichtigung der Vielfalt der im öffentlichen Leben vertretenen Meinungen verlange, aber kein Recht darauf gebe, daß ein Standpunkt in einer bestimmten Sendung dargelegt werde und auch nicht jedes Programmelement für sich dem Pluralitätsgebot unterliege. Bei (eigenen) *Kommentaren des ORF* verpflichte das Gesetz den Rundfunkjournalisten zu sachlicher Wertung, während der Programmverantwortliche dafür zu sorgen habe, daß in einem Programm in seiner Gesamtheit die Vielfalt der Meinungen zum Ausdruck komme. Zu einer Beurteilung des vom Gesetz geforderten „hohen Niveaus" künstlerischer Sendungen und des „einwandfreien" Charakters unterhaltender Programme wurde die Kommission bisher nur in wenigen Fällen veranlaßt, die durch eine politische oder weltanschauliche Komponente belastet waren. Dabei ging die Kommission zumindest im Grundsatz davon aus, daß die rundfunkgesetzlichen Grenzen der künstlerischen Freiheit weiter zu ziehen seien als in den übrigen Bereichen der Programmgestaltung.[28]

27 Kritisch vermerkt wurde allerdings, daß die Kommission bei politisch oder zeitgeschichtlich sensiblen Beiträgen der Berichterstattung mitunter allzu enge Schranken auferlege, obwohl sie im übrigen einem kritischen Journalismus durchaus offen gegenüberstehe; so WITTMANN, Rundfunkfreiheit 208ff.

28 Einzelnachweise der wichtigsten Entscheidungen der Kommission bei TWAROCH-BUCHNER, Rundfunkrecht 45ff.

Die in Bescheidform ergehenden Entscheidungen der Kommission sind grundsätzlich endgültig. Wegen der behaupteten Verletzung eines verfassungsgesetzlich gewährleisteten Rechts können sie aber durch Beschwerde an den Verfassungsgerichtshof angefochten werden, und zwar sowohl durch den vor der Kommission unterlegenen Beschwerdeführer wie durch den ORF selbst, wenn etwa die Kommission in verfassungswidriger Weise in seine Programmfreiheit eingegriffen hat.[29]

5. Rechtsprobleme des Kabelrundfunks und des Satellitenrundfunks

Die Verbreitung von Hörfunk- und Fernsehprogrammen durch *Kabel* fällt grundsätzlich unter den Rundfunkvorbehalt des BVG-Rundfunk und darf daher nur aufgrund einer rundfunkgesetzlichen Ermächtigung und unter Wahrung der verfassungsrechtlich festgelegten Programm- und Organisationsauflagen vorgenommen werden. In der Praxis wird jedoch die bloße Weiterverteilung konventionell oder über Satellit ausgestrahlter in- und ausländischer Programme über Kabelanlagen nicht als Rundfunksendung qualifiziert, soweit sie „integral", dh zeitgleich mit der Ausstrahlung und unverändert (ohne Ein- oder Ausblendungen), erfolgt.[30] Dieser „passive" Kabelrundfunk unterliegt daher keiner spezifisch rundfunkrechtlichen Reglementierung, sondern nur den fernmelderechtlichen Vorschriften über den Betrieb von sogenannten Gemeinschaftsantennenanlagen.[31]

Die entsprechenden *fernmelderechtlichen Regelungen* wurden

---

29 Vgl etwa VfGH 26. 2. 1987 B 474/86 und VfGH 11. 10. 1986 B 193/86, MuR 86/6, 14: In beiden Fällen wies der VfGH Beschwerden des ORF ab, die gegen die Feststellung der Kommission gerichtet waren, der ORF habe bei seiner Berichterstattung über einen Prozeß bzw über eine angebliche Straftat gegen das Objektivitätsgebot bzw gegen die Unschuldsvermutung verstoßen. Als Beispiel einer Verfassungsgerichtshofbeschwerde, die ein vor der Kommission unterlegener Beschwerdeführer eingebracht hat, vgl VfGH 27. 6. 1986 B 658/85 – Ganze Woche, EuGRZ 86, 481 = MuR 86/4, 14: In diesem Fall hob der VfGH die Entscheidung der Kommission auf, weil diese durch die Abweisung der gegen den ORF gerichteten Beschwerde Grundrechte des Beschwerdeführers verletzt hatte.

30 Die Richtigkeit dieser Auffassung ist umstritten; vgl dazu KORINEK, RfR 80, 2f; ÖHLINGER, Rechtsprobleme des Kabelfernsehens und des Satellitenrundfunks, RfR 83, 37 (38f).

31 Zur urheberrechtlichen Seite des Kabelrundfunks vgl unten S 285ff.

1977 an die damals neuen Gegebenheiten des Kabelrundfunks angepaßt.[32] Danach bedürfen Errichtung und Betrieb einer Gemeinschaftsantennenanlage, die eine bestimmte Mindestgröße überschreitet, einer Bewilligung durch die örtlich zuständige Post- und Telegraphendirektion. Voraussetzung für die Erteilung der Bewilligung ist die Einhaltung eines gewissen technischen Mindeststandards, der in den einschlägigen „Pflichtenheften" der Post näher bestimmt wird und durch den ein qualitativ ausreichender Empfang gesichert und eine Störung anderer Anlagen vermieden werden soll. Der Bewilligungsinhaber darf die Programme nur unverändert weiterleiten und ist jedenfalls zur Übernahme der Programme des ORF verpflichtet. Um unwirtschaftlichen Mehrfachverkabelungen entgegenzuwirken, sieht das Gesetz ferner vor, daß die Bewilligung versagt werden kann, wenn der Betriebszweck durch den Anschluß an eine bereits bestehende Anlage erreicht werden kann. Bei Vorliegen der Bewilligungsvoraussetzungen besteht ein Rechtsanspruch auf Erteilung der Bewilligung, die sich aber immer nur auf bestimmte Rundfunk- oder Fernsehprogramme bezieht. Für den Zusammenschluß von Antennenanlagen zu einem größeren Kabelnetz ist eine gesonderte fernmeldebehördliche Bewilligung erforderlich.

Das Fernmelderecht hat auf diese Weise den Weg für das „passive" Kabelfernsehen freigegeben. Im übrigen ist es *medienpolitisch neutral* und ermächtigt zu keiner Programmkontrolle etwa nach den Maßstäben des im BVG-Rundfunk verankerten rundfunkpolitischen Leitbilds. Eine medienpolitische Reglementierung schien auch so lange nicht erforderlich, solange über die Kabelnetze ausschließlich die Programme jener ausländischen Rundfunkstationen verbreitet wurden, die ähnlichen Auflagen unterworfen sind, wie sie das RFG für die inländische Programmgestaltung durch den ORF vorsieht.

Durch die Zulassung privater Rundfunkunternehmen in den Nachbarstaaten und durch die Verbreitung von Satellitenprogrammen ist aber eine neue *rundfunkpolitische Situation* entstanden. Der Empfang der über Fernmeldesatelliten verbreiteten ausländischen Programme in Österreich und ihre Weiterleitung unterliegen gegenwärtig ebenfalls nur den erwähnten fernmelderechtlichen Bestimmungen über Gemeinschaftsantennen-

---

32 Durch die beiden BG vom 16. 6. 1977 BGBl 344, 345 wurden die auf Gesetzesstufe stehende RundfunkVO und die PrivatfernmeldeanlagenVO novelliert; zu den fernmelderechtlichen Einzelheiten vgl SINDELKA, Novellen zur Rundfunkverordnung und zur Privatfernmeldeanlagenverordnung, RfR 77, 13.

anlagen und Privatfernmeldeanlagen. Nach Vorliegen der entsprechenden fernmeldebehördlichen Bewilligungen[33] dürfen daher auch Satellitenprogramme in die Kabelnetze eingespeist werden, und zwar unabhängig davon, ob sie den Grundsätzen des BVG-Rundfunk entsprechen oder nicht. Gleiches gilt für den Empfang und die Weiterleitung gezielt für den österreichischen Markt produzierter und vom benachbarten Ausland nach Österreich eingestrahlter Programme, deren inländische Weiterverbreitung über die Kabelnetze nach der geltenden Rechtslage nicht verhindert werden könnte.

Dies wirft eine Reihe von Problemen auf. Denn wenn die verfassungsrechtliche Rundfunkfreiheit[34] bedeutet, daß jeder Rundfunk, von wem immer er betrieben wird, den Prinzipien der Objektivität und Meinungsvielfalt entspricht und eine öffentliche Aufgabe zu erfüllen hat, wird die durch den Verzicht auf irgendwelche medienrechtliche Standards ermöglichte *„Unterwanderung“ der österreichischen Rundfunkordnung* fragwürdig. Sie führt darüber hinaus zu der absurden Situation, daß die Rundfunkunternehmerfreiheit jedem ausländischen Veranstalter gleichsam grenzenlos zugestanden, den inländischen Grundrechtsträgern dagegen kompromißlos verweigert wird. Will das der Gesetzgeber auf Dauer nicht hinnehmen, wird er der neuen Situation über kurz oder lang Rechnung tragen müssen. Eine ausgewogene Regelung dieser Frage ist freilich schwierig: Nicht nur, weil sie von der Sache her eng verknüpft ist mit der politisch sensiblen Zulassung eines auch aktiven programmschöpfenden Kabelrundfunks, den die geltende Rechtslage noch ausschließt. Da es auf der Hand liegt, daß die „herangeführten“ Programme nicht den *gleichen* Anforderungen unterworfen werden können, wie sie für inländische Programme gelten – die Pluralität eines Auslandsprogramms kann nicht die Pluralität des österreichischen Meinungsspektrums sein usw –, wären auch vernünftige und handhabbare Standards für ihre Zulassung zu entwickeln.[35] Und nicht zuletzt gilt es, die verfassungsrechtlichen

33 Vgl oben S 156; zu den fernmelderechtlichen Richtlinien der Post für Satellitenempfangsanlagen vgl MuR 85/4, 9 und 87/4, 118f; der in absehbarer Zeit mögliche direkte Empfang der von Rundfunksatelliten ausgestrahlten Programme durch geeignete Parabolspiegelantennen ist nach der geltenden Rechtslage ohne gesonderte Genehmigung zulässig.

34 Auch im Sinne der Rechtsprechung des VfGH; vgl oben S 84.

35 Dies übersah der 1985 von seiten der SPÖ vorgelegte Entwurf für ein Kabel-Rundfunkgesetz, der eine rundfunkrechtliche Bewilligungspflicht für alle in Österreich verbreiteten Kabelrundfunkprogramme vorsah. Die zeitlich befristete Lizenz sollte nur für solche Programme erteilt werden, die ein Vollprogramm anbieten, das den Grundsätzen der Objektivität und Mei-

Garantien der Informationsfreiheit und das Zensurverbot zu beachten, die jeder protektionistischen Reglementierung enge Grenzen setzen. Der individuelle Empfang von Satellitenprogrammen dürfte im Hinblick auf die in Art 10 MRK verankerte Freiheit zum Empfang von Nachrichten oder Ideen „ohne Rücksicht auf Landesgrenzen" ohnedies nur aus technischen Gründen beschränkt werden. Denn zumindest innerhalb der westlichen Staatengemeinschaft ist das Prinzip des free-flow-of-information nicht nur ein immer noch anerkanntes und (gerade auch im Hinblick auf den Satellitenrundfunk) politisch bekräftigtes Prinzip,[36] sondern auch rechtlich (verfassungs- und völkerrechtlich) garantiert.

Weltweit betrachtet ist dieses Prinzip freilich heute in Frage gestellt. Bislang konnte man davon ausgehen, daß die Staaten bzw nationale Unternehmen das grundsätzliche Recht hatten, über ihre Staatsgrenzen hinweg Rundfunksendungen auszustrahlen, und daß daher auch jeder Mensch die Freiheit hatte, im Rahmen der technischen Möglichkeiten ausländische Programme zu empfangen. Seit es die Entwicklung des Satellitendirektrundfunks aber technisch möglich gemacht hat, Rundfunkprogramme ohne Rücksicht auf die nationalen Grenzen tatsächlich weltweit zu verbreiten, empfinden dies viele Staaten als eine Bedrohung ihrer Souveränität. Der Wunsch nach einer Abwehr systemgefährdender Auslandsinformationen, die Sorge um die Bewahrung der kulturellen Identität und die Angst vor einem Informationsungleichgewicht, aber auch vor einer „Fremdkommerzialisierung" durch grenzüberschreitende Werbesendungen, führen dazu, daß immer mehr Staaten fordern, daß ein Satellitenrundfunk über die Landesgrenzen hinweg nur mit Zustimmung der empfangenden Staaten vorgenommen werden darf (Prior-Consent-Prinzip). Gegenüber dieser Position sind die Verfechter eines freien Informationsflusses in die Minderheit geraten, wie zuletzt die von der Generalversammlung der Vereinten Nationen 1982 verabschiedete (rechtlich allerdings unverbindliche) Resolution über Satellitengrundsätze dokumentiert hat.[37]

---

nungsvielfalt Rechnung trägt. Gezielt für Österreich bestimmte Auslandsprogramme sollten nicht verbreitet werden dürfen. Ferner sollten nach dem Entwurf auch im Ausland veranstaltete Pay-TV-Programme zugelassen werden können, wenn diese zu mindestens 80% aus Spielfilmen bestehen und keine kommerziellen Werbesendungen, keine Informationssendungen oder journalistisch gestaltete Programmteile enthalten. Ein Auszug aus diesem Entwurf ist abgedr in MuR 85/5, 3.

36 Vgl vor allem die Empfehlung des Ministerkomitees des Europarates (R 84–22) über die Verwendung von Satelliten für Fernsehen und Hörfunk v 7. 12. 1984; zur Rundfunkempfangsfreiheit vgl auch noch oben S 88.

37 Diese „Grundsätze zur Regelung des Einsatzes künstlicher Erdsatelliten für die internationale Fernsehdirektübertragung durch Staaten" (UNDOC. A/RES 37/92 v 10. 12. 1982) sehen ua vor, daß Satellitendienste für internationale Fernsehübertragungen nur auf der Grundlage von Vereinbarungen

Nur als ein technisches Regelwerk für den Satellitendirektrundfunk sind dagegen die völkerrechtlich verbindlichen Regelungen der *Weltfunkverwaltungskonferenz 1977* (WARC 77) der ITU konzipiert. Durch sie wurden den einzelnen Staaten geostationäre Satellitenpositionen und die entsprechenden technischen Systemdaten zugewiesen, wobei die auf die Erdoberfläche treffenden Sendestrahlen im wesentlichen nur nationale Versorgungsgebiete bilden sollten. Durch die technologische Entwicklung ist es allerdings in der Zwischenzeit möglich geworden, daß die Satellitenprogramme auch in den Gebieten weit außerhalb der festgelegten Ausleuchtungszonen empfangen werden können (spill-over). Auch Österreich steht nach dem WARC 77 das Recht zur Nutzung einer Satellitenposition mit fünf Kanälen und einer Ausstrahlungsellipse zu, die von 45 Mill Menschen bewohnt wird; in der maximalen Ausleuchtungszone eines österreichischen Satelliten leben dagegen rund 112 Mill Menschen. Da die enormen Kosten die Einrichtung eines eigenen österreichischen Direktsatelliten zumindest in absehbarer Zeit ausschließen, werden gegenwärtig nur verschiedene Formen der Kooperation mit Nachbarstaaten oder Gemeinschaftsprogramme diskutiert. Das vom ORF bereits jetzt mitproduzierte Programm 3-Sat wird über einen konventionellen Fernmeldesatelliten ausgestrahlt. Rundfunkrechtlich unterliegt die Ausstrahlung eines österreichischen Rundfunksatellitenprogramms dem Rundfunkvorbehalt des BVG-Rundfunk und dürfte daher nur nach Maßgabe einer entsprechenden gesetzlichen Ermächtigung erfolgen.[38]

Sowohl der Empfang ausländischer Satellitenprogramme wie jede Form eines österreichischen Satellitenprogramms konfrontieren, von den angeschnittenen Fragen abgesehen, mit einer Fülle weiterer Rechtsprobleme, die sich der nationalstaatlichen Regelungszuständigkeit in weitem Umfange entziehen. Dabei geht es etwa um den Schutz der Urheberrechte bei Satellitenprogrammen, um die Haftung für grenzüberschreitende Programme, um die Einhaltung nationaler Werbebeschränkungen

---

zwischen den betroffenen Staaten eingerichtet werden dürfen. Die Resolution wurde mit 107 Ja-Stimmen bei 13 Enthaltungen (darunter Österreich) und 13 Gegenstimmen angenommen. Zu den Diskussionen um den Direktsatellitenrundfunk in den Vereinten Nationen vgl RUDOLF–ABMEIER, Satellitendirektfunk und Informationsfreiheit, Archiv für Völkerrecht 21 (1983) 1 (6ff).

38 Ob bereits das geltende RFG zumindest den ORF zur Veranstaltung eines Satellitenprogramms ermächtigt, ist fraglich; vgl ÖHLINGER, RfR 83, 44.

oder von Jugendschutzbestimmungen und anderes mehr. Auf diese vielfach noch offenen Fragen kann hier nur hingewiesen werden.[39] Ob es gelingen wird, die anstehenden Probleme im Rahmen einer vom Europarat ausgearbeiteten Europäischen Konvention über grenzüberschreitenden Rundfunk vernünftig zu lösen, läßt sich gegenwärtig noch nicht abschätzen.[40]

---

39 Die Klärung der mit einem österreichischen Satellitenprogramm zusammenhängenden wirtschaftlichen und rechtlichen Fragen wurde einer im Bundeskanzleramt eingerichteten Kommission übertragen; vgl dazu Medienbericht II, 359ff. Zu den Rechtsfragen des Satellitenrundfunks vgl im übrigen zB SCHARF, Rechtliche Aspekte des Satellitenrundfunks, in: Satellitenfernsehen. Dokumentation des vom Kuratorium für Journalistenausbildung veranstalteten Fachseminars „Satellitenfernsehen" (1. bis 3. 10. 1981, Wien) 10; DELBRÜCK, Direkter Satellitenrundfunk und nationaler Regelungsvorbehalt (1982); WEIL, Interventions- und haftungsrechtliche Aspekte grenzüberschreitender Rundfunksendungen (1981); SCHWARZE (Hrsg), Fernsehen ohne Grenzen (1985).

40 Zu dem Entwurf des Europarates, der vor allem auch eine Art Antwort auf einen Richtlinienentwurf der Kommission der Europäischen Gemeinschaft ist, mit dem die wesentlichen Hindernisse für einen grenzüberschreitenden Rundfunk aus dem Weg geräumt werden sollen, vgl ENGEL, Europäische Konvention über grenzüberschreitendes Fernsehen, Zeitschrift für Rechtspolitik 88, 240 sowie den Bericht in MuR 88/5, 152f.

VII. KAPITEL

Das Filmrecht

Der Kinofilm ist trotz der überwältigenden Bedeutung des Fernsehens immer noch ein wichtiges Unterhaltungsmedium und ein eigenständiges künstlerisches Ausdrucksmittel. Dokumentarfilme und politisch engagierte Filme erfüllen Aufgaben der Information und Meinungsbildung, während die ursprünglich Nachrichtenzwecken gewidmeten Wochenschauen in dieser Funktion bedeutungslos geworden sind. Neue Möglichkeiten der Mediennutzung eröffnet das Videoband, das die Speicherung und den privaten Konsum von Filmen ermöglicht und das zumindest im Bereich der Unterhaltung die öffentlichen Filmvorführungen in Lichtspieltheatern an Bedeutung allmählich zu überflügeln scheint.[1]

Das *Filmrecht* knüpft immer noch an ältere Vorschriften über die „Theater- und Lustbarkeitspolizei“ und „Schaustellungen mittels eines Kinematographen“ an, die für dieses als suspekt erachtete Gewerbe eine Konzessionspflicht und eine strenge Überwachung durch die Zensur vorsahen. Nach dem Ersten Weltkrieg erließen die Bundesländer verwaltungspolizeiliche Vorschriften für den Betrieb von Kinounternehmen, auf die das heute geltende *Kinorecht der Länder* zurückgeht. Es wendet sich in der Hauptsache der gewerberechtlichen Seite der Lichtspielunternehmen und damit zusammenhängenden bau-, feuer- und sicherheitspolizeilichen Fragen zu. Daneben reglementiert es aber auch den Inhalt der öffentlich vorgeführten Filme und sieht, vor allem in Verbindung mit dem Jugendschutzrecht, bestimmte Zugangsbeschränkungen vor.[2]

Übereinstimmend machen die Kinogesetze öffentliche Filmvorführungen vom Vorliegen einer *behördlichen Konzession* abhängig. Für die Ertei-

---

1 Zur aktuellen Situation der österreichischen Filmwirtschaft (von Auftragsproduktionen abgesehen verschwindend geringe inländische Filmproduktion, starke Abhängigkeit vom ORF und von ausländischen Verleihfirmen, „Kinosterben“, stagnierende Besucherzahlen) vgl Medienbericht II, 206ff; Medienbericht III, 96ff.

2 Einen Überblick über das geltende Kinorecht der Länder und einen Nachw der Rechtsquellen bieten WALTER–MAYER, Grundriß des Besonderen Verwaltungsrechts[2] (1987) 730ff.

lung dieser Bewilligung ist die Landesregierung, in untergeordneten Fällen die Bezirksverwaltungsbehörde, zuständig. Befreiungen für Filmvorführungen in Schulen oder zu dienstlichen Zwecken sind vorgesehen. Durch diese Konzessionspflicht soll sichergestellt werden, daß die Veranstalter von Filmvorführungen persönlich verläßlich sind, eine allenfalls erforderliche Befähigung nachgewiesen haben und geeignete Betriebsstätten und Betriebsmittel zur Verfügung stehen. Zur Überprüfung der Vorführeinrichtungen und des Zuschauerraumes in baulicher, feuer- und sicherheitspolizeilicher Hinsicht und zur Wahrung des Schutzes der Nachbarn vor unzumutbaren Störungen ist eine gesonderte Betriebsanlagengenehmigung einzuholen. Die Filmvorführung selbst darf nur durch geeignetes Personal durchgeführt werden. Um Relikte obrigkeitsstaatlicher Bevormundung handelt es sich, wenn über diese legitimen Gesichtspunkte der öffentlichen Ordnung und Sicherheit hinausgehend die Konzessionserteilung auch noch von einem entsprechenden Bedarf abhängig gemacht wird und bei konkurrierenden Bewerbern die Behörde eine Auswahlentscheidung an Hand fragwürdiger kulturpolitischer Kriterien zu treffen hat.[3]

Inhaltlich verbieten die meisten Kinogesetze die öffentliche Vorführung bestimmter *anstößiger Filme,* worunter – die Umschreibungen der Länder variieren – im allgemeinen Filme fallen, die strafrechtlichen Verboten zuwiderlaufen, die öffentliche Ordnung und Sicherheit gefährden, sittliche oder religiöse Werte verletzen oder verrohend wirken. Einzelne Gesetze wollen aber auch das vaterländische Empfinden vor Anfechtungen schützen, die von Filmvorführungen ausgehen könnten. Zumindest bei einer engherzigen Auslegung können diese unbestimmt umschriebenen Verbote einer problematischen Geschmackszensur Vorschub leisten. Die Übertretung dieser Aufführungsverbote ist mit Verwaltungsstrafe bedroht. Eine vorbeugende Überwachung der in einem Landesgebiet aufzuführenden Filme durch eine Vorlagepflicht in Verbindung mit einer Aufführungsbewilligung darf dagegen wegen des verfassungsrechtlichen Verbotes jeder präventiven Zensur nicht angeordnet werden. Die in älteren Kinogesetzen enthaltenen Zensurermächtigungen wurden vom VfGH als verfassungswidrig aufgehoben.[4] Verstößt ein Film ge-

---

3 Vgl zur Kritik an vergleichbaren Bewilligungstatbeständen im Veranstaltungsrecht der Länder LEBITSCH, Probleme präventiver Veranstaltungspolizei im Lichte der Kunstfreiheit, ÖJZ 84, 477 (482). In seiner Entscheidung vom 21. 6. 1988 G 228/87 hat der VfGH eine Bestimmung im Tiroler Lichtspielgesetz, die eine Bedarfsprüfung für die Erteilung einer Lichtspielbewilligung vorsah, als verfassungswidrig aufgehoben.

4 Vgl VfSlg 630/26, 949/28, 1089/28, ua, zuletzt VfSlg 8461/78; MATZKA, Informationsfreiheit und Freiheit der Meinungsäußerung in Kino und „neuen Medien" in Österreich, EuGRZ 84, 249.

gen einen gerichtlichen Straftatbestand, was zB bei pornographischen Filmen oder den religiösen Frieden grob störenden Produktionen der Fall sein könnte, kommen die entsprechenden Bestimmungen des Medienstrafrechts zur Anwendung.[5] Verboten ist ferner in den meisten Ländern die Vorführung von Filmen am 24. Dezember und am Karfreitag.

Neben diesen auch die Vorführung vor Erwachsenen betreffenden Filmverboten unterliegt die öffentliche Vorführung von Filmen Beschränkungen zum *Schutz der Jugend*.[6] In den meisten Landesrechten ist vorgesehen, daß Filme für Jugendliche bestimmter Altersstufen nach näher umschriebenen Kriterien freigegeben werden („Jugendfrei ab 6 [10 oder 16] Jahren"). Die Überprüfung der Filme auf ihre Jugendeignung wird von einer beim Unterrichtsministerium eingerichteten Jugendfilmkommission vorgenommen, deren Entscheidungen von den Landesinstanzen übernommen werden. Die Landesbehörden können jedoch auch eine eigene Freigabeentscheidung nach anderen bzw strengeren Maßstäben treffen, wobei in einem solchen Fall die Mitwirkung besonderer, in den Ländern eingerichteter Beiräte vorgesehen ist. Da nach der Rechtsprechung allerdings eine Zensur auch nicht zum Schutze der Jugend eingeführt werden darf, stößt die praktikable und zugleich verfassungskonforme Handhabung dieses Zulassungssystems auf beträchtliche Schwierigkeiten.

Von der Tätigkeit der Filmkommissionen zur Jugendprüfung von Filmen muß die Arbeit der *Filmprädikatisierungskommissionen* unterschieden werden. Die Gutachten dieser Länderkommissionen bzw der von den Bundesländern eingerichteten Gemeinsamen Filmbewertungskommission werden auf Antrag der Filmunternehmen erstellt. Beurteilt werden der ästhetische und sittliche Wert der eingereichten Filme. Die vergebenen Prädikate („besonders wertvoll", „wertvoll" und „sehenswert") sind die Grundlage für verschiedene steuerliche Befreiungen, Begünstigungen und sonstige finanzielle Förderungen. Die gemeinsame Länderkommission hat zwischen 1962 und 1981 rd 2000 Filme begutachtet und dabei rd 1400 Prädikatisierungen vorgenommen. Der erwartete Werbeeffekt für anspruchsvolle Filme hat sich in der Praxis allerdings oft in das Gegenteil verkehrt; hier ist erst in den letzten Jahren ein Wandel eingetreten.[7]

---

5 Vgl dazu das folgende Kapitel VIII.

6 Sie sind teilweise in den Kinogesetzen selbst und zum Teil in den Jugendschutzgesetzen der Bundesländer enthalten; vgl die Nachw bei WALTER–MAYER, aaO 663ff.

7 Zur Tätigkeit der gemeinsamen Länderkommission vgl Verbindungsstelle der Bundesländer (Hrsg), 20 Jahre Filmbewertung durch die Länder. Prädikate 1962–1981 (1982).

Zur Förderung einer kulturell eigenständigen österreichischen Filmproduktion ist durch Bundesgesetz[8] ein mit eigener Rechtspersönlichkeit ausgestatteter *Österreichischer Filmförderungsfonds* eingerichtet, dem jährlich nicht unerhebliche Budgetmittel zur Verfügung gestellt werden.[9] Als Förderungen kann der Fonds vor allem begünstigte Darlehen und nichtrückzahlbare Zuschüsse für österreichische Filmprojekte gewähren, wobei neben anderem ein vom Förderungswerber zu tragender Eigenmittelanteil, eine entsprechende Qualität des vorgeschlagenen Projekts und eine technisch und finanziell einwandfreie Abwicklung des Vorhabens vorausgesetzt werden. In den letzten Jahren hat der Fonds jährlich die Mitfinanzierung von fünf bis sechs Filmen übernommen. Durch die 1987 neu eingeführte Referenzfilmförderung werden künstlerisch oder wirtschaftlich bereits erfolgreiche Filme im nachhinein gefördert, wobei die Förderung zweckgebunden für die Finanzierung eines neuen Films bestimmt ist. Während die Förderung durch den Fonds in erster Linie dem auf kommerzielle Verwertung abgestellten künstlerischen Film zugute kommen soll, vergibt das Unterrichtsministerium direkt weitere Förderungen für den „innovativen" Film und für Dokumentarfilme nach einer Begutachtung durch einen Filmbeirat.

Die ordnungs- und gewerbepolizeilichen Regelungen der Kinogesetze gelten in den meisten Bundesländern auch für öffentliche Projektionsfernsehvorführungen und *öffentliche Videovorführungen.* Öffentlich sind dabei alle allgemein zugänglichen Veranstaltungen, nach einzelnen Gesetzen auch Veranstaltungen vor einem größeren geschlossenen Personenkreis. Vorführungen im privaten Bereich sind daher nicht erfaßt, wohl aber Veranstaltungen in „Clubs", auch wenn der Zutritt vom Erwerb einer Art Mitgliedschaft abhängig gemacht wird.[10]

Weitere auf Filme anzuwendende Rechtsvorschriften enthält das MedienG, das Filmvorführungen als „Medium" qualifiziert und den zivilrechtlichen Vorschriften über den Persönlichkeitsschutz und den strafrechtlichen Regelungen über die Medienin-

---

8 FilmförderungsG vom 25. 11. 1980 BGBl 557 idF BGBl 1987/517.

9 Im Zusammenhang mit der 1987 gesetzlich verwirklichten Reform der Filmförderung wurden die dem Fonds zur Verfügung stehenden Mittel von bisher jährlich 30 Mill auf 43 Mill Schilling aufgestockt; vgl dazu auch den Bericht in MuR 87/5, 189.

10 Im einzelnen hängt dies vom jeweils anzuwendenden Landesrecht ab; vgl VÖGL, Videovorführungen: Rechtsprobleme, dargestellt am Beispiel des Wiener Kinorechts, MuR 84/2, A 1 und 84/3, A 5.

haltsdelikte[11] unterwirft. Sie gelten auch für Videobänder, die ebenfalls „Medien“ im Sinne des MedienG sind. Da diese Regelungen aber auf die neuartigen Gegebenheiten bei diesem Medium, vor allem die Möglichkeit der häuslichen Nutzung und die leichten Vervielfältigungsmöglichkeiten zum Teil nur ungenügend Bedacht nehmen, ist es vor allem beim Jugendmedienschutz und im Urheberrechtsbereich zu Regelungslücken gekommen.[12]

---

11 Vgl das folgende Kapitel VIII.

12 Vgl unten S 200f; zur rechtlichen (gewerberechtlichen, urheberrechtlichen, veranstaltungsrechtlichen) Einordnung von Video vgl im übrigen WITTMANN (Gesamtredaktion), Videorecht und Videopraxis in Österreich, Sonderheft Medien und Recht (1985).

VIII. KAPITEL

Die öffentliche Ordnung und die Massenmedien: Strafrechtliche Grenzen der Medienfreiheit

Die Freiheit der Massenmedien findet ihre Grenze in legitimen Belangen der *öffentlichen Ordnung*. Dazu gehören die Interessen der nationalen Sicherheit, die territoriale Unversehrtheit des Staatsgebietes und die öffentliche Sicherheit, der öffentliche Friede und die Verhütung von Verbrechen, der Schutz von Gesundheit und Moral und das Ansehen und die Unparteilichkeit der Rechtsprechung.[1] Diesen grundlegenden Gemeinschaftsgütern geben die strafrechtlichen Bestimmungen des Strafgesetzbuches (StGB) und der strafrechtlichen Nebengesetze den nötigen Schutz vor Angriffen mit einer gesteigerten sozialen Schädlichkeit. An diese Verbote und Gebote sind selbstverständlich auch die Journalisten und alle anderen mit der Herstellung und Verbreitung von Massenmedien befaßten Personen gebunden. Das MedienG bekräftigt, daß sich die strafrechtliche Verantwortlichkeit für Mediendelikte grundsätzlich nach dem allgemeinen Strafgesetz richtet, womit zugleich ausgedrückt ist, daß die Presse und der Rundfunk auch nicht durch ein strengeres Sonderstrafrecht belastet sein sollen (§ 28 MedienG). In diesem Sinne sind die Massenmedien weder auf besondere Privilegien angewiesen, noch besteht ein Grund, sie einer verschärften strafrechtlichen Verantwortlichkeit zu unterwerfen.

Trotz dieser grundsätzlichen Gleichstellung gibt es Fälle, in denen das Gebot der Sachlichkeit es erfordert, bei der Behandlung der in einem Massenmedium begangenen Straftaten auf Besonderheiten des Medienbereiches Rücksicht zu nehmen. Daher enthält das MedienG in einem eigenen Abschnitt *strafrechtliche Bestimmungen,* darunter Strafrechtsfolgen eigener Art und verfahrensrechtliche Abweichungen, aber auch die Freiheit der Medien absichernde Begünstigungen. Dieses *Medienstrafrecht* ist ein nur für die Massenmedien geltendes Sonderrecht. Beson-

1 Dies sind die öffentlichen Interessen, die nach Art 10 Abs 2 MRK eine Einschränkung der Medienfreiheit rechtfertigen; vgl dazu oben S 73ff.

dere Straftatbestände für die Medien gibt es dagegen nicht mehr, nachdem das MedienG die zuvor noch mit gerichtlicher Strafe bedrohten Presseordnungsdelikte „entkriminalisiert" und ihre Verfolgung den Verwaltungsbehörden übertragen hat. Auch die sogenannten *Medieninhaltsdelikte* sind keine für die Massenmedien typischen Sonderdelikte, sondern nur auf besondere Weise begangene Delikte des allgemeinen Strafrechts. Auf sie werden die besonderen Bestimmungen des Medienstrafrechts angewendet, wenn die Tat in einem Medium begangen wurde. So ist zB die gehässige Herabwürdigung der Republik Österreich (§ 248 StGB) immer dann strafbar, wenn die Tat etwa durch entsprechende Äußerungen in einer Volksversammlung einer breiten Öffentlichkeit bekannt wurde. In einem Massenmedium begangen, ist die Tat aber ein Medieninhaltsdelikt und daher nach den dafür geltenden Sondervorschriften zu behandeln.

1. Die strafrechtliche Verantwortlichkeit für Medieninhaltsdelikte

Medieninhaltsdelikte

Medieninhaltsdelikte sind alle durch den Inhalt eines Mediums begangene, mit gerichtlicher Strafe bedrohte Handlungen, die in einer an einen größeren Personenkreis gerichteten Mitteilung oder Darstellung bestehen (§ 1 Abs 1 Z 12 MedienG). Für sie ist kennzeichnend, daß der Gesetzesverstoß gerade im Inhalt eines Mediums und seiner an eine *Allgemeinheit* gerichteten geistigen Wirksamkeit liegt. Zu den Medieninhaltsdelikten gehören daher in Druckwerken begangene Beleidigungen, der publizistische Landesverrat oder die Verbreitung pornographischer Schriften, nicht aber eine gefährliche Drohung oder Erpressung, weil eine solche einer *bestimmten* Person oder einem *bestimmten* Personenkreis zur Kenntnis gelangen muß. Auch wenn durch die nichtautorisierte Veröffentlichung eines Exklusivbildes in ein fremdes Urheberrecht eingegriffen wird, ist dies kein Medieninhaltsdelikt, weil die Veröffentlichung selbst keine verbotene Gedankenäußerung darstellt.

Soweit das MedienG nichts Abweichendes anordnet, bestimmt sich die strafrechtliche Verantwortlichkeit für Medieninhaltsdelikte nach den *allgemeinen Strafgesetzen* (§ 28 MedienG). Die allgemeinen Voraussetzungen der Strafbarkeit, die zu verhängenden Strafen und vorbeugenden Maßnahmen sowie die Grundsätze der Strafbemessung, die Möglichkeiten einer bedingten Strafnachsicht usw, richten sich daher nach dem Allgemeinen Teil des StGB. Diesen Grundsätzen entsprechend setzt daher auch die Bestrafung wegen eines Medieninhaltsdelikts, wenn nicht ausnahmsweise die bloß fahrlässige Begehung mit Strafe bedroht ist, einen entsprechenden Vorsatz des Täters voraus, der den Tatbestand einer strafbaren Handlung verwirklichen will oder zumindest seine Verwirklichung ernstlich für möglich hält und sich damit abfindet (§§ 5, 7 StGB). Eine Haftung bestimmter Personen für die nur fahrlässige Vernachlässigung der Pflicht, eine Veröffentlichung von strafbaren Inhalten freizuhalten, gibt es nach dem MedienG nicht mehr.[2] Strafbar sind bei einer Veröffentlichung allerdings nicht nur der (die) unmittelbare(n) Täter, etwa der Redakteur, der einen strafbaren Beitrag selbst verfaßt oder zur Veröffentlichung gegeben hat, oder der Verfasser und Einsender eines Leserbriefes. Auch Anstifter und Gehilfen begehen die strafbare Handlung und sind wegen ihres Tatbeitrages zu bestrafen, wie etwa der Medieninhaber, der die Veröffentlichung eines strafbaren Beitrages zuläßt, oder der Informant bei einer strafbaren Pressemitteilung, aber immer nur, wenn sie mit dem entsprechenden Vorsatz handeln (§ 12 StGB). Wie sonst ist auch bei Medieninhaltsdelikten bereits der Versuch der Tat strafbar (§ 15 StGB). Im übrigen muß hinsichtlich der allgemeinen Strafrechtslehren auf die einführende Literatur verwiesen werden.[3]

Mediengerichte

Für die Durchführung der Strafverfahren in Mediensachen hat der Gesetzgeber eine Konzentration der Zuständigkeit bei Mediengerichten vorgesehen. Das sind die in den Landeshauptstädten bestehenden Landesgerichte, die für alle Mediendelikte zuständig sind, die in dem betreffenden Bundesland begangen wurden. Für Wien und für alle Rundfunksendungen ist das Landesgericht für Strafsachen Wien zuständig. Bei diesen Mediengerichten wird die Rechtsprechung von Einzelrichtern („Medienrichter") wahrgenommen, und zwar auch dann, wenn an sich nach der Art und Höhe der angedrohten Strafe ein Bezirksgericht zuständig wäre (§ 41 Abs 1–3 MedienG). Vor den Mediengerichten geltend zu machen sind auch die Entschädigungsansprüche bei Beleidigungen und bloßstellenden Veröffentlichun-

2 Damit hat das österreichische MedienG jenes presserechtliche „System" verwirklicht, das LISZT rund 100 Jahre zuvor als „das einzig richtige ... welches unmittelbar aus dem Begriff der Preßfreiheit abgeleitet werden könnte" bezeichnet hat, das er aber gleichwohl wegen der Presseanonymität für nicht durchführbar erachtet hatte; LISZT, Lehrbuch des österreichischen Preßrechts (1878) 207; vgl auch HARTMANN–RIEDER (1985) 170f.

3 Vgl zB KIENAPFEL, Strafrecht. Allgemeiner Teil (1985); TRIFFTERER, Österreichisches Strafrecht. Allgemeiner Teil (1985).

gen nach den §§ 6, 7 MedienG und Anträge auf Durchsetzung von Entgegnungen, obwohl es sich bei diesen Verfahren um keine Strafverfahren handelt (§§ 8 Abs 1, 14 Abs 2 MedienG). Die Verfahren vor den Mediengerichten werden, auch wenn sie nicht strafrechtlicher Natur sind, nach den Bestimmungen der StPO durchgeführt. Rechtsmittel gegen Entscheidungen dieser Gerichte gehen an das jeweilige Oberlandesgericht.

Die örtliche Zuständigkeit der Mediengerichte richtet sich nach dem *Tatort,* das ist nach der ausdrücklichen Regelung des § 40 MedienG der Verlagsort, bei einem ausländischen Verlag der Ort der ersten Verbreitung im Inland. Nach der Rechtsprechung ist Verlagsort dabei immer der im Impressum angeführte Ort, auch wenn die Impressumsangabe falsch ist, weil die tatsächliche Verbreitung von einem anderen Ort aus organisiert wurde.[4]

Die medienrechtliche Verjährung

Nach allgemeinem Strafrecht beträgt die reguläre strafrechtliche Verjährungsfrist, die bewirkt, daß ein Täter nicht mehr verfolgt oder bestraft werden kann, bei minderschweren Delikten bis zu fünf Jahren. Demgegenüber verjähren Medieninhaltsdelikte grundsätzlich bereits innerhalb *eines* Jahres (§ 32 MedienG); die allgemeinen Verjährungsvorschriften kommen erst bei einer Straftat zur Anwendung, die mit einer drei Jahre übersteigenden Freiheitsstrafe bedroht ist.[5] Die Rechtfertigung für diese Begünstigung der Massenmedien sieht man in der Offenkundigkeit von Mediendelikten, die eine rasche Strafverfolgung möglich und auch geboten erscheinen läßt. Außerdem läßt § 32 MedienG die Verjährungsfrist bereits mit dem Beginn der ersten Verbreitung im Inland beginnen und nicht – wie es der allgemeinen strafrechtlichen Regelung entspräche – mit dem Abschluß der mit Strafe bedrohten Tätigkeit. Der unter Umständen längere Zeitraum, währenddessen der strafbare Inhalt verbreitet wird, kann auf Grund dieser Ausnahmeregelung den Beginn der Verjährungsfrist nicht hemmen.[6] Bei einer Veröffentlichung in Tei-

4 OGH 24. 5. 1984, MuR 84/4, A 12; OLG Wien und OLG Linz 9. 10. bzw 31. 10. 1984, MuR 85/1, A 12.

5 § 57 Abs 3 StGB: Verjährungsfrist je nach Schwere der Tat fünf bis 20 Jahre.

6 Zum Ablauf der Verjährungsfrist für die verschiedenen an einem Medieninhaltsdelikt beteiligten Personen vgl die Nachw (auch zu der vergleichbaren Vorgängerbestimmung des PresseG) bei SWOBODA–HARTMANN, Preßrecht 111 und HARTMANN–RIEDER (1985) 194.

len oder bei Neuauflagen beginnt die Verjährungsfrist jeweils neu zu laufen.

Urteilsveröffentlichung, Einziehung und Haftung des Medieninhabers

Wegen eines Medieninhaltsdelikts werden grundsätzlich die im allgemeinen Strafrecht vorgesehenen Strafen (Geld- und Freiheitsstrafen) und vorbeugenden Maßnahmen verhängt. Das MedienG ergänzt diese Regelungen durch Strafrechtsfolgen eigener Art.

Durch die *Urteilsveröffentlichung* (§ 34 MedienG) soll die Öffentlichkeit über die durch eine Veröffentlichung begangene strafbare Handlung und ihre Aburteilung „Im Namen der Republik" unterrichtet werden. Sie stellt eine Art Nebenstrafe dar; bei Eingriffen in eine individuelle Rechtssphäre wie etwa bei Beleidigungsdelikten soll sie dem Verletzten außerdem öffentliche Genugtuung und Rehabilitation geben. In solchen Fällen oder wenn die strafbare Handlung das Privat- oder Familienleben betroffen hat, darf die Urteilsveröffentlichung nur auf Antrag oder mit Zustimmung des Verletzten vorgenommen werden. Verfügt wird die Urteilsveröffentlichung auf Antrag des Anklägers im verurteilenden Erkenntnis oder in einem selbständigen Verfahren, wenn die Verurteilung einer bestimmten Person nicht möglich ist.[7] Die zur entsprechenden Information der Allgemeinheit erforderlichen Teile des Urteils sind allenfalls in einer Kurzfassung und grundsätzlich in der Zeitung oder Zeitschrift oder in dem Rundfunkprogramm zu veröffentlichen, in dem die strafbare Veröffentlichung erfolgt ist. Existiert dieses Medium aber nicht mehr oder wurde das Delikt in einem nicht-periodischen Medium (Buch, Film) begangen, hat das Gericht die Veröffentlichung in einem anderen periodischen Medium anzuordnen. Die Urteilsveröffentlichung muß den gleichen Veröffentlichungswert wie der inkriminierte Text aufweisen.

Um eine sichernde Maßnahme eigener Art handelt es sich bei der *Einziehung* von Medienstücken (§ 33 MedienG). Bei einem Medieninhaltsdelikt sind die zur Verbreitung bestimmten Exemplare eines Druckwerkes, von Filmkopien oder von sonstigen Bild- und Tonträgern mit strafbarem Inhalt einzuziehen und zu vernichten, um ein weiteres Fortwirken der strafbaren Veröf-

---

7 Zum selbständigen Verfahren vgl im folgenden S 176ff; zur Urteilsveröffentlichung (Einziehung) im Falle eines Freispruches wegen Erfüllung der journalistischen Sorgfaltspflicht (§ 29 Abs 3 MedienG) vgl unten S 224f.

fentlichung zu verhindern. Verfügt wird die Einziehung auf Antrag des Anklägers im Strafurteil wegen des Medieninhaltsdelikts oder im selbständigen Verfahren, wenn die Verurteilung einer bestimmten Person nicht möglich ist.[8] Sie erfaßt immer nur die noch zur Verbreitung bestimmten Exemplare einer Auflage, daher nicht die noch nicht fertiggestellten Exemplare und nicht die bereits in den Besitz der einzelnen Konsumenten übergegangenen Stücke. Die in Büchereien, Gaststätten, Wartezimmern usw aufliegenden Exemplare sind noch zur Verbreitung bestimmt und können daher eingezogen werden.[9] Durch eine Einziehung werden auch die an sich nicht inkriminierten Teile einer Druckschrift oder eines Filmes betroffen. Um den damit verbundenen wirtschaftlichen Schaden und den Eingriff in die Medienfreiheit auf das Erforderliche zu beschränken, sieht § 33 Abs 4 MedienG vor, daß auf Antrag des Medieninhabers diesem an Stelle der Einziehung die Unkenntlichmachung der anstößigen Stellen (etwa durch Abtrennung, Überklebung) aufzutragen ist.

Eine traditionelle Besonderheit des Pressestrafrechts ist die finanzielle *Mithaftung des Medieninhabers,* die sich historisch aus der Kaution entwickelt hat, die bei der Aufhebung der Zensur für politische Tageszeitungen eingeführt worden war. Die wegen eines Medieninhaltsdelikts verhängten Geldstrafen und die Kosten des Strafverfahrens treffen danach zwar grundsätzlich den verurteilten Journalisten und allenfalls weitere Mittäter. Nach § 35 MedienG haftet aber bei periodischen Medien der Medieninhaber (Verleger) zwingend mit dem Verurteilten zur ungeteilten Hand für Geldstrafen und Verfahrenskosten, was nach den Erwartungen des Gesetzgebers einen gewissen Ansporn für eine genauere Überwachung der Redakteure darstellen sollte. Diese Haftung ist keine Strafe und zieht auch keinerlei Bescholtenheitswirkungen nach sich; bei einem Wechsel in der Person des Medieninhabers (Verlegers) tritt der neue Medieninhaber (Verleger) in die Haftung ein. Wegen der finanziellen Mithaftung sind dem Medieninhaber im Prozeß die Verteidigungsmittel und sonstigen Rechte („Beteiligtenrechte") des Beschuldigten eingeräumt (§ 41 Abs 5 MedienG).

2. Die Beschlagnahme von Medienwerken

Durch die Bestrafung eines schuldigen Täters und die Einzie-

---

8 Zum selbständigen Verfahren vgl im folgenden S 176ff.

9 KUNST–BÖHM–TWAROCH, Medienrecht 134.

hung der noch greifbaren Exemplare einer strafbaren Veröffentlichung läßt sich ein eingetretener Schaden oft nicht mehr beseitigen. Die nachteiligen Auswirkungen einer Verleumdung oder ehrenrührigen Indiskretion, eines publizistischen Landesverrates oder einer öffentlichen Verhetzung sind in der Regel wegen der massenhaften Verbreitung eingetreten, lange bevor das rechtskräftige Strafurteil vorliegen kann. Um schwerwiegenden Rechtsverstößen wirksam zu begegnen, müßten vorbeugende Maßnahmen bereits zu einem früheren Zeitpunkt einsetzen – und das heißt, da eine präventive staatliche Inhaltskontrolle wegen des Zensurverbotes ausgeschlossen ist, zumindest möglichst bald nach dem Beginn der Verbreitung.[10]

Diesem Zweck dient die in das MedienG aufgenommene Ermächtigung zur Beschlagnahme von Medienwerken (§§ 36–39 MedienG). Während nach allgemeinem Strafprozeßrecht nur einzelne Exemplare von Medienwerken zu Beweiszwecken beschlagnahmt werden dürfen (§§ 98 Abs 2, 143 Abs 1 StPO), läßt das MedienG die vorläufige Beschlagnahme der gesamten Auflage eines Medienwerkes zu. Damit sind in aller Regel nicht nur einschneidende wirtschaftliche Folgen für den Medienunternehmer verbunden. Auch die Freiheit der geistigen Auseinandersetzung ist spürbar betroffen, wenn vorläufig nur auf der Grundlage eines *Tatverdachtes* der Staat die Verbreitung von Informationen oder Meinungen unterbindet. Da „nichts so schnell welkt wie Zeitungsblätter", ist vor allem die aktuelle Publizistik darauf angewiesen, daß diese Maßnahme mit einschränkenden Kautelen und Sicherungen versehen ist und mit Behutsamkeit gehandhabt wird.

Das MedienG hat die Anordnung der Beschlagnahme in die Hand des unabhängigen *Richters* gelegt und die bis 1981 vorgesehene „administrative Beschlagnahme" durch Polizeibehörden oder den Staatsanwalt beseitigt. Zulässig ist sie (nur mehr) wegen des Verdachtes eines Medieninhaltsdelikts, daher nicht wegen eines bloßen Verstoßes gegen medienrechtliche Ordnungsvorschriften oder wegen einer bloßstellenden Veröffentlichung aus dem höchstpersönlichen Lebensbereich im Sinne des § 7 MedienG. Vorausgesetzt ist, daß sie der Staatsanwalt oder Privatankläger ausdrücklich beantragt und daß zugleich das entsprechende Strafverfahren oder ein selbständiges Verfahren eingeleitet wird. Vor Beginn der Verbreitung (Aufführung) im In-

---

10 Zum Verhältnis zwischen Beschlagnahme und Zensurverbot vgl ÖHLINGER, „Das Gespenst" und die Freiheit der Kunst in Österreich, ZUM 85, 190 (191f); OLG Wien 17. 12. 1985 – Kandidat, MuR 86/1, 17.

land darf ein Medienwerk wegen des verfassungsrechtlichen Verbots präventiver Zensurmaßnahmen nicht beschlagnahmt werden.

Um die scharfe Waffe einer Beschlagnahme auf die wirklich unerläßlichen Fälle zu beschränken, sieht das Gesetz eine zwingende *Interessenabwägung* vor. Das Gericht darf dem Beschlagnahmeantrag nur stattgeben, wenn anzunehmen ist, daß auf Einziehung erkannt werden wird, und wenn die nachteiligen Folgen der Beschlagnahme nicht unverhältnismäßig schwerer wiegen als das Rechtsschutzinteresse, dem die Beschlagnahme dienen soll. Die Beschlagnahme ist dabei jedenfalls unzulässig, wenn diesem Rechtsschutzinteresse auch durch Veröffentlichung einer Mitteilung über das eingeleitete strafgerichtliche Verfahren Genüge getan werden kann (§ 36 Abs 1 MedienG).

Voraussetzungen einer Beschlagnahme

Notwendige Voraussetzung einer Beschlagnahme ist zuallererst, daß das Gericht zur Überzeugung gelangt, daß es wegen der inkriminierten Veröffentlichung voraussichtlich zu einem verurteilenden Erkenntnis oder zu einer Einziehung im selbständigen Verfahren kommen wird. Dies darf der Richter dann annehmen, wenn in dem Medium zumindest der objektive Tatbestand einer strafbaren Handlung allem Anschein nach hergestellt worden ist.[11] Rechtfertigungsgründe, wie die verfassungsrechtliche Gewährleistung der Wissenschafts- und Kunstfreiheit (Art 17, 17a StGG) oder das Vorliegen rechtfertigender Interessen an der Veröffentlichung im Sinne des § 114 StGB, sind bereits bei der Beurteilung der Zulässigkeit der Beschlagnahme zu berücksichtigen.[12]

Liegt ein entsprechend stichhaltiger Verdacht vor, *hat* das Gericht in einem zweiten Schritt zu prüfen, ob dem Rechtsschutzinteresse nicht auch durch die *Veröffentlichung einer Mitteilung* über die Tatsache, daß ein Verfahren eingeleitet wurde („Mitteilung nach § 37 MedienG") Genüge getan werden kann. Ist dies zu bejahen, ist die Beschlagnahme jedenfalls unzulässig, auch wenn ein Antrag auf eine solche Veröffentlichung gar nicht gestellt wurde und das Gericht daher die Veröffentlichung auch nicht anordnen kann. Vor allem bei Privatanklagen im Bereich des Ehrenschutzes wird die Beschlagnahme durch eine solche Mitteilung nach § 37 MedienG abgewehrt werden können. Denn anders als etwa bei einer rechtswidrigen Offenbarung eines Geheimnisses oder bei einer Verhetzung, wird in einem solchen Fall die Rechtsbeeinträchtigung bereits abgeschwächt, wenn der Öffentlichkeit zur Kenntnis gelangt, daß ein beleidigender Vorwurf vom Betroffenen bestritten wird und Gegenstand einer gerichtlichen Auseinandersetzung ist. Die tatsächliche An-

---

11 KUNST–BÖHM–TWAROCH, Medienrecht 146.
12 Vgl OGH SSt 51/47; OLG Wien 21. 12. 1984 – Holzfällen, MuR 85/1, A 9.

ordnung der Veröffentlichung setzt einen entsprechenden Antrag des Anklägers voraus, den er bereits zusammen mit dem Beschlagnahmeantrag oder erst dann einbringen kann, wenn sich herausgestellt hat, daß eine Beschlagnahme wegen der Möglichkeit einer solchen Mitteilung unzulässig wäre. Eine Mitteilung nach § 37 MedienG ist auch dann nicht ausgeschlossen, wenn die bekämpfte Veröffentlichung in einem nichtperiodischen Medium (Buch oder Film) erschienen ist, da in diesem Fall der Richter die Einschaltung der Mitteilung in einem periodischen Medium mit annähernd vergleichbarem Adressatenkreis anzuordnen hat.[13]

Läßt sich das Rechtsschutzinteresse durch die Veröffentlichung einer Mitteilung nach § 37 MedienG nicht ausreichend befriedigen, hat das Gericht in einem dritten Schritt die gesetzlich vorgeschriebene *Interessenabwägung* anzustellen. Die Beschlagnahme ist anzuordnen, außer wenn ihre nachteiligen Folgen „unverhältnismäßig schwerer" wiegen als das Rechtsschutzinteresse. Ist das der Fall, muß die Beschlagnahme endgültig unterbleiben. Welche nachteiligen Folgen dabei in Betracht zu ziehen sind, ist im Gesetz nicht ausgeführt. Nach dem Sinn und Zweck dieser Abwägungsformel, die Beschlagnahmen im Interesse der Medienfreiheit auf Fälle unbedingter Notwendigkeit beschränken möchte, werden die wirtschaftlichen und publizistischen Interessen des Medieninhabers ebenso zu berücksichtigen sein wie berechtigte Informationsinteressen der Allgemeinheit. Zu prüfen wird aber auch sein, ob eine Beschlagnahme wegen einer unter Umständen ohnedies schon gegebenen Publizität der Veröffentlichung überhaupt noch ein geeignetes Mittel des Rechtsgüterschutzes ist. Auf der Gegenseite fällt die Schwere des angeblich begangenen Delikts ins Gewicht, wobei es auch auf die Umstände des Einzelfalles, wie die Höhe der Auflage und die persönliche oder wirtschaftliche Betroffenheit, ankommen kann. Auch ein über alle Zweifel erhabener Tatverdacht kann die Beschlagnahme eher angemessen erscheinen lassen, als wenn nur eine gewisse Wahrscheinlichkeit besteht, daß die inkriminierte Veröffentlichung als rechtswidrig letztlich der Einziehung verfällt. Im Ergebnis bleibt es freilich in weitem Umfang der richterlichen Entscheidung überlassen, wie diese konkurrierenden Interessen im Streitfall bewertet und gewichtet werden.

Wie bei der Einziehung kann der Medieninhaber beantragen, daß ihm eine entsprechende Veränderung (Überklebung, Einschwärzung) der anstößigen Stellen aufgetragen wird, wodurch die Beschlagnahme abgewehrt wird. Die Wirkungen einer Beschlagnahme erstrecken sich immer nur auf die noch zur Verbreitung bestimmten Medienstücke. Für die Dauer einer Beschlagnahme sind die weitere Verbreitung der Medienstücke

13 OLG Wien 28. 12. 1983, MuR 84/6, A 6; OLG Wien 21. 12. 1984 – Holzfällen, MuR 85/1, A 9.

und eine neuerliche Veröffentlichung der anstößigen Stellen verboten. Die vorsätzliche Übertretung dieses Verbreitungs- und Veröffentlichungsverbotes wird von Amts wegen verfolgt und ist mit gerichtlicher Strafe bedroht (§ 38 MedienG).

Aufhebung der Beschlagnahme

Die Beschlagnahme ist eine vorläufige Maßnahme, die im Fall eines Schuldspruchs oder eines entsprechenden Ausspruchs im selbständigen Verfahren zu einer endgültigen Einziehung führt. Kommt es nicht zu einer Einziehung, ist die Beschlagnahme als nicht gerechtfertigt vom Gericht unverzüglich aufzuheben. In diesem Fall steht dem Medieninhaber eine vom Bund zu leistende *Entschädigung* zu; wurde die ungerechtfertigte Beschlagnahme auf Grund einer Privatanklage verfügt, kann der Bund unter gewissen Umständen vom Privatankläger einen Rückersatz verlangen.[14]

Veröffentlichung einer Mitteilung nach § 37 MedienG

Die Veröffentlichung einer Mitteilung über das gegen ein Massenmedium eingeleitete Verfahren (§ 37 MedienG) soll – dem Grundsatz des gelindesten Mittels Rechnung tragend – drohende Beschlagnahmemaßnahmen auf Fälle unbedingter Notwendigkeit beschränken. Insoweit erscheint die Mitteilung als ein den Massenmedien zumutbares Beschlagnahmesurrogat. Der Gesetzgeber hat aber auch zugelassen, daß der Privatankläger von vornherein *statt* der Beschlagnahme eine solche Veröffentlichung begehrt. Daran anknüpfend, haben die Gerichte die Mitteilung nach § 37 MedienG zu einem selbständigen Institut des Rechtsschutzes vor nachteiligen Presseveröffentlichungen ausgebaut und entsprechende Anträge in verhältnismäßig weitem Umfange zugelassen. Es wäre aber falsch, den Zusammenhang zwischen der Beschlagnahme und der Mitteilung nach § 37 MedienG zur Gänze aufzulösen, was zur Folge haben müßte, daß Zeitungen mit einer Fülle auch aussichtsloser und daher letztlich unbegründeter Mitteilungen nach § 37 MedienG überschwemmt werden. Auch ein selbständiger Veröffentlichungsan-

---

14 Zu den Einzelheiten der Entschädigungsregelung vgl § 39 MedienG; zum Verhältnis zwischen einer auf ein Verbreitungsverbot gerichteten einstweiligen Verfügung und einer Beschlagnahme bei der Beurteilung der Kausalität für den eingetretenen Schaden OGH 14. 3. 1984, ÖBl 84, 164 – Bunte Krone II.

trag ist daher nur bei begründetem Tatverdacht zulässig; entbehrlich ist lediglich eine weitere Interessenabwägung, da der Gesetzgeber die Veröffentlichung bei Zutreffen der übrigen Voraussetzungen jedenfalls als ein den Zeitungen zumutbares Mittel des Ehrenschutzes qualifiziert hat.[15]

3. Das selbständige Verfahren

Bei strafbaren Veröffentlichungen können sich der Verfolgung und Aburteilung eines schuldigen Täters vielfältige Hindernisse in den Weg legen, vor allem der Deckmantel der Anonymität, der durch das Redaktionsgeheimnis verstärkt ist, das oft nicht mehr näher aufklärbare Zusammenspiel mehrerer Personen, strafausschließende Immunitäten oder die Tatsache, daß sich der Täter im Ausland aufhält und vor einem österreichischen Gericht nicht belangt werden kann. Die Tat selbst ist allerdings auch in solchen Fällen durch die Veröffentlichung offenkundig und wirksam geworden. In derartigen Situationen kann es notwendig sein, gegen das Druckwerk oder gegen die Filmkopie selbst entsprechende Maßnahmen einzuleiten, um die weitere Verbreitung eines gegen die Rechtsordnung verstoßenden Inhalts zu verhindern. Diesem Zweck dient das sogenannte *selbständige Verfahren* (früher: objektives Verfahren) gegen Massenmedien, das sich nicht gegen Personen, sondern gegen Sachen richtet und in dem auf vorläufige Beschlagnahme und nach Vorliegen des endgültigen Urteils auf Einziehung und Urteilsveröffentlichung erkannt werden kann.

Das selbständige Verfahren wird auf Antrag eines berechtigten Anklägers (Staatsanwalt oder Privatankläger) eingeleitet. Es setzt voraus, daß in einem Medium der objektive Tatbestand einer strafbaren Handlung hergestellt worden ist *und* die Verfolgung einer bestimmten Person nicht durchführbar oder ihre Verurteilung wegen des Vorhandenseins von Strafausschließungsgründen nicht möglich ist (§ 33 Abs 2 MedienG). Die Einziehung von Medienstücken im selbständigen Verfahren und die Veröffentlichung des Urteils können daher nur verfügt werden, wenn das Gericht zur Überzeugung gelangt, daß der Inhalt eines Mediums den Tatbestand einer strafbaren Handlung darstellt;

---

15 Die Anordnung einer Mitteilung setzt außerdem die Stellung eines Einziehungsantrages voraus, der aber nach der Rspr nachholbar ist; vgl OLG Wien 8. 9. 1986, MuR 87/5, 165.

bei der Anordnung der (vorläufigen) Beschlagnahme muß zumindest ein entsprechend begründeter Verdacht bestehen. Hingegen kommt es beim selbständigen Verfahren anders als im Strafverfahren nicht darauf an, ob die Tat subjektiv verschuldet ist, was etwa bei fehlender Zurechnungsfähigkeit des Täters nicht der Fall ist; auch sonstige in der Person des Täters liegende und eine Straffreiheit begründende Umstände, wie etwa die persönliche Immunität eines Abgeordneten, schließen die Einziehung der Medienstücke nicht aus.

Auf eine Maßnahme im selbständigen Verfahren darf nur erkannt werden, wenn die Verfolgung oder Verurteilung einer bestimmten Person *nicht möglich* ist. Es ist daher nicht in das Belieben des Anklägers gestellt, ob er gegen einen schuldigen Täter oder im selbständigen Verfahren gegen die Veröffentlichung selbst vorgeht. Ob rechtliche Gründe (Verjährung, Amnestie) oder tatsächliche Gründe (unbekannter Täter, Flucht) die Verfolgung oder Verurteilung ausschließen, spielt dagegen keine Rolle; auch nach einem Freispruch kann ein Einziehungserkenntnis im selbständigen Verfahren ergehen. Ein selbständiges Verfahren ist etwa beispielsweise möglich, wenn in einem Film der objektive Tatbestand der Herabwürdigung religiöser Lehren verwirklicht wurde und zum Beispiel der ausländische Produzent oder Filmverleiher in Österreich nicht vor ein Gericht gestellt werden kann. Auf die Absicht des geistigen Urhebers kommt es und kann es im selbständigen Verfahren, anders als im Strafverfahren, wo dem Täter sein Vorsatz nachgewiesen werden müßte, nicht ankommen. Nur beim Delikt der üblen Nachrede steht der Wahrheitsbeweis auch dem beteiligten Medieninhaber offen, so daß eine Einziehung wegen eines beleidigenden Vorwurfs auch bei einem anonymen Artikel dann ausgeschlossen ist, wenn dem Medieninhaber der Beweis der Wahrheit gelingt.[16] Über eine Beschlagnahme oder Einziehung im selbständigen Verfahren entscheidet das Gericht, das auch für die Aburteilung des Medieninhaltsdelikts zuständig wäre, wobei in dieser Verfahrensart immer der Einzelrichter tätig wird (§ 41 Abs 1–3 MedienG).

In der Beschränkung des selbständigen Verfahrens auf die Fälle, in denen ein schuldiger Täter nicht verfolgt werden kann, drückt

---

16 Diese ausdrückliche Regelung über den Wahrheitsbeweis im selbständigen Verfahren (§ 33 Abs 2 Satz 2 MedienG) nimmt wohl auf die herrschende Judikatur Bezug, die auch einen nachweislich der Wahrheit entsprechenden beleidigenden Vorwurf für rechtswidrig hält (womit der objektive Tatbestand des Medieninhaltsdelikts erfüllt wäre) und die den Wahrheitsbeweis nur als einen sachlichen Strafausschließungsgrund gelten läßt, der die Strafwürdigkeit der Tat beseitigt; so OGH 30. 11. 1978, EvBl 1979/120; dagegen vor allem in Hinblick auf die Meinungsfreiheit BERKA, Medienfreiheit 232ff.

sich ein nicht ganz unbegründetes *Mißtrauen des Gesetzgebers* aus.[17] Denn trotz der prozessualen Rechte, die dem Medieninhaber (Verleger)[18] zustehen, ist die Rechtslage im selbständigen Verfahren zum Nachteil des „beklagten Mediums" verschlechtert. Ein Urteil in diesem Verfahren kann beispielsweise auch dann gefällt werden, wenn der Medieninhaber, aus welchen Gründen auch immer, nicht zur Verhandlung erscheinen konnte.[19] Aber auch in der Sache selbst kann die Verteidigung erschwert sein, wenn der eigentliche Urheber der nach Ansicht der Anklage strafbaren Veröffentlichung im Prozeß nicht zu Wort kommt. Diesen Nachteilen kann nur durch eine strenge Beachtung der gesetzlich vorgeschriebenen Subsidiarität des selbständigen Verfahrens entgegengewirkt werden.[20] Bei der Prüfung des objektiven Tatbestandes und der in Betracht kommenden Rechtfertigungsgründe sind außerdem die Auswirkungen der verfassungsrechtlich gewährleisteten Freiheitsrechte (Presse- und Rundfunkfreiheit, Kunstfreiheit) sorgfältig zu berücksichtigen. Unter diesen Gesichtspunkten wäre es daher beispielsweise problematisch, bei Veröffentlichungen in Massenmedien nur deshalb, weil diese auf Gewinnbasis arbeiten, im selbständigen Verfahren generell eine gewinnsüchtige Absicht zu unterstellen[21] oder bei künstlerischen Produktionen nur auf das Verständnis eines „Durchschnittslesers" abzustellen und auto-

---

17 Vgl BERTEL, Grundriß des österreichischen Strafprozeßrechts[1] (1975) 217; zu den früher gegebenen Mißbrauchsmöglichkeiten vgl oben S 55f.

18 Dem wirtschaftlich durch Einziehungsmaßnahmen erheblich betroffenen Händler, der nicht zugleich auch verlegerische Aufgaben wahrnimmt, kommen die Beteiligtenrechte des MedienG nicht zu. Nach der – allerdings noch nicht gefestigten Rspr – kann er allerdings Beteiligter nach § 444 Abs 1 StPO sein; so zutreffend OGH 23. 2. 1983, EvBl 1984/31; *dagegen* OGH 5. 5. 1983, EvBl 1984/32.

19 Zu weiteren prozessualen Nachteilen KUNST–BÖHM–TWAROCH, Medienrecht 167f.

20 Vgl dazu die Hinweise auf die teilweise problematische Rspr bei KUNST–BÖHM–TWAROCH, Medienrecht 136; HARTMANN–RIEDER (1985) 199. Das Prinzip der Subsidiarität verkennen auch die jüngeren Entscheidungen des OLG Wien 10. 7. 1987, MuR 87/4, 128 und OLG Wien 14. 3. 1988, MuR 88/2, 49: Nach diesen Entscheidungen soll es in die vom Gericht nicht nachprüfbare Entscheidungskompetenz des Staatsanwalts fallen, ob er von seinem Anklagerecht gegen eine bestimmte Person Gebrauch macht oder das selbständige Verfahren einleitet – und zwar selbst dann, wenn die Staatsanwaltschaft ohne für das Gericht nachvollziehbaren Grund (!) von der Verfolgung einer bestimmten Person Abstand genommen hat; die Unhaltbarkeit dieser Auffassung weist mit überzeugenden Argumenten nach WEIS, MuR 87/4, 129f.

21 So aber OGH 17. 9. 1970, EvBl 1971/132.

nome künstlerische Gesichtspunkte gar nicht erst in Betracht zu ziehen.

4. Der Schutz des Redaktionsgeheimnisses

Die Bereitschaft zur Aussage als Zeuge in einem Gerichtsverfahren ist eine allgemeine Bürgerpflicht, der sich der Einzelne nur unter ganz besonderen Umständen entziehen kann. Demgegenüber nehmen die Urheber kritischer Presseartikel häufig den Schutz der Anonymität von Pressemitteilungen in Anspruch, der im 19. Jahrhundert zusammen mit der Pressefreiheit erkämpft wurde. Er wäre durchbrochen, wenn die mit der Herstellung von Druckwerken befaßten Personen durch Geld- und Haftstrafen gezwungen werden könnten, den Verfasser zu benennen (sogenannter Zeugniszwang).

Neben den Verfassern sind auch die Informanten von Journalisten auf Wahrung der Vertraulichkeit angewiesen, wenn sie eine brisante Information aus ihrem Einflußbereich an einen Medienmitarbeiter weitergeben und im Fall ihrer Aufdeckung Bestrafung oder Bloßstellung befürchten müssen. Ein Beamter des Rechnungshofes, der (noch) nicht für die Öffentlichkeit bestimmte Einschauberichte einer Zeitung zuspielt, oder ein Beamter, der einen geheimgehaltenen Rüstungsexport aufdeckt, verstößt gegen die ihm auferlegte Pflicht zur Amtsverschwiegenheit und macht sich strafbar, obwohl die Veröffentlichung durch die Presse selbst nicht rechtswidrig ist und unter bestimmten Umständen im Informationsinteresse der Öffentlichkeit liegen kann. Deshalb gehört die Zusicherung der Vertraulichkeit zu den weitgehend beachteten journalistischen Standespflichten, ohne deren Einhaltung viele Informationsquellen versiegen müßten.

Durch § 31 MedienG wurde das *Redaktionsgeheimnis* als publizistisches Berufsgeheimnis umfassend anerkannt und gegenüber dem früheren Rechtszustand erheblich ausgebaut.[22] Seine sachliche Rechtfertigung bezieht dieses Privileg eines bestimmten Berufsstandes unmittelbar aus der verfassungsrechtlichen Gewährleistung der Medienfreiheit. Der Staat nimmt eine nicht unerhebliche Erschwernis bei der Verfolgung strafbarer Handlungen in Kauf und mutet seinen Bürgern Schwierigkeiten bei

22 Zu den Mängeln des früheren Rechts vgl PALLIN, Amtsgeheimnis und Redaktionsgeheimnis, ÖJZ 73, 141 (144ff).

der Wahrung ihrer Rechte zu, um die im Allgemeininteresse liegende Arbeit der Massenmedien zu fördern.

Zeugnisverweigerungsrecht

Kern des Redaktionsgeheimnisses ist ein Recht auf *Aussageverweigerung,* das durch weitere Vorkehrungen ergänzt wird, die eine Umgehung dieses Beweisverbotes verhindern sollen. Das Recht, die Zeugenaussage ohne Nachteil zu verweigern, gilt für alle gerichtlichen Verfahren (Straf- und Zivilverfahren) und für die Aussage vor Verwaltungsbehörden. Es steht dem Medieninhaber (Verleger), dem Herausgeber, allen Medienmitarbeitern und auch allen sonstigen Arbeitnehmern eines Medienunternehmens zu. Der Kreis der privilegierten Personen ist daher sehr weit, weil nicht nur die angestellten und freiberuflich tätigen Journalisten einbezogen sind, sondern auch alle anderen Personen, die etwa in der Druckerei mit der Herstellung oder im Vertrieb mit der Verbreitung von Medien berufsmäßig zu tun haben und dabei Einblicke in geheimhaltungsbedürftige Interna der redaktionellen Arbeit erhalten können. Ob diese Personen bei einem periodischen oder nichtperiodischen Printmedium oder beim Rundfunk oder einer Agentur beschäftigt sind, spielt keine Rolle.[23]

Die durch das Zeugnisverweigerungsrecht begünstigten Personen haben das Recht, als Zeugen die Beantwortung von Fragen zu verweigern, die die *Person* eines Verfassers, Einsenders oder Gewährsmannes von Beiträgen und Unterlagen betreffen. Sie dürfen dabei nicht nur die Namen dieser Personen verschweigen, sondern auch alle anderen Angaben, die als Anhaltspunkte zur Ermittlung eines Verfassers oder Informanten dienen könnten. Außerdem erstreckt sich das Zeugnisverweigerungsrecht auch auf den *Inhalt von Mitteilungen,* soweit es sich um eine dem Journalisten im Hinblick auf seine publizistische Tätigkeit gemachte Mitteilung handelt. Durch diesen Inhaltsschutz sind auch mittelbare Rückschlüsse auf die Person eines Gewährsmannes ausgeschlossen worden. Unerheblich ist es, ob die fraglichen Informationen schon veröffentlicht wurden, ob sie

---

23 Trotz dieser sehr weitgehenden Begünstigung bleiben einzelne, sachlich schwer zu rechtfertigende Lücken: so sind etwa die freien Mitarbeiter, die andere als journalistische Leistungen erbringen, oder Buchautoren oder Personen, die an der inhaltlichen Gestaltung eines Mediums nur gelegentlich mitwirken, nicht geschützt, wenn sie nicht zugleich Medieninhaber oder Herausgeber sind.

erst zur Veröffentlichung bestimmt sind oder nur internes Hintergrundmaterial sind. Auch in den Pressearchiven gesammeltes Material ist daher Gegenstand des Redaktionsgeheimnisses. Hingegen wird das vom Journalisten selbst recherchierte Material im Regelfall nicht geschützt, so daß der Journalist insoweit zur Preisgabe von Informationen gezwungen werden kann.[24] Auf sein Entschlagungsrecht kann der Journalist, auch konkludent durch seine Aussage, verzichten, diesen Verzicht aber seinerseits jederzeit wieder widerrufen. Hat ein Journalist selbst Anteil an einer strafbaren Handlung und wird deshalb angeklagt, weil er zB einen Beamten zur Verletzung eines Amtsgeheimnisses angestiftet oder sich eine Information durch Nötigung oder Erpressung beschafft hat, kann er sich nicht auf das Redaktionsgeheimnis berufen. Er kann aber wie jeder Beschuldigte die Aussage überhaupt oder zu bestimmten Fragen verweigern (§ 245 StPO).

Umgehungsschutz

Der Schutz des Redaktionsgeheimnisses könnte von den Strafverfolgungsbehörden durchbrochen werden, wenn sich diese den Namen eines Informanten oder den Inhalt einer Mitteilung durch eine Durchsuchung der Redaktionsräume und eine Beschlagnahme der dabei aufgefundenen Materialien beschaffen dürften. Daher verbietet das MedienG flankierend die Beschlagnahme von redaktionellem Material und sonstige Maßnahmen, durch die das Zeugnisverweigerungsrecht umgangen werden könnte (§ 31 Abs 2 MedienG). Daraus folgt auch die Unzulässigkeit von Hausdurchsuchungen bei Journalisten oder in Redaktionsräumlichkeiten und von Personendurchsuchungen, wenn durch diese Maßnahmen Einsicht in Informationen erlangt werden soll, die dem Redaktionsgeheimnis unterliegen.[25] Auf das Beschlagnahme- und Durchsuchungsverbot kann sich wiederum ein an der Straftat beteiligter Journalist nicht berufen. Es wäre aber eine unzulässige Gesetzesumgehung, wenn gegen einen Journalisten ohne ausreichenden Anlaß ein Ermittlungsverfahren wegen möglicher Mittäterschaft eingeleitet würde, nur um entgegen den gesetzlichen Verboten einen Informanten ausforschen zu können.

---

24 Zur – unzulässigen – Beschlagnahme eines ein Interview enthaltenden Films vgl die Sachverhaltsdarstellung bei WEIS, Redaktionsgeheimnis: Wohltat oder Plage? MuR 85/3, 13.

25 Zum Umgehungsverbot vgl OGH SSt 37/34 und VfSlg 10291/84.

Eine weitere Verstärkung erfährt das Redaktionsgeheimnis schließlich noch dadurch, daß die Überwachung der Telefonanlage eines Medienunternehmens nur in Verfahren wegen schwerer Verbrechen zulässig ist (§ 31 Abs 3 MedienG). Selbstverständlich darf auch in diesen Fällen die Abhörung – wie auch sonst – nur durch einen Richter angeordnet werden.

5. Strafrechtliche Schranken der Informationsbeschaffung und Geheimnisschutz

Im folgenden werden die wichtigsten Deliktsgruppen des materiellen Strafrechts überblicksweise dargestellt, soweit sie als Medieninhaltsdelikte in Betracht kommen oder sonst für die Arbeit der Massenmedien von Bedeutung sind. Da Vollständigkeit bei der Darstellung der Straftatbestände in diesem Rahmen nicht möglich ist, orientiert sich die Auswahl an den Bedürfnissen der Praxis.[26] *Dem nächsten Kapitel vorbehalten bleibt die ausführliche Behandlung der strafrechtlichen Bestimmungen zum Schutz der Ehre, des wirtschaftlichen Rufs und der Privatsphäre.*

Das Strafrecht schützt die persönliche Sphäre des Einzelnen vor bestimmten rechtswidrigen Übergriffen und zieht damit auch der journalistischen Informationsbeschaffung Grenzen. Die strafrechtlichen Verbote erfassen freilich nur illegale Praktiken mit gesteigerter Sozialschädlichkeit. Andere anstößige Methoden der Informationsgewinnung, wie etwa das Erschleichen eines Interviews oder die Täuschung des Interviewpartners, das Fotografieren gegen den Willen des Abgebildeten (Bildniserschleichung), die systematische Bespitzelung oder der Einsatz optischer Überwachungsmittel verstoßen nicht gegen das Strafrecht, so daß sich der Einzelne – wenn überhaupt – nur gegen die Verwertung und Veröffentlichung des auf diese Weise erlangten Materials wehren kann.

Hausfriedensbruch

Erzwingt ein Journalist den Zutritt zu einer fremden Wohnstätte mit Gewalt oder durch Drohung mit Gewalt, begeht er einen Hausfriedensbruch (§ 109 StGB). Gewalt ist dabei der Einsatz

---

26 Ausführliche Erläuterungen mit Nachw der Rspr bieten die einschlägigen Kommentare zum StGB, vgl zB FOREGGER–SERINI, Strafgesetzbuch[3] (1984); MAYERHOFER–RIEDER, Das österreichische Strafrecht[2] (1981).

von nicht ganz unerheblicher physischer Kraft zum Zwecke des Eindringens; Drohung mit Gewalt ist jede ernstzunehmende Bedrohung, die eine Gewaltanwendung gegen Personen oder Sachen zum Gegenstand hat. Weil das Gesetz vom „Erzwingen“ des Zutritts spricht, liegt ein Hausfriedensbruch nur dann vor, wenn ein erkennbarer Widerstand überwunden wird. Ein bloßes Einschleichen in eine Wohnung oder die Mißachtung eines Hausverbotes ist nicht strafbar (*Hausfriedensbruch* – § 109 StGB: Ermächtigungsdelikt,[27] Vergehen, Freiheitsstrafe bis zu einem Jahr; unter qualifizierten Voraussetzungen [§ 109 Abs 2 StGB]: Offizialdelikt,[28] Freiheitsstrafe bis zu drei Jahren).

Verletzung des Fernmeldegeheimnisses

Das unbefugte Abhören einer Fernmeldeanlage (Telefon uä) unter Verwendung technischer Hilfsmittel stellt eine Verletzung des Fernmeldegeheimnisses dar (§ 119 StGB). Dieses Vergehen begeht ein Journalist, der eine Abhöranlage anbringt oder sonstwie empfangsbereit macht, vorausgesetzt, er hat die Absicht, die Gespräche abzuhören. Strafbar ist ferner die Benützung einer solchen Anlage, auch wenn sie von Dritten angebracht wurde. Ob der Täter tatsächlich Geheimnisse erfährt oder überhaupt irgendwelche Gespräche belauschen konnte, ist für die Erfüllung des strafbaren Tatbestandes ohne Belang. Nicht unter das Verbot des § 119 StGB fällt das Abhören des Funkverkehrs mittels eines gewöhnlichen Radioapparates oder eines Funkgeräts (*Verletzung des Fernmeldegeheimnisses* – § 119 StGB: Privatanklagedelikt,[29] Vergehen, Freiheitsstrafe bis zu sechs Monaten oder Geldstrafe bis zu 360 Tagessätzen).

Verletzung des Briefgeheimnisses

Das unbefugte Öffnen eines verschlossenen Briefes oder die Verwendung technischer Hilfsmittel (zB Durchleuchtung), um seinen Inhalt zu enthüllen, ist eine Verletzung des Briefgeheimnisses (§ 118 StGB). Wie beim Fernmeldegeheimnis liegt auch hier die Rechtswidrigkeit bereits in der Durchbrechung einer

---

27 Ermächtigungsdelikte sind strafbare Handlungen, die der Staatsanwalt nur mit Ermächtigung des in seinen Rechten Verletzten verfolgt.

28 Offizialdelikte sind strafbare Handlungen, die der Staatsanwalt von Amts wegen verfolgt.

29 Privatanklagedelikte sind strafbare Handlungen, bei denen der Verletzte selbst (und nicht der Staatsanwalt) Anklage erheben muß.

förmlichen Schranke, so daß es nicht darauf ankommt, ob das Schriftstück tatsächlich ein Geheimnis enthalten hat oder ob sich der Täter überhaupt vom Inhalt Kenntnis verschafft hat (*Verletzung des Briefgeheimnisses* – § 118 StGB: Privatanklagedelikt, Vergehen, Freiheitsstrafe bis zu drei Monaten oder Geldstrafe bis zu 180 Tagessätzen).

Mißbrauch von Tonaufnahme- und Abhörgeräten

Die Verwendung von Tonbändern für den Mitschnitt von Interviews oder als Gedächtnisstütze gehört heute zu den üblichen Arbeitsbehelfen eines Reporters. Die technischen Möglichkeiten der modernen Elektronik eröffnen freilich auch die Gefahr des Mißbrauchs, vor allem wenn vertrauliche Gespräche abgehört oder das lebendige und unbefangene Wort ohne Wissen eines Gesprächspartners festgehalten wird. Daher schützt das Strafrecht vor unbefugten Tonaufnahmen und vor der unbefugten Weitergabe von Äußerungen, die nicht für die Öffentlichkeit bestimmt waren. Eines strafbaren Mißbrauchs von Tonaufnahme- oder Abhörgeräten (§ 120 StGB) macht sich schuldig, wer ein Tonaufnahmegerät (Tonband) oder ein Abhörgerät („Wanze") benützt, um sich oder einem anderen Unbefugten von einer nicht öffentlichen und nicht zu seiner Kenntnisnahme bestimmten Äußerung Kenntnis zu verschaffen. Die Stoßrichtung dieses Verbotes richtet sich gegen das heimliche Belauschen durch einen Außenstehenden und die Aufnahme des Erlauschten, wenn dabei technische Mittel verwendet werden. Hingegen erfaßt dieses Verbot nicht die heimliche Tonaufnahme durch einen Gesprächspartner selbst.

Strafbar macht sich ferner derjenige, der eine Tonaufnahme einer nicht öffentlichen Äußerung ohne Einverständnis des Sprechenden einem Dritten zugänglich macht oder veröffentlicht. Dieses Verbot richtet sich gegen die nicht autorisierte Verwertung einer Tonaufnahme. Gegen dieses Verbot verstößt zum Beispiel ein Journalist, der ein Interview verdeckt aufnimmt oder dem eine entsprechende Bandaufnahme zugespielt wird und der die Aufnahme selbst (nicht bloß eine schriftliche Übertragung) veröffentlicht oder an einen Dritten weitergibt. Die ausdrückliche oder stillschweigende Einwilligung des Betroffenen beseitigt allerdings die Rechtswidrigkeit (*Mißbrauch von Tonaufnahme- oder Abhörgeräten* – § 120 StGB: Privatanklagedelikt, Vergehen, Freiheitsstrafe bis zu einem Jahr oder Geldstrafe bis zu 360 Tagessätzen).

Durch das Fernsprech- und Briefgeheimnis und den Schutz des gesprochenen Wortes vor heimlichem Abhören wird den schlimmsten Praktiken des „keyhole-journalism“ ein Riegel vorgeschoben. Offen läßt das Gesetz, ob und unter welchen Umständen sich ein Journalist über diese Verbote hinwegsetzen darf, weil zB nur dadurch ein Korruptionsfall aufgedeckt oder der rechtswidrige Übergriff einer Behörde bewiesen werden kann. Der Journalist wird sich in einem solchen Fall möglicherweise auf seine Berufspflichten berufen. Die Gewißheit, daß ihm der Richter in einem solchen Ausnahmefall eine Rechtfertigung kraft überwiegenden Interesses zubilligen wird, hat er aber nicht, so daß er zuallererst einmal auf sein eigenes Risiko handelt.

Geheimnisschutz

Die vorstehenden Tatbestände betrafen illegale Praktiken der Informationsbeschaffung. Das Strafrecht schirmt auch bestimmte *Geheimnisse* ab, deren Kenntnisnahme durch Außenstehende nicht hingenommen werden kann. Geschützt sind dabei immer nur Geheimnisse im Rechtssinn, das sind Tatsachen, die nur einem begrenzten Kreis von Personen bekannt sind und die nach dem Willen des „Geheimnisherren“ auch nicht über diesen begrenzten Kreis hinaus bekannt gemacht werden sollen. Der Anknüpfungspunkt für diesen Geheimnisschutz ist meist ein besonderer Vertrauenstatbestand, der dadurch geschaffen wird, daß jemand zwangsläufig Privatgeheimnisse oder Wirtschaftsgeheimnisse einem Dritten offenbaren mußte. Der wichtigste Anwendungsfall sind die Gesundheitsgeheimnisse. Bei der Konsultation eines Arztes und den damit zusammenhängenden Hilfs- und Verwaltungstätigkeiten in Krankenanstalten oder bei Versicherungsträgern gibt der Einzelne zwangsläufig Einblick in seinen *Gesundheitszustand.* Er muß darauf vertrauen können, daß Informationen über seine körperlichen oder geistigen Gebrechen nicht an Außenstehende gelangen. Daher sind die in Medizinalberufen tätigen Personen zur Geheimhaltung der Informationen verpflichtet, die den Gesundheitszustand von Personen betreffen und die sie bei ihrer Berufsarbeit erfahren haben. Sie machen sich einer Verletzung von Berufsgeheimnissen (§ 121 StGB) strafbar, wenn sie solche Geheimnisse offenbaren; dies gilt allerdings nicht für belanglose Informationen, sondern nur dann, wenn durch den Geheimnisbruch berechtigte Interessen verletzt werden. Ebenfalls wegen einer Verletzung von Berufsgeheimnissen strafbar macht sich der behördlich bestellte *Sachver-*

ständige, wenn er ein Geheimnis offenbart, das ihm kraft seiner sachverständigen Eigenschaft anvertraut wurde oder ihm dabei zugänglich gemacht worden ist (§ 121 Abs 3 StGB). Die Enthüllung eines *Geschäfts- oder Betriebsgeheimnisses* verstößt gegen ein strafrechtliches Verbot, wenn der Geheimnisbruch durch eine Person erfolgte, die als Aufsichtsorgan kraft Gesetzes oder behördlichen Auftrags Zugang zu einem Wirtschaftsgeheimnis erlangt hat und die außerdem zur Wahrung dieser Geheimnisse durch eine besondere berufliche Geheimhaltungspflicht verpflichtet ist. Dies gilt zB für Revisoren, die eine gesellschaftsrechtlich vorgeschriebene Prüfung in einem Wirtschaftsunternehmen durchführen. Die Verletzung nur vertraglicher Verschwiegenheitspflichten durch einen Angestellten, der etwa ein Produktionsgeheimnis ausplaudert, fällt dagegen nicht unter dieses Verbot (*Verletzung von Berufsgeheimnissen* – § 121 StGB – und *Verletzung eines Geschäfts- oder Betriebsgeheimnisses* – § 122 StGB: Privatanklagedelikte, Vergehen, Freiheitsstrafe bis zu sechs Monaten oder Geldstrafe bis zu 360 Tagessätzen; bei Bereicherungs- oder Schädigungsabsicht Freiheitsstrafe bis zu einem Jahr oder Geldstrafe bis zu 360 Tagessätzen).[30]

Die Verletzung eines Berufs-, Geschäfts- oder Betriebsgeheimnisses im vorstehend dargestellten Sinn ist immer nur dann strafbar, wenn das Geheimnis durch eine *bestimmte Person* verletzt wurde, und zwar entweder durch einen in dem verpflichteten Beruf tätigen Geheimnisträger oder durch Personen, denen der Betroffene auf Grund einer gesetzlichen Verpflichtung Einblick in seine geheimhaltungsbedürftigen Angelegenheiten gewähren mußte. Daraus folgt, daß sich zwar der einem solchen Personenkreis angehörige Informant strafbar macht, nicht aber der Journalist, der diese Information verwertet, wenn er nicht an der Straftat selbst Anteil hatte. Bei der Offenbarung von Gesundheitsinformationen kann allerdings die Veröffentlichung selbst wegen der damit verbundenen bloßstellenden Wirkungen gegen § 7 MedienG verstoßen und einen entsprechenden Entschädigungsanspruch gegen das Medienunternehmen auslösen.[31] Wirtschaftsgeheimnisse genießen dagegen in der Regel keinen solchen Schutz vor einer Veröffentlichung. Liegt die

30 Zur Geheimhaltung beruflich erlangter Geheimnisse sind eine Reihe weiterer Berufsgruppen ausdrücklich verpflichtet, so zB die Rechtsanwälte und Notare, das Personal von Banken (Bankgeheimnis); einen Überblick über diese speziellen Geheimhaltungsvorschriften findet sich zB bei LEUKAUF–STEININGER, Kommentar zum Strafgesetzbuch[2] (1979) 811ff.

31 Vgl unten S 240ff.

Veröffentlichung eines Berufs-, Geschäfts- oder Betriebsgeheimnisses im öffentlichen Interesse, kann auch der Informant unter Umständen Straflosigkeit erlangen, da der Gesetzgeber die Preisgabe eines solchen Geheimnisses erlaubt hat, wenn die Offenbarung nach Inhalt und Form durch ein öffentliches oder berechtigtes Privatinteresse gerechtfertigt war (§§ 121 Abs 5, 122 Abs 4 StGB).

Unabhängig von der Person des Täters ist das *Auskundschaften eines Geschäfts- oder Betriebsgeheimnisses* strafbar (§ 123 StGB). Tathandlung ist hier ein Auskundschaften etwa durch Materialsammlung oder durch Ausspähen. Dabei erfaßt das Verbot nicht nur die Verwertung eines ausgekundschafteten Wirtschaftsgeheimnisses, sondern bereits das Ausspähen in der Absicht, das Geschäfts- oder Betriebsgeheimnis der Öffentlichkeit preiszugeben. Daher kann sich auch ein Journalist der Wirtschaftsspionage schuldig machen, wenn er geheime Informationen für eine Veröffentlichung recherchiert. Die Benutzung allgemein zugänglicher Quellen ist aber kein Auskundschaften. Bei illegalen Wirtschaftsgeheimnissen – etwa der Aufdeckung eines strafbaren Umweltskandals – wird sich der nicht eigennützig handelnde Journalist auf einen Rechtfertigungsgrund berufen können (*Auskundschaftung eines Geschäfts- oder Betriebsgeheimnisses* – § 123 StGB: Privatanklagedelikt, Vergehen, Freiheitsstrafe bis zu zwei Jahren und/oder Geldstrafe bis zu 360 Tagessätzen; erfolgt die Tat zugunsten des Auslands erhöhter Strafsatz nach § 124 StGB).

Um eine berufsbezogene Geheimhaltungsvorschrift besonderer Art handelt es sich bei der Verpflichtung zur Wahrung des *Amtsgeheimnisses* (§ 310 StGB). Beamte und Vertragsbedienstete sind dienstrechtlich zur Wahrung der Amtsverschwiegenheit verpflichtet. Diese Verpflichtung erstreckt sich auf die vertrauliche Behandlung aller bei der Dienstausübung bekannt gewordenen Tatsachen, deren Geheimhaltung wegen eines gewichtigen öffentlichen Interesses oder deren Geheimhaltung wegen eines überwiegenden Privatinteresses eines Bürgers geboten ist. Verstößt ein öffentlich Bediensteter gegen diese Pflicht und gibt vertrauliche Informationen weiter, ohne durch den Vorgesetzten von seiner Verschwiegenheitspflicht entbunden worden zu sein, hat er disziplinäre Folgen zu gewärtigen. Strafrechtliche Konsequenzen knüpfen sich an die Verletzung der Amtsverschwiegenheit nur dann, wenn die Offenlegung oder Verwertung eines Amtsgeheimnisses geeignet ist, ein öffentliches oder berechtigtes privates Interesse zu verletzen. Daher begründet die bloße

Durchbrechung einer amtlichen Geheimhaltungsschranke noch keine strafrechtliche Verantwortlichkeit; sie ist erst dann gegeben, wenn durch die Offenbarung ein konkretes Sachinteresse verletzt wird – etwa wenn durch die Bekanntgabe von Fahndungsinformationen die staatliche Strafverfolgung erschwert oder durch die Weitergabe von Strafregisterdaten eine Privatperson bloßgestellt wird. Strafbarer Täter kann bei der Verletzung des Amtsgeheimnisses immer nur ein Beamter oder ehemaliger Beamter[32] sein. Ein Journalist macht sich allenfalls dann strafbar, wenn er den Beamten angestiftet hat oder an der Tat sonstwie vor oder während der Ausführung beteiligt war, etwa durch Erteilung von Ratschlägen oder Bestärkung des Tatentschlusses. Die Veröffentlichung von Amtsgeheimnissen durch Massenmedien selbst ist im allgemeinen nicht strafbar (*Verletzung des Amtsgeheimnisses*–§ 310 StGB: Vergehen, Freiheitsstrafe bis zu drei Jahren; stellt die Offenlegung des Amtsgeheimnisses zugleich einen Mißbrauch der Amtsgewalt [§ 302 StGB] oder den Verrat eines Staatsgeheimnisses [§ 252 StGB] dar, erfolgt die Bestrafung nach diesen strengeren Bestimmungen).

6. *Angriffe auf den Staat und die Verfassung*

Die strafrechtlichen Bestimmungen über den Hochverrat, über die Nötigung von Staatsorganen und über den Landesverrat wollen als „Staatsschutzrecht" die innere und äußere Sicherheit der Republik Österreich gewährleisten. Die Massenmedien können in Grenzbereichen mit diesen Bestimmungen in Konflikt kommen, wenn sie ihren Auftrag zur kritischen Kontrolle der Staatsmacht in allen ihren Erscheinungsformen ernst nehmen oder die bestehende staatliche Ordnung in Frage stellen. Das Verhältnis Staatsschutz und Öffentlichkeit ist vor allem in der Demokratie spannungsreich, weil sich übertriebene staatliche Arkanbereiche mit einer demokratischen Gesellschaft ebensowenig vertragen wie ein ängstliches Abschirmen der staatlichen Autorität. Andererseits ist die Demokratie auch im Interesse der Freiheit darauf angewiesen, gegen diejenigen vorzugehen, die die Demokratie selbst gewalttätig beseitigen wollen.

Hochverrat

Der schwerste Angriff auf den Staat ist der gewaltsame Hoch-

32 Im strafrechtlichen Sinn: daher zB auch Vertragsbedienstete.

verrat (§ 242 StGB). Ihn begeht derjenige, der es unternimmt, mit Gewalt oder durch Drohung mit Gewalt die Verfassung der Republik Österreich oder eines ihrer Bundesländer zu ändern oder ein zur Republik Österreich gehörendes Gebiet abzutrennen (Verfassungshochverrat und Gebietshochverrat). Dabei ist nicht erforderlich, daß es tatsächlich zu einem Verfassungsumsturz oder zur Gebietsabtrennung gekommen ist; auch schon ein darauf gerichteter Versuch erfüllt den Tatbestand des Hochverrats. Bloße Vorbereitungshandlungen, wie die hochverräterische Verabredung oder Zusammenarbeit mit dem Ausland, sind nach einem selbständigen Tatbestand strafbar (§ 244 StGB). Beim Hochverrat wird man in erster Linie an gewaltsame Angriffe auf die staatlichen Ordnungsmächte denken müssen oder an das gewaltsame Ausschalten der obersten Staatsorgane. Hochverräterisch sind aber auch Gewaltdrohungen, etwa wenn in einer Druckschrift (Flugblätter, Plakate) Zwang gegen Personen oder Sachen als bevorstehend angekündigt wird. Ein nur auf die gewaltsame Abänderung einzelner Verfassungsentscheidungen gerichtetes Handeln ist aber noch kein Verfassungshochverrat, dieser setzt vielmehr die Beseitigung tragender Grundprinzipien der rechtsstaatlichen Republik voraus (*Hochverrat* – § 242 StGB: Verbrechen, Freiheitsstrafe von 10 bis 20 Jahren; *Vorbereitung eines Hochverrats* – § 244 StGB: Verbrechen, Freiheitsstrafe von einem bis zu zehn Jahren; tätige Reue [§§ 243 und 245 StGB] hebt in beiden Fällen die Strafbarkeit auf).

Nötigung oberster Staatsorgane

Zielt ein hochverräterisches Vorhaben nicht auf einen Verfassungsumsturz oder eine Gebietsablösung, sondern soll ein Repräsentant der staatlichen Autorität unter Druck gesetzt werden, handelt es sich um eine strafbare Nötigung eines obersten Staatsorgans (§§ 249–251 StGB). Durch diese Tatbestände wird den obersten Staatsorganen (Bundespräsident, Regierungen und gesetzgebende Organe in Bund und Ländern, Höchstgerichte) und den einzelnen Mitgliedern dieser Organe Schutz vor einer gewaltsamen Beeinträchtigung ihrer Willensbildung gewährt. Strafbar sind alle Versuche, durch Gewalt oder Gewaltdrohung bzw durch gefährliche Drohung ein solches Organ oder eines seiner Mitglieder zu einem bestimmten Handeln zu nötigen oder zu hindern, ihre Befugnisse überhaupt oder in einem bestimmten Sinn auszuüben. Auch diese Delikte können daher nicht nur durch tatsächliche Gewaltanwendung, sondern auch durch entsprechende Drohungen in Druckschriften begangen werden (*Angriffe auf oberste Staatsorgane* – §§ 249–251 StGB: Verbrechen, Freiheitsstrafe von einem bis zu zehn Jahren).

Wiederbetätigung

Die bloße Befürwortung verfassungsfeindlicher Zielsetzungen oder eine propagandistische Unterstützung totalitärer Systeme ist nach österreichischem Recht nicht strafbar, wenn nicht gewalttätige Akte gesetzt werden oder mit Gewalt gedroht wird. Die weltanschauliche Auseinandersetzung kann sich daher in einem weit bemessenen Spielraum vollziehen, der auch den Gegnern der Demokratie noch die Chance läßt, zu Wort zu kommen. Außerhalb dieses von der freiheitlichen Demokratie akzeptierten Spielraums liegt die nationalsozialistische Ideologie, die vor dem Hintergrund schrecklicher historischer Erfahrungen als verbrecherisches Gedankengut gebrandmarkt ist. Die entsprechenden Regelungen finden sich im *VerbotsG* vom 8. Mai 1945,[33] das die nationalsozialistischen Organisationen und Einrichtungen und ihre Neubildung verboten hat und dieses Verbot auch auf jede Wiederbetätigung im Sinne der nationalsozialistischen Ziele erstreckt. Strafbar sind bestimmte organisatorische Akte, die auf die Wiedererrichtung oder Neubegründung verbotener Vereinigungen zielen, die Mitgliederwerbung und finanzielle Unterstützung solcher Organisationen und schließlich ganz generell die Betätigung im nationalsozialistischen Sinne. An dieser kompromißlosen Ablehnung des Nationalsozialismus hat sich nach Ansicht des VfGH die gesamte staatliche Tätigkeit zu orientieren.[34]

Nationalsozialistische *Propaganda* in einem Massenmedium stellt ein Verbrechen dar, wenn die Ziele der NSDAP und ihrer Einrichtungen oder nationalsozialistische Maßnahmen verherrlicht oder angepriesen werden, wozu auch die Verharmlosung oder Bestreitung menschenrechtswidriger Gewaltmaßnahmen des Dritten Reiches gehört.[35] Die Verfassungsmäßigkeit dieser Verbote kann schon deshalb nicht in Frage gestellt werden, weil das VerbotsG selbst zur Gänze in Verfassungsrang steht. Auch die Menschenrechtskonvention legt einer Bekämpfung der nationalsozialistischen Ideologie keine Hindernisse in den Weg;

---

33 StGBl 13, zuletzt geänd BGBl 1974/422; vgl ferner den subsidiären Verwaltungsstraftatbestand in Art IX Abs 1 Z 7 EGVG.

34 VfSlg 10705/85.

35 Vgl zB OGH 6. 3. 1980, EvBl 1980/149.

nach dem Staatsvertrag von Wien (1955) ist Österreich zu tatkräftiger Abwehrbereitschaft gegenüber Rechtsextremismus und großdeutscher Propaganda verpflichtet. Zeitgeschichtliche Forschung und Aufklärung werden durch diese Verbote nicht berührt, sofern sie nicht nur ein Deckmantel für nationalsozialistische Propaganda sind. Flankierende Verbote enthält das AbzeichenG,[36] das die Verwendung nationalsozialistischer Abzeichen, Symbole und Uniformen mit Verwaltungsstrafe bedroht.

Landesverrat

Nicht unmittelbar der Bestand der verfassungsmäßigen Ordnung, aber gewichtige auf die Behauptung der staatlichen Existenz gerichtete Interessen werden durch landesverräterische Umtriebe beeinträchtigt. Dazu gehören die Einrichtung oder Unterstützung eines feindseligen Nachrichtendienstes (§ 256 StGB) und die Begünstigung feindlicher Streitkräfte (§ 257 StGB). Die Massenmedien können in erster Linie mit jenen Bestimmungen in Konflikt kommen, die den durch *Ausspähung und Verrat von Staatsgeheimnissen* (§§ 252–255 StGB) begangenen Landesverrat mit Strafe bedrohen. Der zentrale Begriff ist in diesem Zusammenhang der Begriff des Staatsgeheimnisses; das Gesetz versteht darunter alle geheimen Tatsachen, Gegenstände und Erkenntnisse (zB Schriften, Zeichnungen, Modelle, Formeln oder sonstige Informationen), die vor einer fremden Macht geheimgehalten werden müssen, um die Gefahr eines schweren Nachteils für die Landesverteidigung oder die internationalen Beziehungen Österreichs hintanzuhalten (§ 255 StGB). Die fragliche Information muß daher tatsächlich noch geheim sein; was über einen kleinen Kreis Eingeweihter hinausgetragen oder schon veröffentlicht wurde, kann kein Staatsgeheimnis mehr sein. Dies gilt auch dann, wenn einzelne für sich jeweils allgemein zugängliche Informationen (zB Produktionsziffern) von der Presse systematisch erfaßt und zusammengestellt werden und dadurch ein Gesamtbild entsteht, das etwa einen Einblick in die militärische Verteidigungsbereitschaft ermöglicht. Solche „Mosaikgeheimnisse“ sind keine Staatsgeheimnisse. Außerdem kommt es auf eine gesteigerte Geheimhaltungsbedürftigkeit der geheimen Information an. Nur wenn wegen der Offenbarung des Geheimnisses wichtige militärische oder außenpolitische Nachteile zu befürchten sind, daher zB nicht bei nur wirtschaftlichen

36 BGBl 1960/84 idF BGBl 1980/117.

Nachteilen, handelt es sich um ein Staatsgeheimnis. Ob die Information von der Behörde für geheim erklärt und einer Geheimhaltungsstufe zugeordnet wurde, ist dagegen ebenso ohne Belang wie umgekehrt nicht alles, was tatsächlich geheim ist und von den Behörden geheimgehalten wird, schon deshalb ein Staatsgeheimnis ist.

Beim *Verrat von Staatsgeheimnissen* (§ 252 StGB) unterscheidet das Gesetz zwischen dem Verrat an eine fremde Macht und dem Verrat des Geheimnisses an die Öffentlichkeit, wobei im zweiten Fall eine mildere Strafdrohung vorgesehen ist. Der Grund dafür ist nicht nur, daß sich der Staat auf die Durchbrechung seiner Geheimsphäre im Falle der Veröffentlichung einstellen kann, während er bei der Weitergabe an eine fremde Macht unter Umständen weiterhin davon ausgeht, daß das Staatsgeheimnis gewahrt ist. Der Gesetzgeber hat vielmehr auch darauf Rücksicht genommen, daß der landesverräterische Agent regelmäßig in schändlicher Absicht und zu seinem persönlichen Vorteil handelt, während bei dem durch Veröffentlichung begangenen „publizistischen Landesverrat" ganz andere Interessen im Spiel sein können, unter Umständen auch die Information der Öffentlichkeit über eine Lebensfrage der Demokratie. Die Befriedigung demokratischer Informations- und Kontrollbedürfnisse durch die Massenmedien kann zwar nicht jeden Geheimnisbruch rechtfertigen. In einer demokratischen Gesellschaft (Art 10 MRK) ist jedoch eine zurückhaltende und auf Fälle unbedingter Notwendigkeit beschränkte Anwendung der Landesverratsvorschriften geboten, die nicht zu einem kleinlichen Kampf gegen unbequeme Journalisten herangezogen werden dürfen.[37]

Ausdrücklich vor einer ungerechtfertigten Bestrafung geschützt wird der Journalist bei der Veröffentlichung eines sogenannten *illegalen Staatsgeheimnisses:* Wenn das geoffenbarte Geheimnis verfassungsgefährdende Tatsachen (im Sinne des § 252 Abs 3 StGB) betrifft und er nicht in der Absicht gehandelt hat, der Republik Österreich einen Nachteil zuzufügen, macht er sich nicht strafbar. Daher könnte über die neutralitätswidrige Vorbereitung eines Angriffskrieges, die Planung eines Militärputsches oder die Beseitigung von Freiheitsrechten auch dann ungehindert berichtet werden, wenn damit zwangsläufig Staatsgeheimnisse bloßgelegt würden. Die irrtümliche Annahme der Illegalität eines Staatsgeheimnisses geht allerdings zu Lasten des Täters. Neben dem Verrat von Staatsgeheimnissen sind noch strafbar die Preisgabe von Staatsgeheimnissen

37 Vgl in diesem Sinne und vor dem Hintergrund der seinerzeitigen deutschen Spiegel-Affäre (Fallex 1962) JESCHECK, Pressefreiheit und militärisches Staatsgeheimnis (1964) 9.

durch einen sogenannten Geheimnisträger und die Ausspähung von Staatsgeheimnissen, worunter Vorbereitungshandlungen zu einem Landesverrat fallen (*Verrat von Staatsgeheimnissen* – § 252 StGB: Verbrechen, bei Verrat an fremde Mächte Freiheitsstrafe von einem bis zu zehn Jahren, beim „publizistischen“ Landesverrat Freiheitsstrafe von sechs Monaten bis zu fünf Jahren; *Preisgabe von Staatsgeheimnissen* – § 253 StGB: Vergehen, Freiheitsstrafe bis zu drei Jahren; *Ausspähung von Staatsgeheimnissen* – § 254 StGB: Verbrechen, Freiheitsstrafe von sechs Monaten bis zu fünf Jahren).

Schutz der Wahlen

Wahlentscheidungen müssen in einer Demokratie frei von Druck und Manipulation ausgeübt werden können. Daher bedroht das Gesetz denjenigen mit Strafe, der unlauteren Einfluß auf Wahlen ausübt, darunter die Wahlbehinderung durch Gewalt oder gefährliche Drohung, die Bestechung bei einer Wahl, die Wahlfälschung und die Verletzung des Wahlgeheimnisses (§§ 262–268 StGB). Geschützte Wahlverfahren sind die Wahl des Bundespräsidenten, die Wahlen zu Nationalrat und Landtagen, die Kammerwahlen und die Gemeinderatswahlen; Volksabstimmungen und Volksbegehren werden ihnen gleichgehalten. Eine in diesem Zusammenhang für die Massenmedien bedeutsame Strafvorschrift ist das *Verbot der Verbreitung falscher Nachrichten* bei einer Wahl oder Volksabstimmung (§ 264 StGB). Einer solchen verbotenen Wahlpropaganda macht sich derjenige schuldig, der öffentlich eine falsche Nachricht über einen Umstand verbreitet, der geeignet ist, den Bürger entweder von der Stimmabgabe überhaupt abzuhalten oder zur Ausübung seines Wahlrechts in einem bestimmten Sinn zu veranlassen. Das können falsche Nachrichten über den Tod eines Kandidaten sein, Fehlmeldungen über Korruption und Skandale im Bereich einer Partei oder eine Täuschung über eine für den Wahlkampf zentrale Sachfrage. Bloße Werturteile oder polemische Ausfälle gegen einen Gegner fallen nicht unter dieses Verbot. Außerdem ist die Strafbarkeit auf einen engen Zeitraum eingegrenzt, weil die Täuschung nur dann strafbar ist, wenn sie zu einer Zeit verbreitet wird, in der eine Gegenäußerung nicht mehr wirksam verbreitet werden kann. Dies wird im Zeitalter der elektronischen Medien wohl nur mehr ausnahmsweise der Fall sein (*Verbreitung falscher Nachrichten* bei einer Wahl oder Volksabstimmung – § 264 StGB: Vergehen, Freiheitsstrafe bis zu sechs Monaten oder Geldstrafe bis zu 360 Tagessätzen, bei Verwendung falscher Urkunden Freiheitsstrafe bis zu drei Jahren).

Staatsschutz

Einen Anspruch auf achtungsvolle Behandlung und Respektierung seiner Würde kann an sich nur der einzelne Mensch geltend machen. Trotzdem gibt die Rechtsordnung auch dem Staat und bestimmten staatlichen Einrichtungen einen vergleichbaren Schutz, weil eine grobe und beharrliche Herabwürdigung dieser Einrichtungen die gemeinschaftliche Ordnung stören und die Bereitschaft zu ihrer Bejahung zersetzen könnte. Im Bereich der Beleidigungsdelikte sind daher öffentlich begangene üble Nachreden oder Beleidigungen auch dann strafbar, wenn sie sich nicht gegen einen Menschen richten, sondern gegen eine gesetzgebende Körperschaft, gegen das Bundesheer oder eine Behörde (§ 116 StGB). Vor allem bei der publizistischen Berichterstattung und auch bei politischen Auseinandersetzungen wird aber sorgfältig zu prüfen sein, ob nicht der Angriff auf ein solches Organ wegen der Verfolgung berechtigter Informationsinteressen gerechtfertigt war.[38]

Einer *Herabwürdigung des Staates* selbst (§ 248 StGB) macht sich schuldig, wer in einer breiten Öffentlichkeit die Republik Österreich oder eines ihrer Bundesländer beschimpft oder verächtlich macht. Dieser Schutz erstreckt sich auch auf die staatlichen Symbole (Fahne, Hoheitszeichen, Bundes- und Landeshymne). Um nicht die politische Kritik oder den satirischen Angriff auf die staatliche Autorität in allzu enge Fesseln zu schlagen, muß dieser Tatbestand allerdings auf die Fälle grober Verunglimpfung beschränkt bleiben. Das Gesetz tut dies, indem es die Strafbarkeit nur dann eintreten läßt, wenn die Herabwürdigung „in gehässiger Weise" erfolgt. Ob ein Angriff tatsächlich in der vom Gesetz vorausgesetzten Weise vom Haß diktiert wurde, wird vor allem daran zu ermessen sein, ob die Tathandlung – etwa ein Herabreißen der Flagge – in einem groben Mißverhältnis steht zu dem Anliegen, das den Täter motiviert hat (*Herabwürdigung des Staates und seiner Symbole* – § 248 StGB: Vergehen, Freiheitsstrafe bis zu einem Jahr, bei Herabwürdigung von Symbolen Freiheitsstrafe bis zu sechs Monaten oder Geldstrafe bis zu 360 Tagessätzen).

In ähnlicher Weise sind auch Fahnen, Hoheitszeichen und Hymnen *fremder* Staaten vor Herabwürdigung geschützt, allerdings nur soweit diese Zeichen amtlich angebracht wurden oder die Hymne bei einem offiziellen Anlaß abgespielt wird (§ 317 StGB). Weil bei diesem Tatbestand

---

38 Zu den Beleidigungstatbeständen im einzelnen vgl unten S 214ff.

die außenpolitischen Interessen Österreichs an unbelasteten Beziehungen zum Ausland im Vordergrund stehen, setzt die Strafverfolgung einen entsprechenden Antrag der Bundesregierung und verbürgte Gegenseitigkeit voraus (*Herabwürdigung fremder Symbole* – § 317 StGB: Vergehen, Freiheitsstrafe bis zu sechs Monaten oder Geldstrafe bis zu 360 Tagessätzen).

7. *Angriffe auf den öffentlichen Frieden und die Religion*

Ein geordnetes Zusammenleben der Bürger unter Bedingungen, die der geistigen, wirtschaftlichen und politischen Entfaltung die nötige Freiheit lassen, setzt voraus, daß gewichtigen Störungen des inneren Friedens entgegengetreten werden kann. Daher stellt das Strafrecht Delikte wie den Landfriedensbruch (§ 274 StGB), die Bandenbildung (§ 278 StGB) oder die Sprengung von Versammlungen (§ 284 StGB) und andere vergleichbare Angriffe als strafbare Handlungen gegen den öffentlichen Frieden unter Strafe. Einzelne Verstöße gegen den öffentlichen Frieden können auch Medieninhaltsdelikte sein.

Verbreitung falscher Gerüchte

Durch die Verbreitung falscher, beunruhigender Gerüchte (§ 276 StGB) können schwerwiegende Störungen des Gemeinschaftslebens grundlos ausgelöst werden, wenn man etwa an die mögliche Panik bei einer falschen Katastrophenmeldung oder den wirtschaftlichen Schaden denkt, den der auslöst, der ein falsches Gerücht über einen Börsenkrach oder einen Kriegsfall in die Welt setzt. Die Strafbarkeit setzt voraus, daß das Gerücht geeignet ist, einen größeren Personenkreis tatsächlich zu beunruhigen und dadurch die öffentliche Ordnung zu gefährden. Außerdem muß der Täter um die Falschheit des Gerüchts wissen und es absichtlich verbreiten, so daß irrtümliche Falschmeldungen und Panikmache selbst dann straflos sind, wenn dem Journalisten grobe Sorgfaltsmängel vorzuwerfen sind (*Verbreitung falscher, beunruhigender Gerüchte* – § 276 StGB: Vergehen, Freiheitsstrafe bis zu sechs Monaten oder Geldstrafe bis zu 360 Tagessätzen).

Aufforderung zu Straftaten

Während der Staat die freimütige Erörterung von rechtspolitischen Sachfragen und die Kritik an bestehenden Rechtsvorschriften nicht behindern darf und auch die gewaltfreien Bestrebungen zu ihrer Abänderung hinzunehmen hat, muß er sich dagegen wehren, daß öffentlich zu einem Bruch der Rechtsordnung aufgefordert wird. Daher macht sich ein Journalist schuldig, der, aus welchen Gründen auch immer, in einem Massenmedium entweder zu einem allgemeinen Ungehorsam gegen ein Gesetz (§ 281 StGB) oder zur Begehung einer gerichtlich strafbaren Handlung (§ 282 StGB) auffordert. Das erste Vergehen erfaßt öffentliche Aufforderungen zum beharrlichen Ungehorsam gegen ein bestimmtes Gesetz – etwa wenn in einer Druckschrift die Landwirte aufgefordert würden, entgegen den Bestimmungen des Tierseuchengesetzes seuchenbefallene Tiere heimlich zu beseitigen. Hingegen begeht das Vergehen nach § 282 StGB derjenige, der zu bestimmten Straftaten auffordert. Die Aufforderung muß auch hier qualifiziert öffentlich erfolgen; sie kann sich an viele oder an einen einzelnen Menschen richten, in dem der Entschluß zur Begehung der Straftat geweckt wird. Wird nicht allgemein etwa zu Aufruhr und Raub aufgefordert, sondern zu einer konkret bezeichneten Straftat („Schlagt M. die Fenster ein!"), kann darin auch eine strenger zu bestrafende Anstiftung liegen. Ein strafbares Vergehen ist auch die nachträgliche öffentliche Billigung schwerer Straftaten, aber nur wenn dies in einer Art geschieht, die geeignet ist, das allgemeine Rechtsempfinden zu empören oder zur Begehung von Nachfolgetaten aufzureizen. Die Aufforderung zu bloßen Verwaltungsübertretungen oder ihre Billigung ist nicht strafbar (*Aufforderung zum Ungehorsam gegen Gesetze* – § 281 StGB: Vergehen, Freiheitsstrafe bis zu einem Jahr; *Aufforderung zu mit Strafe bedrohten Handlungen* und *Gutheißung mit Strafe bedrohter Handlungen* – § 282 StGB: Vergehen, Freiheitsstrafe bis zu zwei Jahren).

Verhetzung

Feindseligkeiten gegen ethnische oder religiöse Gruppen können zu inneren Spannungen bis hin zum Bürgerkrieg führen. Deshalb stellt das Gesetz besonders aggressive Angriffe in Wort und Schrift unter Strafe, die sich gegen Kirchen (Religionsgemeinschaften) oder gegen die Angehörigen einer Kirche, einer bestimmten Rasse oder eines bestimmten Volkes (Volksstammes, Staates) richten: Einer Verhetzung (§ 283 StGB) macht sich schuldig, wer öffentlich zu einer feindseligen Handlung gegen eine solche Gruppe auffordert oder aufreizt, wenn dieser

Angriff geeignet ist, die öffentliche Ordnung zu stören. Darunter fällt nicht nur die Aufstachelung zu Gewalttätigkeiten, sondern etwa auch ein Aufruf zum wirtschaftlichen Boykott oder zur gesellschaftlichen Ächtung einer Minderheit. Wegen Verhetzung macht sich ferner strafbar, wer gegen eine solche Gruppe hetzt oder sie in einer die Menschenwürde verletzenden Weise beschimpft oder verächtlich zu machen sucht, etwa indem einer Volksgruppe das Lebensrecht als gleichwertige Staatsbürger bestritten oder eine Rasse als minderwertig dargestellt wird. Die geforderte Öffentlichkeit wird auch durch die vertrauliche Versendung von Büchern mit verhetzenden Inhalten hergestellt (*Verhetzung* – § 283 StGB: Vergehen, Freiheitsstrafe bis zu einem Jahr).

Religionsstörung

Der Gesichtspunkt des religiösen Friedens in der Gesellschaft kommt bei dem Straftatbestand zu tragen, der die Herabwürdigung religiöser Lehren (§ 188 StGB) mit Strafe bedroht. Eine Gotteslästerung oder ein Angriff auf das religiöse Gefühl eines anderen mag religiöse Werte in Frage stellen oder verletzen. Ein strafbares Vergehen liegt aber nur dann vor, wenn der Täter dadurch die religiöse Überzeugung seiner Mitmenschen in einem Ausmaß mißachtet, das das friedliche Zusammenleben der Menschen in einer religiös geprägten Gemeinschaft in Frage stellt. Daher ist die Herabwürdigung oder Verspottung einer Religion nur dann strafbar, wenn sie etwa in einem Druckwerk oder Film öffentlich erfolgt und das fragliche Verhalten außerdem geeignet ist, berechtigtes Ärgernis zu erregen. Mehr kann ein in religiösen und weltanschaulichen Fragen neutraler Staat mit den Mitteln des Strafrechts auch nicht schützen.

Unter dieser Voraussetzung einer für die Gemeinschaft relevanten Störung des religiösen Friedens ist der strafrechtliche Schutz der Religion verhältnismäßig weit gezogen: Er umfaßt die Gegenstände der religiösen Verehrung (Gott, die Heiligen, das Kreuz), die Glaubenslehren der verschiedenen religiösen Gemeinschaften und ihre Bräuche und Einrichtungen, etwa Prozessionen, das Papsttum und das Ordenswesen, den Zölibat. Im Konflikt mit entgegenstehenden Freiheitsrechten wie der Meinungs- und Kunstfreiheit ist der geistigen und künstlerischen Auseinandersetzung mit dem Glauben allerdings auch dann der gebotene Spielraum zu belassen, wenn religiöse Werte in Frage gestellt werden. Daher dürfen auch bei künstlerischen Provokationen das Anliegen des Künstlers und die immanenten Maßstäbe seines Werkes nicht übergangen werden, so daß nicht alles, was sich einer flüchtigen oder voreingenommenen Betrachtung als Verspottung oder Herabwürdigung darstellt, dies auch tatsächlich ist.[39] Verfassungsrechtlich geschützt ist außerdem nicht nur die wissenschaftliche Auseinandersetzung, sondern auch die Kritik an Lehrsätzen einer Kirche, die auch scharfe Formen annehmen kann, wenn es um die Sache geht. Da die Freiheit zur Kritik und die Freiheit der künstlerischen Betätigung andererseits keinen unbegrenzten Freibrief zu öffentlicher Verspottung und Herabwürdigung geben, ist die richtige Entscheidung im Konfliktsfalle nicht leicht (*Herabwürdigung religiöser Lehren* – § 188 StGB: Vergehen, Freiheitsstrafe bis zu sechs Monaten oder Geldstrafe bis zu 360 Tagessätzen).

8. Unzüchtige Veröffentlichungen

Gegen anstößige Darstellungen sexueller Vorgänge richten sich die Verbote des *Sittenschutzrechts*. Wie kaum bei einem anderen Gebiet des Strafrechts haben sich allerdings die gesellschaftlichen Auffassungen über die Strafbarkeit in diesem Bereich gewandelt. Im Zeichen gesteigerter Freizügigkeit wird vom Strafrecht im allgemeinen nicht mehr erwartet, eine bestimmte Geschlechtsmoral durchzusetzen. Geblieben sind der Schutz der Gesellschaft vor einer groben und aufdringlichen Belästigung und die Bewahrung der Jugend vor Einflüssen, die sich auf ihre psychische und emotionale Entwicklung schädlich auswirken und Erziehungsbemühungen der Eltern durchkreuzen könnten. Bei weitgehend unverändertem Wortlaut der einzelnen Tatbestände bleibt es dabei der Rechtsprechung überlassen, die gewandelte gesellschaftliche Bewertung schrittweise nachzuvollziehen.

In erster Linie einschlägig ist das PornographieG,[40] das in zwei Tatbeständen die gewinnsüchtige Verbreitung unzüchtiger Darstellungen (§ 1 PornG) und die Verbreitung sexuell anstößiger Darstellungen an Jugendliche (§ 2 PornG) mit gerichtlicher Strafe bedroht.[41] Dabei erfaßt das Verbot des § 1 PornG in der

39 Vgl ÖHLINGER, ZUM 85, 196ff.

40 BG 31. 3. 1950 BGBl 97 über die Bekämpfung unzüchtiger Veröffentlichungen und den Schutz der Jugend gegen sittliche Gefährdung, zuletzt geänd BGBl 1972/64 (VfSlg 6615/71).

41 Soweit Druckwerke und Filme betroffen sind, verdrängen die Verbote des PornG weitgehend das allgemeine Verbot öffentlicher unzüchtiger Handlungen in § 218 StGB, das daher vor allem auf mündliche Äußerungen und unzüchtiges Betragen anwendbar ist.

gegenwärtigen Auslegung vor allem die kommerzielle „harte Pornographie", wobei die Einschätzung der Judikatur über das Maß dessen, was in sexueller Hinsicht einem „normal empfindenden, sozial integrierten Durchschnittsmenschen" zugemutet werden kann, schwankt. Die Darstellung sexueller Gewalttätigkeiten, von Unzuchtsakten mit Kindern und Personen des gleichen Geschlechts und von sexuellen Handlungen mit Tieren werden mehr oder minder generell als absolut verbotene Pornographie gewertet. Die Rechtsprechung zieht aber auch ergänzend den Zusammenhang einer Darstellung in die Beurteilung mit ein und prüft, ob es sich um eine verzerrte, nur auf sich selbst reduzierte und aus diesem Grund pornographische Produktion handelt. Auch soll im Licht des Schutzzwecks die Unzüchtigkeit nach einzelnen Entscheidungen dann nicht mehr gegeben sein, wenn die Erregung öffentlichen Ärgernisses und die Gefährdung Jugendlicher gänzlich ausgeschlossen sind.[42]

Handelt es sich um eine in diesem Sinne absolut unzüchtige Darstellung, wobei die Rechtsprechung ihrer eigenen Unsicherheit zumindest dadurch Rechnung trägt, daß sie in weitem Umfang den Rechtsirrtum als Entschuldigungsgrund wertet, sind auch Vorbereitungshandlungen (Herstellung, Einfuhr) und Werbemaßnahmen etc der strafbaren Verbreitung gleichgestellt. Strafbar macht sich aber immer nur der gewinnsüchtig handelnde Täter. Bei künstlerischen oder wissenschaftlichen Produktionen entfällt der Tatbestand der Unzüchtigkeit, ohne daß es auf ein besonderes „Niveau" ankommen dürfte, vorausgesetzt es handelt sich nicht um bloße Scheinbehauptungen (*§ 1 PornG:* Vergehen, Freiheitsstrafe bis zu einem Jahr, daneben Geldstrafe bis zu 360 Tagessätzen).

Dem *Jugendschutz* dient das Verbot des § 2 PornG, das denjenigen mit Strafe bedroht, der eine in sexueller Hinsicht anstößige Darstellung Jugendlichen unter 16 Jahren zugänglich macht. Anstößig ist eine Darstellung nach dem Wortlaut des Gesetzes, wenn sie geeignet ist, die „sittliche oder gesundheitliche Entwicklung jugendlicher Personen durch Reizung der Lüsternheit oder Irreleitung des Geschlechtstriebes zu gefährden". Zumindest die jüngere Rechtsprechung nimmt dabei an Aktfotos oder anderen erotischen Abbildungen nicht schlechthin Anstoß, sondern nur dann, wenn diese auf die „Erweckung grob sinnlicher sexueller Eindrücke" abgestellt sind. Erfaßt wird daher im

---

42 Nachweise zu der schwankenden Rspr bei FOREGGER–SERINI, aaO 821f.

Ergebnis die „einfache Pornographie", dh die obszöne und auf sich selbst reduzierte Darstellung von Sexualpraktiken (*§ 2 PornG:* Vergehen, Freiheitsstrafe bis zu sechs Monaten oder Geldstrafe bis zu 360 Tagessätzen).

Neben der ungehemmten Darstellung sexueller Vorgänge kann die Öffentlichkeit auch an aufdringlichen Ankündigungen Anstoß nehmen. Daher sind öffentliche Ankündigungen, die in abstoßender Weise die Anbahnung von Sexualkontakten zum Ziel haben (zB schockierende Inserate) ebenso strafbar wie die öffentliche Propagierung der Unzucht mit Tieren oder von homosexuellen Beziehungen (*Ankündigung zur Herbeiführung unzüchtigen Verkehrs* – § 219 StGB: Vergehen, Freiheitsstrafe bis zu sechs Monaten oder Geldstrafe bis zu 360 Tagessätzen; *Werbung für Unzucht mit Personen des gleichen Geschlechtes oder mit Tieren* – § 220 StGB: Vergehen, Freiheitsstrafe bis zu sechs Monaten oder Geldstrafe bis zu 360 Tagessätzen).

Die vorstehend behandelten Tatbestände des Sittenschutzrechtes erfassen Darstellungen und Ankündigungen in grundsätzlich allen Massenmedien, gleichgültig ob es sich um Druckwerke, Filme, Videobänder oder um Tonaufnahmen handelt. Die strafrechtlichen Verbote werden durch weitere *administrative Maßnahmen des Jugendschutzes* ergänzt. Sie richten sich nicht nur gegen sexuell anstößige Darstellungen, sondern auch gegen andere, die sittliche, geistige oder gesundheitliche Entwicklung jugendlicher Personen gefährdende Inhalte, etwa auch gegen extreme Gewaltdarstellungen. Über jugendgefährdende Bücher und Zeitschriften können die Verwaltungsbehörden Verbreitungsbeschränkungen verhängen, die zur Folge haben, daß die indizierten Titel an Jugendliche unter 16 Jahren nicht mehr verbreitet werden dürfen und auch vom Straßenverkauf ausgeschlossen sind (§ 10 PornG). Verstöße gegen eine solche Verbreitungsbeschränkung sind als Verwaltungsübertretung strafbar.

Der administrative Jugendschutz bei Kinofilmen und bei der öffentlichen Aufführung von Videobändern ist landesgesetzlich geregelt, wobei die Kino- und Jugendschutzgesetze der Bundesländer nach Altersgruppen gestaffelte Verbote bzw Freigaben für öffentliche Aufführungen vorsehen.[43] Lückenhaft ist der Jugendschutz im Videobereich, da die landesrechtlichen Regelungen nur öffentliche Aufführungen erfassen, während der Verleih von Videobändern und ihre private Verwendung auch dann keinen effektiven Kontrollen unterliegen, wenn es sich um extrem

43 Vgl oben S 163.

jugendgefährdendes Material handelt. Einzelne jüngere Landesgesetze versuchen allerdings in Anknüpfung an Regelungen über jugendgefährdende Gegenstände den Verleih jugendgefährdender Videobänder zu unterbinden, wobei auch entsprechende Pflichten der Videothekare vorgesehen sind.[44]

9. Nötigung und Erpressung

Nötigung und Erpressung sind strafbare Angriffe auf die Freiheit der Willensbildung und Willensbetätigung. Eine *Nötigung* (§ 105 StGB) begeht, wer einen anderen mit Gewalt oder durch gefährliche Drohung zu einer Handlung, Duldung oder Unterlassung nötigt. Bei der *Erpressung* (§ 144 StGB) kommt zur Nötigung noch ein Bereicherungsvorsatz des Erpressers und ein finanzieller Schaden beim Opfer hinzu. Beide Delikte sind für die journalistische Praxis von gewisser Bedeutung: Für die sogenannte „Revolverpresse" war die Drohung mit kompromittierendem Material das Mittel, sich einen unlauteren Vermögensvorteil zu verschaffen. Anders als bei einer solchen aktiven Pressenötigung oder Presseerpressung („Chantage") wird bei der passiven Pressenötigung das Massenmedium selbst zum Opfer, etwa wenn bei einer unliebsamen Berichterstattung mit einer Anzeigensperre oder einem Anzeigenboykott gedroht wird.

Mittel zur Begehung einer Nötigung oder Erpressung ist neben der tatsächlich ausgeübten Gewalt die gefährliche Drohung, das ist eine Drohung mit einer Verletzung an Körper, Freiheit, Ehre oder Vermögen, die objektiv geeignet ist, dem Bedrohten begründete Besorgnis einzuflößen. Die Drohung mit einer bloßstellenden Veröffentlichung (ehrenrührige Vorfälle, Enthüllungen aus dem Privatleben, Aktfotos etc) kann wegen der möglichen Auswirkungen auf Ehre und Vermögen des Betroffenen eine gefährliche Drohung sein; bloße Unannehmlichkeiten fallen aber nicht darunter. Entscheidend ist, daß die Nötigung (Erpressung) aber auch rechtswidrig ist, was nur dann der Fall ist, wenn die Anwendung der Gewalt oder die Drohung als Mittel zu dem angestrebten Zweck den guten Sitten widerstreitet (§§ 105 Abs 2, 144 Abs 2 StGB). Das Gesetz bedroht daher eine Druckausübung dann nicht mit Strafe, wenn das Nötigungsmittel und

---

44 Vgl den Überblick über die Rechtslage bei BERKA, Gewaltvideos und Rechtsordnung, Öffentliche Sicherheit 1985, H 1, 8 und als Beispiel die §§ 19, 21 des Salzburger JugendschutzG 1985 LGBl 1985/104.

der angestrebte Zweck sittlich erlaubt sind und auch die Verbindung von Mittel und Zweck sozial erträglich ist. Die gegenüber einem Beamten ausgesprochene Drohung, ihn in der Zeitung anzuprangern, ist daher verwerflich und strafbar, wenn dadurch der Beamte zu einem pflichtwidrigen Verhalten genötigt werden soll. Wird die Veröffentlichung andererseits gerade für den Fall einer rechtswidrigen Handlung eines Beamten angekündigt, liegt keine strafbare Nötigung vor, weil es eine sozial gerechtfertigte Aufgabe der Presse sein kann, einen solchen Mißstand aufzudecken. Die Drohung mit einer Veröffentlichung wird aber in der Regel wiederum verwerflich sein, wenn sich ein Journalist einen persönlichen Vorteil verschaffen will. Als ein Verbrechen strafbar ist die schwere Nötigung (§ 106 StGB), die unter anderem der begeht, der mit der Vernichtung der wirtschaftlichen Existenz oder gesellschaftlichen Stellung droht (*Nötigung* – § 105 StGB: Vergehen, Freiheitsstrafe bis zu einem Jahr; *schwere Nötigung* – § 106 StGB: Verbrechen, Freiheitsstrafe von sechs Monaten bis zu fünf Jahren; *Erpressung* – § 144 StGB: Verbrechen, Freiheitsstrafe von sechs Monaten bis zu fünf Jahren, im Falle einer *schweren Erpressung* [§ 145 StGB] bis zu zehn Jahren).

Verwandte Delikte sind die gefährliche Drohung (§ 107 StGB) und der Landzwang (§ 275 StGB). Nicht mit Strafe bedroht ist die *Pressebestechung,* das heißt das Anbieten oder das Annehmen eines Entgeltes für eine wahrheitswidrige Veröffentlichung oder für das Unterlassen einer Berichterstattung („Schweigegeld“).[45]

---

45 Demgegenüber sah der durch das MedienG ersatzlos aufgehobene Art IV der Strafgesetznovelle 1929 BGBl 440 noch die Bestrafung desjenigen vor, der einen unrechtmäßigen Vermögensvorteil annimmt, damit eine bestimmte Mitteilung *nicht* veröffentlicht wird.

IX. KAPITEL

Der Einzelne und die Massenmedien: Der Schutz der Persönlichkeitsrechte

In der durch die Massenmedien hergestellten Öffentlichkeit kann der Einzelne soziale Achtung, Anerkennung durch seine Mitmenschen und öffentlichen Ruhm erwerben. Andererseits bildet diese Öffentlichkeit ein bedrohliches Tribunal, dem sich der Mensch mit seinem empfindsamen Bedürfnis nach Geltung und Wertschätzung ausgesetzt fühlt. Sie ist eine Urteilsinstanz, die selbst die innersten Winkel seiner privaten Sphäre auszuleuchten vermag und die nicht nur seine gesellschaftliche Anerkennung, sondern auch seine bürgerliche Existenz selbst in Frage stellen kann.[1]

Klatsch und Tratsch und die indiskrete, auf Schwächen und Fehler des Mitmenschen gerichtete Neugierde sind wohl so alt wie die Menschheit selbst. Auch sahen bereits die ältesten uns bekannten Rechtsordnungen einen *Rechtsschutz gegen böswilligen Rufmord* und ehrabschneiderische Verleumdungen vor, wie etwa die Zwölf-Tafel-Gesetzgebung der altrömischen Republik, die dem Beleidigten eine Bußklage auf 25 asses zugestand. Mit der Erfindung des Buchdrucks und dem Aufkommen der ersten periodischen Zeitungen entstand allerdings eine neuartige Bedrohung. Nun gewann das gesprochene flüchtige Wort Bestand und wuchsen der üblen Nachrede Flügel. Der Druck der Aktualität im neuen Zeitungsgewerbe begünstigte den leichtfertigen Umgang mit der Wahrheit, oft zum Schaden des Einzelnen. Als der Staat die Zensurgewalt an sich zog, setzte er daher diese bald auch gegen die um sich greifenden Schmachschriften und Pasquille ein. Allmählich entwickelte sich ein rechtliches Instrumentarium, das durch verschärfte Strafdrohungen und besondere Beweislastregeln der gesteigerten Gefährlichkeit publizistischer Angriffe zu begegnen trachtete. Daß diese Regelungen auch immer wieder dazu herhalten mußten, überkommene Arkaninteressen und fragwürdige Ehransprüche vor Offenlegung und Kritik abzuschirmen, konnte nicht ausbleiben.

---

1 Zur sozialpsychologischen Charakterisierung der „bedrohlichen“ Seite von Öffentlichkeit vgl NOELLE-NEUMANN, Öffentlichkeit als Bedrohung, Beiträge zur empirischen Kommunikationsforschung (1977) 204ff; GOFFMANN, Stigma. Über Techniken zur Bewältigung beschädigter Identität (1967).

Mit dem Aufkommen der Massenpresse hat sich der Konflikt zwischen den Mächten der öffentlichen Kommunikation und dem Einzelnen zugespitzt:[2] Der berüchtigte „Revolverjournalismus", der um die Jahrhundertwende entstand, benützte die Drohung mit Enthüllungen als Mittel zur Erpressung. Die kommerzielle *Skandalpresse* vermarktet „sex and crime" und präsentiert dabei den Menschen mit seinen Schwächen und privaten Seiten einer schonungslosen Öffentlichkeit. Der Enthüllungsjournalismus überschreitet bei der auflagensteigernden Jagd nach Affären und Skandalen nicht selten die Grenzen des Anstands und setzt den guten Ruf von Menschen leichtfertig aufs Spiel oder bricht über seinen Opfern den Stab. Medienkampagnen, die die Presse selbst oder ihre Hintermänner entfesseln, können einen Menschen sozial vernichten.

Es sind freilich nicht nur solche Fehlentwicklungen des Journalismus, die den Einzelnen bedrohen. Persönlichkeitsgefährdende Wirkungen können letztlich von *jeder Berichterstattung* ausgehen, weil es die Aufgabe der Massenmedien ist, über das Zeitgeschehen und seine Akteure zu berichten, weil sie kritisch zu Personen und Leistungen Stellung zu nehmen haben und weil bei alledem auch die Schwächen und Fehler von Menschen nicht ausgespart werden dürfen. Vor allem schaffen dabei die journalistischen Strategien der Nachrichtenauswahl und Nachrichtenpräsentation, die Sensationalisierung, Personalisierung und Privatisierung von Ereignissen, die Pointierung und Trivialisierung eines Geschehens, ganz besondere Risiken.[3] Denn diese journalistischen Stilmittel und Auswahlkriterien, die sich in entsprechenden Erwartungshaltungen des Publikums spiegeln, begünstigen eine tief in die persönliche Sphäre eindringende Berichterstattung. Schließlich kommen zu alledem noch die Gefahren der fehlerhaften Recherche oder der unterschobenen Meldung hinzu und die anderen Fehlerquellen, die mit der Hektik des tagesaktuellen Journalismus zusammenhängen, so daß es nahezu *unausweichlich* ist, daß die Massenmedien immer wieder in schutzwürdige und schutzbedürftige Sphären der persönlichen Integrität eindringen.

A. Die Aufgabe des Persönlichkeitsschutzes

Wenn der Mensch in seiner sozialen Identität sowohl auf die Öffentlichkeit angewiesen als auch durch sie gefährdet ist, bedarf

2 PEMBER, Privacy and The Press, Seattle und London (1972); zur österreichischen „Asphaltpresse" der Zwischenkriegszeit vgl JAGSCHITZ, Die Presse in Österreich von 1918 bis 1945, in: PÜRER–LANG–DUCHKOWITSCH (Hrsg), Die österreichische Tagespresse, Journalistik 5/1983 (Sonderheft) 42 (44 ff); zur Entwicklung der Kriminalberichterstattung vgl HOLICZKI, Die Entwicklung der Gerichtsberichterstattung in der Wiener Tagespresse von 1848 bis zur Jahrhundertwende, Diss. Wien 1972.

3 Vgl GEIGER, Zum Trivialen im Informationsteil der Medien (1978); SCHULZ, Die Konstruktion von Realität in den Nachrichtenmedien (1976) 12 ff; KEPPLINGER–VOHL, Professionalisierung des Journalismus? Rundfunk und Fernsehen 1976, 309.

es Mechanismen ausgleichender Konfliktlösung. Der Beitrag der Rechtsordnung liegt in der Gewährleistung von *Persönlichkeitsrechten,* die der Einzelne gegen die Massenmedien durchzusetzen vermag und die der Staat zu schützen unternommen hat. Ihr Ausbau war eines der zentralen Anliegen des neuen Medienrechts. Persönlichkeitsrechte sind die Rechte eines Menschen an seiner Person gemäß der ihr entspringenden menschlichen Würde.[4] Neben Leben, körperlicher Unversehrtheit und Freiheit schützen sie vor allem den sozialen Geltungsanspruch des Einzelnen in der Gesellschaft und seinen Anspruch auf einen geschützten Bereich des Privaten, in dem er „er selbst" sein kann. Diese Persönlichkeitsrechte hat jeder Mitmensch und jede kollektive gesellschaftliche Gruppe zu respektieren, damit sich der Einzelne in der Gesellschaft zur sittlichen und geistigen Persönlichkeit entfalten kann. Die einzelnen Normen und Normenkomplexe, die sich dem Persönlichkeitsschutz zuwenden, sind historisch gewachsen. Soweit es um die Bedrohungen durch Massenmedien geht, haben sie ihren traditionellen Schwerpunkt im Beleidigungsrecht, greifen allerdings über dieses auch hinaus und überlagern sich in mehrfacher Hinsicht. Der Überblick über die Rechtslage wird erschwert, weil die einschlägigen Rechtsnormen über das Zivil-, Straf- und Medienrecht verstreut sind und die Rechtsfolgen und die praktischen Probleme des Rechtsschutzes daher jeweils andere sind. In Teilbereichen hängt der Rechtsschutz auch von ganz unbestimmten Normen ab, von denen offen ist, welche Interpretation sie in der Praxis der Rechtsanwendung erfahren.[5] Diese Offenheit der Rechtslage, die sich einer starren Systematik versperrt, kommt nicht von ungefähr. Denn die Aufgabe des Persönlichkeitsschutzes ist nicht ein für allemal abgeschlossen, sondern wandelt sich angesichts neuer sozialer Gefährdungslagen und Schutzbedürfnisse und kann auch, im Wege der Gesetzgebung oder der richterlichen Rechtsfortbildung, neue Ansprüche hervorbringen.[6] So ist das Datenschutzrecht ein Beispiel dafür, wie die Rechtsordnung auf eine neuartige gesellschaftliche und technische Gefährdungslage reagiert.[7]

---

4 HUBMANN, Das Persönlichkeitsrecht² (1967); EDLBACHER, Der Stand der Persönlichkeitsrechte in Österreich, ÖJZ 83, 423.

5 Vgl zu § 16 ABGB unten S 249f.

6 Zu den Möglichkeiten, die im Lauf der Entwicklung zur Anerkennung gelangten Persönlichkeitsrechte auf eine gemeinsame Grundlage zu stellen (Persönlichkeitsschutz als Selbstdarstellungsrecht des Bürgers in der Gesellschaft) vgl WELLBROCK, Persönlichkeitsschutz und Kommunikationsfreiheit (1982).

7 Vgl unten S 248.

Die Rechtsvorschriften, die dem betroffenen Einzelnen Schutz vor Übergriffen der Medien geben, schränken zwangsläufig die *Freiheit zur Berichterstattung* ein. Beim Persönlichkeitsschutz geht es daher um einen Ausgleich zwischen kollidierenden Interessensphären, von denen keine einen unbedingten Vorrang beanspruchen und keine einseitig zum Durchbruch gelangen darf. Der Ausgleich zwischen der Freiheit der Massenmedien und den entgegenstehenden Ansprüchen auf Schutz der Persönlichkeit ist auch von Verfassungs wegen geboten. Denn die Verfassung gewährleistet den Massenmedien die Freiheit zur unbehinderten Information und Meinungsäußerung und läßt Einschränkungen dieser Freiheiten nur soweit zu, als diese in einer demokratischen Gesellschaft zum Schutze gewichtiger allgemeiner oder privater Anliegen notwendig sind.[8] Der Gesetzgeber hat diesem Verfassungsgebot Rechnung zu tragen, indem er gesetzliche Tatbestände schafft, die beiden Interessensphären gerecht werden und die eine einseitige Bevorzugung der einen zu Lasten der anderen vermeiden. Weil der Gesetzgeber aber nicht alle möglichen Interessenkonstellationen voraussehen kann, können das oft nur höchst offene Normen sein, die noch einer weiteren Ausformung an Hand der Umstände eines Einzelfalles bedürfen. Dies ist dann die Aufgabe des im Streitfalle angerufenen Richters, der dabei freilich nicht willkürlich entscheiden darf, sondern die gerechte Konfliktlösung durch eine *Interessen- und Güterabwägung* zu finden hat, deren maßgebliche Leitlinie aus den Grundentscheidungen der Verfassung abzuleiten sind.[9] Bei der aktuellen journalistischen Berichterstattung begrenzen dabei in erster Linie die Informationsansprüche der Allgemeinheit den Persönlichkeitsschutz. Aber auch die in Art 17a StGG verbürgte künstlerische Freiheit kann sich in Konflikte mit Persönlichkeitsrechten verfangen, wenn man etwa an den Schriftsteller denkt, der im Schlüsselroman menschliche Schicksale dichterisch gestaltet und dabei Lebensumstände verschiedener Personen offenlegt.[10]

Der Einzelne, der seine berechtigten persönlichkeitsrechtlichen Ansprüche gegen die Massenmedien durchsetzen möchte, sieht sich oft mit *übermächtigen sozialen Gewalten* konfrontiert. Der durch eine massenhaft verbreitete rufschädigende Veröf-

---

8 Vgl oben S 72ff.

9 Zur Konfliktlösung durch Gesetz und richterliche Interessenabwägung BERKA, Medienfreiheit 208ff.

10 Vgl dazu m weit Nachw BERKA, Kunst im Konflikt mit dem Recht, in: Ermacora-FS (1988) 361.

fentlichung eingetretene Schaden läßt sich mit rechtlichen Mitteln oft gar nicht mehr aus der Welt schaffen. Das Prozeßrisiko und die Kosten der Rechtsdurchsetzung sind hoch, weil der Betroffene in den allermeisten Fällen auf den Weg einer Privatanklage oder eines Zivilprozesses verwiesen ist. Selbst derjenige, der mit seiner Klage durchdringt, riskiert, daß im Prozeß und seiner öffentlichen Resonanz die üble Nachrede noch einmal aufgewühlt wird und er sich vor aller Öffentlichkeit rechtfertigen muß. Viele Menschen resignieren daher bei publizistischen Angriffen, sie hoffen auf die Vergeßlichkeit einer schnellebigen Öffentlichkeit oder sind selbstbewußt genug, um über einen Presseangriff hinwegzusehen. Manche lassen sich auch ihren Persönlichkeitsschutz abkaufen und stimmen, aus welchen Beweggründen auch immer, einer bloßstellenden Veröffentlichung zu. Diese Schwachstellen des Persönlichkeitsschutzes dürfen ebensowenig übersehen werden wie die Tatsache, daß sich auch immer wieder durchschlagskräftige Interessen hinter angeblichen Persönlichkeitsverletzungen verschanzen, um öffentliche Kritik und Erörterung zu unterbinden. Eindeutige und ausgewogene Maßstäbe des Persönlichkeitsschutzes sind trotzdem ebenso unverzichtbar wie wirksame Sanktionen, weil sie auch dort, wo die praktische Rechtsdurchsetzung im Einzelfalle mühsam und mitunter sogar zum Scheitern verurteilt ist, *präventiv* wirken und die publizistische Verantwortung der Journalisten gegenüber ihren Mitmenschen ausprägen.

Im folgenden wird der geltende Rechtsbestand in *drei sachlichen Problemkreisen* zusammengefaßt: Das Ehrenschutzrecht schützt den Einzelnen mit seinem sittlichen und sozialen Geltungsanspruch vor der unverdienten Herabsetzung in Massenmedien (im folgenden B). Das Recht auf Achtung der Privatsphäre will ihn davor bewahren, in allen seinen Regungen und Befindlichkeiten der sozialen Kontrolle durch die Öffentlichkeit unterworfen zu werden (im folgenden C). Schließlich wird dargestellt, welchen Rechtsschutz die Rechtsordnung einem Tatverdächtigen oder Straftäter gewährt, der auf einen Schutz vor leichtfertiger Anprangerung und vor einer Beeinträchtigung seiner Resozialisierungschance angewiesen ist (im folgenden D).

B. Der Schutz der persönlichen Ehre und des wirtschaftlichen Rufes

Das Rechtsgut des Ehrenschutzrechts ist der in der Würde der menschlichen Person gegründete Anspruch auf achtungsvolle

Behandlung, also nicht die Ehre selbst, die einem Menschen niemand nehmen kann, und auch nicht das bloße Ehrgefühl, das ein Mensch zu Recht oder Unrecht für sich beansprucht. Das Recht schützt den *verdienten Ehranspruch* und möchte den Menschen mit dem ihm zukommenden persönlichen Geltungswert vor unverdienter Herabsetzung durch die Mitmenschen bewahren.

Dieser Anspruch auf achtungsvolle Behandlung kommt jedem Menschen unabhängig von seinem Alter, seiner persönlichen oder sozialen Stellung zu, in gewissen Grenzen auch den Verstorbenen. Juristische Personen (Körperschaften, Kapitalgesellschaften, Gewerkschaften oder die politischen Parteien) und sonstige Personenmehrheiten (etwa Bürgerinitiativen, ethnische Minderheiten oder die Arbeitnehmer eines Betriebes) sind dagegen nicht beleidigungsfähig, wenn nicht eine oder mehrere ganz bestimmte Personen aus einem solchen Kreis erkennbar betroffen sind.[11] Den gesetzgebenden Organen, dem Bundesheer und den Behörden wurde vom Gesetzgeber allerdings ein selbständiger strafrechtlicher Schutz vor öffentlichen Beleidigungen zuerkannt (§ 116 StGB). Ebenfalls nur kraft ausdrücklicher gesetzlicher Regelung beleidigungsfähig sind periodische Medien, bei denen der Herausgeber die Privatanklage einbringen kann (§ 42 MedienG).

Der Schutz der persönlichen Ehre und der Schutz des wirtschaftlichen Rufes sind ungeachtet vielfältiger Überschneidungen nicht identisch. Auch persönliche Beleidigungen können wirtschaftliche Beziehungen beeinträchtigen. Aber es gibt darüber hinausgehend zahlreiche andere Umstände, wie das berufliche Können, die Geschäftsbeziehungen, den Preis und die Qualität von Waren oder die Liquidität eines Betriebes, die im Falle einer negativen Beurteilung den Kredit und das berufliche Fortkommen eines Geschäftsmannes oder Wirtschaftsbeziehungen eines Unternehmens gefährden können, ohne daß es sich dabei um persönlich vorwerfbare Sachverhalte handelt. Dieser Unterschied ist im Auge zu behalten, da die Rechtsordnung der persönlichen Ehre einer Person einen gesteigerten Schutz gibt und nur einzelne Tatbestände auch einen darüber hinausgehenden Schutz des wirtschaftlichen Rufes bezwecken.

Persönliche Ehre und wirtschaftlicher Ruf können durch die Massenmedien in unterschiedlicher Weise bedroht werden. Werden *unwahre Tatsachenbehauptungen* verbreitet, die im Falle ihres Zutreffens einen Ehrenmakel nach sich zögen, wird der Betroffene in der Öffentlichkeit unbegründet verächtlich gemacht und der Gefahr von Fehleinschätzungen ausgesetzt. Im Wirtschaftsleben können sich unwahre Tatsachenmitteilungen ruinös auswirken. Die besondere Gefährlichkeit des Angriffs

---

11 Vgl im einzelnen KIENAPFEL, Grundriß des österreichischen Strafrechts. Besonderer Teil I^2 (1984) 244 ff.

durch Massenmedien liegt in diesen Fällen in der gesteigerten Breitenwirkung, die den diffamierenden oder sonstwie beeinträchtigenden Mitteilungen zukommt. Vom Standpunkt der Massenmedien aus gesehen, ist die Verbreitung von Tatsachen allerdings gerade der zentrale Inhalt ihres Informationsauftrages. Nachrichten aus Politik, Kultur oder Wirtschaft können und dürfen auch die für eine Person oder Institution nachteiligen oder ehrenrührigen Informationen nicht aussparen, wenn sie zur objektiven Information über das aktuelle Tagesgeschehen beitragen. Die Rechtsordnung trägt dem auch Rechnung, weil das Aussprechen selbst einer für den Betroffenen unangenehmen Wahrheit grundsätzlich nicht sanktioniert ist („Wahrheiten sind keine Injurien").[12] Andererseits besteht an der bewußten Verbreitung falscher Anschuldigungen durch Presse und Rundfunk kein berechtigtes Interesse. Der eigentliche Interessenkonflikt liegt daher in diesem Bereich vor allem bei der praktisch höchst bedeutsamen Frage der *Verteilung des Beweisrisikos:* Es geht vor allem darum, ob auch derjenige haftet oder bestraft wird, der gutgläubig eine Unwahrheit verbreitet hat oder dem der Nachweis der Wahrheit zum Zeitpunkt des Prozesses nicht (mehr) gelingt, obwohl er (tatsächlich oder nur vermeintlich) Wahres berichtet hat.

Das *diffamierende Werturteil* stellt die zweite Grundform eines beleidigenden Angriffs dar. In den Bereichen der politischen Meinungsäußerung, bei der Kritik künstlerischer oder sportlicher Leistungen, bei der Bewertung von Waren oder Dienstleistungen beurteilen die Massenmedien tagtäglich den Charakter, die Handlungen, Eigenschaften oder Fähigkeiten von Personen nach sittlichen, ästhetischen oder irgendwelchen anderen Maßstäben. Der klassische Leitartikel und die Glosse, die Kunstkritik und der Warentest sind dafür Beispiele. In einer freien Gesellschaft, die auf Offenheit, Toleranz und ungehinderter geistiger Auseinandersetzung beruht, ist allerdings Kritik kein Sakrileg. Weil die Verfassung die Freiheit der Meinungsäußerung gewährleistet, muß eine kritische Auseinandersetzung mit Personen oder Leistungen in weitem Umfang straffrei möglich sein, ohne daß sich staatliche Instanzen – etwa der Richter – ein Urteil über den Wert oder den Unwert von Meinungen anmaßen. Darin liegt ein wesentlicher Unterschied zu beleidigenden Tat-

---

12 Vgl zu dieser im deutschen Rechtskreis traditionellen Auffassung und den damit zusammenhängenden strafrechtsdogmatischen Problemen m weit Nachw BERKA, Medienfreiheit 232ff.

sachenaussagen: Wahrheitswidrige Tatsachen muß auch der gutgläubig Irrende grundsätzlich gegen sich gelten lassen. Im Bereich der Werturteile und subjektiven Meinungen ist eine solche Beschränkung nicht möglich, weil hier gerade die persönliche Urteilskraft Schutz verdient, auch wenn dies das Risiko des Fehlurteiles mit einschließt: Comment is free, but facts are sacred. Die verfassungsrechtliche Privilegierung der Kritikfreiheit ist allerdings nicht grenzenlos. Öffentlich verbreitete Kritik kann eine gefährliche Waffe sein, nicht nur wegen des gesteigerten Verbreitungsgrades, sondern auch wegen ihrer Nachhaltigkeit und der Autorität, die bestimmten Medien oder Journalisten zukommt. Vor einer Kritik, die den Boden abgesicherter Tatsachen verläßt, vor persönlichen Schmähungen und Diffamierungen und vor groben Übergriffen in der Form ist der Einzelne auch mit den Mitteln des Ehrenschutzrechts zu schützen. Der kritische Punkt des Interessenausgleichs bei beleidigenden Werturteilen liegt daher in der Bemessung der Grenzen der Kritik, die der freien Rede den Raum belassen, den eine lebendige geistige Auseinandersetzung erfordert, ohne andererseits den Einzelnen jedem böswilligen Angriff preiszugeben.

Eine dritte Gruppe beleidigender Übergriffe bilden schließlich die *Formalbeleidigungen,* die einen Menschen der Mißachtung preisgeben, ohne daß ein bestimmter Ehrmangel behauptet wird. Solche Beschimpfungen oder Verspottungen verletzen den Anspruch auf achtungsvolle Behandlung, den jeder Mensch unabhängig von persönlichen Verdiensten kraft seines Personseins beanspruchen kann.

Im folgenden ist auf die wichtigsten Tatbestände des Ehrenschutzrechts näher einzugehen, die teils dem Zivilrecht und hauptsächlich dem Strafrecht angehören und die durch spezifische medienrechtliche Regelungen überlagert sind.

1. Der zivilrechtliche Schutz der Ehre und des wirtschaftlichen Rufes (§ 1330 ABGB)

Zivilrechtlich ist das Recht auf Ehre ein absolutes, gegenüber jedem Angreifer durchsetzbares Persönlichkeitsrecht.[13] Seine wichtigste gesetzliche Ausformung hat es in § 1330 Abs 2 ABGB

13 Vgl OGH 13. 4. 1983, EvBl 1983/91; 31. 8. 1983, EvBl 1984/60; AICHER, § 16, in: RUMMEL (Hrsg), Kommentar zum Allgemeinen bürgerlichen Gesetzbuch I (1983) Rdz 18.

erfahren, wo ein über den Beleidigungsschutz hinausgreifender Tatbestand der Kreditschädigung aufgestellt ist. Nach dieser Bestimmung haftet, wer unwahre Tatsachen verbreitet, die den Kredit, den Erwerb oder das Fortkommen eines anderen gefährden und deren Unwahrheit er kannte oder kennen mußte. Dies gilt vor allem auch für die Verbreitung von Tatsachen durch die Massenmedien; für nicht öffentlich vorgebrachte Mitteilungen, etwa die vertrauliche Information eines Arbeitgebers oder eine Anzeige an eine Behörde, greift eine Sonderregelung in Form einer herabgesetzten Verantwortlichkeit (§ 1330 Abs 2 Satz 3).[14] Geschützt wird die wirtschaftliche Wertschätzung von Personen oder Unternehmen. Ehrenrührigkeit der verbreiteten unwahren Tatsachen ist nicht gefordert, doch muß eine Gefährdung – nicht notwendigerweise eine tatsächliche Beeinträchtigung – wirtschaftlich bedeutsamer Verhältnisse im weitesten Sinne eingetreten sein (Gefährdung des beruflichen Fortkommens, von Geschäftsbeziehungen, der Kreditwürdigkeit, aber auch des politischen Erfolgs usw).

Die inkriminierte Äußerung muß eine *unwahre Tatsachenbehauptung* sein. Beleidigungen in Form von subjektiven Meinungsäußerungen und kritischen Bewertungen kann nach § 1330 Abs 2 ABGB nicht entgegengetreten werden.[15] Den Unterschied zwischen den eine Haftung auslösenden Tatsachenbehauptungen und den sanktionslosen Meinungsäußerungen sieht die Rechtsprechung in der Frage der Objektivierbarkeit. Danach unterscheiden sich Tatsachenaussagen durch die Möglichkeit der Beweisbarkeit von den objektiv nicht wahrheitsfähigen Werturteilen, wobei es aber nur auf die grundsätzliche Möglichkeit ankommt, einen Beweis führen zu können und nicht darauf, ob er auch im Einzelfall zur Verfügung steht. Beweisbar in diesem Sinne wären zB die Behauptung, einem Produkt würden bestimmte technische Mängel anhaften oder der gegen einen Politiker erhobene Vorwurf der Korruption, aber auch bloße Vermutungen oder die Wiedergabe von Gerüchten. Die Praxis neigt zu einer weiten Auslegung des Begriffs der Tatsachenbehaup-

---

14 Zur Auslegung des § 1330 vgl: KOZIOL, Österreichisches Haftpflichtrecht² II (1984) 172ff; REISCHAUER, § 1330, in: RUMMEL (Hrsg), Kommentar zum Allgemeinen bürgerlichen Gesetzbuch II (1984).

15 Durch Werturteile begangene Ehrangriffe, zB Beleidigungen nach § 115 StGB, fallen zivilrechtlich unter § 1330 *Abs 1* ABGB; da diese Bestimmung allerdings den Ersatz des ideellen Schadens bei Ehrverletzungen ausdrücklich ausschließt und ein Widerruf oder eine Ehrerklärung nach der Rspr nicht in Betracht kommt, ist die praktische Bedeutung dieses Tatbestandes äußerst gering; vgl dazu KOZIOL, aaO 172ff; BERKA, Medienfreiheit 224ff.

tung und unterwirft auch subjektiv gefärbte kreditschädigende Äußerungen der richterlichen Kontrolle. So wurden zB die Behauptungen, ein bestimmtes Erzeugnis sei „Bluff und Schwindel", eine Zeitung ein „minderwertiges Journal" oder eine Ware sei „nichts wert" als beweisfähige und beweisbedürftige Tatsachenäußerungen qualifiziert. Demgegenüber stellt etwa die Aussage, daß aus einer Partei „niemals eine liberale Partei werden könne", ein nicht auf seine Richtigkeit überprüfbares Werturteil dar.

Nur unwahren Äußerungen kann gestützt auf § 1330 Abs 2 ABGB entgegengetreten werden, niemals aber der Wahrheit, selbst wenn ihre Veröffentlichung einen schweren wirtschaftlichen Schaden nach sich zieht. Die *Beweislast* für die Unwahrheit trifft dabei den Beleidigten, der als der Kläger auftritt. Diese Ausgestaltung der Beweislast begünstigt den Täter, weil vom Kläger ein „Negativbeweis" gefordert wird – ein solcher Nachweis, daß eine bestimmte, den Ruf beeinträchtigende Tatsache *nicht* zutrifft, kommt aber häufig einer „probatio diabolica" gleich: Wem etwa zu Unrecht ein „ganz und gar unsolider Lebenswandel" zugeschrieben wird, der könnte diese Äußerung eigentlich nur durch eine Offenlegung aller seiner Lebensumstände widerlegen. Ganz abgesehen von der Frage der Zumutbarkeit solcher Enthüllungen lastet auf dem Negativbeweis daher ein erhebliches Beweisrisiko, wobei im Rahmen des § 1330 Abs 2 ABGB ein *Beweisdefizit* immer zu Lasten des in seiner Ehre oder seinem wirtschaftlichen Ruf Geschädigten geht. Aber auch eine nachweislich unwahre üble Nachrede muß der Betroffene hinnehmen, wenn den Verbreiter kein Verschulden (Vorsatz oder Fahrlässigkeit) trifft. Das bedeutet, daß ein Journalist, der die Grundsätze der journalistischen Sorgfalt beachtet hat, auch im Fall einer Falschmeldung nicht zum Schadenersatz herangezogen werden kann. Beruht daher etwa eine kreditschädigende Veröffentlichung auf einer amtlichen Presseaussendung, kann der Journalist auch dann nicht belangt werden, wenn die darin enthaltenen Anschuldigungen objektiv falsch waren.[16]

Der Geschädigte kann nach § 1330 Abs 2 ABGB Ersatz des durch die Äußerung eingetretenen Schadens verlangen, wobei aber nur der Ver-

16 Vgl etwa OGH 26. 5. 1987, MuR 87/4, 131 = JBl 87, 724, wo an der Auffassung, daß den Beweis der Unwahrheit der Geschädigte zu erbringen hat, festgehalten wird. Kritisch zu dieser in Abkehr von den strafrechtlichen Wertungen gestalteten Beweislastverteilung Berka, Medienfreiheit 223f; Reischauer, aaO Rdz 17 mit einer sinnvollen Differenzierung zwischen Ehrbeleidigungen und sonstigen Rufschädigungen.

mögensschaden selbst, etwa die Umsatzeinbuße oder ein entgangener höherer Arbeitslohn, ersatzfähig ist, nicht aber der immaterielle Nachteil, der in der eingetretenen Kränkung liegen kann. Bei entsprechender Schadenshöhe kann der zuerkannte Schadenersatz durchaus eine auch präventiv wirkende Höhe erreichen. Nach der jüngeren Judikatur muß das Medienunternehmen nicht nur für das Verschulden seiner „leitenden Organe“ (zB Chefredakteur) sondern auch für grobe journalistische Fehlleistungen nachgeordneter Redakteure unter dem Gesichtspunkt der Verwendung eines „untüchtigen Besorgungsgehilfen“ haften.[17] Neben dem Schadenersatz kann der Widerruf der falschen Behauptung und seine Veröffentlichung begehrt werden, bei entsprechender Wiederholungsgefahr auch die Unterlassung jeder weiteren Verbreitung. Einen Unterlassungsanspruch gewährt die neuere Rechtsprechung zu Recht auch dann, wenn ein Verschulden nicht vorliegt und daher weder Schadenersatz noch Widerruf in Betracht kommen, etwa weil die verbreitete Behauptung zwar objektiv unwahr und die Veröffentlichung daher rechtswidrig war, der Täter die Unwahrheit aber weder kannte noch bei Einhaltung der gebotenen Sorgfaltsmaßstäbe hätte kennen müssen.[18]

Diese differenzierten und gemessen am Ziel des Ehrenschutzrechtes auch wirkungsvollen Rechtsfolgen – der ausgleichende Schadenersatz, der rehabilitierende öffentliche Widerruf, der vorbeugende Unterlassungsanspruch – würden an sich § 1330 Abs 2 ABGB zu einem zielführenden Mittel des Rechtsschutzes gegen beleidigende Tatsachenbehauptungen machen. Dem wirkt allerdings entgegen, daß das Beweisrisiko in dem neuralgischen Punkt der Wahrheit bzw Unwahrheit einer umstrittenen Äußerung dem Kläger auferlegt ist und sich der Journalist immer bereits dann entschuldigen kann, wenn er in diesem Punkt gutgläubig gehandelt hat. Das praktische Schwergewicht des § 1330 Abs 2 ABGB liegt daher beim Ausgleich von Vermögensschäden in wirtschaftlichen Bereichen, die durch publizistische Angriffe verursacht werden, und in der Möglichkeit, Ansprüche auf Unterlassung und Widerruf durchzusetzen. Einen in letzter Zeit gelegentlich auftretenden Mißbrauch dieses Rechtsbehelfes stellt es dagegen dar, wenn durch überhöhte Streitwerte die Prozeß-

17 Vgl zuletzt OGH 25. 3. 1987 – Schmiergeldzahlungen, MuR 87/3, 93: hier wurde die Kronen-Zeitung zu einem Schadenersatz in der Höhe von fast 1 Mill Schilling verurteilt, weil ein als „untüchtiger Besorgungsgehilfe“ qualifizierter Redakteur durch grobe Verstöße gegen die journalistische Sorgfaltspflicht bei der Recherche bewirkt hatte, daß über ein Bauunternehmen eine Auftragssperre verhängt wurde; zu den bemerkenswerten juristischen Einzelheiten dieser Entscheidung (Adäquanz der Schadenverursachung, Haftung des Medienunternehmens) vgl RUGGENTHALER, Erfolgshaftung des Verlegers für seine Mitarbeiter? MuR 87/4, 124.

18 OGH 31. 8. 1983, EvBl 1984/60.

kosten künstlich in die Höhe getrieben und Journalisten oder Medien bereits durch die bloße Androhung entsprechender Klagen unter Druck gesetzt werden.[19]

2. *Der strafrechtliche Ehrenschutz*

Wegen der für den Beleidigten ungünstigen Ausgestaltung der Beweislast im zivilrechtlichen Beleidigungsprozeß liegt das praktische Schwergewicht des Schutzes vor publizistischen Ehrangriffen beim Strafrecht. Weil es sich bei den Tatbeständen des strafrechtlichen Beleidigungsrechts um Privatanklagedelikte handelt, muß aber auch bei ihnen der Beleidigte die Initiative ergreifen und selbst Privatanklage einbringen.[20]

Der Tatbestand der üblen Nachrede (§ 111 StGB)

Den zentralen Tatbestand im System der strafrechtlichen Ehrenbeleidigungsdelikte stellt die üble Nachrede dar (§ 111 StGB).[21] Einer üblen Nachrede macht sich schuldig, wer einen anderen

— einer verächtlichen Eigenschaft oder Gesinnung zeiht (Schmähung) oder
— eines unehrenhaften Verhaltens oder eines gegen die guten Sitten verstoßenden Verhaltens beschuldigt, das geeignet ist, ihn in der öffentlichen Meinung verächtlich zu machen oder herabzusetzen.

Die beiden Begehungsformen bei der üblen Nachrede unter-

---

19 Kritisch zu dieser Praxis MOSER, Streitwert bei Unterlassungsklagen, Stb 82, 15.

20 Strafbare Handlungen gegen die Ehre, die sich gegen den Bundespräsidenten, ein gesetzgebendes Organ, gegen das Bundesheer oder eine Behörde richten, werden dagegen von Amts wegen verfolgt, wenn das beleidigte Organ den Staatsanwalt zur Strafverfolgung ermächtigt (§ 117 Abs 1 StGB); auch die Beleidigung eines Beamten oder Seelsorgers ist unter gewissen Umständen (vor allem bei Veröffentlichung in einem Massenmedium) ein von Amts wegen zu verfolgendes Ermächtigungsdelikt (§ 117 Abs 2 StGB). Durch das Strafrechtsänderungsgesetz 1987 wurden nunmehr auch gewisse Beleidigungen schwerwiegender Art gegen Angehörige von Religionsgemeinschaften, Rassen, Volksgruppen usw (iS von § 283 StGB) als Ermächtigungsdelikte ausgestaltet. Bei der Beleidigung Verstorbener steht die Befugnis zur Erhebung der Privatanklage bestimmten nahen Angehörigen zu (§ 117 Abs 5 StGB).

21 Zur Auslegung des § 111 StGB vgl FOREGGER-SERINI, Strafgesetzbuch^3 (1984) 273 ff; KIENAPFEL, aaO 238 ff.

scheiden sich durch die unterschiedliche Konkretisierung des diffamierenden Vorwurfes. Eine Schmähung liegt vor, wenn pauschale Beschuldigungen erhoben werden, die den Charakter eines Betroffenen verachtenswert erscheinen lassen, wie etwa der Vorwurf der Lügenhaftigkeit, der moralischen Verworfenheit oder die Bezeichnung als Verleumder. Bloß „läßliche Fehler oder Schwächen" liegen unterhalb der Schwelle der Strafbarkeit: Der Vorwurf der Unverläßlichkeit oder Unpünktlichkeit ist ebensowenig strafbar wie etwa die Bezeichnung eines Verhaltens als „lächerlich". Bei der zweiten Begehungsform der üblen Nachrede wird ein konkreter Verhaltensvorwurf erhoben, im allgemeinen durch die Anführung bestimmter Tatsachen. Um den Vorwurf eines unehrenhaften Verhaltens handelt es sich beispielsweise, wenn jemandem eine nicht ganz unerhebliche strafbare Handlung – etwa ein Betrug – vorgehalten wird, wenn der Vorwurf der Bestechlichkeit erhoben oder ein Verstoß gegen allgemein anerkannte ethische Pflichten behauptet wird. Moralische Vorwürfe sind dann strafbar, wenn sie, wie zB der Vorwurf der Prostitution, geeignet sind, den Betroffenen in den Augen der Allgemeinheit herabzusetzen. Behauptungen, die sich auf einen nicht persönlich vorwerfbaren Sachverhalt beziehen, etwa auf fehlendes berufliches Geschick oder stigmatisierende Krankheiten und Körperfehler, stellen in Ermangelung eines Ehrenvorwurfes keine üble Nachrede dar.

Weil das Strafrecht das Ansehen in der Umwelt schützen möchte, sind beleidigende Vorwürfe immer nur dann strafbar, wenn sie zumindest für einen Dritten wahrnehmbar sind.[22] Die Verbreitung einer Beleidigung durch ein Massenmedium stellt eine qualifizierte Öffentlichkeit her und unterliegt daher einer höheren Strafdrohung. Die vorgesehene Freiheitsstrafe bis zu einem Jahr kommt praktisch kaum mehr zur Anwendung, so daß es bei einer Geldstrafe bis zu 360 Tagessätzen bleibt.

Im Interesse eines wirksamen Ehrenschutzes kann sich die Strafbarkeit nicht auf diejenigen Beleidigungen beschränken, bei denen ein ehrenrühriger Vorwurf direkt erhoben wird. Auch die Weitergabe von bloßen Gerüchten oder Mutmaßungen kann das Ansehen einer Person schwer beeinträchtigen. Sie können daher ebenso eine strafrechtliche Verantwortung begründen wie raffiniert formulierte Beschuldigungen in Form einer Frage oder

---

22 Üble Nachreden unter vier Augen sind daher nicht nach § 111 StGB strafbar, können aber eine mit Verwaltungsstrafe nach Landesrecht bedrohte „Ehrenkränkung" darstellen, denen freilich keine große praktische Bedeutung zukommt.

eine heuchlerische Distanzierung von einem Vorwurf. Da es allerdings eine legitime Aufgabe der Nachrichtenmedien sein kann, über *fremde* Ehrangriffe zu berichten, und auch einem bloßen Verdacht unter Umständen ein entsprechender Nachrichtenwert zukommt, dürfen diese beleidigungsrechtlichen Grundsätze nicht überspannt werden. Das Unrecht bei einer Beleidigung liegt in der Beschuldigung, wo diese fehlt, fehlt auch die Strafbarkeit. Die neuere Rechtsprechung trägt dem dadurch Rechnung, daß sie die Zitierung beleidigender Äußerungen eines anderen in einem Medium nur dann als Ehrenbeleidigung qualifiziert, wenn erkennbar ist, daß sich der Berichterstatter mit der Äußerung ausdrücklich oder stillschweigend identifiziert („*Zitatenjudikatur*"). Daher wird die richtige Wiedergabe einer Aussendung der APA im allgemeinen straflos sein, auch wenn die darin enthaltenen Behauptungen ungeprüft übernommen wurden.[23]

Wahre ehrenrührige Beschuldigungen können dem Äußernden nicht zum Vorwurf gemacht werden, da das Beleidigungsrecht den *verdienten* Ehranspruch schützt. Daher entfällt die Strafbarkeit einer üblen Nachrede, wenn dem Täter der *Wahrheitsbeweis* gelingt (§ 112 StGB).[24] Der Journalist, der einen Bestechungsskandal enthüllt, hat daher sozial richtig gehandelt und darf auch persönliche Beschuldigungen erheben, wenn er den Korruptionsvorwurf im Prozeß beweisen kann. Die Initiative zur Aufnahme dieses Entlastungsbeweises, das sogenannte Anbieten des Wahrheitsbeweises, muß dabei vom Beschuldigten ausgehen. Handelt es sich um Tatsachen des Privat- oder Familienlebens oder um Privatanklagedelikte, ist der Wahrheitsbeweis aus Gründen ausgeschlossen, auf die noch bei der Behandlung des Schutzes der Privatsphäre einzugehen sein wird. Diese Regelung, die den strafbefreienden Wahrheitsbeweis dem Beleidiger auflastet, ist in kriminalpolitisch sachgerechter Weise auf die Interessenlage im Beleidigungsrecht abgestimmt. Denn von dem in seiner Ehre Gekränkten, der im Beleidigungsprozeß ohnedies noch als der moralisch „Angeklagte" dasteht, kann nicht auch

---

23 So mit einer freilich anfechtbaren Begründung OLG Wien 6. 7. 1982, MuR 87/2, 50; vgl im übrigen zur „Zitatenjudikatur" FOREGGER, in: Wiener Kommentar zum Strafgesetzbuch (1981) Vorbemerkung vor § 111 Rdz 39; WEIS, Die Rechtsprechung zum Mediengesetz III, MuR 84/6, A 1 (3); OLG Wien 8. 10. 1984, MuR 85/2, A 9; OLG Wien 31. 1. 1985, MuR 85/3, A 10.

24 Zur umstrittenen dogmatischen Einordnung des Wahrheitsbeweises vgl OGH 30. 11. 1978, EvBl 1979/120; dazu kritisch BERKA, Medienfreiheit 232 ff.

noch verlangt werden, den negativen Beweis zu erbringen, daß die öffentlich erhobenen Anschuldigungen unwahr sind. Vielmehr soll nach der strafgesetzlichen Regelung derjenige die Beweislast tragen, der „seinen Mund spazierengehen läßt“ (BÄHR).

Die Massenmedien belastet dieser Zwang zur vorsorglichen Sicherstellung des Wahrheitsbeweises bei publizistischen Ehrangriffen allerdings mit einem *erheblichen Risiko*. Ob die Wahrheit prozessual erwiesen werden kann, hängt von vielen Umständen ab, die teilweise auch außerhalb der Einflußsphäre eines Journalisten liegen. So kann ein wichtiger Zeuge versterben oder sich der Aussage entschlagen, einem Informanten kann der Schutz seiner Anonymität zugesichert worden sein oder es kann sich um einen Sachverhalt handeln, der sich zum Zeitpunkt des Prozesses oder überhaupt einer gerichtlichen Wahrheitsfindung entzieht. In diesen und anderen Fällen wäre der Journalist nach allgemeinem Strafrecht zu bestrafen, obwohl er möglicherweise doch korrekt berichtet hat und es im berechtigten Interesse der Allgemeinheit liegt, über Angelegenheiten von gemeinschaftlicher Bedeutung objektiv, umfassend und rasch informiert zu werden. Im Ergebnis wären einer kritischen Berichterstattung allzu enge Fesseln angelegt, wenn sie nur deshalb unterbleiben müßte, weil die für einen Wahrheitsbeweis erforderlichen Beweismittel nicht oder nicht vollständig zur Verfügung stehen. Daher stand die sich aus dem allgemeinen Strafrecht ergebende besondere beleidigungsrechtliche Verantwortung der Medien auch im Zentrum der presserechtlichen Reformdiskussion in der Zweiten Republik. Die programmatische These von einer öffentlichen Aufgabe der Presse bezog sich vor allem auch darauf. Sie wollte dem Journalisten gerade wegen dieser Aufgabe die Berufung auf eine Position berechtigter Interessenwahrnehmung ermöglichen, um Straffreiheit in jenen Situationen gewähren zu können, in denen trotz Aufwendung der gebotenen Sorgfalt ein Wahrheitsbeweis letztlich nicht erbracht werden kann. Eine den Interessen der Massenmedien stärker gerecht werdende Lösung schien aber auch aus Gründen der Meinungs- und Pressefreiheit geboten, da Art 10 Abs 2 MRK einen verhältnismäßigen Ausgleich zwischen dem Recht auf Achtung der persönlichen Ehre und dem entgegenstehenden Recht auf und zur Information gebietet.

Der journalistische Sorgfaltsbeweis (§ 29 MedienG)

Zur Milderung der beleidigungsrechtlichen Verantwortlichkeit der Massenmedien hat der Gesetzgeber im MedienG einen auf diese Problemlage zugeschnittenen ausdrücklichen Strafausschließungsgrund der *Wahrnehmung journalistischer Sorgfalt* geschaffen (§ 29 MedienG). Er kommt den Inhabern und beruflichen Mitarbeitern von Medien zugute, und zwar nicht nur von periodischen Medien, für die er wegen des Aktualitätsdruckes besonders bedeutsam ist, sondern in gleicher Weise auch dem Buchverleger oder Filmjournalisten.[25] Zugunsten dieser Personen ordnet § 29 MedienG an, daß sie wegen eines Medieninhaltsdelikts, bei dem der Wahrheitsbeweis zulässig ist, nicht nur bei erbrachtem Wahrheitsbeweis, sondern *auch dann* nicht zu bestrafen sind, wenn ein überwiegendes Interesse der Öffentlichkeit an der Veröffentlichung bestanden hat und auch bei Aufwendung der gebotenen journalistischen Sorgfalt hinreichende Gründe vorgelegen sind, die Behauptung für wahr zu halten. Betrifft die Veröffentlichung allerdings den höchstpersönlichen Lebensbereich, scheidet der strafbefreiende Beweis der Erfüllung journalistischer Sorgfalt aus. Es müssen daher vier Voraussetzungen vorliegen, damit trotz der Nichterweislichkeit einer ehrenrührigen Behauptung eine üble Nachrede in einem Massenmedium straffrei bleibt:

— Es darf sich um *keine Veröffentlichung* gehandelt haben, die den *höchstpersönlichen Lebensbereich* eines Menschen betroffen hat.[26]
— Für denjenigen, der Straflosigkeit nach § 29 MedienG in An-

25 Für den Verfasser eines Leserbriefes, den Gelegenheitsschreiber, den Vortragenden oder Plakatverfasser, kurz: für alle, die nicht beruflich in einem Massenmedium, sondern in anderer Weise engagiert in die öffentliche Auseinandersetzung eingreifen, bleibt es hingegen bei der allgemeinen strafrechtlichen Regelung. Das bedeutet, daß diese Personen bei qualifiziert öffentlicher Begehung grundsätzlich nur der gelungene Wahrheitsbeweis vor Strafe schützt. Allerdings enthält § 114 StGB besondere Rechtfertigungs- und Entschuldigungsgründe für die Beleidigungsdelikte, die ebenfalls zur Straffreiheit führen, wenn durch die Beleidigung eine Rechtspflicht erfüllt oder ein Recht ausgeübt wurde oder sonstige überwiegende Interessen vorgelegen sind und der Täter gutgläubig gehandelt hat. Um eine Diskriminierung der nicht durch § 29 MedienG privilegierten Grundrechtsträger zu vermeiden, ist es geboten, die durch § 114 StGB gegebenen Möglichkeiten auszuschöpfen und auch dann Straffreiheit zu gewähren, wenn eine Person, die nicht Medienmitarbeiter ist, eine der berufsmäßigen Sorgfalt eines Journalisten vergleichbare oder höhere Sorgfalt aufgewendet hat und an der Veröffentlichung überwiegende Interessen der Allgemeinheit bestanden; vgl dazu BERKA, Medienfreiheit 250ff.

26 In einem solchen Fall ist der Medieninhaber/Medienmitarbeiter nur dann nicht zu bestrafen, wenn die Behauptung nachweislich wahr ist und in unmittelbarem Zusammenhang mit dem öffentlichen Leben steht; vgl dazu noch unten S 239ff.

spruch nehmen will, müssen subjektiv hinreichende Gründe vorgelegen haben, die Behauptung für wahr zu halten. Insoweit wird *Gutgläubigkeit* bei der Verfassung und Verbreitung eines Artikels gefordert; gegen besseres Wissen soll niemand straffrei Verdächtigungen ausstreuen dürfen. Nach dem Wortlaut des Gesetzes entschuldigt nicht nur der gute Glaube des Verfassers, sondern kann auch die Gutgläubigkeit des Medieninhabers ins Gewicht fallen, was vor allem für nicht namentlich gekennzeichnete Beiträge von Bedeutung ist.[27]

— Die bloß persönliche Überzeugung von der Richtigkeit einer Beschuldigung wäre freilich noch zuwenig, um einen Angriff auf eine fremde Ehre zu entschuldigen. Fahrlässiger Umgang mit Informationen und schlampige Recherche verdienen keinen Schutz. Daher verweist das Gesetz auf die *„gebotene journalistische Sorgfalt“* als ergänzenden objektiven Sorgfaltsmaßstab. Welche Anforderungen im einzelnen dieser typisierten („pressemäßigen“) beruflichen Sorgfalt entspringen, ist nach dem Leitbild eines maßstabgerechten und verantwortungsvollen Journalismus zu beurteilen. So wird der Journalist Material, das ihm aus dunkler Quelle zugespielt wurde, grundsätzlich nur nach weiterer Recherche verwerten dürfen. Daher entspricht es Grundsätzen journalistischer Sorgfalt, zweifelhafte Behauptungen über Personen oder Einrichtungen grundsätzlich nur nach vorhergehender Rückfrage zu verbreiten oder zumindest auf die Tatsache hinzuweisen, daß Betroffene nicht erreichbar sind oder sie keine Stellungnahme abgeben. Bei amtlichem Material oder Meldungen, die von einer anerkannten Agentur stammen, besteht demgegenüber im allgemeinen keine Verpflichtung zur selbständigen Nachrecherche. Ein verbleibender Verdacht ist als solcher zu kennzeichnen; wird eine Meldung widerspruchslos hingenommen, darf der Journalist aber davon ausgehen, daß er sie weiterhin verbreiten darf. Auch der Zeitfaktor kann ins Gewicht fallen, so daß etwa bei einer dringlichen Meldung über eine Gesundheitsgefährdung bereits vage Verdachtsmomente für eine Publikation ausreichen können.[28]

---

27 Ob bei anonymen Beiträgen der Sorgfaltsbeweis in Betracht kommt, ist umstritten; zur vergleichbaren Problematik im Bereich des § 6 MedienG – beachte aber die Unterschiede im Wortlaut! – vgl noch unten S 229 FN 39.

28 Kriterien für die berufsmäßige Sorgfalt eines ordentlichen Journalisten, die sich zumindest teilweise auch auf die Presse übertragen lassen, können den Programmrichtlinien des ORF entnommen werden; Anhaltspunkte bieten

— Schließlich muß an der Veröffentlichung ein *überwiegendes Interesse der Öffentlichkeit* bestehen. Eine Einschränkung des Ehrenschutzes und die Hinnahme nicht erweisbarer oder sogar unwahrer Anschuldigungen mutet der Gesetzgeber dem Betroffenen also nur dann zu, wenn die Veröffentlichung einem öffentlichen Interesse gedient hat. Dieses Kriterium wirft freilich die größten Probleme auf. Fest steht, daß der Begriff der Öffentlichkeit auf das Interesse einer größeren Mehrheit von Personen abstellt und daher nicht notwendig die Allgemeinheit, sondern auch die eingegrenzte Öffentlichkeit einer Gemeinde oder eines Verbandes ausreichend sein kann. Im übrigen hat der Gesetzgeber aber nicht näher ausgeführt, an welchen Informationen ein solches berechtigtes Interesse besteht und unter welchen Umständen im Konfliktfall dieses Interesse das entgegenstehende Interesse am Schutz einer gekränkten Ehre überwiegt. Es bleibt daher zu einem guten Teil dem Richter überlassen, im Wege einer Abwägung der kollidierenden Interessen die überwiegenden Veröffentlichungsinteressen herauszustellen, die - wenn sie vorliegen - Straflosigkeit verbürgen. Dabei wird es häufig auf die konkreten Umstände eines Einzelfalles ankommen. Trotzdem wäre es wichtig, verallgemeinerungsfähige Gesichtspunkte für legitime Veröffentlichungsinteressen zu entwickeln, nicht zuletzt um den Massenmedien die gebotene Sicherheit über die Grenzen des rechtlich Erlaubten zu geben. Mit einer pauschalen Verneinung des Informationswertes bei Nachrichten, die „nur" Unterhaltungsbedürfnisse befriedigen oder der „Sensationslust" dienen, ist es dabei ebensowenig getan wie mit dem schlichten Verweis auf den Ehrenkodex für die österreichische Presse, der in diesem Punkt eher nichtssagend ist. Andere Kriterien lassen sich aber der bislang vorliegenden Rechtsprechung zum MedienG (noch) nicht entnehmen.

---

aber auch berufspraktische Publikationen, vgl zB PÜRER (Hrsg), Praktischer Journalismus in Zeitung, Radio und Fernsehen[2] (1985); Nachweise zur entfalteten einschlägigen Rspr deutscher Gerichte zu der journalistischen Sorgfaltspflicht finden sich zB bei WENZEL, Das Recht der Wort- und Bildberichterstattung[2] (1979) 224ff; LÖFFLER, Presserecht[3] (1983) 302ff.

Die überwiegenden Informationsinteressen der Öffentlichkeit

Eine weiterführende Diskussion der zuletzt angeschnittenen Frage kann davon ausgehen, daß die „überwiegenden Interessen der Öffentlichkeit an einer Veröffentlichung" (§ 29 MedienG) Informationen sind, denen ein *objektiver Öffentlichkeitswert* oder Nachrichtenwert („news value") zukommt. Die tiefgreifende Problematik liegt dann in der Unsicherheit, wie und woran der den Streitfall entscheidende Richter diesen Öffentlichkeitswert konkret messen kann. Denn im Grunde kann nur die Öffentlichkeit selbst bemessen, welches Gewicht in ihren Augen eine in den Medien aufgeworfene Frage besitzt. Jede von außen herangetragene Bewertung schränkt die Autonomie der gesellschaftlichen Kommunikation ein, die auch durch Grundrechte garantiert ist. Andererseits ist aber eine Bewertung durch eine außerhalb des publizistischen Apparates angesiedelte Urteilsinstanz gerade notwendig, weil sonst nur die Entscheidungen des Journalisten den Nachrichtenwert vermitteln würden und schlechthin jeder Betroffene, der in das Fadenkreuz publizistischer Aufmerksamkeit gerät, zu einem Gegenstand öffentlichen Interesses avancieren könnte. Dann wäre die Privilegierung unbeweisbarer Behauptungen aber nicht mehr abgrenzbar und würde der Schutz der Persönlichkeit zugunsten von faktischen Informationsinteressen geopfert.

Ist daher eine Bewertung unausweichlich, wird man ihren Bezugspunkt in dem normativen Öffentlichkeitsanspruch suchen müssen, der den Grundrechtsgewährleistungen der freien Meinungsäußerung und der Medien ebenso zugrunde liegt wie der beleidigungsrechtlichen Konfliktlösung des § 29 MedienG: „Öffentliche Information" in diesem Sinne zielt auf das gemeinschaftstragende Wissen, durch das die Wirklichkeit vermittelt werden soll, die einer gegebenen Gesellschaft gemeinsam ist. Die durch eine Veröffentlichung hergestellte Publizität der Massenmedien stellt dann eine legitime und beleidigungsrechtlich privilegierte Öffentlichkeit her, wenn dem Einzelnen Informationen übermittelt werden, die ihm die Gemeinsamkeiten seiner sozialen Existenz vergegenwärtigen (soziale Umweltorientierung) und ihn zum Handeln in Wahrnehmung gemeinsamer Ziele befähigen (soziale Handlungsorientierung). Dieser gesellschaftliche Orientierungswert kann zum Gradmesser der Interessen der Öffentlichkeit an der Veröffentlichung gemacht werden: Maßgeblich ist, ob die Nachricht zum „Danachrichten" befähigt, weil Belange der Gemeinschaft berührt sind. Diese soziale Relevanz fehlt etwa Gegenständen des nachbarlichen Klatsches ebenso wie der Society-Berichterstattung der Regenbogenpresse. Eine detaillierte Aufzählung der über einzelpersönliche Bezüge hinausgehenden Themen ist auch an Hand der hier vorgeschlagenen Formel des *gesellschaftlichen Orientierungswertes* nicht möglich. Denn in einer pluralistischen Gesellschaft artikulieren sich die gemeinschaftlichen Anliegen in einem kontinuierlichen Prozeß der Formulierung und Verabschiedung von Themen durch die Gesellschaft. Aufgabe des Richters ist es, die in der öffentlichen Themenstruktur sich ausdrückenden Einschätzungen und Überzeugungen der Gesellschaft über die Akzeptierbarkeit der öffentlichen Verhandlung von Themen zu bewerten. Bezugspunkt dieser Bewertung muß wegen des untrennbaren Zusammenhanges zwischen Demokratie und Öffentlichkeit das Leitbild des verantwortungsvollen, mündigen Bürgers eines demokratischen Gemeinwesens sein.

Daher sind die überwiegenden Veröffentlichungsinteressen im Sinne des § 29 MedienG am deutlichsten in denjenigen Bereichen auszumachen, die der Staatswillensbildung und der politischen Meinungsbildung in einem weitesten Sinne zuzurechnen sind. Weil die öffentliche Kritik und Kontrolle durch die Presse in den *Angelegenheiten der Politik* im allgemeinen Interesse liegen, muß in diesem Bereich der Presse ein entsprechender Spielraum zur Verfügung stehen.[29] Dem Handeln der Staatsorgane in Gesetzgebung, Verwaltung und Gerichtsbarkeit kommt in der Demokratie daher ein nicht weiter beweisbedürftiger Gemeinschaftsbezug zu. Legitime öffentliche Neugier kann sich nicht nur dem offiziellen Handeln öffentlicher Funktionäre zuwenden, sondern darf sich auch auf private Tugenden und Mängel erstrecken, soweit diese für ein Urteil über die Amtsführung von Bedeutung sind. Wieweit trotzdem ein dem gesellschaftlichen Urteil entzogener Bereich des Privaten zu respektieren ist, wird im Zusammenhang mit dem Schutz der Privatsphäre noch zu erörtern sein. Auch die privaten oder öffentlichen Institutionen, die im Vorfeld der staatlichen Willensbildung agieren, wie etwa die politischen Parteien, Verbände oder die Gewerkschaften, sind Gegenstände berechtigter Informationsinteressen. Der gesellschaftliche Orientierungswert kann ferner durch die Verbindung gesellschaftlicher Einrichtungen oder von Privatpersonen mit der staatlichen Verwaltung begründet sein. Daher gibt es überwiegende Interessen der Öffentlichkeit im Bereich der öffentlichen Auftragsvergabe, gegenüber den Empfängern staatlicher Subventionen oder gegenüber den Finanziers von Parteien. Legitime Öffentlichkeit gibt es schließlich auch in staatsfernen Bereichen des gesellschaftlichen Lebens, weil auch die Berichterstattung über das Kulturleben, über Wissenschaft und Forschung oder die Wirtschaft gesellschaftliche Lebensbereiche von anerkannter sozialer Relevanz betrifft: Auch eine Auseinandersetzung über die Notwendigkeit und Sinnhaftigkeit von Tierversuchen fällt daher beispielsweise in den Bereich privilegierter öffentlicher Informationsinteressen.[30]

Der behandelte Maßstab des gesellschaftlichen Orientierungswertes ist ein *themenbezogener* Maßstab. Ihm wird häufig ein auf den Status der angegriffenen Person abstellender *personenbezogener* Maßstab zur Seite gestellt. Personen, die prominente Rollen in gesellschaftlichen Angelegenheiten übernommen haben oder sich mehr oder minder freiwillig

---

29 So auch die Rechtsprechung der Europäischen Kommission für Menschenrechte, vgl EKMR 11. 12. 1981, DR 20, 171 – Fall Lingens I; EKMR Bericht 11. 10. 1984, 9815/82 – Fall Lingens II, und des Europäischen Gerichtshofs für Menschenrechte, vgl EGMR 8. 7. 1986 – Fall Lingens, EuGRZ 86, 424 (428).

30 Vgl zB OLG Wien 2. 12. 1986, MuR 86/6, 11.

dem Licht der Öffentlichkeit ausgesetzt haben, gelten als *„Personen der Zeitgeschichte"* (public figures). Bei solchen Personen des öffentlichen Lebens, bei Politikern, Künstlern oder Stars, wird nach einer verbreiteten Einschätzung eine geringere Schutzwürdigkeit und Schutzbedürftigkeit gegenüber öffentlichen Angriffen angenommen. Dem kann die Überlegung zugrunde liegen, daß solche Personen verstärkte Möglichkeiten haben, auf die Öffentlichkeit einzuwirken und den Unwahrheiten und Irrtümern rufschädigender Veröffentlichungen selbst entgegenzutreten. Auch mag es eine Rolle spielen, daß sich diese Personen angeblich freiwillig dem erhöhten Risiko einer Verletzung durch verleumderische Unwahrheiten ausgesetzt haben, weswegen ihnen eine „dickere Haut" zugemutet werden kann. Die Überzeugungskraft einer solchen Argumentation ist freilich beschränkt: Für das gestürzte Idol hält die Öffentlichkeit oft weniger die Chance fairer Rehabilitation bereit als die Maxime, daß, wer gefallen ist, auch noch getreten werden darf. Eine gewisse Skepsis scheint ferner gegenüber dem Argument der freiwilligen Teilnahme an öffentlichen Auseinandersetzungen angebracht zu sein, wenn daraus bereits auf einen Verzicht auf einen Schutz der persönlichen Ehre geschlossen würde. Würde man das überwiegende Interesse der Öffentlichkeit daher ausschließlich nach dem Status der betroffenen Person bemessen, bliebe man im Grunde einem Talionsprinzip verhaftet, das demjenigen Opfer an die öffentliche Neugierde auferlegt, der sich im Licht der Öffentlichkeit sonnt. Dies überzeugt nicht und könnte zum Nachteil einer offenen Diskussion von Sachfragen der Illusion Vorschub leisten, daß die der Allgemeinheit präsentierten Handlungsträger – und nur sie – Aufmerksamkeit verdienen, auch wenn sie nur die Helden, Idole oder Sündenböcke eines medialen Personenkultes sind. An der Verschwendung öffentlicher Gelder besteht ein legitimes Informationsinteresse auch dann, wenn sich die Beteiligten mit gutem Grund scheuen werden, ohne Not sich selbst als Persönlichkeiten des öffentlichen Lebens darzustellen.

Wenn man das bedenkt, zeigt sich, daß ein ausschließlich personenbezogener Maßstab *ungenügend* ist, weil er den im öffentlichen Leben Stehenden jedem Angriff preisgeben würde und im übrigen ein geschicktes Öffentlichkeitsmanagement auch dort honorieren würde, wo gerade die Durchsetzung von Öffentlichkeit gegen Verschleierungsversuche die legitime Aufgabe der Massenmedien ist. Der personenbezogene Ansatz kann daher zwar die Interessenlage des Beteiligten erfassen und zur Folge haben, daß Persönlichkeiten des öffentlichen Lebens eine stärkere Zurückdrängung ihres Persönlichkeitsschutzes zugemutet werden kann. Eine vollständige Erfassung der überwiegenden Interessen der Öffentlichkeit an einer Veröffentlichung kann aber auf die themenbezogene Bewertung der sachlichen Informationsinteressen nicht verzichten, wobei das Ereignis im Vordergrund steht, das Sache der Allgemeinheit ist und das öffentlich behandelt werden soll, auch wenn die darin verwickelten Personen weder prominent sind noch freiwillig Öffentlichkeit gesucht haben. Der öffentliche Status einer Person ist daher immer nur ein *Indiz* für öffentliche Informationsinteressen.

Rechtsfolgen eines Freispruchs nach § 29 MedienG

Ein Freispruch wegen Erfüllung der journalistischen Sorgfaltspflicht gibt dem Allgemeininteresse an einer Veröffentlichung den Vorrang vor der Durchsetzung eines unter Umständen berechtigten Ehranspruches des Beleidigten. Um die darin liegende Beeinträchtigung auszugleichen und um den Schaden soweit als möglich zu mildern, sieht das Gesetz vor, daß, ungeachtet des Freispruchs, die *Veröffentlichung der Feststellung* verlangt werden kann, daß der Beweis der Wahrheit nicht angetreten wurde oder mißlungen ist. Die Kosten für diese Veröffentlichung haben der lediglich wegen Erfüllung der Sorgfaltspflicht freigesprochene Medieninhaber oder Journalist zu tragen. Ungeachtet der Straflosigkeit trifft sie auch die *Ersatzpflicht für die Prozeßkosten,* so daß zumindest dieses finanzielle Risiko von dem Beleidigten abgewendet ist (§ 29 Abs 3 MedienG). Die Einziehung der zur Verbreitung bestimmten Exemplare oder die Überschwärzung anstößiger Stellen kann auch bei einem Urteil beantragt werden, bei dem der Beschuldigte wegen Erfüllung seiner Sorgfaltspflicht freigesprochen wurde (§ 33 Abs 1 MedienG).

Beleidigende Werturteile

Die Entlastung durch den Beweis der Erfüllung der journalistischen Sorgfalt kommt nur bei Beleidigungsdelikten in Betracht, bei denen es um die Frage der Wahrheit oder Unwahrheit eines bestimmten Vorwurfes geht. Eine üble Nachrede im Sinne von § 111 StGB kann auch durch die Verbreitung *diffamierender Werturteile* begangen werden. Auch hier kann es zu einem Wahrheits- oder Sorgfaltsbeweis kommen, da sich der beklagte Journalist im Prozeß auf entehrende Handlungen des Geschmähten berufen kann und straffrei bleibt, wenn er die Wahrheit dieser nachgeschobenen Behauptungen oder zumindest die Erfüllung der erforderlichen Sorgfalt bei der Erforschung der Wahrheit nachzuweisen vermag. Freilich stellt sich in solchen Fällen zumeist auch noch die Frage, ob ein auf solche Tatsachen gestütztes Werturteil auch „tatsachenadäquat“ ist, das heißt, ob der Beleidiger seinen Charaktervorwurf zu Recht auf die erwiesenen Tatsachen stützen durfte. Insoweit kommt es im Prozeß zu einer Überprüfung der „Begründetheit“ oder „Angemessenheit“ von Werturteilen und Meinungsäußerungen, die nicht unproblematisch ist. Zwar wird niemand einen ausgebildeten Konzertpianisten einen Dilettanten oder einen unbescholtenen Bürger wegen eines Verkehrsdeliktes einen Verbrecher nennen dürfen. Oft aber wird die Vertretbarkeit ehrenrühriger Behauptungen strittig bleiben: Wer einen anderen einen Lumpen und Betrüger heißt, muß, um straffrei zu bleiben, nicht einen Betrug im strafrechtlichen Sinne nachweisen; auch andere ehrenrührige Taten können dieses Urteil tragen, nur wird im einzelnen fraglich bleiben, welche Handlungen dies sein müssen. Ob man den mit der Wahrheit großzügigen Politiker schon als moralisch nicht tragbar und als Opportunisten, ob man ein politisches Taktieren als würdelos oder ob man den Jungsozialisten als einen Links-Faschisten brandmarken darf, hängt letztlich von persönlichen Werthaltungen ab.

Der *verfassungsrechtliche Schutz der freien Meinungsäußerung* gebietet in solchen Fällen, daß der Richter bei seiner Entscheidung über die Vertretbarkeit oder Begründetheit eines Werturteiles einen Beurteilungsspielraum respektiert, innerhalb dessen sich die Freiheit der subjektiven Meinung entfalten kann. Ein solcher Freiraum für die kritische Beurteilung von Personen und Leistungen ist vor allem im Bereich der öffentlichen Meinungsbildung geboten. Stehen lediglich private Interessen auf dem Spiel, wie bei der Herabsetzung eines Konkurrenten im wirtschaftlichen Wettbewerb oder der öffentlichen Austragung einer privaten Fehde, hindert nichts die uneingeschränkte Anwendung des Beleidigungsrechtes. Dagegen spricht eine *Vermutung für die Freiheit der Kritik*, wenn es sich um die Meinungsäußerung im Rahmen der öffentlichen Auseinandersetzung über gemeinschaftliche Angelegenheiten handelt. Liegt einem Werturteil eine beweisbare Tatsache zugrunde, so darf selbst eine übersteigerte und nach Meinung des Richters unangemessene oder inkompetente Kritik nicht als strafbare Schmähung qualifiziert werden bzw kann sich der Täter auf § 114 StGB berufen, der demjenigen Straflosigkeit verbürgt, der schutzwürdige Interessen wahrnimmt. Dabei kann auch ins Gewicht fallen, ob der Betroffene durch die Art seines persönlichen Auftretens oder eigene Angriffe die Kritik herausgefordert hat („Gegenschlagsprinzip“).[31] In diesem Sinne hat auch der Europäische Gerichtshof für Menschenrechte die Auffassung der österreichischen Gerichte, daß bei kritischen Werturteilen nur der „Wahrheitsbeweis“ zur Straffreiheit führt, für nicht mit der Menschenrechtskonvention vereinbar erklärt und unterstrichen, daß die Freiheit der Presse auch die Freiheit zu sanktionslosen Werturteilen um-

---

31 Vgl OGH 14. 10. 1980, EvBl 1981/94.

schließt.[32] Dies darf umgekehrt nicht als Freibrief für eine Schmähkritik und für übersteigerte Polemiken verstanden werden. Mindesterfordernisse der Fairneß und der Mäßigung in der Form sowie das Bemühen um Sachlichkeit der Auseinandersetzung können von jeder öffentlichen Kritik verlangt werden, was den Gebrauch harter Formulierungen nicht ausschließt, wenn es dem Kritiker erkennbar um die Sache gegangen ist. Von einem konkreten Sachverhaltssubstrat ganz und gar losgelöste Unwerturteile bleiben aber als Schmähung strafbar.[33]

Beschimpfung und Verspottung (§ 115 StGB)

Neben dem Tatbestand der üblen Nachrede sind im Ehrenschutzrecht noch die in § 115 StGB zusammengefaßten Beleidigungsdelikte von praktischer Bedeutung, für die Massenmedien in erster Linie die Fälle der Beschimpfung und Verspottung. Strafbare Fälle der Beschimpfung sind der Gebrauch von groben Schimpfwörtern (Idiot, Sch...kerl) oder entsprechende bildliche Darstellungen, während – bei fließenden Grenzen – eine Verspottung dann vorliegt, wenn das Opfer durch den Hinweis auf gewisse Eigenschaften oder persönliche Umstände lächerlich gemacht und verhöhnt wird (Bezeichnung als „impotent“, gehässige Karikaturen). Die bei diesen Beleidigungstatbeständen vorausgesetzte Mindestpublizität („öffentlich oder vor mehreren Leuten“) ist bei Veröffentlichungen in Presse oder Rundfunk immer gegeben. Ein Wahrheitsbeweis oder Beweis der journalistischen Sorgfalt kommt bei diesen Delikten nicht in Betracht, da das strafbare Verhalten bereits in der beleidigenden Form liegt und jeder Mensch, unabhängig von seinem Verhalten und seinen Verdiensten, Anspruch darauf hat, vor grober persönlicher Mißachtung und auch davor bewahrt zu werden, zu einem Gegenstand menschenverachtenden Spotts und Hohns zu werden. Für den Journalisten bedeutet dies, daß er der Bestrafung nicht entkommen kann, wenn er vorsätzlich den Tatbestand einer Beleidigung oder Verspottung setzt. Auch im Bereich des § 115 StGB ist aber dem öffentlichen Meinungskampf und der

32 Vgl EGMR 8. 7. 1986 – Fall Lingens, EuGRZ 86, 424 (429); dem ist die österreichische Rspr gefolgt, vgl zB OLG Wien 2. 12. 1986, MuR 86/6, 11 und – zumindest im Grundsätzlichen zustimmend – OGH 18. 3. 1987, EvBl 1987/126.

33 Vgl zu Umfang und Grenzen der verfassungsrechtlich geschützten Kritikfreiheit BERKA, Medienfreiheit 286ff; EGMR 8. 7. 1986 – Fall Lingens, EuGRZ 86, 424 (428f); OLG Wien 15. 12. 1986, MuR 87/1, 10; OLG Wien 14. 9. 1987, MuR 87/6, 204 und die in der vorstehenden FN zit Entscheidung des OGH.

legitimen Kritik durch eine entsprechend einschränkende Auslegung der Tatbestände der gebotene Freiraum zu belassen. Dabei müssen im einzelnen Falle auch Schärfen oder Übersteigerungen hingenommen werden, damit die Kraft und Vielfalt der öffentlichen Diskussion nicht allzu schnell an Grenzen des Zulässigen stößt.[34]

Verleumdung (§ 297 StGB)

Die Verleumdung ist die schwerste Form eines Angriffes auf eine fremde Ehre, die nicht nur den Anspruch auf achtungsvolle Behandlung, sondern auch Freiheit und Vermögen einer Person bedrohen kann. Wie die Einreihung dieses Deliktes unter die strafbaren Handlungen gegen die Rechtspflege deutlich macht, erschöpft sich der Unrechtsgehalt der Tat nicht in dem Angriff auf die Persönlichkeit, sondern stellt zugleich eine Verletzung von Gemeinschaftswerten dar. Allerdings ist nicht jede schwerwiegende Bezichtigung bereits eine Verleumdung. Eine Verleumdung im technischen Sinn des § 297 StGB begeht vielmehr nur derjenige, der einen anderen *wider sein besseres Wissen* zu Unrecht einer strafbaren Handlung oder der Verletzung einer Amts- oder Standespflicht verdächtigt, wenn diese Verdächtigung zugleich geeignet ist, den Verleumdeten der *Gefahr einer behördlichen Verfolgung* auszusetzen. In diesem Sinne verwirklicht etwa derjenige den Tatbestand, der wissentlich eine falsche Anzeige wegen eines Verbrechens erstattet oder einen solchen Vorwurf in einer öffentlichen Mitteilung erhebt, immer vorausgesetzt, daß die Anschuldigung nach Lage der Umstände behördliche Verfolgungsmaßnahmen möglich erscheinen läßt. Daher wird sich auch ein Journalist nur dann dieses Deliktes schuldig machen, wenn die Veröffentlichung selbst, und nicht bereits ein unabhängig davon bestehender Verdacht, für die Einleitung behördlicher Maßnahmen ursächlich ist. Zudem muß ihm anders als bei der üblen Nachrede auch nachgewiesen werden, daß er über die Unwahrheit der Anschuldigung Bescheid gewußt hat. Unter diesen Umständen trifft den Täter wegen der besonders üblen Gesinnung, die sich in der Tat offenbart, eine gegenüber den anderen Beleidigungsdelikten erheblich verschärfte Strafe.[35]

---

34 Beleidigung (§ 115 StGB): Privatanklagedelikt, Vergehen, Freiheitsstrafe bis zu drei Monaten oder Geldstrafe bis zu 180 Tagessätzen.

35 Verleumdung (§ 297 StGB): Offizialdelikt, Verbrechen oder Vergehen, Freiheitsstrafe bis zu fünf Jahren.

Kreditschädigung (§ 152 StGB)

Geschütztes Rechtsgut beim Verbot kreditschädigender Behauptungen ist nicht die persönliche Ehre eines Menschen, sondern sein wirtschaftlicher Ruf. Den strafbaren Tatbestand erfüllt, wer den Kredit, den Erwerb oder das berufliche Fortkommen eines Menschen oder eines Unternehmens durch die Behauptung unrichtiger Tatsachen schädigt oder gefährdet. Werturteile, wie sie etwa bei Kunstkritiken oder Testurteilen über die Qualität von Speisen und Restaurants vorkommen, können ungeachtet der möglichen nachteiligen Auswirkungen auch dann nicht als Kreditschädigung verfolgt werden, wenn sich der Kritiker über anerkannte Bewertungsmaßstäbe hinwegsetzt. Außerdem muß sich der Vorsatz des Täters immer auch auf die Unrichtigkeit seiner Behauptung beziehen, so daß selbst grobe und vorwerfbare Sorgfaltsmängel bei der journalistischen Recherche keine strafbare Verantwortlichkeit wegen Kreditschädigung begründen.[36]

3. Der medienrechtliche Entschädigungsanspruch bei Beleidigungsdelikten (§ 6 MedienG)

Mit einer Bestrafung eines schuldigen Täters ist dem Opfer einer Beleidigung oft wenig geholfen, ganz abgesehen davon, daß seine Verfolgung etwa bei namentlich nicht gekennzeichneten Artikeln schwierig sein kann. Ausschließlich strafrechtliche Sanktionen würden aber auch aus generalpräventiven Gründen nicht wirksam vor Übergriffen durch die Massenmedien schützen. Daher sieht § 6 MedienG die *Zuerkennung einer Geldentschädigung* an den Beleidigten vor, welche die erlittene Kränkung ausgleichen soll. Diese Regelung ersetzt die problematische Bestimmung über die Geldbuße nach dem PresseG 1922, die eine Bestrafung des Journalisten vorausgesetzt hatte, der auch die Geldbuße tragen mußte, wobei diese Regelung ohne sachlichen Grund nur die Presse, nicht auch die sonstigen Massenmedien traf. Die Neuregelung schließt ferner Lücken im Bereich des zivilrechtlichen Ehrenschutzes, weil die Zuerkennung des immateriellen Schadenersatzes nach Maßgabe der strafrechtlichen Beweisverteilungsregelungen erfolgt. Zugleich setzt sie sich über die antiquierte Auffassung hinweg, daß die Ehre ei-

36 Kreditschädigung (§ 152 StGB): Privatanklagedelikt, Vergehen, Freiheitsstrafe bis zu sechs Monaten und/oder Geldstrafe bis zu 360 Tagessätzen.

nes Bürgers in Geld nicht „feilgeboten und taxiert" werden dürfe, und zieht die Konsequenzen aus der Einsicht, daß den kommerziell motivierten Auswüchsen am Medienmarkt am wirksamsten durch eine finanzielle Ersatzpflicht entgegengetreten werden kann, die den wirtschaftlichen Herren des Medienunternehmens nach Art einer Gefährdungshaftung trifft.

Der *Anspruch auf eine Entschädigung* nach § 6 MedienG gebührt dem Verletzten, wenn durch die Veröffentlichung in einem Medium der objektive Tatbestand der üblen Nachrede, der Verspottung oder der Verleumdung erfüllt ist. Er ist auf diese drei bezeichneten Delikte eingeschränkt. Sind die objektiven Tatbestandsmerkmale erfüllt, weil zB eine Person iS des § 115 StGB verspottet oder iS des § 111 einer verächtlichen Eigenschaft geziehen wurde, kommt es auf ein Verschulden des Journalisten und einen entsprechenden Vorsatz ebensowenig an wie auf ein Verschulden des Medieninhabers. Der Medieninhaber haftet in diesem Umfang auch für Leserbriefe.

Der Anspruch ist kraft ausdrücklicher Regelung ausgeschlossen, wenn einer der besonderen *Ausschließungsgründe* des § 6 Abs 2 und 3 MedienG vorliegt:[37] Neben der wahrheitsgetreuen Parlamentsberichterstattung[38] ist dies dann der Fall, wenn bei einer üblen Nachrede – und nur bei diesem Delikt – von dem Antragsgegner entweder der Nachweis erbracht wird, daß die Veröffentlichung wahr ist oder hilfsweise der Nachweis der Erfüllung der journalistischen Sorgfalt gelingt. Der zuletzt genannte Ausschlußgrund setzt, wie im Rahmen des § 29 MedienG, wo er zur Straflosigkeit führt, voraus, daß ein überwiegendes Interesse der Öffentlichkeit an der Veröffentlichung bestanden hat und auch bei Aufwendung der gebotenen journalistischen Sorgfalt für den Verfasser hinreichende Gründe vorgelegen sind, die Behauptung für wahr zu halten. Die bei der Behandlung des § 29 MedienG entwickelten Kriterien sind auch bei der Beurteilung heranzuziehen, ob die zivilrechtliche Haftung entfällt.[39] Die Ab-

37 Er ist ferner ausgeschlossen, wenn die Veröffentlichung durch andere Gründe gerechtfertigt ist, etwa der Journalist ein besonderes Recht ausgeübt oder eine Rechtspflicht wahrgenommen hat (§ 114 Abs 1 StGB) oder sonstige berechtigte Interessen in adäquater Weise verfolgt hat (§ 114 Abs 2 StGB); vgl aber insoweit die Einschränkungen bei HARTMANN–RIEDER (1985) 65.

38 Vgl dazu oben S 89f.

39 Da die Regelung ausdrücklich auf den guten Glauben des Verfassers abhebt, soll nach dem Bericht JA, 5f und einem Teil der Lehre die Ersatzpflicht des Medieninhabers bei nicht gekennzeichneten Artikeln nur dann entfallen, wenn er zusätzlich zu den übrigen Voraussetzungen den Verfasser benennt und dieser seine Gutgläubigkeit nachweist; so HARTMANN–

wehr eines Anspruches nach § 6 MedienG durch Wahrheitsbeweis oder Sorgfaltsbeweis ist eingeschränkt, wenn sich die Veröffentlichung auf den höchstpersönlichen Lebensbereich bezieht; auf die Einzelheiten dieser Regelung wird noch bei der Behandlung des Schutzes der Privatsphäre zurückzukommen sein.[40]

Der Entschädigungsbetrag soll die *erlittene Kränkung* ausgleichen. Daher bestimmt das Gesetz, daß bei der Bestimmung seiner Höhe in erster Linie auf Umfang und Auswirkungen der Veröffentlichung Bedacht zu nehmen ist. Andererseits ordnet das Gesetz auch die Bedachtnahme auf die wirtschaftliche Existenz des Medienunternehmens an und bestimmt eine ziffernmäßige Höchstgrenze.[41] Diese Regelung, die den *an sich* dem Schadenersatzrecht fremden Gesichtspunkt der wirtschaftlichen Leistungsfähigkeit des Schädigers zur Berücksichtigung aufgibt, macht die Risiken einer aggressiven Berichterstattung für die Medienunternehmer kalkulierbar. Weil sie Richtlinien für die Schadensbemessung in dem heiklen Bereich materiell nicht meßbarer Schäden gibt, kann sie zudem Fehlentwicklungen der Judikatur verhindern helfen und ist insofern nicht unsachlich. Freilich lassen sich die Gesichtspunkte der erlittenen Kränkung auf der Seite des Beleidigten und der wirtschaftlichen Existenz des Medienunternehmens nicht ohne weiteres aufrechnen.[42] Die begrenzende Wirkung wird daher in erster Linie über die ziffernmäßigen Höchstbeträge wirksam werden, so daß der zusätzliche Gesichtspunkt der Wahrung der wirtschaftlichen Existenz bei der konkreten Bemessung der Entschädigungssumme wohl nur dort ins Gewicht wird fallen können, wo im Einzelfall eine Existenzgefährdung durch die Höhe des an sich zustehenden Ausgleichsbetrages nachgewiesen wird.

Den Anspruch auf den Entschädigungsbetrag kann der Betroffene in dem strafgerichtlichen Beleidigungsprozeß geltend machen, in dem der

---

RIEDER (1985) 69; dagegen GRAFF, Das neue Medienrecht – Vorzüge und Schwächen, RZ 81, 213 (214); KOZIOL, aaO 179. Nach OGH 18. 3. 1987, EvBl 1987/126 scheidet bei einem nicht gekennzeichneten Leserbrief die Berufung auf Gutgläubigkeit aus.

40 Vgl unten S 240 ff.

41 ÖS 50.000,–, bei einer Verleumdung oder bei besonders schwerwiegenden Auswirkungen einer üblen Nachrede öS 100.000,–. Eine Erhöhung dieser Obergrenzen wird zu Recht gefordert; vgl WEIS–WITTMANN, Persönlichkeitsschutz im Medienbereich, Österr. Jahrbuch für Politik 1986 (1987) 209 (213).

42 Nach OLG Wien 31. 5. 1983, MuR 83/2, A 9 sind die nachteiligen Auswirkungen nach dem objektiven Gewicht der Straftat und ihrem sozialen Störwert zu beurteilen.

Medieninhaber Beschuldigter oder Haftungsbeteiligter ist. Kommt es zu keinem strafgerichtlichen Verfahren, etwa weil der Täter unbekannt ist oder der Verletzte sein Recht auf Privatanklage nicht ausüben möchte, kann der Anspruch mit einem selbständigen Antrag bei dem zuständigen Strafgericht[43] geltend gemacht werden. Der Antrag muß innerhalb einer Fallfrist von sechs Monaten nach Beginn der Verbreitung gegen den Medieninhaber eingebracht werden. Das Verfahren über einen solchen selbständigen Antrag richtet sich weitgehend nach den Bestimmungen über das strafrechtliche Privatanklageverfahren (§ 8 Abs 3 MedienG).

Durch den Entschädigungsbetrag wird der immaterielle Schaden, der durch die Verletzung von Persönlichkeitsrechten entstanden ist, abgegolten. Vermögensschäden, die durch publizistische Ehrangriffe verursacht werden, sind nach § 1330 ABGB zu beurteilen, ebenso die zivilrechtlichen Ansprüche auf Unterlassung und Widerruf der kränkenden Behauptung.[44]

C. Der Schutz der Privatsphäre

Der Schutz des Privatlebens vor der öffentlichen Neugierde hat als ein eigenständiges Rechtsgut erst in der Gegenwart deutliche Ausprägungen erfahren. Zwar wurden die Journalisten auch schon früher immer wieder an ihre Verantwortung erinnert, nur das öffentlich Bedeutsame zu präsentieren und dem müßigen privaten Klatsch die Spalten der Presse zu verschließen. Im Vordergrund stand bei solchen Erinnerungen aber nicht so sehr der Schutz des Einzelnen vor indiskreten Enthüllungen als die Bewahrung der Qualität des Nachrichtenwesens und seiner publizistischen Funktion. In diesem Sinne wurde die legitime Publizität im Zeitalter der Aufklärung eingegrenzt auf „öffentliche, auf die menschliche und die bürgerliche Gesellschaft Beziehung habende Handlungen und Vorfälle", weshalb die Zeitungen auch nicht „an den Thüren horchen und in die unbedeckten Fensterscheiben hineinsehen" sollten.[45] Dabei konnte die bürgerliche Gesellschaft bis hinein in das 19. Jahrhundert noch auf sozial akzeptierte und weitgehend gesicherte Trennlinien zwischen dem Privaten und dem Öffentlichen bauen.

---

43 Mediengericht nach § 41 Abs 2 MedienG.

44 Vgl dazu oben S 210ff; zu den Zusammenhängen zwischen § 6 MedienG und § 1330 ABGB im einzelnen KOZIOL, aaO 179f.

45 So der westfälische Verleger Arnold Mallinckrodt gegen Ende des 18. Jahrhunderts, zit nach HAACKE, Politische Zeitschrift und Öffentlichkeit, ZfP 70, 40 (44).

In der modernen Industriegesellschaft sind diese Grenzen prekär geworden.[46] Der Mensch ist in vielfältige soziale Zusammenhänge eingebunden und auf soziale Leistungen angewiesen, die eine Offenbarung des Privaten oft unausweichlich machen, während zugleich die geschützten Sphären etwa der eigenen Häuslichkeit geschwunden sind. Dies hat die Verletzbarkeit des Privatlebens erhöht und zugleich neuartige Schutzbedürfnisse hervorgerufen, zuletzt im Zusammenhang mit den neuen Informationstechnologien, die mit den ungeheuren Möglichkeiten der Sammlung, Speicherung und Verarbeitung von persönlichen Daten eine „Informationsherrschaft“ ermöglichen, welche die persönliche Selbstbestimmung des Einzelnen zu bedrohen vermag.

Im Bereich der Publizistik hatte vor allem die Kommerzialisierung des Nachrichtenwesens zu Einbrüchen in die Integrität des Privatlebens geführt.[47] Mit der Orientierung an den Konsumbedürfnissen breiter Publikumsschichten wurde die triviale Sensation zu einer vermarktbaren Ware. Aber auch die Möglichkeiten der modernen Bildtechnik und die Allgegenwärtigkeit der elektronischen Medien haben dazu geführt, daß in der Gegenwart kaum mehr ein Winkel der Persönlichkeit übrigzubleiben scheint, der nicht in der entsprechenden Aufmachung einer sensationshungrigen Öffentlichkeit präsentiert werden könnte.

Den Schutz der privaten Sphäre vor solchen Entwicklungen hat die Rechtsordnung lange Zeit als einen *Teilaspekt des Ehrenschutzrechts* verstanden. Während ganz grundsätzlich für die öffentliche Erörterung fremder Angelegenheiten im Falle ihrer Wahrheit keine Schranken gelten, sollten ehrenrührige Enthüllungen aus den privaten und familiären Bereichen in gewissem Umfang abgeschirmt bleiben. Rechtstechnisch geschah dies durch ein Verbot des Wahrheitsbeweises bei ehrenrührigen Angelegenheiten des Privat- und Familienlebens.[48] Abgesehen von der Lückenhaftigkeit des so erzielten Schutzes erschwerte diese beleidigungsrechtliche Konzeption die Einsicht in das selbständige Schutzanliegen und in die Tatsache, daß die hemmungslose Ausbreitung privater Angelegenheiten unabhängig von der Ehrenrührigkeit Persönlichkeitsrechte beeinträchtigt. Einzelne andere Regelungen, vor allem die zivilrechtlichen Abwehransprüche bei einem Eingriff in das „Recht am eigenen Bild“, konnten diese Lücken nur ungenügend schließen. So blieb, anders als im Ehrenschutzrecht, wo die lange Tradition dem Schutzgut und seinen Ausprägungen im positiven Recht faßbare Konturen gegeben hatte, das Rechtsgut der Privatsphäre in seiner *Reichweite und Begren-*

---

46 Vgl HANNAH ARENDT, The Human Condition, New York (1959) 23 ff.
47 Vgl oben S 204.
48 Vgl unten S 239 ff.

zung ungewiß. Weithin offen blieb auch, wie es gelingen sollte, den Schutzbereich der Privatsphäre ohne Verkürzungen und ohne Überdehnung abzugrenzen und dabei zugleich der Freiheit zur Information den verfassungsrechtlich garantierten Spielraum zu belassen.

Die *selbständige Bedeutung* und den Rang des Privatheitsschutzes hat vor allem eine Regelung auf Verfassungsstufe eindringlich deutlich gemacht. Die 1958 von Österreich ratifizierte Europäische Menschenrechtskonvention (MRK) gewährleistet in ihrem Art 8 einen umfassenden *Anspruch auf Achtung des Privatlebens,* der alsbald auch auf beeinträchtigende Enthüllungen in Massenmedien bezogen wurde. Damit wurde die Tradition des „Right of Privacy" aufgenommen, das im amerikanischen Recht bereits um die Jahrhundertwende als eine Reaktion auf die Auswüchse des „keyhole journalism" postuliert und allmählich durchgesetzt wurde.[49] Eine unmittelbare Umsetzung dieses Grundrechts in einen einklagbaren Anspruch gegen Massenmedien schien freilich ausgeschlossen zu sein. Daher wurde Art 8 MRK auch in erster Linie als Auftrag an den Gesetzgeber begriffen, dieser Verfassungsgarantie entsprechend sachgerechte Lösungen in einfachen Gesetzen zu schaffen. Dieses Vorhaben führte zu einem der umstrittensten Problembereiche des neuen Medienrechts. Da eine effektive Abschirmung intimer Angelegenheiten zwangsläufig auch die wahrheitsgetreue und objektive Berichterstattung beschränken muß, befürchtete die Presse, daß der kritischen und wo notwendig schonungslosen Berichterstattung unerträglich enge Grenzen gezogen würden, was sich in heftigen Angriffen gegen angebliche „Maulkorbparagraphen" ausdrückte. Nach mehrfachen Anläufen mit unterschiedlichen Formulierungen kam es schließlich zu der Gesetz gewordenen Lösung, die dem „höchstpersönlichen Lebensbereich" eines Menschen einen gewissen strafrechtlichen Schutz (§ 29 MedienG) und – praktisch bedeutsamer – dem Betroffenen einen Anspruch auf Schadenersatz bei bloßstellenden Veröffentlichungen (§ 7 MedienG) gibt.

Auf der Grundlage dieser mediengesetzlichen Regelungen lassen sich die meisten praktischen Konfliktsfälle lösen. *Andere Rechtsnormen* sind ergänzend heranzuziehen, soweit verbleibende Rechtslücken zu schließen sind: In erster Linie handelt es sich dabei um den Bildnisschutz des Urheberrechtsgesetzes (§ 78 UrhG), den Geheimhaltungsanspruch nach § 1 DatenschutzG und um § 16 ABGB, der einen allgemeinen persönlichkeitsrecht-

49 Vgl PEMBER, aaO.

lichen Auffangtatbestand bereitstellt, der auch in den Dienst des Schutzes der Privatsphäre gestellt werden kann. Weil allerdings alle diese Tatbestände verhältnismäßig unbestimmt formuliert und auf eine inhaltliche Konkretisierung durch richterliche Rechtsprechung angewiesen sind, lassen sich gesicherte Aussagen über die geltende Rechtslage nur mit Vorbehalten treffen. Um trotzdem eine gewisse Orientierung zu ermöglichen, empfiehlt es sich, an das Grundrecht auf Achtung des Privatlebens (Art 8 MRK) anzuknüpfen, das nicht nur auf die Gesetzgebung eingewirkt hat, sondern auch künftig bei der Auslegung dieser Tatbestände heranzuziehen ist. Bevor daher auf die einzelnen Regelungen und ihre je eigenen Probleme näher eingegangen wird, soll der verfassungsrechtliche Anspruch auf Achtung des Privatlebens dargestellt werden, der gleichsam das „Muttergrundrecht" für die verstreuten Bestimmungen des Straf- und Zivilrechts ist, die sich dem Schutz der Person und ihrer Privatsphäre zuwenden.[50]

1. Der verfassungsrechtliche Schutz des Privatlebens vor Veröffentlichung (Art 8 MRK)

Art 8 MRK gewährleistet dem Menschen einen umfassenden, nicht nur auf Informationsakte begrenzten Anspruch auf Achtung des Privat- und Familienlebens. Im Zusammenhang mit den Massenmedien umfaßt der Anspruch vor allem auch einen Schutz vor beeinträchtigenden Veröffentlichungen, wobei sich in erster Linie die Frage stellt, welche menschlichen Handlungen und Zustände zu dem *Bereich des Privat- und Familienlebens* gehören, von dem die Öffentlichkeit und ihre Medien grundsätzlich ausgeschlossen bleiben sollen.

Lange Zeit hat man versucht, diese Grenze dort zu ziehen, wo der Einzelne die geschützte Sphäre des eigenen Hauses und der engen Vertrauensbeziehungen verläßt und sich in die räumliche Öffentlichkeit begibt. Das Geschehen in der Öffentlichkeit der Straße, des Gastbetriebes oder des öffentlichen Parks sollte daher der Berichterstattung uneingeschränkt offenstehen; die Privatsphäre beschränkte sich in dieser Sicht im wesentlichen nur auf einen engeren Geheimbereich. Dem lag die Vorstellung zugrunde, daß wer den „Rubikon der Öffentlichkeit" überschreite, öffentliche Anteilnahme in Kauf nehme und sich daher

---

50 Vgl zum folgenden BERKA, Medienfreiheit 284 ff.

auch nicht dagegen wehren dürfe, wenn darüber wahrheitsgetreu berichtet werde.

Ein solchermaßen eng und räumlich abgesteckter Privatheitsschutz gibt demjenigen einen ausreichenden Schutz vor beeinträchtigender Publizität, der seine intimen und vertraulichen Beziehungen wirksam zu umschirmen vermag oder, soweit dies in einer enger gewordenen Welt nicht mehr möglich ist, sich auf bescheidenere Möglichkeiten der „privaten" Selbstverwirklichung zurückzieht. Angesichts des Verlusts beherrschbarer Lebensräume und der vielfachen Zwänge, privates Leben auch in der Gemeinschaft zu entfalten, vermag eine solche Konzeption die aktuellen Gefährdungslagen nicht mehr zu erfassen. Sie gibt vor allem gegenüber der möglich gewordenen Totalität der medialen Wirklichkeitsabbildung keinen ausreichenden Schutz, weil durch die Massenmedien die Unterscheidung räumlich getrennter öffentlicher und privater Sphären entscheidend relativiert wurde. Zwar schwinden Intimität und Vertraulichkeit und mindert sich die Chance auf Diskretion, je weiter sich der Einzelne aus den beherrschbaren Räumen in das Licht „der Öffentlichkeit" begibt. Die allgemeine Sichtbarkeit an öffentlichen Orten ist jedoch in Wahrheit immer nur Teilöffentlichkeit in räumlicher und zeitlicher Begrenzung. Erst eine Veröffentlichung durch ein Massenmedium setzt sich über diese Schranken hinweg und vermag eine potentiell unbeschränkte, Raum und Zeit überwindende Publizität herzustellen: Ein peinlicher Fauxpas an einem öffentlichen Ort mag zwar die Aufmerksamkeit der Umstehenden wecken, ihren Spott oder ungebetene Anteilnahme auslösen und den privaten Klatsch nähren. Mit der schonungslosen Optik einer Teleaufnahme erfaßt, millionenfach verbreitet und fixiert wird aber ein solches flüchtiges privates Geschehen im Fall medialer Publizität in eine ganz neue Dimension hineingehoben. Das bedeutet, daß mit der Publizität der Massenmedien immer ein „Sphärensprung" verbunden ist, der die Grenzen unterschiedlicher Sichtbarkeit der Person aufhebt und der durch Art 8 MRK geschützten Integrität der Person Schaden zuzufügen vermag.

Dabei ist die Verletzlichkeit der privaten Identität am höchsten in den üblicherweise geheimgehaltenen oder vertraulich behandelten Bereichen intimster persönlicher Angelegenheiten. Im Bereich dieser privaten Zustände und Beziehungen rechnet der Einzelne nicht mit einer Kenntnisnahme durch Außenstehende und stellt sich darauf ein. Wird diese Informationsherrschaft durch eine Indiskretion durchbrochen, gelangen zwangsläufig für das Persönlichkeitsbild des Einzelnen wesentliche Informationen aus dem Bereich seiner privaten Identität in eine Umwelt, die sich daraus und in Verbindung mit früheren Informationen ein Bild der Person formen kann. Weil nun der Einzelne auf dieses von ihm in der Umwelt bestehende oder auch nur vermeintlich bestehende Bild reagiert und es in seine Handlungen einzubauen gehalten ist, kann in künftigen Situationen die Freiheit seiner Persönlichkeitsentfaltung schwer beeinträchtigt sein: Das Individuum, das zuvor heikle Informationen managen konnte, wird zu einem Individuum, das seine Identität in der Bewältigung sozialer Situationen aufs Spiel gesetzt und sich selbst unvermutet mit einer sozialen Kontrolle konfrontiert sieht, die sich auf sensibelste Bereiche der Persönlichkeit erstreckt. Weil bei diesem engen Vertraulichkeitsbereich bereits jede Informationsweitergabe an Außenstehende bei generalisierender Betrachtungsweise einen Persönlichkeitseingriff nach sich zu ziehen vermag, muß die Rechtsordnung diese Sphäre wirksam abschirmen. Notwendig ist daher ein *Diskretionsschutz* durch gegenständlich bestimmte Informationsverbote, wobei es auf die Wahrheit oder Unwahrheit einer Veröffentlichung oder die Angemessenheit ihrer massenmedialen Aufbereitung nicht mehr ankommen kann, wenn bereits die Informationsweitergabe als solche den Eingriff darstellt.

In einer offenen und auf Informationen angewiesenen Gesellschaft läßt sich ein solcher weitreichender Schutz vor publizistischer Indiskretion nur für einen eng begrenzten Kreis von Tatsachen vertreten. Bei den Befindlichkeiten und Ereignissen des privaten Lebens, die nicht diesem Vertraulichkeitsbereich angehören, kann nicht jeder Informationsverkehr schlechthin ausgeschlossen werden. Denn in Beruf und Freizeit, beim Besuch von Bildungsstätten oder Unterhaltungsorten, beim gesellschaftlichen Leben und bei politischen oder religiösen Aktivitäten agiert der Mensch meist in Bereichen der *„Privatöffentlichkeit“*, an denen eine mehr oder minder große Allgemeinheit Anteil nehmen kann. Angelegenheiten dieses Bereiches sind daher grundsätzlich Teil des freien gesellschaftlichen Informationsflusses. Freilich gehört auch diese „Privatöffentlichkeit“ zu dem durch Art 8 MRK geschützten Privatleben und ist vor qualifizierten Eingriffen zu schützen. Für diese qualifizierten, über eine schlichte Indiskretion hinausgehenden Verletzungsformen wurde der Sammelbegriff „Entfremdung“ vorgeschlagen:[51] Dem liegt die Überlegung zugrunde, daß die Massenmedien über eine Informationsmacht verfügen, deren Mißbrauch zu gravierenden Einbrüchen in eine geschützte Identität führen kann, so daß der betroffene Einzelne nicht mehr der Herr seiner eigenen privaten Existenz ist. Solche „Entfremdungseffekte“ beschränken sich nicht auf die bewußte Manipulation oder die Niederungen des Sensationsjournalismus. Es sind vielmehr Eigengesetzlichkeiten der Massenkommunikation, in der Nachrichten auch als Waren gehandelt werden, die spezifische Risiken schaffen, wenn das Privatleben

---

51 BERKA, Medienfreiheit 307.

als der Schauplatz komplexer Gefühle und Äußerungen auf die stereotype Kurzform des Zeigbaren gebracht wird. In einer selbstkritischen Beobachtung eines Publizisten klingt diese Gefährdung der persönlichen Integrität an, wenn es heißt, der von den Medien erfaßte und in eine „andere Wirklichkeit“ transportierte Mensch werde an Heraklits Satz erinnert: „Wir sind es und wir sind es nicht!“ Er werde in eine „zweite Identität“ versetzt, in der er sich als eine Art „Gegenüber“ erblicke, und weil sich der Betroffene darauf einzustellen habe, könne diese „andere Wirklichkeit“ wiederum real werden und auf den Einzelnen in ihrer Verzerrung zurückfallen: „Unser weiteres Agieren wird somit zum Reagieren auf die Wirkung unserer zweiten Identität in der anderen Wirklichkeit, in der sie in Erscheinung gebracht wurde.“[52]

Die möglichen Verletzungsformen, die auch dann den Anspruch auf Achtung des Privatlebens verletzen, wenn sich die Information auf eine Angelegenheit der *„Privatöffentlichkeit“* bezieht, können dabei verschiedene Formen annehmen:

— Wahrheitswidrige Berichterstattung wird sich, auch wenn sie die Ehre unangetastet läßt, häufig als eine Entfremdung des Privatlebens darstellen. Weil Art 8 MRK die Herrschaft über die private Identität sichern will, verletzt die Falschmeldung aus diesem Bereich die persönliche Integrität, indem sie ein falsches Bild von der Person entwirft, das auf sie zurückfällt.

— Eine andere intensive Verletzungsform ist die indirekte Entstellung, durch die eine Person in aller Öffentlichkeit in ein falsches Licht gesetzt wird. Privates Handeln wird entstellt, wenn es – ohne buchstäblich unwahr geschildert zu werden – durch Wort, Bild oder den weiteren redaktionellen Kontext in einen irreführenden Zusammenhang gestellt wird. Dazu gehört auch die nichtautorisierte Verwendung von Name oder Erscheinungsbild zu Werbezwecken, weil damit der falsche Eindruck erweckt wird, der Betroffene habe sich für Geld zur Verfügung gestellt.

— Trägt ein Bericht an sich zugängliche und der Berichterstattung offene personenbezogene Informationen zu einem „Lebensbild“ zusammen, kann darin eine Entfremdung des Privatlebens liegen. Denn sein Lebensschicksal teilt der Mensch mit der Öffentlichkeit immer nur in Ausschnitten.

— Ob auch sonstige Umstände der Berichterstattung einen Entfremdungstatbestand begründen, kann im Einzelfall von einer differenzierten Bewertung der näheren Umstände abhängen: Bei Bildveröffentlichungen kann die rücksichtslose Optik einer Nahaufnahme ein erhebliches Eindringen in schutzwürdige Privatheit bedeuten, ebenso wie zB das Wiederaufgreifen früherer Ereignisse eines privaten Lebens oder das Aufbauschen privater Vorgänge zum Ritual einer Geschichte und ihre Unterwerfung unter Stereotypen und vorgeformte

52 BREISACH, Die Angst vor den Medien (1978) 29f.

Klischees. Aufgabe der richterlichen Rechtsanwendung ist allerdings, in diesen Grenzbereichen des Privatheitsschutzes Sicherheit und Rechtsklarheit zu schaffen. Im allgemeinen läßt sich sagen, daß die mögliche Entfremdung des Privaten dann zurückgedrängt und in ihren Auswirkungen begrenzt wird, wenn sich der Berichterstatter um eine entsprechende Distanz bei der das Privatleben betreffenden Berichterstattung bemüht. Diese gebotene Distanz findet zumeist Ausdruck in der lapidaren Kürze einer Meldung. Sie schwindet in dem Maß, in dem das Ereignis in seine Details vertieft, „ausgeschrieben" und in Beziehungen zur Persönlichkeit gestellt oder ausgedeutet wird.

Zusammengefaßt hat sich gezeigt, daß das verfassungsrechtliche *Konzept des Privatheitsschutzes* (Art 8 MRK) sich in zwei Schutzkreise auffächern läßt: Einem gesteigerten (absoluten) Schutzbereich der Privatsphäre sind jene Vorgänge und Befindlichkeiten zuzurechnen, deren Behandlung durch die Medien jedenfalls eine Mißachtung des Privatlebens darstellt. Daneben gibt es den relativen Schutzbereich der „Privatöffentlichkeit", bei dem nicht jede Informationsweitergabe, sondern nur eine Berichterstattung das Privatleben verletzt, die das Privatleben „entfremdet". Zu diesem privat-öffentlichen Handlungsraum gehören eine Vielzahl von Informationen, die damit am Privatheitsschutz teilhaben können: etwa das Einkommen, finanzielle Verpflichtungen, Freizeit- und Kaufgewohnheiten, die berufliche Qualifikation, die Zugehörigkeit zu Vereinen, Religionsgemeinschaften, Parteien, sportliche und künstlerische Leistungen, auch das Abbild einer in der Öffentlichkeit auftretenden Person. Zu ergänzen ist allerdings, daß eine in den gesteigerten oder den relativen Schutzbereich eindringende Berichterstattung nur dann den Persönlichkeitsschutz beeinträchtigt, wenn sie auch den Außenstehenden die Identifikation des Betroffenen ermöglicht.

Vorstehend wurden aus dem Verfassungsschutz des Privatlebens (Art 8 MRK) bestimmte Wertungen abgeleitet, die den Anspruch einer Person umschreiben, vor einer beeinträchtigenden Publizität geschützt zu werden. Verpflichtungen der Massenmedien und entsprechende Ansprüche eines Einzelnen kann allerdings nur der Gesetzgeber durch hinreichend bestimmte Tatbestände schaffen. Er muß dabei auch den Ausgleich mit der ebenfalls verfassungsrechtlich geschützten Informationsfreiheit anstreben. Wie dieses Gebot zur ausgleichenden Konfliktlösung bei den einzelnen Tatbeständen des Straf-, Zivil- und Medienrechts eingelöst wurde, ist nunmehr darzustellen.

2. *Der strafrechtliche Schutz vor Indiskretionen (§ 112 StGB, § 29 MedienG)*

Seit jeher hat das Beleidigungsrecht Angelegenheiten des Privat- und Familienlebens in gewissem Umfang vor indiskreten Veröffentlichungen abgeschirmt, soweit es sich um ehrenrührige Tatsachen der Intimsphäre handelt. Das rechtstechnische Mittel für diesen beleidigungsrechtlichen Diskretionsschutz ist der Ausschluß des Wahrheitsbeweises beim Delikt der üblen Nachrede, wenn dieser sich auf Tatsachen des Privat- und Familienlebens beziehen würde.[53] Die Folge dieser Regelung ist, daß ein Täter nach §§ 111, 112 StGB selbst dann zu bestrafen ist, wenn seine Enthüllungen wahr sind – immer vorausgesetzt, daß es sich um ehrenrührige Mitteilungen gehandelt hat, was etwa bei Informationen über Krankheitszustände oder psychische Defekte ungeachtet der dadurch möglicherweise bewirkten Bloßstellung nicht der Fall ist.

Das unbedingte Beweisverbot des § 112 StGB ist seit dem Inkrafttreten des MedienG auf Verfahren wegen einer in einem Medium begangenen üblen Nachrede nicht mehr anwendbar (§ 29 Abs 4 MedienG). Innerhalb des Medienbereiches ist der Wahrheitsbeweis aber auch weiterhin bei Tatsachen des „höchstpersönlichen Lebensbereiches“ ausgeschlossen; eine darauf bezogene Beweisführung wird aber in Fortbildung des bisherigen Rechts zugelassen, soweit die ehrenrührige Indiskretion in unmittelbarem Zusammenhang mit dem öffentlichen Leben steht. Das bedeutet, daß ein Journalist dann straffrei ehrenrühriges Material aus dem höchstpersönlichen Lebensbereich eines Menschen ausbreiten darf, wenn er dafür den Wahrheitsbeweis erbringen kann *und* ein durch einen unmittelbaren Zusammenhang mit dem öffentlichen Leben qualifiziertes Veröffentlichungsinteresse vorliegt. Da die nachweisbare Wahrheit einer Berichterstattung gefordert ist, kann sich der Journalist bei Berichten aus der Intimsphäre auf das Privileg der Wahrnehmung der journalistischen Sorgfalt nicht berufen.

Durch diese Neuregelung wurde der strafrechtliche Schutz

---

53 Der Wahrheitsbeweis ist nach § 112 StGB ferner ausgeschlossen über strafbare Handlungen, die nur auf Verlangen eines Dritten verfolgt werden; zur Problematik dieses bestimmte Privatanklagedelikte betreffenden Beweisverbotes PROSKE, Der strafrechtliche Ehrenschutz im Lichte des Entwurfs eines Mediengesetzes, ÖJZ 77, 1. § 29 Abs 4 MedienG hat dieses Beweisverbot bei einem Verfahren gegen einen Medienmitarbeiter oder Medieninhaber beseitigt.

der Privatsphäre in gewisser Weise relativiert, weil Medienmitarbeitern bei entsprechendem Zusammenhang mit dem öffentlichen Leben eine strafbefreiende Beweisführung über intime Angelegenheiten erlaubt wird. Der Gesetzgeber hat dabei im Interesse einer möglichst unbehinderten Berichterstattung über das „öffentliche Leben" die Gefahren und die Peinlichkeiten hingenommen, die ein solches „Herumstochern" in einem fremden Privatleben für den Betroffenen nach sich ziehen kann.[54]

3. Der medienrechtliche Entschädigungsanspruch bei Verletzung des höchstpersönlichen Lebensbereichs (§§ 6–8 MedienG)

Der strafrechtliche Schutz der Privatsphäre wird durch die Bestimmungen über die medienrechtlichen *Entschädigungsansprüche* ausgebaut und ergänzt. Sie schließen Lücken des strafrechtlichen Schutzes, sie geben dem Betroffenen auch einen finanziellen Ausgleich und ermöglichen die Ahndung von Persönlichkeitseingriffen auch dort, wo der Täter unbekannt bleibt oder eine Strafverfolgung aus anderem Grunde nicht möglich ist. Dabei ist zu unterscheiden, ob es sich um einen mit einer Beleidigung verbundenen Eingriff in die Privatsphäre handelt (§ 6 MedienG) oder um eine Berichterstattung, die, ohne die Ehre anzugreifen, in Rechte des Betroffenen eingreift (§ 7 MedienG).

Handelt es sich um einen nach § 111 StGB strafbaren Eingriff in den höchstpersönlichen Lebensbereich, dh um eine die *Privatsphäre betreffende üble Nachrede,* steht dem Betroffenen grundsätzlich als Entschädigung für die erlittene Kränkung der Entschädigungsbetrag nach § 6 Abs 1 MedienG (bis öS 50.000,– bzw öS 100.000,–) zu. Die Haftung des Medieninhabers entfällt nur dann, wenn die Indiskretion nachweislich wahr ist und die veröffentlichte Tatsache in unmittelbarem Zusammenhang mit dem öffentlichen Leben steht (§ 6 Abs 3 MedienG).

Allein mit einer solchen im Umkreis des Beleidigungsrechts angesiedelten Regelung wäre freilich ein wirksamer Schutz vor beeinträchtigenden Indiskretionen nicht zu erreichen. Denn es gibt eine Vielzahl von Tatsachen, die ein Mensch vor den Augen einer breiten Öffentlichkeit verborgen wissen will und die nicht ehrenrührig sind, unter Umständen nicht einmal sein Ansehen beeinträchtigen würden. Dies gilt für die grenzenlose Ausbrei-

54 Zu den Begriffen „höchstpersönlicher Lebensbereich" und „unmittelbarer Zusammenhang mit dem öffentlichen Leben" vgl unten S 242ff.

tung körperlicher Zustände oder Defekte ebenso wie für intime Äußerungen des religiösen Empfindens oder selbst „harmlose" Details des Familienlebens. Der Gesetzgeber hat sich diesem Schutzanliegen angenommen und eine die bisher dargestellten Tatbestände ergänzende Neuregelung geschaffen, die aus guten Gründen nicht auf die mit einer Berichterstattung verbundene Ansehensminderung oder Rufschädigung abhebt. § 7 MedienG gewährt einen Anspruch auf eine Entschädigung bis zu öS 50.000,– für die erlittene Kränkung vielmehr schon dann, wenn durch ein Medium der *höchstpersönliche Lebensbereich* eines Menschen in einer Weise erörtert oder dargestellt wurde, die geeignet ist, ihn in der Öffentlichkeit bloßzustellen. Dieser Entschädigungsanspruch ist gegenüber dem nach § 6 MedienG, der einen beleidigenden Charaktervorwurf voraussetzt, subsidiär. Die Haftung entfällt wie dort, wenn ein Wahrheitsbeweis überhaupt zulässig ist – was wiederum einen unmittelbaren Zusammenhang mit dem öffentlichen Leben voraussetzt – und der Beweis der Wahrheit gelingt. Der Anspruch nach § 7 MedienG entfällt ferner, wenn nach den Umständen angenommen werden konnte, daß der Betroffene mit der Veröffentlichung einverstanden war. Eine solche vermutete Zustimmung zu einer das Privatleben betreffenden Berichterstattung kann etwa bei der üblichen Society-Berichterstattung in den Klatschspalten in Betracht kommen oder bei einer bewußten Information eines Journalisten (Leserbriefschreiber, Informant) ohne entsprechenden Vorbehalt. Die Vermutung der Zustimmung muß freilich auf den konkreten Anlaß bezogen und darf nicht fingiert werden, auch nicht bei denjenigen Personen, die sich üblicherweise im Lichte der Öffentlichkeit sonnen und dabei eine publicityträchtige Berichterstattung *bisher* billigend in Kauf genommen haben.[55,56] Die Durchsetzung des Entschädigungsbegehrens nach § 7 MedienG entspricht dem Verfahren zur Geltendmachung der Entschädigung bei Beleidigungen.[57]

Wieweit der dem Privatleben durch die §§ 6, 7 und 29 MedienG gewährte Schutz reicht und wieweit auf der Gegenseite das Recht auf freie Information eingeschränkt wird, entscheidet sich hauptsächlich an der Auslegung des Begriffs „höchstpersönlicher Lebensbereich" sowie bei der Entscheidung darüber, unter welchen Umständen der „unmittelbare Zusammenhang mit

55 Zutreffend: WITTMANN, Medienrecht 90.

56 Zum weiteren Ausschlußgrund des § 7 Abs 2 Z 2 MedienG (Parlamentsberichterstattung) vgl die zusammenfassende Darstellung oben S 89f.

57 § 8 MedienG, vgl oben S 230f.

dem öffentlichen Leben" besteht, der eine wahrheitsgetreue Berichterstattung über höchstpersönliche Angelegenheiten ausnahmsweise zulässig macht.

Mit dem Ausdruck *„höchstpersönlicher Lebensbereich"* hat der Gesetzgeber einen in diesem Zusammenhang neuen Begriff in die österreichische Rechtssprache eingeführt. Die Vorentwürfe zum MedienG umschrieben die geschützte Sphäre noch mit der Formulierung „Privat- und Familienleben", die allerdings nach den Erläuterungen „auf Mißverständnisse" gestoßen war und daher ersetzt wurde.[58] Trotzdem wird sich der Kreis der Tatsachen des höchstpersönlichen Lebensbereiches nicht wesentlich von dem Schutzbereich des Privat- und Familienlebens unterscheiden, von dem die Öffentlichkeit nach den oben aus Art 8 MRK entwickelten Wertungen grundsätzlich ausgeschlossen sein soll.[59] Der höchstpersönliche Lebensbereich wird daher durch alle jene Befindlichkeiten und Geschehnisse begründet, die einen Menschen in seinen intimen und persönlichen Zuständen betreffen und deren Offenlegung unabhängig von den sonstigen Begleitumständen der Veröffentlichung bereits die Integrität des Privaten beeinträchtigt: Hierzu gehören Informationen über den Gesundheitszustand, soweit es sich nicht um geringfügige Krankheiten handelt, über psychische Befindlichkeiten (zB Intelligenzquotient, psychiatrische Befunde), körperliche Abnormitäten, Sexualpraktiken, das sonstige Intimleben. Vom Kreis der Sozialbeziehungen rechnen zum höchstpersönlichen Bereich eines Menschen sein engerer Familienkreis, andere intime Sozialkontakte und bestimmte Vertrauensverhältnisse (Arzt, Psychiater, Beichtvater), die freilich nur insoweit geschützt sind, als tatsächlich intime oder vertrauliche Angelegenheiten in einer solchen Sphäre behandelt werden. Die Erläuterungen zu § 7 MedienG lassen ferner anklingen, daß die private Wirtschaftssphäre eines Menschen nicht mehr zu dem höchstpersönlichen Lebensbereich gehören soll. Dies ist zutreffend, aber nur für den Regelfall. Denn sicherlich greift ein Bericht über den Besitz, das Einkommen oder die Unternehmensbeteiligungen einer Person nicht in deren höchstpersönlichen Lebens-

---

58 2 BlgNR 15. GP, 30; dieser Hinweis in der Regierungsvorlage ließ allerdings offen, ob die geänderte Formulierung nur eine begriffliche Retouche oder eine Einengung des Schutzbereiches im Verhältnis zum Privat- und Familienleben sein sollte. Zur Entstehungsgeschichte in diesem Zusammenhang im übrigen BERKA, Medienfreiheit 338.

59 Auch der Justizausschuß (Bericht JA, 6) ging davon aus, daß sich der Begriff des höchstpersönlichen Lebensbereiches mit dem des Privat- und Familienlebens iS des Art 8 MRK deckt.

bereich ein, weil diese Informationen auf Äußerlichkeiten und Resultate von Tätigkeiten bezogen sind, die in regelhaften und öffentlichen Sozialkontakten stattfinden. Persönliche Angaben in einem Personalakt oder der Verlauf eines Einstellungsgespräches und die damit verbundene Offenbarung der Persönlichkeit können aber zu dem höchstpersönlichen Lebensbereich gehören, obwohl sie Bestandteil des Wirtschafts- und Berufslebens sind.

Bei einer Veröffentlichung, die in den nach diesen Grundsätzen abgegrenzten höchstpersönlichen Lebensbereich eingreift, ist die *bloßstellende Wirkung* unabhängig von den näheren Umständen und möglichen Folgen grundsätzlich anzunehmen. Die Bloßstellung liegt bereits in der Tatsache, daß sich der Einzelne in einem sensiblen Bereich seiner Persönlichkeit mit einer unbegrenzten Öffentlichkeit konfrontiert sieht und sich mit fremdem Urteil auseinanderzusetzen hat. Auf eine Erschütterung des Ansehens oder gar der wirtschaftlichen Existenz oder eine sonstige zusätzliche Wirkung kommt es daher nicht bzw erst bei der Bemessung des Entschädigungsbetrages an. Bloßstellende Wirkung kommt daher zB nicht nur einem Bericht über einen psychischen Defekt oder eine ekelerregende Krankheit zu, sondern bereits der Offenlegung einer höchstpersönlichen Tatsache schlechthin, auch wenn sie – wie ein hoher Intelligenzquotient – letztlich von der Gesellschaft positiv bewertet würde. Bloße Belanglosigkeiten, mit deren öffentlicher Kenntnisnahme jedermann rechnet, können den Einzelnen aber nicht bloßstellen. Hingegen kann auch eine wiederholte Veröffentlichung den Tatbestand des § 7 MedienG verwirklichen, auch wenn das persönliche Geheimnis bereits durch eine Erstveröffentlichung enthüllt wurde, da jede weitere Veröffentlichung neuerliche Publizität schafft.

Eine unbedingte Abschirmung dieses höchstpersönlichen Lebensbereiches würde den Massenmedien dann zu enge Fesseln auferlegen, wenn die korrekte Wahrnehmung ihrer publizistischen Aufgabe zwangsläufig ein Eindringen in eine solche Sphäre erforderlich macht. Zwar fehlt im allgemeinen der privaten Sphäre vertraulicher Beziehungen und intimer Geheimnisse die legitime Informationsinteressen kennzeichnende soziale Relevanz, so daß grundsätzlich auf eine Berichterstattung ohne Schaden für die Gesellschaft verzichtet werden kann, wenn dies der Schutz der Persönlichkeit des Einzelnen gebietet. Eine Abwägung zwischen Persönlichkeitsschutz und der Freiheit zur Information ist aber geboten, wenn sich im Einzelfall Privatsphäre und Öffentlichkeit verschränken und in den geschützten Vertraulichkeitsbereichen Angelegenheiten von öffentlicher Bedeutung behandelt werden oder Ereignisse und Zustände des Privatlebens in das Leben in der Gesellschaft hineinwirken. Die §§ 6, 7 und 29 MedienG lassen daher eine Berichterstattung über den höchstpersönlichen Lebensbereich zu, selbst wenn sie zu einer öffentlichen Bloßstellung führt, wenn die Veröffentlichung in *unmittelbarem Zusammenhang mit dem öffentlichen Leben* steht und sie der Wahrheit entspricht. Dabei ist das angesprochene öffentliche Leben nicht nur die Öffentlichkeit des politischen Geschehens, sondern das sachlich umfassende Forum, in dem Angelegenheiten von gemeinschaftlicher Bedeutung behandelt werden, über die zu berichten die grundrechtlich geschützte Aufgabe der Massenmedien ist. Die auf diesem Forum handelnden Personen müssen eine Einschränkung ihrer Privatheit hinnehmen, weil sie in einem Bereich agieren, auf den sich durch einen Gemeinschaftsbezug qualifizierte Veröffentlichungsinteressen richten; die sachliche Reichweite des öffentlichen Lebens ist daher nach den oben (S 220ff) dargelegten Grundsätzen zu bemessen.

Freilich wird es kaum ein öffentliches Handeln geben, das nicht mit irgendwelchen, und seien es auch die feinsten, Fäden mit dem Privatleben seiner Akteure verbunden ist. Da aber die gesetzliche Regelung von einem „unmittelbaren Zusammenhang" zwischen Veröffentlichung und öffentlichem Leben spricht, muß die Veröffentlichung aus der Intimsphäre in einem Zusammenhang mit der öffentlichen Funktion einer Person stehen, der „dicht" genug ist, um die Beeinträchtigung des Persönlichkeitsrechtes nach den näheren Begleitumständen zu rechtfertigen. Ob ein Nervenleiden die künstlerische Leistungsfähigkeit des Stardirigenten, die Geschlechtsumwandlung die Einsatzfähigkeit des Sportlers, die Liaison oder abwegige Veranlagung des Diplomaten die Sicherheit des Staates beeinflussen: diese und auch andere, tief in das Privatleben eindringende Fragen stehen in irgendeinem „Zusammenhang" mit dem öffentlichen Leben. Und auch die Gesundheit und Belastbarkeit eines Politikers oder seine Glaubwürdigkeit interessieren sicherlich zu Recht die Allgemeinheit. Aber deshalb müssen die Betroffenen noch kein schonungsloses Ausbreiten *aller Details* einer Krankheitsgeschichte oder Spekulationen über die Integrität eines Familienlebens dulden. Das bedeutet, daß der „unmittelbare Zusammenhang" kein ein für allemal feststehendes, absolutes Kriterium ist, sondern ein flexibler Maßstab, der sich aus einer Abwägung der berührten Interessen ergibt, auch wenn diese Abwägung nicht ausdrücklich im Gesetz angeordnet ist. Ob als Ergebnis einer solchen Abwägung *Personen von zeitgeschichtlichem Format* einen letzten Rest persönlicher Intimität beanspruchen können, wenn sich die Öffentlichkeit von der Gesamtpersönlichkeit ein Bild machen will, ist fraglich:

Die Erben Churchills, Picasso und der Erbe von Gustav Gründgens haben sich vergeblich bemüht, das Erscheinen der sehr intimen Biographien engster Vertrauter, des Leibarztes, der früheren Lebensgefährtin und des Freundes, zu verhindern.[60] Abgesehen von solchen über den Tod hinaus bekannten, hervorragenden Persönlichkeiten – und auch bei ihnen ist fraglich, ob bereits zu ihrer Lebenszeit die letzten Winkel ihres Seelenlebens ausgeleuchtet werden dürften –, wird aber jeder Mensch einen intimsten Bereich beanspruchen können, in dem er nur sich selbst gehört. Daher kann eine alle Details eines Seitensprunges preisgebende Sensationsberichterstattung oder die keine Grenzen respektierende Ausbreitung eines Krankheitsverlaufes auch bei Persönlichkeiten des öffentlichen Lebens nach § 7 MedienG rechtswidrig sein, weil in „unmittelbarem" Zusammenhang mit dem öffentlichen Leben allenfalls die Tatsache der Ehescheidung oder der angegriffene Gesundheitszustand interessieren kann.

4. Das Recht am eigenen Bild (§ 78 UrhG)

Die dargestellten Regelungen des MedienG lassen ältere Regelungen unberührt, die sich bereits bisher in Teilaspekten dem Schutz der Privatsphäre zugewandt haben und die auch künftig die Ansprüche nach den §§ 6, 7 MedienG ergänzen und abrunden.

Ausgehend von einem nicht immer rationalen Mißtrauen gegenüber den Möglichkeiten der modernen Bildtechnik und der Gefahr ihres Mißbrauches hat die Rechtsordnung bereits verhältnismäßig früh mit dem im Urheberrecht angesiedelten *„Recht am eigenen Bild"* einen Abwehranspruch gegen beeinträchtigende Bildveröffentlichungen gewährt. § 78 UrhG bestimmt mit einer knappen Formulierung, daß Bildnisse von Personen weder öffentlich ausgestellt noch auf eine andere Art öffentlich verbreitet werden dürfen, wenn dadurch berechtigte Interessen des Abgebildeten verletzt würden.[61]

Der sachliche Anknüpfungspunkt dieses Persönlichkeitsrechtes am Eigenbild ist das Vorliegen eines Personenbildnisses, das die Identifikation eines Betroffenen ermöglicht. Auf die verwendete Bildtechnik kommt es nicht an; dem Bildnisschutz des § 78 UrhG unterliegen Fernsehsendungen ebenso wie die Ver-

---

60 So MAASS, Information und Geheimnis im Zivilrecht (1970) 91.

61 Zum Bildnisschutz nach § 78 UrhG im einzelnen: DITTRICH, Der Schutz der Persönlichkeit nach österreichischem Urheberrecht, ÖJZ 70, 533; KOZIOL, aaO 11f; BUCHNER, Das Persönlichkeitsrecht des Abgebildeten, in: DITTRICH (Hrsg), Festschrift 50 Jahre Urheberrechtsgesetz (1986) 21.

breitung von herkömmlichen Pressefotografien. Freilich legt § 78 UrhG in Übereinstimmung mit der verfassungsrechtlichen Gewährleistung der Meinungs- und Medienfreiheit grundsätzlich den Akzent auf die Abbildungsfreiheit; diese wird nur soweit eingeschränkt, als der Einzelne vor Mißbräuchen zu schützen ist, weil die Abbildung in berechtigte Interessen eingreift.

Unter welchen Umständen *„berechtigte Interessen"* eines Abgebildeten verletzt werden, hat das Gesetz nicht näher ausgeführt. Die Rechtsprechung entnimmt der gesetzlichen Formulierung den Auftrag, die Interessen einer Person auf Wahrung ihrer Anonymität und die diesem Anliegen entgegenstehenden Interessen an einer Bildveröffentlichung vergleichend zu erfassen und zu bewerten und dem gewichtigeren Interesse zum Durchbruch zu verhelfen. Dabei kommt es auch auf die näheren Begleitumstände und denkbarer Auswirkungen einer Bildveröffentlichung an, so daß die Veröffentlichung eines an sich nicht zu beanstandenden Bildes etwa in einem reißerischen Gesamtzusammenhang oder wegen Verwendung in einem irreführenden Zusammenhang berechtigte Interessen verletzen kann. Damit kann das Recht am Eigenbild zu einem Instrument werden, um über den Schutz vor Abbildungen hinausgehende Anonymitätsinteressen durchzusetzen – immer vorausgesetzt, es liegt überhaupt eine Bildveröffentlichung vor.

Abbildungsschutz wegen Verletzung berechtigter Interessen hat die Rechtsprechung beispielsweise gewährt, wenn im Zusammenhang mit der Abbildung ehrenrühriges Material ausgebreitet wurde, wenn ein Bild ohne Zustimmung für Werbezwecke verwendet oder damit politische Propaganda betrieben wurde. Berechtigte Interessen werden durch Bildveröffentlichungen aus der Privatsphäre verletzt, etwa wenn eine Reportage über die Beziehung eines Mannes zu einer fremden Ehefrau mit einem Bild versehen wird, wenn ein Peinlichkeiten enthüllender privater Schnappschuß oder ein Aktfoto veröffentlicht wird oder wenn in eine Fernsehreportage mit dem Titel „Wiens Papagalli" die Bilder unbeteiligter (und sogar verheirateter) Heurigenbesucher in einer Art und Weise eingeblendet wurden, die beim Zuschauer den Eindruck erwecken mußten, hier wären Herzensbrecher auf der Suche nach Damenbekanntschaft. Diese Beispiele machen deutlich, daß der Schutz vor Bildveröffentlichungen nicht auf den Intimbereich beschränkt ist. Ist eine Abbildung entstellend, irreführend oder unnötig bloßstellend, kann sie auch dann in berechtigte Interessen eingreifen, wenn sie sich auf ein Geschehen in der „Privatöffentlichkeit" bezieht.[62]

Scheidet die Möglichkeit einer Interessenbeeinträchtigung aus, können sich Presse und Rundfunk grundsätzlich auf die Abbildungsfreiheit berufen – etwa wenn die abgebildete Person in ihrer Individualität nicht weiter hervortritt oder ein Mensch nur für wenige Sekunden, etwa als Besucher eines Fußballspieles, in Großaufnahme in eine Reportage eingeblendet wird. Werden berechtigte Interessen des Einzelnen beeinträchtigt, ist zu prüfen, ob nicht auf seiten der Massenmedien überwiegende Informationsinteressen die Veröffentlichung doch gerechtfertigt erscheinen lassen. In diesem Zusammenhang nimmt die Rechtsprechung vor allem an, daß *„Personen der Zeitgeschichte"* das Recht am eigenen Bild nur in einem eingeschränkten Umfang zukommt, wobei noch näherhin unterschieden wird zwischen „absoluten" und „relativen" zeitgeschichtlichen Personen: Während allgemein bekannte Persönlichkeiten des öffentlichen Lebens (Spitzenpolitiker, Stars, berühmte Sportler) grundsätzlich jede auf ihr öffentliches Auftreten bezogene Veröffentlichung dulden müssen, begründet bei den „relativen" Personen der Zeitgeschichte der Bezug zu einem zeitgeschichtlichen Ereignis (Unfall, Verbrechen etc) die legitimen Informationsinteressen. Freilich kann auch beim Bildnisschutz die Stellung der abgebildeten Person immer nur ein Indiz für die Berechtigung zur Veröffentlichung sein: entscheidend kommt es – wie beim Beleidigungsrecht – darauf an, welcher sachliche Informationswert einer Abbildung zukommt. Die Zustimmung des Abgebildeten, die auch konkludent – etwa durch widerspruchsloses Dulden des Fotografierens bei einem öffentlichen Ereignis – erteilt werden kann, beseitigt die Rechtswidrigkeit. Eine Veröffentlichung des so entstandenen Bildes in einem anderen Zusammenhang muß aber trotzdem nicht geduldet werden.[63]

Ergibt die Interessenabwägung, daß eine Veröffentlichung das Recht am eigenen Bild verletzt hat, kann der Betroffene auf Unterlassung und Beseitigung des rechtswidrigen Eingriffes, etwa durch Vernichtung der zur Verbreitung bestimmten Vervielfältigungsstücke, klagen. Bei schuldhafter Rechtsverletzung kann er ferner den Ersatz des eingetretenen Schadens verlangen, der auch eine Entschädigung für die erlittene Kränkung (immaterieller Schadenersatz) umfaßt (§§ 81, 82, 85, 87 UrhG).

---

62 Vgl OGH 15. 3. 1988, MuR 88/2, 52.
63 Vgl OGH 29. 9. 1987, MuR 88/1, 17.

5. *Das allgemeine Grundrecht auf Datenschutz (§ 1 DSG)*

Das Datenschutzgesetz (DSG)[64] will den Einzelnen vor den neuartigen Gefährdungen schützen, die der Einsatz der automatisierten Datenverarbeitung wegen der vielfältigen Möglichkeiten der Speicherung und Verknüpfung persönlicher Daten durch öffentliche und private Stellen mit sich bringt.

Die Massenmedien hat der Gesetzgeber ungeachtet ihrer Informationsmacht von den inhaltlichen und verfahrensmäßigen Beschränkungen des Gesetzes weitgehend ausgenommen, weil er der Auffassung war, daß die datenschutzrechtlichen Beschränkungen und Pflichten die Erfüllung der publizistischen Aufgabe wesentlich erschweren würde (§ 54 DSG). Von diesem „Medienprivileg" unberührt geblieben ist aber das den einfachgesetzlichen Bestimmungen des DSG vorausgestellte *„Grundrecht auf Datenschutz"*.

Dieses Grundrecht bezieht sich auf jeden, nicht nur auf den automatisierten Informationsverkehr und legt auch den Massenmedien eine Geheimhaltungspflicht auf: Nach § 1 Abs 1 DSG hat jedermann einen Anspruch auf Geheimhaltung der ihn betreffenden personenbezogenen Daten, soweit er daran ein schutzwürdiges Interesse hat. Schutzwürdig ist vor allem das Interesse an der Achtung des Privat- und Familienlebens. Beschränkungen dieses Geheimhaltungsanspruches sind im privaten Bereich nur zur Wahrung berechtigter Interessen eines anderen zulässig, wobei auch in diesem Fall der vertraulichen Behandlung personenbezogener Daten der Vorrang gegeben werden muß. Das bedeutet, daß, soweit der Anspruch nach § 1 Abs 1 DSG reicht, die Geheimhaltung von Informationen grundsätzlich die Regel sein soll und eine Informationsweitergabe etwa durch Veröffentlichung nur zulässig ist, soweit sie durch überwiegende berechtigte Interessen legitimiert ist.

Dem aus § 1 Abs 1 DSG abzuleitenden Geheimnisschutz ist bisher noch keine praktische Bedeutung zugefallen. Dazu wird neben den noch ungeklärten Rechtsfolgen vor allem auch die Unbestimmtheit dieser Regelung beigetragen haben, die dem Richter einen großen Spielraum bei der Abwägung der widersprechenden Interessen gibt. Welche Konturen der Geheimhaltungsanspruch durch die Rechtsprechung erhalten wird, ist daher noch offen. Anhaltspunkte für seine sachliche Reichweite gibt der Verweis auf die Gewährleistung des Art 8 MRK, der

---

64 BG 18. Oktober 1978 über den Schutz personenbezogener Daten BGBl 565 idF BGBl 1981/314 und BGBl 1988/233.

deutlich macht, daß bei der Beurteilung der Geheimhaltungsbedürftigkeit die aus dem Grundrecht auf Achtung des Privatlebens ableitbaren Wertungen zu übernehmen sind. Der gewährte Schutz ist auf einen Diskretionsschutz eingeschränkt, er setzt mithin die Geheimheit der mitgeteilten Angaben voraus, wobei allerdings – da der Geheimnisbegriff ein relativer ist – auf die gesteigerte Publizität einer Medienveröffentlichung und die Nachhaltigkeit der durch sie bewirkten Indiskretion Rücksicht zu nehmen ist. Weil durch die Massenmedien grenzenlose Publizität hergestellt wird, kann man von einer Offenbarung eines Geheimnisses auch noch dann sprechen, wenn der Kreis der Mitwisser im Einzelfalle größer war als etwa im strafrechtlichen Geheimnisschutz.[65] In diesem Rahmen gewährt § 1 Abs 1 DSG einen Geheimhaltungsanspruch, der sich auf alle Tatsachen des gesteigerten Schutzbereiches der Privatsphäre (Vertraulichkeitsbereich) bezieht. Einschränkungen dieses Geheimhaltungsanspruches läßt § 1 Abs 2 DSG zur Wahrung berechtigter Interessen eines anderen zu. Im Konfliktsfall können sich die Massenmedien auf ihre grundrechtlich geschützte Freiheit zur Berichterstattung berufen. Aufgabe des Richters ist es, die Berechtigung der verfolgten Informationsinteressen zu bewerten und mit den tangierten Anonymitätsinteressen abzuwägen.

Das allgemeine Grundrecht auf Datenschutz ist gegenüber den Massenmedien im ordentlichen Rechtsweg geltend zu machen (§ 1 Abs 6 DSG). Ob neben der Klage auf Feststellung der Verletzung und auf Ersatz eines Vermögensschadens noch weitere Ansprüche auf § 1 Abs 1 DSG gestützt werden können – zu denken wäre an einen Unterlassungsanspruch und den Ersatz auch des immateriellen Schadens – ist noch offen.[66]

6. Ansprüche aus dem allgemeinen Persönlichkeitsrecht (§ 16 ABGB)

Um allenfalls verbleibende Lücken des Veröffentlichungsschutzes zu schließen, bietet sich das in § 16 ABGB verankerte allgemeine Persönlichkeitsrecht an. Nach dieser naturrechtlich inspirierten Norm hat jeder Mensch angeborene, schon durch die Vernunft einleuchtende Rechte und ist daher als eine Person zu

65 Vgl dazu oben S 185.

66 Vgl zum Unterlassungsanspruch WALTER–MAYER, Grundriß des österreichischen Bundesverfassungsrechts[6] (1988) 491.

betrachten. Anders als die ältere Rechtsprechung, die die Rechtsqualität des § 16 ABGB geleugnet oder seine Anwendbarkeit wegen der unbestimmten Formulierung bestritten hat, zögern die Gerichte nunmehr nicht mehr, auf § 16 ABGB ein Persönlichkeitsrecht auf Achtung des Privatlebens und ein Persönlichkeitsrecht auf Namensanonymität zu stützen.[67] Bei der Konkretisierung dieser offenen Norm ist vor allem auf die verfassungsrechtlichen Wertungen zurückzugreifen, im Zusammenhang mit Enthüllungen aus dem Privatleben in erster Linie auf die Gewährleistung des Art 8 MRK. Noch deutlicher als bei allen anderen Tatbeständen ist allerdings jeder in § 16 ABGB angesiedelte Anspruch auf eine Abwägung mit den entgegenstehenden Grundrechtspositionen der Massenmedien angewiesen.[68] Mit diesem Vorbehalt lassen sich zB Abwehransprüche gegen eine umfassende Ausbreitung des Lebensschicksals einer Person („Lebensbild") auf § 16 ABGB stützen, soweit die Details einer solchen Veröffentlichung nicht schon nach den vorstehend behandelten Tatbeständen unzulässig sind.[69] Nach § 16 ABGB rechtswidrig können auch verwerfliche Praktiken der Informationssammlung sein, wie etwa die systematische Beschattung einer Person oder ihr Belauschen ohne technische Hilfsmittel.[70] Als offene, generalklauselartig konzipierte Norm kann das Persönlichkeitsrecht des § 16 ABGB schließlich auch Lücken im Persönlichkeitsschutz schließen, die neu sind oder neu ins Rechtsbewußtsein treten. Freilich kommt es hier im besonderen Maße darauf an, daß Rechtsentwicklungen mit Behutsamkeit vorgenommen werden, um nicht eine Rechtsunsicherheit auszulösen, die zu Lasten der Freiheit der Medien gehen müßte.

---

67 OGH SZ 51/146: Anerkennung des Rechts auf Achtung der Geheimsphäre als ein „angeborenes Recht" iS von § 16 ABGB; OGH 22. 10. 1986, MuR 86/6, 15: Anerkennung eines Rechts auf Namensanonymität; zu den Einzelheiten vgl AICHER, aaO RdZ 3ff.

68 Zu den Rechtsfolgen einer Verletzung des § 16 ABGB (Unterlassungsklage, Beseitigungsanspruch, Schadenersatz) KOZIOL–WELSER, Grundriß des bürgerlichen Rechts[8] I (1987) 71f.

69 Bereits MAUCZKA hat 1911 unter dem Gesichtspunkt des „Rechts auf Behauptung der Individualität" das Problem von Lebens- und Charakterbildern erörtert und dabei festgestellt, daß selbst eine richtige Darstellung gegen ein in § 16 ABGB verankertes Recht auf die eigene Geheimsphäre verstoße: eine derartige Portraitierung brauche sich niemand gefallen zu lassen; MAUCZKA, Die Anwendung der Theorie der Interessenkollisionen auf die „angeborenen Rechte", in: ABGB-FS II (1911) 229 (268ff, 275ff); vgl ferner DORALT, Der Schutz des Lebensbildes, ÖJZ 73, 645.

70 Werden technische Hilfsmittel (Abhöranlagen etc) verwendet, kann dies den Tatbestand des § 120 StGB erfüllen, vgl dazu oben S 184.

D. Der Persönlichkeitsschutz bei der Kriminalberichterstattung

Zu den schwierigsten Problemen des Persönlichkeitsschutzes gehört der Schutz verdächtiger und straffällig gewordener Personen vor unbegrenzter öffentlicher Neugierde. Die Berichterstattung über Kriminalfälle und die Reportage aus dem Gerichtssaal bilden seit eh und je zentrale Inhalte der tagesaktuellen Publizistik. Kriminelle Vorfälle gehören zum Zeitgeschehen, denen das Publikum hohe Aufmerksamkeit zuwendet, vor allem wenn es sich um ein Geschehen in überschaubaren lokalen Bezügen handelt. Die Offenlegung menschlicher Tragik und Verstrickungen im Gerichtssaal scheint tiefliegende, nicht immer rational erklärbare Informationsbedürfnisse anzusprechen. Durch die kontinuierliche Berichterstattung über deliktisches Handeln heben die Massenmedien die geltenden Rechtsnormen und ihre Sanktionierung in das gesellschaftliche Bewußtsein und formen damit das in der Gesellschaft bestehende Bild von der kriminellen Wirklichkeit, aber auch von der Geltung der Rechtsordnung. Damit können (im einzelnen freilich kaum nachweisbare) generalpräventive Wirkungen verbunden sein, die sich in besonders gelagerten Fällen wohl auch einmal mit einem konkreteren gesellschaftlichen Nutzen, etwa in Form einer Warnung vor einem bestimmten Straftäter oder gewissen kriminellen Praktiken, verbinden können. Vor allem aber ermöglichen die Massenmedien die öffentliche Kontrolle der Strafverfolgungsbehörden und der Justiz, deren Erfolge und Mißerfolge ebenso wie die Einhaltung der rechtsstaatlichen Garantien und Förmlichkeiten in einer Demokratie Sache aller Bürger sind. Die Volksöffentlichkeit des Gerichtsverfahrens, das diese Kontrolle gewährleisten soll, wird in der Gegenwart nur durch Presse und Rundfunk effektiv.

Ob die Massenmedien auch *tatsächlich* diesen bewußtseinsbildenden, aufklärenden und kontrollierenden Aufgaben gerecht werden, wird freilich skeptisch beurteilt. Bei allen Unterschieden im Stil und in der Seriosität wird den Medien angelastet, durch die Beschränkung auf spektakuläre Gewalttaten und die dramatischen oder bizarren Details von Alltagsverbrechen ein verzerrtes Bild der gesellschaftlichen Realität zu zeichnen und damit auch zu einer irrationalen Kriminalitätsfurcht beizutragen (Less-crime-more-fear-Effekt). Es wird behauptet, durch die Berichterstattung über Gewalttaten würde die allgemeine Aggressionsbereitschaft erhöht und würden Nachahmungstaten ausgelöst. Auch die Justiz reagiert empfindlich auf publizistische Kritik, die oft als unangemessen, ungerecht und unsachlich empfunden wird, vor allem wenn mitunter recht forsch das Alltägliche zum Justizskandal aufgebauscht wird. Schließlich wird die Berichterstattung auch dann zu einem Ärgernis, wenn vertrauliche Untersuchungsergebnisse vorzeitig preisgegeben werden oder wenn die Presse oder ihre Hintermänner den Gang laufender Verfahren durch lancierte Enthüllungen zu beeinflussen suchen. Den Leistungen und Schwächen der Kriminalberichterstattung kann hier freilich nicht umfassend nachgegangen werden.[71] Ob die Massenmedien verantwortungsbewußt über Ursachen, Formen und Folgen der gesellschaftlichen Delinquenz informieren und diese Information auch angemessen aufbereiten, hängt maßgeblich von der rechtlich nicht erzwingbaren publizistischen Berufsethik ab. Nur in Teilaspekten kann die Rechtsordnung einer Beeinträchtigung konkreter Rechte entgegentreten. Dabei handelt es sich vor allem um den Rechtsschutz des Einzelnen, der als Zeuge, Opfer oder Verdächtiger/Täter zum Gegenstand einer Berichterstattung wird, die Anonymitätsinteressen beeinträchtigt. Verbunden damit ist der Schutz eines fairen gerichtlichen Verfahrens, das frei ist von öffentlichen Vor-Verurteilungen und Pressionen.

Die Praxis der Kriminal- und Prozeßberichterstattung neigt aus nicht immer sachlichen Gründen zu stark personalisierten Darstellungsformen. Bei verständiger Würdigung der Interessenlage eines als Straftäter oder Tatverdächtigen publizistisch Identifizierten ist ein schutzwürdiges Interesse an der Wahrung seiner Anonymität anzunehmen, und zwar nicht nur gegenüber den groben Entgleisungen des Sensationsjournalismus, sondern auch gegenüber der tagtäglichen Routine der Polizeiberichterstattung und Gerichtssaalreportage. Das Stichwort von der sozialen „Prangerwirkung“ der Medien und der damit verbundenen „Stigmatisierung“ drückt die persönlichkeits- und mitunter existenzbedrohenden Wirkungen einer keine Grenzen respektierenden Berichterstattung in einem einprägsamen Bilde aus.[72]

Für diese Anliegen hat das österreichische Recht lange Zeit kein Organ gehabt. Noch in den 50er Jahren konnte sich selbst

---

71 Vgl dazu die kritischen Analysen etwa bei STEINERT, Gesellschaftliche Konflikte im Spiegel von Justiz und Medien, in: WASSERMANN (Hrsg), Justiz und Medien (1980) 78 m weit Nachw vor allem zu den einschlägigen Untersuchungen des Ludwig-Boltzmann-Instituts für Kriminalsoziologie Wien; SEMRAU, Kriminalität als gemachte Wirklichkeit und gesellschaftliche Realität, in: Österr. Jahrbuch für Kommunikationswissenschaft (1979) 137; HAUPTMANN, Medien und Kriminalität, in: PROSKE (Hrsg), Kriminalität und Massenmedien (1981) 12.

72 Zur Gefährdung der Resozialisierungschancen durch Publizität vgl VON BECKER, Straftäter und Tatverdächtige in den Massenmedien: Zur Frage der Rechtmäßigkeit identifizierender Kriminalberichte (1979) 102; HAESLER (Hrsg), Stigmatisierung durch Strafverfahren und Strafvollzug (1981).

ein Höchstgericht noch auf die Einschätzung berufen, der einer Straftat Angeklagte „müsse" sich dem „vollen Licht der Öffentlichkeit" stellen, womit jedes Recht auf Geheimhaltung schwinde und es auch keiner weiteren Interessenabwägung bedürfe.[73] Obwohl mittlerweile das Anliegen des Resozialisationsschutzes stärker in das Rechtsbewußtsein getreten sein dürfte und auch in der Öffentlichkeit auf mehr Verständnis stößt, hat der Gesetzgeber das Problem erst in Ansätzen aufgegriffen. Man wird freilich einräumen müssen, daß der Ausgleich zwischen den angesprochenen Anonymitätsinteressen und den in weiten Bereichen durchaus legitimen Informationsinteressen der Medien und der Öffentlichkeit schwierig ist und daß immer die Gefahr besteht, daß übermäßige Reglementierungen die Wahrnehmung der Kontrollaufgaben beengen und neue Arkanbereiche zur Folge haben könnten, die einer demokratischen Gesellschaft abträglich wären. Das von der neueren Rechtsprechung anerkannte Persönlichkeitsrecht auf Namensanonymität (§ 16 ABGB) bietet aber vielleicht ebenso wie das Grundrecht auf Datenschutz (§ 1 DSG) Ansätze für eine erwünschte richterliche Rechtsfortbildung, die freilich auf Augenmaß angewiesen ist, wenn sie nicht eine weitreichende Rechtsunsicherheit zur Folge haben soll. Solange das geltende Recht und die Praxis der Gerichte der Kriminalberichterstattung allerdings keine Schranken setzen, bleibt oft nur mehr der vertrauensvolle Appell an das journalistische Berufsethos.[74]

Hinzuweisen ist aber auch auf die Verantwortung der *Polizei- und Justizbehörden* bei der Weitergabe von Informationen an die Presse. Das Amtsgeheimnis und das Grundrecht auf Datenschutz verpflichten diese Behörden, bei der Namensnennung von Personen, die als Opfer, Zeugen oder als Verdächtige in eine Straftat verwickelt sind, große Zurückhaltung zu wahren. Identifizierende Pressemitteilungen sind zumindest im Stadium der laufenden Ermittlungen nur zulässig, wenn im Einzelfall und

---

73 OGH SZ 28/77 (1955).

74 Der Ehrenkodex der österreichischen Presse wendet sich dieser Problematik allerdings nur ansatzweise zu und ermahnt lediglich zu einer gewissen Zurückhaltung bei der identifizierenden Berichterstattung über jugendliche Straftäter; vgl Z 3 der „Grundsätze für die publizistische Arbeit" des österreichischen Presserates in der Fassung vom 31. 1. 1983, abgedr ua in MuR 86/5, 31; zum Vergleich vgl die wesentlich ausführlicheren berufsautonomen Regelungen des deutschen Presserates, vor allem die Z 26ff der „Richtlinien für die redaktionelle Arbeit nach den Empfehlungen des Deutschen Presserates" (Stand: 31. 12. 1979), abgedr ua in: WASSERMANN (Hrsg), aaO 188 (200ff).

ausnahmsweise an einer Person selbst und nicht nur an der Straftat legitime Informationsinteressen der Allgemeinheit bestehen.[75] Dieser Grundsatz wurde, zumindest soweit es um den Anonymitätsschutz von *Tatopfern* geht, durch das Strafrechtsänderungsgesetz 1987 bestätigt. Es hat in § 47a StPO die ausdrückliche Verpflichtung aller im Strafverfahren tätigen Behörden verankert, bei der Auskunfterteilung gegenüber Dritten, und dazu gehören selbstverständlich auch die Medien, die berechtigten Interessen der durch eine strafbare Handlung verletzten Personen an der Wahrung ihres höchstpersönlichen Lebensbereiches zu beachten. Eine nicht ausnahmsweise durch Zwecke der Strafrechtspflege gebotene Aufdeckung der Identität oder die Weitergabe von Lichtbildern wird daher, soweit es sich um das Opfer einer Straftat handelt, jedenfalls unzulässig sein.

1. Die Berichterstattung während des Ermittlungsverfahrens

Im Regelfall wird ein kriminelles Geschehen erstmals zu einem Thema der aktuellen Berichterstattung, wenn die Tat aufgedeckt wird und die Strafverfolgungsbehörden ihre Ermittlungstätigkeiten aufgenommen haben. Das ist der Bereich der *Kriminalberichterstattung,* die zu den legitimen Aufgaben der Massenmedien gehört, wobei sich die Öffentlichkeit auch für die Person eines Tatverdächtigen, seine möglichen Motive sowie das Schicksal eines Opfers interessieren darf. Mit solchen Informationen können aber zugleich schwerwiegende Nachteile für die Betroffenen verbunden sein: Das Verbrechensopfer und allfällige Zeugen werden – in der Regel gegen ihren Willen und ohne ihr Zutun – in den Brennpunkt öffentlicher Aufmerksamkeit gestellt, sie müssen fremde Anteilnahme und möglicherweise auch den Spott der Umwelt hinnehmen und mit der Offenlegung unter Umständen intimster Details ihres Lebens rechnen. Auf den Tatverdächtigen selbst fällt der Makel einer strafbaren Handlung, und zwar auch dann, wenn sich der Journalist – was aber nicht die durchgängige Praxis ist – durch eine korrekte Umschreibung des bloßen Verdachtes um Objektivität bemüht. Die Medien haben aber auch die Macht, einen Menschen in ein Netz

75 Vgl dazu im einzelnen BERKA, Kriminalberichterstattung zwischen Medienfreiheit und Medienverantwortung. Der Persönlichkeitsschutz im strafprozessualen Vorverfahren, Verhandlungen des 9. ÖJT (1985); weitgehend in diesem Sinne nunmehr auch der Erlaß des Innenministeriums über die Medienarbeit; vgl oben S 94 FN 60.

von Verdächtigungen einzuspinnen und ein „trial by newspaper" zu entfesseln, das ein geordnetes rechtsstaatliches Verfahren vorwegnimmt und die Unschuldsvermutung mit Füßen tritt. Und selbst wenn eine ausdrückliche Vor-Verurteilung eines bloß Verdächtigen nicht stattfindet, gilt dieser oft – zumindest in den Augen der Öffentlichkeit – bereits als Täter.

Prüft man, welchen Rechtsschutz die durch eine schonungslose Kriminalberichterstattung Betroffenen in Anspruch nehmen können, wird man bei den *Opfern und Zeugen* in erster Linie auf die bereits behandelten Vorschriften zum Schutze der Privatsphäre verwiesen. Die Bloßstellung dieser Personen kann einen Eingriff in ihren höchstpersönlichen Lebensbereich (§ 7 MedienG) darstellen, vor allem wenn es sich um die Opfer von Vergewaltigungen oder sonstigen Gewaltverbrechen handelt oder ein Familiendrama in allen Einzelheiten ausgebreitet wird. In Verbindung mit einer Abbildung kann auch das durch § 78 UrhG geschützte Recht am eigenen Bild verletzt sein, wenn die Interessenabwägung an Hand der konkreten Umstände ergibt, daß das Interesse, nicht mit einer strafbaren Handlung in Verbindung gebracht zu werden, mehr wiegt als das Interesse der Öffentlichkeit gerade an der Person des Opfers oder Zeugen. Schließlich können auch sonstige schutzwürdige Interessen an der Wahrung der Anonymität beeinträchtigt sein, die bei einiger Erheblichkeit, wenn zB die reale Gefährdung eines Zeugen zu befürchten ist, eine identifizierende Reportage nach § 16 ABGB unzulässig machen. Der Journalist ist daher im Ergebnis zu einer gewissen Zurückhaltung bei der Namensnennung verpflichtet, soweit nicht der Identität des Opfers oder Zeugen ein eigenständiger Nachrichtenwert zukommt, der über die bloße Verwicklung in eine Tathandlung hinausgeht.

Der *Tatverdächtige* selbst kann sich hingegen nicht auf diese die Privatsphäre abschirmenden Normen berufen. Denn durch den Bruch der Rechtsordnung oder einen gewichtigen Verdacht berührt sich die persönliche Sphäre mit der Gemeinschaft und ist jenes Maß des Sozialbezuges erreicht, das eine Handlung nicht mehr dem geschützten Privatleben zugehörig erscheinen läßt. Auch das Beleidigungsrecht setzt einer wahrheitsgetreuen identifizierenden Berichterstattung über ein aktuelles Tatgeschehen, über Verdachtsgründe und die Ermittlung der Strafverfolgungsbehörden keine Schranken. Es kann selbst vor einer Anprangerung als schuldiger Täter nicht schützen, wenn ein Verdacht zumindest im nachhinein seine Bestätigung findet. Sogar unbegründete Anschuldigungen können nach § 29 MedienG straffrei bleiben, vor allem, wenn der Nachweis der gebotenen Sorgfalt durch einen Verweis auf eine amtliche Presseinformation geführt werden kann.[76]

Eine teilweise Abhilfe sucht das MedienG zu schaffen, indem es einen neuartigen, dem allgemeinen Entgegnungsanspruch nachgebildeten Anspruch auf Aufnahme einer *„nachträglichen Mitteilung* über den Ausgang des Strafverfahrens" (§ 10 MedienG) gewährt. Durch eine solche korrespondierende Mitteilung, deren Abdruck auf Antrag eines Betroffenen periodischen Medien zur Pflicht gemacht ist, soll einem Verdächtigten eine Chance zur öffentlichen Rehabilitierung gegeben werden, wenn sich herausstellt, daß der in einem Massenmedium verbreitete Verdacht unbegründet war.[77] Die Reichweite dieser Regelung ist aber beschränkt. Abgesehen davon, daß die tatsächliche Wirksamkeit einer solchen Monate nach der ursprünglichen Verdachtsmeldung erfolgenden Berichtigung nicht überschätzt werden darf, setzt sie gerade einen vorhergehenden Bericht über einen Tatverdacht voraus, ohne über seine Zulässigkeit zu entscheiden. Dem tatsächlich schuldigen Täter gibt sie ohnedies keinen Schutz vor den nachteiligen Auswirkungen einer präjudizierenden Veröffentlichung. Veröffentlichungen nach § 10 MedienG spielen in der Praxis daher kaum eine Rolle.

Die vorstehend umrissene Situation – eine sehr weitgehende Schutzlosigkeit von Tatverdächtigen vor diskriminierenden Berichten, der ein entsprechend großzügig bemessener Freiheitsraum der Massenmedien entspricht – gibt die herrschende Rechtspraxis wieder. Die um eine Rechtsfortbildung bemühte Kritik an dieser Rechtslage setzt vor allem bei der *Unschuldsvermutung* an, die in Art 6 Abs 2 der Europäischen Menschenrechtskonvention in Verfassungsrang verankert ist. Dieser elementare rechtsstaatliche Verfahrensgrundsatz verpflichtet allerdings, was mitunter übersehen wird, nur die *staatlichen* Strafverfolgungsbehörden, die jedermann bis zum gesetzlichen Nachweis seiner Schuld als unschuldig zu behandeln haben.

---

76 Illustrativ OLG Wien 19. 8. 1985, MuR 85/5, A 7 und OGH 26. 5. 1987, MuR 87/4, 131 = JBl 87, 724. Bei Bildveröffentlichungen gibt § 78 UrhG nach der Rspr einen etwas weiterreichenden Abwehranspruch, vor allem gegen Veröffentlichungen, die tendenziös einen Verdächtigen bereits als überführten Täter darstellen. Entspricht aber die Veröffentlichung den Tatsachen, macht sie selbst eine reißerische Aufmachung nicht unzulässig, weil nach der Rspr berechtigte Interessen nicht verletzt sind; vgl zB OGH 7. 9. 1971, ÖBl 72, 49.

77 Zu den Einzelheiten und dem Verfahren zur Durchsetzung dieses Anspruchs vgl unten S 274 ff.

Unmittelbar die privaten Massenmedien treffende Verpflichtungen können daraus nicht abgeleitet werden. Allerdings drückt sich in Art 6 Abs 2 MRK zugleich eine verfassungsrechtliche Wertentscheidung aus, die den Respekt vor der Unschuldsvermutung als ein rechtlich geschütztes Interesse ausweist; nach der Rechtsprechung des VfGH ist die Unschuldsvermutung ein die gesamte österreichische Rechtsordnung beherrschender Grundsatz.[78] In Verbindung mit § 16 ABGB, der als offene Norm ganz allgemein berechtigte Abwehransprüche einer Person in sich aufzunehmen geeignet ist und einen entsprechenden Anonymitätsschutz verbürgt, kann der Unschuldsvermutung auch gegenüber den Massenmedien zur Geltung verholfen werden. Die Massenmedien dürfen daher einen Tatverdächtigen nicht bereits vor seiner Verurteilung als schuldigen oder überführten Täter bezeichnen. Sie haben in fairer Weise die Belastungs- und Entlastungsmomente vorzutragen. Wegen der auch bei einer zurückhaltenden Berichterstattung nicht gänzlich ausräumbaren Gefahr einer fortwirkenden Stigmatisierung eines Unschuldigen kann das Prinzip der Unschuldsvermutung darüber hinaus erheischen, daß bei geringfügigen Verdachtsgründen oder geringfügigen Delikten oder bei Verdachtsgründen gegen einen Jugendlichen auf eine Namensnennung überhaupt verzichtet wird. Eine Durchbrechung dieses Anonymitätsschutzes ist nur dann gerechtfertigt, wenn der Identität des Verdächtigten selbst ein entsprechender Informationswert zukommt, weil die individuelle Verantwortung des Verdächtigten und nicht eine beliebig austauschbare Täterpersönlichkeit im Vordergrund steht (zB Korruptionsverdacht gegen einen Politiker oder Spionageverdacht gegen leitenden Wirtschaftsfunktionär). Verstöße gegen diese Grundsätze müßten zivilrechtliche Abwehransprüche und Ansprüche auf Schadenersatz auslösen. Zur Klarstellung ist aber zu vermerken, daß es gegenwärtig noch nicht ausgemacht ist, ob sich die Gerichte die vorstehend entwickelten Grundsätze zu eigen machen und wie sie im einzelnen ausgeformt werden.[79] Die unbefriedigende und nur in Grenzen im Wege richterlicher

78 Vgl VfGH 11. 10. 1986 B 193/86, MuR 86/6, 14; zum Recht auf Namensanonymität OGH 22. 10 1986, MuR 86/6, 15. Die Tragweite der Unschuldsvermutung verkennend OGH 26. 6. 1987, MuR 87/4, 131 = JBl 87, 724.

79 Klargestellt ist, daß jedenfalls der ORF wegen der ihm obliegenden Objektivitätspflicht iVm der Unschuldsvermutung zu einer Berichterstattung verpflichtet ist, die jede Anprangerung vermeidet; vgl VfGH 11. 10. 1986 B 193/86, MuR 86/6, 14; Berka, Unschuldsvermutung und Recht auf Anonymität, MuR 87/1, 6.

Rechtsfortbildung gestaltbare Rechtslage hat zu Forderungen geführt, durch legistische Maßnahmen den ärgsten Auswüchsen einer „Medienjustiz" entgegenzutreten. Anstoß erregt vor allem die Veröffentlichung von Justizakten aus vertraulichen Voruntersuchungen, die nach dem geltenden Recht nicht strafbar ist. Um diese Praktiken abzustellen, wurde ein die vertraulichen Akteneile erfassendes allgemein geltendes Veröffentlichungsverbot zur Diskussion gestellt.[80]

2. *Die Prozeßberichterstattung*

Erneut in den Brennpunkt der öffentlichen Aufmerksamkeit rückt eine strafbare Tat mit der Eröffnung der *gerichtlichen Hauptverhandlung.* Die gegen die frühere Geheimjustiz durchgesetzte und im Interesse der demokratischen Kontrolle der Rechtsprechung unverzichtbare Öffentlichkeit der Gerichtsverhandlung bringt zwangsläufig mit sich, daß die vor dem Gericht auftretenden Personen einer grundsätzlich unbeschränkten Volksöffentlichkeit ausgesetzt werden. Ein Ausschluß dieser Öffentlichkeit war bis vor kurzem nur aus eng umschriebenen Gründen möglich, die nicht – zumindest nicht in erster Linie – die individuellen Schutzinteressen der möglicherweise bloßgestellten Verfahrensbeteiligten, sondern nur den Schutz der Sittlichkeit und der öffentlichen Ordnung im Auge hatten. Durch das Strafrechtsänderungsgesetz 1987 wurden nunmehr allerdings die *Ausschließungsgründe* im Interesse eines zeitgemäßen Persönlichkeitsschutzes erweitert. Das Gericht hat nunmehr auf Antrag oder von Amts wegen die Öffentlichkeit auch dann auszuschließen, wenn Umstände aus dem persönlichen Leben oder dem Geheimbereich eines Angeklagten oder Zeugen erörtert werden und deren schutzwürdige Interessen den Ausschluß der Öffentlichkeit erfordern. Damit wird dem Richter die gewiß nicht leichte Aufgabe zugewiesen, zwischen den sehr oft gebieterisch vertretenen Interessen der Öffentlichkeit und ihren Me-

---

80 Vgl BRODA, Justiz und Medien, Eröffnungsvortrag für den 9. ÖJT 1985 (1985). Zu der damit ausgelösten Diskussion vgl: RIEDER, Persönlichkeitsschutz und Medienrecht, in: Österr. Jahrbuch für Politik 1986 (1987) 227; WEIS-WITTMANN, ebenda 222ff; Österreichischer Rechtsanwaltskammertag, Zurück zu den Lasser'schen Artikeln? MuR 86/5, 4; BERKA, Kriminalberichterstattung zwischen Medienfreiheit und Medienverantwortung. Zur Geschichte der „Lasser'schen Artikel", in: WEINZIERL-STADLER, Justiz und Zeitgeschichte VI. Veröffentlichungen des Ludwig-Boltzmann-Instituts für Geschichte der Gesellschaftswissenschaften (1987) 397 (429ff).

dien, die legitim sind, soweit es um die Kontrolle der Justiz geht, und den im Einzelfall auf dem Spiel stehenden Persönlichkeitsinteressen einen angemessenen Ausgleich zu finden. Soweit die Öffentlichkeit ausgeschlossen wird, ist eine Berichterstattung in den Massenmedien jedenfalls unzulässig und strafbar.[81]

Aus dieser Regelung darf indessen nicht abgeleitet werden, daß in allen anderen Fällen, dh wenn die Öffentlichkeit zugelassen bleibt, Presse und Rundfunk ein uneingeschränktes Recht hätten, alles das auszubreiten, was in der öffentlichen Hauptverhandlung vorgetragen wird. Soweit ein *Zeuge (Opfer)* betroffen ist, kann sich dieser jedenfalls gegenüber einer diskriminierenden Bildveröffentlichung auf das Recht am eigenen Bild (§ 78 UrhG) berufen und bei einer tief in die Persönlichkeitssphäre eindringenden Wortberichterstattung den Schutz des höchstpersönlichen Lebensbereiches (§ 7 MedienG) in Anspruch nehmen. Denn obwohl sich bei diesen Personen im Prozeß der persönliche Lebensbereich mit einem Vorgang des öffentlichen Lebens berührt, haben die Massenmedien auf die Interessenlage der meist unverschuldet oder ohne ihr Zutun in ein öffentliches Geschehen verwickelten Personen gehörig Rücksicht zu nehmen, was sie zu einer schonenden Berichterstattung und bei sensiblen Informationen des höchstpersönlichen Bereiches auch zu einem Verzicht auf eine bloßstellende Veröffentlichung verpflichtet. In aller Regel wird diesen Geboten dadurch entsprochen werden können, daß auf die Identifikation der Betroffenen durch Namensnennung bzw Offenlegung sonstiger identifizierender Merkmale verzichtet wird. Gesetzliche Regelungen, wie sie nunmehr im Zusammenhang mit dem Schutz der Opfer von Sittlichkeitsdelikten im Prozeß eingeführt wurden, verdeutlichen diese Pflicht.[82]

Der *Angeklagte* bleibt demgegenüber im öffentlichen Prozeß einer *weitgehend unbeschränkten Medienpublizität* ausgesetzt, vor der ihn das geltende Recht nicht zu schützen vermag. Denn eine

---

81 Vgl §§ 229, 456 StPO idF BGBl 1987/605 und in Verbindung mit § 230a StPO. Übertretungen dieses Verbots sind nach § 301 Abs 1 StGB strafbar; vgl dazu PROSKE, Gerichtssaalberichterstattung: Rechtliche Grundlagen und rechtspolitische Aspekte, in: PROSKE (Hrsg), Kriminalität und Massenmedien (1981) 24 (28f).

82 Nach § 153 Abs 2 StPO hat das Opfer eines Sittlichkeitsdelikts ein erweitertes Zeugnisverweigerungsrecht; nach § 228 Abs 2 StPO soll das Gericht dahin wirken, daß die Öffentlichkeit der Hauptverhandlung möglichst nicht zu einem Bekanntwerden der Identität des Opfers führt; die Aufnahme von Lichtbildern ist jedenfalls zu untersagen.

der Wahrheit entsprechende Gerichtssaalberichterstattung kann mit dem Beleidigungsrecht nicht in Konflikt geraten, und auch § 78 UrhG gewährt dem Angeklagten nach der herrschenden Rechtsprechung Rechtsschutz gegen eine aufdringliche Bildberichterstattung erst bei Hinzutreten besonders qualifizierter Umstände. Im Stadium der gerichtlichen Hauptverhandlung kann auch die Unschuldsvermutung den Medien nicht mehr entgegengehalten werden, weil der Angeklagte zwar bis zu seiner Verurteilung immer noch als unschuldig gilt und auch als solcher bezeichnet werden muß, aber einer entsprechenden Berichterstattung nicht mehr entgegengetreten werden kann, wenn nach richterlicher Prüfung die Verdachtsgründe zumindest für die Eröffnung einer Hauptverhandlung ausgereicht haben. Und weil die Begehung von Straftaten auch nicht mehr zur Privatsphäre eines Beschuldigten rechnet, kann eine sachliche Prozeßberichterstattung auch nicht als bloßstellende Veröffentlichung im Sinne des § 7 MedienG gewertet werden.[83]

Die im Hinblick auf den Angeklagten sehr weitgehende *Medienpublizität der öffentlichen Verhandlung* ist durch Entscheidungen des Gesetzgebers in zweifacher Hinsicht eingeschränkt. Seit jeher hat man Film- und Fernsehaufnahmen aus dem Gerichtssaal als Ärgernis empfunden. Dabei geht es nicht nur um die Bloßstellung und psychische Belastung der Verfahrensbeteiligten, deren Auftreten bis hin zu den sensibelsten Regungen durch die Kamera optisch und akustisch ganz unmittelbar festgehalten wird, sondern auch um die Abschirmung des Prozeßgeschehens vor irritierenden Störungen und um die mögliche Beeinträchtigung der Wahrheitsfindung, wenn sich die Prozeßbeteiligten als Akteure eines Schauspieles fühlen und dementsprechend agieren. Aus diesen Gründen sieht § 22 MedienG ein absolutes *Verbot von Fernseh-, Hörfunk- und Filmaufnahmen* von öffentlichen Gerichtsverhandlungen vor. Unmittelbarer Adressat dieses sowohl Straf- wie Zivilverfahren betreffenden Verbotes ist der die Verhandlung leitende Richter, der im Rahmen seiner sitzungspolizeilichen Befugnisse jede Aufnahme von Laufbildern und jede zur öffentlichen Ausstrahlung bestimmte Tonaufnahme während der gesamten Verhandlung einschließlich der Urteilsverkündung zu unterbinden hat. Sonstige Tonbandaufnahmen etwa zu Archivzwecken oder zur Erleichterung

83 Vgl OLG Wien 26. 11. 1984, MuR 86/3, 13; nicht gerechtfertigt sind dagegen Berichte über jenen intimen Lebensbereich eines Täters, die mit der Tat in keinerlei Zusammenhang stehen; vgl OLG Wien 12. 2. 1986, ÖJZ-LSK 1986/63.

einer Wortberichterstattung sind nicht betroffen,[84] die Verwendung eines Tonbandes könnte aber – wenn sie zu einer Störung der Verhandlung führt – vom Richter im Einzelfalle untersagt werden. Auch die Aufnahme von Standfotos wird durch das Verbot des § 22 MedienG nicht berührt, so daß die Frage, ob im Gerichtssaal fotografiert werden darf, der Vorsitzende zu entscheiden hat und sich die Rechtmäßigkeit einer Bildveröffentlichung nach § 78 UrhG bemißt. Opfer von Sittlichkeitsdelikten dürfen dagegen keinesfalls fotografiert werden (§ 228 Abs 2 StPO).

Eine weitere ausdrückliche Einschränkung erwächst der Gerichtsberichterstattung aus dem *Verbot der Verfahrensbeeinflussung* (§ 23 MedienG). Dabei handelt es sich um eine Nachfolgebestimmung zu den sogenannten „Lasser'schen Artikeln", welche die Justiz vor unsachlichen Einflüssen schützen wollten, indem sie ganz generell bestimmte den Prozeß betreffende Erörterungen und die Veröffentlichung bestimmter Aktenstücke mit einem Verbot belegten.[85] Anders als diese auf das vorige Jahrhundert zurückgehenden Bestimmungen, die man nicht zu Unrecht als zu weitgehend und in ihrer Beschränkung nur auf die Presse aber auch als zu eng gefaßt ansah, versucht der Tatbestand des § 23 MedienG, den Schutz der Unabhängigkeit der Justiz vor publizistischen Übergriffen unmittelbar anzusprechen. Verboten und mit gerichtlicher Strafe bedroht ist die Erörterung des vermutlichen Ausgangs des Strafverfahrens oder des Wertes eines Beweismittels in einem Medium, *wenn* diese Erörterung geeignet ist, den Ausgang des Strafverfahrens zu beeinträchtigen. Das Verbot der Verfahrensbeeinflussung ist zeitlich auf den Zeitraum des strafgerichtlichen Strafverfahrens nach der Anklageerhebung (Strafantrag) bis zur Fällung des Urteils erster Instanz beschränkt; es bezieht sich daher nicht auf das Vorverfahren und auf das Rechtsmittelverfahren. Auch innerhalb dieses begrenzten Zeitraumes legt die Bestimmung einer sachlichen Prozeßberichterstattung ebensowenig Hindernisse in den Weg wie einer auch scharfen Justizkritik. Erfaßt wird die tendenziöse „Stimmungsmache", der zumindest abstrakt die Eignung zu-

84 Zu der dadurch eröffneten Gefahr der Umgehung des § 22 MedienG vgl WITTMANN, Medienrecht 93; zur ausnahmslosen Geltung dieses Verbotes auch gegenüber ausländischen Medien (obwohl § 50 MedienG eine Ausnahme vorzusehen scheint) vgl HARTMANN–RIEDER (1985) 146.

85 Vgl die Art VII, VIII Strafgesetznovelle 1862 RGBl 1863/8; zur Problematik dieser Lasser'schen Artikel PALLIN, Persönlichkeitsschutz und Massenmedien, JBl 72, 393 (400f) und die oben FN 80 angeführte Literatur.

kommt, durch eine Beeinflussung oder Einschüchterung des Gerichts oder von Zeugen den Ausgang des Strafverfahrens in einem rechtswidrigen Sinn zu beeinflussen.[86] Ein eindeutiger Anwendungsfall des § 23 MedienG wäre daher die Inszenierung einer Medienkampagne, durch die der Angeklagte bereits vorweg zum überführten Täter abgestempelt und das gesamte Prozeßmaterial nur in diesem Lichte ausgebreitet wird.

Obwohl die beiden behandelten Verbote der §§ 22, 23 MedienG in erster Linie auf den Schutz der Unabhängigkeit der Rechtspflege und einen geordneten Prozeßablauf zielen, können sie auch den Angeklagten vor einer Bloßstellung und einer Medienjustiz schützen. Berücksichtigt man allerdings ihren eingeschränkten sachlichen Anwendungsbereich, ändern sie letztlich wenig an der Tatsache, daß einer nicht wahrheitswidrigen und nicht tendenziösen Reportage aus öffentlichen Verhandlungen im allgemeinen keine rechtlichen Schranken gesetzt sind, und zwar auch dann nicht, wenn sie auf eine Preisgabe des vollen Namens und die Abbildung des Angeklagten aus nicht immer verständlichen Gründen nicht verzichten zu können glaubt. Ein verantwortungsbewußter und dem Resozialisierungsgedanken aufgeschlossener Journalismus wird freilich, auch ohne daß eine eindeutige rechtliche Verpflichtung besteht, von sich aus gewisse Grenzen einer unnötig identifizierenden Berichterstattung respektieren und die publizistische Anprangerung eines Straffälligen vor allem dann vermeiden, wenn besonders schutzwürdige Personen (Jugendliche, Ersttäter) betroffen sind oder die Schuld des Täters gering ist („Alltagskriminalität“).[87]

3. Die Berichterstattung nach Abschluß des Gerichtsverfahrens

Nach Abschluß des Strafverfahrens, während der Verbüßung der Strafe und vor allem nach einer Haftentlassung tritt auch ein Straftäter grundsätzlich wieder in den Schutz der Anonymität zurück. Seine auch im öffentlichen Interesse liegende Resozialisierung kann aber nachhaltig erschwert sein, wenn durch eine Veröffentlichung *frühere Verfehlungen* ausgebreitet werden und

86 So die gegenüber dem Wortlaut des § 23 einschränkende, aber zutreffende Interpretation bei Hartmann–Rieder (1985) 149.

87 Vgl zu diesen von der verantwortungsbewußten Presse respektierten Wertungen Godler, Kriminal- und Gerichtssaalberichterstattung in der Praxis, in: Proske (Hrsg), Kriminalität und Massenmedien (1981) 39 (45).

er damit erneut mit der Ablehnung oder dem Mißtrauen der gesellschaftlichen Umwelt konfrontiert wird.[88]

Vor einer solchen erneuten öffentlichen Konfrontation mit einer Straftat schützt entgegen dem ersten Anschein nicht das in *§ 113 StGB* enthaltene Verbot, einem anderen in einer für einen Dritten wahrnehmbaren Weise eine „schon abgetane" (das heißt im wesentlichen eine verbüßte) Straftat vorzuwerfen. Denn die herrschende Praxis legt dieses Verbot dahingehend aus, daß „vorwerfen" sich notwendigerweise auf einen Vorwurf gegenüber einem Anwesenden beziehe, weshalb eine Anwendung auf bloßstellende Veröffentlichungen in Presse und Rundfunk ausscheide.[89]

Eine Anprangerung durch grundloses Hervorholen früherer Verfehlungen kann aber aus anderen Gründen rechtswidrig sein. Grundsätzlich sind nach Abschluß der auch die Würdigung des Urteils mit einschließenden Prozeßberichterstattung die auf das tagesaktuelle Geschehen gerichteten Informations- und Kontrollbedürfnisse befriedigt. Der Straftat und der gesellschaftlichen Sanktion kann zwar auch weiterhin ein Öffentlichkeitswert zukommen; es besteht zB durchaus ein legitimes Interesse daran, ob die mit einer Bestrafung verbundenen präventiven Wirkungen und die erwünschte Resozialisation eintreten. Diese Informationsinteressen werden sich aber mit zunehmendem zeitlichen Abstand von der Augenblicksaktualität der konkreten Tat und damit auch von der *Person* des Täters lösen. Die Person des Täters, die sich in der Straftat mit gewichtigen Gemeinschaftsbelangen berührt hat, tritt damit wieder in den geschützten Bereich des Privatlebens zurück, wobei der durch Art 8 MRK gewährleistete Achtungsanspruch des Privatlebens ergänzt wird durch das auch rechtlich anerkannte Resozialisierungsinteresse. Das bedeutet, daß sich der von einer solchen Enthüllung Betroffene grundsätzlich auf alle jene Vorschriften berufen kann, die eine Durchsetzung schutzwürdiger Anonymitätsinteressen erlauben. In erster Linie wird es sich dabei um die §§ 16 ABGB, 78 UrhG, 1 DSG handeln.[90] Alle diese Vorschriften ver-

---

88 Vgl in diesem Zusammenhang die Erwägungen in der bekannten, ein Fernsehdokumentarspiel betreffenden Lebach-Entscheidung des deutschen BVerfG (BVerfGE 35, 202) und dazu die Beiträge in: KÜBLER (Hrsg), Medienwirkung und Medienverantwortung (1975).

89 Vgl FOREGGER, in: FOREGGER–NOWAKOWSKI (Hrsg), Wiener Kommentar zum Strafgesetzbuch (1981) § 113 Rdz 6 m weit Nachw auch der gegenteiligen Auffassungen.

90 Vgl oben S 245ff.

weisen freilich auf eine Interessenabwägung, die auch auf die Interessen der Massenmedien Rücksicht zu nehmen hat, unter Umständen selbst über weiter zurückliegende Kriminalfälle zu berichten. Eine solche reaktualisierende Berichterstattung wird vor allem bei zeitgeschichtlichen Straftaten (etwa Kriegsverbrechen) zulässig sein, aber auch bei Wiederholungstaten oder wenn an der Lebensgeschichte eines Menschen selbst ein legitimes öffentliches Interesse besteht. Ein grundloses, mit einer Identifikation verbundenes Hervorzerren aus dem Schutz der Anonymität, nur um zB eine human-interest-story spektakulär zu illustrieren, wird demgegenüber aber niemand dulden müssen. Bei der Abwägung wird aber auch auf den Zeitabstand und die damit verbundene Verstärkung der Anonymitätsinteressen Rücksicht zu nehmen sein.[91]

91 Zur Frage, ab welchem Zeitpunkt eine identifizierende Berichterstattung in den Regelfällen unzulässig wird, vgl m weit Nachw BERKA, Medienfreiheit 363f, wo eine Orientierung an § 113 StGB, das heißt am Zeitpunkt der Entlassung, vorgeschlagen wird.

X. KAPITEL

Das Recht auf Entgegnung

Einer wahrheitswidrigen oder entstellenden Berichterstattung in den Massenmedien kann durch die zivil- und strafrechtlichen Rechtsbehelfe in manchen Fällen gar nicht, meist aber nur mit erheblicher Verzögerung begegnet werden. Um einem öffentlichen Angriff wirksam entgegenzutreten, sollte der Verletzte auch die Möglichkeit haben, möglichst rasch vor demselben Publikum seinen Standpunkt darzulegen. Zur Herstellung dieser „Waffengleichheit" gibt das Recht dem Betroffenen einen Anspruch auf eine kostenlose und gleichwertige Gegendarstellung in dem Massenmedium, von dem der Angriff ausging. Dieser *Entgegnungsanspruch* gehört seit dem vorigen Jahrhundert zu den zentralen presserechtlichen Institutionen. Er ist von großer praktischer Bedeutung und gilt als geeignetes Mittel des Ausgleiches zwischen dem Schutz der Persönlichkeit und den Erfordernissen der tagesaktuellen Publizistik. Ihm verwandt ist die „nachträgliche Mitteilung über den Ausgang eines Strafverfahrens", den das MedienG neu eingeführt hat, um die nachteiligen Folgen einer Berichterstattung über einen Strafverdacht oder über die Einleitung eines Strafverfahrens abzuschwächen.

1. Zweck und Entwicklung des Entgegnungsrechts

Der presserechtliche Entgegnungsanspruch ist historisch ein Kind der Pressefreiheit und wurde auch als dessen zwangsläufige Ergänzung angesehen. Denn die Befreiung der Presse von der obrigkeitlichen Aufsicht konnte zu Übergriffen der Presse führen, denen der Einzelne mehr oder weniger schutzlos ausgeliefert war. Um einem persönlich angegriffenen Bürger ebenfalls die Freiheit der öffentlichen Äußerung wirksam zu garantieren, schufen, einem französischem Vorbild folgend, die meisten kontinentaleuropäischen Pressegesetze ein „droit de réponse", also das Recht einer Privatperson auf Abdruck einer eigenen Sachdarstellung: „So öffnet das Presserecht dem von der periodischen Presse Angegriffenen die Schranken der Öffentlichkeit, legt ihm diejenige Waffe in die Hand, durch dessen geschickte Führung die Presse ihre Großmachtstellung errungen hat" (Franz von Liszt, 1878).

Charakteristisch für dieses Rechtsinstrument wurde dabei das sogenannte *formelle Prinzip,* dh die Verpflichtung der Presse, Entgegnungen ohne Rücksicht auf ihren Wahrheitsgehalt abzudrucken, weil nur durch den Verzicht auf eine umfassende Wahrheitsprüfung eine entsprechend rasche Reaktion auf einen Presseangriff möglich schien. Andererseits gewährten die meisten Pressegesetze den Anspruch nur gegenüber Tatsachenmitteilungen, um nicht den Streit um subjektive Meinungen und Werturteile in die Zeitungen hineinzutragen. In das österreichische Recht fand der Anspruch ursprünglich unter der Bezeichnung „Berichtigungspflicht" Eingang – an sich eine irreführende Wortwahl, weil die „Berichtigung" nicht zwangsläufig wahr zu sein brauchte, weshalb später der gebräuchlichere Ausdruck „Entgegnung" gewählt wurde.[1]

Die von dem Veröffentlichungszwang betroffenen Massenmedien haben die Pflicht, auch wahrheitswidrige Entgegnungen abdrucken zu müssen, als eine unbillige Last und unnötige Behinderung ihrer Berichterstattung empfunden. Bei der Reform des österreichischen Medienrechts ist der Gesetzgeber diesen Einwendungen gefolgt und hat – in Abwendung von dem formellen Prinzip – den Entgegnungsanspruch auf *wahre* Entgegnungen beschränkt, wobei die nunmehr notwendige Wahrheitsprüfung im Streitfall einem beschleunigten Verfahren übertragen wurde. Zugleich hat das MedienG die ursprünglich nur die Presse treffende Entgegnungspflicht auf *alle* periodischen Medien erstreckt und die im RFG für den Rundfunk getroffenen Sonderregelungen aufgehoben.

Die *Neugestaltung* des Entgegnungsanspruches hat seinen Sinn und Zweck nicht grundsätzlich verändert. Wie zuvor ist er in erster Linie ein Instrument des Persönlichkeitsschutzes, das den privaten Interessen eines Betroffenen an einem unverfälschten öffentlichen Erscheinungsbild im Rahmen des Möglichen effektiven Schutz geben soll. Das öffentliche Interesse an einer objektiven Berichterstattung und an einer umfassenden Informa-

1 Zur Entwicklung des Rechtsinstituts Köbl, Das presserechtliche Entgegnungsrecht und seine Verallgemeinerung (1966); Kirchmayer, Österreichisches Entgegnungsrecht – von den Anfängen bis zur Gegenwart, RZ 83, 258; eine rechtsvergleichende Übersicht bieten Löffler–Golsong–Frank (Hrsg), Das Gegendarstellungsrecht in Europa (1974); zur älteren österreichischen Rechtslage Liszt, Lehrbuch des österreichischen Preßrechts (1878) 174ff; Swoboda–Hartmann, Preßrecht 53ff; Kadečka, Das österreichische Preßrecht (1931) 77ff.

tion des Publikums auch über kontroverse Standpunkte steht demgegenüber im Hintergrund. Dies gilt auch nach der Zulassung der Wahrheitsprüfung, durch die zwar unwahren Entgegnungen begegnet werden soll, freilich nur soweit eine Beweisführung ohne übermäßige Verzögerungen möglich ist.[2]

Die Neuregelung hat zudem die Möglichkeiten erweitert, durch redaktionelle Berichtigungen dem Entgegnungszwang auszuweichen. Darin liegt nur dann kein Nachteil für die Betroffenen, wenn die Voraussetzung der Gleichwertigkeit der redaktionellen Richtigstellung ernst genommen wird.[3]

Die persönlichen und sachlichen Voraussetzungen des Entgegnungsanspruches, die Modalitäten seiner Erfüllung und die gerichtliche Durchsetzung einer Veröffentlichung hat das MedienG in den §§ 9–21 ausführlich geregelt. Das Gesetz versucht, den bis zum Wortlaut einer begehrten Entgegnung reichenden starren Formalismus abzuschwächen, der aus der früheren Rechtslage abgeleitet wurde und an dem viele Entgegnungsbegehren gescheitert waren. Trotzdem bedarf die Frage, ob überhaupt eine entgegnungsfähige Behauptung vorliegt, ebenso sorgfältiger Erwägung wie die Beachtung der vorgesehenen Förmlichkeiten bei der Einbringung eines Entgegnungsbegehrens und seiner Formulierung.

2. *Voraussetzungen des Entgegnungsanspruchs*

Das Recht, die unentgeltliche Veröffentlichung einer Entgegnung zu verlangen, steht jeder natürlichen oder juristischen Person oder einer Behörde zu, die durch eine Tatsachenmitteilung

---

2 Die Zulassung der Wahrheitsprüfung wurde in den Motiven zum MedienG zwar auch mit der „gesellschaftlichen Funktion der Medien" motiviert, mit der es nicht vereinbar wäre, daß einer Behauptung eine unwahre Gegenbehauptung zur Seite gestellt werde (RV MedienG 1979, 29). Diese Formulierung ist aber mißverständlich, weil sie an eine (nicht bestehende) Wahrheits*pflicht* der Presse anzuknüpfen scheint, obwohl die Neuregelung in Wahrheit eine bestehende Pflicht der Presse einschränken sollte.

3 Hingenommen hat der Gesetzgeber bei seiner Reform, daß sich das österreichische Recht von den Grundsätzen entfernt, die zur Rechtsvereinheitlichung im Rahmen des Europarates mit dem Ziel eines gesamteuropäisch harmonisierten Entgegnungsrechts aufgestellt wurden; vgl die Resolution (74) 26 des Ministerkomitees des Europarates über das Gegendarstellungsrecht mit dem Anhang „Mindestrichtlinien über das Recht zur Gegendarstellung gegenüber der Presse, dem Hörfunk und dem Fernsehen sowie anderen periodischen Medien", abgedr ua in: LÖFFLER–GOLSONG–FRANK (Hrsg), aaO 311ff.

in der periodischen Presse oder im Rundfunk *nicht bloß allgemein* (§ 9 Abs 1 MedienG) und *erheblich* (§ 11 Abs 1 Z 5 MedienG) *betroffen* ist. Das Kriterium der Betroffenheit grenzt den Kreis der Anspruchsberechtigten auf jene Personen ein, die durch eine Berichterstattung individuell und nicht nur generell als Angehörige einer Gruppe („die Beamten", „alle Raucher") berührt sind; eine ausdrückliche namentliche Nennung ist aber nicht erforderlich. Das Kriterium der Erheblichkeit schließt schikanöse Entgegnungen aus, etwa auf Mitteilungen, die wegen des ganz geringfügigen Umfangs oder der nur vagen Identifikationsmöglichkeiten nach Lage der Dinge schutzwürdige Interessen nicht verletzen konnten.[4]

Die Begrenzung des Kreises der dem Entgegnungszwang unterworfenen Massenmedien auf *periodische* Medien einschließlich des Rundfunks trägt der Tatsache Rechnung, daß in anderen Medien – zB in Büchern oder Filmen – eine Entgegnung vor demselben Adressatenkreis zumeist nicht möglich wäre und der Beeinträchtigung in solchen Fällen auch durch andere (zivil- oder strafrechtliche) Rechtsbehelfe meist noch wirksam begegnet werden kann.

Wesentlich ist die Einschränkung auf *Tatsachenmitteilungen.* Das Gesetz versucht, den maßgeblichen Gesichtspunkt für die Abgrenzung zu den nicht entgegnungsfähigen Werturteilen in Anlehnung an die bisherige Judikatur zu verdeutlichen, indem auf die Beweisfähigkeit einer Mitteilung abgestellt wird: Einer Entgegnung zugängliche Tatsachenmitteilungen sind danach Angaben, die ihrer Art nach einer Prüfung auf ihre Richtigkeit und Vollständigkeit zugänglich sind und deren wesentliche Aussage nicht bloß in einer persönlichen Meinungsäußerung, einer Wertung oder einer Warnung vor dem zukünftigen Verhalten eines anderen besteht (§ 9 Abs 2 MedienG). Die Orientierung am Maßstab der objektiven Überprüfbarkeit darf allerdings nicht darüber hinwegtäuschen, daß die Frage, ob eine bestimmte Behauptung einem objektiven Beweis zugeführt werden kann oder ein subjektives Werturteil ist, in den Grenzfällen selbst einer

4 Ob eine Ansehensminderung die Folge einer falschen Berichterstattung ist, spielt aber – anders als dies WITTMANN, Medienrecht 61 vermeint – keine Rolle: auch eine lobende Erwähnung kann, wenn sie zB auf einer Personenverwechslung beruht, schutzwürdige Interessen erheblich beeinträchtigen; zur Abgrenzung des Kreises der Entgegnungsberechtigten vgl die in diesem Punkt übertragbare Judikatur zum PresseG, vor allem OGH EvBl 1959/197, EvBl 1956/338, SSt 27/55, SSt 30/26; zum MedienG OLG Wien 18. 5. 1982, MuR 83/1, 25 (Bundesminister als Betroffener).

richterlichen Bewertung bedarf, wobei im Entgegnungsrecht der Sinn und Zweck dieses Rechtsbehelfes im Zweifel eine eher weite Fassung des Tatsachenbegriffes nahelegen.[5] In diesem Umfang sind auch die sogenannten „inneren Tatsachen" (etwa die einer Person zugeschriebenen Eigenschaften), ferner Behauptungen über Werturteile Dritter, irreführend unvollständige Behauptungen, die Wiedergabe fremder Äußerungen oder von Gerüchten und anderes mehr entgegnungsfähig.[6]

Wegen des *Inhalts* ausdrücklich von der Entgegnungspflicht ausgenommen sind der Wirtschaftswerbung dienende Anzeigen, Veröffentlichungen auf Grund einer gesetzlichen Pflicht sowie die wahrheitsgetreuen Berichte über Verhandlungen einer parlamentarischen Körperschaft (§ 11 Abs 1 Z 1–3 MedienG). Mit dem zuletzt genannten Ausschlußgrund hat der Gesetzgeber die bisher rechtlich und rechtspolitisch umstrittene Frage, ob das Privileg der sachlichen Immunität auch auf Entgegnungen zu erstrecken ist, im Sinne einer ausdrücklichen und uneingeschränkten Entgegnungsfreiheit der wahrheitsgetreuen Parlamentsberichterstattung entschieden.[7]

Der Abdruck einer förmlichen Entgegnung erscheint schließlich dann entbehrlich, wenn ein Massenmedium dem *Standpunkt eines Betroffenen* bereits ursprünglich oder in der Folge in angemessener Weise Rechnung getragen hat. In diesem Sinn läßt das Gesetz daher die Pflicht zum Abdruck einer Entgegnung entfallen (§ 11 Abs 1 Z 5–9 MedienG), wenn

— bereits die ursprüngliche Veröffentlichung auch die Behauptungen eines Betroffenen in einer einer Entgegnung gleichwertigen Art wiedergegeben hat;
— dem Betroffenen eine Gelegenheit zu einer angemessenen Gegendarstellung angeboten wurde und er dieses Angebot ausgeschlagen hat;
— eine im wesentlichen inhaltsgleiche und gleichwertige Entgegnung von einer dritten Person erwirkt worden ist;
— eine gleichwertige redaktionelle Richtigstellung (Ergänzung) veröffentlicht worden ist, wobei dies auch nach Einlangen eines Veröffentlichungsbegehrens erfolgen kann (§ 12 Abs 2 MedienG).

---

5 Zur Problematik der Abgrenzung von Tatsachenbehauptungen und Werturteilen vgl oben S 211f.

6 Vgl aus der bisherigen – mit der Einschränkung des § 9 Abs 2 MedienG übertragbaren – Judikatur zum PresseG OGH SSt 5/60, SSt 12/63, SSt 30/74, SSt 30/94; zu den Einzelheiten HARTMANN–RIEDER (1985) 86ff.

7 Vgl oben S 90.

3. Das Veröffentlichungsbegehren und die Veröffentlichung der Entgegnung

Der Entgegnungsanspruch wird durch ein *Veröffentlichungsbegehren* geltend gemacht, das der Betroffene zusammen mit dem Text der begehrten Entgegnung binnen zwei Monaten nach Veröffentlichung der bekämpften Mitteilung schriftlich (Brief, Telegramm, Telex) an die im Impressum angegebene Adresse des Medieninhabers oder der Redaktion zu richten hat. Nach Ablauf dieser Frist ist das Entgegnungsrecht verwirkt. Aus dem Begehren muß hervorgehen, auf welche Tatsachenmitteilungen es sich bezieht. Die Anführung ihrer genaueren Fundstelle sowie die Bezeichnung als „Entgegnung" ist empfehlenswert, um Zweifel über die Natur und den Inhalt des Begehrens auszuschließen.[8] Der Umfang und Inhalt der begehrten Entgegnung hat sich auf das notwendige Maß zu beschränken, ohne daß sie sich in einer bloßen Negation nach dem Muster These–Antithese erschöpfen muß: Der Entgegnungswerber hat darzulegen, daß und aus welchem Grund die bekämpfte Veröffentlichung unrichtig bzw irreführend unvollständig ist und wie sich der wahre bzw vollständige Sachverhalt darstellt. Damit die Entgegnung dem unbeteiligten Publikum verständlich ist und damit sie das durch die Fehlinformation entstandene falsche Bild zurechtrückt, wird der Umfang einer Entgegnung oft über den Umfang der ursprünglichen Veröffentlichung hinauszugehen haben. Im übrigen überläßt das Gesetz die Formulierung der Entgegnung dem Betroffenen.

Einem formgerecht und rechtzeitig eingebrachten Veröffentlichungsbegehren, das nicht unter den Tatbestand eines der dargestellten gesetzlichen Ausschlußgründe fällt, *hat* der jeweilige Medieninhaber zu entsprechen, sofern er nicht in einem Provisorialverfahren den Beweis der Unwahrheit der Entgegnung oder einzelner ihrer Teile erbringt. In Tageszeitungen und in Programmen des ORF ist die Entgegnung spätestens am fünften Werktag, in anderen periodischen Medien (Wochen-, Monatszeitschriften etc) in der ersten oder zweiten Nummer nach Einlangen der Entgegnung zu veröffentlichen. Die Entgegnung ist unentgeltlich einzuschalten und ausdrücklich als solche zu bezeichnen. Sie ist so zu plazieren und aufzumachen, daß der *„glei-*

8 Nach OLG Wien 7. 1. 1987, MuR 87/2, 49 muß eine Entgegnung ausdrücklich als solche bezeichnet sein, um eine Pflicht zur Veröffentlichung auszulösen.

che Veröffentlichungswert" wie bei der ursprünglichen Veröffentlichung erzielt wird. Nach einer ausdrücklichen Regelung ist dies bei Entgegnungen in Zeitungen und Zeitschriften jedenfalls dann der Fall, wenn die Entgegnung im selben Teil und in der gleichen Schrift wie die bekämpfte Tatsachenmitteilung abgedruckt wird (§ 13 Abs 3, 4 MedienG). Entgegnungen im Rundfunk sind grundsätzlich zu verlesen, unter besonderen Umständen kann auch die Einschaltung eines Stand- oder Laufbildes begehrt werden. Ist eine Mitteilung zu mehreren Sendeterminen gebracht worden, genügt eine einzige Veröffentlichung der Entgegnung zu dem Zeitpunkt mit dem größten Veröffentlichungswert (§ 13 Abs 5, 6 MedienG).[9]

Redaktionelle Veränderungen im Text einer Entgegnung sind unzulässig; die Beifügung eines redaktionellen Zusatzes („Redaktionsschwanz") ist erlaubt, wenn er sich deutlich von dem Text der Entgegnung abhebt. Eine solche *Glosse* kann aber unter Umständen einen neuerlichen Entgegnungsanspruch auslösen. Auf die den Medien nach Einlangung eines entsprechenden Veröffentlichungsbegehrens offenstehende Möglichkeit, durch eine gleichwertige redaktionelle Richtigstellung oder Ergänzung die Entgegnung zu unterlaufen, wurde bereits aufmerksam gemacht. Wird von diesem Wahlrecht Gebrauch gemacht, muß auf die Tatsache des Entgegnungsbegehrens nicht hingewiesen werden, so daß nach außen der Eindruck einer spontanen redaktionellen Richtigstellung gewahrt bleiben kann; nur gegenüber dem Entgegnungswerber ist eine Verständigung vorgeschrieben (§ 12 Abs 2 MedienG).

Für Entgegnungsbegehren, die sich gegen *Belangsendungen* im Rundfunk richten, gelten einige Sonderbestimmungen (§ 21 MedienG): Antragsgegner ist in solchen Fällen die politische Partei oder der Interessenverband, der die Belangsendung gestaltet hat. Die Entgegnung selbst ist im Rahmen eines dem Belangträger zustehenden Sendetermins zu veröffentlichen.

4. Die Durchsetzung des Entgegnungsanspruchs

Weigern sich Redaktion oder Medieninhaber, eine begehrte Entgegnung zu veröffentlichen oder entsprechen sie dem Veröffentlichungsbegehren nicht rechtzeitig und in der vorgeschriebenen Weise, kann der Betroffene ein *gerichtliches Verfahren* ein-

---

9 Vgl dazu die Judikatur zum PresseG, OGH SSt 9/7, SSt 24/41; ferner OGH 30. 6. 1982, RfR 84, 13; HARTMANN-RIEDER (1985) 110ff.

leiten, in dem über die Rechtmäßigkeit dieser Weigerung zu entscheiden und in dem die Veröffentlichung einer berechtigten Entgegnung durchzusetzen ist. Ist die Veröffentlichung nur verspätet, aber ansonsten gehörig erfolgt, kann nicht auf neuerliche Veröffentlichung, wohl aber auf Zuerkennung einer Geldbuße an den Antragsteller geklagt werden. Weil der Gesetzgeber die Massenmedien von der Pflicht zum Abdruck unwahrer Entgegnungen entlastet hat, wurde ein Verfahren notwendig, in dem über die Wahrheitsfrage so zügig entschieden werden kann, daß Entgegnungen nicht wegen eines übermäßig verzögerten Entscheidungstermins um ihre Wirkung gebracht werden. Dem dient die Zweiteilung des gerichtlichen Entgegnungsverfahrens in ein rasch abzuführendes Provisorialverfahren (§§ 14, 15 MedienG) und ein fortgesetztes Verfahren (§ 16 MedienG).

Das *gerichtliche Verfahren,* in dem der Medieninhaber der belangte Antragsgegner ist, ist innerhalb von sechs Wochen ab dem Zeitpunkt, in dem die Entgegnung spätestens hätte veröffentlicht werden sollen oder der Betroffene schriftlich von der Weigerung erfahren hat, durch mündlichen oder schriftlichen Antrag einzuleiten.[10] Das Verfahren ist vor dem für Mediensachen zuständigen Landesgericht unter sinngemäßer Anwendung der Bestimmungen der StPO über das Privatanklageverfahren durchzuführen (§ 14 Abs 1–3 MedienG). Eine Verpflichtung zur Beiziehung eines Anwalts besteht nicht; der Entgegnungswerber (Antragsteller) kann sich aber ebenso wie der Medieninhaber (Antragsgegner) durch einen Anwalt oder eine sonstige Person vertreten lassen.

Den eingelangten Veröffentlichungsantrag hat das Gericht unverzüglich dem Medieninhaber zuzustellen, der innerhalb einer Frist von fünf Tagen schriftliche Einwendungen erheben und Beweismittel anbieten kann. Verstreicht diese Frist ungenützt, *hat* das Gericht auf Veröffentlichung der Entgegnung zu erkennen, wenn sie nicht offensichtlich unberechtigt ist.[11] Letzteres wäre der Fall, wenn das Fehlen einer sachlichen oder persönlichen Voraussetzung des Entgegnungsanspruches klar zutage liegt, etwa weil sich der Antrag gegen ein Werturteil richtet oder offensichtlich ein nicht Betroffener die Entgegnung begehrt. Erhebt der belangte Medieninhaber Einwendungen und behauptet beispielsweise die Unwahrheit der begehrten Entgegnung, ist eine mündliche Verhandlung durchzuführen, nachdem dem Entgegnungswerber unter Fristsetzung

---

10 Zur Frage der Rechtzeitigkeit OLG Wien 23. 8. 1982, ÖJZ-LSK 1982/183; zur Frage der Identität zwischen dem ursprünglichen Veröffentlichungsbegehren und dem Antrag bei Gericht vgl OLG Wien 11. 7. 1983, MuR 83/3, A 6.

11 § 15 Abs 1 MedienG: „Anerkennungsverfahren"; die Abweisung eines offensichtlich unberechtigten Veröffentlichungsantrages obliegt der Ratskammer; OLG Wien 26. 1. 1983, MuR 84/6, A 7.

Gelegenheit zu einer schriftlichen Gegenäußerung gegeben wurde. Für den Abschluß dieses Verfahrensteiles hat der Gesetzgeber eine 14tägige Frist gesetzt, so daß das (vorläufige) Urteil über die Veröffentlichungspflicht spätestens etwa ein Monat nach Einleitung des Verfahrens vorliegen müßte. Im Verfahren ist die Beweislast dem Medieninhaber auferlegt, der zu beweisen hat, daß eine Pflicht zur Veröffentlichung nicht bestand. Eine auf den Ausschlußgrund der Unwahrheit der begehrten Entgegnung gestützte Einwendung kommt dabei nur dann zum Tragen, wenn es dem Antragsgegner gelingt, durch präsente und hinreichend eindeutige Beweismittel den Nachweis der Unwahrheit innerhalb der für diese Entscheidung gesetzten Frist zu erbringen.[12] Dies bedeutet, daß die Veröffentlichung auch unwahrer Entgegnungen durchgesetzt werden kann, wenn der Nachweis ihrer Unwahrheit nur durch aufwendige Beweisverfahren erbracht werden könnte. Gegen das Urteil steht das Rechtsmittel der Berufung zu, wurde aber über die Einwendung der Unwahrheit entschieden, kann es nur zu einer Fortsetzung des Verfahrens nach § 16 MedienG kommen.

Entgegnungsbegehren sind früher häufig daran gescheitert, daß sie zur Gänze oder auch nur in einzelnen Teilen nicht den gesetzlichen Bestimmungen entsprechend verfaßt waren. Um dem abzuhelfen, hat das MedienG den Richter verpflichtet, den Antragsteller in der Verhandlung zur Verbesserung der Entgegnung anzuleiten und auf Veröffentlichung in dieser verbesserten Form zu erkennen, soweit der Sinngehalt nicht verändert wird. Sind nur Teile einer begehrten Entgegnung zulässig, hat das Gericht auf Teilveröffentlichung zu entscheiden (§ 17 Abs 1 MedienG). Im Rahmen des ursprünglichen Sinngehalts kann der Antragsteller auch aus eigener Initiative über sein Begehren disponieren und dieses beispielsweise einschränken.[13]

Das auf Antrag entweder des Medieninhabers oder des Entgegnungswerbers einzuleitende *fortgesetzte Verfahren* dient der endgültigen Entscheidung der Frage nach dem Wahrheitsgehalt einer Entgegnung, wobei auch neue Beweismittel vorgebracht werden können. Ergibt sich dabei die Unwahrheit der auf Grund des Zwischenurteiles veröffentlichten Entgegnung, sind dem Entgegnungswerber die Verfahrenskosten und ein angemessenes Einschaltungsentgelt für die Veröffentlichung der unberechtigten Entgegnung aufzutragen und die Urteilsveröffentlichung auf dessen Kosten anzuordnen. Gleiches gilt, wenn einer Berufung gegen ein auf Veröffentlichung erkennendes Zwischenurteil ganz oder teilweise Folge gegeben wird. Wird hingegen im fortgesetzten Verfahren die Veröffentlichung der Entgegnung bestätigt oder die zuerst abgelehnte Veröffentlichung angeordnet, so ist auf Antrag dem Medieninhaber eine *Geldbuße* aufzuerlegen, die eine Art zivilrechtliche Sanktion für die ursprüngliche Verweigerung der Veröffentlichung darstellt und dem Entgegnungswerber zufließt. Eine solche Geldbuße wegen der Verletzung sei-

---

12 Vgl Wittmann, Medienrecht 72.
13 OLG Wien 11. 7. 1983, MuR 83/3, A 6.

nes Entgegnungsrechts kann der Betroffene auch außerhalb des fortgesetzten Verfahrens immer dann begehren, wenn eine Entgegnung zu Unrecht nicht, nicht gehörig oder verspätet veröffentlicht wurde, es sei denn, daß weder den Medieninhaber noch den mit der Veröffentlichung Beauftragten ein Verschulden trifft. Ist die Entgegnung nur verspätet veröffentlicht worden oder hat der Medieninhaber gegen den Veröffentlichungsantrag keine weiteren Einwendungen erhoben, darf die Geldbuße öS 5000,–, in den übrigen Fällen öS 25.000,–, nicht übersteigen.

Die *Kosten* des Entgegnungsverfahrens trägt der Medieninhaber, wenn der Entgegnungswerber mit seinem Antrag auf Veröffentlichung zur Gänze obsiegt. In bestimmten Fällen, vor allem wenn auf Veröffentlichung erst nach richterlicher Verbesserung oder wenn auf Teilveröffentlichung erkannt wurde, hat das Gericht eine Kostenteilung nach billigem Ermessen vorzunehmen. Ansonsten, dh vor allem wenn der Veröffentlichungsantrag zur Gänze abgewiesen wurde, hat für die Kosten der Entgegnungswerber aufzukommen (§ 19 MedienG).

Zur *Durchsetzung* einer vom Gericht durch Beschluß nach § 15 Abs 1 oder durch Urteil nach § 15 Abs 3 oder § 16 Abs 1 angeordneten Veröffentlichung sieht das MedienG keine Strafbestimmungen vor, sondern Geldbußen, die auf Antrag des Entgegnungswerbers zu verhängen sind und auch diesem zufließen (sog Durchsetzungsverfahren). Vorgesehen ist dabei die Auferlegung einer Geldbuße bis zu öS 5000,– für jede einzelne Nummer einer Druckschrift oder für jeden Sendetag, an dem das Medium ohne gehörige Veröffentlichung der Entgegnung erscheint. Eine Gesamtobergrenze für die zu verhängenden Geldbußen ist nicht vorgesehen, doch können diese – allenfalls auch auf Grund wiederholter Anträge – immer nur für bereits verstrichene Erscheinungszeiträume verhängt werden (§ 20 MedienG).[14]

5. Die nachträgliche Mitteilung über den Ausgang eines Strafverfahrens

Berichten Massenmedien im Rahmen der Kriminal- und Gerichtsberichterstattung über Verdachtsgründe sowie polizeiliche

14 Zur legistisch mißglückten Fassung dieser Bestimmung vgl GRAFF, Das neue Medienrecht – Vorzüge und Schwächen, RZ 81, 213 (218). Gegen einen Beschluß über eine Geldbuße nach § 20 MedienG ist eine Beschwerde an den Gerichtshof 2. Instanz zulässig; so OGH 8. 9. 1987, MuR 87/6, 201 in Auflösung einer bis zu dieser Entscheidung bestehenden Judikaturdivergenz.

und gerichtliche Verfolgungshandlungen, können schutzwürdige persönliche Belange eines Betroffenen in erheblichem Maß beeinträchtigt sein. Ist die Berichterstattung unwahr oder greift sie aus einem anderen Grund in Rechte eines Einzelnen ein, stehen dagegen der Entgegnungsanspruch und gewisse zivil- und strafrechtliche Rechtsbehelfe zur Verfügung.[15] Aber auch eine korrekte und zurückhaltende Berichterstattung wirft einen Makel auf die Person, den es vor allem dann auszuräumen gilt, wenn sich ein Verdacht als unbegründet herausstellt. Dem dient die in § 10 MedienG vorgesehene nachträgliche Mitteilung über den Ausgang eines Strafverfahrens.[16]

Nach dieser Regelung kann eine Person, über die in einem periodischen Medium berichtet worden ist, sie sei einer gerichtlich strafbaren Handlung verdächtig oder gegen sie sei ein Strafverfahren eingeleitet worden, eine „korrespondierende Mitteilung" über die Verfahrenseinstellung oder den Freispruch verlangen. Der Anspruch besteht, wenn der Staatsanwalt die Anzeige zurücklegt oder das Strafverfahren auf andere Weise als durch ein verurteilendes Erkenntnis beendet worden ist. Er richtet sich auf die unentgeltliche Veröffentlichung einer Mitteilung darüber in dem periodischen Medium, das über den Verdacht berichtet hat. Sie muß sich – bei grundsätzlich gleichem Veröffentlichungswert wie der sie auslösende Beitrag – auf das zu dem angestrebten Rechtsschutz Erforderliche beschränken. Auf den Zeitraum, der zwischen der ursprünglichen Verdachtsäußerung und der den Verdacht behebenden Entscheidung verstrichen ist, kommt es nicht an. Ein Antragsteller wird freilich zu erwägen haben, ob eine neuerliche, wenngleich rehabilitierende Meldung immer in seinem Interesse liegt.

Das Verfahren zur Durchsetzung einer korrespondierenden Mitteilung und die Art und Form seiner Veröffentlichung sind weitgehend wie bei der Entgegnung geregelt (§§ 12–15, 17, 19, 20 MedienG). Das Veröffentlichungsbegehren ist innerhalb einer Zweimonatsfrist nach Verfahrenseinstellung schriftlich an den Medieninhaber oder an die Redaktion zu richten; die Richtigkeit der begehrten Mitteilung ist durch Vorlage einer Ausfertigung der das Verfahren beendenden Entscheidung nachzuweisen. Die Veröffentlichung ist ausdrücklich als „nachträgliche Mitteilung" zu bezeichnen. Wie bei der Entgegnung kann aber auch hier das Massenmedium dem Begehren dadurch entsprechen, daß eine gleichwertige re-

---

15 Vgl oben S 251 ff.

16 Die Veröffentlichung einer Entgegnung und die nachträgliche Mitteilung nach § 10 MedienG schließen einander nicht aus; vgl OGH 30. 6. 1983, MuR 83/8, A 8.

daktionelle Mitteilung ohne Hinweis auf das Veröffentlichungsbegehren veröffentlicht wird.[17] Zur Verhängung einer Geldbuße kommt es bei einer nachträglichen Mitteilung nur dann, wenn sie auch nach gerichtlicher Anordnung der Veröffentlichung nicht rechtzeitig oder gehörig veröffentlicht wird.

Von § 10 MedienG nicht erfaßt sind Verfahren wegen Verwaltungsübertretungen und Disziplinarstrafsachen und – da ein Strafverfahren vorausgesetzt wird – Berichte über private Verdächtigungen, die noch keinen Anlaß für behördliche Verfolgungsmaßnahmen gegeben haben.

---

17 Von den übrigen Ausschlußgründen des § 11 Abs 1 sind die Z 1, 7 und 10 MedienG auch auf die nachträgliche Mitteilung anzuwenden.

XI. KAPITEL

Das Urheberrecht im Überblick

Das geistige Schaffen („geistiges Eigentum“) ist ebenso wie das materielle Eigentum auf einen Schutz durch die Rechtsordnung angewiesen. Der Urheber muß darauf vertrauen können, daß seine Leistungen nicht durch andere ausgenützt oder verfälscht werden und er um die Früchte seines Bemühens gebracht wird. Das Urheberrecht sichert die materiellen Interessen der Urheber (Autoren, Komponisten, Künstler usw) durch eine angemessene Beteiligung am wirtschaftlichen Erfolg ihrer Werke. Es gibt ferner den ideellen Interessen des Urhebers an seinem Werk entsprechenden Schutz („Urheberpersönlichkeitsrecht“). Für die Massenmedien sind Fragen des Urheberrechts von größter praktischer Bedeutung. Bei der Zusammenstellung des Inhalts von Druckwerken oder von Programmen im Rundfunk, bei der Bearbeitung des Nachrichtenstoffs und seiner Illustrierung müssen die fremden Urheberrechte respektiert werden. Andererseits bringt der Publizist auch selbst geschützte Werke hervor und hat daher ebenso wie das Medienunternehmen, das eine Veröffentlichung vornimmt, einen Anspruch darauf, daß nicht Unbefugte diese Leistungen ausbeuten. Jede Regelung im Bereich der Urheberrechte hat aber auch auf die Informationsfreiheit der Allgemeinheit gehörig Rücksicht zu nehmen, die durch den Schutz des geistigen Schaffens nicht übermäßig beengt werden darf.[1]

Die maßgebliche innerstaatliche Rechtsquelle ist das UrheberrechtsG (UrhG), dessen Stammfassung auf das Jahr 1936 zurückgeht und das in der Zwischenzeit mehrmals an die neueren Entwicklungen angepaßt wurde.[2] Angesichts der vielfältigen in-

1 Eine Einführung in das österreichische Urheberrecht bieten KUCSKO–DITTRICH, Urheberrecht² (1986); vgl ferner DITTRICH, Österreichisches und internationales Urheberrecht (1974) mit Ergänzungsband 1982 und zahlreichen weiterführenden Hinweisen.

2 BG über das Urheberrecht an Werken der Literatur und der Kunst und über verwandte Schutzrechte vom 9. 4. 1936 BGBl 111, zuletzt geändert BGBl 1988/601.

ternationalen Verflechtungen der Kulturwelt und der Verbreitung von Bild- und Tonträgern und von Rundfunkprogrammen über die Landesgrenzen hinweg – durch die Satellitentechnik wurde der internationale Programmaustausch tatsächlich weltumspannend – kommt ferner den völkerrechtlichen Abkommen über den Urheberrechtsschutz große Bedeutung zu. Dieses internationale Urheberrecht geht vom Prinzip der sogenannten Inländerbehandlung aus, das besagt, daß die Urheber in allen Mitgliedsstaaten der betreffenden Übereinkommen den gleichen Urheberrechtsschutz genießen wie deren eigene Staatsangehörige. Ergänzend garantieren die Übereinkommen einen gewissen Mindestschutz, zB Mindestfristen für die zeitliche Dauer des Urheberrechtsschutzes.[3]

1. Das Urheberrecht an Werken der Literatur und Kunst

Damit eine menschliche Hervorbringung Urheberrechtsschutz erlangen kann, muß der Urheber ein *Werk im urheberrechtlichen Sinne* schaffen. § 1 UrhG umschreibt ein solches Werk als eine „eigentümliche geistige Schöpfung auf den Gebieten der Literatur, der Tonkunst, der bildenden Künste und der Filmkunst". Der Werkscharakter setzt daher, neben der Zugehörigkeit zu einer der angeführten Werkgattungen, eine gewisse Individualität des Geschaffenen voraus. Ihm muß – nach Formulierungen der Rechtsprechung – der Stempel des Einmaligen und der Zugehörigkeit zu seinem Schöpfer aufgeprägt sein. Bloße Alltagsarbeiten, Gedanken und Ideen oder das Zusam-

---

3 Auf die Einzelheiten des internationalen Urheberrechts kann in diesem Rahmen nicht näher eingegangen werden. Anzumerken ist, daß Österreich bei den meisten einschlägigen Konventionen Vertragspartner ist; am wichtigsten ist dabei die Mitgliedschaft bei der Revidierten Berner Übereinkunft zum Schutz von Werken der Literatur und der Kunst (1886), die gegenwärtig in der Fassung der Pariser Revisionskonferenz (1971) für Österreich gilt. Die Berner Übereinkunft wird ergänzt durch das Welturheberrechtsabkommen (1952), das vor allem im Hinblick auf die Mitgliedschaft der USA und die Copyright-Regelung des amerikanischen Rechts von Bedeutung ist; nach diesem Übereinkommen sind nichtamerikanische Autoren nicht auf eine förmliche Registrierung ihrer Werke angewiesen, um Urheberrechtsschutz in den USA zu erlangen, wenn alle Werkexemplare das Zeichen © tragen. Weitere Abkommen mit österreichischer Mitgliedschaft sind im Bereich des Urheberrechts das Rom-Abkommen über die verwandten Schutzrechte, das Abkommen zur Errichtung der Weltorganisation für geistiges Eigentum und das Brüsseler Satellitenabkommen. Diese Abkommen sind mit entsprechenden Erläuterungen abgedr in: DITTRICH, aaO 115ff.

mentragen von Bekanntem genießen keinen Schutz. Eine besondere „Werkhöhe" oder künstlerische Qualität ist aber nicht gefordert.

Daher kann ein *Interview* dann (und nur dann) ein Werk sein, wenn der Reporter durch Formgestaltung, inhaltliche Gruppierung und Auswahl des Stoffmaterials das Gespräch über die bloße Darstellung eines Ereignisses hinausgehend zu einer persönlichen Schöpfung formt. Beim *Kommentar* wird aus diesen Gründen der Urheberrechtsschutz kaum zweifelhaft sein. Eine *Fotografie* ist dann ein Werk im Urheberrechtssinn, wenn sie einen schöpferischen Gedanken verwirklicht. Die kritische Würdigung einer Theateraufführung, ein gestalteter TV-Vorspann oder die Konzeption einer „Wahlzeitung" wären weitere Beispiele, bei denen die Rechtsprechung den Werkscharakter bejaht hat. Die bloße Disposition eines Reiseführers, die Zusammenstellung von Rechtsvorschriften oder die Bezeichnung einer ständigen Zeitungskolumne („Adabei"), das Layout einer Zeitung oder die Idee für ein Fernsehspiel sind hingegen keine schutzfähigen Werke.[4] Die Anlehnung an ein fremdes Werk oder seine Benützung als Anregung hindert nicht, die Nachschöpfung als ein eigenständiges Werk anzusehen. Bei der schöpferischen Zusammenstellung einzelner Beiträge zu einer Anthologie kann der Herausgeber neben den fortbestehenden Rechten an den einzelnen Beiträgen Urheberrechtsschutz für das Sammelwerk in Anspruch nehmen. Dagegen können Gesetze, Verordnungen und andere amtliche Bekanntmachungen und Entscheidungen als „freie Werke" von jedermann ohne Beschränkung verwertet werden (§ 7 UrhG).

Liegt ein nach UrhG schutzfähiges Werk vor, gewährt das Gesetz dem Urheber (§ 10 UrhG) das ausschließliche Recht, das Werk in der Form der *Verwertungsrechte* wirtschaftlich zu nutzen. Eine besondere Anmeldung oder Registrierung ist nicht erforderlich. Auch im Rahmen von Arbeitsverhältnissen entsteht das Urheberrecht in der Person des Werkschöpfers, doch ergibt sich im allgemeinen aus dem Dienstvertrag, daß der Angestellte verpflichtet ist, die Verwertung des Urheberrechts dem Arbeitgeber zu überlassen.[5] Das wichtigste Verwertungsrecht ist das Recht, das geschaffene Werk zu vervielfältigen, öffentlich zu verbreiten und an dem erzielten wirtschaftlichen Erfolg angemessen beteiligt zu werden. Andere ebenfalls dem Urheber vorbe-

---

4 Zahlreiche weitere Nachw zur Rspr bei DITTRICH, aaO § 1 Anm 22, 23; zur urheberrechtlichen Einordnung von Interviews SCHMIDT-OSTEN, Das Interview, in: Löffler-FS (1980) 345.

5 Zu den Einzelheiten, vor allem auch zum Umfang der durch Arbeitsvertrag übertragenen Werknutzungsrechte, vgl DITTRICH, Arbeitnehmer und Urheberrecht (1978) 63 ff.

haltene Verwertungsrechte betreffen das Recht auf die erste Inhaltsangabe, das Senderecht und die Vortrags-, Aufführungs- und Vorführungsrechte. Daher hat zB der Urheber und nur er selbst darüber zu entscheiden, ob sein Vortrag auf Tonband aufgenommen werden darf, in welcher Weise sein Roman vertrieben wird oder ob es zu einer Ausstrahlung im Fernsehen kommt.

Das Gesetz schützt auch die *geistigen Interessen* des Urhebers an seinem Werk. Neben der ihm vorbehaltenen Entscheidung darüber, ob sein Werk überhaupt der Öffentlichkeit präsentiert wird, kann er sich auch rechtlich zur Wehr setzen, wenn seine Urheberschaft bestritten wird oder ohne seine Zustimmung Bearbeitungen am Werk vorgenommen werden. Wer einen Leserbrief verfaßt und an eine Zeitung schickt, muß allerdings damit rechnen, daß sein Brief nur gekürzt abgedruckt wird. Das MedienG trifft für den publizistischen Bereich eine weitergehende Regelung, weil es den Journalisten vor einer den Sinngehalt betreffenden Veränderung namentlich gekennzeichneter Artikel auch dann schützt, wenn es sich um keine urheberrechtlich geschützten Werke handelt (§ 3 MedienG).

Praktisch ist dem Autor oder dem bildenden Künstler eine eigene wirtschaftliche Nutzung seines Urheberrechts nur begrenzt möglich. In der Regel räumt der Urheber daher einem anderen durch eine *Werknutzungsbewilligung* die Befugnis ein, alle oder einzelne der ihm vorbehaltenen Verwertungsmöglichkeiten gegen die Zahlung eines entsprechenden Honorars auszuüben. Wird die Verwertung einem anderen ausschließlich eingeräumt, spricht das Gesetz von der Einräumung eines absoluten, gegenüber jedermann wirksamen Werknutzungsrechts. Ein Beispiel für einen solchen Urheberrechtsvertrag ist der Verlagsvertrag, bei dem der Verleger gegen die Zahlung eines Honorars und von Tantiemen an seinen Autor die Vervielfältigung und Verbreitung eines Druckwerks auf eigene Rechnung übernimmt. Bei häufig aufgeführten oder abgespielten Werken wäre es allerdings kaum möglich, daß der Urheber mit allen Veranstaltern entsprechende Verträge schließt und selbst die Wahrung seiner Rechte überwacht. Für die praktische Durchsetzung der Urheberrechte (vor allem im musikalischen Bereich) sind daher die sogenannten Wahrnehmungsverträge von größter Bedeutung, durch die ein Urheber die Werknutzungsrechte zur treuhändigen Verwaltung an besondere Verwertungsgesellschaften überträgt (zB „AKM"), die ihrerseits gegen Entgelt die entsprechenden Aufführungsbewilligungen erteilen.

Diese Verwertungsgesellschaften vertreten auch die sonstigen Rechte der Urheber, etwa indem sie Urheberrechtsverletzungen verfolgen und die Rechte ihrer Vertragspartner im Ausland wahren.[6]

Der Urheber und die von ihm befugten Träger eines Werknutzungsrechts können den Zugang zu dem geschützten Werk und seine Verwertung an sich beliebig beschränken und vor allem von der Entrichtung eines entsprechenden Entgelts abhängig machen. Das geistige Eigentum unterliegt aber seinerseits bestimmten, im allgemeinen Interesse liegenden Schranken. Vor allem die Fälle der sogenannten „freien Werknutzung" begrenzen das ausschließliche Verwertungsrecht des Urhebers und eröffnen der Allgemeinheit den freien Zugang zum Werk. In ihrem Rahmen können auch Presse und Rundfunk fremde Werke heranziehen, ohne auf eine Zustimmung oder Honorierung des Urhebers angewiesen zu sein. Da eine erschöpfende Darstellung der vielfältigen Formen freier Werknutzung hier nicht möglich ist, sollen nur die für die Massenmedien wichtigsten Fälle angeschnitten werden.[7]

Die Vervielfältigung zum eigenen Gebrauch (§ 42 UrhG): Jedermann darf von einem urheberrechtlich geschützten Werk einzelne Vervielfältigungsstücke zu seinem eigenen, auch beruflichen Gebrauch herstellen. Darunter fällt auch die Überspielung von Musikstücken oder von sonstigen Radiosendungen auf Tonband, die Aufzeichnung von Fernsehsendungen auf Videobänder oder das Kopieren von Druckwerken. Eine Vervielfältigung zum eigenen Gebrauch liegt aber nicht mehr vor, wenn das Werk dadurch der Öffentlichkeit zugänglich gemacht werden soll. Durch die UrhG-Novelle 1980 wurde in diesem Zusammenhang eine besondere, auf den Preis von Leerkassetten aufzuschlagende Vergütung („Leerkassettenabgabe") geschaffen. Sie fließt den Urhebern und Inhabern von Leistungsschutzrechten zu, um die gravierenden wirtschaftlichen Einbußen auszugleichen, die diesen durch die erleichterten Möglichkeiten der

---

6 Die „klassischen" Verwertungsgesellschaften, die Aufführungs-, Vorführungs- und Senderechte verwalten (AKM, LVG), sind Genossenschaften nach einem eigenen Gesetz, die übrigen Verwertungsgesellschaften zur Nutzbarmachung der „mechanischen Rechte" (Literar-Mechana, Verwertungsgesellschaft bildender Künstler ua) sind gesellschaftsrechtlich organisiert; vgl den Abdruck der entsprechenden Rechtsgrundlagen bei DITTRICH, aaO 569ff.

7 Zu den freien Werknutzungen im einzelnen, insbesondere zu den hier nicht dargestellten Fällen (zB freie Werknutzung für Unterrichtszwecke, für wohltätigen Zwecken dienende Vortragsveranstaltungen, bei Liedsammlungen und kirchlichen Feierlichkeiten oder bei der Brauchtumspflege usw) vgl die §§ 41–57 UrhG und DITTRICH, aaO 37ff.

Überspielung von Filmen und Musikstücken auf Leerkassetten entstanden waren.[8]

Die Berichterstattung über Tagesereignisse (§ 42a UrhG): Bei der Berichterstattung in den Massenmedien können urheberrechtlich geschützte Werke öffentlich sichtbar werden, die nicht oder zumindest nicht ohne Beeinträchtigung des Informationszweckes ausgeblendet werden können, wenn man etwa an das Standfoto aus einem Film oder an das Gemälde denkt, die bei der Preisverleihung oder Ausstellungseröffnung eingeblendet werden, oder an das Gedicht, das mit einem Blumenstrauß vor laufender Kamera einem ausländischen Staatsoberhaupt dargereicht wird. Im Interesse der Informationsfreiheit läßt das Gesetz eine Verbreitung (Vervielfältigung, Sendung etc) solcher Werke im Rahmen der freien Werknutzung zu, soweit es sich um eine Berichterstattung über Tagesereignisse handelt und sich die Verwendung des Werkes auf den durch den Informationszweck gerechtfertigten Umfang beschränkt. Damit sind auch die aktuelle Berichterstattung über kulturelle Angelegenheiten und die damit verbundene Präsentation von Kunstwerken und Aufführungen, freilich immer nur in begrenzten Ausschnitten, begünstigt. Zielt eine Sendung auf einen vom aktuellen Ereignis losgelösten selbständigen Werkgenuß, bedarf es aber wiederum einer urheberrechtlichen Gestattung.

Die Verbreitung öffentlicher Reden (§ 43 UrhG): Ebenfalls im Interesse der aktuellen Berichterstattung liegt die freie Werknutzung bei öffentlichen Reden. Reden im Parlament, vor Gericht oder vor Behörden wie überhaupt alle anderen öffentlich gehaltenen politischen Reden dürfen danach zum Zweck der Berichterstattung vervielfältigt, verbreitet und durch Rundfunk gesendet werden.

Die Verbreitung einzelner Zeitungs- oder Zeitschriftenartikel (§ 44 UrhG): Um die lebendige Auseinandersetzung über allgemein bewegende Tagesfragen nicht zu behindern, hat das Gesetz die Verbreitung bereits abgedruckter Artikel als freie Werknutzung begünstigt. Einzelne in einer Zeitung oder Zeitschrift enthaltene Aufsätze über wirtschaftliche, politische oder religiöse Tagesfragen dürfen in anderen Zeitungen und Zeitschriften mit der entsprechenden Quellenangabe vervielfältigt und verbreitet werden, außer dies wurde ausdrücklich verboten. Ein solcher Vorbehalt („Nachdruck auch auszugsweise verboten") kann auch ganz allgemein für alle Artikel einer Zeitschrift angebracht werden.

Die Zitierfreiheit (§ 46 UrhG): Bei der geistigen Auseinandersetzung mit fremden Gedanken ist häufig ein wörtliches Zitat notwendig, das daher auch nicht durch urheberrechtliche Schranken behindert werden darf. Dabei ist zu unterscheiden: Ganze Sprachwerke, dh der Abdruck eines ganzen Werkes in einer eigenen Publikation, fallen nur dann in den Bereich der freien Werknutzung, wenn es sich um die Wiedergabe in ei-

---

8 Zur näheren Abgrenzung der Werknutzung nach § 42 UrhG vgl DITTRICH, Zum Umfang der freien Werknutzung für den eigenen Gebrauch, MuR 84/4, A 1.

nem wissenschaftlichen Werk handelt („großes Zitat"). Bei anderen Veröffentlichungen ist nur die wörtliche Wiedergabe einzelner Stellen zulässig („kleines Zitat"). In beiden Fällen besteht aber eine Verpflichtung zur Angabe der zitierten Quelle.[9]

Neben den Fällen der freien Werknutzung begrenzt der *Zeitablauf* das Recht des Urhebers. Nach seinem Tod gewinnt das Interesse der Allgemeinheit an einem ungehinderten Zugang zum Werk zunehmend mehr Gewicht. Das UrhG läßt daher das Urheberrecht durch Zeitablauf erlöschen, wodurch das Werk zur allgemeinen Verwertung frei wird. Bei Werken der Literatur, der Tonkunst und der bildenden Kunst endet der urheberrechtliche Schutz 70 Jahre nach dem Tod des Urhebers, bei Filmwerken 50 Jahre nach der Aufnahme bzw der ersten Veröffentlichung. Mit diesen Fristen gehört Österreich zu den Staaten mit den längsten urheberrechtlichen Schutzfristen.

2. *Die verwandten Schutzrechte (Leistungsschutzrechte)*

Neben dem eigentlichen Urheber eines geschützten Werkes erbringen auch noch andere Personen und Einrichtungen schutzwürdige kulturelle Leistungen, vor allem bei der Interpretation eines Werkes und seiner Vermittlung an die Öffentlichkeit. Daher gewährt das Gesetz den ausübenden Künstlern und Veranstaltern, ferner den Herstellern von Lichtbildern und von Schallplatten und den Veranstaltern von Rundfunksendungen den sogenannten *Leistungsschutz*. Soweit die daraus entspringenden Verwertungsrechte nicht ohnedies veräußert werden können, kann der Berechtigte entsprechende Nutzungsrechte oder Nutzungsbewilligungen einräumen. Wie das Urheberrecht sind sie zeitlich begrenzt, wobei die Schutzfrist 30 bis 50 Jahre beträgt. Anders als beim Urheberrecht des Werkschöpfers sind aber immer nur einzelne, begrenzte Verwertungsrechte Gegenstand des Leistungsschutzes.

Schauspieler, Musiker und andere *ausübende Künstler* sowie die *Veranstalter* (§§ 66–72 UrhG) haben das ausschließliche Recht an den Bild- oder Tonaufnahmen der Aufführung und ihrer Verbreitung; Sendungen im Rundfunk bedürfen ihrer Zustimmung. Zum Schutz ihrer Interessen können die Interpreten verlangen, daß ihr Name auf dem Bild- oder Tonträger angege-

---

9 Zum zulässigen Umfang eines „kleinen Zitats" in einem Zeitungsartikel vgl OGH 13. 7. 1982, ÖBl 83, 25 – Max Merkel.

ben oder – bei einer mangelhaften Aufnahme – auch wieder beseitigt wird. Die Aufnahme von Rundfunksendungen und die Überspielung von Platten oder Kassetten sind aber gestattet, wenn sie nur dem eigenen Gebrauch dienen. Im Rahmen der Berichterstattung über Tagesereignisse ist auch die freie Nutzung von Vorführungen und Aufführungen im erforderlichen Umfang zugelassen.

Von großer Bedeutung für die auf Bildreportagen angewiesenen Massenmedien ist der urheberrechtliche *Schutz von Lichtbildern* (§§ 73–75 UrhG). Der Hersteller eines Fotos oder Laufbildes hat das ausschließliche Recht, das Bild zu vervielfältigen, zu verbreiten, vorzuführen und durch Rundfunk zu senden. Er hat ferner einen Anspruch darauf, beim Abdruck seines Lichtbildes genannt zu werden. Diese Rechte stehen dem Fotografen oder Bildreporter auch dann zu, wenn es sich um Aufnahmen handelt, die in Ermangelung einer schöpferischen Gestaltung keine urheberrechtlich geschützten Werke sind. Von eng umschriebenen Ausnahmen etwa für wissenschaftliche Zwecke abgesehen, bedarf daher die Vervielfältigung und Verbreitung von Lichtbildern immer der Zustimmung des Herstellers.

Ausschließliche Nutzungsrechte sind schließlich auch den Herstellern von *Schallträgern* und den *Rundfunkunternehmern* eingeräumt (§§ 76, 76a UrhG). Zugunsten des eigenen Gebrauches und der aktuellen Berichterstattung sind aber auch hier bestimmte Formen freier Nutzung vorgesehen.

3. Der Nachrichten- und Titelschutz

Nachrichten über aktuelle Ereignisse sind keine Werke im dargestellten Sinn und genießen daher auch keinen urheberrechtlichen Schutz. Sie dürfen von anderen Massenmedien ohne Quellenangabe und unentgeltlich nachgedruckt werden. Sind solche Informationen jedoch in Zeitungskorrespondenzen oder in anderen der entgeltlichen Vermittlung von Nachrichten dienenden Mitteilungen (Agenturmeldungen) enthalten, gibt es eine Art „Sperrfrist“. Sie soll verhindern, daß dritte Unternehmen die Leistungen einer Agentur ohne entsprechende Abonnementgebühr benutzen. Nach § 79 UrhG beträgt die Sperrfrist zwölf Stunden; dem Nachrichtenschutz unterliegende Presseberichte dürfen daher in dritten Zeitungen oder Zeitschriften erst dann wiedergegeben werden, wenn seit ihrer Verlautbarung in einer vom Nachrichtensammler dazu ermächtigten Zeitung oder Zeitschrift mindestens zwölf Stunden verstrichen sind. Diese Regelung schützt aber nur die von den Nachrichtensammlern verfaßten Meldungen; stammt eine Information aus einer anderen Quelle, hat sie etwa die Zeitung selbst recherchiert, kann sie ohne weiteres nachgedruckt werden.[10] Im Zusammenhang mit den Leistungsschutzrechten enthält das UrhG ferner eine besondere Regelung über den *Titelschutz* (§ 80 UrhG). Geschützt sind der Titel und die äußere Bezeichnung sowie die äußere Ausstattung von Werken der Literatur oder Kunst; diese Merkmale eines Werkes dürfen nicht für ein anderes Werk auf eine Weise verwendet werden, die geeignet ist, Verwechslungen hervorzurufen. Der Titelschutz gilt nur im geschäftlichen Verkehr und kommt vor allem auch bei Buch- und Zeitschriftentitel zum Tragen. Nach der Rechtsprechung schließen allerdings bei Zeitungstiteln schon kleinere Abweichungen die Gefahr von Verwechslungen aus, vor allem wenn es sich um unterschiedliche Leserkreise und Verbreitungsgebiete handelt. Titelschutz genießen außerdem nur unterscheidungskräftige Titel, was bei bloßen Gattungsbezeichnungen wie „Zeitung" verneint wird. Auch das Format eines Blattes an sich ist nicht geschützt.[11]

4. *Urheberrechtliche Probleme im Rundfunkbereich*

Der Veranstalter von Rundfunksendungen ist auf die Einräumung der entsprechenden Senderechte durch den Urheber (Autor, Komponist, Regisseur usw) bzw durch eine Verwertungsgesellschaft angewiesen. Zugleich hat der Rundfunkunternehmer als Leistungsschutzberechtigter das ausschließliche Recht an der Sendung, die ohne seine Einwilligung nicht weiterverbreitet werden darf. Dabei war das herkömmliche Urheberrecht auf eine Situation zugeschnitten, in der die von einem Rundfunksender ausgestrahlten Signale von den einzelnen privaten Empfangsanlagen individuell empfangen wurden. Eine über diesen direkten Empfangsbereich hinausgehende Weiterverbreitung durch einen (weiteren) Sendevorgang oder mittels Drahtfunk blieb als neue Sendung den berechtigten Urhebern bzw Rundfunkunternehmern vorbehalten. Der in den letzten Jahren vollzogene Aufbau von *Gemeinschaftsantennenanlagen* und die neuen Möglichkeiten des *Kabel- und Satellitenrundfunks* haben eine neue Situa-

---

10 Allgemein zur praktischen und juristischen Bedeutung von Sperrfristen PRANTL, Die Sperrfrist für journalistische Information, AfP 82, 204.

11 Näheres zum Titelschutz bei KUCSKO, Der Titelschutz im Urheber-, Wettbewerbs- und Markenrecht, MuR 83/4, A 1.

tion geschaffen. Nachdem einzelne höchstgerichtliche Entscheidungen, die als Testprozesse von den interessierten Kreisen angestrengt wurden, letztlich nur die Vielschichtigkeit der neuen Rechtsprobleme offenkundig gemacht hatten,[12] war der Gesetzgeber aufgerufen, für die Interessenkonflikte zwischen den Urhebern und Rundfunkanstalten auf der einen und den Kabelunternehmen und Konsumenten auf der anderen Seite gerechte Lösungen zu finden. Für die meisten Problembereiche ist dies in der UrhG-Novelle 1980 gelungen, deren Regelungen im folgenden dargestellt werden.[13]

Gemeinschaftsantennenanlagen versorgen heute einzelne Wohnhäuser, Versorgungsbereiche in Siedlungsgröße, aber auch ganze Ortsteile und Gemeinden, nicht zuletzt in den Gebieten, in denen ansonsten eine entsprechende Empfangsqualität nicht zu erzielen wäre. Werden durch solche Anlagen die inländischen Rundfunkprogramme verbreitet, für die ein gesamtösterreichischer Versorgungsauftrag besteht, kann davon ausgegangen werden, daß auch die Weiterleitung über Kabel bereits durch die den Urhebern zugeflossenen Tantiemen abgegolten ist. Daher hat der Gesetzgeber die integrale Weiterleitung[14] von Rundfunksendungen des ORF im Inland nicht als eine neue Rundfunksendung qualifiziert, für die den Urhebern neuerlich Entgelt geleistet werden müßte, sondern als einen Teil der bereits entsprechend abgegoltenen Sendung. Als eine bloße Weiterleitung innerhalb eines Empfangsbereiches und nicht als neue Rundfunksendung gilt ferner kraft ausdrücklicher gesetzlicher Regelung die Vermittlung von Rundfunksendungen durch eine Rundfunkvermittlungsanlage (zB Hausanlage) oder durch eine Gemeinschaftsantennenanlage, die nicht mehr als 500 Teilnehmer versorgt oder Teilnehmer, die sich in einem räumlichen Naheverhältnis befinden (§ 17 UrhG). Im Rahmen solcher Kleinanlagen ist daher nicht nur die Übermittlung des ORF-Programms, sondern auch die Weiterleitung ausländischer Sendungen urheberrechtlich frei.

In die bestehenden Kabelnetze werden auch *ausländische Rundfunkprogramme* eingespeist, die – sofern ein direkter Emp-

---

12 Vgl zB die für die österreichische Rechtsentwicklung folgenreichen Entscheidungen OGH 25. 6. 1974, EvBl 1975/6; OGH 12. 11. 1979, RfR 80, 21.

13 Vgl dazu allgemein DITTRICH, Die österreichische Urheberrechtsgesetznovelle 1980, GRUR Int 81, 8; zur weiteren Entwicklung HODIK, Die Rechtsprechung zu den österreichischen Urheberrechtsgesetznovellen von 1980 und 1982, UFITA 98 (1984) 91.

14 Zu diesem Begriff vgl oben S 155.

fang nicht möglich ist – entweder von der Post auf Richtfunkstrecken an das Netz herangebracht oder via Satellit empfangen werden. Nachdem die österreichische Rechtsprechung diese Weiterleitung als neuerliche Sendetätigkeit qualifiziert hatte,[15] hätten die Betreiber einer solchen Kabelanlage die Senderechte für jeden einzelnen Programmbestandteil erwerben müssen. Dies wäre bei der Vielzahl der Rechtsträger praktisch nicht möglich gewesen, ganz abgesehen von der Frage des Preises. Um daher die Versorgung mit ausländischen Programmen nicht an der Klippe der Rechte der Urheber und ausländischen Rundfunkunternehmen scheitern zu lassen, sah es der Gesetzgeber für erforderlich an, die ausländischen Rundfunksendungen einer *Zwangslizenz* zu unterwerfen.[16] § 59a UrhG bestimmt, daß ausländische Rundfunksendungen auch *ohne* besondere Zustimmung der Rechteinhaber integral weitergeleitet werden dürfen, wobei den Urhebern hierfür aber eine angemessene Vergütung gebührt. Der kritische Angelpunkt dieser Regelung liegt vor allem bei der Bestimmung der Angemessenheit der von den Betreibern der Kabelnetze und letztlich von den inländischen Konsumenten zu tragenden Abgeltung der Urheberrechte. Der Gesetzgeber hat diese Entscheidung – von generellen Bemessungsrichtlinien im Gesetz (§ 59a Abs 2 UrhG) abgesehen[17] – letztlich an die beteiligten Parteien delegiert, die eine vertragliche Regelung zu suchen haben, und im Streitfall eine staatliche Schiedsstelle anrufen können. Diese unter maßgeblichem Einfluß der Sozialpartner (Bundeswirtschaftskammer und Arbeiterkammer) stehende Instanz kann die Vergütung durch Verordnung („Satzung") festlegen.[18] Wie der im Jahre 1982 ausgebrochene Streit und das anschließende Pokern um den „Kabelgroschen" gezeigt haben, scheinen in diesem Gremium die an einer kostengünstigen Versorgung der inländischen Fernsehkonsumenten interes-

15 Vgl die Nachw oben FN 12.

16 Zur Qualifikation der Zwangslizenz als – verfassungsrechtlich gedecktem – Akt der Enteignung ÖHLINGER, Rechtsprobleme des Kabelfernsehens und des Satellitenrundfunks, RfR 83, 37 (40).

17 Das Gesetz ordnet an, daß bei der Bemessung der Vergütung insbesondere Bedacht zu nehmen ist auf a) die wirtschaftliche Bedeutung der Weitersendung für den Urheber, b) auf den wirtschaftlichen Nutzen des Weitersendenden, c) auf die Tantiemenlage in dem Staat, aus dem die Rundfunksendung stammt.

18 Zur verfassungsrechtlichen Problematik dieser Schiedsstelle ÖHLINGER, RfR 83, 40; in seinem Erkenntnis VfSlg 9887/83 hat der VfGH allerdings die gegen die Zusammensetzung der Schiedsstelle vorgetragenen Bedenken verworfen und ihr die Eigenschaft einer „unparteiischen Instanz" attestiert.

sierten Standpunkte gegenüber den Interessen der Urheber die Überhand zu gewinnen.[19]

5. Rechtsfolgen bei der Verletzung geschützter Rechte

Das UrhG gewährt dem Träger eines geschützten Rechts einen umfassenden zivil- und strafrechtlichen Schutz. Wird ein Berechtigter in einem Ausschließungsrecht verletzt, weil etwa von seinem Werk ein Raubdruck verbreitet oder sein Werk im Rundfunk oder bei einer öffentlichen Aufführung ohne seine Zustimmung verwertet wurde, kann auf Unterlassung dieser rechtswidrigen Handlung geklagt werden. Droht die Gefahr einer Verletzung, kann auch eine vorbeugende *Unterlassungsklage* eingebracht werden. Der Verletzte kann außerdem die Beseitigung des rechtswidrigen Zustandes verlangen, bis hin zu einer Vernichtung der illegal hergestellten Exemplare. Um den durch den Eingriff in seine Rechte entstandenen wirtschaftlichen Schaden auszugleichen, kann er ferner bei entsprechendem Verschulden einen *Schadenersatzanspruch* geltend machen, der immer auch den entgangenen Gewinn und den Ersatz des ideellen Schadens umfaßt. In den im Gesetz (§ 86 UrhG) aufgezählten Fällen, vor allem auch bei einer unbefugten Benutzung eines Werkes oder einer unbefugten Sendung oder Aufführung, hat der Verletzte ferner einen Anspruch auf *Zahlung eines angemes-*

---

19 Im August 1982 setzte die Schiedsstelle die Höhe der für ausländische Programme gebührenden Vergütung mit öS 3,– pro Monat und Kabelteilnehmer fest, worin die Urheber eine „krasse Unterbewertung der schöpferischen Leistung" erblickten; vgl in diesem Sinne POPP, Kabel-TV: Streit um Künstlerentgelt, ÖHZ 11 (1982) XVIII; die Satzung der Schiedsstelle samt Begründung ist abgedr in RfR 83, 19. In Verhandlungen zwischen der Urheberseite und den Kabelunternehmen wurde Ende 1984 allerdings eine stufenweise Anhebung dieses Satzes auf öS 7,80 vereinbart; vgl MuR 85/1, A 17. Offen blieb dabei die urheberrechtliche Einordnung der über Satellit übermittelten und in inländische Kabelnetze eingespeisten Programme (zB „Sky Channel"), vor allem die Frage, ob diese Programme ebenfalls der Zwangslizenz nach § 59a UrhG unterliegen; nach der Grundsatzentscheidung OGH 4. 2. 1986, MuR 86/2, 16 – Sky Channel – ist das nicht der Fall, so daß die Rechte zur Verbreitung von Satellitenprogrammen gesondert zu erwerben sind, wenn ihnen keine ausländische Rundfunksendung „vorgelagert" ist. Vgl zu diesem Fragenkreis DITTRICH, Überlegungen zur Tragweite des § 59a Abs 1 Urheberrechtsgesetz, MuR 84/1, A 2; KORN, Satelliten-TV und urheberrechtliche Zwangslizenz (§ 59a UrhG), MuR 84/2, A 5 sowie den Bericht „Ein neuer Musterprozeß um Satelliten-TV-Lizenz", MuR 87/6, 198 (zu den Programmen SAT 1 und RTL plus). Zur urheberrechtlichen Situation bei Hotel-Video-Anlagen vgl OGH 17. 6. 1986, MuR 86/4, 20.

senen Entgelts, und zwar auch dann, wenn dem Schädiger kein Verschulden vorzuwerfen ist.[20]

Vorsätzliche Eingriffe in ein Urheber- oder Leistungsschutzrecht begründen auch eine *strafrechtliche Verantwortlichkeit,* die vom Geschädigten im Wege einer Privatanklage geltend gemacht werden muß.[21] Vorschriften über die Vernichtung von Eingriffsgegenständen (zB Raubdrucke) oder Eingriffsmittel (zB eine illegale Kopieranlage) und eine Beschlagnahmeermächtigung zur vorläufigen Sicherung dieser Maßnahmen ergänzen den strafrechtlichen Schutz. Gegenüber den illegalen Praktiken der international im großen Stil operierenden Video-Piraterie erweisen sich diese Mittel aber oft als wirkungslos, so daß eine Verschärfung des Strafrechtsschutzes diskutiert wird.

---

20 Zu den Einzelheiten vgl SCHÖNHERR–KUCSKO, Schadenersatz im gewerblichen Rechtsschutz und Urheberrecht Österreichs, GRUR Int 80, 282.

21 § 91 UrhG: Freiheitsstrafe bis zu sechs Monaten oder Geldstrafe bis zu 360 Tagessätzen.

XII. KAPITEL

Das Arbeitsrecht für Journalisten

Für die österreichischen Zeitungen und Zeitschriften und den ORF arbeiten ungefähr 4000 hauptberuflich tätige Journalisten.[1] Die Zahl der nebenberuflich tätigen Journalisten, die nur fallweise Beiträge für die Massenmedien liefern, entzieht sich einer genaueren Erfassung und wird auf rd 10.000 geschätzt. Von den hauptberuflich tätigen Journalisten ist wiederum nur ein Teil in einem ständigen Dienstverhältnis angestellt. Die übrigen werden als „freie Mitarbeiter" herangezogen und auf Honorarbasis entlohnt, ohne in einem Angestelltenverhältnis zu stehen. Der gesellschaftliche Status der Journalisten, ihre Einkommensverhältnisse und ihre soziale Absicherung weisen eine sehr große Bandbreite auf.[2]

Die *rechtliche* Einordnung der sehr vielfältig gestalteten journalistischen Arbeitsverhältnisse richtet sich im einzelnen nach der Art und dem Umfang der vereinbarten Arbeitsleistungen. Weil davon zahlreiche arbeitsrechtliche und soziale Ansprüche abhängen, ist diese Frage von großer Bedeutung und in der Praxis auch oft umstritten. Die Rechtslage ist unübersichtlich. Das JournalistenG des Jahres 1920 regelt nur wenige Fragen, so daß auch für diese Berufsgruppe grundsätzlich die Bestimmungen des allgemeinen Arbeitsrechts gelten, die aber durch weitere vereinzelte Sonderbestimmungen durchbrochen werden, vor allem in Zusammenhang mit den besonderen Problemen der beim Rundfunk angestellten Journalisten. Ohne auf alle Einzelheiten dieser weitverzweigten Materie einzugehen, sollen im folgenden die Grundzüge des für journalistische Arbeitsverhältnisse anwendbaren Arbeitsrechts unter Hervorhebung der berufsspezifischen Besonderheiten behandelt werden.

---

1 Vgl Medienbericht II, 457 ff; ebenda zu den Schwierigkeiten einer berufsstatistischen Erfassung. Die im Text genannte Zahl beruht auf einer Hochrechnung im Medienbericht III, 230, die zu einer mehr als 40% (!) Zunahme der hauptberuflich tätigen Journalisten zwischen 1981 und 1985 gelangt.

2 Vgl MUZIK, Die Zeitungsmacher² (1984) 51 ff.

1. Zum Journalistenbegriff

Der Zugang zum Journalismus ist durch keine gesetzlichen Regelungen oder formalen Ausbildungserfordernisse reglementiert. Da es auch keine fest umschriebenen Laufbahnen und abgegrenzten Berufsbilder gibt, bleibt der Begriff des Journalisten notwendig vage. Die Praxis orientiert sich gelegentlich an Äußerlichkeiten, wie etwa der Zugehörigkeit zu dem Personenkreis, der nach einer zwischen den Berufsverbänden vereinbarten Regelung von dem „Kuratorium für Presseausweise" einen Presseausweis erhalten hat.

Auch einen einheitlichen *Rechtsbegriff des Journalisten* gibt es nicht. Der Gesetzgeber knüpft aber in verschiedenen Zusammenhängen an den Begriff der „journalistischen Mitwirkung" an und läßt erkennen, daß er die berufsspezifischen Regelungen nur auf jene Personen angewendet wissen will, die den Journalismus *berufsmäßig* ausüben. In diesem Sinne ist Journalist, wer über eine nur technische, organisatorische oder wirtschaftliche Tätigkeit hinausgehend an der inhaltlichen Gestaltung von Nachrichten oder meinungsbildenden Beiträgen mitwirkt, die sich auf ein aktuelles Geschehen beziehen und durch ein Massenmedium verbreitet werden (zB Reporter, Redakteure, Chef vom Dienst, nicht: Setzer, Rundfunksprecher, Bildregisseure). Beruflich wird diese Tätigkeit dann ausgeübt, wenn sie die Arbeitskraft mehr oder minder regelmäßig in Anspruch nimmt und die erzielten Einkünfte für den Betreffenden eine gewisse wirtschaftliche Bedeutung erlangen. Diese Anknüpfung nicht nur an den Inhalt einer bestimmten publizistischen Tätigkeit, sondern auch an ihre wirtschaftlichen Auswirkungen läßt erkennen, daß sich das journalistische Sonderrecht auf einen professionalisierten, zum Berufsstand erhobenen Journalismus bezieht.

Eine kontinuierliche und gediegene Information der Öffentlichkeit über das Zeitgeschehen erfordert in der Tat den beruflichen Einsatz qualifizierter Kräfte und rechtfertigt eine soziale, standespolitische und rechtliche Absicherung der beruflichen Kompetenz. In Einzelfällen kann die Ausbildung eines Sonderrechtes freilich problematisch werden, vor allem wenn gewisse, an sich begründete, aber nicht berufsbedingte Sonderrechte demjenigen verwehrt bleiben, der nur nebenberuflich oder fallweise publiziert oder auf die Erträge einer gelegentlichen journalistischen Arbeit nicht angewiesen ist.

Nähere gesetzliche Umschreibungen für journalistische Tätigkeiten gibt es in mehreren Rechtsvorschriften. Die in unterschiedlichen rechtspolitischen Zusammenhängen stehenden Begriffe überschneiden sich, wobei sich hinter dem Streit um Begriffe mitunter recht handfeste Interessen verbergen.[3] Im einzelnen lassen sich die folgenden Begriffsbestimmungen unterscheiden:

— Das *JournalistenG* wollte in erster Linie den beruflichen Status und die soziale Sicherheit der „festangestellten" Redakteure bei Zeitungen verbessern. Es erfaßt alle mit der Verfassung des Textes oder mit der Zeichnung von Bildern betrauten Mitarbeiter einer Zeitungsunternehmung, die mit festen Bezügen angestellt sind und diese Tätigkeit nicht bloß als Nebenbeschäftigung ausüben. „Redakteure (Schriftleiter)" im Sinne dieses Gesetzes sind daher im wesentlichen die in einem Angestelltenverhältnis *hauptberuflich* tätigen Journalisten bei Zeitungen und Zeitschriften. Eine spätere Novelle bezog die bei Agenturen, Rundfunk- und Filmunternehmen tätigen Mitarbeiter mit ein, soweit diese im Bereich der Berichterstattung über „aktuelles Tagesgeschehen" hauptberuflich beschäftigt sind (§ 1 JournalistenG).

— Im *Rundfunkrecht* umschreibt der Begriff der „journalistischen Mitarbeiter" den Kreis jener Mitarbeiter des ORF, denen die „Freiheit der journalistischen Berufsausübung" zukommt und das damit verbundene Wahlrecht bei der Redakteurssprecherwahl. Nach § 17 Abs 3 RFG sind journalistische Mitarbeiter alle Personen, die an der journalistischen Gestaltung von Programmen in Hörfunk und Fernsehen mitwirken; durch die Aufzählung bestimmter Gruppen journalistischer Mitarbeiter („Redakteure, Reporter, Korrespondenten und Gestalter") versucht das Gesetz, diese zirkelhafte Umschreibung zu präzisieren. Die Zuordnung zur Gruppe der journalistischen Mitarbeiter ist unabhängig von der Rechtsnatur des Arbeitsverhältnisses und umfaßt alle journalistisch tätigen angestellten Mitarbeiter und die freien Mitarbeiter des ORF. Obwohl der Wortlaut des Gesetzes dies nicht erkennen läßt, ist eine gewisse Regelmäßigkeit der Mitarbeit vorausgesetzt. Schwierigkeiten bereitet die Ausgrenzung aus dem weiteren Kreis der „programmgestaltenden Mitarbeiter" des ORF (§ 17 Abs 2 RFG), die zwar ebenfalls an der inhaltlichen Gestaltung von Rundfunkprogrammen mitwirken, aber nicht an ihrer journalistischen Gestaltung. In Anlehnung an das JournalistenG wurde versucht, das Kriterium der journalistischen Gestaltung und damit die journalistische Qualifikation auf die inhaltlich gestaltende bzw redaktionelle Beschäftigung mit aktuellen Tagesfragen zu beziehen.[4]

---

3 Vgl etwa zu den steuerrechtlichen Begünstigungen für hauptberufliche Rundfunk- und Zeitungsjournalisten KORN, Der Begriff des programmgestaltenden und journalistischen Mitarbeiters des ORF (§ 17 Abs 2 und 3 RFG 1974), RfR 81, 1.

4 Vgl KORN, RfR 81, 1; BUCHNER–KORAB, Anmerkungen zur Rundfunkgesetznovelle 1982, RfR 83, 1 (7ff) m weit Nachw zur Entscheidungspraxis der Rundfunkkommission.

— Das *MedienG* knüpft schließlich eine Reihe journalistischer Sonderrechte an die Zugehörigkeit zum Kreis der „Medienmitarbeiter". Nach § 1 Abs 1 Z 11 MedienG ist Medienmitarbeiter, wer in einem Medienunternehmen oder Mediendienst an der inhaltlichen Gestaltung eines Mediums (Mediendienstes) journalistisch mitwirkt, sofern er als Angestellter oder als freier Mitarbeiter diese journalistische Tätigkeit ständig und nicht bloß als wirtschaftlich unbedeutende Nebenbeschäftigung ausübt. Zentrales Kriterium ist auch hier der dem RFG nachgebildete Begriff der „journalistischen Mitwirkung", wobei es auf die Art des Massenmediums (Printmedien, Rundfunkprogramme, sonstige tagesaktuelle Medien) nicht ankommt. Weil allerdings die Mitarbeit in einem Unternehmen mit publizistischer Zielsetzung vorausgesetzt ist, sind die außerhalb eines solchen Unternehmens tätigen Personen auch dann keine Medienmitarbeiter, wenn sie wie bei einer Kundenzeitung oder Einrichtungen der Öffentlichkeitsarbeit journalistisch arbeiten. Der Status des Medienmitarbeiters bleibt auch denjenigen Personen versagt, die nur gelegentlich oder zwar regelmäßig, aber nicht in einem Verhältnis wirtschaftlicher Abhängigkeit, an Zeitungen oder in Rundfunkprogrammen mitwirken (Leserbriefschreiber, Informanten, Gastkommentatoren, fallweise zu aktuellen Tagesfragen Stellung nehmende Fachleute usw).[5]

2. *Rechtliche Gestaltungsformen journalistischer Arbeit*

Die Rechtsbeziehungen zwischen einem Medieninhaber (Verleger) und den journalistischen Mitarbeitern richten sich nach dem privatrechtlichen *Vertragsverhältnis,* das der Beschäftigung in der Regel zugrunde liegt. Dabei läßt der Grundsatz der Vertragsfreiheit Raum für verschiedene, den besonderen publizistischen Arbeitsbedingungen und individuellen Vorstellungen der Beteiligten entsprechende Gestaltungsformen. Sie unterscheiden sich in erster Linie durch die größere oder geringere persönliche Selbständigkeit des Journalisten und das Ausmaß seiner Eingliederung in den Apparat des Medienunternehmens.[6]

---

5 Zur sachlichen Problematik dieser Ausgrenzung etwa im Hinblick auf § 29 MedienG vgl oben S 218 FN 25.

6 Vgl zum folgenden den Überblick von KORN-WEBER, Arbeitsrecht für Journalisten, in: PÜRER (Hrsg), Praktischer Journalismus 465 ff; zur arbeitsrechtlichen Einordnung bestimmter journalistischer Tätigkeiten ferner die Entscheidungen OGH 15. 6. 1962, Arb 7621 (Auslandskorrespondent), OGH 11. 6. 1968, Arb 8535 (Auslandskorrespondent), OGH 5. 9. 1978, Arb 9714 (Freie Journalistin), OGH 19. 5. 1981, Arb 9972 (Fall Koschka Hetzer), OGH 16. 3. 1982, Arb 10.096 (ORF-Mitarbeiter).

Der bei einer Zeitung, Zeitschrift oder beim Rundfunk fest *angestellte Journalist* schließt mit dem Unternehmen einen Arbeitsvertrag (Dienstvertrag). Für ein solches unselbständiges Arbeitsverhältnis ist die Erbringung von Dienstleistungen für einen vereinbarten Zeitraum charakteristisch, wobei die Arbeit persönlich und unter der Leitung und Verantwortung des Arbeitgebers sowie eingebunden in dessen betriebliche Organisation (Redaktion, Produktion) zu leisten ist. In bezug auf die Arbeitszeit, den Arbeitsort und die Art der Dienstverrichtung unterliegt der angestellte Journalist grundsätzlich den Weisungen des Verlegers.[7] Der Verpflichtung zur Erbringung zeitlich bemessener Arbeitsleistungen steht der Anspruch auf ein regelmäßiges Entgelt gegenüber; die Stellung des Arbeitnehmers ist durch den Kündigungsschutz und Ansprüche auf Sozialleistungen abgesichert. Leitende Angestellte, wie zB der Chefredakteur einer Zeitung, gehören ebenfalls zu den Angestellten, wenngleich für sie etwa im Bereich der Arbeitszeitregelung und beim Kündigungsschutz gewisse Sonderregelungen gelten. Auf die nähere Ausgestaltung des unselbständigen journalistischen Arbeitsverhältnisses wird noch im folgenden Abschnitt näher eingegangen.

Neben den fest angestellten Journalisten sind bei Presse und Rundfunk auch *freie Mitarbeiter* auf Honorarbasis tätig, die keinen Arbeitnehmerstatus haben. Die Intensität ihrer Beschäftigung kann sich von einer nur gelegentlichen Heranziehung bis zu einer vollständigen Inanspruchnahme für ein bestimmtes Unternehmen erstrecken. Daß gerade im Bereich der Massenmedien die freien Mitarbeiterverhältnisse von größter Bedeutung sind, hängt mit besonderen Anforderungen der publizistischen Arbeit zusammen: Zur Erfüllung ihrer Aufgaben in den Bereichen der Information und Meinungsbildung sind die Medien auf eine breit gefächerte Mitwirkung qualifizierter Journalisten aus den unterschiedlichsten Sparten angewiesen, die nicht alle ständig und in vollem Umfang von einem einzigen Unternehmen beschäftigt werden können. Die freie Mitarbeit kann auch für den Publizisten selbst attraktiv sein, weil sie eine vielseitigere Beschäftigung etwa bei mehreren Zeitungen oder eine nebenberufliche Tätigkeit ermöglicht und mit einem größeren geistigen Freiraum und persönlicher Bestimmungsfreiheit verbunden sein kann.

Rechtlich kann die Heranziehung eines freien Mitarbeiters in einem

7 Vgl aber noch unten S 304ff zum Überzeugungsschutz.

Werkvertrag begründet sein, der keine persönliche Arbeitspflicht, sondern die Herbeiführung eines bestimmten Erfolges (eines Werkes) zum Gegenstand hat. Das wäre etwa der Fall bei der fortlaufenden Lieferung von Meinungskolumnen nach selbstgewählten Themen oder der Erstellung eines Drehbuches. Auf einen in dieser Form selbständig tätigen Publizisten werden die entsprechenden Regelungen des ABGB über die Werkverträge (§§ 1165ff ABGB) angewendet. Häufiger ist die freie Mitarbeit eines Journalisten aber dem sogenannten *freien (oder unabhängigen) Dienstvertrag* zuzuordnen, einem selbständigen Vertragstypus, der zwischen Werk- und Dienstvertrag steht. Charakteristisch für ein freies Dienstverhältnis ist, daß die laufend zu erbringenden Leistungen nur gattungsmäßig umschrieben sind (zB Erstellung von Reportagen) und der Mitarbeiter die Möglichkeit hat, den Ablauf seiner Arbeit weitgehend selbst zu regeln. In die laufende redaktionelle Arbeit (zB Teilnahme an Redaktionskonferenzen) ist ein solcher Mitarbeiter im allgemeinen nicht eingebunden, er kann die ihm vorgeschlagenen Themen annehmen oder auch abschlagen, ohne daß ihm daraus ein Nachteil erwächst. In der Einteilung seiner Arbeitszeit ist er frei. Die Entlohnung erfolgt nach den erbrachten Leistungen, etwa in Form eines Zeilenhonorars. Auf diese Vertragsverhältnisse sind die arbeitsrechtlichen Normen des ABGB (§§ 1153ff ABGB) anzuwenden, mit Ausnahme der auf eine (hier nicht gegebene) persönliche Abhängigkeit abstellenden Schutzvorschriften.[8]

Für die freien Mitarbeiter bedeutet der Abschluß eines Werkvertrages oder eines freien Dienstvertrages, daß sie bestimmte, einem unselbständigen Dienstverhältnis entspringende Vorteile (Kündigungsschutz, Abfertigung, Urlaub) nicht beanspruchen können. Dies muß nicht zwangsläufig einen wirtschaftlichen Nachteil mit sich bringen und kann auch durch eine entsprechende Gestaltung der Honorare abgegolten sein. Problematisch wird aber der Ausschluß vom Arbeitnehmerstatus dann, wenn freie Mitarbeiter von einem einzigen Unternehmen regelmäßig herangezogen und in wirtschaftlicher Hinsicht abhängig werden. Wenn es sich bei einer solchen „ständigen freien Mitarbeit" nur mehr dem Scheine nach um ein freies Dienstverhältnis handelt, weil tatsächlich der Betroffene wie ein Arbeitnehmer in einem Verhältnis persönlicher Abhängigkeit dauernde Dienstleistungen erbringt, kann auf Feststellung eines Arbeitsverhältnisses geklagt werden. Eine abweichende Bezeichnung des Vertrages steht dem nicht entgegen. Eine solche „Festanstellungsklage" kommt allerdings für *echte freie Mitarbeiter* nicht in Betracht. Ihre soziale Absicherung unter Berücksichtigung des selbständi-

---

8 Vgl Spielbüchler–Floretta, Arbeitsrecht I^3 (1988) 39.

gen Status wäre eine längst überfällige Aufgabe der Gesetzgebung.[9]

Eine gesetzliche Lösung dieser Problematik wurde bisher nur für die ständigen freien *Mitarbeiter des ORF* in Form eines in das RFG aufgenommenen Sonderarbeitsrechts geschaffen, das auf die besondere Situation des ORF zugeschnitten ist.[10] Danach können mit den „ständigen freien Mitarbeitern" des ORF[11] befristete Arbeitsverträge in unbegrenzter Anzahl und auch hintereinander abgeschlossen werden, ohne daß sich der Dienstnehmer auf den Bestandsschutz eines unbefristeten Arbeitsverhältnisses berufen kann. Zur sozialen Absicherung des Mitarbeiters ist vorgeschrieben, daß die Absicht des Nichtabschlusses einer neuerlichen befristeten Vereinbarung dem Dienstnehmer rechtzeitig mitzuteilen ist; kommt der ORF dieser Verständigungspflicht nicht oder nicht rechtzeitig nach, gebührt dem Mitarbeiter eine nach der Dauer des gesamten Arbeitsverhältnisses bemessene Entschädigung. Haben die befristeten Arbeitsverhältnisse mit oder ohne Unterbrechungen mindestens fünf Jahre gedauert, gebührt dem Mitarbeiter bei ihrer Beendigung eine Abfertigung. Diese Regelung hat für den unter den Druck einer „Anstellungswelle" geratenen ORF den Vorteil gebracht, daß er durch den Abschluß solcher (an sich nicht zulässiger) „Kettendienstverträge" wieder freier über den Einsatz der programmgestaltenden freien Mitarbeiter disponieren kann, was vom ORF selbst zur sachgerechten Erfüllung seines Programmauftrages für unerläßlich angesehen wurde.

3. Das Arbeitsrecht angestellter Journalisten im Überblick

Für die in einem *festen Arbeitsverhältnis* angestellten Journalisten gelten in erster Linie die Bestimmungen des jeweiligen Ar-

9 Vgl die verschiedenen Anläufe zu einem „Medienmitarbeitergesetz", zuletzt die Regierungsvorlage aus dem Jahr 1979, 19 BlgNR 15. GP, und den Ende 1984 vorgelegten Entwurf für ein neues JournalistenG, dazu den Bericht MuR 85/1, 2.

10 § 17 RFG idF der RundfunkG-Novelle 1982; zur Vorgeschichte und zur näheren Tragweite dieser Regelung vgl BUCHNER–KORAB, RfR 83, 1; HODIK, Zur Neuordnung der Rechtsstellung der freien Mitarbeiter des ORF, ÖJZ 83, 569; zu den Hintergründen der Novelle auch G. KLEIN, Rechtspolitisches und Rechtsdogmatisches zum „Medienmitarbeiter", in: Floretta-FS (1983) 389.

11 Genauer ausgedrückt macht § 17 RFG die Zulässigkeit befristeter Arbeitsverträge von der durchschnittlichen monatlichen Arbeitszeit abhängig; sie sind nur zulässig, wenn die durchschnittliche Monatsarbeitszeit nicht mehr als 137,6 Stunden beträgt; liegt die Arbeitszeit über diesem Maß, kommt das AngestelltenG uneingeschränkt zur Anwendung.

beitsvertrages. Sein Inhalt wird in vielen Punkten durch zwingende gesetzliche Vorschriften und durch den Kollektivvertrag bestimmt; von zwingenden Bestimmungen dieser Art darf der einzelne Vertrag nur abweichen, soweit er eine für den Arbeitnehmer günstigere Regelung, wie zB eine höhere Entlohnung oder längere Urlaubszeit, vorsieht (Günstigkeitsprinzip). Welche Rechtsgrundlagen im einzelnen für journalistische Arbeitsverhältnisse maßgeblich sind, richtet sich dabei nach dem zeitlichen Ausmaß der beruflichen Inanspruchnahme.

Ist ein bei einem Medienunternehmen angestellter Journalist nur *teilzeitbeschäftigt*, finden auf das Dienstverhältnis nur die Bestimmungen des ABGB über die Dienstverträge Anwendung; dies gilt dann, wenn die Arbeitszeit unter der Hälfte der Normalarbeitszeit (gegenwärtig 40 Wochenstunden) liegt.[12] Die Begründung eines solchen Dienstverhältnisses ist formfrei möglich. Es endet entweder mit dem Ablauf der vereinbarten Zeit oder durch Kündigung. Die Kündigungsfristen sind mit 14 Tagen knapp bemessen; ein besonderer Kündigungsschutz oder ein Anspruch auf Abfertigung ist nicht vorgesehen. Durch das EntgeltfortzahlungsG[13] wurde aber auch den nur fallweise oder geringfügig beschäftigten Journalisten ein Anspruch auf Weiterbezahlung des regelmäßigen Entgelts im Krankheits- oder Unglücksfall für die Dauer von vier Wochen (bei längerer Beschäftigungsdauer bis zu zehn Wochen) gesichert. Die besonderen Schutzvorschriften für den Fall der Mutterschaft (Beschäftigungsverbot vor und nach der Geburt, Kündigungsschutz, Karenzurlaub)[14] und die Ansprüche auf Pflege- und Erholungsurlaub kommen auch den nur teilzeitbeschäftigten journalistischen Arbeitnehmern zugute. Durch vertragliche Vereinbarung kann auch bei bloßer Teilzeitbeschäftigung die Geltung der günstigeren Regelungen des AngestelltenG und des JournalistenG vereinbart werden.

---

12 Art III BGBl 1975/418; durch die Teilzeitbeschäftigungsnovelle zum AngestelltenG wurden an sich auch die nur teilzeitbeschäftigten Arbeitnehmer den günstigeren Bestimmungen des AngestelltenG unterworfen. Für die journalistischen Arbeitnehmer wurde aber die ursprüngliche Regelung beibehalten; diese Benachteiligung, die auf eine im Zusammenhang mit der Problematik der freien Mitarbeiter beim ORF zusammenhängende Intervention zurückgeht und an sich auch nur auf diese Problematik zugeschnitten war, sollte nach den Vorstellungen des Gesetzgebers möglichst bald durch ein besonderes Gesetz gemildert werden; dazu ist es noch nicht gekommen, vgl die Nachw oben S 296 FN 9.

13 BGBl 1974/399, zuletzt geänd BGBl 1988/283.

14 MutterschutzG 1979 BGBl 221 idF BGBl 1986/563.

Die dienstrechtliche Stellung der fest angestellten und *hauptberuflich tätigen* Journalisten beruht auf dem AngestelltenG und nach Maßgabe des Günstigkeitsprinzips auf dem JournalistenG.[15] Sind diese Journalisten bei einer Tageszeitung oder bei einer Wochenzeitung angestellt, gilt für sie ferner der entsprechende Kollektivvertrag, der die Rechte und Pflichten aus dem Arbeitsverhältnis näher bestimmt. Seine Regelungen dürfen durch den Einzelvertrag nur zugunsten des Arbeitnehmers abgeändert werden.[16]

Auf der Grundlage dieser Rechtsvorschriften (AngestelltenG, JournalistenG, Kollektivverträge) lassen sich die folgenden *Grundzüge eines journalistischen Arbeitverhältnisses* festhalten:

Der Abschluß des *Arbeitsvertrages* ist an keine bestimmte Form gebunden. Er kommt durch ausdrückliche Vereinbarung oder durch schlüssige Handlungen (einvernehmliche Arbeitsaufnahme) zustande. Dem Arbeitnehmer ist eine Bescheinigung (Dienstzettel) über den abgeschlossenen Arbeitsvertrag auszuhändigen, die ua das Ressort, in dem ein Redakteur eingesetzt werden soll, und die tarifliche Einstufung sowie die Anrechnung von Vordienstzeiten auszuweisen hat. Art und Umfang der grundsätzlich persönlich zu erbringenden Arbeitsleistungen ergeben sich im allgemeinen aus der getroffenen Vereinbarung. Näher bestimmt werden können sie durch Weisungen des Arbeitgebers und der in der betrieblichen Hierarchie übergeordne-

---

15 Im einzelnen gilt: Für die Anwendbarkeit des AngestelltenG ist bei den journalistischen und programmgestaltenden Dienstnehmern eines Medienunternehmens maßgeblich, ob das Dienstverhältnis die Erwerbstätigkeit des Angestellten hauptsächlich (mehr als die Hälfte der Normalarbeitszeit) in Anspruch nimmt (§ 1 AngestelltenG). Das JournalistenG gilt ergänzend für die Journalisten bei Zeitungsunternehmen, ferner für die journalistischen Mitarbeiter bei Agenturen, im Rundfunk oder bei Filmunternehmen, wenn diese Personen mit festen Bezügen angestellt sind und ihre Tätigkeit nicht nur als Nebenbeschäftigung ausüben (§ 1 JournalistenG).

16 Im einzelnen gilt: Die beiden Kollektivverträge für die bei österreichischen Tageszeitungen bzw Wochenzeitungen angestellten Redakteure, Redakteursaspiranten und Reporter wurden zwischen dem Verband österreichischer Zeitungsherausgeber und Zeitungsverleger einerseits und der Gewerkschaft Kunst, Medien, freie Berufe (Sektion Journalisten) abgeschlossen. Der sachliche Geltungsbereich der beiden Kollektivverträge umfaßt Tageszeitungen und Wochenzeitungen; ihr persönlicher Geltungsbereich bezieht sich auf Redakteure, Redakteursaspiranten, Reporter, Zeichner, Fotografen, Layouter und journalistisch tätige Redaktionssekretäre (-sekretärinnen) und Redaktionsstenographen (-stenographinnen). Für die freien Mitarbeiter enthalten die Kollektivverträge lediglich Honorarempfehlungen.

ten Vorgesetzten (Chefredakteur, Ressortchef usw). Hinsichtlich der Arbeitszeit lassen die Vorschriften des Arbeitszeitrechts nur wenig Spielraum für abweichende Festlegungen. Ob der Journalist einen Anspruch auf die vereinbarte Tätigkeit hat, ist fraglich; nach der herrschenden Meinung und Rechtsprechung trifft den Arbeitgeber, von Ausnahmefällen abgesehen, keine Beschäftigungspflicht, wenn er nur das vereinbarte Entgelt leistet. Auch das MedienG hat ausdrücklich ausgeschlossen, daß ein Medienmitarbeiter die Veröffentlichung eines Beitrages erzwingen kann.[17] In den Kollektivverträgen ist festgelegt, daß die journalistische Mitarbeit bei anderen Unternehmen ohne ausdrückliche Zustimmung des Arbeitgebers zu einer fristlosen Entlassung berechtigt (Konkurrenzverbot). Auch die Annahme von Schmiergeldern oder von Schweigegeldern durch einen Journalisten würde nicht nur einen schweren Verstoß gegen den publizistischen Ehrenkodex darstellen, sondern auch die dienstliche Treuepflicht berühren und könnte daher entsprechende dienstrechtliche Sanktionen zur Folge haben.[18]

Der *Gehaltsanspruch* des bei einer Zeitung oder Zeitschrift angestellten Journalisten ist detailliert in den Kollektivverträgen geregelt. Kollektivvertraglicher Mindestbezug ist der Tarifgehalt, der sich aus der Einstufung in eine Tarifgruppe und -stufe in Verbindung mit den Ansätzen in den Tarifverträgen ergibt. Ein höherer Gehaltsanspruch kann durch freie Vereinbarung begründet werden. Nach jeweils fünfjähriger ununterbrochener Dienstzeit im gleichen Unternehmen gebührt dem Arbeitnehmer eine Erhöhung seines Ist-Gehalts um 10% (Quinquennium). Weihnachtsremuneration und Urlaubsbeihilfe sind jeweils in der Höhe von 150% des Ist-Gehalts zu bezahlen (15 Monatsgehälter); Sonn- und Feiertagsarbeit sowie Nachtdienste sind besonders zu vergüten. Ein gesondertes Honorar steht dem Journalisten zu, der im Auftrag seines Vorgesetzten Beiträge verfaßt, die außerhalb seines vertraglich vereinbarten Arbeitsgebietes liegen; es gebührt auch, wenn solche Beiträge, wenngleich ohne vorhergehenen Auftrag, im Blatt verwendet werden.

Der Journalist hat Anspruch auf einen jährlichen *Mindesturlaub* von mindestens 30 Werktagen, der nach mehr als zehnjähriger Dauer des Arbeitsverhältnisses auf 39 Werktage ansteigt.

---

17 § 4 MedienG; vgl dazu noch unten S 307.

18 Zu weiteren Treuepflichten des Arbeitnehmers aus dem Dienstverhältnis – Verschwiegenheitspflicht, Wahrung des Arbeitsfriedens, Anzeigepflichten – vgl SPIELBÜCHLER–FLORETTA, aaO 144ff.

Für die Aus- und Fortbildung sehen die Kollektivverträge Freistellungen für Ausbildungszwecke unter Fortzahlung des Entgelts sowie einen Anspruch auf unbezahlten Urlaub (Karenzurlaub) vor. Seinen Anspruch auf das Entgelt behält der Arbeitnehmer auch dann, wenn er aus einem wichtigen Grund kurzfristig von der Erbringung der Arbeitsleistung verhindert war (Tod naher Angehöriger, Vorladung vor Behörden oder Gerichte, Arztbesuche). Bei Verhinderung durch Krankheit oder Unglücksfall behält der Arbeitnehmer seinen Entgeltanspruch für die Dauer von sechs Wochen; durch weitere vier Wochen besteht Anspruch auf das halbe Entgelt. Bei Arbeitsunfällen und Berufskrankheiten ist eine Verlängerung der Grundfrist vorgesehen, ebenso bei längerer Dauer des Arbeitsverhältnisses.

Das Arbeitsverhältnis des Journalisten *endet,* wenn es für einen bestimmten Zeitraum eingegangen wurde, mit dem Ablauf dieser Frist. Um zu verhindern, daß der Arbeitnehmer durch eine Reihe aufeinanderfolgender befristeter Arbeitsverträge um den Kündigungsschutz und um andere von der Dauer des Arbeitsverhältnisses abhängige Ansprüche gebracht wird, werden solche „Kettenarbeitsverträge" als unbefristete Arbeitsverhältnisse behandelt. Der Abschluß weiterer, an ein befristetes Arbeitsverhältnis anschließender Zeitverträge ist daher nur zulässig, wenn besondere wirtschaftliche oder soziale Gründe das rechtfertigen.[19] Unbefristete Arbeitsverhältnisse werden durch *Kündigung* entweder seitens des Arbeitgebers oder des Arbeitnehmers aufgelöst. Zugunsten des Arbeitnehmers ist das Kündigungsrecht mehrfach eingeschränkt. Nach dem JournalistenG (Kollektivvertrag) muß der Medieninhaber eine mindestens dreimonatige Kündigungsfrist einhalten, die sich bei einer längeren Dauer des Dienstverhältnisses bis zu einem Höchstmaß von einem Jahr erhöht. Neben diesen Kündigungsfristen sehen die Kollektivverträge auch noch besondere Kündigungsbeschränkungen während einer durch Krankheit oder durch Unfall bedingten Arbeitsverhinderung vor.

Einen besonderen Kündigungsschutz sieht das JournalistenG für den Fall der *Veräußerung oder Auflassung eines Zeitungsunternehmens* vor, der verhindern soll, daß Journalisten „mit der Zeitung wie Sklaven mit der Plantage verkauft" werden:[20] Tritt

19 Zur Sonderregelung für die nicht vollbeschäftigten ORF-Mitarbeiter vgl oben S 296.

20 Zu den Absichten des historischen Gesetzgebers vgl KUDERNA, Der Abfertigungsanspruch nach § 8 Abs 2 Journalistengesetz, DRdA 64, 341.

der Erwerber in einem solchen Fall nicht in den bestehenden Dienstvertrag eines Redakteurs ein, gebührt diesem eine besondere Abfertigung für die Auflösung des Arbeitsverhältnisses. Tritt der Erwerber in den Vertrag ein, kann er diesen innerhalb eines Jahres nach der Veräußerung nicht kündigen (§ 8 JournalistenG). Wird ein Zeitungsunternehmen aufgelassen, so kann dem Redakteur nur unter Einhaltung einer Kündigungsfrist von mindestens sechs Monaten gekündigt werden.

Hinsichtlich des aus Anlaß der Auflösung des Arbeitsverhältnisses zustehenden *Abfertigungsanspruches* gehen die Kollektivverträge über die Ansprüche nach dem AngestelltenG hinaus. Sie sehen auch eine besondere Altersversorgung für Journalisten in der Form eines Zuschusses des Unternehmens zu einer privaten Versicherung oder einer freiwilligen Pensionshöherversicherung nach ASVG vor.

Für die Mitarbeiter des ORF gibt es keinen Kollektivvertrag. Eine den dargestellten kollektivvertraglichen Regelungen für die Journalisten in Printmedien vergleichbare Ausgestaltung der Rechte und Pflichten aus dem Dienstverhältnis ergibt sich aber aus der „freiwilligen Betriebsvereinbarung" des ORF.[21]

4. *Zur „inneren Pressefreiheit"*

Bei der gegebenen privatwirtschaftlichen Struktur im Pressewesen ist der *Verleger* als Eigentümer der *„Herr der Zeitung"*. Ihm oder dem von ihm beauftragten Verlagsleiter kommen die maßgeblichen Entscheidungen zu. Er bestimmt die grundlegende Tendenz des Blattes in politischen und weltanschaulichen Fragen und die wirtschaftlichen Ziele des Medienunternehmens. Bei Zielkonflikten zwischen publizistischem Auftrag und Gewinnstreben setzt er die Prioritäten. Er trifft die wesentlichen Personalentscheidungen und bestellt eine Person seines Vertrauens zum Chefredakteur. Bei diesen Entscheidungen kann er seine Vorstellungen auch gegen den Willen der Redaktion oder einzelner Redakteure durchsetzen. Seine Befugnisse erstrecken sich auch auf die inhaltliche Gestaltung des Blattes. Daher kann er auch in Einzelfällen in die laufende Arbeit der Redaktion eingreifen und, aus welchen Motiven auch immer, die Aufnahme

---

21 Zur Vereinbarung und ihrer Bedeutung für die Arbeitsverhältnisse vgl OGH 19. 5. 1981, Arb 9972 und die Kritik an dieser Entscheidung bei TOMANDL, ZAS 82, 15 (19) und STRASSER, DRdA 82, 199 (205).

oder Absetzung einzelner Beiträge erzwingen. Daß dies in der Praxis nur eine Ausnahme sein wird und jede Pressearbeit auf ein vertrauensvolles Zusammenwirken zwischen dem Eigentümer und der Redaktion angewiesen ist, stellt seine Befugnisse nicht grundsätzlich in Frage.

Diese Rechte des Verlegers sind der Ausdruck einer privatwirtschaftlichen Presseverfassung, die auf einer Vielzahl konkurrierender, in privatem Eigentum stehender Medienunternehmen beruht. In ihrem Rahmen kann jedermann, der über entsprechende finanzielle Möglichkeiten und unternehmerische Fähigkeiten verfügt, Zeitungen und Zeitschriften gründen und nach eigenen Vorstellungen betreiben. Eine aufgezwungene Verpflichtung zur Ausgewogenheit oder Objektivität wäre mit dieser Freiheit ebensowenig vereinbar wie eine von außen auferlegte Tendenz. Daher muß es dem Verleger auch zustehen, diejenigen journalistischen Mitarbeiter auszuwählen, die ein Blatt nach seinen Vorstellungen gestalten und durch Anweisungen auf die Verwirklichung der publizistischen und kommerziellen Ziele hinzuwirken.

Die Weisungsrechte des Verlegers stoßen allerdings dort auf sachliche Grenzen, wo es gilt, die individuelle *publizistische Verantwortung des Journalisten*, sein berufliches Können und seine intellektuellen Leistungen zur Geltung zu bringen. Eine selbstverantwortete publizistische Arbeit frei von innerem oder äußerem Druck dient nicht nur der persönlichen Selbstverwirklichung des Journalisten, sondern kann auch zur sachgerechten Erfüllung der Aufgaben der Massenmedien beitragen. Dies gilt vor allem dann, wenn sich ein Verleger nicht einer bestimmten Tendenz verschreibt, sondern ein Massenmedium auf den Markt bringt, das der unabhängigen und objektiven Information der Allgemeinheit zu dienen bestimmt ist und in dem sich die Vielfalt der Meinungen spiegeln soll. Greift in einem solchen Fall der Eigentümer in die laufende redaktionelle Arbeit ein, um irgendwelche nicht näher offengelegte Ziele oder wirtschaftliche Erfolgskriterien durchzusetzen, kann dies den Anspruch der Öffentlichkeit auf zuverlässige Informationen und ausgewogene Meinungsbildung beeinträchtigen. Aus dieser Konfliktlage erwuchs die Forderung nach einem Ausbau der publizistischen Mitbestimmung in Zeitungsunternehmen. Im Zeichen der Demokratisierung weiter gesellschaftlicher Bereiche und in Verbindung mit der Hoffnung nach (größerer) Transparenz und Pluralität der gesellschaftlichen Meinungsbildung vor dem Hintergrund fortschreitender Pressekonzentration wurde sie zu einer der umstrittensten Fragen der Medienpolitik.

Das Schlagwort von der *„inneren Pressefreiheit“* brachte die Forderung nach redaktioneller Mitbestimmung auf eine eingängige Formel: Der traditionell *gegen* den Staat gerichteten „äußeren“ Pressefreiheit wurde eine *durch* den Staat zu gewährleistende Freiheit zur Seite gestellt, die sich gegen alle vermeintlichen oder tatsächlichen Eingriffe in die redaktionelle Arbeit von seiten des Eigentümers oder anderer gesellschaftlicher Machtgruppen richten sollte. In der Rechtswissenschaft ist es freilich umstritten geblieben, wieweit dieser Anspruch in dem verfassungsrechtlich garantierten Grundrecht auf Pressefreiheit eine Grundlage hat oder ob er nicht vielmehr gerade gegen dieses Grundrecht verstößt, weil durch die Einführung von Mitbestimmungsrechten in die Freiheit des Verlegers eingegriffen wird. Substantielle Eingriffe in die gegebenen Macht- und Besitzverhältnisse bei den Zeitungsunternehmen wären sicherlich nicht denkbar, ohne daß die privatrechtliche und pluralistische Ordnung des Pressewesens in Frage gestellt würde, die zumindest in ihrem Kern durch die Grundrechte garantiert ist. Andererseits schließt die Verfassung Eingriffe in die individuelle Verlegerfreiheit nicht aus, wenn sie notwendig sind, um die Erfüllung der für eine demokratische Gesellschaft notwendigen Informations- und Meinungsbildungsaufgaben durch die Presse zu gewährleisten; daher läßt die Verfassung auch die Einführung von Formen der redaktionellen Mitbestimmung zu, wenn es sich dabei um taugliche und verhältnismäßige Mittel zur Erreichung eines solchen Zieles handelt.[22]

In der sehr oft ideologisch zugespitzten und von einflußreichen Interessen überlagerten politischen Diskussion ist man indessen über Schlagwörter kaum hinausgelangt. Soweit überhaupt konkretere Mitbestimmungsmodelle vorgestellt wurden, blieb ihre verfassungsrechtliche Zulässigkeit ebenso umstritten wie ihre Praktikabilität. Während die einen bereits jeden Ansatz zu einer redaktionellen Mitbestimmung als einen Anschlag auf die Pressefreiheit brandmarkten und sich zur Rechtfertigung der traditionellen Stellung des Verlegers auf die „Abstimmung am Kiosk“ beriefen, schienen manche ihrer Befürworter der Illusion

22 Zur juristischen Diskussion um die „innere Pressefreiheit“ vgl beispielsweise: Lerche, Verfassungsrechtliche Aspekte der „inneren Pressefreiheit“ (1974); Scholz, Pressefreiheit und Arbeitsverfassung (1978); Stammler, Die Presse als soziale und verfassungsrechtliche Institution (1971); Hoffmann-Riem, Innere Pressefreiheit als politische Aufgabe (1979); zur Diskussion um die Mitbestimmungsregelungen der MedienG-Entwürfe SWA-Rechtsgutachten Nr 52: Ein neues Medienrecht. Anmerkungen zum Mediengesetzentwurf 1975 (oJ) 13ff; Mayer-Maly, Arbeitsrechtliche und presserechtliche Aspekte des Mediengesetzes 1981, JBl 81, 622 (627ff); Hartmann-Rieder (1985) 37ff.

anzuhängen, daß bereits (und nur) durch eine verstärkte Mitbestimmung das Ideal einer objektiven, verantwortungsvoll ihrer „öffentlichen Aufgabe“ nachgehenden Presse erreicht werden könnte. Der befürchteten Bürokratisierung und Beeinträchtigung redaktioneller Arbeitsabläufe durch langwierige Verfahren der Konfliktbereinigung wurde die berufliche Selbstverantwortlichkeit des Medienmitarbeiters entgegengehalten, der Sorge um einen Verlust klar erkennbarer Meinungsprofile mit dem Hinweis auf die publizistische Chancengleichheit und die gesellschaftliche Aufgabe der Medien begegnet.

Für das geltende österreichische Recht blieb der Ertrag dieser Diskussion gering. Angesichts des heftigen Widerstandes gegen die Mitbestimmungsregelungen der früheren Entwürfe hat sich das MedienG mit wesentlich zurückhaltenderen Eingriffen in die innere Struktur der Medienunternehmen begnügt. Es hat zwar die Stellung des einzelnen Medienmitarbeiters durch einen individuellen Überzeugungsschutz gestärkt, sich aber im Bereich der redaktionellen Mitbestimmung mit einer rechtlichen Verankerung bloß fakultativer Redaktionsstatuten begnügt. Die Richtlinienkompetenz des Medieninhabers wurde nicht angetastet. Dies ist auch bemerkenswert im Hinblick auf die allgemeine betriebliche Mitbestimmung nach dem Arbeitsverfassungsrecht, die für publizistische Unternehmen und Betriebe durch eine „Tendenzschutzklausel“ eingeschränkt ist. Der näheren Darstellung dieser Regelungen dienen die nachfolgenden Abschnitte.

5. Der Überzeugungsschutz für Medienmitarbeiter

Der Journalist ist auch bei der inhaltlichen Gestaltung seiner Beiträge an die Anordnungen seiner Vorgesetzten gebunden. Der Chefredakteur, die Ressortleiter und in letzter Instanz der Verleger können daher durch Weisungen die redaktionelle Arbeit koordinieren, eine einheitliche „Blattlinie“ durchsetzen und die professionelle Qualität des Mediums sichern. Jeder Medienmitarbeiter hat aber nach § 2 MedienG das Recht, seine *Mitarbeit* an der inhaltlichen Gestaltung von Beiträgen oder Darbietungen zu *verweigern,* die seiner Überzeugung in grundsätzlichen Fragen oder den Grundsätzen des journalistischen Berufes widersprechen. Aus einer gerechtfertigten Weigerung darf ihm kein Nachteil erwachsen; der Journalist darf daher beispielsweise nicht entlassen, gekündigt oder im Dienstverhältnis sonstwie benachteiligt werden, weil er einem entsprechenden Auftrag nicht nachgekommen ist. Sinn und Zweck des Weigerungsrechts ist die Gewährleistung des individuellen geistigen Freiraumes, der für eine verantwortliche journalistische Tätigkeit notwendig ist, und die Entlastung von Gewissenskonflikten. Daher ist das Weigerungsrecht auch verhältnismäßig eng begrenzt: Eine Weigerung ist grundsätzlich ausgeschlossen, wenn es sich um die „technisch-redaktionelle Bearbeitung" von Beiträgen anderer oder um die Bearbeitung von Nachrichten handelt. Bei der redaktionellen Routinearbeit, die auch die Auswahl der Nachrichten mit umfaßt, kann sich daher der Journalist nicht auf entgegenstehende Überzeugungen berufen; der Überzeugungsschutz kommt in erster Linie bei Kommentaren, Glossen und dergleichen zum Tragen. Außerdem anerkennt das Gesetz eine Weigerung nur dann als berechtigt, wenn der Mitarbeiter eine Überzeugung in grundsätzlichen Fragen oder Grundsätze des journalistischen Berufes dafür ins Treffen führen kann.

Der erste Weigerungsgrund schützt den Medienmitarbeiter in seinen weltanschaulichen, religiösen und sittlichen Überzeugungen, und zwar nicht nur dort, wo sie explizit abgehandelt werden, sondern auch dort, wo diese Überzeugungen auf die Beurteilung einzelner Sachfragen durchschlagen. Daher kann sich der Journalist nicht nur weigern, seinen religiösen Anschauungen widersprechend eine Glaubensfrage zu behandeln, er kann auch nicht angehalten werden, zu umstrittenen Einzelfragen der Moral billigend oder verurteilend Stellung zu nehmen und zB als Katholik einen den Schwangerschaftsabbruch rechtfertigenden Artikel zu verfassen oder als überzeugter Pazifist für ein Rüstungsprogramm einzutreten. In diesem Rahmen kann sich das Weigerungsrecht selbstverständlich auch auf aktuelle politische Streitfragen beziehen. Handelt es sich um eine „grundsätzliche Frage", ist die Weigerung beachtlich; es kommt nicht darauf an, daß der Journalist zusätzlich noch im Einzelfalle die Ernsthaftigkeit und Gewichtigkeit seiner Überzeugung nachweist oder daß eine Vielzahl anderer Personen die Überzeugung des Journalisten teilt.[23]

Die Berufung auf den Überzeugungsschutz in Grundsatzfragen hat das Gesetz aber ausdrücklich ausgeschlossen, wenn die geltend gemachte Überzeugung der veröffentlichten Blattlinie widerspricht (§ 2 Abs 1 MedienG). Nach § 25 Abs 4 MedienG hat der Verleger im Zusammenwirken mit dem Herausgeber alljährlich eine Erklärung über die grundlegende Richtung des periodischen Mediums zu veröffentlichen.[24] Diese Erklärung und die in ihr zum Ausdruck kommende Tendenz in Grundsatzfragen akzeptiert der Journalist, wenn er sich für eine Mitarbeit in diesem Blatt entschließt. Daher kann er sich im Einzelfalle nicht auf eine

23 Zu eng daher KUNST–BÖHM–TWAROCH, Medienrecht 37; WITTMANN, Medienrecht 106.

24 Vgl oben S 122f.

entgegenstehende Überzeugung berufen und etwa in einer Parteizeitung die Mitarbeit aus Gründen verweigern, die der ausdrücklich deklarierten politischen Richtung des Blattes widersprechen. Tut er dies trotzdem, ist seine Weigerung nicht berechtigt und kann zum Anlaß für dienstrechtliche Sanktionen genommen werden. Andererseits bindet die Erklärung auch den Medieninhaber bei der Ausübung seines redaktionellen Weisungsrechtes. Praktisch hängt es von der Aussagekraft der veröffentlichten Erklärung ab, wieweit sie wirksam den Bereich begrenzt, in dem der Journalist seine eigenen Überzeugungen geltend machen kann; eine ganz allgemeine Festlegung etwa auf die Werte einer Demokratie umfaßt ein breites Spektrum verschiedener grundsätzlicher Überzeugungen und gibt daher dem Journalisten das Recht, sich auf jede in diesem Rahmen liegende Position zu stellen.

Neben seinen Überzeugungen in Grundsatzfragen kann der Journalist die *„Grundsätze des journalistischen Berufes"* geltend machen und gestützt darauf seine Mitarbeit im Einzelfall verweigern. Grundsätze des journalistischen Berufes sind die vom verantwortungsbewußten Journalismus regelmäßig beobachteten beruflichen Verhaltensmaßstäbe, womit das Gesetz auf einen außerrechtlichen Standard journalistischer Verantwortung verweist. Diese Grundsätze haben im Ehrenkodex für die österreichische Presse des österreichischen Presserates und in den Programmrichtlinien des ORF einen Ausdruck gefunden, ohne daß diese Richtlinien bereits erschöpfend alle Grundsätze der publizistischen Arbeit umschreiben. Gestützt auf diesen Weigerungsgrund kann beispielsweise ein Journalist seine Mitarbeit verweigern, wenn von ihm verlangt würde, sich eines verwerflichen Mittels zur Informationserlangung zu bedienen, wenn ihm ein Unterdrücken der Wahrheit oder die Mitwirkung an einer verschleierten redaktionellen Werbung zugemutet würde oder wenn er sich an einer bösartigen Kampagne gegen eine Person oder eine Gruppe beteiligen müßte. Auch dieser Weigerungsgrund gilt allerdings nach dem eindeutigen Wortlaut des Gesetzes nicht bei der Bearbeitung von Nachrichten, was sachlich wenig überzeugend ist, da gerade auch die Sauberkeit und Verantwortlichkeit der journalistischen Arbeit in diesem Bereich ein schutzwürdiges Anliegen wäre.

Ebenfalls dem Schutz der individuellen journalistischen Arbeit dient die Regelung des § 3 MedienG über den *Schutz namentlich gekennzeichneter Beiträge.* Sie sieht vor, daß ein namentlich oder mit Decknamen (Zeichen) gekennzeichneter Artikel grundsätzlich nur in der vom Verfasser genehmigten Fassung veröffentlicht werden darf. Wird der Sinngehalt eines solchen Beitrages verändert, was auch durch Kürzung oder Ergänzung geschehen kann, muß entweder seine nachträgliche Zustimmung eingeholt werden oder muß der Name (Deckname, Zeichen) bei der Veröffentlichung entfallen. Eine redaktionelle Bearbeitung ohne Veränderung des Sinngehaltes muß hingegen der Verfasser hinnehmen; ein Anspruch auf Namensnennung läßt sich dieser Regelung nicht entnehmen. Bei urheberrechtlich geschützten Werken können allerdings aus dem Urheberrecht weitergehende Ansprüche erwachsen.[25]

Die behandelten Bestimmungen über den Schutz der journalistischen Berufsausübung erschöpfen sich in *Verweigerungsrechten* – der Verweigerung der Mitwirkung aus Gewissenskonflikten bzw einer Zurückziehung des Namens bei nachträglichen Änderungen. Das MedienG unterstreicht durch eine ausdrückliche Bestimmung, daß dem Medienmitarbeiter durch diese Regelungen nicht das Recht eingeräumt wird, die Veröffentlichung eines von ihm verfaßten Beitrages zu erzwingen (§ 4 MedienG).

Eine flankierende Ergänzung des medienrechtlichen Überzeugungsschutzes sieht das *JournalistenG* vor. Damit der Journalist beim Wechsel der politischen Richtung des Massenmediums nicht vor der Wahl steht, entweder „sein Brot zu verlieren oder seine Gesinnung preiszugeben", sichert ihm § 11 JournalistenG für diesen Fall besondere arbeitsrechtliche Ansprüche zu. Ist ihm nach einem Wechsel der bisher eingehaltenen politischen Richtung die Fortsetzung seiner Tätigkeit ohne Gesinnungsänderung nicht zumutbar, kann er fristlos kündigen und eine außerordentliche Entschädigung begehren. Diese Abfertigung beträgt zumindest ein volles Jahresgehalt und steigt bei längerem Dienstverhältnis auf das Mehrfache eines Jahresgehalts an. Nach Sinn und Zweck der Regelung muß es sich allerdings um eine einschneidende Änderung der weltanschaulich-politischen Grundhaltung der Zeitung handeln, die den betroffenen Journalisten auch gesinnungsmäßig berührt; der nach dem MedienG zu veröffentlichenden Erklärung wird in dieser Frage ein besonderer Beweiswert zukommen.[26] In der Praxis macht diese Regelung wegen der weitreichenden finanziellen Auswirkungen einen deklarierten Richtungswechsel für ein Zeitungsunternehmen fast unmöglich.

Die dargestellten Regelungen über den individuellen publizistischen Überzeugungsschutz gelten an sich auch für die Journalisten des Rundfunks.[27] Die Mitarbeiter des ORF können sich aber ergänzend auf die weitergehenden Unabhängigkeitsgarantien der §§ 17–19 RFG berufen, die oben dargestellt wurden.[28]

---

25 Vgl § 21 UrhG und oben S 280.

26 Vgl WITTMANN, Medienrecht 45f; zu den Einzelheiten des Anspruchs nach § 11 JournalistenG vgl KUDERNA, DRdA 64, 341.

27 Art III Abs 2 MedienG; § 1 Abs 2 JournalistenG.

28 Vgl oben S 145ff.

6. Die betriebliche Mitbestimmung und der Tendenzschutz in Medienunternehmen

Medienunternehmen unterliegen grundsätzlich den Bestimmungen des Arbeitsverfassungsgesetzes (ArbVG), das ab einer Mindestbelegschaft von fünf Arbeitnehmern eine Organisation der Arbeitnehmer auf Betriebsebene und eine Mitwirkung der Belegschaft in sozialen, personellen und wirtschaftlichen Angelegenheiten vorsieht.[29] Die der Arbeitnehmerschaft gegenüber dem Medieninhaber zustehenden Befugnisse werden dabei vom *Betriebsrat* (BR) wahrgenommen, der von der Belegschaft gewählt wird. Umfaßt ein Medienunternehmen mehrere zentral verwaltete Betriebe, ist auf der Unternehmensebene ein Zentralbetriebsrat zu wählen; in Konzernen kann eine Arbeitsgemeinschaft der Betriebsräte gebildet werden. Der organisierten Belegschaft gehören alle Arbeitnehmer an, unabhängig davon, in welchem Bereich (zB Technik, Redaktion, Vertrieb usw) sie beschäftigt sind. Für die Gruppen der Arbeiter und der Angestellten bestehen in der Regel getrennte Belegschaftsorgane. Leitende Angestellte (zB Chefredakteur) gelten nicht als Arbeitnehmer im Sinne des Betriebsverfassungsrechts.

Die Mitwirkungsrechte der Belegschaft sind in ihrer Intensität abgestuft, vom bloßen Informationsrecht ausgehend bis hin zur paritätischen (gleichberechtigten) Mitbestimmung. Ohne auf die Einzelheiten der sehr detaillierten und speziellen Regelungen einzugehen, lassen sich die folgenden Gruppen von Mitwirkungsrechten unterscheiden:

— Allgemeine Befugnisse: Der Betriebsrat hat das Recht, die Einhaltung der die Arbeitnehmer des Betriebs betreffenden Rechtsvorschriften zu überwachen und zu diesem Zweck etwa in die einschlägigen Aufzeichnungen Einsicht zu nehmen; er hat das Recht, zur Wahrung der Interessen der Arbeitnehmer beim Betriebsinhaber oder bei einer Interessenvertretung zu intervenieren, wobei der Betriebsinhaber verpflichtet ist, den BR anzuhören und die entsprechenden Auskünfte zu erteilen. In regelmäßigen Abständen muß der Betriebsinhaber eine gemeinsame Beratung mit dem BR abhalten und diesen über die laufenden wichtigen Angelegenheiten des Betriebes informieren.

— Mitwirkung in sozialen Angelegenheiten: Der BR kann an der Gestaltung der Sozial- und Personalpolitik des Unternehmens mitwir-

---

29 Zum Betriebsverfassungsrecht im allgemeinen vgl STRASSER, Arbeitsrecht II. Kollektives Arbeitsrecht (Arbeitsverfassungsrecht)² (1984) 190ff.

ken. Er hat etwa in den Angelegenheiten der betrieblichen Berufsausbildung und Schulung Informations- und Antragsrechte; er hat das Recht, an der Verwaltung von Wohlfahrtseinrichtungen des Betriebes teilzunehmen. Wichtigstes Instrument der Mitwirkung in sozialen Angelegenheiten ist der Abschluß von Betriebsvereinbarungen zwischen BR und Betriebsinhaber, durch die generell wirksame Arbeitsbedingungen geregelt werden können. Bestimmte betriebliche Maßnahmen dürfen dabei nur mit Zustimmung des BR vorgenommen werden (sog notwendige Betriebsvereinbarung), wozu etwa die Einführung einer betrieblichen Disziplinarordnung, von bestimmten Personalfragebögen, von bestimmten Kontrollmaßnahmen oder Informationssystemen gehören, durch die Daten der Arbeitnehmer automationsunterstützt verarbeitet werden. Andere Betriebsvereinbarungen sind freiwillige Betriebsvereinbarungen, dh sie können im Falle der Nichteinigung zwischen BR und Betriebsinhaber rechtlich nicht erzwungen werden (zB Maßnahmen zur Unfallverhütung oder menschengerechten Arbeitsgestaltung, Regelung von Aufwandsentschädigungen, Gewinnbeteiligungssysteme, betriebliche Pensionsleistungen usw).[30] Die Einrichtung von Bildschirmarbeitsplätzen in den Redaktionen und die Arbeit an den Bildschirmen ist im übrigen auch im Journalistenkollektivvertrag geregelt. Für die Einführung der integrierten Textverarbeitungssysteme, durch die die redaktionelle Arbeit in den nächsten Jahren wesentlich verändert werden wird, gibt es einen eigenen Kollektivvertrag (ITS-Vertrag), der ua dem Journalisten das Recht einräumt, die Arbeit am Bildschirm in einer Übergangszeit zu verweigern.[31]

— Mitwirkung in personellen Angelegenheiten: Der BR ist an bestimmten individuellen Personalentscheidungen des Betriebsinhabers zu beteiligen. Bei der Einstellung von Arbeitnehmern und bei Beförderungen beschränkt sich diese Mitwirkung auf bloße Informations- und Beratungsrechte; das Belegschaftsorgan kann dem Betriebsinhaber die Ausschreibung von Arbeitsplätzen vorschlagen. Vor jeder Kündigung eines Arbeitnehmers ist der BR zu verständigen, der das Recht hat, zur Kündigungsabsicht Stellung zu nehmen. Hat der BR der Kündigung nicht ausdrücklich zugestimmt, so kann die Kündigung beim Arbeits- und Sozialgericht angefochten werden. Eine vergleichbare Regelung gilt für unbegründete Entlassungen.[32]

— Mitwirkung in wirtschaftlichen Angelegenheiten: Schließlich beziehen sich Mitwirkungsrechte des BR auch auf Fragen der wirtschaftlichen Leitung des Unternehmens. Eine unmittelbare Mitwirkung an der Geschäftsführung ist damit nicht verbunden. Die entsprechenden Vorschriften sichern aber dem BR spezielle wirtschaftliche

30 Vgl im einzelnen §§ 94–97 ArbVG.
31 Vgl zu den Einzelheiten des ITS-Vertrags Medienbericht II, 131 f.
32 Vgl im einzelnen §§ 105–107 ArbVG.

Informations-, Interventions- und Beratungsrechte (§ 108 ArbVG), Mitsprachemöglichkeiten bei Betriebsänderungen (§ 109 ArbVG) und die Möglichkeit, gegen Maßnahmen der Wirtschaftsführung bei größeren Betrieben einen Einspruch bei einer Staatlichen Wirtschaftskommission zu erheben (§§ 111, 112 ArbVG). Ist das Unternehmen als Aktiengesellschaft oder Gesellschaft mit beschränkter Haftung eingerichtet, entsendet der BR Vertreter mit Sitz und Stimme in den Aufsichtsrat (sog Drittelbeteiligung).

Die dargestellten Befugnisse der Belegschaft geben dieser einen erheblichen Einfluß auf die Führung des Betriebes. Dies kann bei Medienunternehmen problematisch sein, da im BR *alle* Arbeitnehmergruppen vertreten sind und damit Personen und Interessen Einfluß auf die inhaltliche Gestaltung eines Massenmediums erhalten, die nicht für die redaktionelle Arbeit verantwortlich sind. Zugleich greift eine solche Mitbestimmung in die gesetzlich anerkannte Befugnis des Verlegers ein, die Zielrichtung und das Meinungsprofil des Blattes in eigener Verantwortung zu bestimmen. Aus diesen Gründen beschränkt das ArbVG die betriebliche Mitbestimmung in Medienunternehmen durch eine ausdrückliche *„Tendenzschutzklausel"*.

Eine solche Privilegierung ist gerechtfertigt, weil sie die durch die Massenmedien ermöglichte und mitgetragene geistige und politische Auseinandersetzung in gewissem Umfang von wirtschaftlichem Druck und dem Einfluß sachfremder Interessen abschirmt und damit der Erfüllung einer verfassungsrechtlich anerkannten Aufgabe dient. Andererseits dürfen die Interessen der Arbeitnehmer an einer Mitbestimmung am Arbeitsplatz nicht mehr als notwendig zurückgedrängt werden. Dies erfordert eine ausgewogene Lösung, um die sich die auf die Massenmedien zugeschnittene Regelung des § 132 Abs 2 ArbVG bemüht.[33]

Nach dieser Bestimmung ist die Mitbestimmung in Unternehmen und Betrieben, die unmittelbar Zwecken der Berichterstattung oder Meinungsäußerung dienen, in näher angeführtem Umfang eingeschränkt, allerdings nur soweit diese Mitbestimmung im Einzelfalle die politische Richtung des Massenmediums beeinflussen würde („relativer Tendenzschutz"). Der

33 Zum Grundrechtsbezug des § 132 Abs 2 ArbVG vgl SCHRAMMEL, Probleme des Tendenzschutzes in der österreichischen Betriebsverfassung, in: Strasser-FS (1983) 559 (564f); zu der nicht ganz vergleichbaren Tendenzschutzklausel des deutschen Rechts vgl BVerfGE 52, 283; MAYER-MALY, Grundsätzliches und Aktuelles zum „Tendenzbetrieb", Der Betriebs-Berater 73, 761 (764f).

Kreis der in den Tendenzschutz *einbezogenen Unternehmen und Betriebe* geht über den Bereich der „Medienunternehmen" in der Terminologie des MedienG hinaus. Er umfaßt die Herausgabe von Tages- und Wochenzeitungen, mit eingeschlossen die Publikation von Vereins- oder Werkzeitungen, die Tätigkeit der Nachrichtenagenturen (Mediendienste), ferner den Buchverlag und die Herstellung oder Verbreitung audiovisueller Medien, soweit diese Medien überwiegend den angeführten publizistischen Zwecken der Meinungsäußerung oder Berichterstattung dienen. Bloß technische Leistungen, wie zB die Papiererzeugung, die drucktechnische Herstellung und der Vertrieb, sind dagegen keine Beiträge zur Tendenzverwirklichung. Eine Ausnahme von der Mitbestimmung für die damit befaßten Unternehmen und Betriebe ist daher im allgemeinen nicht gegeben.[34] Für den ORF gilt eine Sonderregelung.[35] Dem relativen Tendenzschutz unterliegen auch Betriebe, die im Rahmen eines nicht publizistischen Zwecken gewidmeten, tendenzfreien Unternehmens Aufgaben der Berichterstattung oder Meinungsäußerung wahrnehmen, etwa die Herstellung einer Werks- oder Kundenzeitschrift im Rahmen eines Wirtschaftsunternehmens besorgen; die Mitbestimmung auf der Unternehmensebene bleibt davon allerdings unberührt. Betreibt ein Tendenzunternehmen einen tendenzfreien Betrieb, zB eine rechtlich unselbständige Druckerei im Rahmen eines Verlagsunternehmens, unterliegt die Mitbestimmung auf der Unternehmensebene dem Tendenzschutz; bei den auf den einzelnen Betrieb bezogenen Angelegenheiten ist die Frage des Tendenzschutzes auf der Ebene des betroffenen Betriebes zu entscheiden.[36]

Unterliegt ein Unternehmen oder Betrieb dem Tendenzschutz nach § 132 Abs 2 ArbVG, sind die Bestimmungen über die Mitbestimmung in wirtschaftlichen Angelegenheiten (§§ 108–112 ArbVG) nicht anzuwenden, soweit es sich um eine Angelegenheit handelt, die die politische Richtung dieses Unternehmens oder Betriebes beeinflußt. Daher entfällt etwa das Recht des BR, vom Betriebsinhaber über die wirtschaftliche Lage des Betriebes oder über Investitionsvorhaben informiert zu werden und darüber mit dem Inhaber Beratungen zu führen,

---

34 Zum Problem der in einem Naheverhältnis zum Presseunternehmen stehenden Lohndruckereien vgl MAYER-MALY, Die Entwicklung der Rechtsprechung zum Tendenzschutz in Pressebetrieben, AfP 76, 3 (5f).

35 § 132 Abs 3 ArbVG; vgl dazu oben S 147.

36 Vgl zu den Einzelheiten FLORETTA–STRASSER, Kommentar zum Arbeitsverfassungsgesetz (1975) § 132 Rdz 2.1.2., 3.2.

dann und nur dann, wenn zB eine geplante wirtschaftliche Maßnahme auch die Tendenz der publizistischen Institutionen beeinflußt. Daher entsendet die Arbeitnehmerschaft auch in den Aufsichtsrat eines Medienunternehmens Arbeitnehmervertreter, wobei aber diese Arbeitnehmervertreter von der Behandlung und Beschlußfassung jener Angelegenheiten im Aufsichtsrat ausgeschlossen sind, welche die Tendenz des publizistischen Unternehmens beeinflussen. Ob dies der Fall ist, kann nicht zuletzt anhand der vom MedienG geforderten Erklärung über die grundlegende Richtung beurteilt werden, die freilich nicht Voraussetzung für die Geltung des Tendenzschutzes ist. Der relative Tendenzschutz bezieht sich auch auf die Informations- und Beratungsrechte bei geplanten Betriebsänderungen (zB Betriebseinstellung); bei der Einführung von neuen Arbeitsmethoden und größeren Rationalisierungsmaßnahmen sichert jedoch das Gesetz dem BR auch in Tendenzunternehmen die ungeschmälerten Mitwirkungsrechte zu.[37]

Die übrigen Mitbestimmungsrechte der Arbeitnehmerschaft in sozialen und personellen Fragen kommen auch bei den Unternehmen und Betrieben nach § 132 Abs 2 ArbVG zum Tragen. Der Gesetzgeber hat für diese Bereiche keine Ausnahme angeordnet, weil durch diese Mitbestimmungsformen entweder die Tendenz der publizistischen Institution überhaupt nicht beeinträchtigt wird oder aber der Mitbestimmung der Vorrang gegenüber dem Tendenzschutz einzuräumen war. Lediglich bei der Einstellung von festangestellten Journalisten sieht das Gesetz eine weitere Einschränkung der Mitbestimmung in Personalangelegenheiten vor und beschränkt die ansonsten vorgeschriebene besondere Information (Beratung) des BR vor der Einstellung, wenn die Einstellung eines solchen „Tendenzträgers“ die politische Richtung der Institution beeinflußt.

Eine über den dargestellten Umfang hinausgehende Zurückdrängung der Arbeitnehmermitbestimmung kommt schließlich dann zum Tragen, wenn das Medienunternehmen (Betrieb) über die publizistische Zwecksetzung hinausgehend *unmittelbar* einem besonderen politischen, koalitionspolitischen, konfessionellen, wissenschaftlichen, erzieherischen oder karitativen Zweck dient. In einem solchen Falle sind die Mitwirkungsrechte in wirtschaftlichen Angelegenheiten jedenfalls ausgeschlossen (*„absoluter Tendenzschutz“*), so daß etwa bei einem konfessionellen Verlag oder einem Gewerkschaftsbetrieb, der eine Zeitschrift herausgibt, die wirtschaftliche Mitbestimmung generell entfällt und nicht nur dann, wenn eine bestimmte Angelegenheit die

37 § 132 Abs 2 ArbVG idF BGBl 1986/394 iVm § 109 Abs 1 Z 5 und 6.

Tendenz dieses Unternehmens (Betriebes) beeinflußt. Gleiches gilt auch für die Verwaltungsstellen von juristischen Personen des öffentlichen Rechts.[38]

7. Die Redaktionsstatuten

Die im ArbVG verankerte, für publizistische Unternehmen und Betriebe aber im Interesse der Pressefreiheit wesentlich eingeschränkte Mitbestimmung in sozialen, personellen und wirtschaftlichen Angelegenheiten ist eine Mitbestimmung der gesamten Belegschaft des Unternehmens (Betriebes). Die unter dem Stichwort der „inneren Pressefreiheit" betriebene Stärkung der Stellung der Redaktion im Presseunternehmen zielt demgegenüber auf einen Ausbau der publizistischen Mitwirkungsrechte der journalistisch tätigen Mitarbeiter, die selbst auch Träger der Pressefreiheit sind. Das MedienG weist einen Weg zu einer solchen redaktionellen Mitbestimmung in Form einer knappen Regelung über den Abschluß von Redaktionsstatuten (§ 5 MedienG).

Redaktionsstatuten sind Vereinbarungen zwischen dem Medieninhaber (Verleger) und den im Unternehmen tätigen Journalisten. Bei einzelnen österreichischen Zeitungen wurden solche Vereinbarungen bereits vor dem Inkrafttreten des MedienG abgeschlossen; sie regeln etwa die Kompetenzverteilung zwischen Verleger, Herausgeber, Chefredakteur und Redaktion, sehen eine Mitwirkung der Redakteure bei wichtigen Personalentscheidungen (Bestellung des Chefredakteurs) vor und sichern der Redaktion Informations- und Anhörungsrechte.[39] Die Vorentwürfe zum MedienG wollten diese Praxis gesetzlich fundieren und ähnlich wie beim ORF zum Abschluß von Redaktionsstatuten *verpflichten*, wobei der Inhalt und das Verfahren des Zustandekommens solcher Vereinbarungen einschließlich eines Zwangsschlichtungsverfahrens äußerst detailliert hätte geregelt werden sollen. Da sich ein solcher Ausbau der Mitbestimmung aber politisch nicht durchsetzen ließ, begnügt sich das Gesetz mit einer gesetzlichen Verankerung „freiwilliger" Redaktionsstatuten.

Nach § 5 MedienG „können für die Medienunternehmen und Mediendienste Redaktionsstatuten abgeschlossen werden,

---

38 Gewahrt bleibt auch in diesen Fällen die Mitwirkung nach § 109 Abs 1 Z 5 und 6 ArbVG; vgl im übrigen FLORETTA-STRASSER, aaO § 132 Rdz 3.2.

39 Vgl die Bestandsaufnahme bei JELLER, Redaktionsstatuten in Österreich, Diss. Wien 1981.

die die Zusammenarbeit in publizistischen Angelegenheiten regeln". Das Zustandekommen eines Redaktionsstatuts setzt daher voraus, daß beide Seiten zum Abschluß bereit sind und Konsens über die zu treffenden Regelungen besteht. Auf der Seite der Journalisten ist eine Redaktionsvertretung abschlußberechtigt, die von einer Redaktionsversammlung nach den Grundsätzen der Verhältniswahl zu wählen ist. Dieser Versammlung gehören alle fest angestellten journalistischen Mitarbeiter an; der getroffenen Vereinbarung müssen in der Redaktionsversammlung mindestens zwei Drittel der angestellten Journalisten zustimmen. Die nähere Organisation der Redaktionsversammlung (-vertretung) und die Art ihrer Willensbildung ist im übrigen gesetzlich nicht geregelt; diese Fragen bleiben der freien Mehrheitsentscheidung der fest angestellten Medienmitarbeiter überlassen.[40]

Offen läßt das Gesetz auch die Rechtsnatur und die Rechtsfolgen eines vereinbarten Redaktionsstatuts, das am ehesten einer Betriebsvereinbarung nach ArbVG vergleichbar ist.[41] Den zulässigen Inhalt umschreibt das Gesetz mit „Zusammenarbeit in publizistischen Angelegenheiten". Es liegt daher letztlich bei den Partnern der Vereinbarung, welche Angelegenheiten einer redaktionellen Mitwirkung unterworfen und welche Mitwirkungsformen vereinbart werden: Dies können zB Informationspflichten des Medieninhabers bei betrieblichen Entscheidungen sein, die sich auf die publizistischen Verhältnisse auswirken, Anhörungs- und Vorschlagsrechte der Redaktionsvertretung, nähere Regelungen über das Zusammenwirken zwischen Verleger, redaktionellem Vorgesetzten und Redaktion, Verfahren bei den Entscheidungen über die Aufnahme oder die Ablehnung von Beiträgen usw. Unklar ist, wo letztlich die Grenze der durch § 5 MedienG eröffneten Regelungsbefugnisse liegt.

Die praktischen Auswirkungen der gesetzlichen Verankerung von Redaktionsstatuten sind eher gering. Sieht man von einer näheren Bestimmung der redaktionsinternen Willensbildungsprozesse ab (Zweidrittelmehrheit für Annahme der Re-

---

40 Kritisch zur ungenügenden juristischen Strukturierung der redaktionsinternen Entscheidungsverfahren MAYER-MALY, JBl 81, 626.

41 Nach dem Bericht des Justizausschusses handelt es sich bei den Redaktionsstatuten um „freie Vereinbarungen"; Bericht JA, 5; das nach der Rechtskonstruktion weitgehend vergleichbare Redakteurstatut des ORF ist nach VfSlg 7593/75 nicht anders zu beurteilen als eine verfassungsrechtlich durchaus zulässige Betriebsvereinbarung; vgl aber auch MAYER-MALY, JBl 81, 626.

daktionsstatuten), hat sich durch § 5 MedienG letztlich wenig gegenüber der früheren Rechtslage und den schon früher abgeschlossenen Redaktionsstatuten geändert. Größere Bedeutung könnte der Bestimmung des § 5 Abs 4 MedienG zukommen, die die kollektivvertragsfähigen Körperschaften der im Medienwesen tätigen Arbeitnehmer und Arbeitgeber ermächtigt, allgemeine Grundsätze für Redaktionsstatuten zu vereinbaren.

XIII. ANHANG

Rechtsvorschriften

1. Meinungs- und Informationsfreiheit, Medienfreiheit und Zensurverbot
2. Bundesgesetz vom 12. Juni 1981 über die Presse und andere publizistische Medien *(Mediengesetz)*
3. Bundesverfassungsgesetz vom 10. Juli 1974 über die Sicherung der Unabhängigkeit des Rundfunks *(BVG-Rundfunk)*
4. Bundesgesetz über die Aufgaben und die Einrichtung des Österreichischen Rundfunks *(Rundfunkgesetz – RFG)*

1. Meinungs- und Informationsfreiheit, Medienfreiheit und Zensurverbot

Artikel 13 Staatsgrundgesetz über die allgemeinen Rechte der Staatsbürger RGBl 1867/142, zuletzt geändert BGBl 1982/262

(1) Jedermann hat das Recht, durch Wort, Schrift, Druck oder durch bildliche Darstellung seine Meinung innerhalb der gesetzlichen Schranken frei zu äußern.

(2) Die Presse darf weder unter Zensur gestellt, noch durch das Konzessionssystem beschränkt werden. Administrative Postverbote finden auf inländische Druckschriften keine Anwendung.

Beschluß der Provisorischen Nationalversammlung
vom 30. 10. 1918 StGBl 1918/3

1. Jede Zensur ist als dem Grundrecht der Staatsbürger widersprechend aufgehoben.

2. Die Einstellung von Druckschriften und die Erlassung eines Postverbotes gegen solche findet nicht mehr statt. Die bisher verfügten Einstellungen und Postverbote sind aufgehoben. Die volle Freiheit der Presse ist hergestellt.

Artikel 10 der Konvention zum Schutze der Menschenrechte und Grundfreiheiten vom 4. 11. 1950 BGBl 1958/210

(1) Jedermann hat Anspruch auf freie Meinungsäußerung. Dieses Recht schließt die Freiheit der Meinung und die Freiheit zum Empfang und zur Mitteilung von Nachrichten oder Ideen ohne Eingriffe öffentlicher Behörden und ohne Rücksicht auf Landesgrenzen ein. Dieser Artikel schließt nicht aus, daß die Staaten Rundfunk-, Lichtspiel- oder Fernsehunternehmen einem Genehmigungsverfahren unterwerfen.

(2) Da die Ausübung dieser Freiheiten Pflichten und Verantwortung mit sich bringt, kann sie bestimmten, vom Gesetz vorgesehenen Formvorschriften, Bedingungen, Einschränkungen oder Strafdrohungen unterworfen werden, wie sie in einer demokratischen Gesellschaft im Interesse der nationalen Sicherheit, der territorialen Unversehrtheit oder der öffentlichen Sicherheit, der Aufrechterhaltung der Ordnung und der Verbrechensverhütung, des Schutzes der Gesundheit und der Moral, des Schutzes des guten Rufes oder der Rechte anderer unentbehrlich sind, um die Verbreitung von vertraulichen Nachrichten zu verhindern oder das Ansehen und die Unparteilichkeit der Rechtsprechung zu gewährleisten.

2. Bundesgesetz vom 12. Juni 1981 über die Presse und andere publizistische Medien (Mediengesetz)

BGBl 1981/314 idF BGBl 1987/211
und BGBl 1988/233

Der Nationalrat hat beschlossen:

Dieses Bundesgesetz soll zur Sicherung des Rechtes auf freie Meinungsäußerung und Information die volle Freiheit der Medien gewährleisten. Beschränkungen der Medienfreiheit, deren Ausübung Pflichten und Verantwortung mit sich bringt, sind nur unter den im Art. 10 Abs. 2 der Konvention zum Schutze der Menschenrechte und Grundfreiheiten, BGBl. Nr. 210/1958, bezeichneten Bedingungen zulässig.

ARTIKEL I

Erster Abschnitt

Begriffsbestimmungen

§ **1.** (1) **Im** Sinn der Bestimmungen dieses Bundesgesetzes ist

1. **„Medium"**: jedes Mittel zur Verbreitung von Mitteilungen oder Darbietungen mit gedanklichem Inhalt in Wort, Schrift, Ton oder Bild an einen größeren Personenkreis im Wege der Massenherstellung oder der Massenverbreitung;
2. **„periodisches Medium"**: ein periodisches Medienwerk, ein Rundfunkprogramm oder sonst ein Medium, das in vergleichbarer Gestaltung wenigstens viermal im Kalenderjahr wiederkehrend verbreitet wird;
3. **„Medienwerk"**: ein zur Verbreitung an einen größeren Personenkreis bestimmter, in einem Massenherstellungsverfahren in Medienstücken vervielfältigter Träger von Mitteilungen oder Darbietungen mit gedanklichem Inhalt;
4. **„Druckwerk"**: ein Medienwerk, durch das Mitteilungen oder Darbietungen ausschließlich in Schrift oder in Standbildern verbreitet werden;
5. **„periodisches Medienwerk oder Druckwerk"**: ein Medienwerk oder Druckwerk, das unter demselben Namen in fortlaufenden Nummern wenigstens viermal im Kalenderjahr in gleichen oder ungleichen Abständen erscheint und dessen einzelne Nummern, mag auch jede ein in sich abgeschlossenes Ganzes bilden, durch ihren Inhalt im Zusammenhang stehen;
6. **„Medienunternehmen"**: ein Unternehmen, in dem die inhaltliche Gestaltung des Mediums besorgt wird und seine Herstellung und Verbreitung besorgt oder veranlaßt werden;
7. **„Mediendienst"**: ein Unternehmen, das Medienunternehmen wiederkehrend mit Beiträgen in Wort, Schrift, Ton oder Bild versorgt;
8. **„Medieninhaber (Verleger)"**: wer ein Medienunternehmen oder einen Mediendienst betreibt oder sonst das Erscheinen von Medienwerken durch Inverkehrbringen der Medienstücke besorgt;
9. **„Herausgeber"**: wer die grundlegende Richtung des periodischen Mediums bestimmt;
10. **„Hersteller"**: wer die Massenherstellung von Medienwerken besorgt;
11. **„Medienmitarbeiter"**: wer in einem Medienunternehmen oder Mediendienst an der inhaltlichen Gestaltung eines Mediums oder der Mitteilungen des Mediendienstes journalistisch mitwirkt, sofern er als Angestellter des Medienunternehmens oder Mediendienstes oder als freier Mitarbeiter diese journalistische Tätigkeit ständig und nicht bloß als wirtschaftlich unbedeutende Nebenbeschäftigung ausübt;
12. **„Medieninhaltsdelikt"**: eine durch den Inhalt eines Mediums begangene, mit gerichtlicher Strafe bedrohte Handlung, die in einer an einen größeren Personenkreis gerichteten Mitteilung oder Darbietung besteht.

(2) Zu den Medienwerken gehören auch die in Medienstücken vervielfältigten Mitteilungen der Mediendienste. Im übrigen gelten die Mittei-

lungen der Mediendienste ohne Rücksicht auf die technische Form, in der sie geliefert werden, als Medien.

Zweiter Abschnitt

Schutz der journalistischen Berufsausübung; Redaktionsstatuten

Überzeugungsschutz

§ 2. (1) Jeder Medienmitarbeiter hat das Recht, seine Mitarbeit an der inhaltlichen Gestaltung von Beiträgen oder Darbietungen, die seiner Überzeugung in grundsätzlichen Fragen oder den Grundsätzen des journalistischen Berufes widersprechen, zu verweigern, es sei denn, daß seine Überzeugung der im Sinn des § 25 veröffentlichten grundlegenden Richtung des Mediums widerspricht. Die technisch-redaktionelle Bearbeitung von Beiträgen oder Darbietungen anderer und die Bearbeitung von Nachrichten dürfen nicht verweigert werden.

(2) Aus einer gerechtfertigten Weigerung darf dem Medienmitarbeiter kein Nachteil erwachsen.

Schutz namentlich gezeichneter Beiträge

§ 3. Wird ein Beitrag oder eine Darbietung in einer den Sinngehalt betreffenden Weise geändert, so darf die Veröffentlichung unter dem Namen des Medienmitarbeiters nur mit seiner Zustimmung geschehen. Der Angabe des Namens des Verfassers ist die Bezeichnung mit einem von ihm bekanntermaßen gebrauchten Decknamen oder Zeichen gleichzuhalten.

Kein Veröffentlichungszwang

§ 4. Die vorstehenden Bestimmungen räumen dem Medienmitarbeiter nicht das Recht ein, die Veröffentlichung eines von ihm verfaßten Beitrages oder einer Darbietung, an deren inhaltlichen Gestaltung er mitgewirkt hat, zu erzwingen.

Redaktionsstatuten

§ 5. (1) Für die Medienunternehmen und Mediendienste können Redaktionsstatuten abgeschlossen werden, die die Zusammenarbeit in publizistischen Angelegenheiten regeln.

(2) Ein Redaktionsstatut wird zwischen dem Medieninhaber (Verleger) und einer Redaktionsvertretung vereinbart, die von der Redaktionsversammlung nach dem Grundsatz der Verhältniswahl zu wählen ist. Die Vereinbarung bedarf zu ihrer Wirksamkeit der Genehmigung der Redaktionsversammlung, die diese mit der Mehrheit von zwei Dritteln ihrer Angehörigen erteilt. Der Redaktionsversammlung gehören alle fest angestellten Medienmitarbeiter an.

(3) Durch die Bestimmungen eines Redaktionsstatuts dürfen die Rechte der Betriebsräte nicht berührt werden.

(4) Allgemeine Grundsätze von Redaktionsstatuten können von den kollektivvertragsfähigen Körperschaften der im Medienwesen tätigen Arbeitnehmer und Arbeitgeber vereinbart werden.

Dritter Abschnitt

Persönlichkeitsschutz

Üble Nachrede, Verspottung und Verleumdung

§ 6. (1) Wird in einem Medium der objektive Tatbestand der üblen Nachrede, der Verspottung oder der Verleumdung hergestellt, so hat der Betroffene gegen den Medieninhaber (Verleger) Anspruch auf eine Entschädigung für die erlittene Kränkung. Bei der Bestimmung der Höhe des Entschädigungsbetrages ist einerseits auf Umfang und Auswirkungen der Veröffentlichung, andererseits auf die Wahrung der wirtschaftlichen Existenz des Medienunternehmens Bedacht zu nehmen. Der Entschädigungsbetrag darf 50 000 S, bei einer Verleumdung oder bei besonders schwerwiegenden Auswirkungen einer üblen Nachrede 100 000 S nicht übersteigen.

(2) Der Anspruch nach Abs. 1 besteht nicht, wenn

1. es sich um einen wahrheitsgetreuen Bericht über eine Verhandlung in einer öffentlichen Sitzung des Nationalrates, des Bundesrates, der Bundesversammlung, eines Landtages oder eines Ausschusses eines dieser allgemeinen Vertretungskörper handelt,
2. im Falle einer üblen Nachrede
   a) die Veröffentlichung wahr ist oder
   b) ein überwiegendes Interesse der Öffentlichkeit an der Veröffentlichung bestanden hat und auch bei Aufwendung der gebotenen journalistischen Sorgfalt für den Verfasser hinreichende Gründe vorgelegen sind, die Behauptung für wahr zu halten.

(3) Bezieht sich die Veröffentlichung auf den höchstpersönlichen Lebensbereich, so ist der Anspruch nach Abs. 1 nur aus dem Grunde des Abs. 2 Z 1 oder des Abs. 2 Z 2 Buchst. a ausgeschlossen, im letztgenannten Fall aber nur, wenn die veröffentlichten Tatsachen in unmittelbarem Zusammenhang mit dem öffentlichen Leben stehen.

Verletzung des höchstpersönlichen Lebensbereiches

§ 7. (1) Wird in einem Medium der höchstpersönliche Lebensbereich eines Menschen in einer Weise erörtert oder dargestellt, die geeignet ist, ihn in der Öffentlichkeit bloßzustellen, so hat der

Betroffene gegen den Medieninhaber (Verleger) Anspruch auf eine Entschädigung für die erlittene Kränkung. Der Entschädigungsbetrag darf 50 000 S nicht übersteigen; im übrigen ist § 6 Abs. 1 zweiter Satz anzuwenden.

(2) Der Anspruch nach Abs. 1 besteht nicht, wenn

1. dem Betroffenen ein Anspruch nach § 6 zusteht,
2. es sich um einen wahrheitsgetreuen Bericht über eine Verhandlung in einer öffentlichen Sitzung des Nationalrates, des Bundesrates, der Bundesversammlung, eines Landtages oder eines Ausschusses eines dieser allgemeinen Vertretungskörper handelt,
3. die Veröffentlichung wahr ist und in unmittelbarem Zusammenhang mit dem öffentlichen Leben steht oder
4. nach den Umständen angenommen werden konnte, daß der Betroffene mit der Veröffentlichung einverstanden war.

Gemeinsame Bestimmungen

§ 8. (1) Den Anspruch auf einen Entschädigungsbetrag nach § 6 oder § 7 kann der Betroffene in dem strafgerichtlichen Verfahren geltend machen, an dem der Medieninhaber (Verleger) als Beschuldigter oder nach dem § 41 Abs. 5 beteiligt ist; und zwar bis zum Schluß der Hauptverhandlung oder Verhandlung. Kommt es nicht zu einem solchen strafgerichtlichen Verfahren, so kann der Anspruch mit einem selbständigen Antrag bei dem nach § 41 Abs. 2 zuständigen Strafgericht geltend gemacht werden. Die Verhandlung und Entscheidung in erster Instanz obliegen dem Einzelrichter. Der Antrag muß binnen sechs Monaten nach Beginn der dem Anspruch zugrunde liegenden Verbreitung eingebracht werden.

(2) Das Vorliegen der Ausschlußgründe nach § 6 Abs. 2 und § 7 Abs. 2 Z 2 bis 4 hat der Medieninhaber (Verleger) zu beweisen. Beweise darüber sind nur aufzunehmen, wenn sich der Medieninhaber (Verleger) auf einen solchen Ausschlußgrund beruft.

(3) Im Verfahren über einen selbständigen Antrag hat der Antragsteller die Rechte des Privatanklägers, der Antragsgegner die Rechte des Beschuldigten. Die Öffentlichkeit der Verhandlung ist auch auf Verlangen des Antragstellers auszuschließen, insoweit Tatsachen des höchstpersönlichen Lebensbereiches erörtert werden. Im Urteil, in dem ein Entschädigungsbetrag zuerkannt wird, ist eine Leistungsfrist von vierzehn Tagen festzusetzen. Das Urteil kann dem Grunde und der Höhe nach mit Berufung angefochten werden. Die Zuerkennung ist ein Exekutionstitel im Sinn des § 1 EO. Im übrigen sind auf den selbständigen Antrag die Bestimmungen für das strafgerichtliche Verfahren auf Grund einer Privatanklage dem Sinne nach anzuwenden.

Entgegnung

§ 9. (1) Jede durch eine Tatsachenmitteilung, die in einem periodischen Medium verbreitet worden ist, nicht bloß allgemein betroffene natürliche oder juristische Person (Behörde) hat Anspruch auf unentgeltliche Veröffentlichung einer Entgegnung in diesem Medium, es sei denn, daß die Entgegnung unwahr oder ihre Veröffentlichung aus anderen Gründen ausgeschlossen ist.

(2) Einer Entgegnung zugängliche Tatsachenmitteilungen sind Angaben, die ihrer Art nach einer Prüfung auf ihre Richtigkeit und Vollständigkeit zugänglich sind und deren wesentliche Aussage nicht bloß in einer persönlichen Meinungsäußerung, einer Wertung oder einer Warnung vor dem zukünftigen Verhalten eines anderen besteht.

(3) Die Entgegnung hat sich auf die Darstellung zu beschränken, daß und inwieweit die Tatsachenmitteilung unrichtig oder in irreführender Weise unvollständig sei und woraus sich dies ergebe sowie auf die Behauptung der Tatsachen, die im Gegensatz zur Tatsachenmitteilung richtig seien oder letztere in einem erheblichen Punkt ergänzen. Die Entgegnung darf nur den hiezu erforderlichen Umfang haben. Sie muß in der Sprache der Veröffentlichung, auf die sie sich bezieht, abgefaßt sein.

Nachträgliche Mitteilung über den Ausgang eines Strafverfahrens

§ 10. (1) Auf Verlangen einer Person, über die in einem periodischen Medium berichtet worden ist, sie sei einer gerichtlich strafbaren Handlung verdächtig oder gegen sie sei ein Strafverfahren eingeleitet worden, ist, wenn der Staatsanwalt die Anzeige zurückgelegt hat oder das Strafverfahren auf andere Weise als durch ein verurteilendes Erkenntnis beendet worden ist, eine Mitteilung darüber in dem periodischen Medium unentgeltlich zu veröffentlichen.

(2) Die nachträgliche Mitteilung muß sich in ihrem Inhalt auf das zu dem angestrebten Rechtsschutz Erforderliche beschränken und in der Sprache der Veröffentlichung, auf die sie sich bezieht, abgefaßt sein.

(3) Die Richtigkeit einer nachträglichen Mitteilung ist durch Vorlage einer Ausfertigung der das Verfahren beendigenden Entscheidung oder durch ein besonderes Amtszeugnis nachzuweisen. Zur Ausstellung eines solchen Amtszeugnisses auf Antrag ist im Fall der Zurücklegung der Anzeige der Staatsanwalt, sonst das Strafgericht verpflichtet.

Ausschluß der Veröffentlichungspflicht

§ 11. (1) Die Pflicht zur Veröffentlichung einer Entgegnung oder nachträglichen Mitteilung besteht nicht,

1. wenn die Entgegnung oder nachträgliche Mitteilung einen wahrheitsgetreuen Bericht über eine Verhandlung in einer öffentlichen Sitzung des Nationalrates, des Bundesrates, der Bundesversammlung, eines Landtages oder eines Ausschusses eines dieser allgemeinen Vertretungskörper betrifft;
2. wenn die Entgegnung eine als solche gehörig gekennzeichnete Anzeige, die dem geschäftlichen Verkehr dient, betrifft;
3. wenn die Entgegnung oder nachträgliche Mitteilung eine Tatsachenmitteilung betrifft, zu deren Veröffentlichung eine gesetzliche Pflicht bestanden hat;
4. wenn die begehrte Entgegnung, sei es auch nur in einzelnen Teilen, ihrem Inhalt nach unwahr ist;
5. wenn die Tatsachenmitteilung für den Betroffenen unerheblich ist;
6. wenn die Veröffentlichung, auf die sich die Entgegnung bezieht, auch die Behauptung des Betroffenen wiedergibt und diese Wiedergabe einer Entgegnung gleichwertig ist;
7. wenn dem Betroffenen zu einer Gegendarstellung in derselben oder einer anderen gleichwertigen Veröffentlichung angemessen Gelegenheit geboten worden ist, er davon aber keinen Gebrauch gemacht hat;
8. wenn vor Einlangen der Entgegnung bereits eine gleichwertige redaktionelle Richtigstellung oder Ergänzung veröffentlicht worden ist;
9. wenn, auf wessen Verlangen immer, bereits die gleichwertige Veröffentlichung einer im wesentlichen inhaltsgleichen gesetzesgemäßen Entgegnung erwirkt worden ist, mag die Veröffentlichung auch verspätet geschehen sein; oder
10. wenn die Entgegnung nicht binnen zwei Monaten nach Ablauf des Tages, an dem die Tatsachenmitteilung veröffentlicht worden ist, die nachträgliche Mitteilung nicht binnen zwei Monaten nach Ablauf des Tages, an dem der Betroffene von der Zurücklegung der Anzeige oder der Beendigung des Verfahrens Kenntnis erhalten hat, beim Medieninhaber (Verleger) oder in der Redaktion des Medienunternehmens eingelangt ist. Enthält ein periodisches Medienwerk Angaben über den Tag des Erscheinens, so ist das Begehren jedenfalls rechtzeitig gestellt, wenn es binnen zwei Monaten nach Ablauf des auf der Nummer angegebenen Tages einlangt.

(2) Die Veröffentlichung der Entgegnung ist zu verweigern, wenn die Verbreitung der Gegendarstellung den objektiven Tatbestand einer mit gerichtlicher Strafe bedrohten Handlung herstellen oder eine Verletzung des höchstpersönlichen Lebensbereiches darstellen würde.

Veröffentlichungsbegehren

§ 12. (1) Das Veröffentlichungsbegehren ist schriftlich an den Medieninhaber (Verleger) oder an die Redaktion des Medienunternehmens zu richten. Wird zur Entgegnung die Veröffentlichung eines Stand- oder Laufbildes begehrt, so kann dem Begehren ein hiefür geeignetes Bild beigelegt werden.

(2) Dem Veröffentlichungsbegehren kann auch dadurch entsprochen werden, daß in dem Medium spätestens zu dem im § 13 bezeichneten Zeitpunkt eine gleichwertige redaktionelle Richtigstellung, Ergänzung oder Mitteilung veröffentlicht wird. Der Medieninhaber (Verleger) oder die Redaktion hat den Betroffenen davon schriftlich in Kenntnis zu setzen.

Zeitpunkt und Form der Veröffentlichung

§ 13. (1) Die Entgegnung oder nachträgliche Mitteilung ist, wenn das periodische Medium täglich oder mindestens fünfmal in der Woche erscheint oder ausgestrahlt wird, spätestens am fünften Werktag, sonst in der ersten oder zweiten Nummer oder Programmausstrahlung nach dem Tag des Einlangens zu veröffentlichen. Die Entgegnung oder nachträgliche Mitteilung ist zu einem späteren Zeitpunkt zu veröffentlichen, wenn nur auf diese Weise dem ausdrücklichen Verlangen des Betroffenen nach Veröffentlichung in der gleichen Beilage, Artikelserie oder Sendereihe entsprochen werden kann.

(2) Die Veröffentlichung ist als „Entgegnung“ oder „Nachträgliche Mitteilung“ zu bezeichnen. Sie hat den Namen des Betroffenen und einen Hinweis darauf zu enthalten, auf welche Nummer oder Sendung sie sich bezieht.

(3) Die Entgegnung oder die nachträgliche Mitteilung ist so zu veröffentlichen, daß ihre Wiedergabe den gleichen Veröffentlichungswert hat wie die Veröffentlichung, auf die sie sich bezieht. Erscheint das periodische Medium in mehreren Ausgaben oder wird es in mehreren Programmen ausgestrahlt, so hat die Veröffentlichung in den Ausgaben oder in den Programmen zu geschehen, in denen die Tatsachenmitteilung, auf die sie sich bezieht, verbreitet worden ist.

(4) Bei Veröffentlichung in einem periodischen Druckwerk ist ein gleicher Veröffentlichungswert jedenfalls dann gegeben, wenn die Entgegnung oder die nachträgliche Mitteilung im selben Teil und in der gleichen Schrift wie die Tatsachenmitteilung wiedergegeben wird.

(5) Die Veröffentlichung im Rundfunk oder in anderen in technischer Hinsicht gleichen Medien hat durch Verlesung des Textes durch einen Sprecher zu geschehen. Ist eine Tatsachenmitteilung in einem Programm wiederholt verbreitet worden, so genügt die einmalige Veröffentlichung der Entgegnung oder der nachträglichen Mitteilung zu jenem der in Betracht kommenden Zeitpunkte, zu dem sie den größten Veröffentlichungswert hat.

(6) Eine Entgegnung ist in Form eines Stand- oder Laufbildes zu veröffentlichen, wenn die Tatsachenmitteilung gleichfalls in Form einer bildlichen Darstellung verbreitet worden ist und der mit der Entgegnung angestrebte Rechtsschutz nur mit dieser Veröffentlichungsform erreicht werden kann.

(7) Die Veröffentlichung hat ohne Einschränkungen und Weglassungen zu geschehen. Ein Zusatz hat sich von ihr deutlich abzuheben.

Gerichtliches Verfahren

§ 14. (1) Wird die Entgegnung oder die nachträgliche Mitteilung nicht oder nicht gehörig veröffentlicht, so kann der Betroffene binnen sechs Wochen bei Gericht einen Antrag gegen den Medieninhaber (Verleger) als Antragsgegner auf Anordnung der Veröffentlichung der Entgegnung oder der nachträglichen Mitteilung stellen. Diese Frist beginnt mit dem Zeitpunkt, zu dem dem Betroffenen die schriftliche Verweigerung der Veröffentlichung zugekommen oder die Entgegnung oder nachträgliche Mitteilung nicht gehörig veröffentlicht worden ist oder spätestens hätte veröffentlicht werden sollen.

(2) Ein Antrag nach Abs. 1 ist bei dem im § 41 Abs. 2 bezeichneten Gericht zu stellen. Die Verhandlung und die Entscheidung in erster Instanz obliegen dem Einzelrichter.

(3) In dem Verfahren über einen Antrag nach Abs. 1 hat der Antragsteller die Rechte des Privatanklägers, der Antragsgegner die Rechte des Beschuldigten. § 455 Abs. 3 StPO ist anzuwenden. Auch im übrigen gelten für das Verfahren über einen Antrag nach Abs. 1, soweit im folgenden nichts anderes bestimmt ist, die Bestimmungen der Strafprozeßordnung 1975 für das Verfahren auf Grund einer Privatanklage dem Sinne nach.

(4) Das Gericht hat den Antrag unverzüglich dem Antragsgegner mit der Aufforderung zuzustellen, binnen fünf Werktagen Einwendungen und Beweismittel dem Gericht schriftlich bekanntzugeben, widrigenfalls dem Antrag Folge gegeben werde. Allfällige Einwendungen sind dem Antragsteller zu einer Gegenäußerung und zur Bekanntgabe von Beweismitteln, wofür ihm eine Frist von fünf Werktagen zu setzen ist, zuzustellen.

§ 15. (1) Das Gericht hat, wenn Einwendungen innerhalb der gesetzlichen Frist nicht erhoben wurden, binnen fünf Werktagen nach Ablauf der Frist ohne Verhandlung durch Beschluß antragsgemäß zu entscheiden; es sei denn offensichtlich, daß der Veröffentlichungsantrag nicht berechtigt ist.

(2) War der Antragsgegner ohne sein oder seines Vertreters Verschulden durch unabwendbare Umstände gehindert, rechtzeitig Einwendungen vorzubringen, so ist auf sein Verlangen die Wiedereinsetzung in den vorigen Stand zu bewilligen; § 364 StPO ist mit der Maßgabe sinngemäß anzuwenden, daß um die Wiedereinsetzung innerhalb von fünf Werktagen ab Zustellung des Beschlusses nach Abs. 1 anzusuchen ist und über die Wiedereinsetzung das Gericht zu entscheiden hat, das diesen Beschluß gefaßt hat.

(3) Werden Einwendungen erhoben, so hat das Gericht über den Antrag binnen vierzehn Tagen nach Einlangen der Gegenäußerung oder nach Ablauf der hiefür gesetzten Frist nach öffentlicher mündlicher Verhandlung durch Urteil zu erkennen. Die Öffentlichkeit der Verhandlung ist auch auf Verlangen des Antragstellers auszuschließen, insoweit Tatsachen des höchstpersönlichen Lebensbereiches erörtert werden.

(4) Der Antragsgegner hat zu beweisen, daß die Pflicht zur Veröffentlichung nicht bestanden hat. Hat der Antragsgegner eingewendet, die Entgegnung sei ihrem Inhalt nach unwahr, so steht diese Einwendung einer Entscheidung auf vollständige oder teilweise Veröffentlichung der Entgegnung nicht entgegen, wenn die dazu angebotenen Beweise entweder nicht innerhalb der für eine Entscheidung gesetzten Frist aufgenommen werden können oder nicht ausreichen, als erwiesen anzunehmen, daß die Entgegnung zur Gänze oder zum Teil unwahr ist.

(5) Das Urteil kann nur insoweit mit Berufung angefochten werden, als es nicht die Entscheidung über die Einwendung der Unwahrheit der Entgegnung betrifft. Die Berufung hat, insoweit auf Veröffentlichung der Entgegnung oder nachträglichen Mitteilung erkannt worden ist, keine aufschiebende Wirkung.

Nachträgliche Fortsetzung des Verfahrens

§ 16. (1) Soweit das Gericht im Urteil nach § 15 Abs. 3 auch über die Einwendung der Unwahrheit der Entgegnung entschieden hat, ist das Verfahren auf Verlangen des Antragstellers oder des Antragsgegners fortzusetzen. Der Antrag muß binnen sechs Wochen vom Eintritt der Rechtskraft des Urteils an gestellt werden. Das fortgesetzte Verfahren hat sich auf die Einwendung, die Entgegnung sei unwahr, sowie auf die vorbehaltene Entscheidung über die Geldbuße zu beschränken; dazu können neue Beweismittel vorgebracht werden. Über den Antrag ist nach öffentlicher mündlicher Verhandlung durch Urteil zu erkennen.

(2) Ergibt das fortgesetzte Verfahren, daß das Begehren nach Veröffentlichung der Entgegnung ganz oder zu einem Teil abzuweisen gewesen wäre, so ist das frühere Urteil für aufgehoben zu erklären und der Antragsgegner, wenn er die Entgegnung veröffentlicht hat, auf sein Verlangen zu ermächtigen, den Urteilsspruch binnen einer angemessenen Frist in einer dem § 13 entsprechenden Form zu veröffentlichen. Dem Antragsteller ist ferner die Zahlung eines angemessenen Einschaltungsentgelts für diese Urteilsveröffentlichung und für die auf Grund des früheren Urteils erfolgte Veröffentlichung sowie der Rückersatz der Verfahrenskosten an den Antragsgegner aufzuerlegen. Im übrigen ist in dieser Entscheidung eine Leistungsfrist von vierzehn Tagen festzusetzen. Die Zuerkennung ist ein Exekutionstitel im Sinn des § 1 EO.

Gerichtliche Anordnung der Veröffentlichung

§ 17. (1) Auf Veröffentlichung der Entgegnung oder der nachträglichen Mitteilung ist zu erkennen, wenn sie zu Unrecht nicht oder nicht gehörig veröffentlicht worden ist. Entsprechen einzelne Teile der Entgegnung oder der nachträglichen Mitteilung nicht den gesetzlichen Voraussetzungen, so hat das Gericht zu entscheiden, welche Teile der Entgegnung oder der nachträglichen Mitteilung zu veröffentlichen sind. Entsprechen Teile der Entgegnung oder der nachträglichen Mitteilung nicht den gesetzlichen Voraussetzungen, sind sie aber durch Änderung ihres Wortlauts ohne Änderung des Sinngehaltes verbesserungsfähig, so hat das Gericht den Antragsteller in der Verhandlung anzuleiten, die Entgegnung oder die nachträgliche Mitteilung zu verbessern, und sodann auf Veröffentlichung in dieser verbesserten Form zu erkennen. Soweit nicht auf Veröffentlichung erkannt wird, ist der Antrag auf Veröffentlichung abzuweisen.

(2) Ist auf Veröffentlichung in verbesserter Form erkannt worden und können Zweifel über den Wortlaut der Veröffentlichung bestehen, so hat das Gericht bei der Urteilsverkündung dem Antragsgegner auf Verlangen den Wortlaut schriftlich zur Verfügung zu stellen.

(3) Die vom Gericht angeordnete Veröffentlichung hat in sinngemäßer Anwendung des § 13 zu geschehen.

(4) Wurde auf Grund eines Urteils erster Instanz eine Entgegnung oder eine nachträgliche Mitteilung veröffentlicht und wird einer gegen das Urteil erhobenen Berufung ganz oder teilweise Folge gegeben, so ist der Antragsgegner zu ermächtigen, das Berufungsurteil in einer dem § 13 entsprechenden Form zu veröffentlichen. Das Gericht hat ferner den Antragsteller zur Zahlung eines Einschaltungsentgelts für die zu Unrecht erwirkte Veröffentlichung der Entgegnung oder der nachträglichen Mitteilung und für die Veröffentlichung des Berufungsurteils zu verurteilen. In Härtefällen kann das Gericht das Einschaltungsentgelt nach billigem Ermessen mäßigen. § 16 Abs. 2 vorletzter und letzter Satz sind anzuwenden.

Geldbuße

§ 18. (1) Auf Verlangen des Antragstellers ist dem Antragsgegner die Zahlung einer Geldbuße an den Antragsteller aufzuerlegen, wenn die Entgegnung zu Unrecht nicht oder nicht gehörig oder verspätet veröffentlicht worden ist, es sei denn, daß weder den Medieninhaber (Verleger) noch den mit der Veröffentlichung Beauftragten ein Verschulden trifft. Diesen Umstand hat der Antragsgegner zu beweisen.

(2) Über die Geldbuße ist in der Entscheidung über den Antrag auf Veröffentlichung der Entgegnung zu erkennen. Ist aber nach § 15 Abs. 4 zweiter Satz eingewendet worden, die Entgegnung sei ihrem Inhalt nach unwahr, so ist die Entscheidung über eine begehrte Geldbuße dem Urteil in dem allenfalls fortgesetzten Verfahren vorzubehalten. Über die Geldbuße wegen verspäteter Veröffentlichung hat das Gericht in sinngemäßer Anwendung des § 14 Abs. 4 durch Beschluß zu entscheiden. Wird über die Geldbuße durch Beschluß entschieden, so steht die Beschwerde an den übergeordneten Gerichtshof zu.

(3) Bei Bestimmung der Höhe der Geldbuße ist einerseits auf den Grad des Verschuldens, die Auswirkungen der Verbreitung der Tatsachenmitteilung und das Ausmaß der Verzögerung und andererseits auf die wirtschaftliche Leistungsfähigkeit des Medienunternehmens Bedacht zu nehmen. Die Geldbuße darf bei verspäteter Veröffentlichung und wenn über die Geldbuße im Verfahren nach § 15 Abs. 1 entschieden wird, 5 000 S, sonst 25 000 S nicht übersteigen.

(4) Für die Zahlung der Geldbuße ist eine Leistungsfrist von vierzehn Tagen zu bestimmen. Die Zuerkennung ist ein Exekutionstitel im Sinn des § 1 EO.

Verfahrenskosten

§ 19. (1) Die Kosten des Verfahrens sind dem Antragsgegner aufzuerlegen, wenn der Antragsteller mit seinem Antrag auf Veröffentlichung zur Gänze obsiegt.

(2) Das Gericht entscheidet nach billigem Ermessen, von wem und in welchem Verhältnis die Kosten des Verfahrens zu ersetzen sind, wenn

1. auf Veröffentlichung der Entgegnung oder der nachträglichen Mitteilung nach Verbesserungen erkannt wird;
2. auf Veröffentlichung nur eines Teiles der Entgegnung oder der nachträglichen Mitteilung erkannt wird; oder
3. der Veröffentlichungsantrag deshalb abgewiesen wird, weil die Entgegnung oder die nachträgliche Mitteilung zwar verspätet, aber gehörig, oder weil eine gleichwertige redaktionelle Richtigstellung oder Ergänzung (§ 12 Abs. 2) veröffentlicht worden ist und in diesen Fällen der Antragsteller vor der Antragstellung von der Veröffentlichung nicht verständigt worden ist.

(3) In allen anderen Fällen sind die Kosten des Verfahrens dem Antragsteller aufzuerlegen.

(4) Die vorstehenden Bestimmungen sind dem Sinne nach in dem Verfahren zur nachträglichen Festsetzung einer Geldbuße anzuwenden.

Durchsetzung der Veröffentlichung

§ 20. (1) Wurde auf Veröffentlichung einer Entgegnung oder einer nachträglichen Mitteilung erkannt und dem gerichtlichen Veröffentlichungsauftrag nicht rechtzeitig oder nicht gehörig entsprochen, so hat das Gericht auf Verlangen des Antragstellers nach Anhörung des Antragsgegners durch Beschluß zu entscheiden, daß dem Antragsgegner für das Erscheinen jeder Nummer oder für jeden Sendetag ohne gehörige Veröffentlichung der Entgegnung oder nachträglichen Mitteilung nach dem im § 13 Abs. 1 (§ 17 Abs. 3) bezeichneten Zeitpunkt die Zahlung einer Geldbuße bis 5 000 S an den Antragsteller auferlegt wird. Das Verlangen muß binnen sechs Wochen vom Zeitpunkt an, in dem die Entgegnung oder nachträgliche Mitteilung spätestens hätte veröffentlicht werden sollen oder in dem sie nicht gehörig veröffentlicht worden ist, gestellt werden.

(2) Sobald die Entgegnung oder nachträgliche Mitteilung gehörig veröffentlicht worden ist, kann das Gericht in berücksichtigungswürdigen Fällen auf Antrag des Antragsgegners noch nicht gezahlte Geldbußen nachsehen.

Belangsendungen

§ 21. Auf Entgegnungen oder nachträgliche Mitteilungen zu Belangsendungen im Sinne des § 5 des Bundesgesetzes vom 10. Juli 1974, BGBl. Nr. 397, über die Aufgaben und die Einrichtung des Österreichischen Rundfunks, sind die §§ 9 bis 20 nach Maßgabe der folgenden Bestimmungen anzuwenden:

1. Die Entgegnung oder nachträgliche Mitteilung zu einer Belangsendung ist innerhalb der Sendezeit zu veröffentlichen, die dem Gestalter der Belangsendung zur Verfügung steht, und zwar zum ersten oder zweiten nach Einlangen des Begehrens zustehenden Sendetermin, liegt jedoch keiner dieser Termine innerhalb von acht Tagen nach Einlangen des Begehrens, zum nächstfolgenden Termin.
2. Antragsgegner im Sinn des § 14 Abs. 1 ist die politische Partei oder der Interessenverband, der die Belangsendung gestaltet hat.
3. An die Stelle des Sendetages im Sinn des § 20 Abs. 1 tritt der Sendetermin, der dem Antragsgegner zur Verfügung steht.

Verbot von Fernseh-, Hörfunk- und Filmaufnahmen

§ 22. Fernseh- und Hörfunkaufnahmen und -übertragungen sowie Filmaufnahmen von öffentlichen Gerichtsverhandlungen sind unzulässig.

Verbotene Einflußnahme auf ein Strafverfahren

§ 23. Wer in einem Medium während eines gerichtlichen Strafverfahrens nach rechtskräftiger Versetzung in den Anklagestand, im Verfahren vor dem Einzelrichter des Gerichtshofes erster Instanz oder im bezirksgerichtlichen Verfahren nach Anordnung der Hauptverhandlung, vor dem Urteil erster Instanz den vermutlichen Ausgang des Strafverfahrens oder den Wert eines Beweismittels in einer Weise erörtert, die geeignet ist, den Ausgang des Strafverfahrens zu beeinflussen, ist vom Gericht mit Geldstrafe bis zu 180 Tagessätzen zu bestrafen.

Vierter Abschnitt

Impressum, Offenlegung und Kennzeichnung

Impressum

§ 24. (1) Auf jedem Medienwerk sind der Name oder die Firma des Medieninhabers (Verlegers) und des Herstellers sowie der Verlags- und der Herstellungsort anzugeben.

(2) Auf jedem periodischen Medienwerk sind zusätzlich die Anschriften des Medieninhabers (Verlegers) und der Redaktion des Medienunternehmens sowie Name und Anschrift des Herausgebers anzugeben. Enthält ein periodisches

Medienwerk ein Inhaltsverzeichnis, so ist darin auch anzugeben, an welcher Stelle sich das Impressum befindet.

(3) Die Pflicht zur Veröffentlichung des Impressums trifft den Hersteller. Der Medieninhaber (Verleger) hat ihm die hiefür erforderlichen Auskünfte zu erteilen.

Offenlegung

§ 25. (1) Der Medieninhaber (Verleger) jedes periodischen Mediums hat alljährlich die in den Abs. 2 bis 4 bezeichneten Angaben zu veröffentlichen. Diese Veröffentlichung ist bei periodischen Medienwerken in der ersten Nummer und jährlich innerhalb des Monats Jänner, falls aber in diesem Monat keine Nummer erscheint, in jeder ersten Nummer nach Beginn eines Kalenderjahres im Anschluß an das Impressum vorzunehmen. Bei anderen periodischen Medien sind diese Angaben im Amtsblatt zur „Wiener Zeitung" binnen einem Monat nach Beginn der Verbreitung des Mediums und im ersten Monat jedes Kalenderjahres zu verlautbaren.

(2) Anzugeben sind mit Namen oder Firma, mit Unternehmensgegenstand, mit Wohnort, Sitz oder Niederlassung und mit Art und Höhe der Beteiligung der Medieninhaber (Verleger) und, wenn er eine Gesellschaft oder ein Verein ist, der oder die Geschäftsführer, die Mitglieder des Vorstandes und Aufsichtsrates und die Gesellschafter, deren Einlage oder Stammeinlage 25 vH übersteigt. Ist ein Gesellschafter seinerseits eine Gesellschaft, so sind auch deren Gesellschafter nach Maßgabe des ersten Satzes anzugeben. Übersteigt eine mittelbare Beteiligung 50 vH, so ist nach Maßgabe der vorstehenden Bestimmungen auch ein solcher mittelbarer Beteiligter anzugeben.

(3) Ist eine nach den vorstehenden Bestimmungen anzugebende Person zugleich Inhaber eines anderen Medienunternehmens oder Mediendienstes oder an solchen Unternehmen in der in Abs. 2 bezeichneten Art und in dem dort bezeichneten Umfang beteiligt, so müssen auch die Firma, der Betriebsgegenstand und der Sitz dieses Unternehmens angeführt werden.

(4) Zu veröffentlichen ist ferner eine Erklärung über die grundlegende Richtung des periodischen Mediums. Im Sinn des § 2 werden Änderungen und Ergänzungen der grundlegenden Richtung erst wirksam, sobald sie veröffentlicht worden sind.

Kennzeichnung entgeltlicher Veröffentlichungen

§ 26. Ankündigungen, Empfehlungen sowie sonstige Beiträge und Berichte, für deren Veröffentlichung ein Entgelt geleistet wird, müssen in periodischen Medien als „Anzeige", „entgeltliche Einschaltung" oder „Werbung" gekennzeichnet sein, es sei denn, daß Zweifel über die Entgeltlichkeit durch Gestaltung oder Anordnung ausgeschlossen werden können.

Verwaltungsübertretung

§ 27 (1) Eine Verwaltungsübertretung begeht und ist hiefür von der Bezirksverwaltungsbehörde, im örtlichen Wirkungsbereich einer Bundespolizeibehörde von dieser, mit Geldstrafe bis zu 10 000 S zu bestrafen, wer

1. der ihm obliegenden Pflicht zur Veröffentlichung eines Impressums oder der im § 25 Abs. 2 und 3 bezeichneten Angaben nicht oder nicht rechtzeitig nachkommt oder bei Veröffentlichung unrichtige oder unvollständige Angaben macht oder seine Auskunftspflicht verletzt;
2. als Medieninhaber (Verleger) oder verantwortlicher Beauftragter bewirkt, daß Ankündigungen, Empfehlungen, sonstige Beiträge und Berichte entgegen den Vorschriften des § 26 veröffentlicht werden.

(2) Für die örtliche Zuständigkeit ist im Fall der Verletzung des § 24 der Herstellungsort, sonst der Sitz des Medienunternehmens, wenn aber das Medium nicht von einem Medienunternehmen verbreitet wird, der Verlagsort maßgeblich.

Fünfter Abschnitt

Strafrechtliche Bestimmungen

Medienrechtliche Verantwortlichkeit

§ 28. Die strafrechtliche Verantwortlichkeit für Medieninhaltsdelikte bestimmt sich, soweit im folgenden nichts anderes bestimmt ist, nach den allgemeinen Strafgesetzen.

Wahrnehmung journalistischer Sorgfalt

§ 29. (1) Der Medieninhaber (Verleger) oder ein Medienmitarbeiter ist wegen eines Medieninhaltsdelikts, bei dem der Wahrheitsbeweis zulässig ist, nicht nur bei erbrachtem Wahrheitsbeweis, sondern auch dann nicht zu bestrafen, wenn ein überwiegendes Interesse der Öffentlichkeit an der Veröffentlichung bestanden hat und auch bei Aufwendung der gebotenen journalistischen Sorgfalt für ihn hinreichende Gründe vorgelegen sind, die Behauptung für wahr zu halten. Wegen eines Medieninhaltsdelikts, das den höchstpersönlichen Lebensbereich betrifft, ist der Medieninhaber (Verleger) oder ein Medienmitarbeiter jedoch nur dann nicht zu bestrafen, wenn die Behauptung wahr ist und im unmittelbaren Zusammenhang mit dem öffentlichen Leben steht.

(2) Diese Beweise sind nur aufzunehmen, wenn sich der Beschuldigte darauf beruft. Das Gericht hat in den Fällen des Abs. 1 erster Satz den vom

Beschuldigten angebotenen und zulässigen Wahrheitsbeweis auch dann aufzunehmen, wenn es die Erfüllung der journalistischen Sorgfaltspflicht als erwiesen annimmt.

(3) Wird der Beschuldigte nur deshalb freigesprochen, weil die im Abs. 1 erster Satz bezeichneten Voraussetzungen vorliegen, so hat das Gericht in sinngemäßer Anwendung des § 34 auf Veröffentlichung der Feststellung, daß der Beweis der Wahrheit nicht angetreten worden oder mißlungen ist, und darauf zu erkennen, daß der Beschuldigte die Kosten des Strafverfahrens einschließlich der Kosten einer solchen Veröffentlichung zu tragen hat.

(4) Die §§ 111 Abs. 3 und 112 StGB sind nicht anzuwenden.

Parlamentsberichterstattung

§ 30. Wahrheitsgetreue Berichte über die Verhandlungen in den öffentlichen Sitzungen des Nationalrates, des Bundesrates, der Bundesversammlung, eines Landtages oder eines Ausschusses einer dieser allgemeinen Vertretungskörper bleiben von jeder Verantwortung frei.

Schutz des Redaktionsgeheimnisses

§ 31. (1) Medieninhaber (Verleger), Herausgeber, Medienmitarbeiter und Arbeitnehmer eines Medienunternehmens oder Mediendienstes haben das Recht, in einem Verfahren vor Gericht oder einer Verwaltungsbehörde als Zeugen die Beantwortung von Fragen zu verweigern, die die Person des Verfassers, Einsenders oder Gewährsmannes von Beiträgen und Unterlagen oder die ihnen im Hinblick auf ihre Tätigkeit gemachten Mitteilungen betreffen.

(2) Das im Abs. 1 angeführte Recht darf nicht umgangen werden, insbesondere dadurch, daß dem Berechtigten die Herausgabe von Schriftstücken, Druckwerken, Bild- oder Tonträgern oder Datenträgern, Abbildungen und anderen Darstellungen mit solchem Inhalt aufgetragen wird oder diese beschlagnahmt werden.

(3) Die Überwachung des Fernmeldeverkehrs von Anlagen eines Medienunternehmens nach § 149 a Abs. 1 Z 2 StPO ist überdies nur zulässig, wenn sich das Strafverfahren auf eine strafbare Handlung bezieht, die mit lebenslanger Freiheitsstrafe oder mit einer zeitlichen Freiheitsstrafe, deren Untergrenze nicht weniger als fünf Jahre und deren Obergrenze mehr als zehn Jahre beträgt, bedroht ist.

Verjährung

§ 32. Die Frist der Verjährung der Strafbarkeit eines Medieninhaltsdelikts beginnt zu der Zeit, da mit der Verbreitung im Inland begonnen wird; § 58 Abs. 1 StGB ist nicht anzuwenden. Die Verjährungsfrist beträgt ein Jahr; ist die strafbare Handlung aber mit einer drei Jahre übersteigenden Freiheitsstrafe bedroht, so richtet sich die Frist nach § 57 Abs. 3 StGB.

Einziehung

§ 33. (1) Im Strafurteil wegen eines Medieninhaltsdelikts ist auf Antrag des Anklägers auf die Einziehung der zur Verbreitung bestimmten Medienstücke zu erkennen. Gleiches gilt, unbeschadet des § 446 StPO, für freisprechende Urteile nach § 29 Abs. 3.

(2) Auf Antrag des Anklägers ist auf Einziehung in einem selbständigen Verfahren zu erkennen, wenn in einem Medium der objektive Tatbestand einer strafbaren Handlung hergestellt worden ist und die Verfolgung einer bestimmten Person nicht durchführbar oder ihre Verurteilung wegen des Vorhandenseins von Gründen, die eine Bestrafung ausschließen, nicht möglich ist. Wäre der Täter bei erbrachtem Wahrheitsbeweis nicht strafbar, so steht dieser Beweis nach Maßgabe des § 29 auch dem Medieninhaber (Verleger) als Beteiligtem (§ 41 Abs. 5) offen.

(3) Das Recht des zur Privatanklage Berechtigten, die Einziehung im selbständigen Verfahren zu begehren, erlischt nach sechs Wochen von dem Tage an, an dem ihm die strafbare Handlung und der Umstand bekanntgeworden sind, daß keine bestimmte Person verfolgt oder verurteilt werden kann.

(4) An Stelle der Einziehung ist dem Medieninhaber (Verleger) auf seinen Antrag hin aufzutragen, innerhalb einer ihm zu setzenden angemessenen Frist durch Abtrennung von Teilen, Überklebung oder auf eine andere geeignete Weise dafür zu sorgen, daß die die strafbare Handlung begründenden Stellen bei einer weiteren Verbreitung der Medienstücke nicht mehr wahrnehmbar sind.

(5) Wird auf Einziehung im selbständigen Verfahren erkannt, so treffen die Kosten des Verfahrens den Medieninhaber (Verleger).

Urteilsveröffentlichung

§ 34. (1) Im Strafurteil wegen eines Medieninhaltsdelikts ist auf Antrag des Anklägers auf die Veröffentlichung der Teile des Urteils zu erkennen, deren Mitteilung zur Unterrichtung der Öffentlichkeit über die strafbare Handlung und ihre Aburteilung erforderlich ist. Die zu veröffentlichenden Teile des Urteils sind im Urteilsspruch anzuführen.

(2) Bei einer Verleumdung, einer strafbaren Handlung gegen die Ehre oder wenn eine andere mit Strafe bedrohte Handlung Umstände oder Tatsachen des Privat- oder Familienlebens betrifft, darf auf Urteilsveröffentlichung nur mit Zustim-

mung des Verletzten erkannt werden, auch wenn zur Verfolgung der strafbaren Handlung eine Ermächtigung nicht erforderlich oder bereits erteilt worden ist.

(3) Auf Antrag des Anklägers ist auf Urteilsveröffentlichung in einem selbständigen Verfahren zu erkennen, wenn die Verfolgung einer bestimmten Person nicht durchführbar oder ihre Verurteilung wegen des Vorhandenseins von Gründen, die eine Bestrafung ausschließen, nicht möglich ist. § 33 Abs. 2 zweiter Satz und Abs. 3 sind anzuwenden.

(4) Ist das Medieninhaltsdelikt in einem periodischen Medium begangen worden, so hat die Urteilsveröffentlichung in diesem Medium in sinngemäßer Anwendung des § 13 zu erfolgen, wobei die Veröffentlichungsfrist beginnt, sobald das Urteil in Rechtskraft erwachsen und zugestellt worden ist. Für die Durchsetzung gilt § 20 sinngemäß.

(5) Auf Veröffentlichung in einem anderen periodischen Medium ist zu erkennen, wenn das periodische Medium, in dem das Medieninhaltsdelikt begangen worden ist, nicht mehr besteht oder wenn das Medieninhaltsdelikt in einem anderen als einem periodischen oder in einem ausländischen Medium begangen worden ist. Die Kosten einer solchen Urteilsveröffentlichung gehören zu den Kosten des Strafverfahrens. Hinsichtlich der Durchsetzung gilt § 46.

Haftung

§ 35. (1) Im Strafurteil wegen eines Medieninhaltsdelikts ist die Haftung des Medieninhabers (Verlegers) eines periodischen Mediums zur ungeteilten Hand mit dem Verurteilten für die Geldstrafe und die Kosten des Verfahrens einschließlich der Kosten der Urteilsveröffentlichung auszusprechen.

(2) Wenn nach Fällung des Urteils, mit dem diese Haftung ausgesprochen wird, oder eines Urteils nach § 8 in der Person des Medieninhabers (Verlegers) ein Wechsel eintritt, haftet der neue Medieninhaber (Verleger) zur ungeteilten Hand mit dem früheren.

(3) Eine Ersatzfreiheitsstrafe (§ 19 Abs. 3 StGB) ist nur zu vollziehen, soweit die Geldstrafe auch bei dem Medieninhaber (Verleger) nicht eingebracht werden kann.

Beschlagnahme von Medienwerken

§ 36. (1) Das Gericht kann die Beschlagnahme der zur Verbreitung bestimmten Stücke eines Medienwerkes anordnen, wenn anzunehmen ist, daß auf Einziehung nach § 33 erkannt werden wird, und wenn die nachteiligen Folgen der Beschlagnahme nicht unverhältnismäßig schwerer wiegen als das Rechtsschutzinteresse, dem die Beschlagnahme dienen soll. Die Beschlagnahme ist jedenfalls unzulässig, wenn diesem Rechtsschutzinteresse auch durch Veröffentlichung einer Mitteilung über das eingeleitete strafgerichtliche Verfahren Genüge getan werden kann.

(2) Die Beschlagnahme setzt voraus, daß ein Strafverfahren oder ein selbständiges Verfahren wegen eines Medieninhaltsdelikts geführt oder zugleich eingeleitet wird, und daß der Ankläger oder Antragsteller im selbständigen Verfahren die Beschlagnahme ausdrücklich beantragt.

(3) In dem die Beschlagnahme anordnenden Beschluß ist anzugeben, wegen welcher Stelle oder Darbietung des Medienwerkes und wegen des Verdachtes welcher strafbaren Handlung die Beschlagnahme angeordnet wird. § 33 Abs. 4 gilt sinngemäß.

(4) Die Entscheidung über die Beschlagnahme kann mit Beschwerde an den übergeordneten Gerichtshof angefochten werden. Die Beschwerde hat keine aufschiebende Wirkung.

(5) Eine neuerliche Beschlagnahme desselben Medienwerkes wegen einer anderen Veröffentlichung auf Antrag desselben Berechtigten ist nicht zulässig.

Veröffentlichung einer Mitteilung über das Verfahren

§ 37. (1) Ist eine Beschlagnahme nach § 36 Abs. 1 zweiter Satz unzulässig, so hat das Gericht auf Antrag des Anklägers oder Antragstellers im selbständigen Verfahren mit Beschluß die Veröffentlichung einer kurzen Mitteilung über das eingeleitete strafgerichtliche Verfahren anzuordnen. Die Veröffentlichung kann auch eine Sachverhaltsdarstellung umfassen, soweit diese zur Unterrichtung der Öffentlichkeit erforderlich ist.

(2) Der nach Abs. 1 zur Antragstellung Berechtigte kann auch von vornherein statt der Beschlagnahme des Medienwerkes eine Veröffentlichung im Sinn des Abs. 1 begehren.

(3) Die §§ 34 und 36 Abs. 4 gelten sinngemäß.

Verbreitungs- und Veröffentlichungsverbot

§ 38. (1) Solange die Beschlagnahme dauert, sind die weitere Verbreitung der Medienstücke in einer Form, in der der strafbare Inhalt wahrnehmbar ist, und die neuerliche Veröffentlichung der den Verdacht einer strafbaren Handlung begründenden Stelle oder Darbietung verboten.

(2) Wer entgegen dem Abs. 1 Medienstücke verbreitet oder den der Beschlagnahme zugrunde liegenden Inhalt veröffentlicht, ist vom Gericht mit Geldstrafe bis zu 90 Tagessätzen zu bestrafen.

Entschädigung für ungerechtfertigte Beschlagnahme

§ 39. (1) Wenn die Beschlagnahme vom Gericht aufgehoben wird, ohne daß auf Einziehung erkannt wird, hat der Bund dem Medieninhaber (Verleger) auf Verlangen die durch die Beschlagnahme und das Verbreitungsverbot entstandenen vermögensrechtlichen Nachteile in Geld zu ersetzen.

(2) Ist eine Veröffentlichung nach § 37 erfolgt und das darin erwähnte Verfahren, ohne daß auf Einziehung erkannt worden ist, beendet worden, so ist der Medieninhaber (Verleger) zu ermächtigen, eine kurze Mitteilung darüber zu veröffentlichen. Die Veröffentlichung hat in einer dem § 13 entsprechenden Form zu geschehen. Die Kosten der Veröffentlichung hat der Bund zu tragen. Er hat ferner das übliche Einschaltungsentgelt für die Veröffentlichung nach § 37 zu entrichten.

(3) Wurde auf Beschlagnahme oder auf Veröffentlichung nach § 37 auf Grund des Antrages eines Privatanklägers erkannt und handelte dieser bei seiner Antragstellung wider besseres Wissen oder unterließ er die Weiterverfolgung seines Strafanspruches oder die Stellung eines Antrages auf Einziehung, so hat der Bund gegen den Privatankläger Anspruch auf Rückersatz, wenn er dem Geschädigten nach dem Abs. 1 oder 2 Ersatz geleistet hat.

(4) Im übrigen sind die §§ 5, 6 Abs. 2, 7, 8, 9 Abs. 1 und 2 und 10 Abs. 1 und 3 des Amtshaftungsgesetzes, BGBl. Nr. 20/1949, mit der Maßgabe sinngemäß anzuwenden, daß

1. der Medieninhaber (Verleger) seine Aufforderung bei sonstigem Verlust des Anspruchs binnen drei Monaten nach rechtskräftiger Beendigung des Strafverfahrens oder selbständigen Verfahrens an die Finanzprokuratur zu richten hat und
2. der Entschädigungsanspruch drei Monate nach Ablauf des Tages verjährt, an dem dem Medieninhaber (Verleger) die Ablehnungserklärung der Finanzprokuratur zu eigenen Handen zugestellt worden oder die dreimonatige Erklärungsfrist abgelaufen ist.

(5) Die Bestimmungen des Amtshaftungsgesetzes werden durch die vorstehenden Bestimmungen nicht berührt.

Ort der Begehung

§ 40. (1) Für Medieninhaltsdelikte, die in einem Medienwerk begangen werden, gilt als Tatort der Verlagsort, liegt dieser aber im Ausland, dann der Ort, von dem aus das Medienwerk im Inland zuerst verbreitet worden ist. Ist dieser Ort oder der Verlagsort unbekannt, so gilt der Herstellungsort als Tatort. Ist auch dieser unbekannt oder liegt er im Ausland, ist aber das Medienwerk im Inland verbreitet worden, so gilt als Tatort jeder Ort, an dem das Medienwerk im Inland verbreitet worden ist.

(2) Ist ein Medieninhaltsdelikt in einer Rundfunksendung begangen worden, so gilt als Tatort der Ort, von dem aus die Rundfunksendung zuerst verbreitet worden ist. Liegt dieser Ort im Ausland oder ist er nicht bekannt, dann gilt als Tatort jeder Ort, an dem die Rundfunksendung im Inland empfangen werden konnte.

(3) Unbeschadet der Abs. 1 und 2 gilt als Tatort für ein in einem Film begangenes Medieninhaltsdelikt jeder Ort, an dem der Film im Inland öffentlich vorgeführt worden ist.

Ergänzende Verfahrensbestimmungen

§ 41. (1) Für das Strafverfahren und das selbständige Verfahren wegen eines Medieninhaltsdelikts gelten, soweit im folgenden nichts anderes bestimmt ist, die Bestimmungen der Strafprozeßordnung 1975.

(2) Für die im Abs. 1 bezeichneten Verfahren ist das mit der Gerichtsbarkeit in Strafsachen betraute Landesgericht jenes Bundeslandes zuständig, in dem die Tat begangen worden ist. Das Landesgericht für Strafsachen Wien ist jedenfalls zuständig, wenn die mit Strafe bedrohte Handlung in einer inländischen oder ausländischen Rundfunksendung begangen wurde.

(3) Der Gerichtshof erster Instanz übt seine Tätigkeit in den im Abs. 1 bezeichneten Verfahren, wenn sonst nach Art und Höhe der angedrohten Strafe das Bezirksgericht zuständig wäre, durch den Einzelrichter aus. Dieser ist auch an Stelle des Geschwornen- und Schöffengerichtes zur Verhandlung und Entscheidung im selbständigen Verfahren zuständig.

(4) In jedem Verfahren vor dem Einzelrichter des Gerichtshofes erster Instanz ist § 455 Abs. 3 StPO anwendbar.

(5) In den im Abs. 1 bezeichneten Verfahren ist der Medieninhaber (Verleger) zur Hauptverhandlung zu laden. Er hat die Rechte des Beschuldigten; insbesondere steht ihm das Recht zu, alle Verteidigungsmittel wie der Beschuldigte vorzubringen und das Urteil in der Hauptsache anzufechten. Doch werden das Verfahren und die Urteilsfällung durch sein Nichterscheinen nicht gehemmt; auch kann er gegen ein in seiner Abwesenheit gefälltes Urteil keinen Einspruch erheben.

(6) Die Entscheidungen über die Einziehung, die Urteilsveröffentlichung und die Haftung bilden Teile des Ausspruches über die Strafe und

können zugunsten und zum Nachteil des Verurteilten oder des Medieninhabers (Verlegers) mit Berufung angefochten werden.

Anklageberechtigung

§ 42. Wird gegen ein periodisches Medium eine strafbare Handlung gegen die Ehre gerichtet, ohne daß erkennbar ist, auf welche Person der Angriff abzielt, so ist der Herausgeber berechtigt, die Anklage zu erheben.

Sechster Abschnitt

Bibliotheksstücke

Anbietungs- und Ablieferungspflicht

§ 43. (1) Von jedem Druckwerk, das im Inland verlegt wird oder erscheint, hat der Medieninhaber (Verleger) eine durch Verordnung zu bestimmende Anzahl von Stücken

1. an die Österreichische Nationalbibliothek und an die durch Verordnung zu bestimmenden Universitäts-, Studien- oder Landesbibliotheken abzuliefern und
2. der Parlamentsbibliothek und der Administrativen Bibliothek des Bundeskanzleramtes anzubieten und, wenn diese das binnen einem Monat verlangen, auf eigene Kosten zu übermitteln.

(2) Die Anbietungs- und Ablieferungspflicht nach Abs. 1 trifft den Hersteller eines Druckwerkes, wenn dieses im Ausland verlegt wird und erscheint, jedoch im Inland hergestellt wird.

(3) Der Anbietungspflicht bei periodischen Druckwerken wird auch dadurch entsprochen, daß das Druckwerk beim erstmaligen Erscheinen zum laufenden Bezug angeboten wird.

(4) Bei Bestimmung der Bibliotheken und der Stückzahl ist auf die Aufgaben der Archivierung und Information und die Interessen von Wissenschaft, Forschung, Lehre und Unterricht sowie auf die bundesstaatliche Gliederung der Republik Österreich Bedacht zu nehmen. Unter diesen Gesichtspunkten kann auch die Ablieferung bestimmter Arten von Druckwerken der im § 50 Z 4 bezeichneten Beschaffenheit wegen ihres über den unmittelbaren Tageszweck hinausgehenden Informationsgehalts an die Österreichische Nationalbibliothek angeordnet, und es können Druckwerke aus bestimmten Fachgebieten oder bestimmter Art von der Ablieferung an bestimmte Bibliotheken ausgenommen werden, wenn diese solche Druckwerke zur Erfüllung ihrer Aufgaben nicht benötigen. Die Stückzahl darf insgesamt bei periodischen Druckwerken nicht mehr als zwölf, sonst nicht mehr als sieben betragen.

Ablieferung und Vergütung

§ 44. (1) Der Ablieferungspflicht nach § 43 Abs. 1 Z 1 hat der Medieninhaber (Verleger) binnen einem Monat nach Beginn der Verbreitung, der Hersteller in den Fällen des § 43 Abs. 2 binnen einem Monat ab Herstellung nachzukommen. Gleiches gilt für die Anbietungspflicht nach § 43 Abs. 1 Z 2; dem Verlangen der Bibliotheken nach Übermittlung des angebotenen Druckwerkes ist binnen einem weiteren Monat ab Einlangen der Aufforderung zu entsprechen.

(2) In den Fällen des § 43 Abs. 2 genügt die Ablieferung oder Übermittlung von Stücken der vom Hersteller ausgelieferten Art.

(3) Werden Druckwerke, deren Ladenpreis den Betrag von 1 200 S übersteigt, nicht binnen sechs Wochen zurückgestellt, so hat die empfangsberechtigte Stelle die Hälfte des Ladenpreises zu vergüten. Bei Werken, die aus zwei oder mehreren einzeln verkäuflichen Teilen bestehen, ist eine Vergütung für jeden dieser Werkteile zu leisten, dessen Ladenpreis den angegebenen Betrag übersteigt.

Durchsetzung

§ 45. (1) Werden Bibliotheksstücke nicht rechtzeitig abgeliefert oder angeboten oder wird dem Verlangen auf Übermittlung der angebotenen Stücke nicht rechtzeitig entsprochen, so können die empfangsberechtigten Stellen zur Durchsetzung ihres Anspruches die Erlassung eines Bescheides durch die im Abs. 2 bezeichneten Behörden begehren, in dem die Ablieferung dem nach § 43 dazu Verpflichteten aufgetragen wird.

(2) Wer der ihm nach § 43 obliegenden Ablieferungs- oder Anbietungspflicht nicht nachkommt, begeht eine Verwaltungsübertretung und ist hiefür von der nach dem Verlags- oder Herstellungsort zuständigen Bezirksverwaltungsbehörde, im örtlichen Wirkungsbereich einer Bundespolizeibehörde von dieser, mit Geldstrafe bis zu 10 000 S zu bestrafen.

Siebenter Abschnitt

Veröffentlichung von Anordnungen und Entscheidungen

Veröffentlichungspflicht

§ 46. (1) In periodischen Medienwerken, die Anzeigen veröffentlichen, müssen

1. Aufrufe und Anordnungen von Bundes- und Landesbehörden in Krisen- und Katastrophenfällen nach Maßgabe der technischen Möglichkeiten umgehend und
2. gerichtliche Entscheidungen, auf deren Veröffentlichung in diesem Medienwerk erkannt

worden ist, bis zu dem im § 13 Abs. 1 bezeichneten Zeitpunkt

in der gesamten Ausgabe gegen Vergütung des üblichen Einschaltungsentgeltes veröffentlicht werden.

(2) In den Programmen des Rundfunks sind nur solche gerichtliche Entscheidungen zu veröffentlichen, die sich auf eine Veröffentlichung in einer Sendung des betreffenden Programms beziehen. Soweit die bundesgesetzlichen Vorschriften, auf Grund deren auf die Veröffentlichung erkannt wird, nicht anderes bestimmen, hat die Veröffentlichung binnen acht Tagen nach Einsendung an das Medienunternehmen durch Verlesung des Textes zu geschehen. § 5 Abs. 2 des Bundesgesetzes BGBl. Nr. 397/1974 bleibt unberührt.

(3) Die Veröffentlichung gerichtlicher Entscheidungen hat ohne Einschaltungen und Weglassungen zu geschehen. Ein Zusatz hat sich von ihr deutlich abzuheben. § 26 gilt für solche Veröffentlichungen nicht. Der Medieninhaber (Verleger) hat die erfolgte Veröffentlichung binnen acht Tagen von dem Zeitpunkt an, bis zu dem sie nach Abs. 1 oder 2 zu geschehen hat, dem Gericht nachzuweisen, das in erster Instanz erkannt hat.

(4) Der Medieninhaber (Verleger), der der Veröffentlichungspflicht nicht nachkommt, begeht eine Verwaltungsübertretung und ist hiefür von der nach dem Sitz des Medienunternehmens oder dem Verlagsort zuständigen Bezirksverwaltungsbehörde, im örtlichen Wirkungsbereich einer Bundespolizeibehörde von dieser, mit Geldstrafe bis zu 10 000 S zu bestrafen.

Achter Abschnitt

Vorschriften über die Verbreitung

Verbreitung periodischer Druckwerke

§ 47. (1) Periodische Druckwerke dürfen, unbeschadet der sich aus anderen Rechtsvorschriften ergebenden Beschränkungen, sowohl von einem festen Standort aus als auch auf der Straße

verbreitet, jedoch nicht von Haus zu Haus vertrieben werden.

(2) Auf der Straße und an anderen öffentlichen Orten dürfen periodische Druckwerke von Personen unter achtzehn Jahren nicht vertrieben und von Personen unter vierzehn Jahren überdies auch nicht unentgeltlich verteilt werden. Von diesem Verbot ist der Vertrieb von Schülerzeitungen durch Personen, die das vierzehnte Lebensjahr vollendet haben, ausgenommen.

(3) Auf jeder Nummer eines periodischen Druckwerkes, das zum Verkauf an öffentlichen **Orten bestimmt ist, muß ihr Preis deutlich vermerkt sein.**

Anschlagen von Druckwerken

§ 48. Zum Anschlagen, Aushängen und Auflegen eines Druckwerkes an einem öffentlichen Ort bedarf es keiner behördlichen Bewilligung. Doch kann die Bezirksverwaltungsbehörde, im örtlichen Wirkungsbereich einer Bundespolizeibehörde diese, zur Aufrechterhaltung der öffentlichen Ordnung durch Verordnung anordnen, daß das Anschlagen nur an bestimmten Plätzen erfolgen darf.

Verwaltungsübertretung

§ 49. Wer einer der Bestimmungen der §§ 47 und 48 zuwiderhandelt, begeht eine Verwaltungsübertretung und ist hiefür von der Bezirksverwaltungsbehörde, im örtlichen Wirkungsbereich einer Bundespolizeibehörde von dieser, mit Geldstrafe bis zu 10 000 S zu bestrafen.

Neunter Abschnitt

Geltungsbereich

§ 50. Die §§ 1, 23, 28 bis 42, 43 Abs. 4, 47 Abs. 1 und 2, 48 und 49, nicht aber die anderen Bestimmungen dieses Bundesgesetzes, sind auch anzuwenden auf

1. die Medien ausländischer Medienunternehmen, es sei denn, daß das Medium zur Gänze oder nahezu ausschließlich im Inland verbreitet wird;
2. von einem fremden Staat herausgegebene oder verlegte Medienwerke und Medienwerke, die von einer in Österreich akkreditierten oder mitakkreditierten Mission, einer in Österreich errichteten konsularischen Vertretung oder einer über- oder zwischenstaatlichen Einrichtung, der Österreich angehört oder mit der es offizielle Beziehungen unterhält, herausgegeben oder verlegt werden;
3. Medienwerke, die vom Nationalrat, Bundesrat, von der Bundesversammlung oder einem Landtag oder die von einer Behörde in Erfüllung von Aufgaben der Hoheitsverwaltung oder der Gerichtsbarkeit herausgegeben oder verlegt werden und als amtlich erkennbar sind, und als amtlich erkennbare Teile von Medienwerken, sofern die angeführten Voraussetzungen nur auf diese zutreffen;
4. Schülerzeitungen sowie Medien, die im Verkehr, im häuslichen, geselligen, kulturellen, wissenschaftlichen oder religiösen Leben, im Vereinsleben, im Wirtschaftsleben, im Rahmen der Tätigkeit eines Amtes oder einer Interessenvertretung oder bei einer anderen vergleichbaren Betätigung als Hilfsmittel dienen.

ARTIKEL II

Begutachtungsrecht der Medien

Den kollektivvertragsfähigen Körperschaften der im Medienwesen tätigen Arbeitnehmer und Arbeitgeber ist unter Einräumung einer angemessenen Frist Gelegenheit zu geben, zu Gesetzes- und Verordnungsentwürfen, die das Medienwesen betreffen, Stellung zu nehmen.

ARTIKEL III

Änderung des Rundfunkgesetzes

(1) Das Bundesgesetz vom 10. Juli 1974, BGBl. Nr. 397, über die Aufgaben und die Einrichtung des Österreichischen Rundfunks in der Fassung des Bundesgesetzes BGBl. Nr. 80/1975 wird wie folgt geändert:

1. An die Stelle des dritten bis fünften Satzes im Abs. 1 des § 5 tritt folgende Bestimmung:

„Der Österreichische Rundfunk hat die Veröffentlichung einer Belangsendung im Hörfunk oder im Fernsehen davon abhängig zu machen, daß ihm ein Bevollmächtigter genannt wird."

2. Die §§ 21 bis 24 entfallen.

3. Im § 27 Abs. 4 tritt an die Stelle des dritten Satzes folgende Bestimmung:

„Überdies hat er jedermann, der daran ein rechtliches Interesse darzutun vermag, Einsicht in die Aufzeichnungen zu gewähren."

(2) Die §§ 17 bis 19 des Bundesgesetzes vom 10. Juli 1974, BGBl. Nr. 397, über die Aufgaben und die Einrichtung des Österreichischen Rundfunks werden durch die §§ 2 bis 5 dieses Bundesgesetzes nicht berührt.

ARTIKEL IV

Änderung des Datenschutzgesetzes

An die Stelle des § 54 des Datenschutzgesetzes vom 18. Oktober 1978, BGBl. Nr. 565, tritt folgende Bestimmung:

„**§ 54.** Insoweit Medienunternehmen oder Mediendienste Daten ausschließlich für ihre publizistische Tätigkeit zum Zweck der automationsunterstützten Verarbeitung ermitteln, verarbeiten, benützen oder übermitteln, finden von den einfachgesetzlichen Bestimmungen dieses Bundesgesetzes nur die §§ 19 bis 21 Anwendung."

ARTIKEL V

Inkrafttreten

(1) Dieses Bundesgesetz tritt mit dem 1. Jänner 1982 in Kraft.

(2) Mit Ablauf des 31. Dezember 1981 treten mit der sich aus Artikel VI ergebenden Einschränkung außer Kraft:

1. das Gesetz betreffend einige Ergänzungen des allgemeinen Strafgesetzes, RGBl. Nr. 8/1863, soweit es noch in Geltung steht;
2. das Bundesgesetz vom 7. April 1922, BGBl. Nr. 218, über die Presse;
3. die Strafgesetznovelle 1929, BGBl. Nr. 440, soweit sie noch in Geltung steht.

(3) Eine Verordnung auf Grund des § 43 kann bereits von dem der Kundmachung dieses Bundesgesetzes folgenden Tag an erlassen werden. Sie darf frühestens mit dem im Abs. 1 bezeichneten Zeitpunkt in Kraft gesetzt werden.

ARTIKEL VI

Übergangsbestimmungen

(1) Bei Inkrafttreten dieses Bundesgesetzes bestehende Redaktionsstatuten werden mit diesem Zeitpunkt nicht deshalb unwirksam, weil sie nicht auf die im § 5 dieses Bundesgesetzes angeführte Weise zustande gekommen sind.

(2) Die die Entgegnung betreffenden Bestimmungen des Bundesgesetzes vom 7. April 1922, BGBl. Nr. 218, über die Presse und des Bundesgesetzes vom 10. Juli 1974, BGBl. Nr. 397, über die Aufgaben und die Einrichtung des Österreichischen Rundfunks, jeweils in der geltenden Fassung, sind auch nach dem Inkrafttreten dieses Bundesgesetzes anzuwenden, wenn das Begehren nach Aufnahme der Entgegnung vor diesem Zeitpunkt gestellt worden ist.

(3) Wird nach den §§ 27, 45 und 46 dieses Bundesgesetzes eine Verwaltungsbehörde zur Ahndung einer bis dahin gerichtlich strafbaren Handlung zuständig und ist bei Inkrafttreten das Urteil erster Instanz noch nicht gefällt, so ist das Verfahren der zuständigen Bezirksverwaltungsbehörde, im örtlichen Wirkungsbereich einer Bundespolizeibehörde aber dieser abzutreten. Die Zeit von der Erstattung der Strafanzeige bis zur Abtretung an die Verwaltungsbehörde ist in die Verjährungsfrist (§ 31 Abs. 2 VStG 1950) nicht einzurechnen.

(4) Die §§ 23, 33 bis 35 und 38 dieses Bundesgesetzes sind auch auf Taten anzuwenden, die vor dem Inkrafttreten dieses Bundesgesetzes begangen werden, es sei denn, daß die Bestimmungen, die zur Zeit der Tat gegolten haben, für den Täter in ihrer Gesamtauswirkung günstiger wären oder bei Inkrafttreten das Urteil erster Instanz bereits gefällt ist.

(5) In den Fällen der Abs. 3 und 4 ist nach Aufhebung des Urteils erster Instanz infolge eines Rechtsmittels oder einer Wiederaufnahme

des Strafverfahrens so vorzugehen, als wäre das Urteil nicht gefällt worden.

(6) Auf Veröffentlichungen in einem Medium, die vor Ablauf des 31. Dezember 1981 erfolgt sind, sind die §§ 29 Abs. 2 und 30 des Bundesgesetzes vom 7. April 1922, BGBl. Nr. 218, über die Presse in der geltenden Fassung weiterhin anzuwenden, sofern die Veröffentlichung den Tatbestand der Verleumdung, der üblen Nachrede oder der Verspottung herstellt.

(7) Die §§ 29 bis 32, 36, 37 und 39 bis 41 dieses Bundesgesetzes sind auch auf die im Zeitpunkt dessen Inkrafttretens bereits anhängigen Verfahren mit der Maßgabe anzuwenden, daß die Änderungen der Zuständigkeit der Gerichte durch dieses Bundesgesetz auf bereits anhängige Strafverfahren keinen Einfluß haben.

(8) Mit Inkrafttreten dieses Bundesgesetzes sind Strafverfahren, die nach dem § 19 Abs. 2 oder § 22 (im Hinblick auf eine Verletzung des § 20) des Bundesgesetzes vom 7. April 1922, BGBl. Nr. 218, über die Presse geführt werden, ohne Rücksicht auf den Stand des Verfahrens einzustellen.

ARTIKEL VII

Vollziehung

Mit der Vollziehung dieses Bundesgesetzes sind betraut:

1. hinsichtlich der §§ 2 bis 5 und des Artikels VI Abs. 1 der Bundesminister für Justiz und der Bundesminister für soziale Verwaltung;
2. hinsichtlich der §§ 1, 6 bis 26, 28 bis 44, 46 Abs. 1 bis 3 und 50 sowie des Artikels V und des Artikels VI Abs. 2 bis 8 der Bundesminister für Justiz;
3. hinsichtlich der §§ 27, 45, 46 Abs. 4 und 49 der Bundesminister für Inneres;
4. hinsichtlich der §§ 47 und 48 der Bundesminister für Inneres und der Bundesminister für Justiz;
5. hinsichtlich des Artikels II der Bundeskanzler und sämtliche Bundesminister und
6. hinsichtlich der Artikel III und IV der Bundeskanzler.

Kirchschläger

Kreisky **Pahr** **Sekanina** **Salcher**
Steyrer **Staribacher** **Lanc** **Broda**
Rösch **Haiden** **Dallinger** **Sinowatz**
Lausecker **Firnberg**

3. Bundesverfassungsgesetz vom 10. Juli 1974 über die Sicherung der Unabhängigkeit des Rundfunks

BGBl 1974/396

Der Nationalrat hat beschlossen:

Artikel I

(1) Rundfunk ist die für die Allgemeinheit bestimmte Verbreitung von Darbietungen aller Art in Wort, Ton und Bild unter Benützung elektrischer Schwingungen ohne Verbindungsleitung bzw. längs oder mittels eines Leiters sowie der Betrieb von technischen Einrichtungen, die diesem Zweck dienen.

(2) Die näheren Bestimmungen für den Rundfunk und seine Organisation sind bundesgesetzlich festzulegen. Ein solches Bundesgesetz hat insbesondere Bestimmungen zu enthalten, die die Objektivität und Unparteilichkeit der Berichterstattung, die Berücksichtigung der Meinungsvielfalt, die Ausgewogenheit der Programme sowie die Unabhängigkeit der Personen und Organe, die mit der Besorgung der im Abs. 1 genannten Aufgaben betraut sind, gewährleisten.

(3) Rundfunk gemäß Abs. 1 ist eine öffentliche Aufgabe.

4. Bundesgesetz über die Aufgaben und die Einrichtung des Österreichischen Rundfunks (Rundfunkgesetz – RFG)

BGBl 1984/379 idF BGBl 1984/531, 1985/563, 1986/612, 1987/606

ABSCHNITT I

Aufgaben und Einrichtung des Österreichischen Rundfunks

§ 1. (1) Zur Besorgung der in diesem Bundesgesetz angeführten Aufgaben wird unter der Bezeichnung „Österreichischer Rundfunk" ein eigener Wirtschaftskörper gebildet. Er hat seinen Sitz in Wien und besitzt Rechtspersönlichkeit. *(BGBl. Nr. 80/1975, Art. I Z 1)*

(2) Der Österreichische Rundfunk ist nicht auf Gewinn gerichtet; er ist in der Abteilung A des Handelsregisters beim Handelsgericht Wien zu protokollieren und gilt als Kaufmann im Sinne des Handelsgesetzbuches.

(3) Der Österreichische Rundfunk ist als Arbeitgeber kollektivvertragsfähig.

§ 2. (1) Der Österreichische Rundfunk hat durch die Herstellung und Sendung von Hörfunk- und Fernsehprogrammen sowie durch die Planung, die Errichtung und den Betrieb der hiefür notwendigen technischen Einrichtungen, insbesondere von Studios und Sendeanlagen, vor allem zu sorgen für

1. die umfassende Information der Allgemeinheit über alle wichtigen politischen, wirtschaftlichen, kulturellen und sportlichen Fragen durch
   a) objektive Auswahl und Vermittlung von Nachrichten und Reportagen, einschließlich der Berichterstattung über die Tätigkeit der gesetzgebenden Organe und der Übertragung ihrer Verhandlungen,
   b) Wiedergabe und Vermittlung von für die Allgemeinheit wesentlichen Kommentaren, Standpunkten und kritischen Stellungnahmen unter angemessener Berücksichtigung der Vielfalt der im öffentlichen Leben vertretenen Meinungen,
   c) eigene Kommentare und Sachanalysen unter Wahrung des Grundsatzes der Objektivität;
2. die Verbreitung von Volks- und Jugendbildung unter besonderer Beachtung der Förderung der Schul- und Erwachsenenbildung sowie des Verständnisses für alle Fragen des demokratischen Zusammenlebens;
3. die Vermittlung und Förderung von Kunst und Wissenschaft;
4. die Darbietung von einwandfreier Unterhaltung;
5. die Förderung des Interesses der Bevölkerung an aktiver sportlicher Betätigung.

(2) Der Österreichische Rundfunk hat bei Erfüllung seiner öffentlichen Aufgaben auf die Grundsätze der österreichischen Verfassungsordnung, inbesondere auf die bundesstaatliche Gliederung nach dem Grundsatz der Gleichbehandlung der Länder sowie auf die Grundsätze der Freiheit der Kunst, der Objektivität und Unparteilichkeit der Berichterstattung, der Berücksichtigung der Meinungsvielfalt und der Ausgewogenheit der Programme, Bedacht zu nehmen. Die Unabhängigkeit gemäß den Bestimmungen dieses Bundesgesetzes von Personen und Organen des Österreichischen Rundfunks ist zu gewährleisten. *(BGBl. Nr. 246/1984, Art. I Z 1)*

(3) Bei der Planung des Gesamtprogramms ist die Bedeutung der gesetzlich anerkannten Kirchen und Religionsgesellschaften angemessen zu berücksichtigen.

(4) Vor allem die künstlerischen, volksbildenden und staatspolitischen Sendungen des Hörfunks und des Fernsehens haben sich durch hohes Niveau auszuzeichnen.

§ 3. (1) Der Österreichische Rundfunk hat unter Mitwirkung aller Studios für mindestens drei Programme des Hörfunks und mindestens zwei Programme des Fernsehens zu sorgen, wobei anzustreben ist, daß alle zum Betrieb eines Rundfunkempfanggerätes (Hörfunk und Fernsehen) berechtigten Bewohner des Bundesgebietes gleichmäßig und ständig in bezug auf Programm- und Empfangsqualität nach Maßgabe der technischen Entwicklung und der wirtschaftlichen Tragbarkeit angemessen versorgt werden.

(2) Eines der Programme des Hörfunks ist ein Regionalprogramm, das von den Länderstudios gestaltet wird. In den Programmen des Fernsehens sind die Interessen der Länder zu berücksichtigen. Die Beiträge werden von den Landesintendanten festgelegt.

§ 4. Der Österreichische Rundfunk hat im Auftrag der Bundesregierung und auf Rechnung des Bundes unter Bedachtnahme auf § 2 Abs. 1 einen ausreichenden Auslandsdienst auf Kurzwelle zu gestalten und zu besorgen. Mit der Leitung des Auslandsdienstes ist vom Generalintendanten im Einvernehmen mit der Bundesregierung ein Intendant des Auslandsdienstes unter Bedachtnahme auf die §§ 13 und 14 zu betrauen.

§ 5. (1) Der Österreichische Rundfunk hat einen Teil seiner Sendezeit an die im Nationalrat vertretenen politischen Parteien und an Interessenverbände zu vergeben. Dieser Teil darf je Programm 1 vH der Sendezeit nicht überschreiten und ist auf die Bewerber um die Zuteilung dieser Sendezeit entsprechend ihrer Bedeutung im öffentlichen Leben aufzuteilen. Der Österreichische Rundfunk hat die Veröffentlichung einer Belangsendung im Hörfunk oder im Fernsehen davon abhängig zu machen, daß ihm ein Bevollmächtigter genannt wird. *(BGBl. Nr. 314/1981, Art. III Abs. 1 Z 1)*

(2) Der Österreichische Rundfunk hat Bundes- und Landesbehörden für Aufrufe in Krisen- und Katastrophenfällen und andere wichtige Meldungen an die Allgemeinheit zu jeder Zeit die notwendige und zweckentsprechende Sendezeit kostenlos zur Verfügung zu stellen.

(3) Der Österreichische Rundfunk kann im Rahmen seiner Hörfunk- und Fernsehprogramme Sendezeiten gegen Bezahlung für kommerzielle Werbung vergeben.

(4) Eines der Programme des Hörfunks hat von Werbesendungen frei zu bleiben; den Umfang der Werbesendungen (Spots, Kurzsendungen und gestaltete Werbesendungen einschließlich gestalteter An- und Absagen von Patronanzsendungen) in den übrigen Programmen setzt auf Vorschlag des Generalintendanten das Kuratorium fest, jedoch dürfen die Werbesendungen im Wochendurchschnitt im Fernsehen in beiden Programmen die tägliche Dauer von insgesamt 20 Minuten und im Hörfunk insgesamt die tägliche Dauer von 120 Minuten nicht überschreiten, wobei Abwei-

chungen von höchstens 20 vH pro Tag zulässig sind.

Sendezeiten für kommerzielle Werbung dürfen am Aschermittwoch, Gründonnerstag, Karfreitag, am 1. und 2. November sowie am 24. Dezember nicht vergeben werden.

Werden dieselben Werbesendungen zur gleichen Zeit in mehreren Programmen gesendet, so sind sie nicht mehrfach zu zählen. Ferner sind Werbesendungen, die in Lokalprogrammen des Hörfunks gesendet werden, nur einmal zu zählen. Werbesendungen für Tabakwaren und Spirituosen sowie unter der Wahrnehmungsgrenze liegende Werbesendungen sind unzulässig. Das Kuratorium kann auf Vorschlag des Bundesministers für Gesundheit und Umweltschutz weitere im Interesse der Volksgesundheit notwendige Beschränkungen hinsichtlich der kommerziellen Werbung festlegen.

(5) Sendungen nach den Abs. 1 und 3 sind in der An- und Absage entsprechend zu kennzeichnen.

(6) Abs. 4 ist auf Patronanzsendungen nicht anzuwenden, soweit es sich dabei nicht um gestaltete An- und Absagen handelt. Weiters ist Abs. 4 auch auf Sendungen nicht anzuwenden, die von einem Gericht oder von der Kommission (§ 29) angeordnet werden.

ABSCHNITT II

Organe des Österreichischen Rundfunks

§ 6. (1) Die Organe des Österreichischen Rundfunks sind:

1. das Kuratorium (§§ 7 und 8),
2. der Generalintendant (§§ 9 und 10),
3. die Hörer- und Sehervertretung (§§ 15 und 16),
4. die Prüfungskommission (§ 31).

(2) Die Mitglieder der Kollegialorgane gemäß Abs. 1 sind bei der Ausübung ihrer Funktion im Österreichischen Rundfunk an keine Weisungen und Aufträge gebunden; sie haben ausschließlich die sich aus den Gesetzen und der Geschäftsordnung ergebenden Pflichten zu erfüllen.

(3) Die Funktion als Mitglied des Kuratoriums und der Hörer- und Sehervertretung ist ein Ehrenamt. Die Mitglieder haben Anspruch auf Ersatz von angemessenen Reisekosten und Barauslagen.

§ 7. (1) Die Mitglieder des Kuratoriums werden nach Maßgabe der nachfolgenden Bestimmungen bestellt: *(BGBl. Nr. 246/1984, Art. I Z 2)*

1. Sechs Mitglieder, die von der Bundesregierung unter Berücksichtigung des Stärkeverhältnisses der politischen Parteien im Nationalrat unter Bedachtnahme auf deren Vorschläge bestellt werden, wobei jede im Hauptausschuß des Nationalrates vertretene Partei durch mindestens ein Mitglied im Kuratorium vertreten sein muß;
2. neun Mitglieder bestellen die Länder, wobei jedem Land das Recht auf Bestellung eines Mitgliedes zukommt; *(BGBl. Nr. 246/1984, Art. I Z 3)*
3. neun Mitglieder bestellt die Bundesregierung; *(BGBl. Nr. 246/1984, Art. I Z 3)*
4. sechs Mitglieder bestellt die Hörer- und Sehervertretung;
5. fünf Mitglieder werden unter Anwendung des Arbeitsverfassungsgesetzes, BGBl. Nr. 22/1974, vom Zentralbetriebsrat bestellt.

(2) Bei der Bestellung der Mitglieder gemäß Abs. 1 Z 3 bis 5 ist darauf zu achten, daß diese keine im Art. 147 Abs. 4 B-VG genannte Funktion bekleiden.

(3) Die Funktionsperiode des Kuratoriums dauert drei Jahre vom Tag seines ersten Zusammentretens an gerechnet, jedenfalls aber bis zu dem Tag, an dem das neu bestellte Kuratorium zusammentritt. Die Mitglieder können vom bestellenden Organ nur dann vorzeitig abberufen werden, wenn sich in der Zusammensetzung dieses Organs seit der Bestellung eine Änderung ergeben hat. Im Fall des vorzeitigen Ausscheidens ist unverzüglich ein neues Mitglied für den Rest der Funktionsperiode zu bestellen.

(4) Wenn die zur Bestellung von Mitgliedern des Kuratoriums berechtigten Organe gemäß Abs. 1 von diesem Recht keinen Gebrauch machen und keine Mitglieder bestellen, so bleiben bei einer Feststellung der Beschlußfähigkeit des Kuratoriums gemäß Abs. 5 die nicht bestellten Mitglieder außer Betracht.

(5) Das Kuratorium gibt sich seine Geschäftsordnung selbst. Es wählt aus seiner Mitte einen Vorsitzenden und einen Vorsitzenden-Stellvertreter. Die Sitzungen des Kuratoriums werden von dessen Vorsitzenden einberufen; der Vorsitzende ist zur unverzüglichen Einberufung des Kuratoriums verpflichtet, wenn dies von einem Drittel seiner Mitglieder oder vom Generalintendanten schriftlich unter Beifügung des Entwurfes einer Tagesordnung verlangt wird. Es ist bei Anwesenheit von mindestens der Hälfte seiner Mitglieder beschlußfähig. Es faßt — mit Ausnahme der Beschlüsse gemäß § 9 Abs. 1 und 4 — seine Beschlüsse mit einfacher Mehrheit der abgegebenen Stimmen. Der Vorsitzende stimmt mit; bei Stimmengleichheit entscheidet die Stimme des Vorsitzenden. Bei Beschlüssen gemäß § 20 Abs. 1 und 2 sind die vom Zentralbetriebsrat bestellten Mitglieder des Kuratoriums nicht stimmberechtigt und bei der Feststellung der Beschlußfähigkeit nicht mitzuzählen.

(6) Der Generalintendant und der Vorsitzende der Hörer- und Sehervertretung oder sein Vertreter haben das Recht, an den Sitzungen des Kuratoriums mit beratender Stimme teilzunehmen.

(7) Für die Dauer einer Sitzung kann sich im Falle der Verhinderung ein Mitglied des Kuratoriums durch ein anderes Mitglied in allen seinen Rechten vertreten lassen. Das verhinderte Mitglied hat eine solche Vertretung dem Vorsitzenden des Kuratoriums schriftlich mitzuteilen.

(8) Wenn das Kuratorium in einer Angelegenheit des § 8 Abs. 1 Z 2 bis 13 und Abs. 2 innerhalb von drei Monaten nach der erstmaligen Befassung nicht entscheidet, ist dies von der Kommission (§ 25) unverzüglich festzustellen. Ist innerhalb von vier Wochen nach dieser Feststellung noch immer keine Erledigung erfolgt, stellt die Kommission die Auflösung des Kuratoriums fest. In diesem Fall ist das Kuratorium unverzüglich neu zu bestellen.

§ 8. (1) Dem Kuratorium obliegt, abgesehen von den sonstigen ihm durch dieses Bundesgesetz übertragenen Aufgaben,

1. die Bestellung und Abberufung des Generalintendanten;
2. die Vertretung des Österreichischen Rundfunks gegenüber dem Generalintendanten, insbesondere die Geltendmachung von Haftungsansprüchen;
3. die Bestellung und Abberufung der Direktoren, der Intendanten und Landesintendanten; *(BGBl. Nr. 246/1984, Art. I Z 4)*
4. die Genehmigung langfristiger Pläne für Programm, Technik und Finanzen und von Stellenplänen;
5. die Beschlußfassung über die Festsetzung des Programmentgeltes (§ 10 Abs. 2 Z 8 und § 20) sowie die Genehmigung von Tarifwerken des Werbefunks (§ 10 Abs. 2 Z 8);
6. die Genehmigung des Abschlusses von Kollektivverträgen, Vertragswerken mit kollektivvertragsähnlicher Wirkung und des Redakteurstatuts;
7. die Beschlußfassung über eine Dienstordnung für den Österreichischen Rundfunk;
8. die Beschlußfassung über Maßnahmen, die aufgrund von Prüfungsberichten zu ergreifen sind, einschließlich der Veröffentlichung von Prüfungsberichten;
9. die Prüfung und Genehmigung des Rechnungsabschlusses sowie die Entlastung des Generalintendanten;
10. die Beratung von grundsätzlichen Problemen des Rundfunks und seiner Programmgestaltung, die Entgegennahme von Berichten des Generalintendanten sowie die Beschlußfassung über Empfehlungen hiezu;
11. die Entscheidung über die Vergabe von Sendezeit an Interessenverbände (§ 5 Abs. 1);
12. die Beschlußfassung über Beschränkungen für kommerzielle Werbesendungen (§ 5 Abs. 4);
13. die Bestellung der Mitglieder der Prüfungskommission (§ 31 Abs. 1) und die Erteilung von Prüfungsaufträgen an diese.

(2) Weiters ist die Zustimmung des Kuratoriums in den nachstehend angeführten Fällen notwendig:

1. zu den vom Generalintendanten zu erlassenden allgemeinen Richtlinien für die Programmgestaltung, Programmerstellung und Programmkoordinierung in Hörfunk und Fernsehen (§ 10 Abs. 2 Z 1);

1 a. zu den unter Beachtung der langfristigen Programmpläne (Abs. 1 Z 4) und der Programmrichtlinien (Z 1) vom Generalintendanten im Zusammenwirken mit dem Hörfunk- und den Fernseh-Intendanten zu erstellenden und dem Kuratorium bis zum 15. November jeweils für das folgende Kalenderjahr vorzulegenden Sendeschemen für Hörfunk und Fernsehen (Jahressendeschemen); *(BGBl. Nr. 246/1984, Art. I Z 5)*

2. zum Erwerb, zur Veräußerung oder Belastung von Liegenschaften;
3. zur Übernahme von Bürgschaften;
4. zur Vornahme aller Geschäfte, die eine dauernde Belastung oder eine über den Rahmen des gewöhnlichen Geschäftsbetriebes hinausgehende Verpflichtung mit sich bringen, soweit diese nicht ohnedies im Rahmen der jährlichen Finanzpläne genehmigt wurden;
5. zur Festsetzung der für jedes Geschäftsjahr aufzustellenden und dem Kuratorium bis zum 15. November vorzulegenden Ausgabenetats und Stellenpläne für das folgende Kalenderjahr und seiner Bedeckung (Finanz- und Stellenplan); *(BGBl. Nr. 246/1984, Art. I Z 6)*
6. zu Investitionsprogrammen und zur Vornahme von Neubauten, Umbauten, Neuanschaffungen und sonstigen Investitionen außerhalb der genehmigten und in Kraft befindlichen Investitionsprogramme, soweit sie nicht laufende Betriebsausgaben darstellen und ihr Wert im Einzelfall 1 Million Schilling bzw. im Geschäftsjahr insgesamt 3 Millionen Schilling übersteigt;
7. zur Einführung bleibender sozialer Maßnahmen;
8. zur Aufnahme von Krediten über 3 Millionen Schilling;
9. zum Erwerb und zur Veräußerung von Patent- und von Verwertungsrechten an Urheberrechten, deren Wert im Einzelfall 1 Million Schilling übersteigt;
10. zur Festsetzung der Zuständigkeitsverteilung im Fernsehen (§ 10 Abs. 4). *(BGBl. Nr. 246/1984, Art. I Z 7)*

(3) Die Mitglieder des Kuratoriums sind befugt, den Generalintendanten, die Direktoren, die Intendanten und die Landesintendanten im Rahmen der Sitzungen des Kuratoriums über alle von ihnen zu besorgenden Aufgaben des Österreichischen Rundfunks zu befragen und alle einschlägigen Auskünfte zu verlangen. *(BGBl. Nr. 246/1984, Art. I Z 4)*

§ 9. (1) Der Generalintendant wird vom Kuratorium für die Dauer von 4 Jahren mit Zweidrittelmehrheit bestellt.

(2) Kommt das Kuratorium seiner Pflicht gemäß Abs. 1 nicht innerhalb von zwei Monaten nach dem Ende der Ausschreibungsfrist nach, so hat es mit einfacher Mehrheit der abgegebenen Stimmen unter Bedachtnahme auf § 13 aus dem Kreis der Bewerber um die betreffende Funktion für die Dauer von höchstens drei Monaten eine Person mit der vorläufigen Führung dieser Geschäfte zu betrauen. In diesem Fall ist die betreffende Funktion unverzüglich neuerlich öffentlich auszuschreiben. Kommt es auch innerhalb dieser drei Monate zu keiner Entscheidung gemäß Abs. 1, so erfolgt die definitive Bestellung für den Rest der Funktionsperiode mit einfacher Mehrheit.

(3) Der Generalintendant ist außer an die sich aus den Gesetzen oder aus den Beschlüssen des Kuratoriums ergebenden Pflichten an keinerlei Weisungen und Aufträge gebunden.

(4) Der Generalintendant kann vom Kuratorium nur mit Zweidrittelmehrheit abberufen werden.

§ 10. (1) Der Generalintendant besorgt die Führung der Geschäfte des Österreichischen Rundfunks und vertritt ihn gerichtlich und außergerichtlich.

(2) Dem Generalintendanten obliegt insbesondere

1. die Festlegung allgemeiner Richtlinien für die Programmgestaltung, Programmerstellung und Programmkoordinierung im Hörfunk und Fernsehen sowie die Erstellung der Jahressendeschemen jeweils mit Zustimmung des Kuratoriums (§ 8 Abs. 2 Z 1 und 1 a); *(BGBl. Nr. 246/1984, Art. I Z 8)*
2. die Ausschreibung der Posten von Direktoren, Intendanten und Landesintendanten; *(BGBl. Nr. 246/1984, Art. I Z 4)*
3. die Erstattung von Vorschlägen an das Kuratorium für die Bestellung und Abberufung von Direktoren, Intendanten und Landesintendanten, bei letzteren nach Einholung einer Stellungnahme des betreffenden Landes; *(BGBl. Nr. 246/1984, Art. I Z 4)*
4. die Erteilung von Prokura und Handlungsvollmacht an Direktoren, Intendanten und leitende Angestellte; *(BGBl. Nr. 246/1984, Art. I Z 4)*
5. die Kontrolle der Tätigkeit der Direktoren, Intendanten und Landesintendanten sowie die Koordinierung ihrer Tätigkeit, vor allem auch hinsichtlich der Programmpläne für Hörfunk und Fernsehen unter Berücksichtigung der bundesstaatlichen Gliederung durch die Mitwirkung aller Studios; *(BGBl. Nr. 246/1984, Art. I Z 4)*
6. die Ausarbeitung von Vorschlägen an das Kuratorium für langfristige Pläne für Programm, Technik, Finanzen und für Stellenpläne im Zusammenwirken mit den Direktoren, Intendanten und Landesintendanten; *(BGBl. Nr. 246/1984, Art. I Z 4)*
7. die Festsetzung der Geschäftsverteilung gemäß Abs. 3;
8. die Erstattung von Vorschlägen über die Festsetzung des Programmentgelts (§ 8 Abs. 1 Z 5 und § 20) und des Tarifwerkes des Werbefunks (§ 8 Abs. 1 Z 5) an das Kuratorium;
9. die Vollziehung der Beschlüsse des Kuratoriums;
10. die Festsetzung der Zuständigkeitsverteilung im Fernsehen mit Zustimmung des Kuratoriums gemäß Abs. 4. *(BGBl. Nr. 246/1984, Art. I Z 9)*

(3) Der Generalintendant hat jene Geschäfte, die weder dem Kuratorium noch der Hörer- und Sehervertretung noch ihm selbst vorbehalten sind, unter Wahrung des § 11 so zu verteilen, daß eine initiative Führung der wesentlichen Sach- und Gebietsbereiche ermöglicht wird.

(4) Der Generalintendant hat mit Zustimmung des Kuratoriums und im Zusammenwirken mit den Fernseh-Intendanten diesen ihre Zuständigkeitsbereiche gemäß § 11 Abs. 3 Z 2 und 3 zuzuordnen (Zuständigkeitsverteilung im Fernsehen). *(BGBl. Nr. 246/1984, Art. I Z 10)*

§ 11. (1) Die Direktoren, Intendanten und Landesintendanten werden vom Kuratorium auf Vorschlag des Generalintendanten für die Dauer von vier Jahren bestellt. Bestellt das Kuratorium innerhalb von 6 Wochen nach Erstattung von Vorschlägen des Generalintendanten keinen Direktor, Intendanten oder Landesintendanten, so hat der Generalintendant nach Ablauf dieser Frist dem Kuratorium unverzüglich einen neuen Vorschlag vorzulegen. *(BGBl. Nr. 246/1984, Art. I Z 4 und 11)*

(2) Es sind zwei Direktoren zu bestellen, und zwar je ein Direktor für

1. die technischen Angelegenheiten des Hörfunks und des Fernsehens (Technischer Direktor);
2. die Verwaltungsangelegenheiten des Hörfunks und des Fernsehens (Kaufmännischer Direktor).

(3) Es sind drei Intendanten zu bestellen, und zwar je ein Intendant für

1. die Informations- und Programmangelegenheiten des Hörfunks (Hörfunk-Intendant);
2. die durch die Zuständigkeitsverteilung (§ 10 Abs. 4) näher zu bestimmenden Informationsangelegenheiten des Fernsehens (Informations-Intendant des Fernsehens);
3. die durch die Zuständigkeitsverteilung (§ 10 Abs. 4) näher zu bestimmenden Programmangelegenheiten des Fernsehens (Programm-Intendant des Fernsehens). *(BGBl. Nr. 246/1984, Art. I Z 12)*

(4) Für jedes Landesstudio ist ein Landesintendant zu bestellen.

§ 12. (1) Die Intendanten haben im Rahmen der langfristigen Pläne für Programm, Technik und Finanzen, der Stellenpläne und der Jahressendeschemen sowie unter Bedachtnahme auf die §§ 3 Abs. 2 und 12 Abs. 2 in ihrem Zuständigkeitsbereich alle ihnen obliegenden Angelegenheiten (§ 11 Abs. 3) selbständig und eigenverantwortlich zu besorgen. Es steht ihnen frei, unter Bedachtnahme auf die Grundsätze der Sparsamkeit, Wirtschaftlichkeit und Zweckmäßigkeit einerseits sowie im Streben nach größtmöglicher Meinungsvielfalt andererseits, Sendungen, Sendereihen und Teile von Sendungen fallweise oder regelmäßig gemeinsam zu gestalten. *(BGBl. Nr. 246/1984, Art. I Z 13)*

(2) Die Intendanten sind in Ausübung ihrer Tätigkeit nach Abs. 1 grundsätzlich an keine Weisungen und Aufträge gebunden. Ein Weisungsrecht gegenüber den Intendanten hat der Generalintendant nur insoweit, als dies zur Sicherstellung der Einhaltung der Bestimmungen dieses Bundesgesetzes und der Beschlüsse des Kuratoriums notwendig ist. Solche Weisungen sind unverzüglich dem Kuratorium mitzuteilen. *(BGBl. Nr. 246/1984, Art. I Z 4)*

(3) Die Direktoren und die Landesintendanten haben im Rahmen der langfristigen Pläne für Programm, Technik und Finanzen, der Stellenpläne sowie der Jahressendeschemen die laufenden Geschäfte ihres Bereiches selbständig zu führen. Sie sind außer an die Weisungen des Generalintendanten an keine Weisungen und Aufträge gebunden. *(BGBl. Nr. 246/1984, Art. I Z 14)*

(4) Die Landesintendanten nehmen die Belange des Österreichischen Rundfunks für das Land wahr, für das sie bestellt sind. Hiebei sind sie für das in ihrem Studiobereich zu gestaltende Regionalprogramm und für alle in ihrem Bereich zu gestaltenden Hörfunk- und Fernsehprogramme verantwortlich. Ihnen unterstehen weiters die Betriebsstätten und Sendeanlagen ihres Studios sowie das dort tätige Personal.

(5) Die Direktoren, Intendanten und Landesintendanten haben das Recht, vom Kuratorium gehört zu werden, wenn der Generalintendant Vorschlägen von ihrer Seite nicht Rechnung trägt. In diesem Falle sind die Betroffenen den diesbezüglichen Beratungen des Kuratoriums beizuziehen. *(BGBl. Nr. 246/1984, Art. I Z 4)*

(6) Die Direktoren, Intendanten und Landesintendanten schlagen die Ausschreibung von Posten, die Aufnahme von geeignetem Personal sowie Personalbeförderungen, Kündigungen und Entlassungen jeweils für ihren Bereich nach Maßgabe der Geschäftsverteilung dem Generalintendanten vor. *(BGBl. Nr. 246/1984, Art. I Z 4)*

§ 13. (1) Personen, die im Österreichischen Rundfunk die Funktion des Generalintendanten, eines Direktors, eines Intendanten, eines Landesintendanten oder eines leitenden Angestellten ausüben, müssen folgende Voraussetzungen erfüllen: *(BGBl. Nr. 246/1984, Art. I Z 4)*

1. sie müssen voll geschäftsfähige Personen sein;
2. sie müssen österreichische Staatsbürger sein; Ausnahmen bedürfen der Genehmigung des Kuratoriums;
3. sie müssen eine entsprechende Vorbildung oder eine fünfjährige einschlägige oder verwandte Berufserfahrung nachweisen können.

(2) Mit den Funktionen des Generalintendanten, eines Direktors, eines Intendanten oder eines Landesintendanten dürfen Personen nicht betraut werden, die eine der im Art. 147 Abs. 4 B-VG genannten Funktionen innehaben. *(BGBl. Nr. 246/1984, Art. I Z 4)*

(3) Zum Generalintendanten, zu Intendanten oder Landesintendanten darf auch nicht bestellt werden, wer eine der im Art. 147 Abs. 4 B-VG bezeichneten Funktionen in den letzten vier Jahren innegehabt hat. *(BGBl. Nr. 246/1984, Art. I Z 4)*

(4) Die im Abs. 1 genannten Personen dürfen ohne Genehmigung des Kuratoriums keinen Nebenerwerb ausüben.

§ 14. (1) Sämtliche Stellen im Österreichischen Rundfunk — einschließlich der im § 13 Abs. 1 genannten Funktionen — sind neben der internen Ausschreibung durch Verlautbarung im „Amtsblatt zur Wiener Zeitung" öffentlich auszuschreiben, soweit es sich nicht um untergeordnete Dienstleistungen handelt. Die Funktion des Generalintendanten ist vom Vorsitzenden des Kuratoriums auszuschreiben.

(2) Bei der Auswahl von Bewerbern um eine ausgeschriebene Stelle sowie bei der Beförderung von Dienstnehmern ist in erster Linie die fachliche Eignung zu berücksichtigen.

§ 15. (1) Zur Wahrung der Interessen der Hörer und Seher ist am Sitz des Österreichischen Rundfunks eine Hörer- und Sehervertretung einzurichten, die aus 35 Mitgliedern besteht.

(2) Die Hörer- und Sehervertretung ist wie folgt zu bestellen:

1. die Bundeskammer der gewerblichen Wirtschaft, die Präsidentenkonferenz der Landwirtschaftskammern Österreichs und der Österreichische Arbeiterkammertag bestellen je zwei Mitglieder;

2. der Österreichische Gewerkschaftsbund bestellt drei Mitglieder;

3. die Kammern der freien Berufe bestellen gemeinsam ein Mitglied;

4. die römisch-katholische Kirche bestellt ein Mitglied;

5. die evangelische Kirche bestellt ein Mitglied;

6. die Rechtsträger der staatsbürgerlichen Bildungsarbeit im Bereich der politischen Parteien (BGBl. Nr. 369/1984) bestellen je ein Mitglied.

(3) Der Bundeskanzler bestellt 20 weitere Mitglieder, durch die die nachstehenden Bereiche bzw. Gruppen eine besondere Vertretung erhalten sollen: die Wissenschaft, die Volksbildung, die Kunst, der Sport, die Jugend, die älteren Menschen, die Eltern bzw. Familien, die Touristik, die Kraftfahrer sowie die Konsumenten. Bei der Bestellung dieser Mitglieder ist insbesondere auf Vorschläge Bedacht zu nehmen, die von Einrichtungen bzw. Organisationen erstattet werden, die für diese Bereiche bzw. Gruppen repräsentativ sind.

(4) Der Bundeskanzler hat zu diesem Zweck vor der Bestellung von im Abs. 3 genannten Mitgliedern die in Frage kommenden Einrichtungen und Organisationen durch Verlautbarung in der Wiener Zeitung zur Erstattung von Vorschlägen einzuladen und die eingelangten Vorschläge vor der Bestellung des betreffenden Mitgliedes gleichfalls öffentlich bekanntzumachen. *(BGBl. Nr. 80/1975, Art. I Z 2)*

(5) Die Funktionsperiode der Hörer- und Sehervertretung dauert drei Jahre vom Tag ihres ersten Zusammentrittes an gerechnet, jedenfalls aber bis zu dem Tag, an dem die neue Hörer- und Sehervertretung zusammentritt.

(6) Die Hörer- und Sehervertretung gibt sich ihre Geschäftsordnung selbst. Sie wählt aus ihrer Mitte einen Vorsitzenden und einen Vorsitzenden-Stellvertreter.

(7) Die Hörer- und Sehervertretung ist vom Vorsitzenden wenigstens dreimal jährlich, ansonsten binnen 14 Tagen, wenn dies wenigstens ein Viertel ihrer Mitglieder oder ein Viertel der Mitglieder des Kuratoriums verlangt, zu einer Sitzung einzuberufen.

(8) Die Hörer- und Sehervertretung faßt ihre Beschlüsse bei Anwesenheit von mindestens der Hälfte der Mitglieder und mit der einfachen Mehrheit der abgegebenen Stimmen. Für Beschlüsse gemäß § 16 Abs. 1 Z 2 ist eine Zweidrittelmehrheit erforderlich. § 7 Abs. 4 gilt sinngemäß.

§ 16. (1) Der Hörer- und Sehervertretung obliegt
1. die Erstattung von Empfehlungen hinsichtlich der Programmgestaltung und von Vorschlägen für den technischen Ausbau;
2. die Bestellung von sechs Mitgliedern des Kuratoriums (§ 7 Abs. 1 Z 4), wobei jedenfalls je ein Mitglied aus den Bereichen der gesetzlich anerkannten Kirchen und Religionsgesellschaften, der Wissenschaft, der Volksbildung, der Kunst und des Sports zu bestellen ist;
3. die Erstellung von Vorschlägen für die Ernennung von vier Mitgliedern der Kommission;
4. die Anrufung der Kommission;
5. die Genehmigung von Beschlüssen des Kuratoriums, mit denen die Höhe des Programmentgelts (Rundfunkentgelt, Fernsehrundfunkentgelt) festgelegt wird.

(2) Die Hörer- und Sehervertretung ist zur Erfüllung der im Abs. 1 genannten Aufgaben befugt, den Generalintendanten, die Direktoren, die Intendanten und die Landesintendanten über alle von ihnen zu besorgenden Aufgaben des Österreichischen Rundfunks zu befragen und alle einschlägigen Auskünfte zu verlangen. Die Befragten haben die an sie gerichteten Anfragen längstens innerhalb von zwei Monaten schriftlich oder auf Verlangen auch mündlich zu beantworten. Eine Antwort darf nur soweit verweigert werden, als überwiegende Interessen des Österreichischen Rundfunks oder das öffentliche Interesse es erfordern. *(BGBl. Nr. 246/1984, Art. I Z 4)*

(3) Hat die Hörer- und Sehervertretung Empfehlungen hinsichtlich der Programmgestaltung erstattet, so hat der Generalintendant innerhalb einer angemessenen, drei Monate nicht überschreitenden Frist der Hörer- und Sehervertretung zu berichten, ob und in welcher Form der Empfehlung entsprochen worden ist oder aus welchen Gründen der Empfehlung nicht gefolgt wird.

(4) An den Sitzungen der Hörer- und Sehervertretung hat der Generalintendant oder ein von ihm bestellter Vertreter mit beratender Stimme teilzunehmen. Die Hörer- und Sehervertretung ist befugt, auf Grund eines an den Generalintendanten gerichteten Ersuchens die Anwesenheit eines Direktors, eines Intendanten oder eines Landesintendanten zu verlangen. Die Mitglieder des Kuratoriums sind berechtigt, an den Sitzungen der Hörer- und Sehervertretung mit beratender Stimme teilzunehmen. *(BGBl. Nr. 246/1984, Art. I Z 4)*

(5) Die Hörer- und Sehervertretung kann — zusätzlich zu der vom Österreichischen Rundfunk selbst durchgeführten Meinungsbefragung — verlangen, daß der Österreichische Rundfunk einmal im Jahr eine repräsentative Teilnehmerbefragung zu von der Hörer- und Sehervertretung festzulegenden Themenbereichen durchführen läßt. Die Ergebnisse aller Meinungsbefragungen des Österreichischen Rundfunks sind der Hörer- und Sehervertretung zur Kenntnis zu bringen.

ABSCHNITT III

Stellung der programmgestaltenden Mitarbeiter des Österreichischen Rundfunks

§ 17. (1) Der Österreichische Rundfunk hat die Unabhängigkeit und Eigenverantwortlichkeit aller programmgestaltenden Mitarbeiter sowie die Freiheit der journalistischen Berufsausübung aller journalistischen Mitarbeiter bei Besorgung aller ihnen übertragenen Aufgaben im Rahmen dieses Bundesgesetzes zu beachten. Die journalistischen Mitarbeiter dürfen in Ausübung ihrer Tätigkeit insbesondere nicht verhalten werden, etwas abzufassen oder zu verantworten, was der Freiheit der journalistischen Berufsausübung widerspricht. Aus einer gerechtfertigten Weigerung darf ihnen kein Nachteil erwachsen.

(2) Programmgestaltende Mitarbeiter im Sinne dieses Bundesgesetzes sind alle Personen, die an der inhaltlichen Gestaltung von Hörfunk- und Fernsehsendungen mitwirken. *(BGBl. Nr. 48/1982, Art. I Z 1)*

(3) Journalistische Mitarbeiter im Sinne dieses Bundesgesetzes sind alle Personen, die an der journalistischen Gestaltung von Programmen im Hörfunk und Fernsehen mitwirken, insbesondere Redakteure, Reporter, Korrespondenten und Gestalter. *(BGBl. Nr. 48/1982, Art. I Z 1)*

(4) Programmgestaltende und journalistische Mitarbeiter im Sinne diesesBundesgesetzes sind entweder Arbeitnehmer oder freie Mitarbeiter des Österreichischen Rundfunks. *(BGBl. Nr. 48/1982, Art. I Z 2)*

(5) Für journalistische und programmgestaltende Mitarbeiter des Österreichischen Rundfunks gelten auch dann, wenn sie in einem Arbeitsverhältnis zum Österreichischen Rundfunk stehen, sofern die vereinbarte oder tatsächlich geleistete Arbeitszeit während eines Zeitraumes von sechs Monaten im Monatsdurchschnitt nicht mehr als vier Fünftel des 4,3fachen der durch Gesetz oder Kollektivvertrag vorgesehenen wöchentlichen Normalarbeitszeit beträgt, folgende Bestimmungen:

1. Befristete Arbeitsverhältnisse können ohne zahlenmäßige Begrenzung und auch unmittelbar hintereinander abgeschlossen werden, ohne daß hiedurch ein Arbeitsverhältnis auf unbestimmte Zeit entsteht.
2. Beabsichtigt das Unternehmen, ein weiteres befristetes Arbeitsverhältnis nicht mehr abzuschließen, so ist der Arbeitnehmer von dieser Absicht schriftlich zu verständigen. Die Verständigung hat, wenn ab Beginn des ersten Arbeitsverhältnisses mit oder ohne Unterbrechungen ein Zeitraum von nicht mehr als drei Jahren verstrichen ist, vier Wochen vor Ende des laufenden Arbeitsverhältnisses zu erfolgen. Beträgt dieser Zeitraum ab Beginn des ersten Arbeitsverhältnisses mehr als drei Jahre, so hat die Verständigung acht Wochen, und wenn der Zeitraum mehr als fünf Jahre beträgt, hat die Verständigung zwölf Wochen vor Ablauf des bestehenden Arbeitsverhältnisses zu erfolgen. Erfolgt die Verständigung nicht oder nicht rechtzeitig, so gebührt ein Entschädigungsanspruch. Dieser beträgt bei einer Verständigungsfrist von vier Wochen 8,33 vH, bei einer Verständigungsfrist von acht Wochen 16,66 vH und bei einer Verständigungsfrist von zwölf Wochen 24,99 vH des vom Österreichischen Rundfunk im letzten Jahr bezogenen Entgelts.

(BGBl. Nr. 48/1982, Art. I Z 2)

(6) Erstrecken sich befristete Arbeitsverhältnisse im Sinne des Abs. 5 ab Beginn des ersten Arbeitsverhältnisses mit oder ohne Unterbrechungen über einen Zeitraum von fünf Jahren, so gebührt bei einer gemäß Abs. 5 Z 2 vorgenommenen Beendigung des Arbeitsverhältnisses eine Abfertigung. Diese gebührt auch dann, wenn das Unternehmen die Verständigung unterläßt, jedoch kein weiteres befristetes Arbeitsverhältnis abschließt, oder das Arbeitsverhältnis durch berechtigten vorzeitigen Austritt oder unverschuldete Entlassung des Arbeitnehmers endet. Die Abfertigung beträgt bei einer Dauer von mehr als fünf Jahren ab Beginn des ersten Arbeitsverhältnisses ein Zwölftel, bei einer Dauer von mehr als zehn Jahren ein Neuntel, bei mehr als fünfzehn Jahren ein Sechstel, bei mehr als zwanzig Jahren zwei Neuntel und bei mehr als fünfundzwanzig Jahren ein Drittel jenes Entgelts, das der Arbeitnehmer in den letzten drei Jahren vor Beendigung des Arbeitsverhältnisses erhalten hat. Auf diese Abfertigung ist eine nach anderen Bestimmungen allenfalls gebührende Abfertigung anzurechnen. *(BGBl. Nr. 48/1982, Art. I Z 2)*

§ 18. (1) Zur Sicherstellung der im § 17 Abs. 1 für die journalistischen Mitarbeiter niedergelegten Grundsätze ist zwischen dem Österreichischen Rundfunk einerseits und einer nach den Grundsätzen des gleichen, unmittelbaren und geheimen Verhältniswahlrechtes gewählten Vertretung der journalistischen Mitarbeiter andererseits ein Redakteurstatut abzuschließen. An den Verhandlungen über den Abschluß eines Redakteurstatuts sind auch zwei Vertreter der für die journalistischen Mitarbeiter zuständigen Gewerkschaft sowie zwei Vertreter des Zentralbetriebsrates zu beteiligen.

(2) Ein Redakteurstatut kommt nicht zustande, wenn die journalistischen Mitarbeiter in einer, innerhalb von drei Wochen nach Abschluß der Verhandlungen durchzuführenden, Abstimmung dem Verhandlungsergebnis, das unmittelbar nach Abschluß der Verhandlungen zu veröffentlichen ist, mehrheitlich die Zustimmung verweigern. Zwischen dem Abschluß der Verhandlungen und dem Wirksamwerden des Redakteurstatuts muß ein Zeitraum von mindestens drei Wochen liegen. Hinsichtlich des Stimmrechtes bei einer Abstimmung über das Verhandlungsergebnis gilt Abs. 6.

(3) Das Redakteurstatut hat insbesondere nähere Bestimmungen zu enthalten über

1. die Sicherstellung der Eigenverantwortlichkeit und der Freiheit der journalistischen Berufsausübung aller journalistischen Mitar-

beiter bei der Besorgung der ihnen übertragenen Aufgaben;
2. den Schutz der journalistischen Mitarbeiter gegen jede Verletzung ihrer Rechte;
3. die Mitwirkung an personellen und sachlichen Entscheidungen, welche die journalistischen Mitarbeiter betreffen;
4. Schaffung einer Schiedsinstanz zur Entscheidung von Streitigkeiten aus dem Redakteurstatut.

(4) Durch das Redakteurstatut dürfen die Rechte der Betriebsräte, überdies durch die Schaffung der vorstehend erwähnten Schiedsinstanz eine gesetzlich vorgesehene Anrufung von Gerichten oder Verwaltungsbehörden nicht berührt werden.

(5) Die Wahrnehmung der sich aus dem Redakteurstatut ergebenden Rechte der journalistischen Mitarbeiter obliegt den Redakteurssprechern, dem Redakteursausschuß bzw. dem Redakteursrat, die nach Maßgabe der nachfolgenden Bestimmungen für eine Funktionsperiode von zwei Jahren gewählt werden. In jedem Betriebsbereich des Österreichischen Rundfunks (Landesstudios, Hauptabteilungen) wählt eine Versammlung aller journalistischen Mitarbeiter aus ihrer Mitte nach den Grundsätzen des Verhältniswahlrechtes in geheimer Wahl einen Redakteurssprecher. Umfaßt der betreffende Betriebsbereich mehr als zehn journalistische Mitarbeiter, so ist für je angefangene weitere zehn journalistische Mitarbeiter ein weiterer Redakteurssprecher zu wählen.

(6) Spätestens sechs Wochen vor der Wahl ist vom kaufmännischen Direktor eine Liste der wahlberechtigten journalistischen Mitarbeiter jedes Betriebsbereiches zu erstellen und zu veröffentlichen. Gegen diese Liste kann binnen zwei Wochen Einspruch erhoben werden von Personen, die behaupten, zu Unrecht in die Liste nicht aufgenommen worden zu sein, sowie von Wahlberechtigten, die behaupten, daß andere Personen zu Unrecht in die Liste aufgenommen wurden. Über Einsprüche entscheidet binnen weiterer zwei Wochen der gemäß § 28 Abs. 1 zuständige Senat der Kommission. *(BGBl. Nr. 352/1981, Art. I Z 1; BGBl. Nr. 246/1984, Art. I Z 15)*

(7) Die gewählten Redakteurssprecher bilden gemeinsam den Redakteursausschuß, der die im Redakteurstatut vorgesehenen Aufgaben zu erfüllen hat. Der Redakteursausschuß gibt sich seine Geschäftsordnung selbst.

(8) Der Redakteursausschuß kann aus seiner Mitte nach den Grundsätzen der Verhältniswahl einen Redakteursrat wählen und diesem bestimmte einmalige oder wiederkehrende Aufgaben übertragen; der Redakteursrat ist dem Redakteursausschuß verantwortlich.

(9) An den Sitzungen des Redakteursausschusses bzw. des Redakteursrates können Sachverständige und Auskunftspersonen bzw. Vertreter der zuständigen Gewerkschaft und des Zentralbetriebsrates mit beratender Stimme teilnehmen, wenn dies der Redakteursausschuß bzw. der Redakteursrat für einzelne Sitzungen oder bis auf Widerruf mit Mehrheit beschließt.

(10) Die Wahl der Redakteurssprecher ist erstmals von der gewählten Vertretung der journalistischen Mitarbeiter (Abs. 1), in weiterer Folge vom jeweils zuletzt gewählten Redakteursausschuß auszuschreiben. Zwischen der Wahlausschreibung und dem Wahltag müssen mindestens fünf Wochen liegen. Der Tag der Wahlausschreibung ist zugleich der Stichtag für die Wahlberechtigung.

(11) Die Kündigung eines journalistischen Mitarbeiters kann vom Betriebsrat beim Einigungsamt angefochten werden, wenn sie wegen seiner Tätigkeit als Mitglied des Redakteursausschusses bzw. des Redakteursrates oder wegen seiner Bewerbung um eine solche Funktion bzw. seiner früheren Tätigkeit in einer solchen Funktion erfolgte. Im übrigen gilt § 105 des Arbeitsverfassungsgesetzes sinngemäß.

(12) Beschlüsse des Redakteursausschusses bzw. des Redakteursrates sind dem Generalintendanten und dem Zentralbetriebsrat bekanntzugeben.

(13) Den erforderlichen Sachaufwand, der dem Redakteursausschuß bzw. dem Redakteursrat zur Erfüllung seiner durch Gesetz bzw. durch das Redakteurstatut übertragenen Aufgaben entsteht, trägt der Österreichische Rundfunk.

(14) Bei allen Wahlen und Abstimmungen, an denen sämtliche journalistische Mitarbeiter teilnehmen, ist Briefwahl zulässig.

§ 19. (1) Der Österreichische Rundfunk und der Redakteursausschuß können ein Redakteurstatut gegenseitig jeweils schriftlich mit einer Kündigungsfrist von sechs Monaten aufkündigen. Im Falle der Kündigung sind unverzüglich Verhandlungen über den Abschluß eines neuen Redakteurstatuts aufzunehmen. Zum Abschluß auf Seiten der Dienstnehmer ist der zuletzt gewählte Redakteursausschuß berechtigt.

(2) Wenn bis zum Ende des vierten Monates nach Aufkündigung des Redakteurstatuts kein neues vereinbart und wirksam wird, so hat ein Schiedsgericht (Abs. 3) binnen sechs Wochen ein Redakteurstatut zu erlassen.

(3) Dieses Schiedsgericht besteht aus je einem vom Redakteursausschuß und dem Österreichischen Rundfunk bestellten Mitglied sowie einem von diesen beiden Mitgliedern des Schiedsgerichtes innerhalb von einer Woche zu bestellenden außerhalb des Unternehmens stehenden rechtskundigen Vorsitzenden. Können sich die vom Redakteursausschuß und dem Österreichischen Rundfunk bestellten Mitglieder nicht innerhalb einer Woche

einigen, so hat der Vorsitzende der Kommission (§ 26) den Vorsitzenden im Schiedsgericht zu bestellen.

(4) Ein nach Abs. 2 zustande gekommenes Redakteurstatut tritt außer Kraft, sobald ein neues Redakteurstatut vereinbart und wirksam geworden ist.

ABSCHNITT IV

Programmentgelt

§ 20. (1) Mit der Erteilung der Rundfunk-(Fernsehrundfunk-)Hauptbewilligung ist für die Dauer ihres Bestehens der Inhaber zum Empfang der Rundfunk- bzw. Fernsehrundfunksendungen des Österreichischen Rundfunks gegen ein fortlaufendes Programmentgelt (Rundfunkentgelt, Fernsehrundfunkentgelt) berechtigt. Die Höhe des Programmentgelts wird vom Kuratorium festgesetzt, wobei dafür zu sorgen ist, daß unter Zugrundelegung einer sparsamen Verwaltung die gesetzmäßigen Aufgaben des Rundfunks kostendeckend erfüllt werden können; hiebei ist auf die gesamtwirtschaftliche Entwicklung Bedacht zu nehmen.

(2) Der Beschluß, mit dem die Höhe des Programmentgelts festgesetzt wird, bedarf der Genehmigung der Hörer- und Sehervertretung. Wird innerhalb von sechs Monaten nach der Beschlußfassung im Kuratorium von der Hörer- und Sehervertretung kein Einspruch erhoben, so gilt die Genehmigung als erteilt. Wird jedoch innerhalb dieser Frist von der Hörer- und Sehervertretung die Genehmigung ausdrücklich versagt, so wird der Beschluß des Kuratoriums nur dann wirksam, wenn es einen Beharrungsbeschluß faßt.

(3) Das Programmentgelt ist unabhängig von der Häufigkeit oder der Güte der Sendungen oder ihres Empfanges zu zahlen. Der Beginn und das Ende der Pflicht zur Entrichtung dieses Programmentgelts sowie die Befreiung von dieser Pflicht richten sich nach den für die Rundfunk(Fernsehrundfunk)gebühren geltenden bundesgesetzlichen Vorschriften.

(4) Die Post- und Telegraphenverwaltung hat das Programmentgelt gleichzeitig mit den Rundfunk(Fernsehrundfunk)gebühren und in gleicher Weise wie diese einzuheben; eine andere Art der Zahlung tilgt die Schuld nicht. Der Bund (Post- und Telegraphenverwaltung) ist berechtigt, als Vergütung für die Einhebung 4 vH des Gesamtbetrages der eingehobenen Programmentgelte einzubehalten.

(5) Rückständige Programmentgelte können zugunsten des Österreichischen Rundfunks von den Fernmeldebehörden in gleicher Weise wie rückständige Rundfunk(Fernsehrundfunk)gebühren im Verwaltungsweg hereingebracht werden.

(6) Das Tarifwerk des Werbefunks sowie die Höhe der Programmentgelte sind im „Amtsblatt zur Wiener Zeitung" bekanntzumachen.

§§ 21 bis 24. *(Entfallen; BGBl. Nr. 314/1981, Art. III Abs. 1 Z 2; Abschnitt A Art. III Abs. 2 Z 1 der Kundmachung)*

ABSCHNITT V

Rechtliche und finanzielle Kontrolle

§ 25. (1) Die Aufsicht des Bundes über den Österreichischen Rundfunk beschränkt sich auf eine Aufsicht nach Maßgabe dieses Bundesgesetzes, unbeschadet der Prüfung durch den Rechnungshof. Die Rechtsaufsicht obliegt der Kommission zur Wahrung des Rundfunkgesetzes (Kommission), die beim Bundeskanzleramt errichtet wird und über behauptete Verletzungen von Bestimmungen dieses Bundesgesetzes zu entscheiden hat. Ferner entscheidet die Kommission über Einsprüche gemäß § 18 Abs. 6.

(2) Die Kommission besteht aus 17 Mitgliedern, von denen neun Mitglieder dem Richterstand angehören müssen. Alle Mitglieder der Kommission sind in Ausübung ihres Amtes unabhängig und an keine Weisungen und Aufträge gebunden.

(3) Die Mitglieder der Kommission ernennt der Bundespräsident auf Vorschlag der Bundesregierung für die Dauer von vier Jahren.

1. Für jedes der neun Mitglieder, die dem Richterstand anzugehören haben, hat die Bundesregierung Besetzungsvorschläge einzuholen, bestehend aus jeweils drei dem Richterstand angehörenden und alphabetisch gereihten Personen, und zwar:
   a) einen Besetzungsvorschlag vom Präsidenten des Obersten Gerichtshofes,
   b) je einen Besetzungsvorschlag von den Präsidenten der Oberlandesgerichte Wien, Graz, Linz und Innsbruck,
   c) einen Besetzungsvorschlag von einer repräsentativen Vereinigung österreichischer Richter,
   d) zwei Besetzungsvorschläge vom Österreichischen Rechtsanwaltskammertag,
   e) einen Besetzungsvorschlag von der Österreichischen Notariatskammer. *(BGBl. Nr. 162/1977, Art. II Z 1)*

   Der Erstattung eines Besetzungsvorschlages gemäß lit. a hat eine Ausschreibung durch den Präsidenten des Obersten Gerichtshofes für den Obersten Gerichtshof, der Erstattung von Besetzungsvorschlägen gemäß lit. b durch die Oberlandesgerichtspräsidenten für ihren Amtsbereich vorauszugehen. Die Ausschreibung hat durch Verlautbarung im „Amtsblatt zur Wiener Zeitung" zu erfolgen. Zur Überreichung der Bewerbungsschreiben ist eine

Frist von mindestens zwei Wochen ab der Veröffentlichung zu setzen. Die Besetzungsvorschläge (lit. a bis e) sind ohne Verzug zu erstatten.
2. Hinsichtlich der übrigen Mitglieder der Kommission ist die Bundesregierung für je vier Mitglieder an Besetzungsvorschläge des Zentralbetriebsrates sowie der Hörer- und Sehervertretung gebunden.

(BGBl. Nr. 80/1975, Art. I Z 3)

(4) Der Kommission dürfen nicht angehören:
1. Personen, die nicht zum Nationalrat wählbar sind;
2. Mitglieder des Kuratoriums, der Generalintendant, die Direktoren, die Intendanten und die Landesintendanten sowie Arbeitnehmer des Österreichischen Rundfunks; *(BGBl. Nr. 246/1984, Art. I Z 4)*
3. freie Mitarbeiter des Österreichischen Rundfunks, sofern sie diese Tätigkeit ständig und nicht bloß als wirtschaftlich unbedeutende Nebenbeschäftigung ausüben;
4. Mitglieder der Bundesregierung oder einer Landesregierung sowie Staatssekretäre;
5. Personen, die bereits zweimal in unmittelbarer Aufeinanderfolge Mitglieder der Kommission waren.

(5) Hat ein Mitglied der Kommission drei aufeinanderfolgenden Einladungen zu einer Verhandlung ohne genügende Entschuldigung keine Folge geleistet, oder tritt bei einem Mitglied ein Ausschließungsgrund gemäß Abs. 4 nachträglich ein, so hat dies nach seiner Anhörung die Kommission durch Beschluß festzustellen. Diese Feststellung hat den Verlust der Mitgliedschaft zur Folge.

(6) Scheidet ein Mitglied der Kommission vorzeitig aus, so ist an seiner Stelle für den noch verbleibenden Rest der Amtsdauer ein neues Mitglied unter Bedachtnahme auf Abs. 3 zu ernennen.

(7) Die Mitglieder der Kommission haben Anspruch auf Ersatz der angemessenen Reisekosten und Barauslagen sowie auf ein Sitzungsgeld, das von der Bundesregierung durch Verordnung unter Bedachtnahme auf die Bedeutung und den Umfang der von der Kommission zu besorgenden Aufgaben festzusetzen ist.

§ 26. (1) Die Kommission wählt aus dem Kreis der dem Richterstand angehörenden Mitglieder einen Vorsitzenden und einen Vorsitzenden-Stellvertreter.

(2) Die Kommission entscheidet mit einfacher Stimmenmehrheit bei Anwesenheit von mindestens zwei Dritteln ihrer Mitglieder.

§ 27. (1) Die Kommission entscheidet — soweit dafür nicht eine andere Verwaltungsbehörde oder ein Gericht zuständig ist — über die Verletzung von Bestimmungen dieses Bundesgesetzes

1. auf Grund von Beschwerden
a) einer Person, die durch eine Rechtsverletzung unmittelbar geschädigt zu sein behauptet;
b) eines Inhabers einer Rundfunk-(Fernsehrundfunk-)Hauptbewilligung, sofern eine solche Beschwerde von mindestens 500 weiteren Inhabern einer derartigen Bewilligung unterstützt wird sowie

2. auf Antrag
a) des Bundes oder eines Landes;
b) der Hörer- und Sehervertretung;
c) des Kuratoriums.

(2) Die Unterstützung einer Beschwerde gemäß Abs. 1 Z 1 lit. b ist durch eine Unterschriftenliste nachzuweisen, aus der die Identität der Personen, die die Beschwerde unterstützen, festgestellt werden kann.

(3) Beschwerden sind innerhalb von sechs Wochen, gerechnet vom Zeitpunkt der behaupteten Verletzung dieses Bundesgesetzes, einzubringen.

(4) Der Österreichische Rundfunk hat von allen seinen Sendungen Aufzeichnungen herzustellen und diese mindestens zehn Wochen aufzubewahren. Im Falle einer Aufforderung der Kommission hat er ihr die gewünschten Aufzeichnungen zur Verfügung zu stellen. Überdies hat er jedermann, der daran ein rechtliches Interesse darzutun vermag, Einsicht in die Aufzeichnungen zu gewähren. *(BGBl. Nr. 314/1981, Art. III Abs. 1 Z 3)*

§ 28. (1) Zur Entscheidung über die während eines Zeitraumes von drei Monaten einlangenden Beschwerden werden jeweils zu Jahresbeginn Senate, bestehend aus fünf Mitgliedern, gebildet. Drei Mitglieder der Senate werden aus dem Kreis der dem Richterstand angehörenden Mitglieder der Kommission und je ein weiteres Mitglied wird aus dem Kreis der vom Zentralbetriebsrat sowie von der Hörer- und Sehervertretung vorgeschlagenen Mitglieder der Kommission vom Vorsitzenden der Kommission in Anwesenheit des Vorsitzenden-Stellvertreters sowie eines Beamten des Bundeskanzleramtes als Schriftführer durch das Los bestimmt. Für jedes Mitglied eines Senates ist nach dem gleichen Verfahren ein Ersatzmitglied zu bestellen, das im Falle der Verhinderung des Mitgliedes während des Verfahrens an dessen Stelle tritt. *(BGBl. Nr. 246/1984, Art. I Z 16)*

(2) Den Vorsitz im Senat führt der Vorsitzende der Kommission, sofern er ihm angehört, ansonsten der Vorsitzende-Stellvertreter. Ist auch dieser nicht Mitglied des Senates, so ist der Senatsvorsitzende von dem Senat aus dem Kreis der dem Richterstand angehörenden Mitglieder zu wählen.

(3) Der Senat entscheidet mit einfacher Stimmenmehrheit; der Vorsitzende gibt seine Stimme als Letzter ab.

§ 29. (1) Die Entscheidung der Kommission besteht in der Feststellung, ob und durch welchen Sachverhalt eine Bestimmung dieses Bundesgesetzes verletzt worden ist.

(2) Wird von der Kommission eine Verletzung des Rundfunkgesetzes durch eines der im § 6 genannten Organe festgestellt, die im Zeitpunkt dieser Feststellung noch andauert, dann kann die Kommission die Entscheidung des betreffenden Organs aufheben. Das betreffende Organ hat unverzüglich einen der Rechtsansicht der Kommission entsprechenden Zustand herzustellen; kommt das betreffende Organ dieser Verpflichtung nicht nach, dann kann die Kommission unter gleichzeitiger Verständigung des Kuratoriums, erfolgt die Verletzung des Rundfunkgesetzes jedoch durch das Kuratorium selbst, dann unter gleichzeitiger Verständigung der Bundesregierung das betreffende Kollegialorgan auflösen bzw. das betreffende Organ abberufen. In diesem Falle ist das betreffende Organ unverzüglich nach diesem Bundesgesetz neu zu bestellen.

(3) Die Kommission hat über Beschwerden innerhalb von vier Wochen, gerechnet vom Zeitpunkt des Einlangens der Beschwerde, zu entscheiden.

(4) Die Kommission kann auf Veröffentlichung ihrer Entscheidung erkennen und dem Österreichischen Rundfunk auftragen, wann, in welcher Form und in welchem Programm diese Veröffentlichung zu erfolgen hat.

(5) Die Entscheidungen der Kommission unterliegen nicht der Aufhebung oder Abänderung im Verwaltungsweg.

§ 30. (1) Auf das Verfahren der Kommission ist — soweit in diesem Bundesgesetz nicht anderes bestimmt ist — das Allgemeine Verwaltungsverfahrensgesetz 1950 anzuwenden. Dem Generalintendanten oder einem von ihm bestellten Vertreter kommt jedenfalls Parteistellung zur Wahrung der Rechte des Österreichischen Rundfunks zu.

(2) Bei Beschwerden an die Kommission werden die Tage des Postenlaufs in die Frist nicht eingerechnet. *(BGBl. Nr. 352/1981, Art. I Z 2)*

§ 31. (1) Zur Prüfung der Betriebsführung des Österreichischen Rundfunks ist gemäß § 8 Abs. 1 Z 13 eine aus höchstens drei Mitgliedern bestehende Prüfungskommission einzusetzen; die Mitglieder werden jeweils zur Prüfung der Betriebsführung von drei Geschäftsjahren bestellt. Zu Mitgliedern der Prüfungskommission dürfen nur Wirtschaftsprüfer und Betriebswissenschafter bestellt werden.

(2) Die von der Prüfungskommission — unbeschadet der Kontrolle durch den Rechnungshof — alljährlich vorzunehmende Prüfung hat sich nicht nur auf die ziffernmäßige Richtigkeit der Buchführung, sondern auch auf die Sparsamkeit, Wirtschaftlichkeit und Zweckmäßigkeit der Führung der Geschäfte sowie auf deren Übereinstimmung mit den gesetzlichen Vorschriften zu erstrecken. Die Prüfungskommission hat das Ergebnis ihrer Prüfung dem Kuratorium vorzulegen.

(3) Sämtliche Organe und Bedienstete des Österreichischen Rundfunks haben der Prüfungskommission Einsicht in alle Unterlagen zu gewähren und ihr alle erforderlichen Auskünfte zu erteilen.

§ 31 a. (1) **(Verfassungsbestimmung)** Die Gebarung des Österreichischen Rundfunks unterliegt der Kontrolle des Rechnungshofes.

(2) Bei der Ausübung der Kontrolle ist § 12 Abs. 1, 3 und 5 des Rechnungshofgesetzes, BGBl. Nr. 144/1948, sinngemäß anzuwenden; das Ergebnis seiner Prüfung hat der Rechnungshof dem Kuratorium mitzuteilen.

(BGBl. Nr. 352/1981, Art. I Z 3)

ABSCHNITT VI

Übergangs- und Schlußbestimmungen

§ 32. Die Umwandlung der „Österreichischer Rundfunk Gesellschaft m. b. H.“ in den im § 1 Abs. 1 bezeichneten eigenen Wirtschaftskörper ist von allen bundesgesetzlich geregelten Gebühren und Abgaben befreit.

§ 33. (1) Mit der Vollziehung dieses Bundesgesetzes sind, soweit sie nicht der Bundesregierung obliegt, nach Maßgabe des Bundesministeriengesetzes 1973 der Bundeskanzler, der Bundesminister für Finanzen, der Bundesminister für Justiz, der Bundesminister für soziale Verwaltung und der Bundesminister für öffentliche Wirtschaft und Verkehr betraut.

(2) Für die Vorbereitung und Durchführung der Beschlüsse der Bundesregierung ist der Bundeskanzler zuständig.

Literaturverzeichnis (Auswahl)

BERKA, Walter: Medienfreiheit und Persönlichkeitsschutz. Die Freiheit der Medien und ihre Verantwortung im System der Grundrechte, Wien-New York 1982 (zit: Berka, Medienfreiheit)

BERKA, Walter: Die Kommunikationsfreiheit in Österreich, Europäische Grundrechte-Zeitschrift 1982, 413–427

BERKA, Walter: Rundfunkmonopol auf dem Prüfstand. Die Freiheit und öffentliche Verantwortung des Rundfunks in Österreich, Wien 1988 (zit: Berka, Rundfunkmonopol)

FOREGGER, Egmont: Mediengesetz, Wien 1981 (zit: Foregger, Mediengesetz)

HARTMANN, Rudolf – RIEDER, Sepp: Mediengesetz, Wien 1981 (zit: Hartmann–Rieder (1981))

HARTMANN, Rudolf – RIEDER, Sepp: Kommentar zum Mediengesetz, Wien 1985 (zit: Hartmann–Rieder (1985))

KUNST, Günther – BÖHM, Christine – TWAROCH, Paul: Das neue Medienrecht, Wien 1982 (zit: Kunst–Böhm–Twaroch, Medienrecht)

MASSENMEDIEN IN ÖSTERREICH – Medienbericht II (Berichtszeitraum 1976–1982), hrsg vom Institut für Publizistik und Kommunikationswissenschaft der Universität Salzburg, Wien 1983 (zit: Medienbericht II)

MASSENMEDIEN IN ÖSTERREICH – Medienbericht III (Berichtszeitraum 1983–1986), hrsg vom Institut für Publizistik und Kommunikationswissenschaft der Universität Salzburg, Wien 1986 (zit: Medienbericht III)

PÜRER, Heinz (Hrsg): Praktischer Journalismus in Zeitung, Radio und Fernsehen[2], Salzburg 1985 (zit: Pürer (Hrsg), Praktischer Journalismus)

SWOBODA, Ernst – HARTMANN, Rudolf: Kommentar zum Preßgesetz, Wien 1953 (zit: Swoboda–Hartmann, Preßrecht)

TWAROCH, Paul – BUCHNER, Wolfgang: Rundfunkrecht in Österreich[3], Wien 1985 (zit: Twaroch–Buchner, Rundfunkrecht)

WITTMANN, Heinz: Rundfunkfreiheit, Wien-New York 1981 (zit: Wittmann, Rundfunkfreiheit)

WITTMANN, Heinz: Einführung in das Medienrecht, Wien 1981 (zit: Wittmann, Medienrecht)

Sachregister